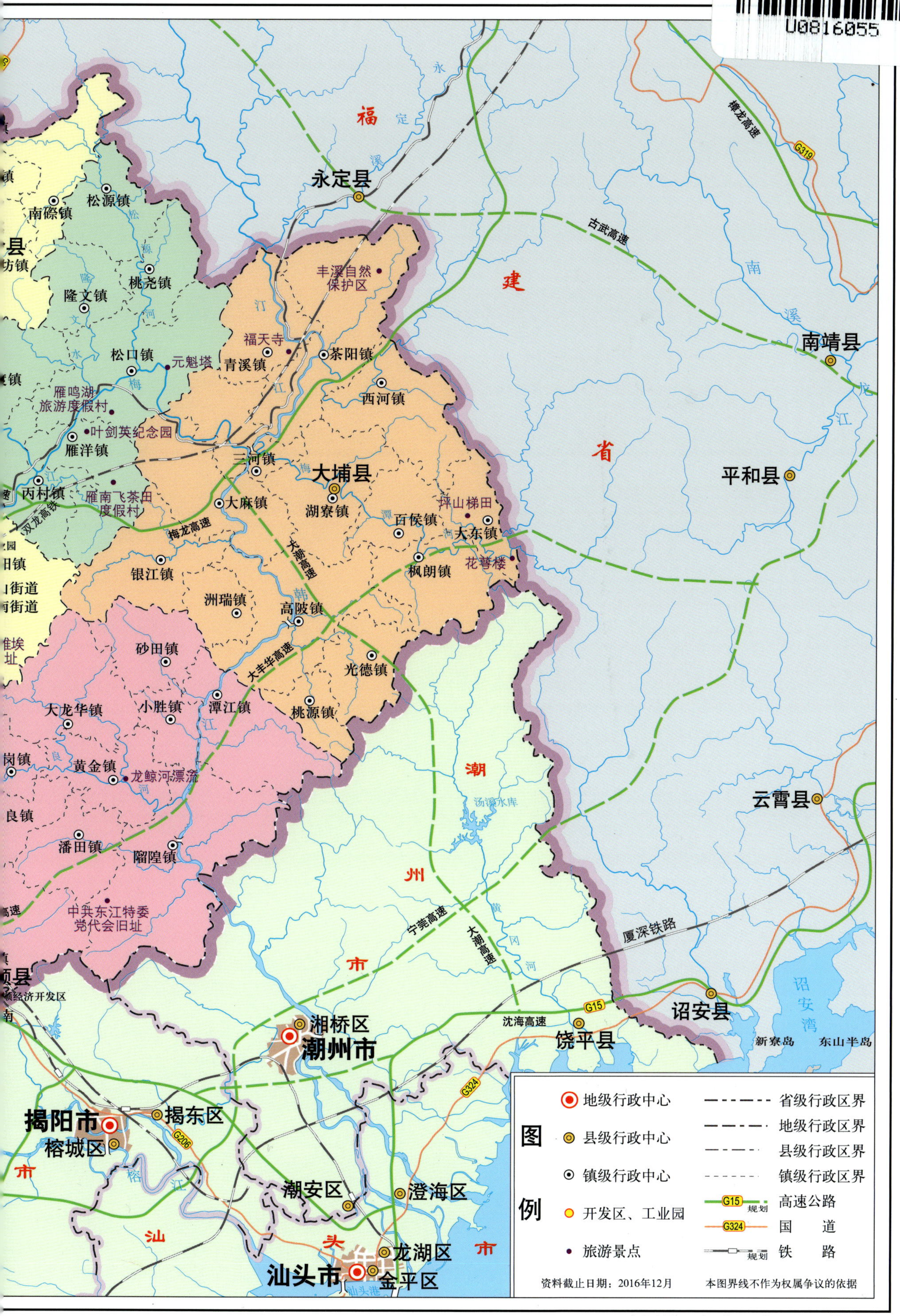

审图号：粤S(2017)08-005号

2016数字梅州

- 年末户籍人口551.40万人
- 全市生产总值1045.57亿元
- 第一产业增加值207.01亿元
- 第二产业增加值369.13亿元
- 第三产业增加值469.43亿元
- 三次产业结构比例20.3：35.5：44.2
- 地方财政一般预算收入105.46亿元
- 地方财政一般预算支出384.02亿元
- 固定资产投资650.36亿元
- 外贸进出口155.1亿元
- 社会消费品零售总额619.77亿元
- 城镇常住居民人均可支配收入23642元
- 农村常住居民人均可支配收入12991元
- 城乡居民储蓄存款余额1147.07亿元
- 城市接待旅游者人数3572.63万人次

城市名片

- 国家历史文化名城
- 中国优秀旅游城市
- 国家园林城市
- 国家卫生城市
- 全国双拥模范城
- 全国创新社会治理优秀城市
- 中国十大最具安全感城市
- 中国十佳绿色环保标志城市
- 中国最美休闲自驾游目的地
- 最美中国·大众休闲健康养生旅游胜地
- 国家厕所革命先进市
- 中华诗词之市
- 第二批国家全域旅游示范区创建单位
- 中国楹联文化城市
- 广东十大美食之乡
- 广东首个宜居城乡示范城市

梅州年鉴

MEIZHOU YEARBOOK

2017

（总第25卷）

梅州市人民政府地方志办公室 编

（胖叔 摄）

方志出版社
Publishing House of Local Records

图书在版编目（CIP）数据

梅州年鉴. 2017 / 梅州市人民政府地方志办公室编
-- 北京：方志出版社，2017. 11
ISBN 978-7-5144-2750-9

I. ①梅… II. ①梅… III. ①梅州-2017 -年鉴
IV. ①Z526.53

中国版本图书馆CIP数据核字（2017）第290916号

梅州年鉴（2017）

编　　者：梅州市人民政府地方志办公室
责任编辑：罗　滔

出 版 人：冀祥德
出 版 者：方志出版社
地址 北京市朝阳区潘家园东里9号（国家方志馆4层）
邮编 10021
网址 http://www.fzph.org
发　　行：方志出版社图书经销中心
电话（010）67110500
经　　销：各地新华书店
印　　刷：梅州程江彩色印刷厂有限公司

开　　本：889×1194　1/16
印　　张：26.875
字　　数：600 千字
版　　次：2017年11月第1版　2017年11月第1次印刷
印　　数：0001~1000册

ISBN 978-7-5144-2750-9　定价：200.00元

梅州年鉴编纂委员会

主　任　张　晨

副主任　张达宏　曾海新　钟伟基

委　员　丁仁心　王成首　王奇足　邓　锐　叶小华

丘　灵　刘仁忠　江　锋　张广生　陈汉杰

肖伟承　肖苑荣　肖　亮　吴特宏　陈晓晖

范利民　杨　春　周秋明　林　莹　杨斌宗

周耀坤　钟伟才　姚志华　施　凯　凌秀凤

盘连欣　曾远煌　蓝建辉　熊　华　黎俊红

（按姓氏笔画为序）

梅州年鉴编辑部

主　编　钟伟基（2017年7月起任）　张小冰（任至2017年7月）

副主编　叶小华　黎俊红

统　稿　陈旭芳

编　辑　邓柳茹　廖晓鹏　吴跃华　徐华芳　陈旭芳

黄伟锋　陈映萍

编 辑 说 明

一、《梅州年鉴》由中共梅州市委、梅州市人民政府主办，梅州市人民政府地方志办公室组织编纂。1993年创刊，每年出版一卷。旨在全面、系统、准确地反映梅州市自然、政治、经济、文化、社会等方面的基本情况，为社会各界和海外人士了解和研究梅州提供综合信息和资料，为编纂梅州地方史志积累史料。

二、《梅州年鉴（2017）》为总第25卷，以马克思主义、毛泽东思想、邓小平理论、“三个代表”重要思想和科学发展观为指导，贯彻落实习近平总书记系列重要讲话精神和治国理政新理念新思想新战略，坚持辩证唯物主义和历史唯物主义的立场、观点和方法，着重记载2016年梅州市的基本情况，图文结合，以文为主。正文内容采用分类编辑法，以类目、分目、条目组成主体部分。类目、分目、条目的标题分别以不同字号和版式编排，条目用黑体字加【 】表示，个别包含多方面资料的条目，则用楷体标题标明各段资料的主题。全书设置特辑、2016年大事记、概况、领导机关、民主党派与工商联、社会团体、法治、军事、经济管理、农业、工业、交通、邮电、外经贸·口岸、国内贸易、财税·金融、城乡基本建设、旅游、教育、科学技术、文化·传媒、卫生、体育、社会生活、县（市、区）概况、社会经济统计资料、文献选编、名录等。全书约60万字，彩页36版。

三、《梅州年鉴（2017）》在保持基本框架相对稳定的前提下，对部分内容进行更新、调整、充实。其中:“工业”类目“电力工业”分目增设“梅州市大埔韩江高陂水利枢纽工程建设管理处”“广东粤电大埔发电有限公司”2个次分目；“卫生”类目增设“市中医医院”分目；“交通”类目“铁路”分目增设“梅州铁路建设办公室”次分目；“领导机关”类目“市委”分目删除“市社工委工作”次分目；“工业”类目“电力工业”分目删除“广东粤嘉电力有限公司”次分目；“人民团体”类目易名为“社会团体”，“武装”类目易名为“军事”；“市红十字会”分目移至“人民团体”类目；“市残联”分目调整至“市文联”分目后面。

四、本年鉴稿件、图片由梅州市辖区内有关单位提供，所有稿件、图片均经供稿单位领导审阅。计量单位均使用法定计量单位，所有统计数据来自梅州市统计局和有关单位确定上报的数字。所有照片除署名外，均为本编辑部或各有关单位提供。

五、全书内容在梅州市地情网（http://www.gd-info.gov.cn/shtml/meizhou/）上推出。

六、本年鉴的编辑出版工作得到全市各级领导的重视关心、各有关单位的通力合作及社会各界的大力支持，在此深表谢意！不足之处，敬请批评指正。

2016年1月10日，省委常委、常务副省长徐少华（图中）一行在谭君铁等陪同下到梅畲快速干线（客都大桥）改建工程建设现场调研（钟小丰 摄）

2016年4月26日，副省长蓝佛安（前排左二）一行在黄强等陪同下到梅台文化创意产业园调研（高讯 摄）

领导关怀

2016年6月1日，省委副书记、省长朱小丹（右三）一行在黄强、谭君铁等陪同下到五华县郭田镇横塘村贫困户江仁振家中走访，了解其家庭情况（高讯 摄）

2016年7月31日，省委常委、组织部部长（左二）李玉妹和副省长袁宝成（左四）一行在谭君铁等陪同下参观驻梅州部队班排宿舍内务，与基层官兵交谈（钟小丰 摄）

2016年9月22日，省委常委、广州市委书记任学锋（前排左三）一行在谭君铁、方利旭等陪同下到广梅产业园二期建设现场调研（钟小丰 摄）

2016年11月4日，省委常委、政法委书记林少春（前排右三）和副省长许瑞生（前排右二）一行在谭君铁、方利旭等陪同下到蕉岭县三圳镇九岭村省级新农村示范片建设现场参观（高讯 摄）

领导关怀

2016年11月5日，省政协主席王荣（前排左三）一行在谭君铁等陪同下到丰顺县汤西镇新岭村调研时与贫困户亲切交谈（钟小丰 摄）

2016年12月30日，省委常委、宣传部部长慎海雄（左二）一行在谭君铁等陪同下到梅州日报社调研（钟小丰 摄）

2016年4月14日，市委书记黄强（任至7月，前排中）率队到平远检查林业重点生态工程建设情况（高讯 摄）

2016年10月27日，市委书记谭君铁（7月起任，前排右二）到五华县人民公园调研（钟小丰 摄）

工作掠影

2016年8月4日，市委副书记、市长方利旭（图中）到芹洋半岛调研，了解征地拆迁、安置区建设情况（市府办提供）

2016年5—8月，市政协围绕“加快推进梅江韩江绿色健康文化旅游产业带建设”主题，由市政协主席李金元（左三）担任组长，开展专题议政系列调研活动。图片摄于在丰顺县调研期间（市政协提供）

2016年12月23日，市委副书记、政法委书记彭耀新（11月起任，前排左三）陪同广东省高级人民法院党组成员、副院长洪适权（前排左二）到兴宁市人民法院调研行政案件集中管辖工作（市委政法委提供）

2016年3月16日，市委常委、政法委书记黄伟闻（任至2016年10月，前排左四）陪同市委书记黄强（前排左三）调研大埔高陂水利枢纽工程建设（市委政法委提供）

2016年3月31日，市委常委、纪委书记胡钛（任至10月，右排中）到兴宁市叶塘镇接访群众（市纪委提供）

2016年1月28日，市委常委、常务副市长丁文（任至4月，左二）在春节前调研安全生产工作（市府办提供）

2016年3月11日，市委常委、梅州军分区政委管林海（任至6月）参加植树节活动（梅州军分区提供）

2016年6月30日，市委常委、统战部部长张丽霞(左二）率队到挂钩扶贫点丰顺县丰良镇三山村调研精准扶贫工作（市委统战部提供）

工作掠影

2016年5月13日，市委常委、组织部部长杜敏琪（左二）到梅江区城北镇调研（市委组织部提供）

2016年9月7日，市委常委、梅州军分区司令员武启龙（任期6—11月，左二）检查军分区扶贫支教点大埔三河坝八一小学建设情况（梅州军分区提供）

2016年11月10日，市委常委、常务副市长李远青（右三）调研市环保能源（生活垃圾焚烧）发电项目（市府办提供）

2016年12月15日，市委书记谭君铁（左三），市委常委、梅县区区委书记张文广（右一），市委常委、纪委书记黄建固（10月起任，右二）等到梅县区南口镇调研基层党风廉政建设工作（市纪委提供）

工作掠影

2016年12月2日，市委常委、秘书长兼市财政局党组书记、局长余其豹（图中）主持召开市财政局学习贯彻市第七次党代会精神会议（市财政局提供）

2016年12月19—20日，市委常委、兴宁市委书记陈志宁（右二）一行赴北京华泰汽车集团考察，深入洽谈项目落户事宜（转自兴宁政府网）

2016年5月25日，市人大常委会副主任黎健平（前排左四）到大埔县调研万福寺景区项目建设情况（市人大提供）

2016年6月7日，市人大常委会副主任钟勇生（右三）参加“提升梅州中心城区消防能力”工作实施情况视察活动（市人大提供）

工作掠影

2016年12月23日，市人大常委会副主任韩小林（前排中）参加对梅州市经济社会发展情况的集中视察活动（市人大提供）

2016年2月25日，市人大常委会副主任曾小华（右二）率队调研市林业工作情况（市人大提供）

2016年10月26日，市人大常委会副主任张映平（右三）率队视察市中医药事业发展情况（市人大提供）

2016年11月17日，副市长陈建青（左四）调研梅平高速公路建设工作（市府办提供）

工作掠影

2016年2月14日，副市长陈丽霞（左二）率队检查食品药品安全工作（市府办提供）

2016年3月10日，副市长、市公安局局长史明锋（任至9月，前排左二）到兴宁市调研交通劝导站建设情况（何志林 摄）

2016年10月1日，副市长、市公安局局长陈俊钦（9月起任，左四）在国庆当天到万达广场了解民警节日值班备勤及道路交通情况（何志林 摄）

2016年11月10日，梅州市第六届人民代表大会常务委员会第四十四次会议通过，任命：吴泽桐（左）为梅州市人民政府副市长（转自网易财经网）

2016年5月25日，市政协副主席张光明（前排左三）带领市政协科教卫体委员会部分委员，围绕“专业镇科技服务平台建设”课题，到平远县开展专题调研（市政协提供）

2016年12月22日，市政协副主席邹浩元（左）带队到吉林长春调研生物制药产业（市政协提供）

工作掠影

2016年7月1日，市政协副主席雷近芳（右四）带队到梅州综合保税区、创业孵化园等地开展“广东梅兴华丰产业聚集带规划建设情况”专题视察（市政协提供）

2016年全国“两会”上，全国政协委员、梅州市政协副主席温纯青（图中）积极建言献策（市政协提供）

工作掠影

2016年1月19日，参加市政协六届五次会议的港澳地区政协委员和列席会议的部分特邀社会各界知名人士考察市重点项目建设情况。市政协副主席叶解春（左二）陪同考察（市政协提供）

2016年6月16日，市政协副主席李忠良（右三）率领市政协经济委员会部分委员，到梅县区视察精致高效农业发展情况（市政协提供）

2016年12月2日，市政协组织委员视察市中医医院规划建设情况，市政协副主席、市中医医院院长彭广福（图中）通报有关工作情况（市政协提供）

2016年5月12日，市政协副主席肖平（右三）主持召开提案委员会第二季度例会活动（市政协提供）

2016年广州对口梅州精准扶贫工作

文/图：广州市派驻梅州市精准扶贫工作队提供

2016年9月19日，广东省委常委、广州市委书记任学锋（图中）到广州地铁集团有限公司对口帮扶的五华县转水镇峯维村调研精准扶贫工作

2016年12月23日，广州市政府副市长黎明（前排右二）到广州珠江实业集团有限公司对口帮扶的兴宁市龙田镇碧园村调研精准扶贫工作

按照省委省政府《新时期精准扶贫精准脱贫三年攻坚的实施意见》，广州市对口帮扶梅州市8个县（市、区）共93个镇272个相对贫困村。广州市直机关、市属企事业单位和海珠、天河、番禺、花都、南沙、增城6个区共211个帮扶单位，派出驻村干部276人开展帮扶工作，广州市派驻梅州市精准扶贫工作队、广州市派驻梅州市各县（市、区）精准扶贫工作组也同时成立。2016年，按照省委省政府和广州市委市政府实施意见中明确的脱贫攻坚八项工程扎实推进帮扶工作，加强与各相关部门的沟通协调，齐心协力，攻坚克难，脱贫攻坚成效显著。

一是采取多种办法，抓好精准识别、建档立卡和系统录入工作。精准识别主要以原始数据为依据，重新对贫困村进行入户调查，严格执行“四看”“五优先”“六进”“七不进”工作标准，最终识别广州市对口帮扶梅州市272个相对贫困村、15491户相对贫困户、48407名相对贫困人口，并对这些贫困户和贫困人口做好建档立卡和系统录入工作。

二是做好宣传发动工作，营造脱贫攻坚工作氛围。各帮扶单位和驻村干部到位后，迅速制作宣传横幅、宣传牌、宣传标语等张挂在贫困村中显眼位置，并通过开设宣传栏和召开各种会议、入户摸查等，及时宣传新时期精准扶贫精准脱贫相关文件精神，使新时期精准扶贫精准脱贫的各项规定、举措及政策传递到千家万户。

三是推进基础设施建设，做好民生保障工程。经统计，272个贫困村共筹集到帐帮扶资金5.64亿元。在“三保障”方面，实现贫困户子女义务教育毛入学率99.85%，资助贫困学生就读5625人；完成各县（市、区）住建部门下达的当年危房改造任务指标数81.02%（1076户）；为相对贫困户家庭人口购买新型农村合作医疗保险；符合条件的贫困家庭全部纳入低保，做到应保尽保；饮用水安全率97.71%；已建设或正在建设的村道518.1千米，其中村委会至200人以上自然村道路硬底化率83.6%；标准化医疗卫生站建成187个；兴建公共厕所304个、垃圾收集设施2403个；兴建农村文体活动中心、老人活动中心224个；兴建农田水渠270.7千米等。

四是推动产业扶贫，逐步帮助贫困户实现稳定脱贫。各帮扶单位结合贫困村实情和自身条件，因地制宜，大力实施产业帮扶工作。通过成立农民专业合作社或者以奖代补形式带动贫困户开展农业生产；资助有劳动能力的贫困户种植果树、养殖禽畜；协调电商为贫困户销售农产品提供平台；利用帮扶资金或者自筹资金入股工厂、龙头企业、种养大户等为贫困户提供就业岗位和分红，增加贫困户收入；推动发展林下经济、光伏工程和特色农业农村旅游；加强有劳动能力贫困人口的技能培训，鼓励他们外出务工或经商等。经统计，272个贫困村的贫困户脱贫率达到33.01%，有劳动能力的贫困人口人均可支配收入比2015年增长26.95%，村集体经济收入比2015年增长35.52%，为2017年全面铺开帮扶工作和2018年梅州市贫困人口脱贫出列奠定良好基础。

梅州市国税局

发扬“三种”精神 助推税收发展

文/图：市国税局提供

2016年5月1日，梅州市国税局局长梁培文（左二）与纳税人一同见证梅州第一张“营改增”发票的诞生

2017年4月11日，梁培文局长（左）做客“行风热线”，进行政策宣传

梅州国税人不忘税心，用心工作，带好队、收好税、服好务。2016年，全市国税系统组织税收收入105.66亿元，办理退（免）税16.43亿元。

一是发扬苏区精神，敢抓敢管敢担当。梅州国税发扬苏区精神，从抓好党建工作入手，坚持“加减乘除”党建理念，在组工建设上做加法，夯实党建基础；在基层负担上做减法，提升党建速率；在服务党群上做乘法，扩大乘数效应；在党风违纪上做除法，凝聚干部民心。营改增工作是2016年国税部门的重头戏，梅州国税先后打响“开出票、申报税、分析好、改进好、总结好”五大战役，全市四大行业的营改增试点纳税人1.73万户，入库税款18.9亿元。深改工作和国地税合作是税务部门的一件大事，梅州国地税两家以苏区精神为引领，通过共搭桥梁、整合资源、服务融合，开展联合大厅办税服务、联合纳税信用评价、联合推进“银税互动”等51项合作项目。全市建成6个国地税共建办税服务厅，实现互相派驻，共同进驻7个行政服务中心，形成“进一家门，办两家事，三家共赢”的良好格局。

二是发扬绣花精神，抓实抓细抓到位。梅州国税人发扬绣花精神，通过开展大企业高层见面会、上线“行风热线”、走访企业等形式，税企鱼水情、征纳心连心，连续13年被梅州市评为“机关作风建设先进单位”。大力提升服务，深化税收改革、助力企业发展，打造“6+6”涉税平台，即办税服务厅、门户网站、“12366”热线、税企通、政务微博、梅州民声6大纳税诉求平台，窗口办税、网上办税、自助办税、手机移动、国地联合办税、税银互动“六位一体”办税服务平台，深受纳税人的赞誉，连续四次获得全省纳税人满意度前三名。同时，市县两级国税风控部门统筹，相关业务部门配合，通过目标规划、风险分析、风险识别、风险排序、风险应对、监控评价的运作体系，全市应对风险任务1745户次，查补入库1.89亿元。

三是发扬围龙精神，固本拓新出亮点。梅州国税以新客家人的开阔视野，创造性地将客家文化与国税文化相融合，打造梅州国税“围龙文化”品牌，获得全省国税系统文化建设绩效第一名。通过“围龙文化”实践，将其融入税收、队伍、党廉等各项建设中。有3个单位获得厅级及以上荣誉表彰，10人次获得厅级及以上荣誉表彰。其中梅县国税局被国家税务总局评为各省（市、区）税务局先进集体；丰顺县国税局被评为广东省“五一劳动奖状”和广东省五四红旗团支部。同时，成功查办“7·28”“梅花一号”等专案，为梅州“一区两带六组团”做出较大贡献。

2016年11月17日，纳税人在体验自助办税

梅州市司法局

依法治市 推进法治梅州建设

文/图：市司法局提供

2016年3月3日，市委书记黄强（右三）到市戒毒所和市戒毒康复所调研

2016年5月18日，省司法厅厅长杨江华（右二）到梅州调研司法行政工作。图为杨厅长在梅州市公共法律服务中心调研

2016年11月3日，副市长、市公安局局长陈俊钦（图中）率队调研全市司法行政工作，要求进一步增强做好司法行政工作的责任感和使命感，全力推进法治梅州建设

2016年12月7—9日，全省普法讲师团工作经验交流会在梅州市大埔县召开。省司法厅党委委员、副厅长张荣辉，梅州市政府副市长、市公安局局长陈俊钦出席会议

一是普法宣传工作。梅州市“六五”普法工作顺利验收，并获得多项全国、全省荣誉。“七五”普法成功启动，梅州普法微信公众号开启普法新模式。法治宣传创新模式，实现“五个转变”：从突出“关键少数”，向“关键少数”与“普及大众”相结合转变；从队伍单一，向多元参与转变；从“唱独角戏”，向“联合唱戏”转变；从“传统模式”，向“新媒体”转变；从“软任务”，向“硬指标”转变。特别是在坚持开展“法律六进”活动的基础上，组织市普法宣讲团继续深入开展“普法宣讲百镇千村行”“普法进百校”等活动，打造“点餐式”普法宣讲品牌，得到《法制日报》《南方法治报》等媒体的高度关注并作专题宣传报道，获得省、市委宣传部肯定。12月，全省普法讲师团工作经验交流会在梅州市大埔县召开，梅州市经验在大会上得到推广。开通梅州发布微访谈、电台行

风热线、电视台《以案说法》专栏、《梅州日报》《与法同行》专栏等多媒体宣传载体。各级普法办搭建平台，组织执法单位联合“唱戏”，开展法治文艺大巡演。建立法治建设目标考核机制，将普法宣传任务列入综治考核和精神文明创建工作的考核内容，推进“谁执法谁普法”责任制的落实。

二是法律援助工作。2016年，全市办理各类法律援助案件1310宗，接待信函、电话、到访法律咨询30406人次，组织和参加法律宣传咨询活动94场次。全市法律援助成绩突出，梅州市法律援助处获全国老年法律维权工作先进集体称号，丰顺县法律援助处主任刘钦泰、大埔县茶阳司法所所长徐振西被授予“全国法律援助工作先进个人”称号。

三是一村（社区）一法律顾问工作。全市村（社区）法律顾问深入镇（街）、村（社区）开展公益法律服务，累计提供法律服务31219次，出具法律意见书551件，开展法律咨询20109场（次），举办法治讲座6650场（次），调解纠纷912件，处理群体性、敏感性案件112件，法律援助150件。梅州市一村（社区）一法律顾问工作受到充分肯定，省司法厅专门组织摄影组在梅州拍摄村（社区）法律顾问公益宣传广告，并专题制作梅县区广州对口支援律师工作纪录片。

四是仲裁业务及公证工作。仲裁委受理民商事案件创历史新高，全年受理案件85件，涉案标的额达2049万元。公证业务领域不断拓展，全年全市办理各项公证业务13666件。围绕政府中心工作和重点工程建设，在征地拆迁、公证丈量、法律文书送达、清点和证据保全等方面做了大量工作，有效地推进政府工作进程，服务梅州经济发展。利用节假日办证，对残疾人、孤寡老人、困难户等救助对象，对行动有困难的当事人，提供上门服务。11—12月，按照司法部和省司法厅倡议，嘉应公证处开展为70周岁以上老年人免费办理遗嘱公证的便民利民活动。开展法律服务进企业活动，担任企业法律顾问，保障企业和员工的合法权益。成立市公证协会，进一步加强全市公证行业管理。

五是人民调解工作。全市司法行政部门开展人民调解规范化建设，建立和完善市、县（市、区）、镇（街）、村（社区）人民调解组织网络体系。采取市、县联动的形式，对全市人民调解员进行全员培训，培训60多场次，培训调解员1万多人，使全市人民调解员的文化素质和调解技能得到较大的提升。全市各地深入开展“社会矛盾纠纷排查化解”专项活动，及时妥善处置各类社会矛盾和纠纷，全市各级调解组织调解各类矛盾纠纷20321件，调解成功20238件，调解成功率达99.59%。加强行业性、专业性人民调解组织建设，全市建立各类行业性、专业性调解委员会250个，专兼职调解员1156人，调解各类行业性、专业性纠纷161件，调解成功154件，成功率95.6%。

六是戒毒康复工作。2016年，市强制隔离戒毒所收治强戒人员265人，在册强戒人员500人。实现场所15年持续安全“六无”目标。市戒毒康复工作管理所发挥禁毒宣传教育基地作用，组织全市市直干部职工4000多人次分期分批参观学习禁毒基地，营造全市禁毒大氛围。

七是社矫安帮工作。社区矫正监管进一步强化，各县（市、区）强化监管手段，推行点名训诫办法，创新管理模式。梅江区成立嘉城社区矫正基地，创新社区矫正“两个八小时”活动模式；兴宁市开发社区服刑人员“人脸指纹考勤系统”；五华县推行执法人员佩戴执法记录仪试点工作。全市累计接收社区矫正人员9859人，累计解除社区矫正7569人，累计重新违法犯罪20人，重新违法犯罪率始终控制在2‰左右。在册社区矫正人员2290人。安置帮教工作有效开展，据统计全年全市各级安置帮教机构衔接刑释解教人员2566人，安置2468人，帮教2507人，安置率、帮教率分别为96.18%和97.77%，重新犯罪率为0。

广东粤电大埔发电有限公司

狠抓基建和生产 实现企业跨越发展

文/图：广东粤电大埔发电有限公司提供

大埔电厂外景图

大埔电厂主厂房图

大埔电厂汽机层图

广东粤电大埔电厂“上大压小”新建工程项目是广东粤嘉电力有限公司的承接项目，该项目位于广东省首批中央苏区县的大埔县三河镇，投资约53亿元，由广东省粤电集团下属的广东电力发展股份有限公司投资兴建，为法人独资的有限责任公司。大埔电厂项目于2011年9月获得国家能源局同意项目开展前期工作的批复文件；2013年3月，广东粤电大埔发电有限公司挂牌成立；2013年12月，项目获得国家发改委核准。2016年是大埔发电公司进入商业运营的首战之年，也是大埔电厂基建工程的收官之年。全年大埔发电公司全体人员紧紧围绕“基建、生产”两大中心任务，敬业奉献、攻坚克难，狠抓工程建设和生产运营，实现企业的跨越发展。

一是项目超洁净排放投产。公司建设两台60万千瓦超超临界燃煤发电机组，同步配套建设高效除尘、脱硫和脱硝装置。其中，1号机组于2015年12月26日建成投产,2号机组于2016年6月21日建成投产。2016年12月，公司两台机组均通过省环保厅脱硝除尘脱硫设施先期验收及烟气超低排放验收，实现超洁净排放，提前4年达到国家《煤电节能减排升级与改造行动计划（2014-2020年）》烟气治理排放要求。

二是基建与生产安全“双丰收”。公司基建与生产安全两头抓，通过多举措、全方位地强化安全管理，圆满实现了基建“三个零”（零人身重伤事故、零人身死亡事故、零重大设备事故）安全目标。截至2016年12月31日公司实现连续安全生产1172天，为社会提供清洁、稳定的能源供应。

三是发电设备和技术先进高效。本工程采用世界上最先进的超超临界机组，机组热效率高，采用低氮燃烧器、烟气余热利用装置、等离子无油点火、低低温除尘器、现场总线控制系统等多项新技术，发电效率处于同类型机组先进水平。公司机组精准实现“三低”（煤耗低、厂用电率低、水耗低），机组运行指标名列同行业前茅。

四是建章立制创标杆。2016年7月，公司正式启动粤电集团公司的企业标准化良好行为建设项目，大力推进兼容质量管理、职业健康安全管理、环境管理、能源管理、风险管理、内部控制、安全生产标准化、信息安全管理等的标准化体系建设。

五是信息化建设处于领先水平。公司信息技术全面运用，建立包括运行管理、行政管理模块、考勤管理、IT服务等功能的综合一体化管理系统（TIMSS），建立生产数据实时监测的SIS系统，建立涵盖设备管理、预算管理、资产管理等管理的EAM系统。另外，OA系统、基建MIS、粤电商务网、移动门户系统、班组管理系统、生产项目管理系统等的应用，使公司全面实现无纸化办公,信息化综合水平达到行业领先水平。

六是多项专利显创新活力。2016年大埔发电公司申报了11项专利，取得10项专利，其余1项正在审核。其中，“补给水系统采用浮船取水”“NCS和ECMS一体化系统在大型火力发电机组中的应用”2个项目分别获得梅州市科技奖励二、三等奖。

梅州市体育局

梅州市努力振兴“足球之乡”

文/图：梅州市体育局提供

2016年12月26日，梅州市纪念誉为“足球之乡”60周年暨振兴足球工作会议在市委礼堂举行

2016年12月19日，梅州市政府印发《梅州市全民健身实施计划（2016—2020年）》。图为2016年梅州市全民健身日登山活动现场

2016年11月26日，绿地·中信银行杯第七届北京国际山地徒步大会梅州·平远站在上举镇顺利启动

2016年，梅州体育事业成绩喜人。

一是体育赛事影响力不断扩大。顺利举办平远“纪念长征胜利80周年健步走活动”、绿地·中信银行杯第七届北京国际山地徒步大会、大埔百侯南粤古驿道定向越野、丰顺自行车国际邀请赛等省级以上比赛；举办“四大杯”“四大联赛”，形成涵盖省、市、县、镇、村“五级足球联赛”。承办广东省男、女子足球五人制联赛东区和西区赛区比赛。全市累计举办赛事活动11678场次，参与人数约67.4万人，同比增长46%，其中足球赛事2197场，参加人数约12.8万人。

二是全民健身设施水平不断提高。全市完成市政府民生实事9个社区体育公园建设，新建足球场55块。新建体育场馆28.64万平方米，人均占有体育场地面积2平方米。

三是体育产业发展空间不断拓宽。全市“一县一品”体育产业架构雏形初现。体彩销售达3.4亿元，首次突破3亿元，同比增长14.9%；体彩市场占有率达50.9%，超额完成省体彩销售任务和省中心下达的增机布点任务。

四是竞技体育竞争力不断提高。梅州被中国足协命名为中国足协青训中心；市体校被国家体育总局授予国家高水平体育后备人才基地。梅州客家足球队保甲成功。兴宁籍运动员陈清晨获得第14届“尤伯杯”冠军。据统计，2016年，全市获得各类赛事冠军10个，亚军17个，季军11个，其中足球比赛获得冠军4个。

蕉岭县经济社会保持平稳健康发展

文/图：蕉岭县地方志办公室提供

2016年，蕉岭县围绕振兴发展目标，以推进供给侧结构性改革为主线，扭紧“三大抓手”，坚守“两条底线”，融入“一区两带”，建设“两区两业”，统筹做好稳增长、促改革、调结构、惠民生、防风险各项工作，促进全县经济社会保持平稳健康发展，实现“十三五”良好开局，全县实现生产总值72.88亿元，同比增长6.1%，公共财政预算收入7.995亿元，同比增长13.24%。

蕉城一河两岸

改造后的205国道蕉岭县穿城段

桂岭新区

油坑建材年产150万吨新型干法旋窑水泥生产线

塔牌600万吨生产线项目建设现场

美丽乡村 上合

皇马公司100万吨粉磨站建成投产

长寿食品蕉岭冬笋生产示范基地

五华县安流镇人民政府

五项工作助推中心镇发展

文/图：五华县安流镇人民政府提供

2017年3月24日，市委书记谭君铁（图中）到安流镇调研

2017年5月17日，县委书记范宜军（左三）到安流镇中心卫生院调研

安流镇地处五华县东南部，距五华县城32千米，区域面积238平方千米，总人口近17万人，辖42个行政村4个社区居委会。2016年主要工作成效有：

一是经济持续发展。2016年末，全镇农村经济总收入11亿元，农村人均收入8500元，镇机动财力800万元，同比分别增长10%、9.9%和30%。招商引资8000万元。

二是民生设施改善。投资240万元完成新兴街升级改造，动工建设省道120惠天地加油站至蓝田桥1.7千米市政大道改造，老省道238镇府至蛇头印2.3千米扩宽改造，新建安流中心卫生院住院大楼7000平方米，新建大都卫生院门急诊大楼2300平方米，动工建设文葵卫生院1180平方米综合楼，动工和完成18个村卫生站建设，完成大都片区公共管理服务中心建设，14个村建起文体广场。

三是美丽镇村创建。投入300多万元购置垃圾压缩车、轮式挖机、三轮垃圾收运摩托车35辆、1500个垃圾桶，聘请35名环卫人员，对圩镇和省、县道主要路段实行统一收运，各村全面启动集中收运，对大都河、三江桥河段进行重点整治。投入230多万元对龙中垃圾填埋场进行改造。美丽镇村创建效果明显。创建省卫生村7个、市卫生村7个。

四是精准扶贫扎实。全面摸清核准扶贫对象，做到“该进则进，该退则退”。坚持因地制宜、“一村一策”、“一户一法”统筹扶贫资金，以“公司+农户”方式，实施光伏发电产业帮扶，让贫困户在项目中得到稳定收入。30%以上贫困户实现脱贫。同时加大公益项目投入，改善村容村貌。

五是基层治理加强。抓好矛盾纠纷排查、研判、调处，做好信访、法律服务、社区矫正工作，打击各种违法犯罪活动，维护社会稳定。建立农村集体资产管理平台，搞好村账镇管，开展涉农资金自查。加强国土管理，整治违法乱建行为，抓好削坡建房边坡整治。落实安全生产责任，加强日常监管，杜绝重大安全事故发生。加强森林防火、露天焚烧秸秆监管，加强干部队伍建设，改进工作作风，提高服务群众水平。

梅州市安全生产监督管理局

为梅州振兴发展提供安全生产保障

文/图：市安监局提供

2017年，全市安全监管系统深入贯彻学习习近平总书记系列重要讲话精神和治国理政新理念新思想新战略，坚持“安全第一、预防为主、综合治理”的方针，深入推进安全生产领域改革发展，压实安全责任，强化安全生产各项工作措施的落实，确保全市安全生产形势持续稳定。2017年1—10月，全市共排查重大事故隐患461项，已整改419项，整改率93%；打击严重违法违规行为5613起，停产整顿、暂扣吊销证照、关闭取缔企业132家，经济处罚247万元，联合惩戒失信企业12家，问责工作不力的单位6家、相关责任人6人；组织开展5轮综合督查，发现事故隐患和问题638项，全部发出通报要求限期整改。全市发生各类生产安全事故48起、死亡38人，同比分别下降56%和31%，未发生较大以上生产安全事故，为梅州开创振兴发展新局面提供安全生产保障。

2017年6月16日，在梅县区人民广场举办2017年梅州市安全生产咨询日暨“我为安全生产献力量”签名活动。市委常委、常务副市长李远青（右五）出席活动仪式并讲话

2017年9月5日，市安委办主任、市安全监管局局长温勇登（右三）带队检查安全生产工作

2017年9月27日，在院士广场举办危险化学品道路运输事故应急演练活动

2017年8月8日，全市基层安全监管人员培训班开班，全市各镇（街）、梅州高新区、蕉华管理区专职安全员，各县（市、区）安全监管局监管干部300多人参加培训

梅州市尚记食品有限公司

省级非物质文化遗产——尚记食品

文/图：尚记食品公司提供

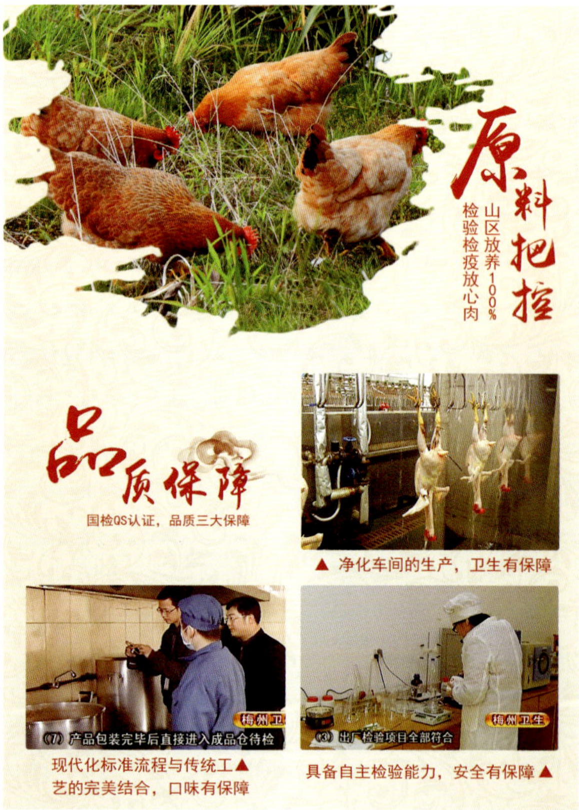

梅州市尚记食品有限公司创建于1979年。一直以来传承客家美食文化为己任，依据客都梅州，致力弘扬客家风味美食。公司以“闻香识尚记，风味倾梅州，美食传天下”的观念，潜心研究开发客家特色食品，产品深受消费者的赞许和厚爱，尚记美食独树一帜闻名遐迩，其品质可谓独一无二，无可挑剔，究其缜密实乃精诚所至和源于上乘讲究的工艺底蕴。公司坚持“精益求精”经营理念，笃信“顾客至上、质量第一、服务周到、精心调味”的方针。尤重主料精且不冗，辅料全而不杂的鲜明特色，积极倡导绿色、健康美食文化。尚记系列产品，配方独特，用料考究，做工精细，是老少皆宜的佐餐和理想的送礼佳品。多年来，尚记系列产品屡获殊荣，公司产品的知名度和消费者的认可度日益昌隆、显达。斗转星移，与时俱进，如今尚记食品金牌老号更加鎏金益彩，尽显风流，可谓：客都真风味，恰是尚记风，高歌展翅飞，一步一层楼。

目　录

梅州市地图
2016 数字梅州　城市名片
梅州年鉴编纂委员会
梅州年鉴编辑部
编辑说明
彩图专辑
领导关怀…………………………… 图 1
工作掠影…………………………… 图 5
广州市派驻梅州市精准扶贫
工作队…………………………… 图 22
梅州市国税局…………………………… 图 24
梅州市司法局…………………………… 图 26
广东粤电大埔发电有限公司………… 图 28
梅州市体育局…………………………… 图 30
蕉岭县委县政府………………………… 图 32
五华县安流镇人民政府……………… 图 34
梅州市安全生产监督管理局………… 图 35
梅州市尚记食品有限公司…………… 图 36

特　辑

· 相隔 25 年梅城再飘雪 ………………… 1
· 江南新城“两馆一场”全面开建……… 1
· 12 市振兴发展考评梅州居首…………… 1
· 连续 5 年入选“最具幸福感城市” …… 1
· 双季稻产量世界纪录在梅州诞生……… 1
· 梅州选出新一届市委领导机构………… 1
· 全市 6 条高速公路同时在建…………… 1
· 纪念梅州被誉为足球之乡 60 周年 …… 1
· 梅州客商银行获批筹建………………… 1
· 全市 GDP 首次突破千亿元 …………… 2

2016 年大事记

■ 1 月…………………………………… 3
■ 2 月…………………………………… 5
■ 3 月…………………………………… 6
■ 4 月…………………………………… 8
■ 5 月…………………………………… 11
■ 6 月…………………………………… 13
■ 7 月…………………………………… 14
■ 8 月…………………………………… 16
■ 9 月…………………………………… 18
■ 10 月…………………………………… 20
■ 11 月…………………………………… 22
■ 12 月…………………………………… 24

概　况

■ 自然地理 ……………………………… 28
· 位置、范围、面积 ………………… 28
· 地质、地形、地貌 ………………… 28
· 气候 ………………………………… 28
· 自然资源 …………………………… 29
■ 民族、人口、语言………………… 29
· 民族 ………………………………… 29
· 人口 ………………………………… 29
· 语言 ………………………………… 30
· 表 1　梅州市行政区划一览表………… 30
■ 环境质量与生态保护 ……………… 31
■ 经济社会发展概况 ………………… 31
· 概况 ………………………………… 31
· 第一产业 …………………………… 31
· 第二产业 …………………………… 31

· 第三产业…… 31
· 招商引资和园区建设…… 32
· 固定资产和基础设施…… 32
· 财政税收和金融保险…… 32
· 外经外贸和利用外资…… 32
· 物价水平和人民生活…… 32
· 科教文化和卫生体育…… 33

■ **横向经济联合与协作概况**…… 34
· 穗梅对口帮扶…… 34
· 区域合作…… 34

■ **精神文明建设概况**…… 34
· 社会主义核心价值观培育…… 34
· 精神文明创建活动…… 35
· 公民思想道德建设…… 35
· 未成年人思想道德建设…… 36
· 全民读书活动…… 37

■ **党的建设概况**…… 37
· “两学一做”学习教育 …… 37
· 党的建设制度改革…… 37
· 基层党组织建设…… 37
· 基层党建工作…… 38

■ **党风廉政建设概况**…… 38
· 纪律严明…… 38
· 作风建设…… 38
· 腐败惩治…… 38
· 体制改革…… 38
· 宣传教育…… 39

领导机关

■ **市委**…… 40
· 2016 年市委主要会议…… 40
· 组织工作…… 45
· 宣传工作…… 46
· 统战工作…… 48
· 党校工作…… 49
· 机关工委工作…… 50
· 党史工作…… 51
· 保密工作…… 51
· 老干部工作…… 52
· 信访工作…… 54
· 机构编制工作…… 54

■ **市人大常委会**…… 55
· 市六届人大七次会议…… 55
· 市六届人大八次会议…… 55
· 立法工作…… 55
· 监督工作…… 56
· 人事任免…… 56
· 代表工作…… 56
· 依法治市工作…… 56
· 人大换届选举工作…… 56

■ **市人民政府**…… 56
· 市政府常务会议…… 56
· 金融服务工作…… 57
· 应急管理工作…… 58
· 反走私工作…… 60
· 住房公积金管理…… 60
· 招商引资工作…… 60
· 法治工作…… 61
· 外事侨务及港澳台工作…… 62
· 档案工作…… 63
· 地方志工作…… 64
· 台湾事务…… 65
· 行政服务中心工作…… 66

■ **市政协**…… 67
· 政协会议…… 67
· 协商议政…… 67
· 调研视察…… 67
· 民主监督…… 68
· 提案工作…… 68
· 联情联谊…… 68
· 文史征编…… 68
· 民生实事…… 68

■ **市纪检监察工作**…………………………… 68
· 主要会议…………………………………… 68
· 正风肃纪工作……………………………… 69
· 执纪审查工作……………………………… 69
· 教育预防工作……………………………… 70
· 改革创新…………………………………… 70
· 换届工作…………………………………… 70

民主党派与工商联

■ **市民革**………………………………………… 71
· 民革梅州市第七次党员代表大会召开……………………………………… 71
· 思想建设…………………………………… 71
· 参政议政…………………………………… 71
· 社会服务…………………………………… 71
· 统战工作…………………………………… 72
· 信息宣传…………………………………… 72
· 党员成绩…………………………………… 72
· 组织建设…………………………………… 72
■ **市民盟**………………………………………… 72
· 中国民主同盟梅州市第七次代表大会召开……………………………………… 72
· 调研活动…………………………………… 72
· 社会服务…………………………………… 73
· 盟员成绩…………………………………… 73
■ **市民建**………………………………………… 73
· 政治学习…………………………………… 73
· 参政议政…………………………………… 73
· 社会服务…………………………………… 74
· 会员成绩…………………………………… 74
· 换届工作…………………………………… 74
· 组织建设…………………………………… 74
· 信息管理…………………………………… 74
■ **市民进**………………………………………… 74
· 中国民主促进会梅州市第七次代表大会召开…………………………………… 74
· 思想建设…………………………………… 75
· 参政议政…………………………………… 75
· 社会服务…………………………………… 75
· 信息宣传…………………………………… 75
· 会员成绩…………………………………… 75
· 组织建设…………………………………… 75
■ **市农工党**……………………………………… 76
· 思想建设…………………………………… 76
· 参政议政…………………………………… 76
· 社会服务…………………………………… 76
· 党员成绩…………………………………… 76
· 信息宣传…………………………………… 77
· 组织建设…………………………………… 77
■ **市致公党**……………………………………… 77
· 中国致公党梅州市第七次党员大会召开……………………………………… 77
· 基层组织换届……………………………… 77
· 参政议政…………………………………… 77
· 海外联谊…………………………………… 77
· 社会服务…………………………………… 77
· 党员成绩…………………………………… 77
· 组织建设…………………………………… 78
■ **市九三学社**…………………………………… 78
· 政治思想建设……………………………… 78
· 换届选举工作……………………………… 78
· 参政议政…………………………………… 78
· 调研活动…………………………………… 78
· 社会服务…………………………………… 78
· 社员成绩…………………………………… 79
· 组织建设…………………………………… 79
■ **市工商联**……………………………………… 79
· 市工商联（总商会）第七次会员代表大会召开……………………………… 79
· 思想建设…………………………………… 79
· 参政议政…………………………………… 79
· 商会交流…………………………………… 79
· 主要项目建设……………………………… 80

·组织建设和会员成绩…………………… 80

社会团体

■ **市总工会**…………………………………… 81
·职工权益维护………………………… 81
·帮扶救助……………………………… 81
·劳模工作……………………………… 81
·基层工会建设………………………… 81
·自身建设……………………………… 82
■ **共青团市委**………………………………… 82
·青少年思想道德建设………………… 82
·青年就业创业………………………… 82
·青少年帮扶…………………………… 82
·维护青少年合法权益………………… 83
·志愿服务工作………………………… 83
·精准扶贫……………………………… 83
·团自身建设…………………………… 83
■ **市妇联**……………………………………… 83
·聚焦妇女创新创业…………………… 83
·培育和践行社会主义核心价值观…… 83
·关注妇女儿童民生…………………… 84
·构建妇儿维权格局…………………… 84
·锻造创新服务新团队………………… 84
■ **市社科联**…………………………………… 84
·社科普及工作………………………… 84
·社科智库建设………………………… 85
·理论研究……………………………… 85
·省、市科研合作……………………… 85
·会员单位管理和服务………………… 85
■ **市侨联**……………………………………… 86
·扶贫济困……………………………… 86
·联谊交往……………………………… 86
·维护侨益……………………………… 86
·宣传工作……………………………… 86
·新侨工作……………………………… 86
■ **市文联**……………………………………… 86
·文艺创作……………………………… 86
·主题活动……………………………… 86
·文艺交流……………………………… 87
·文艺惠民……………………………… 87
·品牌创建……………………………… 87
·人才培养……………………………… 87
·阵地建设……………………………… 87
■ **市残联**……………………………………… 88
·政策保障……………………………… 88
·社会保障……………………………… 88
·康复工作……………………………… 88
·教育就业……………………………… 88
·精准扶贫……………………………… 88
·信访维权……………………………… 89
·宣传活动……………………………… 89
·文体活动……………………………… 89
·信息更新……………………………… 89
·服务设施……………………………… 89
■ **市红十字会**………………………………… 89
·概况…………………………………… 89
·救灾赈济……………………………… 89
·救助活动……………………………… 90
·应急救护培训………………………… 90
·器官及造血干细胞捐献……………… 90
·红十字知识宣传……………………… 90

法　治

■ **综述**………………………………………… 91
·概况…………………………………… 91
·公共安全管理………………………… 91
·创新社会治理………………………… 92
·依法治市……………………………… 92
■ **公安**………………………………………… 93
·概况…………………………………… 93
·法治维稳……………………………… 93
·打击犯罪……………………………… 93

· 治安防控…… 93
· 管理服务…… 94
· “四项建设”工作 …… 94
· 队伍建设…… 94
■ **检察**…… 95
· 概况…… 95
· 服务非公有制经济…… 94
· 刑事犯罪惩治…… 95
· 职务犯罪预防惩治…… 95
· 未成年人检察工作…… 96
· 诉讼监督…… 96
· 司法改革…… 97
· “一镇一检察官”工作 …… 97
■ **法院**…… 97
· 概况…… 97
· 审判执行…… 97
· 审判管理监督…… 98
· 司法建议…… 98
· 司法改革…… 98
· 司法公开…… 98
· 参与社会管理…… 99
· 基层基础建设…… 99
· 队伍建设…… 99
■ **司法行** …… 100
· 普法宣传…… 100
· 法律服务…… 100
· 法律援助…… 100
· 一村（社区）一法律顾问工作…… 101
· 仲裁业务及公证工作…… 101
· 司法鉴定…… 101
· 人民调解工作…… 101
· 戒毒康复工作…… 101
· 社矫安帮工作…… 101
· 国家司法考试…… 101

军　事

■ **梅州军分区** …… 102
· 概况…… 102
· 思想政治建设…… 102
· 军事斗争准备…… 102
· 兵员征集工作…… 102
· 后勤保障能力建设…… 102
· 党管武装工作…… 103
· 部队正规化建设…… 103
· “双拥”、扶贫工作…… 103
■ **武警梅州市支队**…… 103
· 思想政治工作…… 103
· 军事训练…… 104
· 正规化管理…… 104
· 后勤综合保障…… 104
■ **人民防空** …… 105
· 指挥通信…… 105
· 人防工程…… 105
· 依法行政…… 105
· 宣传教育…… 105
· “准军事化”建设…… 105

经济管理

■ **发展和改革管理** …… 106
· 规划编制…… 106
· 计划编制实施情况…… 106
· 重点项目建设…… 106
· 政策落实和资金争取…… 107
· 物价管理…… 107
· 重点领域改革…… 107
■ **工商行政管理** …… 107
· 概况…… 107
· “两建”工作 …… 108
· 商事制度改革…… 108
· 内资企业登记管理…… 109
· 表 2　全市各类市场主体登记的基本情况一览表…… 109
· 市场监管…… 109

·企业监管…… 111
·商标广告监管…… 112
·消费者权益保护…… 112
■ **国土资源管理** …… 113
·土地规划…… 113
·耕地保护…… 113
·地籍管理…… 114
·不动产统一登记…… 114
·土地利用…… 114
·土地市场…… 114
·矿产管理…… 115
·地质勘查管理…… 115
·地灾防治…… 115
·测绘管理…… 115
·执法监察…… 115
·改革创新…… 115
·信访和法治工作…… 115
■ **质量技术监督管理** …… 116
·质量强市建设…… 116
·质量品牌建设…… 116
·标准化工作…… 116
·计量工作…… 116
·质量监督抽查…… 116
·特种设备安全监管…… 116
·执法打假工作…… 116
·技术机构及人才建设…… 117
■ **审计工作** …… 117
·概况…… 117
·重大政策落实审计…… 117
·财政预算管理审计…… 117
·领导干部经济责任审计…… 117
·民生专项资金审计…… 117
·政府投资项目审计…… 117
·“三公”经费支出审计 …… 117
■ **统计工作** …… 117
·统计政策措施落实…… 117
·统计数据质量管控…… 118
·统计基层基础建设…… 118
·部门统计工作…… 118
·统计服务工作…… 118
·第三次全国农业普查工作…… 119
■ **国家统计局梅州调查队** …… 119
·重点调查工作…… 119
·“三农普”遥感测量 …… 119
·统计分析研究…… 119
·提高数据质量…… 120
·调查服务…… 120
·统计法治建设…… 120
·联网直报与信息化建设…… 121
■ **食品药品监管管理** …… 121
·监管责任落实…… 121
·治理体系优化…… 121
·食品安全保障…… 121
·信息化监管…… 121
·食品药品违法犯罪惩治…… 122
·食品药品安全宣传教育…… 122
■ **粮食储备管理** …… 122
·粮食安全政府责任制…… 122
·粮食流通基础设施建设…… 123
·粮食储备管理…… 123
·依法治粮…… 123
·粮食应急调控…… 123

农　业

■ **粮食和经济作物** …… 124
·概况…… 124
·经营主体培育壮大…… 124
·农业种养结构优化…… 124
·品牌建设…… 124
·农业标准化实施…… 125
·富硒长寿品牌打造…… 125
·转型升级…… 125
·宣传推介…… 125

· 基础设施建设…………………………… 125
· 科技创新………………………………… 126
· 农村综合改革…………………………… 126
· 强农惠农政策落实……………………… 126
■ **畜牧业** ………………………………… 126
· 概况……………………………………… 126
· 绿色现代畜牧业基地建设……………… 126
· 生态特色畜牧业发展…………………… 127
· 健康绿色畜牧业发展…………………… 127
· 动物疾病防控…………………………… 127
· 畜产品质量安全监管…………………… 128
· 畜禽屠宰管理…………………………… 128
· 畜牧业抗风险能力增强………………… 129
■ **林业** …………………………………… 129
· 概况……………………………………… 129
· 林政管理………………………………… 129
· 林业生态建设…………………………… 129
· 森林资源管护…………………………… 129
· 林业产业建设…………………………… 130
· 国家森林城市创建工作………………… 130
■ **水利水电** ……………………………… 130
· 防汛抢险救灾…………………………… 130
· 城市水务工程建设……………………… 131
· 重大工程建设…………………………… 131
· 农村水电建设管理……………………… 131
· 农田水利设施建设……………………… 131
· 农村饮水工程…………………………… 131
· 水库移民后期扶持……………………… 131
· 梅西水库………………………………… 131
■ **气象** …………………………………… 132
· 气候……………………………………… 132
· 灾害性天气……………………………… 133
· 防灾减灾………………………………… 133
· 气象现代化建设………………………… 134
■ **供销合作经济** ………………………… 134
· 概况……………………………………… 134
· 综合改革试点…………………………… 134
· 创建农产品电商平台…………………… 135
· 农民专业合作社发展…………………… 135
· 惠农政策扶持…………………………… 135
· “新网工程”建设 ……………………… 136
· 安全生产工作…………………………… 136
· 服务“三农”工作宣传………………… 136

工　业

■ **经济和信息化** ………………………… 137
· 概况……………………………………… 137
· 招商引资………………………………… 137
· 园区建设………………………………… 137
· 梅兴华丰产业集聚带建设……………… 137
· 技改创新………………………………… 138
· 节能降耗………………………………… 138
· 信息化建设……………………………… 138
· 机电工业………………………………… 138
· 铜矿业…………………………………… 138
· 电子信息工业…………………………… 138
· 特种行业（民爆）……………………… 139
· 陶瓷工业………………………………… 139
· 中烟工业………………………………… 139
■ **招商引资与经济合作** ………………… 140
· 招商引资………………………………… 140
· 对口帮扶………………………………… 140
· 区域合作………………………………… 141
■ **工业园区建设** ………………………… 141
· 蕉华工业园区…………………………… 141
· 梅州高新区……………………………… 142
· 梅州嘉应新区…………………………… 143
■ **民营经济** ……………………………… 145
· 概况……………………………………… 145
· 企业建设………………………………… 145
· 招商引资………………………………… 146
· 创业氛围营造…………………………… 147
■ **安全生产** ……………………………… 147

·概况…… 147
·隐患排查…… 147
·安全生产专项整治…… 147
·事故调查处理…… 147
·安全员队伍建设…… 147
·宣传教育培训…… 147
■ 电力工业 …… 148
·梅州供电局…… 148
·广东粤电大埔发电有限公司…… 148
·广东粤电长潭发电有限责任公司…… 150
·广东粤电青溪发电有限责任公司…… 150
·梅州市大埔韩江高陂水利枢纽工程建设管理处 …… 151

交　通

■ 公路 …… 153
·交通固定资产投资…… 153
·高速公路规划建设…… 153
·交通惠民工程…… 153
·交通执法…… 153
·公路建设…… 153
·梅州市粤运汽车运输有限公司…… 154
■ 铁路 …… 155
·梅州铁路建设办公室…… 155
·梅州火车站…… 156
■ 航空 …… 156
·航空业务…… 156
·第 38 个安全年 …… 157
·航空服务…… 157
■ 水运 …… 157
·航道…… 157
·海事…… 158

邮　电

■ 邮政 …… 159
·概况…… 159
·基础设施建设…… 159
·网运能力…… 159
■ 通信 …… 160
·中国电信梅州分公司…… 160
·中国移动通信梅州分公司…… 160
·中国联合网络通信梅州市分公司…… 161
·中国铁塔股份有限公司梅州市分公司…… 162

外经贸·口岸

■ 外经贸 …… 163
·概况…… 163
·宏观指导…… 164
·招商引资…… 164
·电子商务…… 164
·市场拓展…… 165
·服务贸易发展…… 165
·依法行政…… 165
■ 梅州口岸 …… 165
·概况…… 165
·口岸发展规划…… 165
·口岸设施建设…… 166
·口岸协调管理…… 166
■ 梅州海关 …… 166
·概况…… 166
·服务地方建设…… 166
·业务监管…… 167
·反走私工作…… 167
·综合保障…… 167
■ 梅州边检 …… 167
·边检安全执法…… 167
·岗位技能训练…… 167
·队伍建设…… 168
·后勤保障管理…… 168
■ 梅州检验检疫 …… 168

· 概况…… 168
· 进出口产品质量安全…… 168
· 检验监管…… 169
· 企业帮扶…… 169
· 业务综合改革…… 169

国内贸易

■ **商贸流通服务业** …… 170
· 概况…… 170
· 零售业…… 170
· 批发业…… 170
· 餐饮服务业…… 170
· 典当、拍卖及二手车交易市场管理…… 171
■ **盐业专营** …… 171
· 概况…… 171
· 盐业体制改革…… 171
· 盐业安全监管…… 171
· 食盐储备供应…… 171
■ **石油行业** …… 172
· 确保供应…… 172
· 转型发展…… 172
· 风险防控…… 172
· 企业管理…… 172
■ **烟草专卖** …… 172
· 卷烟营销…… 172
· 烟叶生产…… 173
· 专卖管理…… 173
· 基础建设…… 173

财税 · 金融

■ **财政** …… 174
· 财政收入…… 174
· 财政支出…… 174
· 政策资金争取…… 174
· 重点支出保障…… 174
· 实体经济发展支持…… 175
· 财政监督管理…… 175
· 财政改革…… 175
■ **税务** …… 175
· 梅州国税…… 175
· 梅州地税…… 176
■ **金融** …… 178
· 概况…… 178
· 人行梅州市中心支行…… 179
· 中国银行业监督管理委员会梅州监管分局 …… 181
· 中国工商银行股份有限公司梅州分行…… 182
· 中国建设银行梅州市分行…… 183
· 中国银行梅州分行…… 183
· 中国农业银行梅州分行…… 184
· 广发银行股份有限公司梅州分行…… 185
· 中国农业发展银行梅州市分行…… 185
· 广东省农村信用社联合社梅州办事处…… 186
■ **保险** …… 187
· 中国人寿保险股份有限公司梅州分公司…… 187
· 中国人民财产保险股份有限公司梅州市分公司 …… 187
■ **证券** …… 188
· 广发证券股份有限公司梅州营业部 …… 188
· 安信证券梅州分公司…… 189

城乡基本建设

■ **城乡规划** …… 190
· 规划编制管理…… 190
· 城乡环境建设…… 191

· 宜居城乡建设 …… 191
· 城镇村庄建设 …… 191
· 绿道建设 …… 192
■ 建筑业 …… 192
· 概况 …… 192
· 建设工程质量监督 …… 192
· 安全文明生产 …… 192
· 建筑节能 …… 192
· 培训教育 …… 193
· 市政府投资建设项目管理 …… 193
■ 住宅与房地产业 …… 193
· 房地产开发销售 …… 193
· 房地产管理 …… 194
· 住房保障 …… 194
■ 市政建设与管理 …… 194
· 概况 …… 194
· 市政基础设施建设 …… 194
· 公用服务保障 …… 195
· 市政市容管理 …… 195
■ 环境卫生 …… 195
· 概况 …… 195
· 基础设施建设 …… 196
· 城乡环境建设 …… 196
· 农村垃圾治理 …… 196
· 工作机制健全 …… 196
· 宣传教育 …… 196
■ 环境保护 …… 197
· 环境质量状况 …… 197
· “创模”活动 …… 197
· 项目审批服务 …… 197
· 净污减排 …… 197
· 环境执法监管 …… 197
· 重点领域整治 …… 197
· 环保能力建设 …… 198

旅　游

■ 综述 …… 199
· 概况 …… 199
· 旅游规划 …… 200
· 旅游决策 …… 200
· 旅游扶持 …… 200
· 招商引资 …… 200
· 景区建设 …… 200
· 旅游活动 …… 201
· 宣传推介 …… 201
· 旅游管理 …… 202
■ 广东梅州文化旅游特色区 …… 203
· 概况 …… 203
· 规划编制 …… 203
· 招商引资 …… 203
· 项目建设 …… 203
· 宣传推广 …… 203
· 公司运作 …… 203
■ 叶剑英纪念园 …… 203
· 概况 …… 203
· 文物保护与管理 …… 204
· 文物征集与接收 …… 204
· 交流和合作 …… 204

教　育

■ 综述 …… 205
· 概况 …… 205
· 教育创强争先 …… 205
· 教育基础建设 …… 205
· 素质教育建设 …… 206
· 招生工作 …… 206
· 教师队伍建设 …… 206
· 教学成果 …… 206
· “平安校园”创建活动 …… 207
■ 市农业学校 …… 207
· 概况 …… 207
· 招生就业 …… 207
· 硬件建设 …… 207

·教育成果…… 207
·课题研究…… 207
■ **市职业技术学校** …… 208
·概况…… 208
·教学管理…… 208
·德育工作…… 208
·招生就业…… 208
·教师队伍建设…… 208
·教学成果…… 209
·函授培训业务…… 209
·后勤管理…… 209
■ **嘉应学院** …… 209
·概况…… 209
·省、市共建学院…… 210
·“十三五”规划编制 …… 210
·教学审核评估…… 210
·专业建设与人才培养…… 210
·招生与就业工作…… 210
·师资队伍建设…… 210
·教研工作…… 211
·对外交流与合作…… 211
·成人教育和继续教育…… 211
·建设省级中小学教师发展中心…… 211
·数字化校园建设…… 211
■ **市广播电视大学** …… 212
·概况…… 212
·招生培训工作…… 212
·师资队伍建设…… 212
·课题研究…… 212
·非学历教育…… 212
·信息化建设…… 212

科学技术

■ **综述** …… 213
·政策驱动创新优化…… 213
·科技计划项目…… 213
·产学研合作…… 213
·高新技术企业培育发展…… 213
·科技创新平台建设…… 214
·科技人才队伍建设…… 214
·科技成果转化…… 214
·科普宣传…… 214
·知识产权…… 214
·防震减灾…… 215
■ **重大科技成果选介** …… 215
·天然植物有效成分高效分离纯化集成系统及应用 …… 215
·刚挠结合高密度互联（HDI）印制电路板 …… 216
·基于实木封边的表面平整度调控与异型处理技术 …… 216
·龙脑型阴香高产株选育及高效扩繁技术研究与应用 …… 216
·深两优 870 的选育及配套高产栽培技术研究推广 …… 216
·独塔单索面斜拉桥施工技术…… 216
·腹腔镜下全膀胱切除加尿流改道术治疗膀胱癌的疗效分析 …… 216
·表 3 2016 年广东省科学技术奖获奖项目一览表…… 217
·表 4 2016 年梅州市科学技术奖获奖项目一览表…… 217
■ **科学技术协会** …… 220
·科普工作…… 220
·青少年科技竞赛…… 221
·科技交流…… 222
·科技服务…… 222

文化·传媒

■ **综述** …… 223
·文化惠民工程…… 223
·文化遗产保护…… 223

·文艺活动……………………………… 223
·文化产业发展………………………… 223
·市场管理……………………………… 224
■ **广东汉剧传承研究院** ………………… 224
·文艺演出……………………………… 224
·人才培养……………………………… 224
·戏剧数字化采集……………………… 224
·宣传推介……………………………… 224
■ **市客家山歌传承保护中心** …………… 225
·文艺创作和演出……………………… 225
·客家山歌剧申遗……………………… 225
·人才培养……………………………… 225
·对外交流……………………………… 226
·地方剧种交流演出暨学术研讨会举办……………………………… 226
■ **梅州日报社** …………………………… 226
·宣传报道……………………………… 226
·栏目建设……………………………… 226
·多媒体融合…………………………… 226
·拓展经营……………………………… 227
■ **新华书店** ……………………………… 227
·概况…………………………………… 227
·江南购书中心改造升级……………… 227
·阅读活动……………………………… 227
·文化建设……………………………… 228
·店铺购置……………………………… 228
■ **市剑英图书馆** ………………………… 228
·概况…………………………………… 228
·读者活动……………………………… 228
·古籍修复与地方文献数字化………… 229
·数字图书馆建设……………………… 229
·文化志愿服务………………………… 229
·学术交流开展………………………… 229
■ **市广播电视台** ………………………… 229
·宣传报道……………………………… 229
·产业经营……………………………… 230
·融合交流……………………………… 230
■ **中国客家博物馆** ……………………… 230
·概况…………………………………… 230
·馆藏文物与藏品管理………………… 230
·宣传接待……………………………… 230
·学术研究……………………………… 231
·展览活动……………………………… 231
·国际博物馆日文化宣传活动………… 231
·客家文化博物馆联盟年会…………… 231
·安防、消防工作……………………… 231

卫　生

■ **综述** ………………………………… 232
·概况…………………………………… 232
·医药卫生体制改革…………………… 232
·卫生项目建设………………………… 232
·疾病预防控制………………………… 232
·卫生监督……………………………… 233
·卫生应急……………………………… 233
·卫生信息化…………………………… 234
·医政管理和药物政策………………… 234
·基层卫生建设………………………… 234
·妇幼保健……………………………… 234
·科研教育……………………………… 235
·爱国卫生与健康教育………………… 235
·中医药工作…………………………… 235
·援建工作……………………………… 235
■ **市人民医院** …………………………… 236
·概况…………………………………… 236
·医疗业务……………………………… 236
·机构变动……………………………… 236
·医疗设备……………………………… 236
·专业建设……………………………… 236
·教学科研……………………………… 237
·信息化建设…………………………… 237
·基础建设……………………………… 237
·文化建设……………………………… 237

· 人才队伍建设 …… 238

■ 市中医医院 …… 238
· 概况 …… 238
· 医疗业务 …… 238
· 医疗设备 …… 238
· 专业建设 …… 238
· 教学科研 …… 239
· 信息化建设 …… 239
· 基础建设 …… 240
· 人才队伍建设 …… 240

体　育

■ 全民健身 …… 241
· 政策引导 …… 241
· 体育场馆建设 …… 241
· 群体活动开展 …… 241
· 健身指导 …… 242

■ 竞技体育 …… 242
· 省市运动会概况 …… 242
· 青训体系完善 …… 243
· 队伍建设 …… 243

■ 体育产业 …… 244
· 超额完成省体彩销售任务 …… 244
· 新兴体育产业构建 …… 244

■ 足球改革 …… 244
· 足球改革政策出台 …… 244
· 梅州市纪念誉为“足球之乡”60 周年暨振兴足球工作会议 …… 244
· 足球产业构建 …… 244
· 组织体系建设 …… 245
· 足球场地建设 …… 245
· 赛事品牌建设 …… 245
· 人才队伍建设 …… 245

■ 体育宣传 …… 245

社会生活

■ 人事劳动 …… 247
· 就业创业 …… 247
· 人事人才 …… 247
· 劳动仲裁 …… 248

■ 社会保险基金管理 …… 248
· 概况 …… 248
· 社保待遇调整 …… 248
· 社保制度改革 …… 248
· 社保经办管理 …… 248

■ 社会事务 …… 249
· 低保救助 …… 249
· “五保”供养 …… 249
· 防灾减灾 …… 249
· 养老服务体系建设 …… 249
· 惠民政策 …… 249
· 福利救助 …… 249
· 双拥优抚 …… 250
· 基层政权和社区建设 …… 250
· 社会组织建设 …… 250
· 社工工作 …… 250
· 福利彩票发行 …… 250
· 殡改工作 …… 250
· 区划地名 …… 250

■ 计划生育 …… 250
· 概况 …… 250
· 计生扶助 …… 250
· 计生管理 …… 251

■ 民族工作 …… 251
· 少数民族扶持工作 …… 251
· 城市民族管理工作 …… 251

■ 宗教工作 …… 251
· 宗教场所建设 …… 251
· 宗教管理 …… 252
· 民间信仰工作探索 …… 252

·公益活动与宣传…………………………252

县（市、区）概况

■ **梅江区** ……………………………………254
·概况……………………………………254
·经济社会发展…………………………254
·农业……………………………………254
·工业、建筑业…………………………255
·招商引资………………………………255
·固定资产投资…………………………256
·贸易……………………………………256
·金融·保险……………………………256
·旅游业…………………………………256
·基础建设………………………………256
·城市扩容提质…………………………256
·城乡环保建设…………………………256
·教育·科技……………………………257
·文化·卫生……………………………257
·体育……………………………………257
·民生福祉………………………………257
·法治建设………………………………258
·港澳台及华侨事务……………………258
·国土资源节约集约模范县创建………258
·各镇、街道简况………………………259
■ **梅县区** ……………………………………260
·概况……………………………………260
·经济概况………………………………261
·工业……………………………………261
·农业、林业……………………………262
·招商引资………………………………262
·国内贸易与外经贸……………………262
·旅游业…………………………………263
·基础设施建设…………………………263
·城乡建设………………………………264
·社会民生………………………………265
·环境保护………………………………265
·科技……………………………………266
·教育……………………………………266
·文化艺术………………………………267
·医疗卫生………………………………268
·体育……………………………………269
·党的建设………………………………269
·乡镇、办事处、高管会概况…………270
■ **蕉岭县** ……………………………………272
·概况……………………………………272
·发展概况………………………………272
·农业……………………………………273
·工业和建筑业…………………………273
·固定资产投资…………………………273
·交通和邮电业…………………………273
·国内贸易………………………………273
·对外经济和旅游业……………………274
·金融和保险业…………………………274
·科技、教育、文化、卫生和体育……274
·人口、环境和人民生活………………274
·乡镇概况………………………………275
■ **大埔县** ……………………………………277
·概况……………………………………277
·基础设施建设…………………………278
·工业经济………………………………278
·农业建设………………………………278
·文化旅游建设…………………………279
·人居环境建设…………………………279
·社会事务建设…………………………279
·镇场简况………………………………280
■ **丰顺县** ……………………………………283
·概况……………………………………283
·发展概况………………………………283
·农业……………………………………283
·交通水利建设…………………………283
·工业·建筑业…………………………284
·招商引资与产业园区建设……………284
·固定资产投资…………………………284

·金融·保险…… 284
·商贸…… 284
·旅游业…… 285
·交通·邮电…… 285
·科技·教育…… 285
·文化·卫生·体育…… 285
·人口·社会生活…… 285
·镇场概况…… 285
■ 五华县 …… 289
·概况…… 289
·经济发展概况…… 290
·农业…… 290
·工业…… 291
·园区建设及招商引资…… 291
·固定资产投资…… 291
·基础设施建设…… 291
·旅游业…… 292
·商贸·财税…… 292
·金融·保险…… 292
·教育·科技…… 293
·文化·广电…… 293
·卫计·体育…… 293
·生态环境建设…… 293
·民生改善…… 294
·人民生活…… 295
·乡镇概况…… 295
■ 兴宁市 …… 298
·概况…… 298
·经济发展概况…… 298
·农业…… 298
·工业和园区建设…… 299
·招商引资…… 299
·基础设施建设…… 300
·城乡建设…… 301
·旅游业…… 302
·环保工作…… 302
·民生实事…… 303
·科教文体…… 303
·政务建设…… 304
·镇街概况…… 305
■ 平远县 …… 308
·概况…… 308
·经济发展概况…… 308
·农业产业化发展…… 309
·工业产业结构调整…… 309
·水利基础设施建设…… 309
·交通基础设施建设…… 309
·电力、信息基础设施建设…… 310
·全域旅游示范县建设…… 310
·城乡环境规划建设…… 310
·民生事业…… 311
·教育文化事业…… 311
·卫生体育事业…… 311
·服务型政府建设…… 311
·绿地·中信银行杯第七届北京国际山地徒步大会梅州平远站活动成功举办…… 311
·乡镇概况…… 312

社会经济统计资料

■ 表 5　梅州市国民经济和社会发展主要指标一览表 …… 315
■ 表 6　梅州市生产总值一览表…… 319
■ 表 7　梅州市生产总值指数一览表（一） …… 320
■ 表 8　梅州市生产总值指数一览表（二） …… 321
■ 表 9　梅州市生产总值项目构成一览表…… 322
■ 表 10　梅州市各行业增加值一览表…… 323
■ 表 11　梅州市各县（市、区）生产总值一览表…… 324

■ 表 12　梅州市各县（市、区）生产总值发展速度一览表…………… 325
■ 表 13　梅州市各县（市、区）人均主要经济指标一览表 …………… 326
■ 主要统计指标解释……………………………327
·发展速度……………………………………327
·增长速度……………………………………327
·平均每年增长速度…………………………327
·当年价格……………………………………327
·可比价格……………………………………323
·不变价格……………………………………327
·地区生产总值………………………………327
·固定资产折旧………………………………327
·劳动者报酬…………………………………327
·生产税净额…………………………………328
·营业盈余……………………………………328
·三次产业……………………………………328

文献选编

■ 抢抓机遇　奋力攻坚　全面加快梅州苏区振兴发展
——在市委六届六次全会第一次全体会议上的报告
梅州市委书记　黄强 ………………… 329
■ 政府工作报告
——在梅州市第六届人民代表大会第七次会议上
梅州市市长　谭君铁………………… 342
■ 广东梅兴华丰产业集聚带发展总体规划(2015—2030 年)实施方案…… 354
■ 梅州市人民政府办公室关于印发促进梅州振兴发展 2016 年重点工作任务的通知……………………………… 371
■ 梅州市人民政府办公室关于印发梅州市地方志事业发展规划（2016—2020 年）的通知　梅市府办〔2016〕32 号…… 381
■ 梅州市人民政府关于公布第四批梅州市文物保护单位的通知……………… 385
·表 14　梅州市第四批文物保护单位名单（共 30 处）…………………… 385
■ 梅州市人民政府关于批准并公布梅州市第七批市级非物质文化遗产代表性项目名录的通知
梅市府函〔2016〕135号……………… 387
·表 15　梅州市第七批市级非物质文化遗产代表性项目名录 ……… 388

名　录

■ 梅州市领导班子成员名单…………… 389
■ 梅州市领导机关正、副秘书长名单…… 390
■ 梅州市市直单位处级领导干部名单 ………………………………… 390
■ 中央、省属驻梅州单位处级领导干部名单………………………………… 400
■ 国家级先进单位与先进个人 ………… 405
·表 16　梅州市国家级先进单位一览表……………………………405
·表 17　梅州市国家级先进个人一览表……………………… 405

特 辑

责任编辑：陈旭芳

【相隔25年梅城再飘雪】 2016年1月23日晚至24日凌晨，梅州城区与雪花不期而遇。是25年来梅州城区的第一场雪，即继1991年12月后，梅城再次出现降雪天气。

【江南新城“两馆一场”全面开建】 2016年6月，备受市民关注的江南新城“两馆一场”（城市规划展览馆、青少年科技馆和具有人防功能的地下停车场）全面启动建设，工期2年。

【12市振兴发展考评梅州居首】 2016年6月22日，省政府在广东省进一步促进粤东西北产业园区提质增效工作现场会上通报2015年度振兴发展评估考核结果，梅州以89.90分的考核评分位居粤东西北12市首位。

【连续5年入选“最具幸福感城市”】 2016年6月，中国城市竞争力研究会发布2016“最具幸福感城市”排行榜，梅州排名第20位。是梅州市连续5年入选“最具幸福感城市”，排名比2015年上升一位。

【双季稻产量世界纪录在梅州诞生】 2016年11月19日，国家南方粮油作物协同创新中心教授黄璜宣布“华南双季超级稻年亩产三千斤绿色高效模式攻关”测产验收结果，标志着双季稻产量世界纪录在梅州兴宁龙田镇环陂村诞生。

【梅州选出新一届市委领导机构】 2016年11月30日，中共梅州市第七次代表大会胜利闭幕。谭君铁当选市委书记，方利旭、彭耀新当选市委副书记，张丽霞、杜敏琪、李远青、张文广、余其豹、黄建固、陈志宁当选市委常委。

【全市6条高速公路同时在建】 2016年12月12日，大丰华高速公路丰顺至五华段开工，预计2020年建成通车。12月26日，梅大高速公路梅州东环支线、兴宁至汕尾高速公路五华至陆河段动工建设。梅州市实现6条高速公路同时在建，创历史纪录。

【纪念梅州被誉为足球之乡60周年】 2016年12月25—26日，梅州市举办纪念誉为“足球之乡”60周年暨振兴足球工作会议系列活动，传承和推广“足球之乡”的历史文化，加快推进全市振兴足球工作。

【梅州客商银行获批筹建】 2016年12月29日，梅州客商银行筹建申请获得中国银监会批复，将成为粤东西北地区首家民营银行。银行注册资本20亿元，由宝丽华新能源股份有限公司、塔牌集团股份有限公司等5家广东省内优质民营企业发起设立。

【全市 GDP 首次突破千亿元】 2016 年，预计全市生产总值 1045.56 亿元，首次突破千亿元，固定资产投资 650.36 亿元，一般公共预算收入实现 105.46 亿元。

（范　斌）

梅州市 6 条高速公路同时在建，图中为兴汕高速公路五华至陆河段动工（连志城　摄）

2016年大事记

责任编辑：廖晓鹏

1　月

1日，广东“全面二孩”政策实行，实施新修订的《广东省人口与计划生育条例》，成为“普遍二孩”政策率先落地的省份。《广东省人口与计划生育条例》规定“提倡一对夫妻生育两个子女”，取消晚婚晚育假，将原来的独生子女母亲产假调整为奖励假30天。

是日，梅州市妇幼保健计划生育服务中心（梅州市妇女儿童医院）挂牌成立。由市妇幼保健院、市计划生育服务中心合并而成，以拓宽服务领域，实现资源共享和“1+1>2”的效果。分成宽婉院区（原市妇幼保健院）和凤尾园院区（原市计划生育服务中心）。新设立妇女保健科、出生缺陷防控中心、计划生育科等，实现青春期保健、婚前保健、孕前保健、产后康复、围绝经期保健、老年期保健、妇科疾病诊治等“全套服务”，建成集保健、医疗、教学、科研于一体的三级妇幼保健机构。

是日，丰顺县集瑞艺术馆、集瑞博物馆开馆迎客。是丰顺县首家民办艺术馆、博物馆，坐落在丰顺县汤坑镇南路，由黄和祥创办，收藏、研究、展览古典家具、瓷器、字画及民间工艺品等，对市民开放。

是日，上海市民政局、杨浦区区委等单位负责人专程到谢晋元将军之子谢继民上海的家中，将谢晋元被评定为烈士的证明书交到谢继民手中。

3日，主题为“游客家山水，品千年宋梅”的2016年第三届磨房梅州百里徒步游梅州活动在客天下广场起步，吸引梅州、深圳、广州、惠州、河源等地313支队伍、3500名驴友参加，其中年龄最大的72岁，最小的仅6岁。徒步路线总里程42千米。

8日，坐落于广州（梅州）产业转移工业园的广东恒一实业有限公司首条婴幼儿环腰裤生产线正式投产，成为梅州市首家婴幼儿纸尿裤生产企业。生产线投资1000多万元，签订近8000万片的订单。

是日，大埔招商推介会在深圳市举行。大埔县委书记林健雄就大埔招商引资重点项目作主题推介，希望大埔籍企业家响应市委、市政府“乡贤回乡投资兴业工程”号召，踊跃回大埔对接项目、拓展合作，助推大埔做强特色主导产业、加快振兴发展步伐。同时，深圳市大埔商会会馆在深圳市福田区中康路落成。

9日，广东省大埔商会成立暨大埔招商推介会在广州白云国际会议中心举行。陈公颜当选商会会长，商会有160家创会会员单位，会员企业涵盖家电、精细化工、建筑建材、房地产等行业。

10日，广东省委常委、常务副省长徐少华率队到梅州调研并召开粤东片区推进铁路项目建设现场会，强调各级各部门要抓紧抓实“三大抓手”项目建设，全力推进粤东西北地区加快振兴发展。

12 日，位于梅县区梅南镇的新南湾水岸游乐休闲中心正式开业。中心投入 1 亿多元，先后建成沙滩足球场、排球场和特色农家乐，同时配套有水岸休闲步道、豪华游船等。中心计划总投资 3 亿元，分 3 期进行建设。

17—18 日，中共梅州市委六届六次全会在市委礼堂举行。会议的主题是动员全市上下围绕振兴发展目标，深化运用“两大政策”，扎实推进“三大抓手”，构建“一区两带”发展新格局，抢抓机遇、奋力攻坚，全面加快梅州苏区振兴发展，确保与全省同步全面建成小康社会。会议表决通过《中共梅州市委关于制订国民经济和社会发展第十三个五年规划的建议》和全会的《决议》。

19 日，广东首个省立国家公园正式敲定落户平远。广东平远国家公园试点范围跨 9 个镇，涉及南台山国家森林公园、龙文—黄田省级自然保护区、五指石省级风景名胜区、五指石省级地质公园 4 个保护地，试点面积达 15248 公顷，主题是“森林—丹霞”。该区域内保存的亚热带常绿阔叶林森林植被和森林生态系统是世界同纬度地区的典型代表，丹霞地质地貌遗迹及其景观是具有世界或国家保护价值的珍贵自然遗产，均具有很高价值。

19—21 日，市政协六届五次会议在市委礼堂召开。大会审议通过《政协第六届梅州市委员会第五次会议决议》，选举古清华、刘作昆、吴寿康、张硕、胡万强、饶智华、董显光、释传缘 8 位委员为六届市政协常务委员。

20—22 日，市六届人大七次会议在客家艺术中心召开。市长谭君铁作政府工作报告，要求落实“五大发展”理念，参与“一区两带”建设，共同开创梅州振兴发展新局面。大会依法补选钟夏彬、谢志云为市六届人大常委会委员。大会通过《关于政府工作报告的决议》《关于市国民经济和社会发展第十三个五年规划纲要的决议》《关于市 2015 年国民经济和社会发展计划执行情况与 2016 年计划的决议》《梅州市制定地方性法规条例（草案表决稿）》等。

21—28 日，“霸王级”寒潮强势来袭，梅州市各县（市、区）均发生不同程度的低温冰冻灾害，农作物、水产和畜牧养殖受灾较为严重。全市 89 个镇受灾，农作物受灾面积 1.64 万公顷，造成直接经济损失 1.74 亿元。

23—24 日，梅州城区与雪花不期而遇，出现雨夹雪天气。是 25 年来梅城的第一场雪，也是自有气象记录以来的第 9 场降雪。

25 日，梅州首届通过网络平台全程同步直播的网络春晚在梅城东山谷美术广场举办。近 300 名草根表演者为现场 1500 名观众和超过 1 万人次通过电脑或智能手机收看直播的用户，献上一场欢乐精彩的演出。

26 日，梅州市再获 5.8 亿元扶持资金，用于省产业园扩能增效。省经信委、省财政厅联合公示省产业园扩能增效扶持资金计划，安排 5 亿元专项扶持资金用于加强广东梅兴华丰产业集聚带环保基础设施建设，安排 8000 万元资金支持梅州市依托省产业园带动产业集聚发展以及招商选资。

27 日，丰顺县龙溪生态旅游度假村正式开业。度假村位于潭江镇官下村，由梅州市顺兴茶业发展有限公司投资建设，第一期投入 700 多万元，游客可以观赏面积达 80.4 公顷的美丽茶园风光，还有小桥流水、养殖观赏、烂漫花卉以及登山道、观望台等美景。度假村集茶叶种植、观光、食宿等一体，是推进梅江韩江绿色健康文化旅游产业带建设和精心打造农旅结合乡村游、农业龙头项目取得的新成效。

28—29 日，时隔 33 年梅州再现冬季洪水，全市大部分地区普降暴雨到大暴雨，韩江、梅江及部分中小河流水位大幅上涨，梅江梅县（四）站、横山水文站和韩江三河坝水文站先后出现超警戒水位。强降雨导致五华、兴宁、梅县、大埔等县（市、区）出现灾情，五华县河东镇黄泥寨村发生1起山体滑坡，致2人死亡。灾害直接经济损失约2000万元。

29日，梅州日报·客都传媒书画院揭幕成立，同时举办成立书画展，展出160名国家级、省级、市级书画家的176幅作品。

29日至2月7日，梅州市“2016（第32届）迎春花市”在梅州市剑英体育馆广场举行。主展区搭建140多个棚架展位、50多个地摊，还有年桔摊位、鱼鸟档、年货干品展区等。主要参展展品为蝴蝶兰、年橘、大花蕙兰、国兰、凤梨科、梅花等高档花卉和大批室内荫生观叶植物以及金线莲、石斛兰等集药用、观赏价值的植物，展花比往年靓，培育成本高，但花价与往年基本持平。

30日，坐落于兴宁市永和镇的熙和湾客乡文化旅游产业园正式开园试营业。开园当天与20家旅行社签订旅游战略协议。熙和湾是以客家文化为主题，集文化、旅游、休闲、体育、度假于一体的综合性文化旅游产业园区，建成全国最大的花灯建筑和花灯博物馆、粤东地区最大的游乐场等，预计年接待能力可达250万人次。同时，国家AAAA级景区——兴宁神光山同日揭牌，神光山是集城市休闲度假、体育健身、宗教文化、休闲娱乐为一体的综合旅游景区。

是日，位于东山谷·客家文化产业基地的东山谷美术馆正式开放，东山墨韵·当代岭南中国画作品展同时展出，展期至3月5日。东山谷美术馆投资2亿元，占地11500平方米，开馆后将不定期举办艺术品展览、鉴赏、产权交易等活动。东山谷·客家文化产业基地是广东省新型城镇化建设重点项目，一期占地约90.45公顷，投资约50亿元；二期占地约130.65公顷，投资约69亿元。

31日，副省长何忠友率省委、省政府慰问团到梅州“送温暖”，代表省委、省政府看望慰问基层老党员、困难群众和困难职工等，并致以新春的祝福。

是月，梅州、兴宁两级公安机关捣毁1个藏匿在兴宁市石马镇李塘村一偏僻养鸭场内的特大制毒窝点，缴获毒品成品氯胺酮（K粉）504千克，抓获犯罪嫌疑人9名。

是月，蕉岭县金顺泰农业合作社联合社挂牌成立，成为该县首家农业专业合作社联合社。联合社由蕉岭县供销社组织，以金顺泰农业专业合作社为依托，整合兴农蔬菜、祥和红心蜜柚、九岭村丰农淮山、福北益民芥菜专业合作社资源，共同出资500万元，成立联合社，同时集约新铺、长潭、南礤、蓝坊、广福镇土地335公顷，建立金柚、葛根、淮山等十多个品种种植基地，注册“果之都”商标并获得“出境水果果园注册登记证书”，在广州、深圳等地建立稳定的经营网络，配套电子商务、物流配送、检验检测等设备设施。联合社计划投资5亿元，加紧推进总面积8.4万平方米的现代物流展示中心和2万立方米、30万吨的冷冻保鲜库建设。

是月，梅州市境内4条省道升级为国道，分别是：原省道332线大埔段，省道221线大埔段，省道333线大埔段，省道224线大埔、丰顺段，整合后为新沂至海丰国道235线，途经梅州市境内的大埔、丰顺，全长206.12千米；原省道228线五华段、省道120线五华段、省道238线五华段，整合后为南昌至惠来国道238线，全长97.24千米；原省道334线丰顺段，省道120线兴宁、五华段，整合后为福州至巴马国道355线，途经市境内的丰顺、梅县、兴宁、五华，全长123.61千米；全长37.46千米的原省道331线平远段升级为石狮至水口国道358线。国道由过去的2条增至6条，通车里程也由原来的343.52千米增至807.95千米。

是月，平远县城南商业城全面竣工。商业城由平远鹏达实业有限公司开发，规划用地总面积2.5万多平方米，总投资约5亿元，是平远县城最大的综合性商业中心，设有超市、酒店、KTV、电影院等，以及住宅170多户。

2 月

2日，丰顺县韩山生态旅游度假区正式开业。度假区按国家AAAAA级旅游景区标准打造，是集精品会议养生、韩愈文化体验、有机茶园观光、山地休闲览胜、宗教文化朝圣于一体的高端度假旅游胜地。总规划面积约 5025 公顷，计划总投资 28 亿元，分 3 期建设，首期开发约 1407 公顷，计划投资 10 亿元。建成养生度假木屋、杜鹃花谷、森林人家滨水餐厅、养生谷、沿溪栈道、茶文化中心、元宝湖、映竹阁、一线飞泉等游览景点。

5 日，五华县与五华客天下文化旅游产业园有限公司举行签约仪式，围绕五华客天下文化旅游产业园项目的投资开发、招投标、规划用地和前期规划方案等签订投资建设合同。项目位于五华县城西北部，距离县城中心区约 3 千米，计划总投资约 50 亿元，分 3 期建设。项目规划占地面积约 368.5 公顷，将以文化旅游为核心，打造成集客家文化、足球文化、石匠文化、温泉文化为一体的国家 AAAA 级旅游景区。

7 日，《梅州日报》《世说》栏目刊发的小说《百万悬赏》上了央视春晚，冯巩主演的小品《快乐老爸》由该小说改编。小说是一部具有时代精神的正能量作品，作者杨力是四川省金堂县人。

7—13 日，春节黄金周梅州市接待游客 369.15 万人次，同比增长 8.28%，其中自驾游旅客超八成；实现收入 12.08 亿元，同比增长 13.5%。

16 日，中国工程院院士邱冠周及其科研团队在大埔县银江镇为父老乡亲作“梅州生态农业与精准扶贫”专题报告，并详细介绍其团队深入研发的番石榴项目。

18 日，梅县区青少年创客基地在科学馆举行揭牌仪式，标志着全市首家创客基地成立。创客基地由梅县区科协联合梅州哆梦创客科技有限公司共同成立，以青少年为主要对象，围绕“体验、实践、创造”，打造一个以提高青少年思维能力、解决问题能力、动手能力、写作表达能力的“科技粉”集聚地。

是日，全市粤运公司所属的汽车客运站全面启动微信购票平台，各县（市、区）群众搭乘客车出行不必排队购票，手机上网即可完成购票程序，可用手机扫描二维码，或用手机微信添加“粤运交通”公众号购票。在同一个订单中，同一旅客一次只能购买同一班次的 5 张（含 5 张）以内的车票。

22 日，兴宁市径南镇星曜村举行火把节，欢度元宵佳节，活动吸引不少外地游客参与。在星曜村蔼其文化广场上，数千名群众手持火把排成长龙穿村巡游。天上的礼花，与人流涌动的“火龙”交相辉映，与民居的彩灯、火炬、蜡烛形成一幅壮观的山村画面。

是月，梅州市启动客家围龙屋申报世界文化遗产工作。客家围龙屋申遗分三个阶段进行。2016 年是第一阶段，开展全市客家围龙屋普查，确定申报单体和群落的修缮规划，完成客家围龙屋申报省级文物保护单位、国家级文物保护单位、世界文化遗产的立项。2017—2018 年是第二阶段，完成客家围龙屋列入《中国文化遗产预备名单》工作。2019 年是第三阶段，争取国家支持，力争当年将客家围龙屋提名推荐给世界遗产委员会，全力做好迎接世界遗产委员会的检查工作。客家围龙屋是世界民居建筑奇迹，是中国五大民居特色建筑之一，也是梅州惊艳世界的历史地标、客家民系代表性建筑。梅州存客家围龙屋 2 万多座，一般都有二三百年乃至五六百年历史。

是月，平远县的广东获赛尔公司投资 2 亿元新上一条新型船舶变速箱扩产技术改造生产线。生产线是为了承接广州柴油机厂股份有限公司的船舶变速箱生产，达产后预计每年可生产产品 1.5 万件，产值达 2 亿元。

是月，旅港实业家余捷庆、陈梅冰伉俪捐资 100 万港元，支持梅县区中医医院建设。

是月，国家女子足球队队员、嘉应学院大三学生谭茹殷入选女足国奥队，出征 2016 年里约奥运会预选赛。8 月 7 日，里约奥运会小组赛第二轮，谭茹殷世界波破门助中国女足 2∶0 战胜南非女足。

3 月

7—11 日，大埔至潮州高速公路（含大埔至漳州支线）初步设计路线通过专家评审并确定，梅州市辖区内设 6 个互通立交、1 个停车区、1 个服务区，大埔大麻、高陂、光德、枫朗等镇将实现高速互联互通。大潮高速公路（含大漳支线）起于大埔县大麻镇，与梅大高速公路相接，终于潮州市饶平县钱东镇与汕汾高速公路相接，并通过汕汾高速与潮州港进港公路相接，公路主线全长 92.087 千米。大漳支线起于大埔县高陂镇，终于大埔县大东镇（粤闽界），与福建省云平高速公路对接，主线全长 27.761 千米。

9 日，在梅江区金山街道办事处龙丰村“孝友堂李屋”举行第一批历史建筑颁证挂牌现场会，梅州市首批 160 处历史建筑颁证挂牌。

15—17 日，国开行广东省分行副行长常守国率队到梅州考察并商谈双方金融合作事宜，进一步加强有关项目对接。国开行广东省分行聚焦国家和地方发展战略，着力增强综合金融服务能力，对梅州经济社会发展给予有力支持，在江南新城棚户区改造和地下综合管廊等基础设施项目建设方面投入资金逾 50 亿元。

19—20 日，财政部副部长、党组成员刘昆一行到梅州调研。刘昆认为，梅州是全国仅有几个全境为原中央苏区的地级市，财政部将进一步贯彻落实好中央支持原中央苏区振兴发展的政策，大力弘扬苏区精神，在重大基础设施建设、地下综合管廊和农村电商等方面给予更大力度的支持。

19—21 日，梅州市连续出现强降雨，造成梅县、蕉岭、兴宁、平远、梅江区 5 个县（市、区）40 个镇受灾，受灾人口 2.7 万人，因山体滑坡导致房屋倒塌死亡 1 人，临时转移避险 2029 人，倒塌房屋 246 间，农作物受灾面积 27001 公顷、成灾 15075 公顷；损毁堤防 10 处 570 米、水闸 2 座、水电站 11 座，直接经济总损失 4200 万元。

20 日，广东省五华商会二届一次会员大会暨五华县招商引资推介会在广州举行。大会选举产生新一届理事会，广东瑞华集团董事长卓定华连任会长。广东省五华商会于 2011 年 2 月在广州正式成立，是经省民政部门批准成立的广东省第一个县级商会，由五华籍工商企业者自愿参加。商会积极开展会务活动，在密切联系乡亲、回乡投资兴业、热心家乡公益事业等方面做出积极贡献，为梅州五华家乡公益事业捐资近 3 亿元。

25—26 日，中共中央政治局原委员、中国法学会会长王乐泉到梅州考察指导工作，认为梅州要保护好秀美生态环境，传承好优秀客家文化，做好科学立法、严格执法、公正司法、全民守法工作，着力提高干部群众运用法治思维和法治方式的能力，全面推进依法治市，加快建设法治梅州，为梅州苏区振兴发展提供有力保障。

29 日，由广东蕉岭金奥长寿粮油食品有限公司投资建设的金奥长寿产业园在蕉岭县文福镇正式动工建设。项目计划总投资 3 亿元、占地 2.8 公顷，主要开发健康、养生、富硒粮、油、水等长寿系列产品，打造并开发世界长寿乡的高端食品品牌，建成后将成为集粮食加工、饮用水加工、仓储等为一体的现代产业园。

是月，丰顺县组织 20 多家丰顺电声企业赴广州琶洲保利世贸博览馆参加 2016 年第六届广州（国际）演艺设备、智能声光产品技术展览会，“丰顺电声”总成交额达近 2000 万美元。

是月，梅州城区的广州大桥获得 2015 年度“全国市政金杯示范工程”奖，是梅州市唯一获奖的市政道路工程项目。广州大桥位于梅城东南部，总投资 2.5 亿元，西起站前东路，与金燕大道（梅湖路）相交，东接芹洋半岛规划路，跨越梅江河，全长约 1.285 千米，其中桥梁全长 876 米，主桥最大宽度 33.5 米，最大跨度 139 米，双向六车道单塔斜拉索桥。

是月，马图村拟在广东龙岗马山茶休闲产业园内建设丰顺马图革命斗争历史纪念馆，集中展示马图革命老区的整体情况，陈列相关资料和文物。位于九龙嶂、北山嶂山区腹部的丰顺龙岗镇马图村是梅州市著名的革命老区、省级文物保护单位、粤东最早建立中共地下党组织和开展武装斗争的地区之一，红色旅游资源丰富，其中见龙居是红四军军部旧址，朱德曾在此住宿三天两夜。

是月，平远县获评全国绿化模范县，成为梅州市唯一获评单位。“全国绿化模范县”代表着一个县（市、区）绿化成就的最高荣誉，是一个城市生态环境优良的重要标志。平远县森林覆盖率达到78.05%，省级以上生态公益林占林业用地面积的五成以上，城乡建成区绿化覆盖率分别达38.12%、31.7%，城区绿地率达33.06%，人均公园绿地面积14.13平方米，城区主、次干道绿地率分别为25.39%、20.51%，累计完成公路绿化里程252.392千米，江河、湖泊沿线绿化11.9千米，宜绿化地段实际绿化面积占应绿化面积的96%。

是月，梅州市东升机动车检测站建成并投入使用。检测站位于梅城东升经济开发区东南洋工业园内，占地1万多平方米，总投资1500多万元，日均检测能力180辆次。是梅州市首家机动车检测站，标志着机动车年检服务开始逐步走向社会化。

4 月

3日，中甲联赛进行第3轮角逐，梅州客家队坐镇主场对阵青岛黄海队。双方为球迷上演一场激烈精彩的对决。最后，梅州客家队1∶0战胜青岛黄海队，取得赛季首胜。

6日，梅州市精准医学研究中心在市人民医院揭牌成立。中心聘请中国工程院院士夏咸柱担任名誉主任和客座教授，通过开展精准检测、精准治疗和精准医学研究等工作，为肿瘤、遗传病、免疫系统疾病等患者提供个体化的诊断和治疗。

8日，保利地产粤东公司总经理徐鲁率队到梅州考察新型城镇化建设和文化旅游、地产等领域投资环境。深入了解梅州，拓宽合作领域，实现企业拓展与地方发展的共赢。

12日，“中华民族伟大复兴与叶剑英史迹展”在广州起义纪念馆开幕，由中国伟人蜡像馆制作的叶剑英元帅蜡像首次亮相，也是首次在国内展出。展览包括200多张珍贵的历史照片、叶剑英的生前诗作手迹和各种档案文献，分为“矢志不渝的革命家”“社会主义建设的卓越领导者”“改革开放的奠基人”3个部分，再现叶剑英在中华民族独立复兴不同时期所发挥的重要作用。

17日，由市老年人体育协会、市太极拳协会共同主办的第六届粤东太极拳联谊交流活动在梅县区文体中心举行。来自汕头、揭阳、潮州、汕尾、惠州、河源、江西寻乌以及梅州市各县（市、区）的2000多位太极拳爱好者齐聚一堂，分别表演24式简化太极拳、太极功夫扇、杨氏太极拳40式竞赛套路以及太极刀、太极剑等，展示刚柔并济的太极风采，倡导全民健身的良好风尚。

20日，市委、市政府召开创建“国家旅游休闲示范城市”暨梅江韩江绿色健康文化旅游产业带建设推进会。要求树立“全域旅游”理念，紧紧围绕创建“国家旅游休闲示范城市”目标，扎实推进梅江韩江绿色健康文化旅游产业带建设，加快推动梅州旅游从“景点旅游”向“全域旅游”转变，助力梅州加快振兴发展。

是日，梅州市城市基础设施建设项目及生态城镇建设战略合作框架协议签约仪式在梅城举行。梅州市与棕榈生态城镇发展股份有限公司签订100亿元的战略合作协议，借力棕榈股份在城市景观规划设计、园林施工、生态城镇建设和上市融资等方面的优势，打造一流园林景观和生态环境优美的现代化新城，共创梅州特色生态城镇。主要有三大项目：一是在江南新城打造时光梅州项目、在雁洋镇打造极具客家文化底蕴的国际慢城项目，以及其他提升城市形象的基础设施项目。二是在梅县区域范围内的城市基础设施、公共服务、交通公路、生态城镇建设及景观绿化等方面开展合作，前期拟在雁洋国际慢城、雁鸣湖旅游度假村、时光小城等项目进行合作。三是在广东华银投资开发建设的“雁鸣湖旅游度假村”、广东华银及其股东共同出资设立的“广东华银集团工程有限公司”项目中进行合作。

22日，第119届广交会第一期在广州琶洲会展中心举行。梅州12家企业参展，涉及电子消费品及信息产品、家用电器、汽车配件、摩托车、化工、五金6个展区，总成交额3.1亿美元，同比增长6%。

23—27日，第119届广交会第二期在广州琶洲会展中心举行。梅州市76家企业参展，涉及日用陶瓷、工艺陶瓷、餐厨用具、节日用品、家居装饰品、礼品赠品、家居用品、园林用品、钟表眼镜9个展区，总成交额3.35亿美元，同比增长5.3%。

25—27日，副省长蓝佛安到梅州调研经济稳增长和金融、文化等工作，强调梅州要进一步深化金融改革，推动文化创新，抓好项目建设，努力做好稳增长各项工作，全面加快苏区振兴发展步伐。

26日，广东宝丽华新能源股份有限公司（“宝新能源”，证券代码：000690）定向增发的4.49多亿股股票正式上市，成功融资近31亿元。该笔融资将用于广东陆丰甲湖湾电厂新建工程项目，预计一期200万千瓦投产可实现9亿元的年净利润，是梅州市上市企业单笔单次融资金额最大的一笔。

是日，广东省农村承包土地的经营权和农民住房财产权抵押贷款试点工作会议在梅州举行。“两权”抵押贷款是广东农村金融制度的重要创新，有利于盘活农村存量资产，提高土地资源利用效率，也有利于完善广东农村金融服务体系，推进广东率先全面建成小康社会。梅州市多措并举促进农村普惠金融工作，撬动农村经济发展，发放抵押贷款累计1.15亿元。

27—29日，省政协党组副书记、副主席林木声率省政协调研组到梅州就加强农产品质量安全监管工作进行专题调研。林木声表示要创新监管体系，确保舌尖上的安全，不断提高监管效率和效益。

28日至5月8日，“叶剑英元帅手迹暨选平·选宁习字展”在东山谷美术馆展出，展出叶剑英元帅父子3人不同时期的墨迹书法作品41幅，其中叶帅手迹16幅、叶选平习作9幅、叶选宁习作16幅。是第一次把叶帅父子3人的书法、习字作品融入同一展览中。

29日，梅州市第二届“万达”杯职工足球联赛在东山中学体育馆开赛。来自各县（市、区）、市直、省属和中央驻梅企事业机关单位的42支参赛队伍参赛。比赛采取8人制分组循环和淘汰附加制，分为4个小组进行循环赛，直至决出最终的冠亚军。是梅州市本土有史以来的最大规模的业余足球联赛。

是日，闽粤赣十三市旅游局长联席会议在江西赣州召开。厦门、漳州、泉州、龙岩、三明、汕头、潮州、梅州、揭阳、汕尾、鹰潭、赣州、抚州13市旅游局负责人共同签订《闽粤赣十三市区域旅游市场推广合作框架协议》，将在开发旅游产品、对外宣传、搭建自驾旅游平台等方面深化合作。

29—30日，平远县首届千人禅茶会暨客家炒绿发展研讨会在该县大佛寺、飞龙脐橙产业园等地举行。节会以“静品禅茶会，聆听客家音”为主题，以茶为媒、以景邀客、以节会商，来自部分省、市的茶商和茶文化爱好者近千人参与。平远茶产业发展迅速，形成锅叾、七娘山、南台三大主茶区，有茶企171家，种茶面积达到11725公顷，年产茶叶1300吨，产值1.25亿元，是梅州市最重要的绿茶生产基地。源丰农业、园山湖、广东茗丰等茶企生产的茶叶品牌夺得多个国家级、省级的金奖。

30日至5月1日，梅州市中北部的平远县、蕉岭县、大埔县、梅江区及梅县区东北部出现暴雨到大暴雨降雨过程。造成大埔、平远、梅县局部地区受灾，受灾人口7000人，倒塌房屋40间，农作物及牧渔业受灾301.5公顷，公路中断58条次，损毁护岸21处、灌溉设施86处、机电井1处，直接经济损失约2000万元。

30日至5月2日，由广东客都文化发展有限公司、梅州日报社、梅州广播电视台、梅州市装饰行业协会、锦绣国际家居博览中心共同主办的梅州第四届家居装饰博览会在梅县区新县城举行。为梅州规模最大、规格最高、品牌最齐、参展商最多、影响力最大的一次，全面展示家居装饰行业的发展成果。现场有95个品牌商家参展，其中81家参展商家加入专场特卖活动，还有房车嘉年华和东南亚美食节等丰富多彩的活动。博览会成交 3000 多现场订单，订单撬动总成交额超过 3500 万元，而通过现场活动送出的奖品总价值也超过 100 万元。

是月，五华县足球文化公园动工开建。位于琴江新区，规划用地面积约 9.6 万平方米，总建筑面积约 4.1 万平方米，总投资约 2.8 亿元。建设项目有一个可容纳 2.7 万名观众的国际标准足球场，并作为梅州客家队的新主场，同时规划建设 5 人制和 7 人制足球场、羽毛球场、篮球场、网球场等公共体育设施。

是月，省经信委、省财政厅公布省级产业园招商选资专题项目和省级产业园企业创新专题（以奖代补类）项目计划，梅州市 4 个园区共获 1 亿元招商选资专题资金，2 家企业共获 100 万元创新专题资金。其中，广州（梅州）产业转移工业园获 1000 万元、广州海珠（丰顺）产业园获 3000 万元、广州番禺（五华）产业园获 2000 万元、广州南沙（平远）产业园获 4000 万元。博敏电子股份有限公司、广东嘉元科技股份有限公司分获 50 万元创新专题资金。

是月，由 30 多家茶叶企业组建的梅州市粤东单丛高山有机茶联盟有限公司正式获批。该公司由广东银窿山有机茶科技园牵头，联合潮梅揭汕区域中小型茶企和茶叶种植大户等组建，旨在整合资源，擦亮“广东单丛茶”品牌。联盟公司组建获得清凉山茶场、大埔凯达、丰顺八乡山等本地茶企的认同和深圳、广州、潮汕等地企业以及广东省农科院茶叶研究所等单位的参与和支持。公司负责人表示，组建联盟公司努力改变当前广东单丛茶散而多的现状，联合 100 多家广东单丛茶的种植及加工销售企业，统一标准、统一宣传、统一制作包装，以稳定的品质打开市场，以健康安全、有机环保抢占市场。

是月，五华县琴江生态景观大道（即琴江公路）工程锡坑路段基本拉通。工程起于县城琴江大桥，途经水寨、横陂、安流 3 个镇 16 个行政村，终于安流镇原华安收费站，沿琴江河堤而建，全长 31.5 千米，按二级公路标准设计，行车时速 60 千米，路基宽 21 米。项目总投资 13.8 亿元，已投入 5.5 亿元。

是月，世界客商文化中心主体全封顶。世界客商文化中心位于梅州城区芹洋半岛品牌战略发展区，规划总面积 5.56 公顷，总建筑面积约 4.9 万平方米，工程总投资 5 亿元。突出客家传统建筑元素和符号设计，既传承客家建筑文化，又体现新时代的要求，打造成“世界客都”的地标性建筑。

是月，国道 206 线梅城至畲江段改线工程（梅畲快速干线）控制性工程梅江大桥开工建设，大桥为斜交桥，全长 375.6 米，有 64 根桩基，通航等级七级，按照 100 年一遇防洪标准设计。梅畲快速干线全长 29.6 千米，按照一级公路、双向四车道、时速 100 千米、沥青混凝土路面的标准建设，项目估算投资 18.02 亿元。

是月，东山中学校友、清华大学电机系讲师钟海旺的课题“电力系统节能减排优化调度技术及其应用——基于诱导目标函数的含电量约束机组组合优化方法”在瑞士日内瓦举行的第 44 届日内瓦国际发明展上获得金奖。

是月，梅州市 3 家企业（广东永裕源电子商务有限公司、梅州市泰和有限公司、兴宁利必达实业有限公司）参加在东莞市厚街举行的 2016 年中国加工贸易产品博览会，达成意向成交金额 1.8 亿元，产品涉及电子商务、服装、鞋帽和工艺品等。

是月，大埔县与国内最大单品电子商务集聚平台中国网库签约，共建“中国陶瓷产业电子商务基地”，打造国内具有较大影响力的陶瓷产业电子商务聚集区和电子商务培训基地，以进一步擦亮“中国青花瓷之乡”金字招牌，提升优势产业电子商务发展水平。中国网库将建设中国陶瓷产业电子商务交易平台，3 年内引进或推动不少于 1000 家陶瓷产业上下游企业入驻平台，将大埔列入工信部“腾计划”工程实施区域，为地方企业培养输送定向性电子商务人才，提高电子商务应用水平。

是月，广东省质量监督稀土产品检验站（梅

州）于平远县揭牌成立，并正式投入运营，填补广东省稀土检验机构的空白。检验站总投资 2030 万元，是集仲裁、标准、检验、研发、培训于一体的综合服务平台，达到国内一流、国际先进实验室水平，获得稀土相关产品检验资质 59 个，其中包括稀土矿、稀土金属、稀土氧化物、稀土合金等 300 个以上项目指标。

5　月

1—3 日，“五一”小长假，梅州市迎来游客接待人数、旅游收入双增长；旅游接待总人数达 127.45 万人次，同比增长 15.71%；旅游总收入 5.19 亿元，同比增长 17.66%。自驾游人数约占七成左右，是住宿、餐饮的消费主力。

5 日，兴宁城市扩容提质项目“四馆一场”（图书档案馆、美术馆、演艺馆、青少年文体活动馆和市民广场）动工建设，举办简朴的动工仪式。项目总投资 7.2 亿元，占地面积 4.57 万平方米，其中图书档案馆建筑面积 1.36 万平方米、美术馆建筑面积 1.33 万平方米、演艺馆建筑面积 1.44 万平方米、青少年文体活动馆建筑面积 1.73 万平方米。

6 日，2015 年度梅州市县域工业经济发展专项扶持资金评审结果出炉，丰顺县人民政府获得 500 万元，大埔县人民政府获得 300 万元，梅县区人民政府获得 200 万元，共 1000 万元的评审奖励。

是日，2016 年高尔夫球项目全国统一考试的试点设在梅县区南口镇的广东麓湖山文化产业园区内。该专业首次以全国统考方式进行招生考试，梅州市麓湖山被设为 2016 年全国唯一的一个高尔夫球统考场地，也是首个高尔夫球统考场地。2016 年的高尔夫球项目由广州体育学院进行组考。麓湖山国际高尔夫球会俱乐部按要求设置考试场地，并提供高尔夫球练习场地和考试用具等。

9 日，市委书记黄强在梅城会见回梅州考察的国际宇航科学院院士、文昌华宏航天科技有限公司董事长何质彬，双方围绕在梅州合作建设航天文化旅游产业项目进行深入探讨。何质彬，兴宁市永和镇人，航天专家，曾参与“两弹一星”研发工作，是中国航天梦的见证者、参与者和践行者，2014 年当选国际宇航科学院院士。

12—16 日，第十二届中国（深圳）国际文化产业博览交易会在深圳举行。梅州市有 63 家企业以实物或展板形式参展，现场成交额达 460 多万元，意向订单金额超 2700 万元。同时，还获得优秀组织奖、优秀展示奖，由平远相思红豆发展有限公司制作的《吉祥如意·白头到老》获得“中国工艺美术文化创意奖”铜奖，广东紫砂矿山基地有限公司展示的紫砂产品吸引不少采购商和市民。

15 日，由市文广局和市文博学会在中国客家博物馆共同举办“5·18”国际博物馆日系列活动，开展包括客家地区古陶瓷展、市民参与陶瓷文物修复活动、关于客家民性以及博物馆运营名家讲座等活动。挑选展出馆藏的 96 件客家地区出土的古陶瓷，包含有梅州的水车窑、余里窑、高陂窑、油田窑，江西的赣州窑、洪州窑，以及福建等客家地区的古陶瓷。

21 日，在“尤伯杯”世界女子羽球团体锦标赛上，梅州籍运动员陈清晨与搭档唐渊渟力克韩国组合夺冠，帮助中国队捧起尤伯杯，成为中国羽毛球女队中年龄最小的世界冠军。1997 年出生于兴宁市福兴街道的陈清晨是梅州人的骄傲。

23 日，中国人民解放军军事科学院副政委高东璐中将率队到梅州考察，高东璐表示，长期以来，梅州在保护叶帅故居、弘扬叶帅精神方面做了大量卓有成效的工作，期盼与梅州携手并肩，共同做好传承弘扬叶帅精神的相关工作，更加完整、系统地展示叶帅的光辉事迹和卓越功勋，让叶帅精神这一宝贵财富更好地转化为地方发展和军队建设的动力。

26 日，五华县召开教育发展基金募集会议，同时成立五华教育发展基金会。在募集会议上，广东五华商会会员现场认捐 5200 万元，其中广东五华商会会长、广东瑞华集团公司董事长卓定华捐款 3300 万元。加上五华县 500 万元的启动基金，教育基金累计达 5700 万元。教育基金将用于资助家庭困难学生，救助特困教师，资助教改、科研项目和教师培训，奖励考上清华、北大等重点院校的优秀学生和指导教师。

28 日至 6 月 2 日，梅州市首次组团参加第四届中国（北京）国际服务贸易交易会，组织近 30 家企业、110 多人参展。梅州以市政府名义组团参展，集中展示客家文化、生态旅游和健康休闲等服务贸易产业产品。梅州展区以土楼、围龙屋造型为主，总面积 500 多平方米，分为 8 个展区，一区一特色，是国际文化贸易展区中最大的展区。客家文化、茶文化、工艺陶瓷、文化旅游产品等吸引海内外客商关注。梅州接待来自新加坡及中国香港、台湾等 14 个国家（地区）和海内外客属地区客商 5000 多人次，达成合作意向 4500 多万元。

30—31 日，省委副书记、省长朱小丹率队到梅州调研精准脱贫工作，要求扎实做好精准脱贫各项基础性工作，因地制宜、因人而异制定精准扶贫、精准脱贫规划和措施，确保脱贫攻坚开好局、起好步。

31 日，平远县大柘镇东富岭村发生一起枪击案，致 1 死 5 伤。涉案的 3 名犯罪嫌疑人于 6 月 1 日被抓获归案。

是月，大埔县、平远县入选由中国国土经济学会推选的 2016 全国“百佳深呼吸小城”榜单，大埔县以“烟云树海 溪江画廊”、平远县以“碧水丹山 卧佛客邑”的良好生态环境，再次跻身这一榜单。

是月，“梅县金柚”地理标志证明商标获国家工商总局商标局正式注册，成为梅县区第一个地理标志证明商标，也是继“平远慈橙”“大埔青花瓷”后的第三个地理标志证明商标。

是月，平远县源丰农业发展有限公司创建广东省有机绿茶标准化示范区建设项目，获省质监局立项批准。是平远县第 5 家省级农业标准化示范区，推进有机绿茶种植生产向规模化、产业化、标准化发展，并将获得省财政 30 万元专项资金支持和省专家组的帮扶指导。年产优质茶叶将增加 8 吨，达 58 吨；年营业收入将增加 244 万元，达 1525 万元；直接新增带动周边 200 多户农户就业，人均年增收可达 1250 元。

是月，梅州市新增 8 件广东省著名商标，分别是“绿鹰”“培英”“锐诺”“吉玉”“辉胜达”“宝丰”“怡丰园”“向丽”。

是月，广东博森光能科技有限公司完成一期厂房建设，月底试产。博森光能项目位于梅县区城东白渡工业园区，符合国家产业调控发展方向，填补广东省太阳能光伏发电全产业链的空白。项目占地面积 8.04 公顷，计划总投资 10 亿元，分两期建设，一期为年产 500 兆瓦多晶浇铸炉生产线，二期为多晶铸锭硅片切割生产线。

是月，梅州市嘉应新区江南新城 4 个项目列入广东省国有工矿棚户区改造和保障性安居工程配套基础设施建设 2016 年中央预算内投资计划，获得资金 3.39 亿元。4 个项目为江南新城棚改区地下综合管廊等市政基础设施、江南新城棚改安置房（一期）配套基础设施、上坪安置一区配套基础设施和坜明安置区配套基础设施。

是月，在由省教育厅主办，广东舞蹈戏剧职业学院、华南师范大学音乐学院承办的第三届大学生舞蹈大赛中，嘉应学院的街舞表演《Big Spender》斩获一等奖，指导老师肖金勇获得指导教师奖，业余组的传统舞蹈《太阳花》获得三等奖。

是月，广东嘉荣超市签约落户梅州，举行招商引资项目签约仪式，标志着国际连锁 SPAR 嘉荣品牌进驻梅州。嘉荣超市是一家主营连锁大卖场、社区生活超市、购物中心、精品百货、母婴体验店、日韩商品店、电子商务等多业态的现代化零售企业。项目投资总额 1.5 亿元，固定资产投资 1 亿元，梅州市区门店选址万达广场。

是月，梅州市阳光心理工作服务中心在市民政局注册成立，是梅州市首家心理工作服务中心。中心拥有专业心理咨询室、沙盘游戏治疗室、精神分析治疗室和容纳 50 人上课的教学室，团队由 12 名心理咨询专业人士及 6 名心理专家顾问组成。

6 月

5 日，市招商局与广州开发区中小民营企业协会签订战略合作框架协议，并举行项目对接会议，共同协商意向投资项目转化落地工作。包括健康管理中心、养生养老基地、中国首部 VR 重大历史题材影片《黄埔军校》拍摄基地、房车和自行车旅游营地及民宿地、VR 足球训练基地、VR 演唱会等项目，涉及首批健康养生、休闲旅游、文化影视、基础设施等意向合作领域，计划总投资约 200 亿元。

6 日，市委书记黄强会见到梅州考察访问的俄罗斯中国中原商会会长马强，希望借助商会平台作用，设立梅州驻俄罗斯经贸文化联络处，进一步加强梅州与俄罗斯的经贸文化交流合作。

7 日，梅江区鼎和社会工作服务中心在江南街道家庭综合服务中心发起成立“壹家”公益超市，为江南街道的社区困境儿童及其家庭、独居与孤寡老人、残疾人、低收入低保家庭等特殊困难群体免费提供物资帮扶和志愿服务。是梅州市成立的首家非经营性“爱心超市”。

11—19 日，市委书记黄强率梅州市经贸代表团赴瑞典、芬兰、俄罗斯考察招商，先后考察瑞典斯德哥尔摩、耶夫勒，芬兰赫尔辛基、图尔库和俄罗斯圣彼得堡、莫斯科，学习各地工业经济发展、文化旅游发展、生态环境保护、城市建设管理等方面的经验，并举行 3 场招商推介会，进一步加强梅州与各地的经贸文化交流合作，助推梅州更好地融入国家“一带一路”倡议，全力加快振兴发展步伐。

14—16 日，副省长许瑞生一行到梅州调研古驿道保护利用、农村人居环境改善、足球事业发展等工作，并实地考察梅州客家足球俱乐部，与农村住房困难贫困户进行座谈。

17 日，为纪念红军长征胜利 80 周年，广东省体育局在平远县仁居镇红军纪念公园举行 2016 年“发展体育运动、增强人民体质，同心共筑中国梦”全民健身活动启动仪式。启动仪式后，队员们身着红色 T 恤，在奥运冠军们的带领下，从仁居镇政府广场出发，途经仁居圩镇、青云桥、四大金库旧址、红四军司令部旧址、红军公园牌坊，1 个多小时后抵达红军公园，全程约 4.5 千米。徒步线路涵盖红色长征文化、自然山水、革命遗址、古道古村落等，充分展示平远秀丽优美的自然风光和悠远厚重的红色历史文化。

是日，第六届广东自驾旅游日暨国际慢城（梅州）自驾旅游周活动在雁南飞茶田景区启动。广东省旅游协会副秘书长蔡涛，梅州市委常委、秘书长彭耀新，以及相关省市旅游部门领导、150 家旅行社负责人、80 多家媒体单位记者、自驾游客等 1600 多人参加活动启动仪式。活动期间，百余家旅行社代表沿着 5 条不同线路进行梅州自驾旅游体验，各旅行社组织大批游客到梅州开展自驾旅游，全市各县（市、区）举办以自驾旅游为主题的客家风情主题活动，各景区也推出一系列优惠措施。

21 日，历时 2 年多时间的建设，总投资 53 亿元的广东粤电大埔电厂项目正式竣工投产。将助推市“一区两带”平台建设，为加快梅州振兴发展注入强劲动力。

21—23 日，省政协副主席温兰子率专题调研组到梅州市督办调研“关于提高林业四大重点生态工程建设质量”的提案。温兰子认为梅州推进生态工程建设举措实、亮点多、质量好，希望梅州继续抓好重点生态工程建设，加强生态保护，守护绿水青山，全力推进现代林业进程，建设林业强县，推动梅州苏区加快振兴发展。

22 日，省政府在广东省进一步促进粤东西北产业园区提质增效工作现场会上通报 2015 年促进粤东西北地区振兴发展工作完成情况、2015 年度评估考核情况，梅州以 89.90 的考核评分位居粤东西北 12 市首位。

26 日，“寻访客都文化地标”大型采风活动在黄遵宪故居（人境庐）纪念广场举行启动仪式，是继“寻访梅州籍院士”和“寻访梅州籍大学校长”之后，梅州日报社又一大型文化采访报道活动。活动采风于 6 月下旬至 8 月中旬进行，梅州日报社组织全媒体采访团队，对全市经初步筛选的约 30 个文化地标进行深度采访。报道于 8 月上旬在报纸、网络、微信等平台刊播，最后选出 10 个“客都文化地标”。

29 日，省政府在广东大厦举办“十三五”重大项目暨 2016 年面向民间投资项目推介会，梅州市推出 20 个重大项目参加推介，并现场签约一个总投资 8 亿元的重大项目。嘉应新区管委会代表和深圳铁汉生态环境股份有限公司代表签署总投资为 8 亿元的江南新城棚改区剑英湖片区改造项目合作框架协议书，主要是对剑英湖片区进行改造升级，新增景观绿化、园区道路，建设城市馆、青少年科技馆、客家风情街、游船码头等。

是月，大埔县富大陶瓷有限公司、梅州峰联陶瓷有限公司、大埔县怡丰园实业有限公司、梅州市溪山陶瓷有限公司、大埔县汇丰源陶瓷工艺有限公司、梅州市金冠陶瓷有限公司 6 家企业入选 2015—2016 年度国家文化出口重点企业。

是月，旅港实业家余捷庆、陈梅冰伉俪捐资 100 万元港币，支持梅县区中医医院建设。

是月，广东嘉晖盛科技股份有限公司首条高清电视机生产线正式投产，也是五华县首条高清电视机生产线。广东嘉晖盛科技股份有限公司的自主品牌是 DAV，中文名为“帝维”，生产线年产量可达 100 万台，产品规格最大可达 65 英寸，其中 60%出口。

是月，梅州市江南新城“两馆一场”（城市规划展览馆、青少年科技馆和具有人防功能的地下停车场）全面启动建设，工期 2 年。规划总用地 4 万多平方米、投资 5 亿元。

是月，中国城市竞争力研究会发布 2016 年“最具幸福感城市”排行榜，梅州排名第 20 位。梅州市连续 5 年入选“最具幸福感城市”。

是月，梅州城区纯电动公交线路达 43 条，实现梅州城区 100%公交纯电动化。梅州市成为广东省山区市中率先实现公交纯电动化的城市。

7　月

1 日，丰顺县举行 2016 年广东扶贫济困日启动仪式。民营企业、乡贤和县直单位、各镇（场），以及全县干部职工纷纷现场捐款，首批捐款总额（含认捐）1.29 亿元。其中广东新南方集团有限公司、广东珠江投资股份有限公司、广东珠光集团有限公司合捐 8000 万元；广东丰顺商会有关企业捐款 3000 万元；梅州新蓝天投资有限公司捐款 600 万元；丰顺县培英电声有限公司捐款 300 万元；深圳市中邦（集团）建设总承包有限公司捐款 300 万元；旅泰侨领、泰国东方实业集团（大众）有限公司总裁陈修试个人捐款 120 万元；广东九龙嶂茶叶有限公司、广东九龙嶂生态园股份有限公司各捐款 100 万元。

3 日，丰顺县举行中国（丰顺）电声产品国际采购中心、中国（丰顺）国际电声博览中心奠基动工仪式。项目位于丰顺蓝天城，总投资 5 亿元，占地 3.35 公顷，建筑面积 10 万多平方米，内设高水平电声专业展示厅和一站式交易中心，为丰顺打造超百亿元电声产业集群提供支撑，是创建“中国电声之都”目标的重要举措。

8 日，一架注册号为 B—10DF 的钻石 DA40D 型飞机在完成多次起降飞行训练后，平稳地降落在梅县机场跑道上。标志着广东金泉通用航空有限公司首次飞行训练圆满成功，而金泉通航也是梅州首家开始飞行的通用航空公司。

9 日，梅江区城北镇樱花谷举办“南瓜异想世界 · 万国南瓜嘉年华”，各种“变脸”南瓜缀满藤蔓，其大小各异，形状有圆有细，颜色有单色有混搭色，花纹有像苦瓜、香瓜、西瓜等瓜纹。万国南瓜长廊长 300 米，长廊内近 200 种的南瓜种子是从世界各地收集回来的，同时举办将南瓜与美食、艺术结合起来的南瓜创意小吃、南瓜彩绘、南瓜雕刻等活动。

12 日，市政府与佳都新太科技股份有限公司在梅城签订《梅州市“智慧城市”建设战略合作框架协议》。双方将在信息基础设施、大数据、云计算、“互联网+”、智慧警务、智慧政务、智慧交通、智慧教育、智慧旅游等领域加强合作，建设国内领先的新型示范智慧城市。

13日，平远县政府分别与苏州赛菲集团、中核新能环保有限公司、中核高光基金管理有限公司和中农高科（北京）科技产业投资管理有限公司举行签约仪式。苏州赛菲集团和中核新能环保有限公司将共同投资10亿元建设稀土复合材料项目，年产50万件稀土陶瓷弥散强化金属复合材料构件项目将落户广州南沙（平远）产业转移工业园，占地20.1公顷，分2期建设，达产后可实现销售收入11.57亿元。平远县政府下属国企将与中核高光、中核新能、中农高科共同筹建规模计划10亿元的平远战略新兴产业基金和首期5亿元～10亿元的中农绿色健康产业基金。

14日，由广东省政府和香港特区政府联合主办的“2016粤港经济技术贸易合作交流会”在香港举行。梅州分团赴港参加此次经贸活动，接待香港梅州社团总会等20多个机构或企业代表，累计签订对接项目3宗，投资总额9500万美元，其中外商投资意向金额3000万美元、对外投资金额3500万美元、进出口贸易成交货单3000万美元。

15日，梅州市人民医院神经外科成功开展全市首例药物难治性癫痫外科手术，也是全市首例原发性癫痫手术，意味着梅州市具备开展难治性癫痫外科治疗的条件和能力。

16日，香港有权国际集团董事长李有权博士在兴宁毅德城举行“扶贫敬老”捐赠仪式，向兴宁市的300名老人捐赠价值120万元的款物。

20日，梅州中农批农产品批发市场有限公司项目在广州番禺（五华）产业转移园正式动工建设，是五华县招商引资史上的首个中央企业项目，计划总投资15亿元，规划用地24.12公顷，总建筑面积45万平方米。

是日，由中国工程院院士、华南农业大学教授罗锡文等组成的验收专家组，在兴宁市新陂镇新金村对“华南双季超级稻年亩产三千斤全程机械化绿色高效模式攻关”项目进行现场测产验收，袁隆平院士选育的超级稻新组合实割平均亩产达到1664.2斤，刷新双季早稻产量世界纪录。

21日，梅州市首例试管婴儿在市人民医院降生，婴儿是一对龙凤胎，体重分别为5.6斤和5.4斤。

是月，梅州城区江南新城有9条道路动工建设。规划建设规格的道路36条，全长约34.85千米。其中有管廊道路11条，长约20.224千米；无管廊道路25条，长约14.626千米。工程估算总造价为35亿元，总工期为3年。

是月，中国城市竞争力研究会发布“2016中国十大美丽乡镇”排行榜，梅县区雁洋镇以“客家淳味美”的美态定位跻身榜单，成为广东省唯一上榜的乡镇。

是月，梅州市区公交综合站场项目马鞍山公交站场基本完工并投入使用。项目完成投资逾1.4亿元，预计2020年全面完工，占地约2.21公顷，配置50个新能源纯电动公交车充电桩，可满足约100辆纯电动公交车同时充电。

是月，广东省兴宁商会在深圳市正式成立，并举行第一次会员大会，深圳市兴业创辉实业集团董事长叶远新当选为首任会长。商会团结广大兴宁籍企业家进一步增进乡情乡谊，引导会员企业加强交流、深化合作，促进会员企业信息共享、资源整合，实现优势互补、抱团发展。

是月，国家质检总局正式命名梅县区为全国客家文化生态旅游知名品牌创建示范区，是粤东西北地区唯一获批的“全国知名品牌创建示范区”。梅县区有中国驰名商标企业1家、省名牌产品13个、省著名商标企业10家、国家AAAAA级景区1个、国家AAAA级景区3个。

是月，梅州市高考考生廖立杨、钟媚青、赖文灿被清华大学录取，徐剑浩、邓佳琪被北京大学录取。

是月，梅县区松口镇获得中央预算内投资480万元，专项用于梅县区松口镇国家文化和自然遗产保护利用设施建设项目。梅州市是广东唯一获此项目中央预算内资金支持的地级市。

是月，省委常委、组织部部长李玉妹和副省

长袁宝成率省“八一”拥军慰问团到梅州 96169 部队看望慰问官兵，并出席 2016 年广东省“八一”拥军慰问大会。李玉妹表示要着力解决广大军民最关心最直接最现实的利益问题，切实让改革发展成果更多更好地惠及部队官兵和广大优抚安置对象，努力走出一条新时期鱼水情深的军政军民团结之路。

是月，借力农业发展银行广东省分行专项建设基金，梅州市有 12 个项目成功获得 17.4 亿元政策性重点贷款。

是月，梅州市在市委礼堂召开全市领导干部大会。省委常委、组织部部长李玉妹出席会议宣布省委关于梅州市党政主要领导调整的决定：谭君铁任梅州市委书记，提名为梅州市人大常委会主任候选人；方利旭任梅州市委副书记，提名为梅州市市长候选人。

是月，五华县安流镇文葵村举行梅州市首笔精准扶贫专项贷款签约发放仪式，客家村镇银行现场为安流镇授信 2000 万元精准扶贫专项贷款额度，助推五华县扶贫攻坚战。

是月，《球王李惠堂》系列电影立项拍摄，电影将再现中国足球民国时期辉煌，系列电影至少拍 3 部，第一部《球王李惠堂之球王崛起》在筹备近两年之久后正式启动。李惠堂在近 20 年的足球生涯中，进球近 2000 粒，获得过包括“亚洲球王”在内的 50 多个荣誉称号和 120 多枚奖章，曾 4 次代表国家队参加远东运动会并获足球冠军，1966 年担任亚洲足球协会和世界足球协会的副会长，在世界足坛享有很高的威望。1976 年，德媒曾将李惠堂、巴西的贝利、英格兰的马修斯、阿根廷的斯蒂法诺和匈牙利普斯卡什评为“世界五大球王”。

8 月

5 日，在中央电视台 2016 全民健身暨全国舞蹈电视大奖赛总决赛上，兴宁市文化馆“杯花”艺术团舞蹈队表演的杯花舞《明月照山乡》，斩获广场舞组冠军。《明月照山乡》是以广场舞的形式表演的唯一一个客家元素的舞蹈，将省级非物质文化遗产的杯花舞的动作简单化，但保留其传统的动作特点和韵味，创新和传承相结合。

6 日，梅县区与洛阳奥吉特菌业股份有限公司在梅城签约，洛阳奥吉特正式落户梅县区。洛阳奥吉特菌业股份有限公司将投资 1.8 亿元，分 2 期发展集蘑菇种植、深加工、农业旅游、保健养生于一体的菌业项目。项目的落户将补齐梅县区农副产品加工企业的短板，助力推动该区国家现代农业示范区建设和国家农产品质量安全县创建试点工作。

9—10 日，省文化厅厅长方健宏到梅州调研文化建设工作。市委书记谭君铁，市委副书记、代市长方利旭参加调研座谈会，就省地创新合作机制、携手把梅州打造成“广东文化高地”深入交换意见。方健宏代表省文化厅与梅州市签订《狮雄山建筑遗址保护合作框架协议》。双方将积极协作、形成合力，共同把狮雄山建筑遗址打造成广东文化遗产保护的亮点工程和大遗址公园建设的示范品牌。

15 日，梅州军分区党委第一书记任职大会在军分区机关举行，广东省军区司令员张利明少将宣读省军区党委决定：梅州市委书记谭君铁任梅州军分区党委第一书记。

是日，在云南昆明举行的第二届中国国际生态文化旅游品牌推介与旅居地融资大会上，梅州市获授“中国最美休闲自驾游目的地”称号。

16 日，2016 年广东省雁洋公益基金会“叶剑英基金助困助学金”发放座谈会在梅城举行，发放助困助学等资金 1000 多万元，全市 4200 多名贫困学生获得资助。

是日，市委书记谭君铁和市委副书记、代市长方利旭会见率队到梅州考察的交通银行广东省分行行长李杨勇，围绕抢抓珠三角与粤东西北产业共建机遇，进一步深化双方多元金融合作等进行深入交流。

19 日，中共梅州市委六届七次全会在市委礼堂召开。会议的主要任务是动员全市上下围绕振兴发展目标，切实把经济工作重心转到供给侧，进一步深化运用“两大政策”（原中央苏区和粤东西北振兴发展政策），扎实推进“三大抓手”（交通基础设施建设、产业园区扩能增效和中心城区扩容提质），努力构建“一区两带”（嘉应新区、梅兴华丰产业集聚带、梅江韩江文化生态健康旅游特色带）发展新格局，全力推动梅州苏区振兴发展。

26日，香港嘉应商会100周年会庆暨香港梅州总商会命名、第61届会董会就职典礼在香港会议展览中心举行。香港特别行政区行政长官梁振英，广东省副省长何忠友等出席典礼。市委副书记、代市长方利旭率队赴港出席典礼。新一届会董曾智明会长表示，将致力推动家乡和海峡两岸及港澳地区的经贸、文化合作交流，大力支持家乡的建设和发展，继续坚守爱国爱港爱乡的优良传统，广泛团结客属工商界人士，努力将香港梅州总商会打造成为一个既有客家悠久历史、又充满活力的商会。

26—29日，梅州市普降大雨，局部暴雨到大暴雨，平均降雨量64.9毫米，五华县大部和丰顺县、梅县区、平远县局部地区降雨量较大，全市最大降雨量出现在五华县龙村镇黄新站点，达239毫米。梅江河及部分中小河流水位出现较大幅度上涨。五华县局部地区山洪暴发，华阳、安流、梅林、河东、横陂5个镇发生不同程度洪涝灾情，8000多人受灾，部分房屋、堤围、灌溉设施、道路等遭毁坏，直接经济损失1100万元。

28日，梅州和谐文化石雕艺术馆在客天下景区正式开馆，吸引300多名收藏爱好者观看。该艺术馆由梅州和谐文化有限公司投资打造，展出藏品200多件，包含石雕作品、印章石、优质原石等，是梅州市首家规模最大的石雕艺术馆。

是日，梅州海吉星农产品商贸物流园水果交易区开业，为期3天的梅州首届水果节同时开幕。现场琳琅满目的进口水果、特色水果吸引众多市民采购。水果交易区占地5.36公顷，有18栋260间商铺，总投资3.5亿元，涵盖进口水果区、北果区、南果区、香蕉区等。

是日，在四川省广元市举行的评审会上，五华长乐烧酒、大埔青花瓷通过国家质检总局专家委员会的国家地理标志产品评审。长乐烧酒是五华的传统名产，建立较为完善的五华烧酒品牌培育、发展和保护体系，年生产能力达10000吨。大埔生产陶瓷至今已经有4000多年历史，是中国四大青花瓷生产基地之一。大埔2010年被授予“中国青花瓷之乡”，产品畅销欧美、中东及东南亚等110多个国家和地区，有180多家陶瓷生产企业，年产值超30亿元。

29—30日，梅州市第六届人民代表大会第八次会议在市委礼堂召开，表决通过《梅州市第六届人民代表大会第八次会议选举办法》，谭君铁当选市六届人大常委会主任，方利旭当选市人民政府市长。

是月，第24届广州博览会在中国进出口商品交易会展馆举行。市政府组织市招商局及各县（市、区）政府、经协部门等单位及39家企业的负责人参加。梅州市参展企业签订意向购销订单3200多万元。梅州展区32个展位以实物产品展览展销、图文介绍等方式，向国内外客商集中展示客家黄酒、白酒、灵芝孢子粉、金线莲、铁皮石斛、高山绿茶、金柚制品、富硒米等上百种绿色产品、长寿食品，吸引众多经销商和采购商对接洽谈。

是月，“2016旅游V影响力峰会”在广西贺州黄姚古镇召开，发布旅游目的地城市空气清新指数TOP10榜单。梅州凭借长期保持的优良空气质量和旅游环境，排在榜单首位。

是月，广东省企业联合会、广东省企业家协会公布2016年广东省企业500强名单，梅州有广东塔牌集团股份有限公司、广东宝丽华新能源股份有限公司、广东威华股份有限公司、博敏电子股份有限公司、广东超华科技股份有限公司5家企业上榜。

是月，梅州市社会领域有14个项目获得中央预算内投资资金支持，合计1.69亿元，首次突破亿元大关。从14个项目的涉及面来看，纳入中央投资计划多、占全省中央补助资金比例大、民生项目覆盖面广。

是月，广东欣红陶瓷股份有限公司投资 250 万美元在美国纽约设立“乐陶商贸（美国）有限公司”，专门进行研发和销售，形成“设计销售在美国、生产在大埔”模式，有利于收集第一手市场信息、紧贴市场优化产品，打破外贸市场拓展瓶颈。成为梅州市首家在国外设立公司的陶瓷企业。

是月，“绿鹰”、“培英”（图形）、“锐诺”、“吉玉”（图形）、“辉胜达”（图形）、“宝丰”（图形）、“怡丰园”（图形）、“向丽”8 件商标成功认定为“广东省著名商标”。至此，梅州市有 73 件省著名商标。

是月，丰顺县组织 20 家电声企业参加第 5 届中国（花都）视听数码博览会，总成交额 8000 万元。花都区电声企业希望携手推动扬声器技术标准制定和到丰顺电声基地投资创业。

是月，市林业局与中国科学院广州能源研究所、广东丰溪现代林业发展有限公司正式签订梅州市首个林业碳汇资源开发利用项目框架协议。标志着林业碳汇资源的储备和开发利用迈出实质性步伐。根据协议，从 2016 年起到 2020 年，三方合作单位将通过科学评估，筛选出具有开发利用价值的林地，进行森林碳汇、CCER（自愿减排）等项目开发，整合林木废弃物资源，开展生物质能源利用（发电项目）。

是月，省、市专家组一致通过广东大埔万福国家森林公园可行性研究报告。拟设立的广东大埔万福国家森林公园保存有亚热带常绿阔叶林、阴那山、客家人文、万福古寺等资源，具有典型性和代表性，规划面积 2014.5 公顷，分为万福和五虎山两个片区，森林覆盖率 84.63%。

是月，位于梅县区丙村镇的广东梅州市富柚生物科技有限公司在柚果深加工业内首创整果加工柚类饮品工艺。工艺采取连皮带籽的整果深加工，以微生物发酵技术进行制作，最大程度保留柚果营养价值，实现高度自动化，产品陆续推进周边市场，广受欢迎。富柚公司成功申报 6 项专利，包括金柚果汁浓缩液制备方法发明创造专利、金柚整果加工流水线专利及柚子果汁专用生产线专利等。

是月，梅州市又有 14 个项目入选第七批市级非物质文化遗产，分别是客家山歌剧（梅州）、兴宁珍珠红酒酿制技艺、三圳酿粄制作技艺、公式隍草席制作技艺、汤坑镇梳“大鳖尾”技艺、西河老鼠粄制作技艺、客家服饰制作技艺、平远八尺娘酒酿造技艺、丙村开锅肉丸、李家教拳、黄金迎灯、西河漳溪墟扫灯节、西河大靖迎马、下市闹元宵。

9　月

2 日，梅县区招商引资项目——新大地纸品生产项目成功投产。是梅州市规模最大的水果包装生产项目，填补市水果包装纸箱生产产业链的空白。项目占地 1.6 万平方米，首期投资约 3800 万元，年产值可达 6000 万元。

是日，五华县在县城召开招商座谈会暨琴江文化大厦项目签约仪式。与会乡贤踊跃认捐 4999 万元，用于发展教育事业。

3 日，梅州城区 110 千伏中环变电站投产。梅州高压变电总容量突破 1000 万千瓦，标志着梅州电网总体规模、供电能力迈上一个新台阶。变电站及其配套工程投产后，改善江南新城区域 110 千伏电网结构，满足区域电力需求增长，对提高梅城供电能力发挥重要作用。

4—7 日，丰顺县与市商务局联合组织电声企业组团赴德国参加 2016 柏林国际电子消费品展览会，签订 3000 多万美元的贸易意向合同。丰顺县有 14 个公共展位，整体突出以中国电声出口共建基地、广东电声之都、“丰顺电声”集体商标开展区域品牌宣传推介。参展为促进丰顺县外贸企业转型升级、抢抓国际市场订单发挥重要的带动作用。

5 日，大埔县蜜柚名茶旅游节暨富硒长寿产业发展论坛开幕式在大埔西湖公园举行。论坛以“蜜柚名茶、富硒特产、文化旅游、长寿体验”为主题，20 多家农业企业携数百种长寿特产参展，吸引 500 多名嘉宾和游客参加。北京钜品圣生物科技有限公司、上海农产品中心批发市场、大客汇乡城品电子商务有限公司、上海果宝网络科技有限公司等，分别与农业及农产品加工企业、行业协会签订蜜柚、茶叶购销与合作协议，签约金额近2亿元。大客汇乡城品电子商务公司举办进驻大埔揭牌仪式。同时举办富硒长寿产业发展论坛、开展富硒茶叶等产业发展研究与规划，推进农业供给侧结构性改革和转型发展。

8 日，五华县委、县政府在县城召开招商座谈会，梅州市五华商会、乡贤企业家在会上踊跃认捐 2000 万元，用于教育发展基金，支持家乡教育事业发展。

9 日，广东东电化广晟稀土高新材料有限公司生产的钕铁硼永磁制品首次实现批量出口，梅州稀土产业走向实现高附加值的深加工阶段。此批出口产品是公司投产后的首次批量出口货物，约2.1万个磁石，价值近百万元。

9—11 日，广东国际旅游产业博览会在广州举行，梅州市组织各县（市、区）旅游部门及近40家旅游企业参展。展出20多种特色旅游商品，吸引不少主流媒体关注梅州旅游。梅州市旅游局获“2016 年广东国际旅游产业博览会最佳组织奖”，平远五指石景区和客天下景区均获评“2016年广东省最佳自驾游旅游目的地”。广东华银集团有限公司与棕榈生态城镇发展股份有限公司签订雁鸣湖康体养生旅游体验度假区项目，总投资约 30 亿元；丰顺县政府与广东珠光旅游投资有限公司签订鹿湖国际康养旅游度假区项目，总投资约 67 亿元；丰顺县八乡山镇政府与广东八乡山水田园文化旅游发展有限公司签订广东八乡山水田园文化旅游产业园项目，总投资约 13 亿元。

10 日，梅州市人民医院博士后科研工作站培养的骨科博士后廖红兴通过答辩，顺利出站，标志着梅州市本土培养的首名博士后出站。廖红兴出站报告课题为“VEGF/BMP—6 共表达 BMSCs 治疗早期股骨头坏死”。

是日，梅州至平远高速公路项目全线动工建设，开工累计完成投资约1.23亿元。

11 日，在巴西里约热内卢举行的第 15 届残奥会场地自行车混合 C1—5 级男子 750 米团体竞速赛决赛中，梅州籍运动员谢豪、魏国平代表中国队参赛，斩获银牌。

12—14 日，中国国际工程咨询公司组织专家召开梅县机场迁建工程选址报告评审会。新机场有3个预选场址，分别是梅县区水车镇的高山崠、大坪镇双花以及兴宁市径心镇田心。新机场建设目标年为2030年，年旅客吞吐量92万人次。

19—20 日，省委书记胡春华在梅州调研检查脱贫攻坚和产业发展情况，强调要落实精准要求，精准识别、精准施策，把脱贫攻坚工作做细做实。

21 日，由市卫计局组织的梅州城区“服务百姓健康行动”大型义诊活动在文化公园广场举行。梅城 12 家医疗单位联合开展义诊，为市民免费送医送药，引导群众科学就医。

23 日，梅州万达广场开业，176 家进驻的商家开门迎客，引市民纷至沓来。梅州万达广场项目总投资约 50 亿元，建筑面积 69.14 万平方米，购物中心面积 13 万平方米，是万达集团在全国开业的第 160 座万达广场。广场集购物、餐饮、文化、娱乐、商务、休闲等功能于一体，云集万达 IMAX 影城、万达宝贝王、PLAY—1 超乐中心、嘉荣超市、星巴克、优衣库等 8 家主力店。进驻的 176 个知名品牌中有 50%为首次进驻梅州。

24 日，梅州日报社联合市双拥办、梅州军分区政治部、大埔县共同举办“重走中央红色交通线”大型军民徒步活动。1000 多名徒步爱好者、干部群众和部队官兵沿着大埔县青溪镇昔日的“红色交通线”徒步 10 千米，踏上革命印迹，用特别的方式纪念红军长征胜利八十周年。

24—25 日，“梅州家博会走进五华”活动在五华县城国际大酒店广场举行，是五华规模和优惠力度最大、规格最高、参展商最多、影响力最大的行业盛会，为市民创造家居建材“一站式购买”的体验和服务。现场举行梅州市装饰行业协会五华办事处成立授牌仪式。五华是“家博会”进行县域推广的首站，活动成交订单超过 1500

个，成交金额约2500万元。

25日，广东金泉通用航空有限公司在梅县机场举行首航仪式，正式运营“空中游梅州”项目。广大市民和游客可乘坐飞机，在千米高空领略世界客都风采。项目首期开通3条旅游路线，游览时间为20分钟或30分钟，价格从488元到1988元不等。游客可通过电话预约、微信商城下单、旅行社和旅游景点购票等方式，体验“空中游梅州”服务。

28日，大埔县、丰顺县纳入国家重点生态功能区。加之此前的兴宁市、蕉岭县及平远县，梅州市有5个县（市）纳入国家重点生态功能区。

是日，蕉岭县城市扩容提质重点项目——蕉岭奥园广场正式投入运营。奥园广场是一个大型城市综合体，由香港上市公司中国奥园地产集团投资6亿元，建筑面积约8万平方米，其中购物中心建筑面积3万多平方米，是蕉岭首家大型一站式时尚购物中心。

是月，平远县启动县城南区市场改造项目。项目计划投入3亿元，用3年左右时间完成整体拆建改造。原营业面积约3800平方米，有摊位160个，主要经营蔬菜、干鲜果品、生熟肉食等。

是月，香港星光集团董事局主席林光如再次捐资100万港元，支持嘉应学院发展。

是月，省委常委、广州市委书记任学锋率队到梅州调研对口帮扶工作，强调穗梅两地要把强化产业共建作为对口帮扶的重大战略举措，携手培育打造产业集群，助推梅州加快振兴发展；要突出产业帮扶、促进就业、改善环境等重点工作，抓实扶贫攻坚工作，确保贫困村贫困人口精准脱贫。

是月，位于梅县区松口镇德化村的南寿峰健康产业园一期建设完成。产业园总投资10亿元，分3期建设。建成后将成为梅州市乃至广东省内极具特色的，融南药博览、中医养生、文化旅游等为一体的客家特色健康文化产业项目，年产值可达3亿元。

是月，平远石正（广州）公园核心广场建成。广场总投资650万元，占地2万平方米，设置多个功能区，娱乐区包含乡村大舞台和文化长廊，运动区建有篮球场和健身路径，绿化区种植3000多株樟树。广场集休闲、景观、供水、生态等功能于一体，成为当地群众休闲的好去处。

是月，梅片树高产株选育及高效扩繁技术通过科技成果鉴定，项目创新苗木规模化扩繁技术工艺，培育出遗传稳定的优良无性系品种。广东华清园生物科技有限公司计划在梅州区域种植0.67万公顷，打造成全国最大的天然冰片生产基地。

是月，丰顺县获授“全国产业集群区域品牌建设（电声产业）试点地区”称号，是梅州市唯一获此称号的地区。

是月，在吉林长白山举办的“2016中国森林旅游节”上，平远县被中国林业产业联合会授予“全国森林旅游示范县”称号，成为广东省唯一获此称号的县。

是月，五华县长乐大桥建成通车。大桥位于五华县城北部，西起水寨镇七都村梅华路，向东跨越梅江河与河东镇横塘村道连接。双向四车道设计，行车时速60千米，桥宽22米，主桥170米，引道1558米，总投资1.7亿元。

是月，梅州市足球文化公园片区提升改造规划方案公示，梅州将建足球文化公园。梅州市足球文化公园片区改造范围为东较场周边及现有的文化公园区域，规划用地面积约21.44公顷，其中配套商业及商住附属设施用地面积约3.02公顷。提升改造项目包括改造标准足球场1个、标准游泳场1个、七人制足球场2个、五人制足球场3个、篮球场4个、地下室停车场停车位约500个、地面大巴停车位约20个、全民健身中心（包括羽毛球和乒乓球场、足球博物馆、办公服务配套）、足球文化雕塑广场3个、客家足球文化展廊等。

10 月

1日，广东鸿艺集团举行客天下·东城项目开工仪式。标志着客天下二、三期项目蓝图即将展开。计划总投资超160亿元，是客天下下一个10年的重点建设项目，匠心打造十大特色美丽小镇，包括东城威尼斯小镇、东城西班牙小镇、东城法式风情小镇、东城玫瑰小镇、东城石斛小镇、东城奥地利小镇、东城岭南风情小镇、东城微电影产业基地、东城健康养老产业基地、东城碧桂园等。让客天下真正实现产城融合、产业联动，形成具有生命力、生生不息的客天下产业综合体，成为国家新型城镇化的先行者和实现健康可持续发展的实践者。

1—7日，国庆黄金周，全市各大景区热闹非凡，星级酒店人气爆棚。接待游客393.35万人次，旅游总收入12.66亿元，同比分别增长7.81%、11.73%。自驾游客占80%以上，成为主要消费群体。

4日，省委常委、常务副省长徐少华率队到梅州调研重点项目建设情况，并看望慰问国庆假期坚守建设岗位的一线施工人员。徐少华强调各级各部门要树立大局观、整体观，加强组织领导，强化协调联动，全力以赴加快推进重点项目建设。

7日，广东十大海上丝绸之路文化地理坐标初评结果在广州揭晓，梅州松口古镇等入围30强。梅州松口港是当时广东内河第二大港，东北连接闽西，东南直通潮汕，是明末以后客家人出南洋的第一站。作为连接中国与东南亚海上贸易的交通线，松口港在商贸流通、人员往来、文化交融等方面发挥重要作用。

12日，市人民医院通过省卫计委组织的人类辅助生殖技术现场校验和评审会，获准正式运行常规“试管婴儿”技术。

13日，中国陶瓷产业电子商务基地在“中国青花瓷之乡”大埔县揭牌上线，正式落户大埔。大埔陶瓷生产经营企业达186家，陶瓷工业实现产值31.2亿元。

是日，省文联、省剧协在广州举行“广东省戏剧之乡”命名授牌仪式，大埔县获颁首批“广东省戏剧之乡”。大埔是著名的“汉乐之乡”，约有40个汉乐队、13个汉乐后继人才培训基地，汉乐演奏点遍布城乡，各镇均成立广东汉乐研究会分会。

14日，住建部公布第一批（共127个）中国特色小镇名单，梅县区雁洋镇榜上有名，是梅州市唯一一个上榜的镇。

15日，梅州锦绣国际家居博览中心盛大开业，标志着粤东北首个百万平方米家居建材一站式采购中心正式启用。是梅州锦绣国际建材家居商业城的一期项目，规划面积30万平方米，首期开业面积10万平方米，有700多个品牌入驻。梅州锦绣国际建材家居商业城由广东喜之郎集团斥资80亿元打造，总占地面积36.18公顷，总建筑面积120万平方米，涵盖家居建材、五金机电、星级酒店、创意产业中心、企业孵化基地、创意生活居住区等超全业态。

是日，广东恒宝缘稀土复合材料产业园在广州南沙（平远）产业转移工业园动工。该项目是平远县2016年的重大招商引资项目之一，项目动工标志着该县在延伸稀土产业链条、加快发展稀有金属新材料产业上迈出新步伐。广东恒宝缘稀土复合材料产业园项目计划总投资17.5亿元，其中首期投资6.5亿元。项目建成后，预计年产5吨稀土陶瓷纤维、10吨稀土陶瓷复合材料、30吨稀土陶瓷纳米材料和500吨稀土陶瓷金属复合材料。

17日，市政府与建设银行广东省分行签署“十三五”时期战略合作协议。协议约定，未来五年，建设银行广东省分行将与梅州市携手共进，共同设立“梅州原苏区扶贫振兴发展基金”并提供配套项目贷款支持，对梅州基础设施建设项目、城市扩容提质项目、专利技术孵化转化产业项目建设，以及文化旅游产业、科技金融等领域提供600亿元的融资支持。

20日，省委统战部副部长、省民族宗教委主任黄强到梅州调研宗教发展工作。黄强要求着力推动宗教工作有质量、可持续发展，推动新形势下宗教工作创新发展。

20—22日，因强台风“海马”的影响，梅州市普降暴雨到大暴雨，中南部、北部地区出现特大暴雨，全市平均降雨量92.5毫米，局部地区出现9级～12级阵风，最大风力为丰顺县城汤南镇12级。台风致全市7个县（市、区）、61个镇受灾，受灾人口9.39万人，造成直接经济损失3.3305亿元，丰顺县、大埔县的灾情比较严重。五华县因山体崩塌死亡2人。

22日，梅江水岸·第七届“客家妹”形象使者大赛全球总决赛在梅城亮胜艺术中心举行。经过激烈角逐，来自河源的江雨婷获得冠军、来自梅江区的汤钰熠获得亚军、来自印度尼西亚的朱英珠获得季军。

24日，第六届国际硒研讨会暨世界富硒长寿产业联盟大会在梅州召开，来自美国、韩国、德国等10多个国家的近50名专家学者，以及国内科研院所专家和各地商贸主体负责人730多人参会。会议充分挖掘梅州富硒长寿产业优势资源，以硒为媒、产研对接、产销联动、跨域合作，把梅州的富硒长寿特产推向国内国际市场，实现合作多赢。梅州市有8280平方千米富硒土壤区域，占全市市域总面积的52.3%，土壤硒平均含量达0.7毫克/公斤，比国家富硒标准高出75%，为“优秀级”。

28日，兴宁乡贤黄镜芳投资的大型综合性生态旅游项目——广东宋声生态旅游项目签约，项目总规划面积为53平方千米，将以兴宁市水口镇宋声狮子岩为中心，利用区域内良好的生态环境和优美的自然风光，在周边进行合理开发。计划总投资30亿元，首期投资6亿元，主要包括景点开发、红色苏区、生态种植、产品供应、科研基地、养老养生、健身娱乐和动物养殖等，预计年产值6亿元，年平均税收3000万元。

29日，第四届旅游业融合与创新（中国·思南）论坛暨2016最美中国榜盛典在贵州省思南县召开，发布4个“2016最美中国榜”。梅州入围“2016最美中国榜—目的地城市”榜单，并获得“2016最美中国·大众休闲、健康养生旅游胜地”称号。

30日，“南宁—珠海—梅州”航线和“大连—杭州—梅州”航线正式通航。梅县机场运营航线增至10条，通航城市增至15个。“南宁—珠海—梅州”航线由E190机型执行，最大载客106人，每周一、三、五、日各一班，航班号为GX8839。首条东北航线“大连—杭州—梅州”每周四、日各一班，航班号为CZ6479/80。

31日，中国地震台网正式测定：10月31日16时26分，蕉岭县蕉城镇和文福镇中间地带（北纬24.69度，东经116.19度）发生3.5级地震，震源深度18千米，峰值烈度4度，主要影响蕉岭蕉城、文福、广福、南礤4个镇。地震无人员伤亡。

是月，位于大埔县的广东瑞山生态旅游度假村主建筑实现封顶，投入资金5亿多元，年底完成第一阶段建设。由广东瑞山高新农业生态园股份有限公司按国家AAAAA级景区标准打造，占地20100公顷，计划总投资13亿元，划分为琼林景区、天池景区、琴湖景区、云谷景区、南山景区、桃园景区6大景区。

是月，位于海珠（丰顺）产业转移园的广东汇威高科技园建成投产。占地8.04公顷，总投资3.5亿元，主要生产电视机、平板电脑和手机，年产值可达15亿元。

是月，广东省政府发布第二批广东省古籍重点保护单位和第二批广东省珍贵古籍名录，中国客家博物馆被列入第二批省古籍重点保护单位，成为粤北地区唯一入选的单位。

是月，经中共广东省委批准：黄建固任梅州市委常委和市纪委书记。

11 月

3日，广东省农村人居环境综合整治工作（粤东粤北）现场会在蕉岭县召开，会议学习贯彻落实中央和省委、省政府有关改善农村人居环境的决策部署，要求认真查找问题，查摆差距，交流经验，研究部署下一阶段工作。

是日，省政协主席王荣率省政协调研组到丰顺县汤西镇新岭村，围绕“精准扶贫精准脱贫”开展专题调研。王荣强调要动员社会各界力量，形成扶贫攻坚合力，构建扶贫开发新格局。

3—5 日，由中共梅州市委、市政府与广东院士联谊会共同主办的粤东西北院士专家行暨 2016 年梅州市创新驱动发展战略咨询会在梅州市举行。30 位院士专家走进梅州，其中梅州籍院士 11 人，分别是王佛松（兴宁）、杨文采（大埔）、张楚汉（梅县）、古德生（梅县）、江欢成（梅县）、廖万清（梅县）、邱冠周（大埔）、汪懋华（兴宁）、刘焕彬（兴宁）、陈志杰（梅县）、何质彬（兴宁）。活动重点围绕“传统产业转型升级、新兴产业培育”开展决策咨询和技术对接，力促科技成果落地梅州转化。

4 日，中国工程院院士、皮肤病与真菌病学专家廖万清在市人民医院为市民义诊。此次义诊是粤东西北院士专家行暨 2016 年梅州市创新驱动发展战略咨询会的活动之一。为了服务家乡群众，廖万清院士特地从上海带来自主研发的外用皮肤药 7 类、11 箱，免费发放给问诊的市民。廖万清表示他是梅州人民培养的，希望能用实际行动回报父老乡亲。

5 日，梅县区第七届金柚飘香文化节暨名优农产品展销会在雁鸣湖旅游度假村开幕，现场签订金柚购销合同逾 3 亿元。同时，为“梅县金柚”地理标志证明商标以及为梅县区金柚协会授牌。

5—8 日，第十四届中国国际农产品交易会暨第十二届昆明国际农业博览会在云南昆明国际会展中心举行，梅州市 8 家优秀农业龙头企业参加，梅州金柚、嘉应茗茶、客都稻米、金柚加工产品等 80 多个品类和富硒长寿农产品受到热捧。农交会上，签订金柚、茶叶、稻米及加工产品购销、意向合作协议 32 个，涉及金额 4000 多万元。梅州金柚和五华大田柿获“2016 年全国名优果品区域公用品牌”称号。

7 日，一架从珠海航展会场起飞的 DA—40D 飞机在梅县机场平稳降落，标志着金泉通航的珠海航展之行圆满结束，也是梅州市航空企业首次受邀参加国际性航展。DA—40D 飞机受邀参加航展静态展示，每架可以乘坐 4 人（含机长 1 人、乘客 3 人），被金泉通航使用于“空中游梅州”旅游项目。

8 日，全市农村人居环境综合整治暨创建国家环保模范城市推进会在市政府召开。会议要求各级各有关部门要贯彻落实省、市工作部署，快速行动、强力推进、真抓实干，切实改善农村人居环境，提高群众的幸福感和满意度，以“创模”为推手，强力推进城乡环境专项治理，推动城乡环境面貌持续改善。

12 日，2016 年广东省“省长杯”足球联赛大学男子甲 A 组决赛在广州进行。嘉应学院队夺冠，代表广东省参加全国大学生足球联赛东南区总决赛。

17 日，丰顺县电子商务产业园开园，是丰顺县首家电商产业园。园区首期投入建设资金 1000 多万元，建成物流、产品展示、电商孵化、智能仓储、综合服务、办公、配套生活区 7 个功能区。吸引 16 家企业（专业合作社）入驻，涉及电子商务、物流、农产品加工等行业。

18 日，梅州市旗袍协会在客天下景区举行成立大会，100 多名女性身着靓丽的旗袍服饰进行走秀表演，展示旗袍穿透岁月依然优雅的魅力。梅州市旗袍协会有会员 200 多人，立足梅州本土，面向世界客属华侨华人、港澳台地区，展示旗袍秀之美以及客家妇女勤劳善良贤惠精神，传播真善美。

19 日，国家南方粮油作物协同创新中心教授黄璜宣布“华南双季超级稻年亩产 3000 斤绿色高效模式攻关”测产验收结果，标志着双季稻产量世界纪录在兴宁龙田镇环陂村诞生。

20 日，206 国道梅县区畲江镇路段发生一起小车与大货车迎面相撞，造成小车上 3 人死亡的重大交通事故。

21—25 日，市商务局联合平远县政府，组织 15 家企业参加“2016 俄罗斯国际家具、配件及室内装潢展览会”。展览会上，累计签订 2000 多万美元的贸易意向合同，友邦、仕达、洪福等骨干家具出口企业的代表产品吸引众多客商咨询了解，同时开展系列经贸交流活动。通过访问俄罗斯知名家具企业、考察俄罗斯家具市场等，为促进梅州市外贸企业转型升级、开拓国际市场起到积极作用。

25—28 日，第七届广东现代农业博览会在广州琶洲举行。梅州 200 多种富硒长寿农特产亮相，签订金柚、慈橙、茶叶、稻米及加工产品购销、意向合作协议涉及金额 1.2 亿元。不少市民选购梅州金柚、嘉应茗茶、平远慈橙、客都稻米及精深加工产品等，富硒农产品更是受采购商和市民青睐，产品供不应求。十记果业的金柚、顺兴公司的蜜柚、蓝田公司的杏鲍菇、龙岗马山的绿茶、松岗嶂的绿茶、飞天马的乌龙茶、平远源丰的红茶、蕉岭泰农的粤东黑猪、金穗公司的香米、客家黄的鲜鸡蛋 10 个农产品入围“十大名牌”系列农产品。广东顺兴种养股份有限公司获评“广东省出口示范基地”。

28—30 日，中国共产党梅州市第七次代表大会在梅城举行。主要任务是总结市第六次党代会以来的工作，提出今后五年的奋斗目标和主要任务，动员全市各级党组织和广大党员干部，牢记使命、开拓创新、真抓实干，加快构建“一区两带六组团”发展新格局，与全省同步全面建成小康社会。谭君铁代表中共梅州市第六届委员会向大会作题为《加快建设“一区两带六组团”，为梅州全面建成小康社会而努力奋斗》的报告。会议选举产生新一届市委委员、候补委员、市纪委委员。谭君铁当选市委书记，方利旭、彭耀新当选市委副书记，张丽霞、杜敏琪、李远青、张文广、余其豹、黄建固、陈志宁当选市委常委。通过《关于六届市委工作报告的决议和市纪委工作报告的决议》。

30 日至 12 月 1 日，省检查组对平远县创建“广东省卫生县城”工作进行实地考核，并在考核后宣布平远“创卫”工作通过省级考核。

是月，第二届全国生态文明建设高峰论坛暨城市与景区、美丽乡村成果发布会在北京举行，平远县获评“全国十佳生态休闲旅游城市”称号。平远县拥有 75%的森林覆盖率，生态环境优美，是中国最佳文化生态旅游目的地、中国最佳文化休闲旅游县。

是月，2016 年梅县区“十大优质金柚园”评比揭晓，分别是城东镇曾志刚柚园、水车镇张远新柚园、松口镇余志旋柚园、松源镇赖建华柚园、桃尧镇张广顺柚园、石扇镇林作英柚园、隆文镇黄华明柚园、梅南镇李杏香柚园、畬江镇余志伟柚园和大坪镇李汉泉柚园。

是月，在广东省第八届“省长杯”工业设计大赛上，梅州首次参赛并斩获 2 个奖项，分别是嘉应学院美术学院和市创客嘉文化传播公司设计的升降调节马桶获得概念组铜奖，广东辉骏科技集团有限公司设计的 HJ—1601 LED 应急球泡灯获得产品组优秀奖。

是月，农业部发布《关于全国休闲农业和乡村旅游示范县认定名单》，平远县榜上有名，是继“全国十佳生态休闲旅游城市”称号后，再获一国字号招牌。平远县利用国家和地方支持农业发展、扶贫开发、环境保护、小城镇建设等相关政策措施，提升农民就业增收能力，逐步形成政府引导、农民主体、社会参与的休闲农业与乡村旅游发展新格局。

是月，国家旅游局公布第二批国家全域旅游示范区创建单位名单，梅州榜上有名。梅州市以全域旅游的视野，完成《梅江韩江绿色健康文化旅游产业带发展规划（2016—2030）》等专项规划，出台《梅州市旅游发展“十三五”规划》，着力推动全市旅游产业从观光为主，向观光、休闲、度假的复合模式发展，重点培育养生休闲产业，形成“一心一带四区”战略布局。预计到“十三五”期末，全市旅游接待总人数将达 5500 万人次，旅游总收入达 570 亿元、年均递增 13%，带动旅游直接从业人员约 10 万人，带动就业约 35 万人。

12 月

7 日，国家发改委公布第三批国家新型城镇化综合试点地区名单，丰顺县留隍镇入选，成为梅州市首个入选的试点地区。留隍镇是广东省中心镇、青榄专业镇技术创新试点单位、生态示范镇，也是梅江韩江绿色健康文化旅游产业带的核心示范区。全镇总面积428.23平方千米，总人口10.5万人，辖36个行政村和1个社区。

8日，位于广州（梅州）产业转移工业园的王老吉大健康（梅州）基地举行动工仪式。基地首期总投资4亿元，占地面积约11.8万平方米，重点生产王老吉浓缩液。建成后凉茶浓缩液提取产能可达每天60吨以上，年产值可达6.5亿元，成为全球产量最大的凉茶原液提取基地。

8—11日，第四届客家文化创意产品博览交易会在梅城院士广场举行。由广东客都文化发展有限公司、梅州市客家文化创意产业协会共同主办，以“创意进入你的生活”为主题，是历年来规模最大的一届。有10个省、200多家文创企业展出数以万计的“新奇特”文创产品和手法绝妙的民间工艺等。展区面积约1万平方米，展馆分为本地文创馆、台湾馆、茶文化馆、“非遗”精品馆、创意童趣馆、红木精品馆、表演互动区等，集中展示全国各地的创意设计、影视动漫、书画艺术、工艺美术等文化创意产品。其中“非遗”精品馆、创意童趣馆、红木精品馆3个特色馆为新增设展馆。现场“吸金”4201万元，意向成交额3339万元。市民不仅欣赏到来自全国各地的特色文创产品，还观看精彩纷呈的文艺节目，参加各式各样的互动活动。

9日，广东省韩江高陂水利枢纽工程一期一段围堰合龙仪式举行，标志着工程建设取得阶段性进展。工程以防洪、供水为主，兼顾发电和航运，属以公益性为主的准公共性工程项目。计划总投资61.54亿元、建设周期66个月；其中2016年度投资13亿元，完成投资支付11.39亿元，投资完成率88%。是广东省历史上单项投资最大的水利工程，有着巨大的经济效益和社会效益，造福当代，泽被子孙。

9—11日，梅州旅游海内外推广中心主任座谈会暨“一带一路”客家地区旅行社梅州采风行活动在梅州市举行，同时为新成立的两个梅州旅游海外推广中心（英国伦敦、西班牙马德里）颁牌。

12日，大丰华高速公路丰顺至五华段开工建设。是梅州市南部区县相互连接的交通主干线，也是梅州市高速路网的横向连接线，将为大埔、丰顺、五华与兴宁之间的连接再添一条“主动脉”，形成县（市）间的高速公路大外环。一期工程为丰顺至五华段，起于丰顺县北斗镇（接汕梅高速公路），向西经丰顺县汤西、八乡山，五华县郭田、河东等镇，终于五华县横陂镇，全长40.59千米，总投资约55.23亿元，全线采用双向四车道高速公路技术标准，设计速度100千米/小时，计划2020年建成通车。

13日，平远广益游乐设备制造项目正式投产，累计完成投资2亿多元。广东广益游乐设备制造有限公司是梅州市唯一生产游乐设备的企业，主要产品包括碰碰车、旋转木马、小火车、自控飞机、太空飞车等。预计年产值可达上亿元，纳税超千万元。

13—19日，梅州市设立“梅州足球日”开展投票活动，以此传承发扬梅州足球文化传统，促进足球发展与城市发展相融合。候选的“梅州足球日”有3个，分别是8月13日、9月3日和11月3日。其中“8月13日”为李惠堂被评为球王的日期，1976年8月13日，联邦德国“环球足球杂志”组织世界球王评比活动，李惠堂与巴西的贝利、英国的马修斯、西班牙的斯蒂法诺、匈牙利的普斯卡士一同被评为世界五大球王；“9月3日”为现代足球传入梅州的日期，1873年9月3日，德国、瑞士传教士在五华元坑开办中书馆（中学），首次将足球作为体育课程向学生传授；“11月3日”为梅州足球“申遗”成功的日期，2013年11月3日，国家体育总局授予梅州“中国体育非物质文化遗产保护与推广城市·梅州足球之乡”。

15日，中国国际文化传播中心全国民办博物馆联合会第六次主席办公会议在梅州市举行。来自全国各地的民办博物馆馆长齐聚一堂，共同探讨繁荣和发展民间文化。

17日，梅州市人民医院与上海金汇通用航空股份有限公司签署合作协议，共同设立粤东航空医疗救援中心，为粤东地区乃至赣南、闽西地区群众提供院前急救、院间转运等常态化、及时响应的航空医疗救援服务。市人民医院成为梅州首家空中医疗救援基地医院，空中救援直升机服务半径为150千米，将长期驻留梅州。

18 日，梅州市第 11 座 220 千伏变电站——畲江变电站正式投产运营，为常规户外变电站，总投资 2.08 亿元，本期工程建设 2 台 18 万千伏安主变压器，将为广州（梅州）产业转移工业园提供更加可靠的用电保障和优质供电服务。

是日，在迪拜举行的 2016 年世界羽联超级系列赛总决赛女子双打、混双决赛中，梅州客家妹陈清晨夺得两项冠军。其中，在双打决赛中，中国选手陈清晨、贾一凡以 2∶1 战胜日本选手松友美佐纪、高桥礼华，夺得冠军；在混双决赛中，中国选手郑思维、陈清晨以 2∶0 战胜英国的阿德考克夫妇，夺得冠军。

22 日，梅州市林风眠研究会成立大会暨纪念林风眠 116 周年诞辰座谈会在梅城举行，会议选举产生第一届理事会，林振兴当选会长。理事会首批个人会员 85 人，将创立会刊《林风眠研究》，组织开展林风眠研究及其史料挖掘，举办林风眠美术展览、文艺创作、培训讲座等相关活动，促进文化艺术与教育事业发展，组织开展对外文化信息交流与艺术传播活动，提高林风眠艺术国际影响力，推动文化梅州建设。

22—23 日，广州市副市长黎明率队到梅州调研考察对口帮扶工作，强调穗梅两地要以产业共建为中心，加大力度促进项目落地，实现两地长远共赢发展；要积极探索产业扶贫项目，抓实精准扶贫精准脱贫工作，确保贫困村贫困人口稳定、长效脱贫。考察组一行到广州（梅州）产业转移工业园，现场考察园区规划建设以及招商引资情况，到兴宁龙田、合水等地的相对贫困村调研精准扶贫精准脱贫工作。

24—25 日，由梅州日报社主办、梅州市报业广告有限公司承办的“关爱生命　健康生活”2016 梅州第三届医博会大型义诊暨免费为贫困户送医送药公益活动在梅城江南剑英体育馆广场举行。活动延续“送医送药”的惠民理念及“专家多、专科齐”的品牌特色，汇聚医疗产业的前沿产品，为市民提供周到的医疗服务。现场同时举办“关注地贫　与爱同行”地贫大型宣教公益活动。近百名医疗专家免费服务上万人次，取得良好的社会效应。

25—26 日，梅州市举办纪念梅州市被誉为“足球之乡”60 周年暨振兴足球工作会议系列活动，传承和推广“足球之乡”的历史文化，加快推进全市振兴足球工作。

26 日，梅州市梅大高速公路梅州东环支线、兴宁至汕尾高速公路五华至陆河段（以下简称华陆高速）动工建设。梅大高速公路梅州东环支线全长 15.047 千米，概算总投资 19.96 亿元，设枢纽立交桥 3 处，按双向四车道、设计时速 100 千米高速公路标准建设。华陆高速设 7 处互通式立交桥，采用双向四车道、设计时速 100 千米高速公路标准建设，全长 48.002 千米，估算总造价 54.34 亿元，其中五华境内约 25 千米，造价约 28 亿元。

29 日，梅州客商银行筹建申请获得中国银监会批复，将成为粤东西北地区首家民营银行。注册资本 20 亿元，由宝丽华新能源股份有限公司、塔牌集团股份有限公司等 5 家广东省内优质民营企业发起设立，宝新能源和塔牌集团分别认购总股本的 30%和 20%，广东喜之郎集团有限公司、广东超华科技股份有限公司和广东温氏食品集团股份有限公司 3 家一般发起人认购余下的 50%总股本。

30 日，“穗梅携手　共享发展”梅州投资环境推介会在广州举行。签约项目 32 个、投资总额达 151.5 亿元，其中合同项目 11 个、投资总额 18.15 亿元，意向项目 21 个、投资总额 133.35 亿元，项目涵盖汽车零部件制造、产业孵化园建设、农产品精深加工、新型建材生产、高端医疗保健、热电冷产品供应等。

是月，铁汉生态梅州区域总部及配套建设工程动工暨足球产业基地项目启动仪式在梅县新城举行。项目总投资 20 多亿元。梅州区域总部及配套建设工程规划为多功能一体化大型现代商住综合体，总用地面积6万多平方米，包括铁汉生态梅州区域总部、足球俱乐部中心、大型超市、高端会所及学位房等设施。足球产业基地项目包括3万人专业足球场、足球学校、俱乐部训练基地、足球产业及其配套设施、综合配套区和绿地公园，为铁汉生态梅县客家足球队打造集青少年训练、管理、医疗于一体的综合性足球基地。

是月，梅汕高铁秀水隧道全线贯通，是梅汕高铁控制性工程。隧道位于丰顺县汤坑镇东秀村，全长879米。梅汕高铁正线全长122.5千米（梅州境内线路长72千米），投资估算总额196亿元，预计2019年建成通车。

是月，平远县富石灌区加固改造主体工程建设完工。工程以富石水库为主要水源，设计灌溉面积13400公顷，渠道总长25.9千米，渠系建筑物146座，灌溉受益面积涉及石正镇和大柘镇。投入2340万元，加固改造渠道25.36千米。

（廖晓鹏）

概 况

责任编辑：徐华芳

自然地理

【位置、范围、面积】 梅州市位于广东省东北部，地理位置坐标为北纬 23° 23 ' ～24° 56 '，东经 115° 18 ' ～116° 56 ' 之间。地处闽、粤、赣三省交界处。辖梅江区、梅县区、平远县、蕉岭县、大埔县、丰顺县、五华县，代管兴宁市。总面积 15876.06 平方千米。市政府设在梅江区江南新中路。

【地质、地形、地貌】 梅州市地质构造比较复杂，主要由花岗岩、喷出岩、变质岩、砂页岩、红色岩和灰岩六大岩石构成台地、丘陵、山地、阶地和平原五大类地貌类型。全市山地面积占 24.3%，丘陵及台地、阶地面积占 56.6%，平原面积占 13.7%，河流和水库等水面面积占 5.4%。

山脉 市境地处五岭山脉以南，地势北高南低，山系主要由武夷山脉、莲花山脉、凤凰山脉三列山脉组成。海拔千米以上的高峰有 140 多座，其中位于丰顺县的铜鼓嶂海拔 1560 米，是梅州市第一高峰。

盆地 境内主要盆地有兴宁盆地，面积 320 平方千米；梅江盆地，面积约 110 平方千米；蕉岭谷地，面积约 100 平方千米；汤坑盆地，面积约 100 平方千米。

河流 境内主要河流有韩江，全长 470 千米（梅州境内 343 平方千米），流域面积 30112 平方千米（梅州境内 14673 平方千米）；梅江，全长 307 千米（梅州境内 271 千米），流域面积 13329 平方千米（梅州境内 10888 平方千米）；汀江，全长 323 千米（梅州境内 55 千米），流域面积 11802 平方千米（梅州境内 1333 平方千米）；同时还有琴江、五华河、宁江、程江、石窟河、梅潭河、松源河、丰良河等。此外，东江亦沿市境西北的兴宁市边境流过，在梅州境内河段长 24.8 千米，流域面积 260 平方千米。

【气候】 梅州市属亚热带季风气候区，是南亚热带和中亚热带气候区的过渡地带。以大埔县茶阳镇经梅县区松口镇、蕉岭县蕉城镇、平远县石正镇、兴宁市岗背镇为分界线，平远县、蕉岭县、梅县区北部为中亚热带气候区，五华县、兴宁市、大埔县和平远县、蕉岭县、梅县区南部为南亚热带区。

2016 年，梅州市各县（市、区）年平均气温在 21.4℃～22.5℃之间。年内气温起伏大，2 月、3 月气温明显偏低，4 月、5 月、6 月、10 月、12 月气温则明显偏高。1 月下旬受寒潮影响，全市最低气温出现在阴那山–10.6℃，其中蕉岭、兴宁、五华 3 个县的最低气温创当地 1 月下旬新低。2 月全市平均气温 11.8℃，较常年同期偏低 2.3℃，

12 月全市平均气温 15.9℃，较常年同期偏高 2.3℃。全年全市各县的极端最低气温为：-1.8℃～0.8℃，均出现在 1 月 25 日，其中蕉岭县录得全市最低温：-1.8℃；各县极端最高气温为：37.9℃～38.6℃，出现时间不一，梅县区、蕉岭县、大埔县 7 月 24 日测得全市最高温 38.6℃。

梅州市各县（市、区）年总雨量在 2295.8 毫米～2858.2 毫米之间。从时间分布看：年内全市出现 9 轮强降雨过程。第一季度平均降雨量 696.5 毫米，是常年同期的 2.7 倍，其中 1 月降雨量 305 毫米，是常年同期的 6.1 倍，刷新历史纪录；第二季度平均降雨量 789.7 毫米，比常年同期偏多 15.2%，其中 4 月降雨量 346.7 毫米，比常年同期偏多 67.8%；第三季度平均降雨量 620.3 毫米，比常年同期偏多 14.5%；第四季度平均降雨量 380.8 毫米，是常年同期的 2.8 倍，其中 10 月降雨量 208.8 毫米，是常年同期的 5 倍，为历史次高值。从空间分布看：北部的平远、蕉岭降雨量较多，年降雨量均超过 2780 毫米，全市最大年雨量出现在丰顺县八乡山镇，为 3328.8 毫米。全市各县（市、区）年总日照时数在 1431.8 小时～1652.7 小时之间，全市平均 1559.1 小时（比常年平均偏少 15%），除大埔、丰顺、五华属正常外，其余属略少。

梅州地处低纬度，近临南海，受太平洋和山地的特定地形影响，夏日长，冬日短，全年气温高、冷热悬殊、光照充足、气流闭塞、雨水丰盈且集中，属亚热带季风气候。

【自然资源】

矿产资源　梅州市已发现的矿产 54 种，已开发利用矿产 40 种，有矿区 274 个。金属类有铁、锰、铜、铅、锌、钨、锡、铋、钼、银、锑、钒、钛、钴、稀土氧化物等，非金属类有煤、石灰石、瓷土、石膏、大理石、钾长石等。

水资源　梅州市水资源丰富，境内多年平均降雨总量 251.6 亿立方米，多年平均径流量 128.7 亿立方米，过境客水量 127 亿立方米。全市人均拥有本地水资源量 2579 立方米。境内水力资源理论蕴藏量 131.37 万千瓦。地下热水资源丰富、水温高、水质好、流量大。如丰顺汤坑邓屋温泉，水温高 82℃～91℃，流量 4459 公升/秒。

动物资源　梅州市动植物种类繁多，经济价值较大的主要兽类和鸟类 200 多种，两栖、爬行类动物 100 种以上。

植物资源　境内有 2000 多种高等植物，经考察采集和记载的有 1084 种，隶属于 182 个科、598 属。其中蕨类植物 19 科、29 属、41 种；果子植物 7 科、11 属、14 种；双子叶植物 134 科、471 属、908 种；单子叶植物 22 科、87 属、121 种。按树种分类有材用植物、药用植物、油脂植物、芳香植物、纤维植物、淀粉植物、果类植物、蜜源植物、鞣料植物，还有属于花卉、观赏和庭园绿化类的野生植物。

旅游资源　梅州市境内主要旅游区（点）有千年古刹阴那山灵光寺，叶剑英纪念园，中国客家博物馆，清末爱国诗人、政治家黄遵宪故居人境庐，千佛塔，泮坑瀑布，梅县区雁南飞、雁鸣湖旅游度假村、阴那山天文科普园、松源王寿山，兴宁合水湖山、神光山，五华益塘水库、热矿泥山庄，平远南台山、五指石，蕉岭长潭胜景、丘逢甲故居、释迦文化中心，大埔丰溪自然保护区，丰顺汤坑温泉、龙归寨瀑布、龙鲸河漂流等。

民族、人口、语言

【民族】　据 2000 年人口普查，梅州市境内有 40 个民族居住，其中汉族占 99.94%；畲族有 430 人，主要居住于丰顺境内；此外，因工作关系或婚姻嫁娶，在梅州市内居住的少数民族，人口为 1200 人，其中有壮族、瑶族、满族、回族、蒙古族、苗族、黎族、土家族、侗族、高山族、彝族、朝鲜族、藏族、锡伯族、哈尼族、布依族、维吾尔族、傈僳族、水族、仫佬族、京族、哈萨克族等。外国人加入中国籍的有 2 人。

【人口】　2016 年，全市人口出生率 14.11‰，死亡率 5.64‰，自然增长率 8.47‰，年末户籍人口 551.40 万人。

【语言】 梅州市为客家人比较集中的聚居地，客家话为主要语言。境内除丰顺县的汤坑、汤南、留隍 3 个镇约 11 万人使用潮汕方言外，绝大部分人都使用客家方言。

（市方志办）

梅州市行政区划一览表

表 1 单位：个

县　别	镇 政 府 名 称	街道办	镇	街道办	居委会	居民小组	居委会成员	村委会	村民小组	村委会成　员	自然村数	备注
梅江区	城北 三角 长沙 西阳	金山 江南 西郊	4	3	45	215	192	81	1048	325	256	
兴宁市	宁中 永和 径南 水口 新圩 坭陂 刁坊 新陂 叶塘 大坪 罗岗 罗浮 石马 合水 龙田 黄陂 黄槐	兴田 福兴 宁新	17	3	36	374	234	455	9025	2150	2813	
梅县区	程江 城东 石扇 梅西 大坪 石坑 南口 水车 梅南 丙村 白渡 隆文 桃尧 松口 畲江 松源 雁洋	新城	17	1	33	206	123	355	4417	1430	2229	
平远县	大柘 仁居 差干 八尺 河头 中行 上举 泗水 东石 长田 热柘 石正	—	12	—	7	41	37	136	1448	589	1890	
蕉岭县	长潭 蓝坊 南礤 蕉城 广福 三圳 文福 新铺	—	8	—	10	89	58	97	1504	424	498	
大埔县	青溪 银江 洲瑞 大东 湖寮 高陂 茶阳 大麻 三河 西河 枫朗 百侯 桃源 光德	—	14	—	11	119	58	245	4043	1130	1686	
丰顺县	汤坑 汤西 汤南 埔寨 八乡山 北斗 丰良 建桥 龙岗 潘田 黄金 留隍 大龙华 潭江 小胜 砂田	—	16	—	19	203	96	261	3147	1237	2213	
五华县	华城 岐岭 潭下 转水 水寨 河东 双华 郭田 横陂 长布 周江 华阳 安流 棉洋 梅林 龙村	—	16	—	34	451	164	412	7607	1906	2000	
合　计	—	—	104	7	195	1698	962	2042	32239	9191	13585	

填报单位：梅州市民政局

说明：1. 1999 年 11 月 15 日，经市政府同意，梅县程江镇、扶大镇各割出一部分成立新城街道办事处，未经省政府批准；
2. 2011 年村（居）换届，兴宁市、丰顺县各增加一个社区；
3. 2012 年 6 月 20 日，新增大埔县洲瑞镇陂营村；
4. 2013 年 1 月 1 日起，梅县西阳镇归属梅江区管辖；
5. 2013 年 12 月 21 日，新增大埔县百侯镇百侯社区；
6. 2014 年 1 月 23 日，新增五华县棉洋镇大光村；
7. 2014 年 7 月 21 日，新增梅江区客天下、三乡两个社区；
8. 2015 年 1 月 20 日，新增梅江区碧桂园社区。

环境质量与生态保护

梅州市践行绿色发展理念，推进生态文明建设。完成森林碳汇重点生态工程 12113.6 公顷，建成生态景观林带 14398 千米。林木总消耗量 45.11 万立方米，同比下降 29.3%；林木采伐量 68.56 万立方米，同比增长 8.8%；年末森林覆盖率 75.06%。全市有环境监测站 9 个，建成污水处理厂 9 座，城市污水处理能力达到 34 万吨/日，城市污水集中处理率 96.64%。全市环境质量保持稳定良好，梅州城区空气质量 AQI 指数优良率 98.1%。主要江河水质达到功能区水质要求，水质达标率 100%。区域噪声、道路交通噪声保持稳定，城市声环境质量较好。

（市委政研室）

经济社会发展概况

【概况】　2016 年，梅州市生产总值 1045.57 亿元，同比增长 7.5%。经济结构进一步调整，三次产业的结构比例为 20.3：35.5：44.2。民营经济增加值 655.05 亿元，同比增长 7.2%。人均生产总值 24031 元，同比增长 7.0%。

【第一产业】　2016 年，梅州市第一产业增加值 207.01 亿元，同比增长 4.3%，拉动 GDP 同比增长 0.9 个百分点。推进农业供给侧结构性改革，加快推进农村综合改革，发展特色高效农业，新增加国家级龙头企业 1 家，全市省级龙头企业累计 106 家，数量位居全省第一。全年实现农业总产值 343.02 亿元，同比增长 4.0%。粮食种植面积 21.53 万公顷，同比增长 0.3%，经济作物种植面积 3.52 万公顷，同比增长 0.3%。粮食总产量 123.97 万吨，同比增长 0.1%。肉类总产量 27.46 万吨，同比下降 1.7%。水产品总产量 11.5 万吨，同比增长 3.5%。

【第二产业】　2016 年，梅州市第二产业增加值 369.13 亿元，同比增长 6.3%，拉动 GDP 同比增长 2.3 个百分点。坚持产业集聚和产城融合发展，深化穗梅产业合作共建，推动梅兴华丰产业集聚带建设。全年完成全部工业增加值 303.26 亿元，同比增长 6.3%，其中规模以上工业增加值 224.21 亿元，同比增长 4.6%。烟草、电力、建材、电子信息、机电制造和矿业加工六大支柱产业增加值 183.50 亿元，同比增长 1.2%。国有及国有控股企业增加值同比下降 0.5%；集体企业增加值同比增长 59.8%；股份制企业增加值同比增长 1.5%；外商及港澳台投资企业增加值同比下降 8.8%；私营企业增加值同比增长 24.7%。规模以上工业产品销售率 98.69%。2016 年，全部工业用电量 45.99 亿千瓦时，同比增长 3.3%。资质等级以上建筑企业 153 个，实现总产值 267.67 亿元，同比增长 11.0%；实现利润总额 17.8 亿元，同比增长 9.5%；利税总额 29.03 亿元，同比增长 5.6%。建筑施工企业房屋建筑施工面积 1408 万平方米，同比下降 13.7%，房屋竣工面积 580.82 万平方米，同比下降 13.7%。

【第三产业】　2016 年，梅州市第三产业增加值 469.43 亿元，同比增长 9.9%，拉动 GDP 同比增长 4.3 个百分点。社会消费品零售总额 619.77 亿元，同比增长 10.8%。分区域看，城镇消费品零售总额 433.9 亿元，同比增长 11%；农村消费品零售总额 185.87 亿元，同比增长 10.2%。分行业看，批发零售贸易业 576.25 亿元，同比增长 10.9%；住宿和餐饮业零售额 43.52 亿元，同比增长 8.6%。生态文化旅游产业蓬勃发展，2016 年，全市接待旅游总人数 3572.63 万人次，同比增长 18.0%，其中接待过夜旅游总人数 1750.59 万人次，同比增长 13.4%。国内外旅游总收入 376.76 亿元，同比增长 20.2%。全年交通运输、仓储和邮政业实现增加值 29.47 亿元，同比增长 5.9%。各种交通运输方式完成货物周转量 168.34 亿吨千米，同比增长 9.1%，其中公路 167.70 亿吨千米，同比增长 9.2%。完成旅客周转量 38.03 亿人千米，同比增长 9.6%，其中公路 38.02 亿人千米，同比增长 9.7%。2016 年年末，全市汽车拥有量 33.37 万辆，同比增长 28.8%，其中私人汽车拥有量 31.07 万辆，同比增长 31.4%。新注册汽车 6.82 万辆，同比增长 47.7%。

【招商引资和园区建设】 实施乡贤回乡投资兴业工程，由市领导挂帅，组织专业招商队，面向珠三角、汕潮揭、港澳台精准选商招商。全市引进合同项目 195 个，其中亿元以上项目 140 个，梅兴华丰产业集聚带引进合同项目 133 个。争取省扩能增效专项资金 6.01 亿元，统筹集聚带 5 个园区产业布局，广州番禺（五华）和海珠（丰顺）2 个产业园升级为省级产业转移园，增城（梅县）产业园纳入广梅产业园，省级园区增加到 6 个。全市产业园区（集聚地）完成工业总产值 431.36 亿元，规模以上工业增加值 83.38 亿元，同比分别增长 13.26%、20.73%；完成固定资产投资 650.36 亿元，同比增长 14.5%。东莞石碣（兴宁）产业园区基础设施进一步完善，平远、五华、丰顺、大埔、梅县生态工业园加快扩园。

【固定资产和基础设施】 以推进交通、水利等重要基础设施为重点，推进年度 279 个重点项目建设，全年完成固定资产投资 650.36 亿元，同比增长 14.5%，其中项目投资 477.83 亿元，同比增长 19.6%。按产业分：第一产业投资 2.76 亿元，同比下降 51.1%；第二产业投资 207.55 亿元，同比下降 0.7%，其中工业投资 207.55 亿元，同比下降 0.7%；第三产业投资 440.05 亿元，同比增长 24.5%。"两高一场"（高速公路、高铁和机场）建设取得新进展。梅平高速公路、兴汕高速公路兴华段、大潮高速公路（含大漳支线）加快建设，东环高速公路、大丰华高速公路丰华段、兴汕高速公路五华至陆河段先行工程开工建设，全市高速公路通车里程增至 482.5 千米，居粤东西北第二。梅汕高铁梅州段加快推进，完成投资 19.7 亿元，占年度计划的 157.98%；龙岩至梅州至龙川铁路、鹰梅铁路瑞金至梅州段项目前期工作加快推进。梅县机场航线增加至 9 条，通航国内外 12 个城市，年旅客吞吐量 33.6 万人次；梅县机场迁建列入民航"十三五"规划前期研究项目，选址报告待批。年末，全市公路通车里程 17701 千米，其中高速公路通车里程 482.678 千米。每百平方千米公路密度为 111.5 千米。全年完成邮电业务总量 103.72 亿元，同比增长 51.6%。投资 196 亿元的梅汕高铁、投资 120 亿元的五华抽水蓄能电站、投资 62 亿元的高陂水利枢纽工程加快建设。年末，全市移动电话用户 358.36 万户，同比下降 0.8%，计算机互联网用户 66.28 万户，同比增长 9.5%。

【财政税收和金融保险】 财政持续增长，全年地方财政一般预算收入 105.46 亿元，同比增长 1.8%；其中税收收入 68.68 亿元，同比下降 7.0%。全市金融业增加值 47.36 亿元，同比增长 14.1%。年末金融机构本外币各项存款余额 1819.19 亿元，比年初增长 16.2%。城乡居民（住户）存款余额 1147.07 亿元，比年初增长 8.1%。金融机构本外币各项贷款余额 830.18 亿元，比年初增长 12.7%。财产、人寿保险费总收入 46.59 亿元，同比增长 9.5%，其中：财产保险保费收入 15.05 亿元，同比增长 18.1%；人寿保险费收入 31.54 亿元，同比增长 5.8%。

【外经外贸和利用外资】 参与"一带一路"建设，扩大对外交流合作。2016 年，梅州市进出口总额 155.1 亿元，同比增长 1.7%。出口总额 140.4 亿元，同比下降 0.5%，其中"三资"企业出口 41.1 亿元，同比下降 8.4%；私营企业出口 95.0 亿元，同比增长 2.2%。出口总额中一般贸易出口 116.7 亿元，同比下降 0.6%，占出口总额的 80.3%。外商直接投资项目 37 个，合同利用外资金额 41510 万美元，同比增长 13.0%，实际利用外商直接投资 5710 万美元（按商务部确认口径），同比下降 19.9%。

【物价水平和人民生活】 2016 年，梅州市市区居民消费价格总指数 102.3%，同比上涨 2.3%，其中食品类价格同比上涨4.3%，居住类价格同比下跌1.4%。市区商品零售价格总指数99.5%，同比下跌0.5%。全市工业生产者出厂价格指数99.49%，同比下降0.51%。梅州市常住居民人均可支配收入17986.6元，同比增长9.6%，剔除价格上涨因素，实际同比增长7.1%。其中城镇常住居民人均可支配收入23642.4元，同比增长8.4%，剔除价格上涨因素，实际同比增长6.0%；农村常住居民人均可支配收入12991.2元，同比增长10.1%，剔除价格上涨因素，实际同比增长7.6%。借力省直相关单位和广州市对口帮扶，全面完成相对贫困村64045户、175917人的精准识别和帮扶对接工作，累计筹集各类帮扶资金9.8亿元，实施帮扶项目1582个，贫困户转移就业3659人，完成农村危房改造3121户，全面完成相对贫困人口30%实现脱贫的年度目标任务。全年城镇新增就业30679人，就业困难人员实现再就业3242人。年末，城镇实有登记失业人员14029人，城镇登记失业率2.45%，与上年末持平。全市城镇职工养老保险参保人数（含企业离退休人员）101.81万人，同比增长3.8%；参加工伤保险35.82万人，同比增长24.6%；参加职工基本医疗保险46.02万人，同比增长6.8%；参加职工失业保险27.01万人，同比增长5.5%；参加生育保险28.93万人，同比增长1.3%。参加城乡居民养老保险167.12万人，与上年持平；参加城乡居民医疗保险426.70万人；城乡居民医疗保险覆盖率100%。全市“五大险种”社会保险费收入118.97亿元，同比增收40.72亿元、同比增长52.0%。全市各类社会福利单位收养人数2240人，其中112间敬老院入院人数1850人，敬老院床位3743个。全年城乡各种社会救济对象得到各级政府救济人数5028人次。全市享受低保救济的困难群众171993人，其中城镇10738人、农村161255人。社会服务设施2156个。全市各镇（街道）建立农村社会保障网络。全市人口出生率14.11‰，死亡率5.64‰，自然增长率8.47‰。年末户籍人口551.40万人。

【科教文化和卫生体育】 2016年年末，梅州市县及县以上科研机构17个，国有企事业单位拥有自然和社会科学专业技术人员95353人。获市级及以上科技成果奖43项，其中省级1项。2016年，全市专利申请量3133件，同比增长38.0%，其中发明163件，同比下降6.3%；专利授权量2985件，同比增长85.5%，其中发明46件，同比下降43.2%。巩固教育强市成果，推进创建“广东省推进教育现代化先进市”工作。2016年高考，专科以上入围人数28334人，入围率82.42%；本科线入围人数12567人，入围率36.55%。普通高等教育招生7090人，在校学生25874人，毕业生6410人；成人高等教育招生15523人，在校学生30588人，毕业生12771人；各类中等职业教育、普通高中、初中、小学、幼儿园、技工学校和特殊教育快速发展。小学、初中人口入学率100%，小学、初中毕业生升学率100%，高中毕业生升学率94.8%。年末，全市有文化馆9个、公共图书馆10个、博物馆8个、广播电台8座、电视台8座、有线电视台8座，电影放映单位23个，全市广播综合人口覆盖率100%，电视综合人口覆盖率100%，有线数字电视用户46.1万户。全年出版报纸2664.5万份、各类杂志78.94万册，公共图书馆藏书229.07万册。医疗卫生条件持续改善。全市有卫生机构3290个，其中医院36个、妇幼保健院9个、社区卫生服务中心（站）9个、镇（街道）卫生院118个、专科疾病防治院（所、站）12个、疾病预防控制中心（防疫站）8个、卫生监督所（中心）8个。全市拥有病床16654张，其中医院10900张、妇幼保健院897张、社区卫生服务中心（站）162张、镇（街道）卫生院4244张、专科疾病防治院（所、站）451张。全市卫生专业技术人员22954人，其中医院11699人、妇幼保健院1567人、社区卫生服务中心（站）409人、镇（街道）卫生院6066人、专科疾病防治院（所、站）368人、疾病预防控制中心（防疫站）397人、卫生监督所（中心）131人；卫生专业技术人员中有执业医师和执业助理医师9562人，注册护士8167人。

体育事业取得显著成绩，全市运动员在参加省级以上比赛中，获奖牌42块，其中金牌13块、银牌18块、铜牌11块。全市各级组织举办县级及以上各种运动竞赛会152次，参加运动会的运动员8.54万人次。

（市委政研室）

横向经济联合与协作概况

【穗梅对口帮扶】 2016年，全市落实26项重点工作，在省对口帮扶三年工作评估考核中，广州—梅州结对帮扶被评为优秀。

园区共建 围绕园区扩能增效工作重点，发挥广州市的资金、人才、管理等方面的优势，落实两地产业园区（聚集地）合作协议，共同争取省级专项资金，建设产业园区（聚集地），推进扩园美园工作，联合打造对口帮扶载体。2016年，广州（梅州）产业转移工业园、广州海珠（丰顺）产业园、广州番禺（五华）产业园、广州南沙（平远）产业园分别获得1000万元、3000万元、2000万元、4000万元的省级产业园扶持资金，广州市对口帮扶区投入1亿多元，增强园区（聚集地）的承接力。

产业对接 组团参加广州迎春花市、第120届广交会、广州博览会、广州旅游博览会等活动，寻求现代农业、电子信息、先进制造业、新医药、文化旅游等产业合作。同时，联合全国驻穗办事机构、全国异地广州商会等团体，组织举办2016年广东省变压器行业企业春茗联谊会等10多场投资推介会，与中国国际贸易促进委员会广州市委员会、广州安徽商会、黄埔区企业联合会、广州异地商会、广东省工业园区协会等机构（协会）建立信息交流合作平台，推进产业对接。

项目协作 按照省委、省政府深化珠三角与粤东西北地区产业共建的决策部署，立足“一区两带六组团”发展新格局，紧盯广州市重点客商和优质企业，对接广州开发区、国资委、工信委等对口协作单位，主动跟踪广药、广汽、雅安等目标企业，邀请广州粒米网络科技、广东天华阳光新能源科技等40多批次企业到梅州洽谈投资项目，策划生成广汽零部件产业园、广药王老吉大健康产业园、新能源新材料及先进制造产业园、食品产业园等重大项目，达成意向投资200亿元的广州开发区中小民营企业协会旅游文化体验项目，引进计划投资80.58亿元的神光医疗、尚善彩印、奥园长寿食品、环峰新能源等20个项目。

【区域合作】

平台搭建 组团参加闽粤赣十三市党政联席会议等区域性活动，在闽粤赣十三市协作区举办9场专题推介会，推介梅兴华丰产业聚集带和梅江韩江绿色健康文化旅游产业集聚带，对接厦门广东商会、厦门客家经济文化促进会、福建广东商会、泉州广东商会和盛利丰制衣、金时裕科技等区域性组织和目标企业，与厦门广东商会等6家区域性组织建立信息共享平台，拓展区域合作网络。

产业协作 举办客家旅游联盟第一次联席会议等活动，邀请英新纺织、天路新材料、康美日用品等近百家企业到梅州考察，引进计划投资40亿元的中梅电商、天路高端磁性材料、享尔纯棉无纺布加工等产业项目12个。

专项协作 组织开展“双龙”高铁、大潮高速、兴宁至汕尾高速公路等交通项目协作，参与举办粤闽梅州、潮州、漳州“平安边界”建设联席会议、闽粤赣龙岩梅州赣州警务协作会议等活动，全面深化专项协作，构建对接珠三角、融入汕潮揭、沟通闽粤赣的区域联动发展格局。

（徐向阳）

精神文明建设概况

【社会主义核心价值观培育】

公益宣传 开展“图说我们的价值观”“讲文明树新风”主题公益宣传，创作刊播富有客家文化特色的公益广告。召开梅州市公益广告工作推进会、梅州城区公益广告管理工作协调会议，开展专项督查工作。在梅州城区主要干道、公园等场所制作大量以核心价值观为主要内容的公益广告牌，设立公益走廊，开展主题活动，引领文明风尚。梅州日报社、市广播电视台等主流媒体推出一批具有客家特色的核心价值观公益广告，持续刊播优秀公益广告作品。

主题公园和示范点建设　抓好核心价值观示范点建设和推广，打造一批核心价值观示范集市（商业街）、主题公园、主题广场和主题社区，推动核心价值观融入生活。

主题实践活动开展　在社会各界开展“核心价值观、你我齐践行”主题活动，在窗口行业开展“敬岗爱业”主题活动，在企业开展“诚信守法”主题活动，在社区开展“友善和谐”主题活动。把重要节庆和传统节日作为培育核心价值观的重要平台，在国庆节等重要节庆日和春节、清明、端午、中秋、重阳等传统节日活动突出社会主义核心价值观主题，突出中华传统文化要素，把社会主义核心价值观融入节日活动当中，融入春联、灯笼、花市、庙会等民俗形式当中，推动社会主义核心价值观转化为百姓生活指引。

【精神文明创建活动】

文明城市、文明县城创建　以巩固提升文明城市、文明县城为抓手，不断完善城市基础设施，优化人文环境，提高市民文明素质，推进文明城市、文明县城建设。加强分类指导，推动、指导县级文明城市创建工作。五华县、丰顺县启动创建“省文明县城”工作。

文明镇街、文明村居建设　围绕“建设幸福村居、打造美丽乡村”目标，每个县（市、区）规划建设一批各具特色的生态文明示范村镇，各地实施乡村清洁工程，改善生产生活环境，实施道德风尚工程，培育乡风文明，推进美丽乡村建设，争创全国、省、市文明镇村、生态文明村。蕉岭县抓住全省首批省级新农村示范片建设的契机，开展以生活垃圾、生活污水和杂乱现象为重点的农村环境综合整治，通过示范引领，推进“十村示范、百村行动”美丽乡村建设，打造一批具有人文之美、风尚之美、环境之美、文化之美的新农村示范点，创造由村民理事会牵头组织管理的“芳心经验”“白马模式”。

文明表彰活动　授予梅江区委、区政府办公室等100个单位“梅州市文明单位”称号、梅州市环境保护局等 20 个单位“梅州市文明窗口”称号、大埔县茶阳镇等 15 个单位“梅州市文明镇”称号、蕉岭县三圳镇九岭村等20个单位“梅州市文明村”称号、梅县区新城办事处程江社区等 10 个单位“梅州市文明社区”称号、谢平华等50位个人“梅州市精神文明建设先进工作者”称号。

粤东北文明创建工作座谈会召开　2016 年12 月 28 日，省文明委在梅州市召开“粤东北文明创建工作座谈会”，部署韶关、河源、梅州、清远4个市进一步加大文明创建力度，打造彰显岭南特色的美丽城乡。梅州市完成会议承办工作，获得省和兄弟市领导的肯定和好评。

【公民思想道德建设】

道德模范和身边好人评选表彰　开展省、市“道德模范”“广东好人”“梅州好人”“学雷锋活动示范点”和“岗位学雷锋标兵”等评选表彰活动。刘利霞、熊永和家庭获得第一届全国文明家庭荣誉，刘方舒再次上榜“中国好人”候选人，邱丽、陈光华、程中一、程小欧被授予“广东好人”称号。在省、市主要媒体集中宣传他们的感人事迹，并通过报告会、座谈会、“身边好人”微博等形式，进一步扩大好人、道德模范的影响力和感染力，树立崇尚、关爱、帮助、学习和争当好人的良好风气。12 月，举行“德耀梅州•善行天下”道德模范、自强不息好少年、孝老敬亲好媳妇颁奖典礼，梅州市四套班子领导为先进典型颁奖，激励广大群众崇德向善、见贤思齐。

文明教育　实施“文明交通”“文明餐桌”“文明旅游”“文明网络”四大行动。一是围绕“文明交通行动计划”宣传等工作，不断推动交通安全宣传社会化进程。组织警力开展“校园平安行”活动，组建和培训“小交警”队伍和开展“文明交通志愿者”“大手牵小手”等活动。完善交警便民措施宣传机制和涉交通管理舆情应对机制，最大限度赢取社会信任感，提升社会认可度。二是启动全市“文明餐桌”行动，表彰一批示范酒店、食堂，突出引领示范作用。普及餐饮文明，抵制铺张浪费，引导人们养成文明、节约、绿色、健康的消费方式和饮食习惯。三是深化文明旅游创建活动，做好出境旅游教育引导工作，开展文明旅游宣传教育实践活动，加强对导游领队、境外劳务人员和出国留学人员培训，加强旅游行业管理，提升全市文明旅游工作水平。四是利用梅州市重点新闻网站及市内相关网站的博客、论坛、贴吧、“梅州发布”政务微博（新浪、腾讯、人民）、政务微信、梅州宣传网等网络阵地，开展文明小博客、文明短信传递、网络优秀视频展播、网上知识竞赛等网络文化活动。通过撰写重要稿件和评论文章等形式，主动占领阵地，掌握网络文明舆论的主动权，传播先进思想文化和精神文明理念，开展劝阻网络不文明行为活动，以正确的舆论引导人。

家庭文明建设　推进“五好”文明家庭、平安家庭、优秀书香之家、寻找“最美家庭”、好家风好家训宣传展示和好夫妻、好婆媳、好邻里、好儿童等各类家庭创建、评选活动，以好的家风支撑起好的社会风气。开展“家庭教育大讲堂进社区（乡村）”活动，举办各类家庭教育讲座、报告会、现场咨询、亲子活动341场、开展家庭教育专题讲座30场，受益家长7.46万人次。2016年，梅州市获评全国先进家庭类4户、省先进家庭类6户；创建省文明家庭建设示范点1个、申报省文明家庭建设创新工作项目1个。熊永和、刘丽霞家庭获评第一届“全国文明家庭”，熊永和代表先进家庭进京参会，受到习近平总书记会见。

移风易俗和树新风行动　加大弘扬文明风尚工作力度，组织开展“移风易俗，告别陋习，树立新风”主题教育工作，倡导文明婚育、厚养薄葬等理念。

“道德讲堂”和文化祠堂建设　全市建设一批“道德讲堂”示范点，发挥“道德讲堂”的教育作用，以事说人、以情感人、以德化人，引导人们省心修身、崇德向善。在剑英图书馆开办“客都文化公益讲堂”，邀请专家学者，每月定期举办精品讲座，每期上座率均超96%。建设18个市级“文化祠堂”，开展思想道德教育和文化活动，丰富农村精神文化生活。

志愿服务活动　截至2016年年底，梅州市在广东志愿者信息管理服务平台注册志愿者16.5万人，志愿者组织325个，志愿服务项目126个，覆盖扶贫济困、志愿助残、社区矫正、环境保护、关爱退伍老兵、关爱特殊青少年等领域。兴宁市小鱼义工协会“小鱼工成长记”志愿助残项目获第三届中国青年志愿服务项目大赛银奖，梅州市青年志愿者协会获第十一届中国青年志愿者优秀组织奖等。

【未成年人思想道德建设】

道德实践主题活动　在全市开展“扣好人生第一粒扣子”、“做美德少年”、“未成年人道德教育月”、“给父母一封信”、“诵读经典诗文”、“读书丰富人生，知识改变命运”、“向国旗敬礼，做有道德的人”网上签名寄语、“童心向党”、“百歌颂中华”、“网上祭英烈”等教育实践活动，在各地轮流举办“童心向党”歌咏活动。

青少年文化阵地建设　继续推进乡村学校少年宫建设，做好建设项目的巩固完善，组织实施2016年项目建设，做好项目申报。截至2016年年底，全市建成32所乡村学校少年宫。开展文明校园创建活动。

社会文化环境建设　加强整治与督查，组织协调相关部门开展专项行动，抓好互联网、网吧、荧屏声频、出版物市场及校园周边环境的管理，特别是网吧管理，严禁违规接纳未成年人，营造有利于未成年人健康成长的社会环境。

首届“客家童谣节”举办　3—5月，以“唱响客家童谣曲，弘扬核心价值观”为主题，组织举办首届“客家童谣节”，主要活动内容包括征集创作、推广传唱、展演比赛、产品开发等。在优秀童谣征集创作活动中，全国各地的作者踊跃投稿，收到来自 14 个省（市、自治区）的 204 位作者新编创作的近 2000 首童谣作品，38 首征稿获评“优秀童谣”，10 首征稿获评“十佳童谣”。来自梅州、东莞、惠州、河源、韶关、赣州等客属地区的 18 支代表队参与展演活动，《月光光》《劝孝顺》《谣里客家》等展演节目获评“十佳童谣奖”和“优秀童谣奖”。

【全民读书活动】

“书香客都”读书活动　开展全民读书活动，组织“梅州书展”、“4·23”世界读书日活动，开展捐书赠书展书和系列读书主题活动，引导全民阅读。

书香创建活动　开展“书香机关”“书香企业”“书香校园”“书香家庭”“阅读之星”创建活动，推进“学习型党组织”“农家书屋”“社区书屋”“职工书屋”建设，评选表彰一批读书先进单位和个人，倡导多读书、读好书的文明风尚。

（市文明办）

党的建设概况

【“两学一做”学习教育】　开展“两学一做”（学党章党规、学系列讲话，做合格党员）学习教育。一是注重分层分类开展。根据不同层次、不同行业、不同领域特点，分别提出要求，创新载体、因人施教，并结合“讲担当、比奉献”主题党支部活动，利用梅州党建网和党员现代教育平台，推进学习教育全覆盖。各级党组织书记带头讲党课 9300 多场次，组织集中学习讨论 9800 多场次；市委巡回宣讲团举办党课宣讲 48 场，听讲党员 12 万多人次。二是注重融入经常教育。以“三会一课”等党的组织生活为基本形式，以落实党员教育管理制度为基本依托，把学习教育融入经常、融入日常。通过领导带学，创新党课形式，拓宽学习平台，举办培训示范班，开展知识竞赛、演讲比赛、征文比赛等形式，推动学习教育常态化。三是注重解决实际问题。坚持问题导向，边学边改、边查边改，切实解决为官不为、损害群众切身利益的问题和影响基层治理的突出问题。四是注重用宣传推进、用典型引领。拍摄制作典型事迹课件 12 部，在各级媒体开设学习教育专栏 137 个，反映梅州市学习教育的新闻报道 2300 多条，网络媒体刊发转载报道 2000 多篇。做好推荐表彰工作，发挥先进典型的示范带动作用，全市 14 个集体和个人获得中央、省委表彰。

【党的建设制度改革】　2016 年，确定党建制度改革任务 11 项，涉及党的组织制度改革、干部人事制度改革、党的基层组织建设制度改革三大方面。制定出台《进一步加强社会组织党建工作的实施意见》《县镇两级党委驻点联系工作责任的意见》《县镇党委书记抓软弱涣散基层党组织整顿工作责任的通知》《关于进一步明确镇街领导干部驻点联系群众工作重点内容的通知》《关于村（社区）基层党建考核工作的意见》《关于加强我市园区非公有制企业党的建设工作的实施意见（试行）》等制度文件。按照司法体制改革和审计体制改革有关要求，制定司法机关、审计机关《领导班子成员选拔任用工作规程》等制度规定，稳步推进干部人事制度改革。制定《县级法院、检察院领导班子成员（除正职外）任免材料报送规范》《县级审计局领导班子成员选拔任用工作流程》，进一步规范县级法检、审计部门领导班子成员配备工作。推进公立医院管理体制改革，研究制定《梅州市属公立医院领导人员转变任命及管理方式试行办法》，为公立医院领导人员选拔任用和管理工作提供依据。同时，乡镇党代会年会制和蕉岭县党代会常任制试点工作稳步推进。

【基层党组织建设】　推进党员组织关系集中排查，全市排查失联党员 3312 名，取得联系 3285 名，占 99.2%。推进党代会代表和党员违纪违法未给予相应处理情况排查清理，排查党代表和党员违纪违法未处理对象 100 名，全部作出处理。

做好基层党组织按期换届专项检查，排查出 499 个未按期换届基层党组织，全部完成换届整改。开展党费收缴工作专项检查，全市 7573 个党支部全面完成 2008 年 4 月以来党费收缴工作自查自改。集中推进“两新”（新经济和新社会）组织党的组织和工作覆盖，全市非公有制企业党组织覆盖率 87.8%，社会组织党组织覆盖率 86.6%。实施抓党建促脱贫攻坚，选派 311 名优秀科级干部担任驻村工作队队长或村第一书记，培养 1000 余名党员致富带头人，实施产业发展扶贫、劳动力就业扶贫、社会保障扶贫等“八大工程”，筹集帮扶资金 8 亿元，落实帮扶项目 650 个。抓严抓实领导机关党员干部学习教育，落实党内基本制度，严肃和规范党内政治生活、组织生活。同时，开展纪念中国共产党建党 95 周年和“七一”、春节期间慰问老党员、困难党员活动。做好党员发展工作，发展党员 2700 多名。

【基层党建工作】 一是抓基层党建主体责任。对各级党委特别是党委书记抓基层党建工作责任进行细化梳理，采取“闹钟式”提醒的方式抓好落实。完成 2016 年度县（市、区）委书记、镇党委书记抓基层党建述职评议。建立 2015 年度市县镇三级党委书记抓基层党建述职报告查摆问题整改清单，全部按时完成整改。二是解决基层组织建设突出问题。注重补齐驻点联系工作短板，建立市、县、镇、村四级联动问题解决机制，全市驻点团队入户率 128.6%，群众反映问题办决率 91.3%。加大基层治理力度，全面完成被征地农民征地补偿款清理、农村土地“三乱”（乱占、乱卖、乱租）问题专项整治、征地社保预存资金分配工作三年总任务，落实历史留用地 43.06 公顷，占年度任务的 128.5%。理顺“三资”（集体资金、资产、资源）管理职能，建立农村集体资产资源交易平台和农村财务监管平台，全市镇村两级服务平台建设分别完成 93%和 86%。有效整顿软弱涣散基层党组织，全市 142 个软弱涣散村（社区）查摆问题 168 个，制定整顿措施 850 多条，解决群众反映的突出问题和民生实事 1780 宗，发展村集体经济项目 382 个。

（市委组织部）

党风廉政建设概况

【纪律严明】 全市查处违反政治纪律问题 6 件，给予党纪政纪处分 6 人；查处乱作为、慢作为、不作为等问题党员干部 81 人，给予党纪政纪处分 75 人。执行上级关于严明换届纪律的要求，印发《关于加强换届风气监督 严肃换届工作纪律的通知》，落实“四必谈”要求，严明“九个严禁”纪律。把好党员领导干部“党风廉政意见回复”关，防止干部“带病提名”“带病提拔”，市纪委向组织部门出具廉政意见 1276 条，提供领导干部诫勉谈话信息 63 条。

【作风建设】 全市开展纠风暗访活动 600 多次，制作各类暗访片 28 个，查处违反中央“八项规定”精神问题 18 宗 67 人，给予党纪政纪处分 26 人，通报曝光典型案例 13 起。注重抓早抓小，推进党员领导干部“八小时以外”活动的监督。全市开展谈话提醒 28886 人次，其中县处级领导干部 1427 人次。加大信访函询力度，函询 98 件 98 人。

【腐败惩治】 全市纪检监察机关受理信访举报 2712 件（次）；处置线索 919 条，初核线索 824 条；立案 731 件，同比增长 4.9%，其中处级干部 22 人、科级干部 96 人；结案 752 件，同比上升 18.4%，给予党纪政纪处分 737 人。全市排查农村基层党员、干部违纪违法线索 2998 条，立案 642 件，给予党纪政纪处分 617 人，移送司法机关 8 人，线索总数、初核数、七类线索占比均排名全省前列；全市排查扶贫领域违纪违法问题线索 366 条，查结案件 103 件，给予党纪政纪处分 103 人，追究领导责任 7 人。

【体制改革】 推进派驻、巡察制度改革，市纪委重新设立 28 个派驻（出）机构，建立执纪审查协作机制。各派驻（出）机构核查问题线索68条，立案5件，给予党纪政纪处分5人。贯彻落实省关于建立市县党委巡察制度的指导意见，推进市委巡察机构建设工作。全年向省纪委报告案件查办情况42件，报告线索处置情况114件；各县（市、区）向市纪委报告案件查办情况145件，报告线索处置情况255件。制定县级纪委书记、副书记提名考察办法，换届期间，按照新办法提名考察16名县（市、区）纪委书记、副书记。

【宣传教育】 开展纪教月活动，组织73名新任市管干部到梅州监狱接受警示教育，组织党员干部观看反腐倡廉话剧《韩文公》。在《梅州日报》、梅州电视台刊播《客都清风》专栏12期，编辑出版《航标》6期，市纪委被评为《中国纪检监察报》先进联通站、全省党风廉政优秀新闻作品征集活动先进集体。健全完善市、县、镇三级反腐倡廉教育基地，全年有干部群众800多批、20多万人次前往参观学习和接受教育。

（市纪委）

领导机关

责任编辑：徐华芳

市 委

【2016年市委主要会议】

市委六届六次全会　1月17—18日，中共梅州市委六届六次全体（扩大）会议在梅城召开。全会由市委常委会主持。全会的主题是学习贯彻中共十八届五中全会和省委十一届五次、六次全会精神，总结2015年工作和“十二五”工作，谋划“十三五”发展，部署2016年工作，动员全市上下围绕振兴发展目标，按照“一区两带”发展思路，深化运用“两大政策”，推进“三大抓手”，推动梅州苏区振兴发展。市委书记黄强代表市委常委会作题为《抢抓机遇，奋力攻坚，全面加快梅州苏区振兴发展》的主题报告和弘扬苏区精神、狠抓工作落实的专题讲话。市委副书记、市长谭君铁传达中央经济工作会议精神，并就全市经济工作进行总结和部署。全会审议通过《中共梅州市委关于制定国民经济和社会发展第十三个五年规划的建议》。根据党章有关规定，决定依次递补六届市委候补委员朱立为六届市委委员。

全会认为，“十二五”时期，梅州市围绕“全力加快绿色的经济崛起，建设富庶美丽和谐幸福梅州”核心任务，落实省促进粤东西北地区振兴发展战略和国家原中央苏区振兴发展规划，经济较快增长、实力不断增强，全市生产总值、地方公共财政预算收入、固定资产投资、外贸进出口总额年均增速均高于全省平均水平，为梅州加快发展奠定坚实基础。2015年，梅州市围绕“一个目标、三大抓手、两条底线”的总体部署，狠抓各项工作落实，经济逆势提档进位，发展思路更加明晰，“三大抓手”发力进进，全面深化改革扎实推进，对外开放合作进一步扩大，社会保持和谐稳定，党的建设全面加强，增创振兴发展的新势头。

全会强调，2016年是“十三五”的开局之年，也是加快振兴发展的攻坚之年，做好2016年工作的总体要求是，深入学习贯彻习近平总书记系列重要讲话精神，全面落实中共十八届五中全会、中央经济工作会议和省委十一届五次、六次全会精神，按照“五位一体”的总体布局和“四个全面”的战略布局，贯彻“五大发展”理念，适应经济发展新常态，坚持改革开放，坚持稳中求进总基调，坚持稳增长、调结构、惠民生、防风险，着力加强结构性改革，狠抓“三大抓手”，建设“一区两带”，改善民生事业，推进依法治市，从严治党，全力推动梅州苏区振兴发展，确保“十三五”发展开好局起好步。着力做好三方面工作：一是集中主力，打好交通建设、园区发展、精准脱贫三大攻坚战。二是统筹兼顾，以嘉应新区起步区、梅江韩江绿色健康文化旅游产业带、改善民生为重点，推进城市建设、美丽梅州建设、社会建设实现新突破。三是全面从严治党，加强干部队伍建设，加强基层组织建设、加强党风廉政建设和反腐败工作，圆满完成市县镇三级换届。

全市推进“一区两带”项目建设工作会议　2月19日，全市推进“一区两带”项目建设工作会议在梅城召开。市委书记黄强主持会议并讲话。市委副书记、市长谭君铁部署全市推进“一区两带”项目建设工作，市委常委、常务副市长丁文传达全省创新驱动发展大会精神。

会议强调，要发挥创新驱动发展战略的重要作用，加快重点项目建设。要在项目引进上抓创新，围绕创新驱动的重点领域，突出培育主导产业和新兴产业，着力引进一批投入大、带动力强、技术含量高的优质项目。要在项目建设上抓创新，推进土地供给、投融资方式、技术服务、人才管理等方面的创新，抓立项、促开工、赶进度、保质量，掀起项目建设高潮。要在项目服务上抓创新，以执行政策零折扣、提供服务零距离、生产经营零干扰为目标，创新服务方式、提高服务质量，把创新驱动真正落实到企业和产业发展上。要强化创新驱动发展战略的责任落实，突出齐抓共管，强化督查考核，不断提升重点项目建设成效。

全市卫生工作会议　3月1日，全市卫生工作会议在梅城召开。副市长陈丽霞主持会议。市委副书记、市长谭君铁总结近年来卫生工作，部署建设卫生强市工作。市委常委、统战部部长张丽霞通报《中共梅州市委、梅州市人民政府关于建设卫生强市的意见》《梅州市医疗卫生强基创优三年行动计划（2016—2018年）》《关于开展创建梅州市“基本医疗和基本公共卫生服务示范镇”活动的实施方案》的主要内容。市委书记黄强出席会议并讲话。

会议指出，建设卫生强市是全面建成小康社会的内在要求，是加快苏区振兴发展的重要内容，是改善民生需求的重要举措。要切实增强建设卫生强市的使命感和紧迫感，敢于正视医疗卫生事业存在的差距，着力构建完善的医疗卫生服务体系，更好地满足人民群众的健康需求。

会议强调，要精准发力，补齐短板，大力推进卫生强市建设。科学谋划，加强区域卫生规划建设，做精市级医院、做强县级医院、做实镇卫生院和村卫生站，促进社会办医。加快医药卫生体制、医疗联合体、基层医疗卫生服务等改革，推进医改成果惠及群众。进一步健全各级公共卫生机构基础设施和信息网络，完善公共卫生服务体系，提高公共卫生服务水平。加强队伍建设，为医疗卫生事业发展提供人才保障。要加强领导，落实责任，形成合力，确保如期建成卫生强市。

市委政法工作会议　3月8日，市委政法工作会议在梅城召开。市委副书记叶胜坤主持会议。市委常委、政法委书记黄伟闻作全市政法工作报告。副市长、市公安局局长史明锋传达中央和省委政法工作会议精神。市委书记黄强出席会议并讲话。

会议强调，要深入学习贯彻习近平总书记重要指示，把思想和行动统一到中央、省委政法工作会议精神上来，不断增强做好新形势下政法工作的紧迫感和责任感。要抓好反对暴力恐怖和维护政治安全、金融安全、网络安全、公共安全等五大领域风险防控工作，加强对社会矛盾的主动治理，严厉打击违法犯罪，切实维护社会大局稳定。要推进法治梅州建设，做好科学立法、严格执法、公正司法、全民守法各项工作。要深化司法体制改革，更高起点、更高水平地开展全市试点工作，稳妥有序推进各项改革任务。要严格落实责任，形成维稳工作强大合力。

全市招商引资工作会议　3月30日，全市招商引资工作会议在梅城召开。市委副书记、市长谭君铁主持会议，并通报2015年度全市招商引资绩效管理和产业招商队专项督查结果。副市长陈建青总结部署全市招商引资工作。市委书记黄强出席会议并讲话。

会议强调，要深刻认识招商引资工作面临的新形势新机遇新挑战，鼓足精气神、汇聚正能量，着力解决好项目落地难、开工慢和招商层次不高、龙头项目较少等问题，努力实现招商引资新突破。要突出重点，全力以赴抓招商。突出招大引强，力争引进一批投资规模大、科技含量高、产业链条长的大项目、好项目。建好发展平台，整合资源，加快推进“一区两带”基础设施和公共服务设施建设。创新方式方法，大力实施精准招商、以商引商、乡贤招商。精准配置资源，着力解决好招商引资项目用地、融资、用工等问题。创优营商环境，以一流的服务、一流的效率、一流的保障促进招商引资项目落地。要充分发挥各级各部门主要领导带头作用，建立完善招商引资工作联席会议制度，加强督查督办，确保招商引资工作取得实效。

全市扶贫开发工作会议　3月31日，全市扶贫开发工作会议在梅城召开。市委书记黄强主持会议并讲话。市委副书记、市长谭君铁总结第二轮扶贫开发“双到”工作，并部署新时期精准扶贫、精准脱贫三年攻坚工作。市委副书记叶胜坤通报第二轮扶贫开发“双到”工作考核情况。市委常委、政法委书记、市政府党组副书记黄伟闻传达中央和全省扶贫开发工作会议精神。

会议认为，2013年开展第二轮扶贫开发“双到”工作以来，各级帮扶单位投入帮扶资金27.05亿元，顺利完成对全市386个相对贫困村、3.7万贫困户、14.6万贫困人口的帮扶任务。

会议强调，要认真贯彻落实中央和省关于全面建成小康社会决胜时期脱贫攻坚的部署要求，坚决打赢脱贫攻坚战，确保现行标准下全市贫困人口在2018年全部脱贫。要把握着力点，尽快摸清摸准贫困人口的底数和家庭状况，坚持因地制宜、因人而异，“一户一策”推进脱贫攻坚。要强化执行力，严格落实市、县、镇、村四级党政“一把手”抓扶贫责任，级级签订《脱贫攻坚责任书》，季季督查通报，年年考核问责，确保脱贫攻坚各项工作落到实处。要做好广州市、省直和中直驻粤单位定点帮扶村的配合工作，动员社会力量参与，加强舆论正面引导，形成齐心协力打赢脱贫攻坚战的强大合力。

全市县、镇领导班子换届工作会议　4月29日，全市县、镇领导班子换届工作会议在梅城召开。市委副书记叶胜坤主持会议。市委常委、组织部部长杜敏琪部署全市县镇领导班子换届工作。市委书记黄强出席会议并讲话。

会议强调，梅州市县镇两级领导班子换届是加快苏区振兴发展的重要保证，是加强县镇领导班子建设的重要契机，是落实全面从严治党的重要实践。要坚决贯彻落实中央和省委的部署要求，把真正能推动振兴发展的干部充实到县镇领导班子中，推动县镇领导班子建设整体上一个新水平。要始终把纪律和规矩挺在前面，加强换届纪律教育宣传，发挥换届风气督查组的作用，确保换届风清气正。要加强对换届工作的组织领导，落实党委主体责任，加强部门联合配合，做好干部思想教育和舆论引导工作，确保圆满完成换届各项工作。

全市进一步加快振兴发展工作会议　7月19日，全市进一步加快振兴发展工作会议在梅城召开。市委书记黄强主持会议并讲话。市委副书记、市长谭君铁总结部署全市经济工作。市委副书记叶胜坤通报2015年度各县（市、区）促进梅州振兴发展评估结果。

会议指出，2015年以来，全市各级各部门顶住经济下行压力，积极应对困难和挑战，围绕构建“一区两带”发展格局，扎实推进“三大抓手”建设，取得良好发展成效。在2015年度粤东西北振兴发展评估考核中，梅州市总分第一。

会议强调，要进一步增强振兴发展的信心和决心，牢固树立“小发展大困难”“错失机遇是失职”“功成不必在我任”的意识，正确把握经济发展新常态，持续推进“一区两带”建设。要聚焦重点、集中发力，不断开创振兴发展新局面。按照签约一批、开工一批、投产一批“三个一批”的要求，加强谋划对接，狠抓建设进度，提高服务水平，全力以赴推进重大项目建设。深入实施创新驱动和质量强市战略，推动传统产业升级改造，大力发展现代服务业，坚定不移推进产业集聚发展。稳妥推进户籍制度改革，促进产城融合发展，提升城市发展品质，扎实有效推进以人为核心的城镇化。着力补齐民生短板，持之以恒推进重点民生改善。全面激发县域发展活力，壮大县域经济总量。要切实转变作风、狠抓落实、强化督查，确保完成振兴发展目标任务。

全市领导干部大会　7月31日，全市领导干部大会在梅城召开。省委常委、组织部部长李玉妹出席会议并宣布省委关于梅州市党政主要领导调整的决定：谭君铁任梅州市委书记，提名为梅州市人大常委会主任候选人，不再担任梅州市市长职务；免去黄强梅州市委书记、常委、委员职务，不再担任梅州市人大常委会主任；方利旭任梅州市委委员、常委、副书记，提名为梅州市市长候选人。

市委六届七次全会　8月19日，中共梅州市委六届七次全会在梅城召开。市委书记谭君铁主持会议，并代表市委常委会就全市推进供给侧结构性改革作专题讲话。会议的主题是深入学习贯彻习近平总书记系列重要讲话精神，认真贯彻落实党的十八届五中全会和省委十一届七次全会精神，研究市第七次党代会召开有关事宜，动员全市上下围绕振兴发展目标，切实把经济工作重心转到供给侧，进一步深化运用“两大政策”，扎实推进“三大抓手”，努力构建“一区两带”发展新格局，全力推动梅州苏区振兴发展。市委副书记、代市长方利旭总结部署经济工作。市委常委、市政府党组副书记黄伟闻就《梅州市关于进一步促进民营经济发展的若干意见（讨论稿）》和《中共梅州市委、梅州市人民政府贯彻〈中共广东省委、广东省人民政府关于进一步加快县域经济社会发展的决定〉的意见（讨论稿）》作起草说明。市委常委、组织部部长杜敏琪部署全市县、镇换届工作，并就召开市第七次党代会有关事宜作情况说明。全会审议通过《关于召开中国共产党梅州市第七次代表大会的决议（草案）》。

全会强调，要强化“重实体、兴实业”的理念，优化要素配置，减少无效供给、扩大有效供给，努力将资源优势转化为发展优势，推动经济振兴发展。打造标杆企业，推动技术改造，建设产业平台，致力发展新型工业。重点围绕新能源汽车、稀土新材料、生物医药、电子信息、文化创意等领域，创新培育新兴产业。建设大环境，打造新产品，构建新模式，努力推动全域旅游。做响品牌，做大规模，做好营销，用力扶持特色高效农业。全面落实扶持政策，降低涉企成本，给力搞活民营经济。发展主导产业，加强专业镇建设，推进脱贫攻坚，着力壮大县域经济。加快建设快速综合交通网，推进中心城区扩容提质，建设信息基础设施，进一步完善现代基础设施。要深入实施创新驱动发展战略，积极主动推动产业共建，提升招商引资效益，强化人才队伍建设，加大融资建设力度，营造加快发展的良好环境，确保供给侧结构性改革各项任务落到实处。

全市创建国家环保模范城市暨城乡环境综合整治和美丽乡村建设工作会议　9月13日，全市创建国家环保模范城市暨城乡环境综合整治和美丽乡村建设工作会议在梅城召开。市委书记谭君铁主持会议并讲话。市委副书记、市长方利旭作相关工作部署。

会议强调，创建国家环保模范城市、城乡环境综合整治、美丽乡村建设，“三位一体”统筹抓，目的是建设一个山清水绿、人文毓秀、富庶美丽的梅州，体现的是一项系统工程、长期工程。要突出抓重点、抓难点、抓现场点，集中在一段时间内，取得阶段性实效。要突出抓好环保基础设施建设、美丽乡村建设和森林生态建设，注重从源头上推进环境的升级和可持续发展。要着力推动环境建设从治标型向治本型转变，逐步走上制度化、常态化、规范化轨道，坚持以人为本、属地管理，突出机制的长效性和规范性。要加强组织领导、狠抓责任落实、营造浓厚氛围，形成推进环境建设的强大合力。

市委六届八次全会　11月23日，中共梅州市委六届八次全体会议在梅城召开。市委书记谭君铁主持会议。市委副书记、市长方利旭传达省委十一届八次全会精神。全会审议通过《关于召开中国共产党梅州市第七次代表大会的决议》、六届市委工作报告（草案）和市纪委工作报告（草案），审议通过七届市委委员、候补委员和市纪委委员候选人预备人选名单，市第七次党代会主席团成员、主席团常务委员会委员、秘书长、副秘书长、代表资格审查委员会成员建议名单等。全会决定，中国共产党梅州市第七次代表大会定于2016年11月28—30日在梅城召开。

中共梅州市第七次代表大会 11月28—30日，中国共产党梅州市第七次代表大会在梅城召开。市委副书记、市长方利旭主持大会。大会的主题是，总结市第六次党代会以来的工作，提出今后五年的奋斗目标和主要任务，动员全市各级党组织和广大党员干部，牢记使命、开拓创新、真抓实干，加快构建“一区两带六组团”发展新格局，与全省同步全面建成小康社会。市委书记谭君铁代表中共梅州市第六届委员会向大会作题为《加快建设“一区两带六组团”，为梅州全面建成小康社会而努力奋斗》的报告。大会选举产生新一届市委委员、候补委员、市纪委委员，审议通过六届市委工作报告和市纪委工作报告。

会议明确，今后五年工作的指导思想是：高举中国特色社会主义伟大旗帜，坚持以马克思列宁主义、毛泽东思想、邓小平理论、“三个代表”重要思想、科学发展观为指导，深入贯彻习近平总书记系列重要讲话精神和治国理政新理念新思想新战略，按照中央“五位一体”总体布局和“四个全面”战略布局，践行“五大发展理念”，落实“两大振兴政策”，扭紧“三大抓手”，建设粤东北门户枢纽城市，打造绿色产业发展基地，创建广东文化高地和全域旅游先行地，集中优势资源、集聚创新要素，加快构建“一区两带六组团”发展新格局，与全省同步全面建成小康社会。总体目标是：至2018年，全市生产总值和城乡居民人均收入力争比2010年翻一番，全市农村相对贫困人口全部脱贫，与全省同步全面建成小康社会；至2021年，全市生产总值力争突破1600亿元、年均增长8.5%左右，人均生产总值达到37000元、年均增长8%左右。主要任务是：构建“一区两带六组团”发展新格局。基本内涵是：立足梅州生态发展区的功能定位，以“五大发展理念”为引领，以构建快速交通体系和现代信息基础设施为支撑，以发展新型工业为主导，以发展绿色健康文化旅游产业为特色，以推进中心城区扩容提质为引擎，以城市综合服务能力的显著提升支持县域和城乡统筹发展，推动发展转型、产业升级、城市升值。

会议强调，今后五年要大力推进八方面重点工作，一是狠抓交通等基础设施建设，着力改善发展条件。二是推进中心城区扩容提质，建设具有客家特色的城镇群。三是以发展新型工业为主导，推进广东梅兴华丰产业集聚带建设。四是以发展全域旅游为引领，加快建设梅江韩江绿色健康文化旅游产业带。五是以组团式发展为特色，提升县域经济整体实力。六是突出创新驱动发展，集聚科技人才资本等关键要素。七是全面加强社会建设，着力补齐民生社会事业短板。八是深化改革开放，激发振兴发展动力和活力。

市委七届一次全会 11月30日，中共梅州市委七届一次全体会议在梅城召开。市委书记谭君铁受中共梅州市第七次代表大会主席团委托主持会议。全会选举产生中共梅州市第七届委员会书记、副书记、常务委员会委员。谭君铁当选市委书记，方利旭、彭耀新当选市委副书记，张丽霞、杜敏琪、李远青、张文广、佘其豹、黄建固、陈志宁当选市委常委。全会通过市纪律检查委员会第一次全体会议选举产生的书记、副书记、常务委员会委员。黄建固当选市纪委书记，谢志云、张硕、刘锐清当选市纪委副书记。

全市纪念誉为“足球之乡”60周年暨振兴足球工作会议 12月26日，全市纪念誉为“足球之乡”60周年暨振兴足球工作会议在梅城举行。副市长陈丽霞主持会议。中国足球协会副主席容志行、市委书记谭君铁、省体育局局长王禹平出席会议并作讲话。会议表彰60年来为“足球之乡”建设做出突出贡献的集体、个人。广东省副省长许瑞生、国家体育总局体育文化发展中心专门发贺信。

（市委办）

【组织工作】

市、县、镇领导班子换届工作　完成市、县、镇领导班子换届工作，选举产生新一届市县镇领导班子。一是制订换届考察工作方案，做好各级党代会、人代会和政协会的筹备和选举工作。成立县、镇领导班子换届工作指导组、换届风气督查组、换届考察工作组，负责指导、督查和落实换届的各项工作。二是开展分析研判。换届前，翔实了解班子的基本情况、运行情况、存在问题、班子成员表现情况，对领导班子成员的进退留转进行分析，提出班子调整优化的初步意见。三是选好代表委员。按照中央和省委部署，规划好新一届党员代表、人大代表和政协委员人选。严格人选条件、强化考察审查，对代表委员人选进行考察。四是执行政策规定。按照《党政领导干部选拔任用工作条例》（以下简称《干部任用条例》）和换届政策规定要求，对人选资格条件把关，规范考察过程中的各个步骤程序，做到听取意见与组织意图相结合，把从严从实选干部配班子等要求落到实处。

干部队伍建设　一是抓好干部挂职锻炼工作。推进年轻干部、后备干部“双成长计划”，组织44名年轻干部“上挂下派”实践锻炼，安排718名新招录公务员到村（居）挂职，抽调41名干部挂任市重点项目专员，选派20名干部分赴广州、珠海挂职。二是加强干部教育培训工作。把政治理论和党性教育放在干部教育培训的突出位置。围绕提升干部服务振兴发展的能力，科学设置培训课程，创新“走出去”“请进来”相结合的开门办学模式，推进领导干部上讲台制度，执行培训纪律，强化培训情况考核和结果运用。全年举办专题班18期，培训1090人次；举办8期党校主体班，培训622人次；批准市直部门办班107期，培训27676人次。选派领导干部参加中央、省调训139人次。

干部选拔任用和管理监督　一是修订完善市管干部选拔任用工作规程，规范报送市管职务任免材料。二是整治超职数配备干部问题，采取退休自然消化、改任非领导职务、免职、交流等多种措施，基本完成整改消化任务。建立干部任用事项预审、督查制度，有效遏制新的“三超两乱”（“三超”指：超编制限额进人，超职数超规格配备领导干部，超范围分设党政职务；“两乱”指：随意按年龄下划线乱调整配备干部、违反规定程序乱进人）现象。三是做好党组清理规范工作，各县（市、区）人大、政府、政协不规范配备的党组成员全部清理，市、县（市、区）直属单位清理规范工作逐步推进。分批对各县（市、区）和市直单位领导班子运行情况进行分析研判。四是开展干部档案专项审核，全市近10万名在职干部档案完成初审，进入调查核实和组织认定阶段。五是执行干部档案任前审核制度，加强干部日常管理监督，开展执行《干部任用条例》专项检查，做好“带病提拔”干部问题倒查和选人用人“一报告两评议”工作，开展违规办理和持有因私出国（境）证件专项治理，对新提任干部进行任前“一看两谈”。组织1084名市管干部和1316名组工干部填报个人有关事项报告，对拟提拔为副处级以上职务干部的报告进行重点抽查核实，对110名市管干部进行随机抽查核实。

引才育才工作　把人才工作放在更加重要位置，推进人才发展体制机制创新，加快搭建高层次人才作用发挥平台，统筹加强各类人才队伍建设。一是继续完善“千人计划”引才机制。制定出台与“千人计划”调整方案配套的生活补贴、房租补助、购房贷款贴息等4项优惠政策，在继续引进科研和事业单位专业技术人才的基础上，把引才的重点向企业和实体经济领域延伸。二是推进重点人才工程。做好2015年4个入选省“扬帆计划”的人才、团队、项目的跟踪服务工作，落实好各项引进培养措施，加强对扶持资金的监管。三是加快搭建柔性引才平台。举办以“凝聚人才智慧力量，助力客都创新发展”为主题的粤东西北院士专家行暨2016年梅州市创新驱动发展战略咨询会，市政府与广东院士联谊会签署共建全国首个院士团队创新创业（梅州）驿站。举办国家“千人计划”专家学者梅州行活动，围绕企业技术攻关、高层次人才培养引进和项目合作开展对接。深化穗梅人才对口帮扶工作，邀请广州优秀企业与梅州企业对接，以产业共建为主要形式推进人才帮扶。省、市共建“梅州人才驿站”工作稳步推进，初步完成选址等前期准备工作。四是深化校地合作培养人才。与清华大学合作培养人才出新成果，举办第七期“企业创新驱动高级研修班”，90名企业学员结业。

（市委组织部）

【宣传工作】

意识形态工作　制定下发梅州市《党委（党组）意识形态工作责任制实施方案》，定期分析研判意识形态领域情况，明确各级党委常委会每年至少两次专题研究意识形态工作，组织开展意识形态工作责任制落实情况检查，在意识形态领域议题设置、舆论管控、应对重大突发事件等方面明确党委领导责任，坚定不移抓好意识形态责任落实。

主题宣讲　依托党委理论中心组学习、客家讲坛、社科大讲堂、梅州社科智库等平台，围绕中共十八届四中、五中、六中全会，市委六届六次、七次全会精神，治国理政新理念新思想新战略等主题开展各类理论研讨和宣讲活动，受众10万多人次。梅州日报社拓展户外联播平台，5块大型户外T牌投入运营，同时建成80多块户外电子阅报栏，基本覆盖全城路面、公园、学校等公共场所，日均曝光率150多万人次。一是市直两大媒体围绕市委、市政府的重要工作部署，策划推出“十三五”开局、建设“一区两带”、“两学一做”主题教育活动、精准扶贫精准脱贫、市第七次党代会等主题报道。二是举办全市新闻舆论战线专题培训班和“一区两带”征文研讨活动。三是组建第二批梅州市理论宣讲人才库，组织市理论宣讲人才库成员，各县（市、区）委宣传部部长、副部长及市直有关单位分管领导56人到中国人民大学参加党的创新理论宣讲专题研讨班。四是加大社科普及基地和社科智库建设力度，加强社科基层组织建设，启动第三批专家人才“入库”工作，搭建智库专家互动交流平台，先后组织50多位（次）智库专家开展走基层、送社科知识下乡活动，组织举办2016梅州社科普及周活动，抓好社科科普工作。五是做好核心价值观公益广告宣传，提高社会主义核心价值观公益广告在城乡的覆盖面。在公交候车亭、公园、广场、小区和高速公路出口等公共场所，通过设置视频网点、灯箱广告、大型LED视频、宣传栏、广告宣传牌，开展多种形式的社会主义核心价值观公益宣传。

理论宣传　做强《梅州日报》理论版，全年出版45期、180篇文章、18万字；市社科联组织开展梅州文化名片评选宣传活动，评选出候选梅州文化名片15张。抓好《梅州人文社科系列丛书》编辑出版工作，抓好《客都家训家风》《讲好梅州故事》《球乡筑梦》等书稿的编写工作。

网络宣传　按照省的部署，做好2016年“创新年”网络宣传工作。处理好梅江区西阳奇龙坑垃圾焚烧场事件，做实“快报事实、慎报原因、公开透明、管控有序”的应急预案，规范网上信息传播秩序。开展“梅州发布”微访谈活动，为网民办实事、解难事，在人民网发布的政务微博办实事排行榜中多次名列前茅。梅州日报社自主研发的“掌上梅州”新闻客户端正式上线，10天内装机量过万；“梅州日报微信号”粉丝25万，长期稳居全省纸媒前六、地市报头名；全媒体融合发展格局初步建立，平台传播用户量200万。梅州电视台“两微一端”粉丝总数超100万，“民生820”微信公众号获“2016年全国城市台电视民生新闻微信公众号最具影响力十强”，在全国电视类公众号中排名第19位、全省第一；“无线梅州”手机客户端用户量16.5万，活跃度在全国同类APP排名前5%。

对外宣传　办好南方网“客都梅州”频道、新浪网“对话城市”梅州栏目和梅州宣传网等网络宣传阵地；做好“梅州发布”（人民、新浪、腾讯网）官方微博和梅州微博发布厅的维护、更新工作，主动抢占微博客舆论传播阵地。蕉岭县与中央电视台合作并在科教频道《味道》栏目中播出专题节目“寻找记忆中的年味之古法烹饪”

“寻找记忆中的年味之家宴”。大埔县邀请创作拍摄《大埔谣》MV 和《一只青花瓷碗》红色主题微电影，协助拍摄《老广的味道》《人文》《中国纪录片》等专题片。

文艺精品活动　依托梅州人文资源优势，加强对外传播能力建设，抓好“文艺精品走出去”工程，启动国家艺术基金资助项目、大型汉调音乐剧《梦@时代》在全国40多场的巡演，梅县区的山歌剧《合家福》作为省唯一入选全国基层院团戏曲会演的剧目在北京梅兰芳大剧院演出，创作排演广东汉剧《曹操与献帝》、山歌剧《红百灵》等一批精品剧目，活态展演《等郎妹》《彩虹》《诗娘》等一批经典戏曲剧目，举办“2016粤戏粤精彩——粤剧与全省地方戏曲剧种（粤东北片区）交流演出暨学术研讨会”“南国牡丹·百年桂珠——黄桂珠100周年诞辰纪念活动”，组织参加“2016（中国·凤岗）客侨文化节暨‘两岸暨港澳地区’客家山歌邀请赛”并获得“3金2银”成绩，与印尼、马来西亚及中国台湾地区等地开展文化交流活动，讲好梅州故事、传播梅州声音，全面提升梅州文化软实力。

公共文化体系建设　印发《梅州市加快构建现代公共文化服务体系的实施方案（2016—2020）》。新建农村文化俱乐部100个、“文化驿站（台）”20个。完成兴宁市省级公共文化服务体系示范项目——“一村一文化活动中心”建设任务，建成村文化活动中心453个。完成蕉岭县图书馆、大埔县文化馆总分馆建设任务。打造“客都文化公益讲坛”品牌，全年举办10期。推进公共图书馆、文化馆、博物馆免费开放工作。完成农村公益电影24480场放映任务。

文艺惠民活动　继续抓好广东汉剧院“周五有戏”和“周六艺苑”公益演出、市山歌剧团“客都艺韵——周六有歌”和“文化惠民”下乡演出。市文联围绕中心开展各类主题文艺活动，全年组织文艺惠民活动近150场次，3000余人次参加，举办各层级展览15场，接待近百位梅州籍文艺家到访。广东汉剧院组织开展“广东汉剧进校园”演出，送戏到五华、丰顺、梅县、蕉岭、大埔等地，全年送戏112场，观众约10万人次。

文化遗产保护　出台《梅州市人民政府办公室关于加强市级不可移动文物定级和保护工作的意见》，公布第四批市级文物保护单位30处，基本完成可移动文物普查工作任务。推进客家文化生态保护区建设，组织第七批市级“非遗”项目、第五批省级“非遗”项目传承人推荐申报工作，开展第11个“中国文化遗产日”活动，参加“2016广东（佛山）非物质文化遗产暨佛山秋色民俗文化活动”。抓好中国客家博物馆和华侨博物馆升级改造工作，推进市非物质文化遗产展示中心建设。印发《客家围龙屋申报世界文化遗产工作方案》，推进客家围龙屋申报世界文化遗产工作。加强五华狮雄山建筑遗址的保护开发，与省文化厅签订《狮雄山建筑遗址保护合作协议书》。大埔县三河镇梓里村、银江镇昆仑村、蕉岭县广福镇乐干村（九栋）入选第五批广东省古村落。

文化产业发展　5月12日，组团参加深圳第十二届文博会，各参展企业现场成交额460余万元，意向订单金额超2700万元，梅州市获得优秀组织奖、优秀展示奖。出台《梅州市扶持民间工艺美术创业创新发展奖励办法（试行）》《梅州市文化产业示范园区管理办法》，修订《梅州市文化产业发展专项资金管理办法》。扶持、培育广东客都文化发展有限公司、梅台文化创意产业园、南寿峰健康文化产业园等一批文化龙头企业。组织启动“客都文化杯”文化创意产品大赛，建立文创产品库。加大招商引资力度，在文化创意产业领域引进一批大项目、好项目，形成一批影响力、辐射力强的文化企业和文化品牌。深圳京兰高科有限公司计划投资3亿元，在梅江区长沙镇建设客家大观园（非遗小镇）项目。

苏区精神与优秀客家文化弘扬　发挥叶剑英纪念园、三河坝烈士纪念园等爱国主义教育基地的作用，组织革命老区精神研讨宣讲，加强对革命遗址的保护和修复，推动红色文化与旅游建设深入融合，梅南九龙山革命斗争纪念馆获评省级爱国主义教育基地。大埔县、五华县、梅县区

雁洋镇、兴宁市黄槐镇获评“广东省诗词之乡”。开展评选18个梅州市“示范文化祠堂”工作。

第四届客家文博会举办 第四届客家文博会以“创意进入你的生活”为主题，由市委宣传部、市文广新局指导，广东客都文化发展有限公司承办，做到“政府引导、市场运作、突出交易、专业办展”。展区面积约6000平方米，展会包含本地文创+旅游文化馆、台湾馆、茶文化馆、演艺区等八大展区，新增创意童趣馆、“非遗”精品馆、红木根雕根艺精品馆、美食馆4个特色馆，来自10个省（市）、200余家企业带来数以万计文创产品，现场成交额4201万元，意向成交额3339万元。

（市委宣传部）

【统战工作】

换届选举工作 一是市、县（市、区）民主党派组织换届选举工作。按照换届程序、换届纪律、人选要求等政策规定，做好市、县（市、区）民主党派组织换届选举有关工作，市委统战部就各民主党派市委会新一届领导班子人选与各民主党派省委会、市委会进行沟通协商。7月，完成换届工作任务，各民主党派新一届市委会选举产生委员98名。把引导非公有制经济人士健康成长摆在更加突出位置，做好市级工商联领导班子的人选推荐，建立健全市、县（市、区）两级综合评价工作联系机制，开展非公有制经济代表人士综合评价和评选表彰资格审查，完成市、县（市、区）两级工商联换届工作。二是党外人大代表、政协委员人选推荐提名工作。执行换届工作“九严禁”要求，按照市人大代表人选产生的程序和要求，召开民主党派协商会议，研究推荐产生21名市七届党外人大代表。制定出台《关于政协第七届梅州市委员会人事安排意见》，严格党外市政协委员特别是港澳政协委员的进入关卡，完成249名市七届党外市政协委员的推荐、提名、考察等工作。主动加强对各县（市、区）政协换届的指导，特别对各县（市、区）推荐的港澳委员人选进行把关审核，确保不出纰漏。

服务中心工作 发动梅州本地商会、梅州异地商会及异地梅州商会等商会组织投资9亿多元，在嘉应新区江南新城规划4.02公顷土地用于建设3栋商会大厦综合体，打造江南新城中央商务区。加强沟通协调，推进世界客商中心内部二次装修项目施工建设，将世界客商中心打造成为世界客商的精神家园。加强银企合作，落实扶持优惠政策，与多家金融机构签订战略合作框架协议，鼓励诚信企业在“新四板”挂牌上市。在北京举办梅州市“一区两带”建设招商推介会，推介梅州发展环境和优惠政策。全年协助市委、市政府召开暑期座谈会、双月座谈会、征求意见会、情况通报会等12场次。

多党合作事业建设 一是推进民主协商制度建设，支持民主党派和无党派人士参与人大、政府、政协和其他层面的协商，不断增强民主协商工作的实效性和连续性，为党外人士政治协商、民主监督、参政议政搭建更顺畅的平台。2016年，市各民主党派、工商联、知联会在市“两会”期间提交提案、建议等275件，其中26件被评为优秀提案，市工商联的《梅州市制造业民营企业发展调研报告》、市知联会的《关于健康养生产业避免同质化问题的思考》、农工党市委会的《发展特色民宿 提升乡村旅游》分别获得2016年梅州市党派团体调研成果一、二、三等奖。二是协助民主党派做好干部管理工作，对拟任的民主党派各市委会领导班子人员档案进行审查，按照干部选拔任用条例，支持民主党派机关提拔3名干部，优化干部队伍结构。三是支持民主党派机关开展外出调研活动，协调解决民主党派机关在内设机构、人员编制、干部交流、挂职锻炼等方面存在的一些问题。

民族宗教事务管理 扶持少数民族聚居地——丰顺县潭江镇凤坪畲族村加快经济社会发展，争取发展资金19万元，帮助改善生产生活条件。发挥市民族宗教工作协调领导小组作用，组织赴新疆乌鲁木齐、和田、喀什等地的民族团结进步社区和少数民族文化街区学习考察，与新疆和田县民宗委签订《关于加强少数民族流动人员服务管理工作的协议》，为加强新疆籍流动人员的服务管理打下坚实基础。天主教梅州教区主教座堂被评为全国创建和谐寺观教堂先进集体，有11处宗教活动场所被省民族宗教委评为全省创建和谐寺观教堂第五批达标宗教活动场所。

港澳台及海外统战工作　发挥统战部门的牵头抓总和海联会、客联会团体的桥梁纽带作用，与港澳社团开展联络联谊，到港澳地区拜访客属社团及代表人士，参加港澳举办的新春晚会、联欢宴会等重大节庆活动。2016年，接待香港梅州社团总会访问团、香港梅州联会青少年团、亚洲股权交易所访问团等30批、近2100人次到梅州参观访问。推进4批香港青年服务团团员到梅州学校进行支教服务，协助香港梅州社团总会组织近700名团员到梅州开展“寻找家乡的商机”“寻找家乡的故事”“寻找家乡的美景”为主题的“三寻”活动。9月，市委分管领导带队赴泰国、马来西亚、印尼等地开展全市新一轮侨情调查和友好访问。

党外代表人士队伍建设　组织和推荐党外干部参训学习。2016年，先后组织各民主党派市委会主委、副主委和机关干部赴武汉大学、中国人民大学参加学习培训，推荐2名党外副处级干部分别参加省党外中青班、处级班，推荐4名党外科级干部分别参加市委党校中青班、科级班。加大党外干部的推荐安排力度。经常走访党外代表人士特别是后备干部的所在工作单位，了解和掌握党外代表人士的业务水平、履职能力、参政表现，向市委推荐4名党外干部为县（市、区）政府党外副职人选。2016年年底，市和8个县（市、区）政府领导班子各配备1名党外干部，市政府工作部门领导班子中配备6名副处以上党外干部，其中4名担任市直单位正职。

信息工作　2016年，编印《梅州统战信息》22期，向上报送统战信息49条，被中央统战部网站采用2条、省委办公厅采用1条、省委统战部采用11条。梅州市委统战部被评为2016年度全省统战信息工作三等奖。2016年，全市各单位报送调研报告18篇，市委统战部向省委统战部提交调研报告6篇，嘉应学院文学院辅导员邱晓红撰写的《新媒体时代高校统战工作创新研究》一文获2016年全省统战理论政策研究创新成果优秀奖。

（叶群城　崔荣志）

【党校工作】

教学培训　全年举办干部培训主体班8期，培训干部599人；举办协办班2期，培训干部164人；接待部门班48期7261人，外培班36期1424人。利用系统优势及人才优势，有效拓宽培训渠道，承担第七期清华大学梅州市企业家自主创新高级研修班的管理服务工作。坚持实施“授课专题能上能下”“两头在内、中间在外”等制度，坚决做到党的理论教育和党性教育的课时比例不低于总课时70%的硬性要求。建立并实施领导干部到党校讲课制度，邀请市委原常委、纪委原书记胡钛，市委常委、宣传部部长张丽霞以及省委党校副校长、教授苟志效等到党校讲课。发挥创新思维做强做优主体班，尤其是按照市委常委、组织部部长、党校校长杜敏琪的要求，将中青班打造为精品班、王牌班。开展严以治教与严以治学，根据党校教学培训的要求和学员的需求，结合梅州经济社会发展的现实，科学安排培训专题。在教师队伍中开展精品课评选活动，不断优化课程内容和提升课程实效。学习过程中要求每位学员根据培训内容与自身岗位实际情况撰写心得体会文章、结业论文与小组调研报告。2016年，收集学员心得体会文章及论文763篇、党性分析材料86篇，指导中青一班学员完成调研报告4篇。

科研项目与成果　全年获得省级立项课题8项；结项课题6项，其中3项省级课题、3项校级课题，1项获广东省党建研究会结项课题三等奖。编辑出版校刊《梅州学习与研究》4期，编印《动态摘引》21期，制作电子版21期，寄发2601份；为支持课题或专题研究，新购图书204本(套)、549册；装订报纸、杂志59种，190本（合订本）；整理建立《外校教师精品课件电子资源库》（已有110多个课件）、《案例库》。2016年，全校完成95篇科研成果，其中14篇发表在省级期刊上、76篇发表在市级期（报）刊上、5篇发表在县级期刊上。

政策宣传与决策服务　教研人员在《梅州日报》发表解读中央、省委和市委重要会议精神与重大决策部署的文章20多篇，就重大理论现实问题，接受电视台、电台和报社采访40多人次。5名教师选入党史宣讲团、市“两学一做”学习教育党课巡回宣讲团、十八届六中全会精神宣讲团，到各县（市区）及市直有关单位进行宣讲。注重提升决策服务的能力，聚集力量对梅州全面建成小康社会目标、供给侧结构性改革和构建“一区两带六组团”发展新格局等社会热点难点问题进行研究，指导中青一班学员完成4篇调研报告，其中《梅州“精准扶贫、精准脱贫”现状、问题及对策建议》《打造梅江韩江（中上游）特色旅游产业带的思考》《节约集约用地，促进产业集聚——以梅州高新技术产业园区为例》3篇调研报告呈送市领导，市委书记谭君铁批示给相关职能部门参阅。

（市委党校）

2016年9月12日，市委书记谭君铁（左二），市委常委、秘书长彭耀新（右一），市委常委、组织部部长、党校校长杜敏琪（右二）等领导到市委党校调研和指导工作

【机关工委工作】

党员教育管理　一是坚持把开展“两学一做”学习教育作为强化党员身份认知和党组织责任认知的重要举措，构建机关工委主督，机关党委组学，“中心组”“班子”带学模式，督促支部党员普学深学。先后召开学习部署会、推进会20场次，成立8个督导组，分3批次对12个系统口进行56场次督学。二是注重拓展学习渠道，建立党员教育信息化平台559个、微信公众号88个、QQ学习群258个。市直1.9万余名在职党员、1665名入党积极分子全程参加学习教育，党组织书记带头讲党课2258场次，举办党组织书记、党员发展对象和新党员等各类培训班2585期，培训36886人次。三是注重压实管理责任，分步骤在市直机关规划成立58个机关（直属）党委，涵盖市直行政机关、企事业单位及“两新”组织，实现对市直1352个党组织、26852名党员的管理全覆盖。

基层组织建设　坚持把落实基层党建七项重点任务作为固本强基工程抓紧抓实。选准难点突破，协调公安、社保、通信等部门合力推动，点线面同步展开，开展党组织关系集中排查，查找失联党员730名，清理、理顺、接转组织关系1435份。对市直1149个支部开展党费收缴清查，近2万名党员补交党费3598万余元。抓实制度落实和督促检查，分别下发通知书、约谈负责人，敦促29个党组织完成换届选举。全程跟进服务，指导市直27家非公有制经济组织成立支部或联合支部17个，市直16个社会组织成立支部或联合支部15个，市直“两新”党组织的覆盖率分别达96.30%、100%。

机关作风建设　督促市直单位（部门）党委（党组）执行党风廉政建设责任制，制定年度党廉工作计划152份，签订层级责任书380份。组织市公安局等31个单位（部门）开展行风热线上线工作，收集意见建议1580条，回复率100%，群众满意率98.63%。重点对市教育局等4个单位开展政风行风评议，对市直单位49个办事窗口（大厅）进行督查暗访，提出意见建议13

类290条。坚持教惩并举，严肃党规党纪，研究处理违纪党员8人，其中党内警告3人、党内严重警告3人、开除党籍2人。结合市委中心工作，有针对性地组织开展一系列各具特色、主题鲜明的党建活动，开展“讲担当、比奉献”主题党支部活动、“组织生活创新”、“党建示范点”等创建活动。

（刘文江）

【党史工作】

中共地方历史二卷编审工作　2016年，梅州市及梅县区、大埔县、蕉岭县、平远县、丰顺县、五华县均完成中共地方历史二卷初稿工作，进入一审、二审工作。

党史书籍和刊物编写出版　为纪念中国工农红军长征胜利80周年，市委党史室、大埔党史室、五华党史室分别出版《红军长征梅州人物志》《长征路上大埔人》《红军长征五华人物志》。大埔县党史室、梅县区党史室、五华县党史室坚持出版一年一期的《大埔党史》《梅县党史》《五华党史》。大埔县党史室相继出版《红色丰碑——大埔县革命遗址通览》《闽粤赣边区纪念大会书画展选集》《百将墨迹》《百名老红军墨迹选》等有关红色系列刊物。五华县党史室出版《五华县革命遗址通览》。平远县党史室出版《平远县革命遗址通览》。丰顺县史志办出版《烽火桐子洋》《李坚真传》等书籍。

党史宣传活动　2016年7月，市及各县（市、区）党史部门与梅州日报社联合推出“红色土地，振兴发展”专题特别报道。10月，围绕纪念长征胜利80周年，宣传弘扬长征精神，与梅州日报社在《梅州日报》联合推出专版特别报道，讲述梅州儿女的长征故事，重温艰苦卓绝的烽火岁月。梅州市成立党史宣讲团，聘请资深党史研究专家教授到各单位进行党史宣讲活动，举办主题宣讲27场，3000多人聆听讲座。

苏区精神（广东）研究中心成立　2016年7月9日，由省委党史研究室、嘉应学院和市委党史研究室共同发起的苏区精神（广东）研究中心成立，并在嘉应学院国际会议中心举行揭幕仪式，研究中心旨在发挥党史“以史鉴今，资政育人”的重要作用，促进苏区精神传承、发展和创新，研究原中央苏区振兴发展政策。

革命遗址遗迹保护利用　梅州市从2016年至2018年，市政府计划每年安排1000万元资金对重点革命史迹进行维修保护。各县（市、区）党史部门抓住梅州原中央苏区的红色资源独特优势，做好保护、开发和利用工作。截至2016年年底，对梅县区九龙嶂革命旧址群、大埔县红色交通线、南方工委旧址等革命史迹进行升级改造修缮工作。

（市党史办）

【保密工作】

定密管理　在全市保密工作培训会和各单位业务工作培训会上对定密工作进行培训，使各单位定密责任人明确定密职责，掌握定密程序和方法。在专项保密检查中，发现、纠正一系列定密工作存在的问题，协助指导各单位开展定密工作。

网络保密管理　加强制度建设，要求各级各单位把网络管理与保密管理结合起来，完善网络保密制度，尤其是执行上网信息保密审查制度。加强保密技术装备的配备工作，对各单位上报的涉密计算机强制安装涉密计算机防护专用系统，规定全市接入党政内网的单位按要求强制配备涉密计算机防护专用系统。加强与公安、经信、国安等部门联合检查工作，拓展在重点涉密单位周边环境和重要会议活动场所的保密监督和互联网信息监察检查工作。发挥保密技术专家小组作用，派人参加全市保密技术检查工作，对全市网络安全形势进行研判，提出应对措施，加强网络安全建设。

涉密人员管理　举办梅州市涉密人员保密管理培训班，市直和中央、省属驻梅州单位办公室主任（人秘科科长），梅江区、梅县区区直单位办公室主任370多人参加培训。其他县（市）均结合实际举办培训班或以会代训开展培训。对各级各部门的保密专（兼）职干部实行动态管理，确保保密专（兼）职人员不出问题。印发相关文件规定，从制度层面上规范涉密人员管理工作。

保密工作开展 组织对全市123个机关单位开展保密工作自查自评工作。对市直60个单位及各县（市、区）和部分县直单位自查自评情况开展专项督查，全市督查120多个单位，督查面50%以上。市和各县（市、区）保密部门结合换届选举工作，与组织部、纪委对接做好换届选举中的保密工作，通过发短信、签责任书等形式做好宣传。市保密局领导到各县（市、区）及市公安局、市财政局、市公路局等35个单位举办保密工作专题讲座。建设大埔县“中央红色交通线大埔中站（青溪）纪念园”，截至2016年年底，纪念馆展馆建设基本完成，并得到省保密局授牌为“广东省保密教育示范基地”，场馆初步具备开展保密教育的能力。

（市国家保密局）

【老干部工作】

老干部思想政治建设 一是市、县（市、区）以“两学一做”学习教育为抓手，学习贯彻中共十八大和十八届五中、六中全会精神，学习贯彻习近平总书记系列重要讲话精神，引导老干部自觉遵守党的政治纪律和政治规矩，更加坚定维护以习近平同志为核心的党中央的权威，自觉在思想上政治上行动上与党中央保持高度一致。全市征订《2016年广东老干部政治理论读本》702本、《秋光》杂志2544份。对部分年老行走不便的老干部实施“送书送学习上门”等形式，开展政治理论学习。二是各级主要领导坚持以召开老干部迎春茶话会、经济社会发展情况通报会、参观考察等形式主动向老干部征求经济社会各个领域发展的意见建议，请老干部参加重要会议、重大活动，从政治上关心老干部。各级组织老干部参观经济社会发展新成果、民生工程以及重点、亮点工程，让他们感受梅州市在经济社会各项事业发展上的新成就、新变化，使他们在言论上、行动上更加关心、支持市委、市政府决策部署。

老干部党组织建设 选好配强党支部书记，结合老干部实际，完善组织生活、政治学习等制度，举办离退休干部党支部书记培训班，推动党支部在组织离退休干部开展政治理论学习上发挥引领核心作用。探索在离退休干部集中居住地、学习活动场所、兴趣爱好团体、社团组织中建立基层党组织或者临时党组织。6月，市老干部（老年）大学设立1个临时党总支部及4个临时党支部。

老干部正能量传递 全市以开展“弘扬苏区精神、激发老干部热情，为党和人民的事业增添正能量”为主题，搭建平台载体，在全市离退休干部中，开展为党和人民的事业增添正能量活动。一是动员开展为党和人民的事业增添正能量活动。年初，在召开全市老干部工作会议上，对如何深入开展正能量活动作重点部署。7月7日，召开全市老干部工作系统深入推进正能量活动研讨会，总结推广经验和做法。二是围绕“展示阳光心态、体验美好生活、畅谈发展变化”主题增添正能量。各地各单位开展老年人文艺演出、体育运动、书画展、摄影展、志愿服务、主题教育等系列活动进校园、进社区、进乡村。市老干部（老年）大学组织210名志愿者到梅县福晋老年公寓开展义务植树活动，老干部以自身行动展示正能量、凝聚正能量。全市以“纪念建党95周年、红军长征胜利80周年”为主题，举办书画作品展10场，召开座谈会9场，举办文艺联

梅州市老同志纪念中国共产党成立95周年书画展

欢会、歌唱比赛等文娱活动32场。三是讲好“梅州故事”、弘扬“苏区”精神，引导社会舆论增添正能量。引导离退休干部结合亲身经历和切身感受通过网络、媒体和宣讲等方式积极发正声、弘扬主旋律、讲好“梅州故事”、传播苏区精神，以自身言行影响和带动网民与身边群众，传播正能量。四是围绕中心工作和任务，发挥老干部正能量。在江南新城、芹洋半岛等市重点工程建设项目中，老同志主动带头，自觉做好亲朋好友的思想工作，在房屋土地征收拆迁中发挥重要作用，为推进城市扩容提质做出贡献。老同志为保护红址，开发红色旅游资源，利用原中央苏区县优惠政策，帮助解决老区群众生产生活困难，改善老区群众生产生活条件。在农村居住的五华县离退休干部，参加当地的老人协会，带头捐款修筑村道，解决村民路难走问题；动员群众开沟引水，解决灌溉难；提倡婚事新办，丧事简办；调解民事纠纷，在群众中反响较好，在新农村建设中传递正能量。

老干部学习活动阵地建设　各级重视老干部学习活动场所建设，平远县以省拨250万元专项建设资金为基础，建设县老干部大学教学场所；蕉岭县以省拨116万元专项建设资金，对原县政协办公大楼进行改造、修缮，划归县老干部（老年）大学使用；丰顺县、大埔县加大投入扩建或重新设计装修老干部活动中心场所建设，不断满足老同志的学习活动需求，以增加活动设施，美化、绿化、亮化环境，把老干部活动中心建设成丰富老同志精神文化生活温馨的家园。市老干部（老年）大学争取市委、市政府主要领导的支持，拨出专项维修资金332万元，将市老干部活动中心旧活动大楼进行改造、修缮，划归市老干部（老年）大学使用，老干部（老年）大学的教学场所扩展到4212平方米，购置价值50万元的电脑、投影机等现代化教学设备，改善教学条件。截至2016年年底，全市建有老干部（老年）大学7个，设置20多个专业，学员3354人。市老干部（老年）大学在原有的18个专业班的基础上，增设活力健美操、诗词、摄影提高班、葫芦丝班等5个班，学员1300多人，以梅州特色、客家文化特色办学，突出老年人喜好、社会需求和家庭需要的教学内容特点。

老干部文体活动　举办或参加各种类型的文体活动，丰富老年人的文体生活。8月，举办“纪念建党95周年暨红军长征胜利80周年梅州市老年人群众性歌唱大赛”，8个县（市、区）推荐8个单位参赛，参演110人。参加全省“纪念建党95周年暨红军长征胜利80周年老年人群众性歌唱大赛”，获得“1金2铜”的优异成绩。梅江区举办全区老干部（老年人）体育运动会。

老干部服务管理　一是提高离休干部的生活待遇，市直离休干部从2016年1月起，分别增加基本离休费和生活补贴，10月起发放住房维修和物业管理费，人均月增968元。全市财政支持离休费9557万元，其中市直2680万元。全市385名企业离休干部医药费人均支付4.61万元，比2015年的4.1万元，增加12%，医药费缺口454.6万元，累计缺口2144.3万元。各级加大财政兜底力度，确保医药费按规定实报实销。落实20名符合条件的离休干部因生活长期不能自理的护理费。二是做好《关于对建国初期参加革命工作的部分退休干部在生活上给予适当照顾的通知》（粤组通〔2016〕28号）文件的贯彻落实，对全市370份退休干部人事档案进行审核，通过审核列为照顾对象的有243人，按政策规定发放生活补助、医疗补助113.63万元。三是各级坚持做到重大节日上门慰问、及时探望住院老干部、慰问去世离休干部遗属，协助办理好老干部的丧葬费、抚恤金申报等善后工作，全年走访慰问老干部2386人次。以网上信访和传统信访相结合，不断从信访渠道了解老干部所思所想，研究解决老干部困难和问题。四是加强宣传报道力度，利用宣传栏和媒体宣传老干部工作，在《梅州日报》上刊登报道8次，在《秋光》杂志刊登文章10篇。加强信息统计工作，对各县（市、区）统计人员进行集中培训，确保离退休干部信息准确完整，梅州市离退休干部统计工作连续十年被评为优良，得到省老干局的认可和好评。五是成立梅

州市保健委员会，由相关职能单位负责人组成。制定《干部保健服务指南》，让老干部看病就医更加便利。

（钟雄恩）

【信访工作】 2016年，市委常委会和市政府常务会议多次研究部署信访工作，市委、市政府主要领导接访、下访群众18批68人，阅批群众信（邮）件485件次，群众反映的问题全部得到有效办结和回复。全市组织召开23场次全市性信访工作会议和专题会议，市领导落实“一岗双责”，通过不同形式约访、下访群众，研判和协调处理信访问题。全市信访总量27701件次，同比下降3.39%；到省集体访19批155人次，同比分别下降13.9%和6.1%；进京非正常访54批61人次，同比分别下降34.5%和22.6%。

群众信访渠道拓宽 推进“互联网+信访”，全面完成网上信访信息系统建设。健全网上信访受理制度，形成“多个渠道进入、一个平台受理、后台统一督办”的工作体系，实现网上信访事项办理过程的可查询、跟踪、监督和评价，群众通过网上信访大厅反映问题、了解情况更加方便快捷，更多群众变信访、到访为网访。全年受理群众网上信访13883件，同比增长3.45%。

群众权益维护 全年市长接访日接待群众341批1062人次，交办案件167宗，按时回复率100%。开展专项整治行动，有效压减上访量。全面梳理排查可能引发群众到省进京上访不稳定因素，逐级落实领导包案，做好调处和化解工作。开展“社会矛盾化解年”活动，集中精力化解疑难积案，用特殊疑难信访问题专项资金解决各类信访案件35宗；化解省交办积案13宗，化解率100%。

机制创新 实行“诉访分离”制度，把应通过诉讼、行政复议、仲裁解决的涉法涉诉信访事项从普通的信访事项分离出来，纳入法治轨道解决，依法解决群众信访问题。强化属地责任，实行信访事项分级受理，引导群众依法逐级走访。规范接访行为，执行信访事项受理“四不”（不推、不拖、不压、不误）规定，引导群众理性维权，自觉选择法律途径解决问题。探索信访听证制度，解决疑难复杂信访事项。

工作宣传 在全市范围开展《广东省信访条例》宣传活动，营造依法行使民主权利、自觉履行义务的信访工作氛围。全市累计现场设点9个，发放宣传资料39000多份，解答咨询群众2500多人。

（市信访局）

【机构编制工作】

行政审批制度改革 印发《关于做好更新行政许可事项目录工作的通知》，组织各县（市、区）和市直各有关单位对照《广东省行政许可事项通用目录（2016年版）》，重新梳理行政许可事项，提请市政府印发《梅州市人民政府办公室关于公布〈梅州市人民政府决定保留的行政许可事项目录（新版）〉和〈梅州市人民政府决定调整的行政审批事项目录〉的通知》。取消下放行政审批事项，对市直相关单位和各县（市、区）的实施情况进行梳理，涉及市、县层级的取消事项完全取消或停止实施，涉及下放到市、县层级实施事项全部下放到位。清理非行政许可项目，提请市政府印发《梅州市人民政府关于取消非行政许可审批事项的决定》《梅州市人民政府取消的非行政许可审批事项目录（第一批）》《梅州市人民政府决定调整为政府内部审批的事项目录（第一批）》，减少市直部门非行政许可审批事项，不再保留非行政许可审批类别。

权责清单制度推行 提请市政府印发市直16个依法承担行政职能的事业单位（含部分行政单位）《权责事项清理目录表》，梳理各类行政职权488项，其中：行政许可类18项、行政处罚类111项、行政强制类18项、行政征收类1项、行政给付类3项、行政检查类32项、行政确认类9项、行政奖励类2项、其他类294项。

政府机构改革 完成市、县两级政法委、社工委、依法治市（县、市、区）工作领导小组办公室的整合，重新组建市、县两级政法委机关，市编委印发《中共梅州市委政法委员会机关主要职责内设机构和人员编制方案》。根据市委、市政府下放东升工业园区给梅江区管理的决定，对广东梅州高新技术产业园区管委会（市政府派出机构）的机构编制事项进行调整。

综合行政执法体制改革　完成劳动保障监察综合行政执法体制改革，将梅州市劳动保障监察支队更名为梅州市劳动保障监察综合行政执法支队，调整为梅州市人力资源和社会保障局内设机构，把分散在人力资源和社会保障局有关内设机构、下属单位中劳动用工、劳动标准、就业、社会保险、人力资源市场管理、职业技能培训、劳务派遣等方面的监督检查、行政处罚职能等统一交由市劳动保障监察综合行政执法支队承担。

事业单位分类改革　开展事业单位整合撤并工作，撤销市财政局驻广州办事处；规范制定事业单位“三定”方案，规范事业单位机构名称和工作职责，核定人员编制和领导职数；重新印发梅州高新技术产业园区管委会下属5家事业单位和市属5个国有林场的“三定”文件；在《梅州市市直事业单位分类方案》的基础上，结合实际逐步明确市直事业单位的公益类别。

机构编制管理　一是考核督查。将机构编制重点工作列入市委、市政府年度工作报告内容，并确定为市委、市政府的督办事项；将政府职能转变情况、政府机构改革情况、贯彻落实国务院“约法三章”情况和机构编制政策规定执行情况等4项指标纳入《县（市、区）党政领导班子和领导干部实绩考核评价办法》；将财政供养人员只减不增要求和机构编制重要政策规定执行情况等纳入党委政府年度督查工作范畴。二是控编减编。全市行政编制和各类专项编制未突破上级下达的总额；事业编制97210名，总量未超出2012年底总量；机关事业编制核减203名；后勤编制核减300名。三是编制审核和编制卡管理。全年受理编制审核事项478项，出编备案640人次，核发编制卡1787份。

政务和公益中文域名注册管理　全市中文域名注册总量3420个，通过开办审核、资格复核的党政机关事业单位网站2068个，域名注册率和网站挂标率均为100%。

（市编办）

市人大常委会

【市六届人大七次会议】　2016年1月20—22日，梅州市第六届人民代表大会第七次会议在梅州城区召开。应到会代表425人，实到会代表390人。会议听取和审议《政府工作报告》《梅州市人民代表大会常务委员会工作报告》《梅州市中级人民法院工作报告》《梅州市人民检察院工作报告》；审查市人民政府关于《梅州市国民经济和社会发展第十三个五年规划纲要》《梅州市2015年国民经济和社会发展计划执行情况与2016年计划草案报告》《梅州市2015年预算执行情况和2016年预算草案报告》。会议通过上述七个报告的决议，批准上述报告以及梅州市国民经济和社会发展第十三个五年规划纲要、梅州市2016年国民经济和社会发展计划、梅州市2016年市级预算。会议依法选举谢志云、钟夏彬为市六届人大常委会委员，通过梅州市第六届人民代表大会法制委员会主任委员、副主任委员、委员人选名单，通过《梅州市制定地方性法规条例(草案表决稿)》。

【市六届人大八次会议】　2016年8月29—30日，梅州市第六届人民代表大会第八次会议在梅州城区召开。应到会代表420人，实到会代表393人。会议依法选举谭君铁为市六届人大常委会主任，方利旭为市人民政府市长。

【立法工作】　选举产生市人大法制委员会，负责地方性法规项目的征集、调研、起草、修改等工作。参加全国和省人大常委会组织的立法培训。加强与嘉应学院合作共建梅州市地方立法研究基地各项工作。建立立法咨询专家库，首批聘请11名立法咨询专家。2016年，市人大常委会审议法规草案2件、通过2件。一是市六届人大七次会议表决通过《梅州市制定地方性法规条例》，报请省人大常委会批准后于 2016 年 4 月 20 日起施行，组织专家、人大代表对条例开展立法后的评估。二是 12 月 19 日，市六届人大常委会第四十五次会议审议通过《梅州市森林火源管理条例（表决稿）》，成为梅州市获得地方立法权以来由人大常委会通过的首部实体法。《梅州市森林火源管理条例》是专家和调研组反复实地勘查、征求意见，形成的具有梅州特色的条例草案。

【监督工作】　2016 年，市人大常委会召开常委会会议 11 次、主任会议 18 次，听取和审议专项工作报告 13 项，组织视察活动 8 次。

财经监督　听取和审议市政府计划、预算和审计报告，以及江南新城和芹洋半岛建设项目资金使用情况专项督查报告，首次开展绿满梅州专项资金使用情况及效果的监督。

民生热点监督　听取和审议文化广电新闻出版工作、林业、水务、“两高一场”(高速公路、高铁和机场)重点交通项目进展情况等专项工作报告。视察和谐寺观教堂创建、梅州高新技术产业园区建设、广东梅兴华丰产业集聚带环保设施建设、梅州中心城区消防能力提升、江南新城路网及地下管廊主体工程建设、特色高效农业发展、中医药事业发展等工作。

司法监督　听取和审议市中级人民法院、市人民检察院关于推进司法体制改革试点工作情况的报告。开展《中华人民共和国行政诉讼法》的执法检查。开展对检察机关反渎职侵权工作、一村（社区）一法律顾问工作开展情况、预防未成年人犯罪法实施情况以及行政审判、刑罚执行监督、检察院诉讼活动法律监督等工作的督查调研。

【人事任免】　坚持党管干部和依法任免有机统一，实行任命人员任前法律考试、任前见面以及年终书面述职等制度，收集整理常委会组成人员对任命干部的意见建议，并反馈和推进整改。2016 年，市人大常委会任免国家机关工作人员 49 人次，其中任职 28 人次、免职 21 人次；接受辞职 4 人次。

【代表工作】

代表履职服务保障　实施《关于梅州市人大常委会主任会议组成人员联系市人大代表和市人大代表密切联系人民群众的意见》。定期为代表寄送《人民之声》《梅州人大》等学习资料，通报常委会工作动态。组织代表参与专题调研、执法检查、集中视察等活动。全年组织在梅州的部分全国、省、市人大代表集中视察 1 次、专题视察 7 次、专题调研 2 次、代表小组活动 2 次，邀请代表列席常委会会议 54 人次。

代表建议督办落实　抓好市六届人大七次会议代表建议的督办落实。坚持常委会领导领衔督办代表重点建议制度，选取《关于解决梅州城区交通拥堵问题的建议》等 5 件建议作为重点建议进行重点办理。

【依法治市工作】　落实依法治省、依法治市工作要点，加快法治梅州建设。稳妥推进依法治市体制改革，将依法治市职能过渡到市委政法委。

【人大换届选举工作】　按照“坚持党的领导、充分发扬民主、严格依法办事”三项原则，协助市委加强县镇人大换届选举工作督导，做好市级国家机关换届选举工作，确保市新一届人大代表、县镇人大换届选举顺利进行。

（钟尚平）

市人民政府

【市政府常务会议】　2016 年，召开 12 次市政府常务会议，主要讨论通过如下内容：审议通过《梅州市国民经济和社会发展第十三个五年规划纲要》《市直公务用车服务平台建设方案》《梅州市人民政府办公室关于加强督查问责工作暂行实施办法》《梅州市人民政府督查专员管理暂行办法》《梅州市供给侧结构性改革总体方案

（2016—2018年）》《梅州市供给侧结构性改革去产能行动计划（2016—2018年）》《梅州市供给侧结构性改革去库存行动计划（2016—2018年）》《梅州市供给侧结构性改革去杠杆行动计划（2016—2018年）》《梅州市供给侧结构性改革降成本行动计划（2016—2018年）》《梅州市供给侧结构性改革补短板行动计划（2016—2018年）》《梅州市人民政府拟定地方性法规草案和制定政府规章程序规定》《梅州市创建“旅游休闲示范城市”工作方案》《梅州市整合建立统一的公共资源交易平台实施方案》《梅州城区出租车运价调整方案》《梅州市人民政府关于取消非行政许可审批事项的决定》《梅州城区（不含梅县区）2015年基准地价更新成果》《梅州市人民政府门户网站管理办法》《关于推进梅州市基本建设项目审批制度和流程改革的实施意见》《梅州市人民政府关于加快推进残疾人小康进程的实施方案》《梅州市历史文化名城保护规划（2015—2030）》《梅县阴那山省级风景名胜区总体规划（2015—2030）》《政府向社会力量购买服务实施暂行办法（修订稿）》《梅州市森林火源管理条例（草案）》《梅州市人民政府关于清理规范行政审批中介服务事项（第一批）的决定》《梅州市人民政府部门权责清单（第四批）》《梅江区三角镇城镇建设用地（2015年度第五批次）征收集体土地补偿安置方案》《梅兴华丰产业集聚带水务环保基础设施“1963”工程建设工作方案》《梅州市促进健康服务业发展行动计划（2016—2020年）》《梅州市旅游发展“十三五”规划（2016—2020年）》《关于促进慈善事业健康发展的实施意见》《梅州市口岸发展规划（2015—2025）》《关于进一步推进户籍制度改革的实施意见》《关于解决无户口人员登记户口问题的实施意见》《梅州市关于进一步促进民营经济发展的若干意见》《关于调整梅州市区高污染燃料禁燃区的通告》《梅州市五华益塘水库引水工程规划》《梅州市城市地下综合管廊建设实施方案》《关于加强市级不可移动文物定级和保护工作的意见》《关于加强和改进法律援助工作的意见》《梅州市人力资源和社会保障事业发展“十三五”规划》《梅州市综合交通运输体系发展“十三五”规划》《梅州市精神卫生工作规划（2016—2020年）《梅州市地方志事业发展规划（2016—2020年）》《梅州市殡葬事业发展“十三五”规划》《梅州市安全生产“十三五”规划》《梅州市全民科学素质行动计划纲要实施方案（2016—2020年）》《梅州市人民政府关于促进我市快递业发展的实施意见》《关于进一步加强梅州城区道路交通秩序综合治理工作方案》《〈梅州市人民政府决定保留的行政许可事项目录（新版）〉和〈梅州市人民政府决定调整的行政审批事项目录〉》《梅州市人民政府关于清理规范行政审批中介服务事项（第二批）的决定》《梅州市智慧城市建设总体规划（2016—2025年）》《梅州市全民健身实施计划（2016—2020）》《梅州市政府投资市属非经营性建设项目代建管理办法》《梅州市法治政府建设实施纲要（2016—2020年）》《梅州城区污水处理费收费标准方案》《梅州市贯彻落实〈中共广东省委　广东省人民政府关于推进价格机制改革的实施意见〉的实施方案》《梅州市环境保护“十三五”规划》《梅州市第二批历史建筑名录》《梅州市商务发展“十三五”规划》《梅州市通信保障应急预案》《关于加快众创空间发展服务实体经济转型升级的实施细则》《梅州市人民政府关于加强野生动物资源保护的通告》《梅州市城市地下管线管理办法（草案）》《梅州市商事登记住所（经营场所）登记管理暂行办法（修订稿）》《梅州市2016年全市财政预算执行情况和2017年市本级财政预算编制情况》《梅州市2016年国民经济和社会发展计划执行情况与2017年计划草案》等。

（魏少财）

【金融服务工作】

金融市场运行　截至2016年年底，全市有各类银行20家，辖区银行业金融机构资产总额2871.70亿元，比2016年年初增长15.36%；全市本外币各项存款余额1819.19亿元，同比增长16.22%；本外币各项贷款余额830.18亿元，同比增长 12.73%；不良贷款余额 14.06 亿元，不良率 1.69%，比 2016 年年初分别减少 1.06 亿元和下降 0.36 个百分点。

企业上市　截至 2016 年年底，全市在境内外交易所上市的企业 9 家，“新三板”挂牌企业 19 家，区域性股权交易市场挂牌、注册展示企业 75 家。其中，2016 年新增“新三板”挂牌企业 13 家，广东客商银行获准筹建。2016 年，上市公司、“新三板”挂牌企业通过首发、增发、发行中期票据、发行债券等形式，筹集资金 82.86 亿元。辖区股票基金交易额累计 6304.81 亿元，同比减少 49.99%。

授信贷款工作　截至 2016 年年底，农发行对梅州市框架授信额度 370 亿元，贷款 47.02 亿元，同比增加 14.15 亿元、增长 42.19%；对梅州重点项目贷款余额 37.90 亿元。国开行在梅州地区政府类项目贷款承诺 105.2 亿元，发放贷款 42 亿元；基金承诺 7.05 亿元，发放 7.05 亿元。

企业债发行工作　2016 年，梅州市继续推进全市企业债发行工作，康达公司发行公司债券 20 亿元，融资融券 32.9 亿元。

普惠金融试点　2016 年，全市普惠金融试点范围扩大至兴宁、平远、大埔、丰顺等地并通过省验收。全市设立 3 家村镇银行；20 家小额贷款公司，总注册资本 8.91 亿元，运行规范；7 家融资性担保公司，总注册资本 4.36 亿元。2016 年，对中小微企业及“三农”融资性担保金额约 7.9 亿元，培育新的农村金融主体，弥补商业性金融机构空位。2016 年年底，梅州市获批设立梅州客商银行。五华县被国家确定为农民住房财产权抵押贷款试点区域。

“保险先进村”创建　开展“保险先进村”创建工作，在 110 个乡镇配备 2532 名保险协管员，方便农户办理保险相关业务，增强农户保险意识。全市采集入库 78 万户农户的信用信息，占全市农户数的 91%，部分地区开始第二轮数据采集与更新工作。探索“互联网众筹+信用三农”发展路径，广东省首笔“互联网众筹+信用评级+村级担保基金”融资模式在蕉岭启动，长寿大米、有机蔬菜、客家米酒等 21 个项目通过“互联网金融+信用三农”方式获得融资。

（市金融局）

【应急管理工作】

应急预案体系建设　2016 年，各级各部门分阶段按计划对梅州市应急预案及操作手册进行更新修订。全年市级新修订专项预案 3 个、新编制操作手册 8 个，截至 2016 年，全市市级专项应急预案 33 个、操作手册 15 个。部门预案编制不断细化，县级部门除修订各专项预案外，重点编制预案操作流程图，提高预案操作性。重点行业企业结合日常隐患排查，针对本单位的风险隐患源，加强预案编制评估备案工作。

突发预警信息发布体系建设　市、县两级突发事件预警信息发布中心建设基本完成，预警信息发布平台更加完善；印发《梅州市突发事件预警信息发布实施细则（试行）》，以便权威、快捷、高效地发布预警信息；农村大喇叭系统建设稳步推进，解决农村预警信息发布瓶颈问题；同时，各类突发事件监测系统不断完善，并推行简单实用的监测预防技术。

应急平台体系建设　加强应急平台功能应用，组织市应急办和部分单位、部门建立集通信、信息、指挥和调度于一体的智能化应急指挥平台。启动应急“一张图”系统建设项目，逐步形成以市应急平台为中心，各县（市、区）政府及各部门应急平台为节点的应急平台体系。完善应急平台数据库管理办法、平台管理制度、机房管理制度等工作制度和工作运行机制，提升梅州市应急平台的科学化和规范化建设水平。

应急演练工作　制定全市专项应急预案演练计划，开展实战演练、桌面演练、“双盲”（不预先告知演练时间与地点、不预先告知事件类型）演练等跨区域、跨部门综合应急演练，全年市级专项预案实练 20 多场次、部门预案实练 180 多场次。3 月 25 日，举办一场全市城市应急综合演练，42 个单位、15 支专业应急救援队伍共 3500 人参与。同时，强化总结评估，针对演练暴露出的问题，结合实际不断修改完善预案。

应急联动机制建设　梅州市不断强化军地、区域、部门间应急联动能力，推动应急联动各项机制落实。制定《梅州市应对突发事件军地应急联席会议制度》《梅州市应急管理社会化联动合作协议》等，整合全市应急管理资源。与漳州、龙岩等粤闽赣毗邻9个市联合通过《深化应急联动合作共同宣言》，推动跨区域突发事件监测预防、信息共享、协同处置以及应急平台建设、应急演练等方面的交流与合作。整合粤闽赣三省应急资源，依托梅州区域、人文、政策等优势，梅州市推动完成“互联网+应急管理”的应急云综合示范基地的前期调研和立项工作。

评估会商机制建设　创新会商形式，根据突发事件季节性、多发性隐患的特点，每季度专题研究讨论当前安全隐患，职能部门、专家集体讨论，研判提出有效的防范对策。各县（市、区）除召开季度会商会，在突发事件发生时，召集专家和部门进行专题会商，有效应对突发事件。同时，水务、国土、安监、林业等部门召开风险评估会，重点加强源头治理。

隐患排查工作　在全市范围内定期分区域、分系统开展突发事件风险隐患排查和整改工作，科学评估、动态治理各类风险隐患，全年排查整改各类突发事件风险隐患1324宗。定期组织开展城市交通、通信、供水、供电等生命线工程和重要基础设施应急评估。同时，推行半年督查和不定期专项督查工作机制，将重点隐患的排查整治列入政府督办内容；建立各行业、系统常态督查指导机制，定期、不定期派出专家、业务骨干到基层督查指导工作。

应急队伍管理　梅州市各县（市、区）均建立县、镇级抗洪抢险、森林防火、矿山救护、公安消防、医疗卫生、安全生产事故处置等专业应急队伍，以企事业单位专兼队伍、志愿者队伍为辅，应急队伍通过日常训练、学习培训、应急演练等不断提高各方面综合能力。加强应急专家队伍管理，不断健全完善应急管理专家库，发挥各类应急管理专家专业特长，参与应急管理工作。3月，组织开展“客家讲坛·危机管理与突发事件应对”报告会，国务院应急管理专家组组长、国家减灾委专家委员会副主任闪淳昌结合应急管理发展趋势，全面讲解新形势下突发事件应急危机管理，讲座以电视电话视频会议的形式开至全市各县、镇，受众人数3万多人。11月，联合团市委、消防等部门组织举办全市应急救援培训班，12支应急志愿者队伍参与培训。

2016年3月25日，举行“客家讲坛·危机管理与突发事件应对”报告会

值班体系建设　健全完善日常工作制度，协调完善市党政领导双休日、节假日带班制度；强化值守应急，实行专人专职24小时值班，敏感特殊时期，实行双人专职24小时值班；法定节假日和调休后的公休日、特殊敏感时期增加实行“双带班”制度，政府领导在驻地带班，办公室领导在岗带班。同时，完善值班员跟班学习、业务培训等制度。

应急信息报送工作　动员社会力量参与信息报送工作，在全市各镇（街）、社区（村）建设基层信息员队伍，定期更新完善信息员通讯录，建立健全信息报送长效机制。健全与新闻媒体的合作机制，强化从互联网、微博、微信等新媒体获取信息能力，收集平面媒体和网络舆情涉梅州信息，跟踪分析风险隐患等敏感性信息，提前采取防范和应对措施。加强与“110”“120”“119”等信息平台的沟通联系，实现突发事件信息互联互通。全年向省政府办公厅报送26宗突发事件信息，办理省领导批示 39 宗；向市领导报送 572 宗突发事件信息，办理市领导批示 110 宗。

应急宣教活动　创新开展梅州市首届“百人百场”应急安全宣传教育活动，活动深入全市 8 个县（市、区）、100 多个镇街，组织 168 场应急安全教育活动。坚持开展梅州市应急知识专家大讲堂活动，结合时季和突发事件多发的特点，邀请市政府应急管理专家深入基层，开展防洪自救、地震自救逃生、消防安全、H7N9 防疫等 7 期专题讲座。10 月，省应急管理专家张永华教授到梅州做专题讲座，普及宣讲校园安全知识。组织开展“5 · 12”防灾减灾日、“11 · 9”消防宣传日等公共安全宣传活动，营造面向大众、人人参与的应急知识宣传氛围。

（古　杰）

【反走私工作】　2016 年，梅州市开展“国门利剑 2016”联合专项行动，突出打击过境走私货物运输，坚持强化市场日常监管和宣传教育并重的原则，探索和完善二线地区反走私综合治理长效机制建设，取得明显成效。据统计，全市出动执法人员 14393 人次，车辆 2594 辆次，检查冷冻库 382 个次，油库、油站 1220 间次，汽车汽配门店 1469 间次，各类市场门店 28097 间次；查获冻品 82.95 吨、成品油 408.18 吨、走私卷烟 28.94 万支、酒 86 瓶；查获无合法来源或无中文标识进口物品、假冒伪劣产品一批。查获案件 268 宗，案值约 1060 万元。

（梁　宁）

【住房公积金管理】　2016 年，全市住房公积金归集 23.44 亿元，累计归集总额 131.75 亿元，归集余额 59.61 亿元，全市缴存覆盖率 76%。全年提取住房公积金 15.46 亿元，提取率 66%，累计提取 72.14 亿元。发放个人住房抵押贷款 14.75 亿元，累计发放 83.06 亿元，贷款余额 54.25 亿元，全市个贷率 91%。新增贷款 5530 户，累计发放贷款 45618 户；贷款逾期率 0.0036‰。发放“公转商”贴息贷款 2929 户、9.12 亿元。

（王响珍）

【招商引资工作】　2016 年，全市引进合同项目 195 个、计划投资额 684.1 亿元。其中，梅兴华丰产业聚集带承接合同项目 133 个，计划投资额 470.87 亿元，占引资额的 68.83%；梅江韩江绿色健康文化旅游产业集聚带引进项目 31 个，计划投资额 168.31 亿元，占引资额的 24.6%。市委、市政府多次召开会议专题研究部署招商引资工作，市委书记谭君铁、市长方利旭多次带队拜访香港、广州、深圳等境内外乡贤和企业家，率团赴珠三角和周边地区，组织开展招商引资工作。据统计，全市各级各有关部门组织外出招商 394 批次，接待广州开发区中小民营企业协会、广东省汽车用品商会等重要客商 474 批次，促成珠三角 85 家企业落户。

招商推介　全市各级各有关部门组织举办“穗梅携手、共享发展”等 92 场主题推介会，开展“认亲、攀亲、交友”系列活动，设立上海、广州、佛山等多个招商联络处，建立 90 个国内产业协会（商会）招商合作平台，锁定 1444 家目标企业，联合策划 479 个招商项目，确定 255 条招商信息，引进合同项目 42 个，达成项目投资意向 98 个。

产业招商　围绕五大产业板块和七个百亿元产业集群，采取集团式冲锋和招商队突击相结合的形式，组织开展“一对一”联系、“点对点”招商，引进补链、强链和扩链型产业项目。截至 2016 年年底，全市 22 支产业招商队引进金步电器、南凌电器、大众金属、思泊织轻纺等重点产业项目 49 个，计划投资额 130.72 亿元，实际投入资金 18.89 亿元，项目履约率、动工率分别达到 63.27%、53.06%。

乡贤回乡投资创业　市委、市政府召开民营企业家座谈会和香港、深圳等地企业乡贤企业家座谈会，动员外出乡贤回乡投资创业，实施“乡贤回归投资兴业”工程，促成棕榈时光生态城、宋声生态旅游、胜福珠宝创艺园、新南方青蒿素生产、嘉晖盛电视机生产、煜华汽车零配件生产等101个乡贤企业回乡投资，计划投资额316.37亿元，分别占总数的51.79%、46.25%。

招商环境建设 加快推进城市扩容提质，加大园区、市政道路、供水供电等基础设施的资金投入和建设力度，开展“微改革、微创新”活动，推行招商引资项目“一站式”限时服务制度，解决项目用地、用工和融资等问题，为投资企业排忧解难。据统计，2016年，全市各级各有关部门投入园区（聚集地）建设资金13.1亿元，新建园区道路23千米，兴建标准厂房35637.8平方米；各县（市、区）完成征地拆迁617.7公顷，累计平整项目用地237.4公顷。

（徐向阳）

【法治工作】

依法行政考评 2016年，梅州市在全省依法行政考评结果中获得良好等次。市法制局牵头对梅州市8个县（市、区）政府和52个市直部门开展2015年度依法行政工作考评，并对考评结果进行通报。做好依法行政创新成果申报工作，向省依法行政办推荐梅州市3项创新成果。

规范性文件审查 审查政府及部门规范性文件和政策性措施210件，提请市府办印发《梅州市2016年政府规范性文件制定计划》，向省政府和市人大常委会报备市政府规范性文件10件，审查各县（市、区）报送备案审查的规范性文件33件。

行政复议 一是推行复议开庭审理、公开听证等“阳光复议工程”。2016年，收到行政复议案件148宗，其中，政府本级复议案件68件、部门复议案件80件，受理率91%，综合纠错率43%，按时审结率100%，接访群众865人次，召开案件调查会71场次，现场勘查5次。二是扩大集中复议权范围，复议权集中的市直单位达到36个。三是办理行政应诉案件。全年承办行政诉讼案件60件，审结46件，按期答辩率100%，出庭应诉率100%，平均胜诉率94%。

行政执法监督 一是加强行政执法证管理。2016年，办理行政执法证1736张、建议退回191人，审核上报省法制办。市直单位、各县（市、区）执法单位新用户开通26份、用户变更材料19份，受理申请注销行政执法证材料638份。二是开展行政执法人员清理工作。经核查，梅州市符合行政执法条件人员7879人，对不符合行政执法条件的183人进行清理，并将清查结果报省备案公示。三是通过民生热线受理群众投诉（咨询）23宗，办理行政执法投诉2宗。

提供法律服务 2016年，承担办理重大项目涉法事务、政府合同协议、会议纪要、纠纷调处等各类法律事务168件，征求意见稿198件；派员参加各类协调、研讨、座谈会等70多场。提请市府办印发《梅州市人民政府关于聘请兼职法律顾问的实施方案》，向社会公开选聘5名市政府兼职法律顾问。指导、协调和推进县（市、区）级政府及部门、乡镇政府建立健全政府法律顾问制度。

立法相关工作 建立健全政府立法工作机制，提请市政府印发《梅州市人民政府拟定地方性法规和制定政府规章程序规定》。做好立法计划编制工作，草拟并按程序提请市政府审定后印发《梅州市人民政府2016年地方性法规立法计划建议》《梅州市人民政府2016年规章制定计划》。做好相关草案的拟定和制定工作，审查完善并提请市政府形成法规案《梅州市森林火源管理条例（草案）》，通过首部政府规章《梅州市城市地下管线管理办法》。

（杨晓霞）

2016年6月28日，省法制办副巡视员朱京平（右二）到市法制局调研

【外事侨务及港澳台工作】

联情联谊工作　2016年，先后接待美国三藩市嘉应同乡会、英国华商总会、俄罗斯中原商会、奥地利奥中友协华人委员会、南非客家联谊会、澳大利亚维省崇正会、印尼梅州会馆、印尼万隆客家联谊会、印尼巴厘客家乡亲会、泰国开泰银行访问团、泰国华人青年商会、香港中华总商会等，全年由市领导率公务团出访肯尼亚、马拉维、以色列、印尼、南非、毛里求斯、泰国、新加坡、意大利、德国、英国、法国、荷兰、美国、加拿大、柬埔寨、澳大利亚、新西兰等国家和地区，双方在经贸、文化等方面进一步深化合作，达成新的共识。

海外及港澳台经贸合作　依托海外经贸文化联络处，牵线搭桥，帮助梅州市企业开拓欧美和东盟、非洲等新兴市场。澳门经贸文化联络处主任、缅甸归侨黄铨昌牵线搭桥，促进广东好乐福有限公司在缅甸成立合资公司，预计销售收入可达到1000万元以上；广东欣红陶瓷股份有限公司在美国投资250万美元，设立乐陶商贸（美国）有限公司；广东鸿源机电有限公司在印尼与当地企业合作开发水力发电项目等；俄罗斯中原商会会长马强带队到梅州考察工艺品生产重点镇——畲江，达成进口梅州工艺品销售俄罗斯的意向。广东紫晶信息存储技术股份有限公司在香港投资500万美元，设立紫晶存储科技（香港）有限公司。

外事管理　2016年，审核审批因公出国团组38批148人次（其中自组团报省外办审批25批134人次，参加“两跨”团组13批14人次），其中党政干部出国团组26批98人次。办理护照及签证25批135人次。审核办理邀请《外国人来梅邀请确认函》7批7人次。

赴港澳台管理　审核审批因公赴港澳团组229批493人次。办理因公赴粤港通行证及签注253批395人次。

客属社团活动　2016年，选派8名优秀教师前往印尼雅加达、巴厘岛、万隆、井里汶等地的华人学校进行教学。6月，由梅州市外事侨务局与印尼万隆客属联谊会联合主办，嘉应学院、梅江区外事侨务局、梅县区外事侨务局协办，为期10天的印尼华文教师体验学习活动在梅州举行。引导印尼梅州会馆组织34名印尼华裔青少年学生到梅州开展为期10天的“中国寻根之旅”夏令营活动。12月，组织马来西亚、新加坡两个国家的60多名青少年到梅州开展冬令营活动。

香港青年学生参加2016年嘉应学院夏令营活动

服务侨资企业　抓好政策，向侨商提供有关政策及政府部门的服务承诺。抓好协调服务，针对企业在生产、经营管理中存在的实际困难和问题，协调有关部门为侨资企业排忧解难。同时，对重点侨资企业加大服务力度，定期走访，掌握情况，联络感情。宣传侨资企业中的先进典型，通过加大侨商投资项目的后续服务力度，引导侨商“二次投资”，协助政府营造一个良好的侨资投资软环境。

粤港澳服务贸易　围绕粤港澳服务贸易自由化行动计划，设立客天下农电商产业园，推动梅州农产品发展，通过“线上展示+线下销售”一体化农电商产业园，整合资源，搭建长效供销、加工、电商、融资的合作平台，推动梅州提高农业规模化、市场化、专业化和产业化水平。

梅港青少年交流合作活动　协助香港梅州社团总会、香港梅州联会分别组织100多名青年到梅州市开展“寻找家乡的故事”活动。8月，组织100多名香港青年在梅州市开展“薪火力量——客都之行”系列活动。推动香港青年服务团活动，全年组织2批10名香港青年到梅州市丙村镇、西阳镇、梅南镇等小学开展志愿活动。梅州市以学校平台，以梅港学校互动为依托，深化梅港青少年交流工作，全年组织686名香港青年学生到梅州市大中小学校开展交流活动。

（市外事侨务局）

【档案工作】

档案综合管理　9—10月，市档案局对市直机关、企事业等24个单位进行档案行政执法检查。继续坚持开展档案工作目标管理，促进机关和企事业单位档案工作规范化。2016年，全市机关、企事业单位档案目标综合管理达标、认证的有：单位3个、企业单位1个。

档案公共服务　一是服务中心工作。市档案局加强对“两学一做”教育实践活动建档的指导与服务，指导撤销合并单位规范处置档案。编辑2期《档案资政参考》为领导决策服务。二是服务经济社会。服务重点建设项目，加强对重点工程项目档案工作的监督与指导。到梅州市清凉山水库、大埔火力发电厂、市高速公路有关工程公司等单位进行现场指导。2016年项目档案通过验收的有：梅州市梅县至大埔高速公路梅县三角至大埔三河段、梅州市梅县至大埔高速东延线工程档案，均为优秀；梅州市清凉山水库扩建工程档案，验收为良好。服务民营企业，探索民营企业档案工作新方法、新模式。重点到畲江工业园区、蕉华工业园区调研、指导、帮助企业建立档案工作。三是服务新农村建设，继续推进社会主义新农村建设档案工作，把档案服务工作向最基层延伸，农村档案管理规范化建设幅面进一步扩大。四是服务文化建设。挖掘馆藏档案资源，全市举办展览5期，参观人数2000多人次，编研档案书籍资料10多种。梅县区档案局（馆）组织该区华侨中学美术班学生近50人到档案馆参观、学习。平远县档案局（馆）参与编写《忠烈平远》，由中共党史出版社出版发行（公开出版）。大埔县档案局（馆）组织编纂《大埔县档案志》，公开出版。五是服务民生。做好政府信息公开和现行文件的接收、整理、保管、利用工作。全市接收政府公开信息和现行文件1000多份，接待查阅利用者600多人次。其中市档案馆接收政府公开信息和现行文件206份，接待查阅利用者103人次。

基础业务建设　一是县级档案馆库建设。兴宁市档案馆新馆于2016年5月动工兴建，计划2018年竣工投入使用。梅县区新馆建设用地获批准，新馆建设项目《可行性研究报告》通过区发展和改革局审批，进入设计、勘察招投标阶段。平远制订建馆工作方案，完成规划、选址、落实土地、初步设计、论证、立项等工作。大埔县将县档案馆舍建设列入大埔县“十三五”规划重点项目之一（草案），完成选址和用地预审工作。二是档案资源建设。全市各级国家综合档案馆接收各门类档案13107卷、49902件。其中市档案馆接收档案资料2958卷、6835件，资料118册。三是档案服务利用。全市各级国家综合档案馆接待查档利用者6336人次，利用档案资料12878卷册、5574件。其中市档案馆接待查档利用者931人次，利用档案资料1112卷册、4023件，编写《档案利用效果实例》8条。四是档案信息化建设。各级国家综合档案馆馆藏档案案卷级和文件级目录数字化均达到100%。市档案馆数字档案馆建设启动第二期工作，全年完成纸质数字化40万页。梅县区档案局（馆）启动馆藏档案数字化加工项目二期，完成对群众查阅率较高的婚姻档案全文数字化近55万页。平远县档案局（馆）组织实施《数字档案馆项目方案》首期建设，完成扫描25万页。大埔县档案局（馆）完成全文数字化60万页。丰顺县档案局（馆）制定的《数字档案馆项目实施方案》获得批准，完成全文数字化40万页。五华县档案局（馆）完成全文数字化 20 万页。

档案安全保护　开展国家重点档案抢救工作，利用各种技术手段对应抢救的重点档案进行抢救。2016 年，市档案局馆抢救国家重点档案 224 卷 29007 页（A4 纸）。重视档案安全管理工作，不断完善档案基础设施，建立健全档案安全管理制度，加强安全技术防范系统建设，组织开展经常性的档案安全保密教育和应急演练，落实安全管理措施，抓好库房管理、档案利用、数字化加工、网络应用等环节的安全监管，确保档案实体和档案信息安全。加强档案数字化过程中的安全保密工作，提前检查并抽出拟数字化案卷中的密件，并加强数字化现场管理，杜绝数字化过程中发生泄密事件。

档案理论宣传　重视档案法律法规知识宣传，开展“6・9”国际档案日宣传活动，组织档案法律知识讲座，举办档案展览和街头宣传，开展主题征文活动，开设网上专栏。做好档案理论研究和宣传报道，利用《中国档案报》《广东档案》《粤档信息》《梅州日报》等新闻媒体宣传档案部门贯彻党和国家方针政策的新举措、档案服务社会的新成绩，提高全社会档案意识。加强档案网站功能建设，注重加强档案信息和网络安全管理，杜绝非公开的档案信息上网，确保档案信息和网络系统的安全。2016 年，市档案局网站点击率 18000 次，在档案网站上发布信息 60 条。

（凌秀凤）

【地方志工作】

《梅州市地方志事业发展规划（2016—2020）》编制　市方志办组织起草《梅州市地方志事业发展规划（2016—2020）》，5 月形成初稿，其后组织讨论，数易其稿，并征求各县（市、区）地方志工作机构和市直有关单位意见，根据反馈的意见建议作进一步修改完善。9 月形成送审稿报市政府办公室，报请梅州市人民政府批准，10 月由市政府办公室正式印发。

《地方志工作文稿（增订本）》出版座谈会召开　6 月 25 日，《地方志工作文稿（增订本）》出版座谈会在梅州雁南飞茶田景区召开。中国社会科学院原副院长、中国地方志指导小组原常务副组长朱佳木，中国地方志指导小组副秘书长兼办公室副主任、方志出版社社长兼总编辑冀祥德，中国地方志指导小组办公室副主任刘玉宏、邱新立，广东省地方志办公室主任温捷香、副主任丘洪松、原主任陈强，还有部分在任或离任省级地方志工作机构负责人以及中国地方志指导小组办公室、广东省地方志办公室、梅州市地方志办公室相关负责人等 34 人出席会议，梅州市副市长陈丽霞出席会议并致辞。《地方志工作文稿（增订本）》收录朱佳木自 2009 年以来，就地方志工作发表的 90 余篇讲话、报告、文章、致辞、信函等文稿。座谈会上，与会代表学习《地方志工作文稿（增订本）》，并进行全国地方志工作经验交流，梳理总结过去经验，探索在新时期、新形势下地方志工作的发展道路。

综合年鉴编辑　做好《梅州年鉴（2016）》及各县（市、区）年鉴编辑出版工作。2016 年，实现市县两级年鉴公开出版。完成《广东年鉴（2016）》梅州部分撰稿任务，为《广东年鉴（2016）》提供 3 万字文字稿及照片 18 张。

镇村及部门、行业编修志书指导和旧志点注整理　市地方志办公室继续指导《梅州宗教志》、梅县《中国名镇志丛书・松口镇志》、大埔县《中国名镇志丛书・茶阳镇志》等的编纂工作，促进行业志编修工作的开展。五华县参与、指导横陂镇《夏阜村志》的编纂、审稿，该志于 2016 年 3 月出版。12 月，大埔县出版发行《大埔县文化艺术志》《大埔县档案志》。五华县组织嘉应学院原副教授丁思深等，对清代著名诗人温训编纂的道光《长乐县志》进行校点整理，该志于 2016 年 12 月出版发行。兴宁市于 2016 年年初完成全国现存最早方志手稿《正德兴宁志》的整理出版、发行工作，填补兴宁市旧志整理的空白。

地方志资料年报征集　2016 年，继续开展 2015 年的地方志资料年报征集工作。市级年报资料承报单位 113 个，报送 75 个并经验收合格。

各县（市、区）的年报工作也有序开展，其中大埔县全面完成地方志资料年报报送工作并验收合格。

自然村落历史人文普查工作　全年市方志办领导多次带队到各县（市、区）调查了解自然村落历史人文普查及古驿道调查工作情况，对各县（市、区）自然村落历史人文普查工作提出指导性意见。全市有 7332 个自然村，截至 2016 年年底，完成普查表填报的自然村 3836 个、完成资料填报的 1488 个、完成《调查》初稿撰写的 1914 个、初审合格的 1241 个。

地方志资源开发利用工作　一是编纂出版地情书。市方志办于 2016 年 7 月编纂出版《广东汉剧研究》。梅县区于 2016 年 12 月编纂出版《梅县风华（1988—2013）》。丰顺县编纂出版《烽火桐子洋》，完成《李坚真传》一书编纂工作。五华县于 2016 年 5 月出版《行知五华》，7 月编纂出版《读志明邑札记》。二是市级及各县（市、区）开展地方志资源开发利用项目申报工作，截至 2016 年年底，有 4 个项目完成验收结项。

信息化工作　市方志办不断更新完善梅州地情网栏目内容，每日更新大事要闻、方志工作动态，截至 2016 年年底，网站访问数突破 139 万次。

（市方志办）

【台湾事务】

梅台两地交流　2016 年，完成国台办立项重点交流项目 4 项，接待重点交流项目到梅州人员 225 人次。开展梅台两地“双向”交流，因公赴台交流 27 批 269 人次，接待到梅州交流台湾团组 39 批 1360 人次。开展“台湾中南部客家媒体采风”活动，邀请《中华日报》《青年日报》《联合报》《客家电子报》等 13 家媒体记者及相关协会人员 23 人到梅州交流。依托嘉应学院客家研究院为平台，推动海峡两岸科技学术文化交流。嘉应学院与台湾大仁科技大学、玄奘大学、侨光科技大学、岭东科技大学、联合大学 5 所高校签订交流与合作备忘录，每年嘉应学院派出本科学生分别赴台湾的上述 5 所高校研习半年，互认学分，截至 2016 年年底，嘉应学院有 7 批 260 人次赴台研习，台湾高校师生到嘉应学院交流的有 5 批 9 人次。

对台经贸合作　截至 2016 年年底，全市累计注册台资企业 216 家，投资总额累计 2.43 亿美元。隆华塑胶（梅州）有限公司、梅州量能有限公司分别在梅州投资 1.1 亿元人民币、1.5 亿元人民币，将在深圳的原工厂整体迁至梅州。加强台湾农民创业园建设，协助台湾农民创业园核心区、梅台合作企业阿鲤廊成立梅台农业交流博士工作站，协助梅台文化创意园成立梅台农业创业创新中心和海峡两岸及港澳地区农业专家工作站，引进台湾农业专家深入交流。与相关单位共同审核认定兴宁市奇果聚农业发展有限公司、梅州和信达农牧有限公司为第四批台创园示范基地。对部分台创园示范基地受寒潮与台风影响情况进行受灾调查，并有针对性地对 6 个台创园进行 56 万元补贴。参与举办第四届客家文化创意产品博览会，台湾文创馆参展企业 30 多家，展品涉及 20 多个系列。

海峡两岸交流基地建设　经国台办批准同意设立中国客家博物馆、客家小镇、爱丽丝庄园、雁鸣湖、平远县大佛寺、抗日“三英杰”（丘逢甲、谢晋元、罗福星）故居 6 个地方为梅州市首批海峡两岸交流基地交流示范点。印发《海峡两岸交流基地示范点管理意见》。投入近 30 万元，制作海峡两岸交流基地宣传栏，在客都大道火车站路口设立 5 米多高的“海峡两岸交流基地”标识物，制作海峡两岸交流基地宣传画册，展示、收录 600 多张梅台交流图片。

维护台胞合法权益　筹集资金 12.22 万元，扶助定居困难台胞 73 人。协调有关部门，为台胞排忧解难，受理涉台投诉协调案件 20 宗，结案率、台胞满意率均 100%。

梅州市台湾同胞联谊会第六次代表大会召开　8 月，梅州市台湾同胞联谊会第六次代表大会在梅城召开，选举产生以广东华鼎新维实业集团董事长洪亮为会长的新一届理事会及领导班子。市委常委、统战部长张丽霞，市政协副主席叶解春等出席会议。全国台联副会长、省台联会长颜珂到会指导。市台联会有会员 96 人，其中理事 56 人，聘请名誉会长 2 人。

市台商投资企业协会第六次会员代表大会召开 12 月 14 日，梅州市台商投资企业协会（以下简称台协会）在梅城召开第六次会员代表大会，会议选举产生新一届台协会理事会、监事会领导班子，梅州市琇莹电子有限公司董事长徐道政当选第六届台协会会长。市委台办、市民政局相关负责人参加会议。截至 2016 年年底，台协会有会员 85 人，理事、监事以上人员 33 人。

（市台办）

【行政服务中心工作】 2016 年，市行政服务中心收件 31.2 万件，网上办事大厅受理业务 7.26 万件，办结 7.22 万件，群众测评满意率 99.68%，“12345”政府服务热线接听群众电话 14.9 万个。2016 年中心被评为“梅州市社会主义核心价值观教育示范点”“梅州市道德讲堂”。

体系建设 市行政服务中心把建设和完善行政服务中心实体大厅、网上办事大厅和“12345”政府服务热线“三大平台”作为服务型政府建设的重要抓手，打造线上线下融合发展、互为补充的政务服务体系。一是完善实体大厅建设。全市建成 112 个镇级服务大厅，占应建数的 99.12%，建成村级服务站点 1909 个，占应建数的 85.34%。二是完善网上办事大厅建设。按照“统一标准、统一规范、统一平台”模式推动 113 个镇（街）、846 个村（居）开通网上办事大厅，基本实现市、县、镇、村“四级”网络覆盖。2016 年，网上大厅行政审批事项网上全流程办理率 94.82%，上网办理率 92.34%，网上办结率 92.05%。社会事务服务事项网上全流程办理率 74%。网上申办到现场办理次数为 1 次（含 1 次）以下比率 97.83%，网上办事大厅事项受理满意率 97.13%以上。三是提升政府服务热线功能。整合“123”开头的部门服务电话 25 条，统一以“12345”政府服务热线对外服务，并开通运行“12345”热线微信公众号、手机 APP，服务咨询范围扩大到市、县（区）两级 377 个职能部门。全年“12345”政府服务热线受理群众电话约 15 万个，转派工单约 2800 件，群众回复满意率 93.21%。

改革创新 2016 年，一是持续推行“三集中三到位”改革。推动行政审批职能、事项、人员进驻中心，全年市县两级政务中心进驻单位 362 个，进驻事项 2738 项，进驻人员 1293 人，窗口充分授权率平均达到 76.2%，基本实现“一站式”办理。二是推动基本建设项目行政审批制度和流程改革。争取市委、市政府主要领导的重视支持，在粤东西北地区率先开展建设项目领域的审批制度和流程改革。审批环节从 34 个减少到 14 个，压减约 59%，办理时限从约 270 天减少到约 90 天，总体缩短约 67%，提交申报材料从 183 份减少到 128 份，压缩约 33%。三是推进“一门式一网式”政务服务模式改革。全面完成行政许可和公共服务事项标准编制工作，编制行政许可事项标准 728 项、公共服务事项标准 369 项。设立登记注册、公安专项、不动产登记 3 个“一门式”综合服务窗口。四是开展“微改革、微创新”活动。2016 年以来，全市政务中心提出绿色通道、预约服务、上门服务、重点项目 VIP 接待室、市民之窗、自助服务区、联合办税厅、基层公共服务平台建设与省农村普惠金融试点结合、办事群众手机充电区、群众茶水服务区、免费 WiFi 服务等 200 多项“微改革、微创新”举措，优化梅州市政务服务环境。

标准化管理 市行政服务中心以科学规范为抓手，提升政务服务效能。一是推进规范化管理。市、县两级政务中心管理办编印或完善管理办公室工作规范手册、窗口工作人员手册，统一工作标准，规范行政和审批行为。二是推动服务方式便民化。市、县两级中心管理办推动“六办制度”（手续齐全马上办、手续不齐帮着办、特殊项目特殊办、紧急事项加班办、重大项目上门办、难办项目跟踪办）常态化。

（市行政服务中心）

市政协

【政协会议】

市政协六届五次会议　中国人民政治协商会议第六届梅州市委员会第五次会议于2016年1月19—21日在梅城召开。会议审议通过李金元代表六届市政协常务委员会所作的工作报告和李忠良代表六届市政协常务委员会所作的提案工作情况的报告；表彰市政协六届四次会议以来的优秀提案和承办提案先进单位、先进个人；听取并讨论政府工作报告，讨论《梅州市国民经济和社会发展第十三个五年规划纲要》《梅江韩江绿色健康文化旅游产业带发展规划》及其他报告；审议通过市政协六届五次会议期间提案情况的报告和市政协六届五次会议决议。会议期间，市委书记黄强，市委副书记、市长谭君铁等市领导参加开幕大会、界别委员代表座谈会及闭幕大会等，市委书记黄强在闭幕大会上讲话。选举古清华、刘作昆、吴寿康、张硕、胡万强、饶智华、董显光、释传缘8名委员为六届市政协常委。

市政协常委会议　2016年，市政协召开4次常委会议：1月20日，召开六届十九次常委会议，听取市委常委、统战部部长张丽霞关于递补部分市政协常务委员候选人名单（草案）说明；审议部分市政协常务委员辞职的请求和递补部分市政协常务委员候选人名单（草案）；审议市政协六届五次会议选举办法（草案）、市政协六届五次会议选举大会监票人、总监票人名单（草案）和市政协六届五次会议决议（草案）。1月21日，召开六届二十次常委会议，听取大会秘书处汇报各组讨论有关选举问题和审议市政协六届五次会议决议（草案）的情况；听取提案委员会关于六届五次会议期间提案情况的报告，确定递补部分市政协常务委员候选人名单，通过市政协六届五次会议选举办法（草案）和选举大会监票人、总监票人名单（草案）。9月7日，召开市政协六届二十一次常委会议，传达学习《省纪委省监察厅关于推动构建新型政商关系的若干意见（试行）》精神，听取市委、市政府近期工作和下一步设想打算等情况通报，围绕“关于加快推进梅江韩江绿色健康文化旅游产业带建设”进行专题议政，通过市政协文化和文史资料委员会副主任曾佛应因身体原因申请提前退休并辞去文化和文史委的专职副主任的请求。市委书记谭君铁到会并讲话，市长方利旭通报相关情况，市委常委、秘书长彭耀新参加会议。12月27日，召开市政协六届二十二次常委会议，听取讨论《政府工作报告（征求意见稿）》，审议通过《市政协常委会工作报告（草案）》和《提案工作情况报告（草案）》，各专门委员会工作报告（书面），七届市政协委员名单，市政协七届一次会议日期、会议议程、日程安排（草案）等有关事项。市委副书记、市长方利旭出席会议并对政府工作报告（征求意见稿）作起草说明，市委常委、副市长李远青通报政府部门2016年办理政协提案情况。会议决定撤销袁远山、刘坤胜六届市政协委员资格。

【协商议政】　围绕加快推进梅江韩江绿色健康文化旅游产业带建设、梅州市标准化特殊教育学校建设、解决梅州市散居归侨生活困难问题等，开展议政协商、专题协商、对口协商、界别协商和提案办理协商等协商活动。依托“委员之家”网络互动平台，开展“加强梅州城区停车设施与管理的建议”“促进我市工业供给侧结构性改革的建议”“在快节奏的现代社会中，如何传承传统的客家山歌的建议”“加强学前教育工作的建议”“如何主动服务‘二孩’政策的建议”“改善梅州城区道路交通拥堵现状的建议”6个界别话题讨论，收集整理委员意见建议，在网络议政和远程协商方面做出实践。

【调研视察】　围绕梅州市专业镇科技服务平台建设、对口帮扶青华村扶贫工作、梅州市归侨生产生活基本情况、加强工业园区污染治理、梅州市工业供给侧结构性改革、推进健康养生文化产业发展等课题，组织委员开展专题调研活动。围绕丰顺县留隍镇东洋美丽新村建设项目，丰顺县鹿湖温泉度假村项目，丰顺县广东元生源生态旅游文化产业项目（一期），梅州市 500 千伏、220 千伏、110 千伏及以下配网输变电工程，兴宁市鸿惠医院建设情况，兴宁市广东明珠养生山城项目，广州海珠（丰顺）产业集聚区基础设施建设项目，梅县区现代创业孵化园基础设施建设项目，G206 线梅城至畲江段改线工程，五华县双龙山旅游景区，港澳政协委员视察梅州市重点项目建设情况，梅州市精致高效农业发展，梅州市客家文化创意产业发展，五华县重点项目建设，梅州市客家传统文化与现实应用，振兴“足球之乡”十年规划实施工作之梅州市职业足球发展，梅州市司法救助工作，梅州市中医医院规划建设，梅州市高中教育质量情况，推进标准化特殊教育学校建设等课题，组织委员开展专题视察活动。同时，组织澳区政协委员专题视察梅州市青少年教育工作。市委书记谭君铁先后就政协履职成果作出 5 次批示。

【民主监督】 市政协领导班子成员每季度带队视察督办挂钩联系的重点项目，协调解决项目建设过程中遇到的问题，确保重点项目建设加快推进。围绕梅州市中医医院规划建设、司法救助、“优化梅州城区交通环境”提案办理、贯彻落实《广东省华侨权益保护条例》等课题，组织委员开展监督性调研视察活动，促进改革发展成果共建共享。

【提案工作】 2016 年，收到提案 250 件，内容涵盖经济发展、交通水利、产业园区、城乡建设、“三农”问题、文化旅游、劳动保障、精准扶贫与民政优抚等方面。全部提案办复完毕，并在梅州市议案建议提案管理信息系统上全文公开，提案答复率、满意率均 100%。市委书记黄强牵头督办《关于整合资源，推进梅兴华丰产业集聚带健康发展的建议》，市长谭君铁牵头督办《推进精准扶贫，助力全面小康》提案。市政协主席会议领衔督办《关于大力推动梅州印制电路行业发展打造百亿产业的提案》和《关于加强梅州城区停车设施建设与管理的建议》2 件提案。

【联情联谊】 承办闽粤赣三省八市政协联系协作会议，加强与兄弟市政协的横向联系。受市委委托，组团到英德法三国进行友好访问。依托港区、澳区梅州市各级政协委员联谊会，开展形式多样的活动，促进互相交流合作。成立市政协招商引资机构，主动加强与客属商会、客属社团、大型企业集团，特别是国内生物医药行业协会的联系，开展招商引资活动。争取人民政协报社的重视支持，刊发梅州专版，专题推介梅州良好的投资发展环境。

【文史征编】 征集海内外客属社团资料及全市各乡镇乡土文化史料，配合广东省政协开展《香港回归历程》“三亲”专题文史资料征集工作，编辑出版《改革开放梅州敢为人先史料专辑》（《梅州文史》第 20 辑），基本完成《梅州市政协志（初稿）》的编撰。与市委统战部、市民革、梅州日报社等联合举办纪念孙中山先生诞辰 150 周年系列活动，并在《梅州日报》刊登 2 个专版。

【民生实事】 开展“走访委员、走入群众、走进基层”主题活动，鼓励委员反映各阶层、各界别的意愿诉求。倡导“政协委员爱心之家”，发放善款 11 万元，资助 22 户《梅州日报》民生栏目和梅州广播电视台《民生 820》栏目报道的困难群众。持续开展“扶贫送医”爱心活动，上门为贫困群众送医送药。

（市政协办）

市纪检监察工作

【主要会议】

市纪检监察机关内务监督委员会委员聘任暨特邀监察员、特约评论员、新闻单位代表座谈会 1 月 7 日，市纪委监察局召开市纪检监察机关内务监督委员会委员聘任暨特邀监察员、特约评论员、新闻单位代表座谈会。中央、省驻梅州新闻单位和市主要新闻单位负责人，市纪检监察机关内务监督委员会委员、特约评论员、特邀监察员等80多人参加座谈会。会议通报梅州市2015年党风廉政建设和反腐败工作情况，宣读《关于成立梅州市纪检监察机关内务监督委员会的通知》，举行委员聘书颁发仪式。市人大常委会副主任、市纪检监察机关内务监督委员会主任曾小华代表内务监督委员会作讲话。市委常委、市纪委书记胡钛参加会议并讲话。

市纪委六届六次全会　2月2日，中共梅州市第六届纪律检查委员会第六次全体会议在梅城举行。全会传达学习中央纪委六次全会、省纪委五次全会精神，听取市委书记黄强的重要讲话，审议通过市委常委、市纪委书记胡钛代表市纪委常委会作的《落实全面从严治党，聚焦监督执纪问责，扎实推进党风廉政建设和反腐败斗争》工作报告。全会第三次大会开展述责述廉述德活动，市招商和经济合作局、市旅游局、市扶贫开发局、市教育局等10位市直单位主要负责人向市纪委全会报告履责、守廉、修德情况，接受评议和现场测评。

全市查办基层腐败案件暨农村基层党员、干部违纪违法线索排查工作会议　5月19日，梅州市纪委召开农村基层党员、干部违纪违法线索排查工作会议，市纪委常委、市监察局副局长、市预防腐败局副局长、各县（市、区）纪委书记、市纪委相关室负责人等40多人参加会议。会议传达学习全省查办基层腐败案件暨农村基层党员干部违纪违法线索排查工作会精神，并对全市基层执纪审查工作提出要求。通报2016年全市农村基层党员、干部违纪违法线索排查工作情况，各县（市、区）纪委汇报工作开展情况。

全市纪律教育专题学习会　9月1日，全市纪律教育专题学习会在梅城召开。市委常委、市纪委书记胡钛主持会议，并传达《中共中央办公厅、国务院办公厅印发〈关于2016年上半年贯彻执行中央八项规定情况的报告〉的通知》精神。市委副书记、市长方利旭传达全省领导干部党纪政纪法纪教育培训班精神。市委书记谭君铁出席会议并讲话。大会组织观看省纪委警示教育片和梅州市机关作风暗访片。

市纪委七届一次全会　11月30日下午，中共梅州市第七届纪律检查委员会第一次全体会议在梅城举行。会议以无记名投票的方式，选举产生中共梅州市纪律检查委员会常委会委员、书记、副书记，并提交市委七届一次全会通过。黄建固当选市纪委书记，谢志云、张硕、刘锐清当选市纪委副书记。

【正风肃纪工作】

纪律监督检查　加强对遵守党章党规党纪以及中央、省委和市委重大决策部署贯彻落实情况的监督检查，全市查处违反政治纪律案例6件，给予党纪政纪处分6人；查处乱作为、慢作为、不作为等问题党员干部81人，给予党纪政纪处分75人。

谈话提醒　推进党员领导干部“八小时以外”活动的监管，建立相关制度60多项。将谈话提醒作为加强党员干部日常监督的重要手段，推动“咬耳扯袖”和“红脸出汗”成为常态，全市开展谈话提醒28886人次，其中县处级领导干部1427人次。加大信访函询力度，函询98件98人。

作风建设　严防“四风”问题反弹回潮，对领导干部违规使用个人工作经费、违规收受礼品礼金、大操大办婚丧喜庆等问题进行坚决整治。全市开展纠风暗访活动600多次，制作各类暗访片28个，查处违反中央“八项规定”精神案例18宗67人，给予党纪政纪处分26人，通报曝光典型案例13起。

【执纪审查工作】

违纪违法行为查处　全市纪检监察机关受理信访举报2712件（次）；处置线索919条，初核线索824条；立案731件，其中处级干部22人、科级干部96人；结案752件，给予党纪政纪处分737人，其中给予轻处分494人、重处分

（不含移送司法机关）206 人、严重违纪涉嫌违法移送司法机关 37 人，分别占受处分人数的67%、28%和 5%。

基层线索排查　紧盯“七类问题”线索，重点加强扶贫领域的监督执纪问责，开展扶贫政策落实情况入户核查。全市排查农村基层党员、干部违纪违法线索 2998 条，立案 642 件，给予党纪政纪处分 617 人，移送司法机关 8 人，线索总数、初核数、七类线索占比排名均全省前列。全市排查扶贫领域违纪违法问题线索 366 条，查结案件 103 件，给予党纪政纪处分 103 人，追究领导责任 7 人。

【教育预防工作】

宣传教育　在纪律教育学习月期间，组织 73 名新任市管干部到梅州监狱接受警示教育，组织党员干部观看反腐倡廉话剧《韩文公》。在《梅州日报》、梅州电视台刊播《客都清风》专栏 12 期，编辑出版《航标》6 期，市纪委被评为《中国纪检监察报》先进联通站、全省党风廉政优秀新闻作品征集活动先进集体。健全完善市、县、镇三级反腐倡廉教育基地，全年 800 多批、20 多万人次干部群众前往参观学习和接受教育。

源头预防　加强违纪违法案件剖析，运用反面典型警示教育党员干部。针对执纪审查中发现的问题，督促指导发案单位查找根源、完善制度，推动办案成果向治本成果转化。抓好廉政风险防控，推进廉情预警评估系统建设。落实省关于推动构建新型政商关系的意见，营造“亲”“清”政商关系。

【改革创新】

线索处置和执纪审查　推动线索处置和执纪审查“两报告”工作向镇街纪委延伸，全年向省纪委报告案件查办情况 42 件，报告线索处置情况 114 件。各县（市、区）向市纪委报告案件查办情况 145 件，报告线索处置情况 255 件。制定县级纪委书记、副书记提名考察办法，换届期间，按照新办法提名考察 16 名县（市、区）纪委书记、副书记。

派驻机构改革　市纪委重新设立 28 个派驻（出）机构，建立执纪审查协作机制，将市纪委派驻（出）机构划分为 4 个执纪审查协作区，由对口纪检监察室负责统筹、指导，形成“室组一体、集团作战”的合力，各派驻（出）机构核查问题线索 68 条，立案 5 件，给予党纪政纪处分 5 人。

【换届工作】

换届纪律监督　坚持把换届风气监督工作作为纪检监察工作的重要内容，先后在市纪委全会、党风廉政建设工作分工会等 10 多场（次）重要会议上对换届纪律监督工作做出明确要求。印发《关于加强换届风气监督严肃换届工作纪律的通知》，组织党员干部学习中央关于湖南衡阳破坏选举案、四川南充拉票贿选案、辽宁拉票贿选案的通报精神，汲取深刻教训，切实引以为戒。同时，按照“四必谈”要求，结合全市开展谈话提醒工作实际，采取个别谈话和集体谈话相结合的方式，分别与本级党委管理的主要领导干部、重点岗位干部 1750 人进行专题谈心谈话，提醒督促各级领导干部和换届相关人员讲纪律、守规矩，筑牢思想防线。

换届选举　11 月 30 日下午，中共梅州市第七届纪律检查委员会第一次全体会议在梅城举行。会议应到会市纪委委员 35 名，实到会委员 35 名，符合规定人数。会议以无记名投票的方式，选举产生中共梅州市纪律检查委员会常委会委员 9 名，黄建固当选市纪委书记，谢志云、张硕、刘锐清当选市纪委副书记，并提交市委七届一次全会通过。

（市纪委）

民主党派与工商联

责任编辑：徐华芳

市民革

【民革梅州市第七次党员代表大会召开】　7月16日，民革梅州市第七次党员代表大会在梅城召开。民革广东省委专职副主委黎智明到会指导，市委常委、统战部部长张丽霞到会祝贺。会议选举产生第七届委员会，伍德凤续任主委，叶洁、李绮琼当选为副主委，任命冯秀芬为秘书长。

【思想建设】　市民革继续开展“坚持和发展中国特色社会主义学习实践活动”，坚定政治信念，巩固思想政治共识。一是以观看录像、听取讲座、座谈讨论、主题征文、参观学习等形式对中共十八大以来重要会议精神和习近平总书记系列重要讲话精神、市委重要会议精神作进一步的理解和领会。二是加强宣传阵地建设。做好党报党刊的征订工作。坚持为市直总支和支部党员、县（市）委会订阅《团结报》《团结》《潮流》等有关报纸杂志，发送《广东民革》。市民革获全国《团结报》征订工作先进集体三等奖。三是创新开展教育培训工作。市民革把纪念孙中山先生诞辰150周年活动、“观故居，走多党合作之路”活动和全市骨干党员培训班结合起来。11月5—6日，主委伍德凤率民革骨干党员一行50人赴河源紫金县中坝镇，在孙中山纪念堂举行纪念仪式，参观图片展，在兴宁市会展中心举办纪念孙中山诞辰150周年座谈会暨骨干党员培训班。

【参政议政】　梅州市人大、政协“两会”期间，民革党员中的人大代表、政协委员履行参政议政职责，提出提案和建议20件，大会发言两篇。主委伍德凤撰写的《关于加快推进“梅兴华丰产业集聚带”建设的建议》《关于充分发挥上市公司、本土企业及在外乡贤的积极性，建设“丰华兴梅产业集聚带”》提案获优秀提案奖。《推进精准扶贫，助力全面小康》提案在政协大会上发言，受到多家媒体采访，并成为2016年市长重点督办提案，12月7日，该提案在《羊城晚报》特别刊登。在广东省政协十一届三次会议上，主委伍德凤结合梅州原中央苏区和粤东西北地区振兴两大政策，提出《加强我省原中央苏区政策的对接和落实力度》提案，获省政协重点督办。

【社会服务】　2016年，市民革开展3次大型“博爱·牵手”活动，为困难群众捐赠物品和资金2万多元。市民革先后在梅州市福利院、丰顺县建桥镇新和村、梅县区丙村镇等地开展慰问困难群众活动。3月10日，市民革与广东叶剑英研究会、深圳市德美和谐社区促进中心等联合举办“爱心在春天行动 慰问增城新东村东江纵队老兵”活动。9月8日下午，市民革与省委会妇委会、广州市委会妇委会在兴宁市龙田中心小学联合举办儿童“防性侵一书一碟一剧”宣教关爱活动，1000多位小学生观看《保护我的宝贵身体》情景剧演出，现场发放1000多册图书。12月24—25日，市民革与铁炉桥医院在剑英体育馆广场联合举办“博爱·牵手”送医送药义诊惠民活动，受益群众达千人。

【统战工作】 2016年，市民革整合涉台资源，走访慰问在梅州的台胞台属，鼓励海外亲友赴梅州参观、考察和投资。利用孙中山先生诞辰150周年的时机，开展一系列纪念活动。在省民革举办的“纪念孙中山先生诞辰150周年书画展”和“纪念孙中山先生诞辰150周年——孙中山与共享发展理念研讨会”活动中，郭惠明、廖晓鹏两位党员的作品在画展上展出，市民革在征文活动中获集体鼓励奖，梁德新2篇文章入选论文集。11月11日，市民革与市政协、市委统战部、梅州日报社联合举行“寻访中山足迹，凝聚发展合力——纪念孙中山先生诞辰150周年活动”，参加活动人员到梅县区松口镇中山公园瞻仰孙中山先生塑像，参观1918年孙中山先生到松口时居住过的爱春楼，在松口镇政府集中观看中共中央纪念孙中山先生诞辰150周年大会直播，到大埔县三河镇参观全国最早的中山纪念堂——建于1929年的三河镇中山纪念堂，并在三河镇召开纪念孙中山先生诞辰150周年座谈会。

【信息宣传】 市民革按时编辑出版《梅州民革》，向《梅州统战》《梅州政协》《广东民革》《团结报》等刊物和相关网站发送信息，宣传各级组织和优秀党员的先进事迹、典型经验、特色活动和工作，全年被民革中央网站采用5篇，被省民革网站、《广东民革》采用10多篇。利用“互联网+”、微信群、QQ群，传播好声音，释放正能量，展示新形象。市民革为省“学习实践活动优秀党员”李绮琼撰写人物报道，并制作宣传视频，让党员学习身边人、身边事。

【党员成绩】 副主委叶洁获“民革全国祖统工作先进个人”和“全国宣传思想理论工作先进个人”称号，秘书长冯秀芬获“民革全国民革机关工作先进个人”称号。教授蔡邦宏、副教授郭真义获嘉应学院年度课堂教学优秀奖，曾庆浩被广东省政府授予“特级教师”称号，钟李峰主持的《益气活血通窍方治疗脑梗塞后遗症的疗效及对TLR4表达的影响》课题获得梅州市科研立项，巫仕群的1篇论文获2016年广东省小学教育优秀论文三等奖。

【组织建设】 1月15日，民革梅县区铁炉桥医院支部成立，在民营企业成立民主党派支部，在梅州市尚属首创，民革中央网站对此项工作进行专题报道。2016年，市民革发展党员14名，全部为大专以上学历，新党员有市直机关事业单位的业务骨干，也有乡镇公务员。截至2016年12月底，全市民革党员241人，市民革辖2个县级委员会、2个总支部、1个市直支部。

（市民革）

市民盟

【中国民主同盟梅州市第七次代表大会召开】7月15日，中国民主同盟梅州市举行第七次代表大会，民盟广东省委副主委李若建到会指导，市委常委、统战部部长张丽霞，市人大常委会副主任曾小华，市政协副主席邹浩元到会祝贺。市人大常委会副主任、民盟梅州市委员会主委韩小林代表民盟梅州市第六届委员会作工作报告。大会选举产生民盟梅州市第七届委员会委员19名，韩小林续任主委，李跃文、马苑华、肖文评任副主委。

【调研活动】 民盟市委和各县（市、区）盟组织围绕加快梅州振兴发展开展调研活动。3月14日，市人大常委会副主任、民盟梅州市委主委韩小林率民盟梅州市委调研组到梅州市梅江区城北中学，就城区基础教育发展问题进行调研。7

月13日，主委韩小林率领市人大常委、民盟梅州市委专职副主委李跃文等一行6人，到盟员企业兴宁市新太阳幼儿园走访调研，鼓励盟员企业家坚定发展信心，依法依规，提供多形式、多层次的学前教育服务。9月23日，主委韩小林，民盟梅州市委专职副主委李跃文、副主委肖文评及秘书长徐文莉等到嘉应学院调研民盟支部工作，民盟市委领导与盟员就民盟基层组织队伍现状、组织建设、思想建设及民盟组织发挥作用情况进行交流和沟通。12月16—19日，主委韩小林率领民盟梅州市委全体市委委员、县（市、区）委领导班子成员、全体机关专干赴瑞金、井冈山开展学习考察，开展革命传统教育，交流盟务工作经验。

【社会服务】民盟梅州市委会结合民盟中央“讲政治、守规矩，建设高素质参政党”为主题的学习实践活动，开展社会服务活动。4月7日，民盟梅州市委举办水资源保护公益讲座，市政协委员、民盟市直机关支部主委、省水文局梅州分局水资源科科长吴海斌为梅县区丙村中学师生作题为“水资源节约与保护”的讲座，介绍梅州境内的河流分布以及水质状况，详细地演示梅州城区饮用水制水的流程和饮用水的水质状况，向学生们倡议保护水资源和节约用水，共同参与梅州生态文明建设。7月25日，民盟梅州市委会组织机关专职干部前往梅县区利民养老院建设工地，送上王老吉、邓老凉茶、矿泉水等防暑降温物资。8月13日，民盟梅州市委会邀请中山大学附属第三医院粤东医院的康复保健医学专家在广东汉剧院举办“文艺工作者职业病防治和日常保健知识”讲座，面向为梅州市文化事业做出贡献的市汉剧院、市山歌剧团、市艺术学校等单位的文艺工作者，讲授“脊椎、颈椎等相关病防治知识”，并对听课的确诊病例免费义诊。10月21—22日，民盟梅州市委邀请民盟中山大学北校区总支盟员专家、教授到梅州开展义诊和教学活动。古琼、李玉珍、赖瑜明、刘谦隆、徐美吟等盟员参与梅县区2016年“风清气正·依法治区”文艺演出，深入梅县区19个乡镇进行巡回演出。

【盟员成绩】由叶柳华主演，夏丹丹、刘谦隆、廖丽等盟员担任主要角色的大型山歌剧《合家福》代表广东省唯一入选剧目参加“全国基层院团戏曲会演”，获中共中央宣传部、文化部颁发纪念证书。刘谦隆参演的山歌演唱《月下恋歌》在东莞凤岗举办的“2016（东莞凤岗）客侨文化节暨两岸暨港澳地区客家山歌邀请赛”中获金奖。盟员张育欢课件《客家民居》获教育部举办的“中国梦·全国优秀多媒体教学课件大赛”一等奖。嘉应学院教师庞博获得“广东省优秀音乐家”称号。梅州中学教师林丹当选为梅州市唯一的“广东省中小学名班主任工作室主持人”。

（市民盟）

市民建

【政治学习】组织开展“学系列讲话、学会章会史、做合格会员”学习教育，通过网站、微信平台等载体，向会员们宣传民建中央、民建广东省委员会及民建梅州市委会的发展简史。运用网络和手机载体加强会员的时事学习，将时事热点资料发布在“梅州民建”微信群和“梅州民建”网站上，为会员提供实时学习交流平台和学习空间。10月，民建梅州市委员会在梅州漫城时光酒店举办2016年度会员培训班，来自全市民建各基层组织的70多名会员参加培训。由民建广东省委员会副主委陈彦伯作“如何选题和撰写提案”专题讲座，民建梅县区总支部副主委何小波作“民建光辉历程”专题讲座。选派4名基层主委参加民建中央基层主委培训班、民建广东省委员会基层主委培训班。

【参政议政】在政协梅州市六届五次会议和人大六届七次会议上，民建的8名市政协委员、4名市人大代表参加会议。“两会”期间，民建梅州市委员会提交大会发言3篇、集体提案8篇、委员个人提案和建议11篇。其中《加强区域合

作 实现优势互补 打造闽粤赣大客家文化旅游区》作大会发言，《强化信心 优化服务 推动梅州工业集聚发展》《抓住机遇 全力推动我市卫生中职教育事业发展》作为书面发言。市委委员杨辉律师就《规划建设一条大外环路的建议》接受媒体采访。民建梅州市委员会集体提案《关于丰富营销手段 加大梅州陶瓷内销市场推广力度的建议》被评为优秀提案，获市政协表彰。全年向各基层支部收集意见建议 19 条，涉及“僵尸车问题”“秸秆焚烧问题”“酒吧噪音问题”等社会热点问题。

【社会服务】 一是继续在梅县华侨中学开展扶贫助学活动，将助学名额从 3 名提高到 10 名。二是发挥民建经济界别的优势，联系民建企业家，吸引他们到梅州投资。特别是做好佳都科技的招商引资工作，对佳都科技落户梅州起到推动作用。三是累计支持松口镇文化特色建设、澄江镇大塘村民委员会卫生站建设、叶塘鸭地村新农村建设、梅县区隆文镇政府基础设施建设等资金 5 万元。四是开展“关爱老人，与爱同行”活动，向梅县区群达村捐赠 1 万元用于老人活动中心建设，为 85 岁以上的老人送上油米。五是市民建帮忙联系各相关部门，经多方筹集到 3 万余元修缮梅县区荷泗镇群达村村道。

【会员成绩】 叶云桂被评为“民建全国社会服务先进个人”及“民建广东省委员会 2011—2015 年度社会服务优秀个人”。潘柏奎在第十四届“广东省少年儿童发明奖”大赛中获优秀园丁奖，在组织开展青少年科技活动中表现突出，被评为“2015 年全省优秀科技辅导员”。丘国中、罗丽平 2 人被评为“民建广东省委会 2015 年度参政议政优秀个人”。丘国中撰写的《浅谈民主党派在推进依法治国中的追求与使命》在民建广东省委会 2015 年度理论研究工作评比中获优秀成果一等奖。罗珊在民建广东省委会 2015 年度网站工作评比中获优秀通讯员三等奖。

【换届工作】 4 月 1 日，市民建召开六届二十七次委员扩大会议，传达民建广东省委员会和中共梅州市委统战部有关换届精神，市民建成立民建梅州市委员会换届工作领导小组，通过《民建梅州市 2016 年换届工作实施方案》《民建梅州市第七届委员会候选人选推荐办法》《民建梅州市第七次会员代表大会代表名额及产生办法》。7 月 12 日上午，民建梅州市第七次代表大会在梅城召开，选举产生第七届委员会并通过大会决议。王利华（女）、古广胜、丘国中、古广文、罗丽平（女）、练小辉、杨辉、杨海波、张耀中、黄任辉、黄远华、曾光辉、曾思敏（女）13 位会员当选委员，其中曾光辉当选主任委员，古广胜、丘国中、罗丽平当选副主任委员，罗丽平兼任秘书长，钟李啦任副秘书长。

【组织建设】 截至 2016 年 12 月 1 日，全年发展会员 6 名，转入会员 1 名，自然死亡减员 2 名，全市有民建会员 257 人。会员平均年龄 51 岁；大专以上学历 175 人，占 68.1%；高级职称会员 18 人，占 7%；中级职称会员 68 人，占 26.4%；会员的年龄、学历、职称结构都有较大改善。在政府及组成部分的会员 41 人，其中 3 人担任政府部门副处级职务，科级干部 11 人。会员中，广东省政协委员 1 人，市人大代表 4 人、政协常委 3 人、政协委员 6 人，县（市）级人大常委 2 人、政协常委 5 人、委员 23 人、市级特邀人员 2 人。

【信息管理】 做好组织管理信息系统工作，市民建获 2015 年度组织管理信息系统工作二等奖。做好会务简讯的撰写和报送工作，全年市民建编辑出版《梅州民建》2 期，并把《民讯》《广东民建》《梅州民建》等刊物发放到会员手中。

（市民建）

市 民 进

【中国民主促进会梅州市第七次代表大会召开】 7 月 11 日，中国民主促进会梅州市第七次代表大会在梅城召开。民进广东省委副主委、民进广州市委主委李小琴到会指导，中共梅州市委常委、统战部部长张丽霞，梅州市人大常委会副主任韩小林，梅州市政协副主席张光明，梅州市政协副主席、农工党梅州市委会主委邹浩元，梅州市政府副秘书长张文涛，梅州市各民主党派、市工商联以及市直有关单位负责人应邀出席会议，119名梅州民进会员代表参会。民进梅州市委第六届主委雷近芳代表民进梅州市六届委员会作工作报告，总结梅州民进五年来所做的工作，并对今后五年的工作提出建议。民进梅州市第七次代表大会选举产生民进梅州市第七届委员会，刘伟明等 15 人当选为市委委员，侯通传当选为主委，李宙光、朱春粦、陈红旗、谢芳当选为副主委。

【思想建设】 7 月 11 日，在换届大会上专题学习习近平总书记系列重要讲话精神。编印《思行集》。收录重要调研报告、政协大会发言、议案提案、议政调研文章、社情民意信息等 130 篇。

【社会服务】 5 月 9—11 日，市民进与民进广州市委前往蕉岭县三圳镇芳心村开展扶贫助学活动。10 月 29 日，市民进在大埔县三河镇汇城中山学校和八一红军纪念小学举行“共创成长路”关爱留守儿童义教系列服务活动，并为老区留守儿童送上价值 2500 多元的文体用品。

民进梅州市委会到大埔县三河镇汇城中山学校和八一红军纪念小学举行“共创成长路”关爱留守儿童义教系列服务活动

【参政议政】 2016 年，市民进在梅州市“两会”期间，提交集体提案 22 件，个人提案 16 件。其中《关于整合资源，推进梅兴华丰产业聚集带健康发展的建议》获选 2016 年市长督办提案和优秀提案。

【信息宣传】 市民进全年编辑出版 1 期《梅州民进》。向民进广东省委会、市委统战部、市政协等单位提供宣传、议政信息 51 篇，采用 46 篇。其中《各尽其责，依法规范管理，让孩子们远离有“毒”跑道》《关于加强网络借贷监管的建议》被民进中央网站采用。《构筑网络禁毒阵地刻不容缓》和《树立法治思维，整治校园欺凌》分别被《广东统战信息》和《梅州统战信息》采用。《关于加大力度整治我市旅游乱象，争创国家休闲旅游示范城市的建议》被市政协采用，上送市领导参考决策。市民进被评为“民进广东省委会参政议政先进集体”。

【会员成绩】 陈红旗被民进中央表彰为“参政议政工作先进个人”称号。李宙光、朱春粦、侯通传、刘露芳被民进广东省委表彰为“参政议政工作先进个人”称号。市民进送医送药结对帮扶被民进广东省委评为“2012—2016 年社会服务工作优秀项目”。张圣杰、温荣华、曾万水获民进广东省委会表彰为“2012—2016 年社会服务工作先进个人”。

【组织建设】 2016 年，全市民进会员中有市人大代表 2 人，市政协副主席 1 人，市政协委员 11 人（其中常委 3 人）。全年发展新会员 7 人。截至 2016 年年底，全市民进组织有会员 338 人，总支部 3 个，基层支部 26 个。

（市民进）

市农工党

【思想建设】　结合中央“两学一做”学习教育活动和农工党中央、省委会的有关精神，市农工党分别召开全体委员扩大会议和2015—2016年新党员培训班，系统学习习近平总书记“七一”重要讲话精神、统战工作条例、农工党党章、党史等，主委李利平对新党员作“中国特色政党制度”和“如何做一名合格的农工党党员”课堂教学，结束后赴梅县区水车镇、松口镇中国农工民主党党史党员教育基地黄琪翔将军故居、纪念馆和丘哲先生故居现场学习。市农工党组织市（县、区）委委员、市直各支部正副主任、机关专干等到梅南镇九龙嶂红色革命老区学习，纪念红军长征胜利80周年，弘扬长征精神。市农工党机关干部在市委统战部带领下赴革命圣地延安学习。利用梅州市丰富的农工党党史资源，配合上级组织完成调研和党史资料收集工作。在梅县区水车镇黄琪翔将军故居、纪念馆，松口镇丘哲先生故居被农工党中央定为全国党史、党员教育基地后，市农工党继续做好日常维护、联系家属和协助各地组织前来参观学习的工作。市农工党整理梅州市农工党党史、梅州籍农工党前辈、教育基地等史料及市农工党委员会成立28年来开展各项活动的图片资料，编辑出版《梅州农工历程》一书。组织骨干党员到惠州市邓演达纪念园参观学习，弘扬先辈爱国革命传统。

【参政议政】　在2016年的市“两会”上，市农工党有2名市人大代表、11名市政协委员参加会议，向大会提交26件集体提案和11件个人提案。市委会集体提案《关于大力开拓我市长寿文化产业，助力实体经济发展的提案》和委员李玮梅提案《关于改造梅州城区交通主动脉的环岛为交通信号灯的建议》被市政协评为优秀提案。副主委李玮梅的《完善道路设施发展公共交通》《吸引社会资本建设停车场》《发展我市红色旅游》提案和秘书长曾繁伟《在社区试点设废旧衣物回收箱》提案等在《梅州日报》刊登。副主委李玮梅《整治城乡结合部随意倾倒、焚烧垃圾行为》的提案受到梅州电视台《民生820》栏目关注并报道。

【社会服务】　开展义诊、扶贫、卫生知识宣传等一系列社会服务活动10场次，受益群众2000多人，送出物资10万余元。在2016年广东扶贫济困日活动中，市委会委员、梅州市民兴医药公司董事长王吉欣慷慨解囊，捐出6万元；市委会副主委、广东粤梅律师事务所主任杨衍俊捐款3万元给千佛塔慈善总会，用于助学扶贫。

【党员成绩】　农工党梅县区委员会获2015年农工党中央“优秀县级组织”，嘉应学院支部和梅州市第三人民医院支部获2015年农工党中央“先进基层组织”。副主席邹浩元主持并完成省自然科学基金课题“客家人群中胃癌等常见恶性肿瘤早期防治”，主持项目“梅州地区自酿酒糟食用状况调查及其致癌物质的检测”获省科技计划项目立项。副主委李玮梅被农工党中央评为“2013—2014年社会服务工作先进个人”。林日亮作为广东省第28批（梅州）援赤道几内亚医疗队队员，远赴赤道几内亚开展为期一年半的国际医疗援助。张清祥参加市送省卫生立项项目1项、参加市科研立项项目1项。钟锋主持省教育厅课题临床技能中心建设1项，获2016年学院教书育人突出贡献奖、优秀教学管理工作者称号。刘鸣钟指导学生参加广东省大学生器乐比赛获金奖。林立新被评为2015年“广东药学院公共卫生学院优秀实习指导老师”。黎剑泉被评为梅州市第七批专业技术拔尖人才。刘阳获2016年梅州市优秀中医师奖。王吉欣获梅州市政工程奖2项、民生奖3项。据统计，全市党员在国家级刊物发表作品15篇，在省级刊物发表作品7篇，在市级刊物发表作品2篇。钟锋获广东省优秀教学论文二等奖，主编人民卫生出版社出版的《护专传染病护理学》一书；曾茂森参编高教出版社《病理检验技术》、人民卫生出版社《病理学与病理生理学》2 部教材。

【信息宣传】 在《广东农工》、省委会网站、《梅州日报》、梅州电视台、《梅州政协》、《梅州统战信息》等发表文章 50 余篇，出版《梅州农工》2 期。市民生 82010 余条社情民意信息被省委会采纳。

【组织建设】 截至 2016 年年底，全市有党员 371 人，其中医卫界 248 人，占 66.8%；文教界 83 人，占 22.4%。高级职称 118 人（其中正高 14 人），占 31.8%；中级职称 154 人，占 41.5%。全市有 5 名党员任副处级以上实职，有省人大代表 1 人，市人大代表 2 人，市政协委员 11 人，县（区）人大代表 4 人，县（区）政协委员 25 人。

（市农工党）

市致公党

【中国致公党梅州市第七次党员大会召开】 7 月 13 日，中国致公党梅州市第七次党员大会在梅城召开。致公党中央副主席、致公党广东省委会主委、省政协副主席王珣章到会指导，中共梅州市委常委、统战部部长张丽霞到会祝贺并讲话，市人大常委会副主任韩小林、市政协副主席叶解春以及市各民主党派、工商联的代表到会祝贺。致公党省委会副主委杨英，秘书长徐海蓉应邀出席大会，省委会监督委员会委员刘忠芳对大会监督指导。会议听取和审议致公党梅州市委员会主委张晨代表致公党梅州市第六届委员会所作的工作报告，选举产生由张晨（女）、翁兵、刘蓉蓉（女）、魏明枢、罗向明、吴国辉、刘志颖、赖金平、徐晓院、戴德伦、邱梅（女）、李子怡、徐婉玲（女）、郭锦杭 14 名委员组成的中国致公党梅州市第七届委员会，并通过大会决议。会上，张晨当选主委，翁兵、刘蓉蓉、魏明枢、罗向明 4 人当选副主委。

【基层组织换届】 市属 7 个支部召开党员会议，进行支部换届。经过民主选举，产生各支部新一届领导班子。市人民医院支部于 4 月 2 日成立致公党梅州市中医医院小组。

【参政议政】 梅州市“两会”期间，市致公党员中的代表、委员们提交集体提案 10 宗，个人提案 6 宗，人大建议案 2 宗。副主委翁兵代表市致公党作“抓住机遇，加强梅州‘校园足球’师资队伍建设”的大会发言，罗向明向大会提交《推广“互联网+”应用，加大扶贫力度，实现我市农村振兴发展》书面发言材料。2015 年，市致公党集体提案《关于深化改革，推动我市国有林场发展的建议》被评为优秀提案，受到市政协表彰奖励。《关于加快我市高等职业教育发展的建议》《关于保障我市菜篮子安全的建议》《深化改革，推动我市国有林场发展》3 篇集体提案被省致公党评为“致公党 2013—2015 年度参政议政优秀成果”。

【海外联谊】 2016 年，全市致公党党员接待“三胞”（台湾同胞、港澳同胞、海外侨胞）3600 多人次。发动捐资桑梓福利事业 5 宗，计 735 万元，组织港商投资 1000 万元建设雁洋夏令营基地。

【社会服务】 一是参加全民义务植树活动。二是深化与发达地区致公党组织的交流合作。梅州市致公党和深圳市致公党充分整合资源，为深圳企业界致公党党员搭建献爱心的平台，共同开展社会资助活动，计划在梅州市贫困山区小学捐建 5 个“致公党·爱阅图书馆”。截至 2016 年年底，在五华县梅林镇宣猷小学和五华县安流镇学园小学捐建 2 个。三是到松口镇开展扶贫助学活动，资助 6 名松口中学贫困学生学费 12840 元。四是发动基层组织和党员通过各种渠道参与公益事业活动，捐款金额 12900 多元。

【党员成绩】 市致公党党员有 10 多人次获得各级各单位表彰奖励。其中张爱明分别获广东省教育厅和梅州市教育局举办的数控铣加工技术项目指导教师三等奖和一等奖。韩春艳获嘉应学院第二届“邓振龙基金优秀教师”奖。戴德伦获市政协 2015 年承办提案先进个人。蒋波被评为嘉应学院 2016 届本科优秀论文设计指导老师、2015—2016 年度课堂质量评比优秀奖。翁卓嘉获梅州市教育局“梅州市市长杯”优秀教练员。

【组织建设】　截至 2016 年年底，全市致公党党员 211 人，有区委会 1 个、总支部 2 个、支部 11 个、小组 1 个。

（吴国辉）

“致公党·爱阅图书馆”揭幕

市九三学社

【政治思想建设】　市九三学社组织全体社员采取多种形式开展政治思想学习，学习中共十八大和十八届三中、四中、五中、六中全会精神，习总书记系列重要讲话精神，中共中央统战工作会议精神，传达中央、省、市两会精神，中共梅州市第七次党代会精神。选派代表参加中国人民大学举办的民主政治专题研讨班学习、武汉大学举办的梅州市统战系统领导干部培训班学习和社省委会青年工作委员会工作论坛活动。举办“参政议政暨九三社史社章”讲座，邀请九三学社创始人和杰出领导者许德珩先生之孙、九三学社杰出代表许进作为主讲嘉宾。

【换届选举工作】　7 月 10 日，九三学社梅州市委员会召开全体社员大会，选举产生第四届委员会，薛兴冰当选新一届主委。

【参政议政】　市九三学社在 2016 年梅州市“两会”期间向大会提交大会发言稿 2 篇。据不完全统计，全年完成政协提案 23 份，其中以市九三学社名义撰写的提案 14 份，以个人名义撰写的提案 9 份，3 篇被评为优秀提案。

【调研活动】　市九三学社多次组织社员下到基层开展调研。1 月，梅州九三学社社员在老主委彭广福的带领下，与嘉应学院、市农业局、南药协会相关专家一行对梅州市现代农业发展与改革工作进行实地参观考察。9 月，市委会主委薛兴冰带队赴阳江、茂名等地调研学习当地精致高效农业、全域旅游等方面的先进经验和建设成果。12 月，市九三学社会同对口联系单位梅州市林业局一起前往国有梅南林场，考察国有林场生态建设和改革发展状况。嘉应学院支社参与梅州市地方经济建设，组织社员到钟福生承担的《五华三黄鸡提纯复壮及生态养殖技术集成与应用示范》产学研项目研究基地参观调研，组织社员参加大埔新农村建设考察活动。

【社会服务】　3 月，市九三学社组织部分社员，会同对口联系单位市林业局以及市野生动植物保护协会等单位，开展“2016 年‘爱鸟周’暨‘创建国家森林城市’主题宣传”活动。黄建新、罗宝平等带领教育支社社员到蕉岭南寨镇、兴宁市永和镇等地开展中药种植调研活动，指导群众种植中草药，为当地扶贫项目进行论证。梅县区支社社员吴东超为梅州市疾病应急救助中心捐资 10 万元。董建新、罗雪芬等组织附属医院社员到大埔、兴宁进行义诊活动，为当地百姓送医送药送温暖。梅江支社组织书法家为市民挥春送福、送医送药、慰问多名困难高龄老人及扶助优秀贫困学生等。

【社员成绩】 社员刘德良负责的省科技计划项目《粤东矿区农田土壤重金属污染及生物可给性研究》完成结题并发表论文2篇。李坤新的省科技计划项目“梅州地区南方大豆间作套种技术研究与应用示范”结题。社员董建新当选广东省医师协会高血压专业委员会委员，获得医学院优秀教学管理奖，申报梅州市科技局立项课题1项。社员常春获广东省优秀基层医生奖，申报广东省卫计局科研项目1项。社员杜焰家在《中国当代医药》等医学杂志上发表3篇论文。温春梅撰写的论文《中学生物实践活动资源的开发和利用》获广东省中学生物教学设计与教学论文（2016）二等奖。

【组织建设】 2016年，发展新社员11名。截至2016年年底，九三学社社员总数138人，其中：拥有高级职称的58人，硕士10人，博士8人。下设科技支社、教育支社、医卫支社、嘉应大学支社、梅江区支社、梅县区支社6个基层支社。

（九三学社梅州市委员会）

市工商联

【市工商联（总商会）第七次会员代表大会召开】 11月22日，梅州市工商联（总商会）召开第七次会员代表大会。梅州市四套班子领导，市委统战部领导以及各民主党派、人民团体、市直对口联系单位和有关单位领导，市工商联历任党组书记出席会议。省工商联兼职副主席叶华能、副巡视员毕镇佳等出席会议。全市会员代表332名，实到会代表269名，大会选举产生市工商联新一届执委会，广东宝丽华新能源股份有限公司董事长宁远喜当选为市工商联主席。

【思想建设】 通过下发通知、短信等形式，组织非公有制经济人士学习习近平总书记在参加全国政协十二届四次会议民建、工商联界委员联组会时关于《毫不动摇坚持我国基本经济制度，推动各种所有制经济健康发展》重要讲话精神。把学习习近平总书记重要讲话精神与贯彻落实市委、市政府大力发展实体经济的部署相结合，加强与非公有制经济人士的沟通联系，把思想行动提高到习近平总书记重要讲话精神上来，做好服务实体经济文章。7月，市工商联联合市司法局开展以“守法诚信”为主题的法律宣传月活动，组织60多名主席、副主席、常执委企业、各商（协）会等非公有制经济代表人士，邀请司法讲师团专家学者授课，举办“依法治国与诚信守法的关系”专题法律知识讲座。

【参政议政】 配合上级调研和市委、市政府工作重心，完成《梅州市制造业民营企业发展调研报告》，以及全国工商联民营企业社会责任和《广东省行政许可监督管理条例》立法后评估、两个健康评价指数、民营企业“走出去”问卷调查，以及全面支持小微企业发展政策措施落实情况调查等多次调研。市工商联在市政协六届五次大会提交的提案被评为市政协主席会议督办重点提案。各县（市、区）工商联发挥桥梁纽带作用，引导会员中的人大代表、政协委员参政议政，在“两会”召开期间建言献策，提出议案44份、提案103份，其中重点提案或优秀提案16份。

【商会交流】 在市工商联组织下，4月15日，梅州市“一区两带”建设招商推介会在北京举办，市委常委、统战部长张丽霞，北京客家海外联谊会第一副会长张雄峰，北京梅州商会会长李东浩以及梅州市各商（协）会企业家代表与在北京梅州籍企业家90多人出席推介会。推介会对梅州的发展状况、规划布局、投资环境、项目内容等方面作推介，同时希望在外的梅州客家乡贤和家乡人民携手共进，共同为家乡的发展出谋献策，推动“一区两带”建设，加快梅州振兴发展。7月15日，由市工商联与市招商局、市福建商会联合举办的珠三角闽商到梅州投资考察座谈会在梅城召开，来自佛山市福建省商会、省龙岩商会、省福建福鼎商会等珠三角7家商会70余人相聚梅州市，共商合作事宜。

【主要项目建设】 一是推动商会大厦建设，发展总部经济。2016年，市工商联组织10多家商会参与筹建梅州商会大厦。经多方协商，在嘉应新区江南新城规划4.02公顷，由梅州本地商会、梅州异地商会及异地梅州商会等商会组织投资9亿多元，建设3栋商会大厦综合体。商会大厦建设用地按程序依法依规于5月上旬完成公开“招拍挂”。各项工作有序开展，进入设计报建阶段。二是沟通协调，推进世界客商中心建设。世界客商中心建设工作有序进行，主体完成封顶，进行外部装修，会同有关部门推进世界客商中心内部二次装修项目施工，确保中心能在2017年第五届世界客商大会期间投入使用。同时，按照功能布局，将在客商中心设立世界客商展览馆，集中展示客商精英，弘扬客商精神。

【组织建设和会员成绩】 2016年，新发展团体会员35家，会员总数6200多名。9月23日，在第三届粤商大会上，市工商联副主席、广东鸿荣重工股份有限公司董事长李阳春获“广东省第四届优秀中国特色社会主义事业建设者”称号。梅县区工商联、平远县工商联获“全国五好工商联”称号。

（吴 东）

社会团体

责任编辑：陈旭芳

市总工会

【职工权益维护】 推动建立政府和工会联席会议制度，市府办下发《梅州市人民政府办公室关于印发梅州市人民政府与市总工会联席会议制度的通知》。各级工会建立健全三方协商、集体协商、企业民主管理等制度，全市签订集体合同（含工资专项合同）468 份，覆盖企业 9391 家、覆盖职工 21.58 万人，梅州市劳资纠纷调处化解工作被省总工会评为优秀等次。32 位律师担任 96 家企业工会法律顾问，全年提供免费法律咨询 3196 人次、调解劳动争议 532 件、涉及职工 2460 人。组织开展“安康杯”竞赛活动，有 213 家企业、49367 名职工参赛。维护女职工特殊权益，宣传《女职工劳动保护特别规定》，组织开展“女职工权益维权月”活动，发放宣传资料 3500 多份。

【帮扶救助】 坚持“维权+服务”的工作思路，努力构建以精准帮扶为重点的服务职工体系。全市各级工会筹集“两节”（元旦和春节）送温暖资金 697.81 万元，走访企业 954 家，慰问困难职工家庭 6659 户、困难劳模 150 户、异地务工人员 1334 户。在夏季“送清凉”活动中，为 18600 名职工发放“送清凉”物品 56 万元。在金秋助学活动中，累计发放资助金 218.63 万元，帮助 1212 名困难职工子女圆大学梦。全年向 895 名因患重大疾病造成经济困难的职工发放医疗救助金 137 万元。开展推广职工医疗互助保障计划活动，全市办理职工互助保障计划 77337 名、办理理赔 1948 人、支付给付金 354 万元。在各大节日期间开展送电影、送图书、送法律、读书征文、心理健康讲座等活动。

【劳模工作】 推荐评选全国“五一劳动奖章”1 名、全国工人先锋号 1 个、省“五一劳动奖章”5 名、省“五一劳动奖状”4 个、省工人先锋号 4 个。召开全市庆“五一”大会，弘扬新时期劳模精神和工人阶级伟大品格。与梅州日报社联合开展“回访老劳模”活动，落实劳模体检、疗休养、住院津贴保险、劳模“三金”和赠阅报纸等各项待遇。创建省级劳模创新工作室 1 个、省女职工创新工作室示范点 1 个、市级劳模创新工作室 7 个、女职工（女劳模）创新工作室 9 个。

【基层工会建设】 狠抓“农民工入会集中行动”，全面完成省总工会布置的工会组建、民主建会和全年度新增 1.5 万名农民工新会员的工作任务。截至 12 月底，全市有基层工会 9671 个、会员 46.88 万人，其中新建基层工会 63 家、新发展会员 1.83 万人。推进工会规范化建设，深化“基层工会建设落实年”活动，做好数据库录入工作。实施《广东省企业工会民主选举实施办法》，抓好新建企业工会、到期换届企业工会的民主选举工作。开展“争创模范职工之家、争做职工信赖‘娘家人’”活动，一批先进集体和个人获评全省模范职工之家、模范职工小家、优秀工会工作者。成功举办第二届全市职工足球联赛和“广东工人艺术团送文艺走进梅州”演出等文体活动。在全市各重点工程、各行业、各企业中全面开展“践行新理念、建功‘十三五’”为主题的劳动竞赛，先后与市国税局、市卫生计生局、人民银行梅州市中心支行等单位联合举办4个项目的职工职业技能竞赛活动。选拔优秀选手组队参加全省女插花员职业技能大赛获优秀组织奖。

【自身建设】 围绕保持和增强工会工作和工会组织的政治性、先进性、群众性这条主线，开展“两学一做”（学党章党规、学系列讲话，做合格党员）学习教育，引导工会党员干部学思践悟，树立“四个意识”（政治意识、大局意识、核心意识、看齐意识），争做“四讲四有”（讲政治、有信念，讲规矩、有纪律，讲道德、有品行，讲奉献、有作为）合格党员。利用工会教育培训阵地，分级分层加强工会干部培训工作。参与建立和使用省女职工素质教育培训师资库，吸纳本市优秀讲师充实师资库，为基层工会提供女职工教育培训服务。全市税务代收工会经费工作平稳开展，工会经费收入保持稳健增长。市总工会本级经费审查审计监督加强，组织人员编写《梅州工会志》，工会信息宣传、统计、党的建设、精准扶贫、综治等工作有序推进。

（黄康威）

共青团市委

【青少年思想道德建设】 开展“我的中国梦”、“社会主义核心价值观”、“向上向善”好青年、寻找“最美南粤少年”等主题活动。邀请加拿大知名教授叶春吟做客“客青夜谈”节目，为青年分享“企业战略性的品牌管理”知识。

【青年就业创业】 一是成立梅州市青年发展现代农业促进会，举办“领头雁”农村致富带头人培训班。以县为单位搭建“领头雁”农村致富带头人互助交流社群和生态圈，辐射带动贫困青年创业就业 2461 人。二是深化青年文明号、青年岗位能手等工作，推动青年爱岗敬业、建功成才。通过“三五沙龙”“客青夜谈”“客青开讲”等品牌活动助力青年创新创业。三是成立“中国青创板梅州线下服务站”，推动21个优秀的青年创新创业项目到“中国青创板”上板挂牌。四是建立青年电商创业孵化基地，成功孵化 16 个创业项目。主导搭建“嘉壹度梅州市回乡青年创业基地”“青梅众创咖啡”“梅州市青年创业学院”3个团属创新创业阵地。五是邀请创业导师 80 人次开展29场创业沙龙、3场创业培训，线下培训创业青年 2200 人次。六是举办“赢在客都”梅州市首届创新创业大赛，带动意向投资700万元。七是推进“梅州青年小额贷款项目”，帮助4176位创业青年获得小额贷款3000多万元。

【青少年帮扶】 一是搭建广东省首个青少年网络公益平台——“梅州青年薪火公益”微平台，专注梅州青少年助学与疾病救助。二是开展“薪火芊芊”公益行动，发出100万元公益金补助在梅州就读的千名普通高中特困学子 2016—2017 学年度营养费。三是持续 14 年推进梅州市扶助特困学生上大学活动，累计筹集8343.4万元善款帮助19021名寒门学子圆梦大学。四是成立梅州籍大学生成长促进会，为外出梅州籍在校大学生提供沟通、交流、服务平台。实施“展翅计划”，提供 5382 个优质实习岗位，促进大学生成长成才。五是开展各界青年互动交流。开展“青年同心圆计划”活动5批近500人次。主动承接香港青年服务团项目，6批39位成员在梅州开展3年多的支教服务。连续两年举办“情义两地行”粤港大学生志愿服务合作营，围绕“亲情、友情、商情”组织香港梅州社团总会薪火力量青年团近

200 人到梅州开展“寻找家乡的故事”活动。六是利用微博、微信、公众号等新媒体引导、凝聚青年。整合资源盘活“青年之声”，注册青年人数达 5 万人，累积平台有效访问量 23602 次，组建 40 多人的专家团队，实时回答青少年提出的问题。

【维护青少年合法权益】 成立梅州市青少年禁毒公益服务联盟，开展青少年毒品预防教育工作。通过“社工+志愿者+关工”模式，77 名未成年社区矫正对象得到帮助和服务。举行农村留守儿童与人大代表、政协委员“面对面”活动，举办第七届“福彩夏令营”，让留守少年儿童感受到来自社会各界的关爱。

【志愿服务工作】 全年开展 5185 场志愿活动，覆盖助老助残、扶贫济困、环境保护、维权帮教、关爱退伍老兵等项目，累计志愿服务时间近 200 万小时。

【精准扶贫】 印发《梅州共青团助力精准脱贫攻坚三年行动（2016—2018）实施方案》，将共青团助力精准脱贫相关工作内容列入市委、市政府的三年攻坚实施方案。向五华县长布镇粘坑小学、五华县团委捐赠精准脱贫专项经费各 20 万元、50 万元。

【团自身建设】 一是推广农村基层团建。以“村村联动联青年”工作为突破口，指导、监督使用好乡镇年度工作经费，深化街道区域化团建和强化实体化“大团委”建设。二是加强青年干部培养。举办青年创新创业人才工程专题研讨班，拓宽青年干部理论视野，提高科学决策能力和业务管理水平。三是加强少先队辅导员队伍建设。配齐市、县两级兼职总辅导员，加强少先队工作业务培训。争取雁洋公益基金会 20 万元，开展“叶剑英基金模范少先队辅导员”评选活动。举办“弘扬长征魂 童筑中国梦”纪念少先队建队 67 周年、红军长征胜利 80 周年暨少先队新队员入队仪式，推进梅州少先队事业的蓬勃发展。 （团市委）

市　妇　联

【聚焦妇女创新创业】 扶持培育巾帼新型农业经营主体，其中：全国巾帼农业示范基地 1 个、省巾帼创业示范基地 2 个、省巾帼林 3 个，共获扶持资金 43 万元；梅州市巾帼扶贫创业示范基地 10 个，下拨扶持资金 20 万元；遴选出 16 家巾帼新型农业经营主体，由农业部门分类进行全面提升打造和培育。拨出 28 万元扶持“妇字号”企业 12 个。举办广州—梅州人才劳务对接暨“春风行动”“三八”妇女节公共就业服务专场招聘会，提供就业岗位 5003 个，吸引求职者 2630 人次，达成就业意向 726 人。全市各级举办“春风送岗位”专场招聘会 59 场，发放政策宣传材料 7.5 万份，成功介绍 7000 人就业，为 33156 人提供免费服务。争取省财政贴息资金 60 万元，为 134 名妇女发放贷款 814 万元。

【培育和践行社会主义核心价值观】 开展“巾帼心向党”群众性主题教育活动。宣传优秀妇女典型，获评省“三八红旗手”4 名、省“三八红旗集体”2 个，创建省“巾帼文明岗”12 个，获评全国家庭类先进 6 户（其中：全市唯一获评第一届“全国文明家庭”称号的熊永和、刘利霞家庭，赴北京参加表彰大会，受到习近平总书记的亲切会见）、省家庭类先进 6 户；创建省家庭文明建设示范点 2 个、申报省家庭文明建设创新工作项目 1 个。联合市委宣传部、市文明办、市教育局、广东省雁洋公益基金会首次在全市评选出“自强不息好少年”“孝老敬亲好媳妇”各 20 名，并在梅州市广播电视台演播中心举行颁奖典礼。完成全市家庭教育“十二五”规划终期评估工作。抓好“家庭教育大讲堂进社区（乡村）”活动，全市举办各类家庭教育讲座、报告会、现场咨询 371 场。组织以“书香飘万家”为主题的“我爱我家·同悦书香——亲子阅读活动”，开展亲子阅读活动 735 场，受益 9.3 万人。推荐上报中央人民广播电台“乡村少年秀”第四季征文活动文章6篇。

梅州市委副书记、政法委书记彭耀新（图中）为“孝老敬亲好媳妇”代表颁奖

【关注妇女儿童民生】 继续开展“爱心父母牵手困境儿童大联盟”行动，全市募集资金404万元，招募爱心父母8652人、爱心单位364个，结对帮扶困境儿童7748人。争取省妇女儿童基金会、叶剑英基金助学金、青岛澳柯玛医疗器械有限公司、深圳壹基金广东救灾公益网络等资金120万元，援助孤贫儿童、寒门学子等1522名。争取中国儿童少年基金会、广东省政府等资金36.6万元，创建全国和省儿童公益项目点、示范点14个。全市新建儿童友好社区、儿童之家（妇女儿童之家）697个。牵头组织实施2016年市政府十件民生实事之一“为35岁～64岁城乡贫困妇女免费检查乳腺癌、宫颈癌”项目，争取市、县两级财政508万元项目经费支持，全市3.3万名城乡贫困妇女受惠。争取全国妇联、省妇联资金84.9万元，救助“两癌”贫困妇女87人；推荐大埔县城乡贫困妇女“两癌”免费筛查项目成功申报为省妇女儿童发展规划示范项目。争取省妇联20万元援建“母亲安居房”10套。配合省开展女性严重精神障碍患者情况调查摸底工作。

【构建妇儿维权格局】 完成省中期评估“回头看”工作。开展“向家庭暴力说不”专题讲座等大型宣传活动39场次，借助公交车电视播放专题宣传片4.5万次，开展“不让毒品进我家”禁毒宣传活动71场。完善各项妇女信访制度和四级信访网络，畅通和拓宽妇女群众诉求渠道，调处妇女信访、电话个案诉求约1200宗，为困境妇女提供法律援助59宗，争取经济利益157.8万元。实施第三期省妇女维权与信息服务项目，在兴宁设立省站分站，丰顺、五华设立梅州站分站。深化平安家庭创建工作。建立梅州市地方法规政策性别平等咨询评估机制，做好妇联组织参与农村土地确权登记颁证工作。2016年，梅州市获评“全国维护妇女权益先进个人”2人、“全国维护妇女、儿童权益先进集体”各1个，获评“广东省‘十大优秀’和‘五十大优秀’妇女儿童维权案例”各1宗。

【锻造创新服务新团队】 启动村（社区）妇代会改建妇联工作，深化妇联基层组织建设暨“妇女之家”示范点建设，通过省级第二期“妇女之家”示范点项目评估验收工作。探索建立“网上妇女之家”，设立“梅州妇女”微信公众号。重视女干部素质提升，联合市委组织部在江苏省常州市委党校举办为期6天的优秀中青年女干部素质提升专题研讨班。组织社会组织骨干机构参加“首届粤东公益慈善展”。指导3家社会组织获省民政扶持资金90万元。链接社会资源，开展驻校社工服务和关爱留守儿童活动112场，举办“客家大嫂技能免费培训班”4期200人。开展未成年人校外活动基地各项活动,受益儿童8200人。

（市妇联）

市社科联

【社科普及工作】 贯彻落实《广东省社会科学普及条例》，开展科普宣传活动，促进社科知识进机关、进企业、进学校、进社区、进农村、进家庭。一是编印《客都家风家训辑录》《社会科学在你身边》《广东省社会科学条例》等一批科普读物，向各县（市、区）有关领导、单位、团体及广大市民免费派发。二是组织举办4场梅州社科大讲堂专题科普讲座。三是培育创建 12 个梅州市人文社科普及基地，组织科普专家分赴各有关单位、各县（市、区）实地指导，推动各科普基地培育创建工作，评选、认定一批市级人文社科普及基地。四是组织举办 2016 年梅州市社科普及周活动，包括开设科普长廊、培育科普基地、主题图片展览、广场便民咨询、社科专家基层行、送书下乡、理论研讨、专题学术报告、名家访谈、知识竞赛、出版科普著作、派发科普资料、科普精品图书展销等，活动内容涵盖社会主义核心价值观、纪念红军长征胜利 80 周年和中国共产党成立 95 周年、反毒禁毒、反邪教、社会征信等主题，为广大市民送上社科知识盛宴，推动科普惠民，提升群众人文科学素质。该活动有 2 人、5 部科普作品、1 个科普基地获省社科联表彰。

【社科智库建设】 一是壮大智库人才队伍，聘任第三批 18 名专家人才“入库”，着力构建一个由各领域、各行业、各专业学术带头人为主的专家智库。二是建立智库专家微信群、QQ 群，搭建起专家互动交流平台。三是组织智库专家开展走基层、送社科知识下乡活动。四是发挥智库专家的人才优势，创办“梅州社科舆情简报”，收集社科理论界新观察、新视角、新动态，以社科内参方式分送市、县班子领导及各有关单位作决策参考和工作借鉴。

【理论研究】 一是组织开展梅州市哲学社会科学 2016 年度规划立项工作，63 项科研课题予以立项。二是组织开展梅州市第十一次（2014—2015）哲学社会科学优秀成果评奖工作，评出 78 项梅州市哲学社会科学优秀成果，报市人民政府公开表彰。三是组织相关专家开展创新驱动发展、客家传统文化与软实力、客家工匠精神培育等重点课题的调查研究，为梅州振兴发展提供智力支持。年初，组织专家团队亲赴印度实地考察，开展客籍印度华侨与梅州海丝之路专题调研。四是开展梅州文化名片评选活动，经宣传发动、单位推荐、群众海选、专家评选、公众投票等，评选出 17 张候选梅州文化名片，将于 2017 年年初举办“省社科专家话文化名片”现场会，最终评选出 15 张梅州文化名片。五是抓好 2016 年度《梅州人文社科丛书》重点书目编纂工作。在抓好上年度重点研究项目《客都家训家风》《梅州好故事》2 部著作的终审和付印、出版工作的同时，围绕市委、市政府振兴梅州足球之乡的重大发展战略，组织专家团队对梅州市足球之乡的形成、发展、现状、振兴等进行全面深入的田野调研，形成“球乡筑梦”研究成果，提交广东人民出版社编审，力争 2017 年上半年出版发行，助力梅州市足球文化公园重点项目建设。六是依托“一网一刊一讲堂”（市社科联梅州人文社科网、《梅州社会科学》期刊、梅州社科大讲堂），通过开设专栏、专题讲座等方式，开展理论教育、社科普及、学术研究等活动。

【省、市科研合作】 完成“省社科院梅州分院”转设市社科联（原设市委政研室内）的工作交接，依托省社科院人才优势，加强省、市科研合作，聚焦梅州中心工作，先后开展“客家传统文化的当代社会治理价值”“梅州原中央苏区贫困人口精神脱贫的调查与思考”等重点课题研究。

【会员单位管理和服务】 一是引导、督促各社会团体按梅州市委组织部关于“两新”（新经济和新社会）组织党建工作要求健全党组织建设，加强党的领导，确保各社会组织队伍守住意识形态底线。二是配合梅州市民政局做好相关会员单位的组织建设、换届选举等工作。三是完善市社科联社会组织孵化中心建设，吸收符合条件的会员单位进场孵化。10 月，在湖南省株洲市召开的全国大中城市社科联工作会议上，梅州市蕉岭县社科联、市法官协会、市收藏家协会获评“全国先进社科组织”，嘉应学院韩小林、平远县社科联陈瑞金、大埔县社科联蔡忠获评“全国社科工作先进个人”。

（市社科联）

市侨联

【扶贫济困】 全年筹集50多万元，在节日期间，慰问“老、独、病、贫”归侨侨眷1000多人次；开展“侨界助学行动”，资助34名考取第二批本科以上高等院校的侨界贫困学子；发放冬衣400件、眼镜400副、助听器200个、国学机20个。

【联谊交往】 组团出访加拿大、美国，英国、法国、德国、越南、老挝，为梅州—温哥华经贸文化联络处揭幕，走访侨资企业，召开座谈会，推介梅州投资发展环境。随团出访泰国、马来西亚、印尼，通过牵线搭桥，马来西亚拉曼大学和梅州市成功签订协议，从2016年开始，拉曼大学将每年向梅州提供5个奖学金名额，招录应届高中毕业生。参加香港“赏心乐食 Together”活动、印尼客家阿哥阿妹选秀大赛、香港侨嫒会庆祝香港回归十九周年暨第二届董事会就职典礼、广东省侨界海外留学归国人员协会第一届理事会就职典礼、香港各界纪念孙中山诞辰150周年大会、21届澳门缅华泼水节等12场次活动。接待欧洲荷比卢崇正总会（荷兰、比利时、卢森堡）代表团，印尼梭罗皇家访问团，马来西亚柔佛州嘉应会馆“梅州祖地旅游观光探亲团”，国立新加坡大学李光耀政策学院客座教授赖涯桥夫妇、日本北九州市立大学教授横山宏章夫妇等学者组成的学术考察团，黄遵宪后裔访问团，印尼客属联谊总会代表团等100多批、1500多人次。

【维护侨益】 市侨联法律顾问团成员每月25日在市侨联接访侨界群众，不定期走访侨资企业。市侨联领导班子成员每月15日轮流接访。加大沟通处理力度，完善信访机制，建立到访登记、沟通处理、案件移交、跟踪服务等工作机制。全年接访62人次，收到信访案件22件，结案率100%。

【宣传工作】 以《梅州侨联通讯》、梅州市侨联网站及“梅州侨界之家交流”微信群、微信公众号为宣传抓手，宣传侨务政策、法规，传递中国声音，向广大侨胞反映侨界动态，展示世界客都风采。全年出版4期《梅州侨联通讯》。参与海内外媒体合作推介，5月，与梅州市广播电视台携手打造的大型纪录片《丝路南洋》（第二季）在毛里求斯、留尼旺完成拍摄。7月，配合中国侨联摄制组拍摄记录中国侨联成立60周年纪录片《赤子五洲》。经市侨联推荐，梅县区松口镇入选广东省首批经中国侨联正式认定的“中国华侨国际文化交流基地”。

【新侨工作】 在梅州市侨联第七次归侨侨眷代表大会的换届工作上，首度增设及聘请24名海外和港澳特邀委员，加强与“新生代”侨胞的联系。指导梅州市留学人员发展联合会会务开展。助推印尼客属社团举办印尼客家阿哥阿妹选秀大赛，协助印尼客属联谊总会选送优秀选手参加第七届“客家妹”形象使者大赛。

（市侨联）

市文联

【文艺创作】 协同基层文联和市文艺家协会组织文学、美术、书法、摄影、音乐、舞蹈等协会的文艺骨干，深入乡村、工厂和生活一线，体验生活，激发创作灵感，集中创作一批以梅州人文、历史、地理为背景的文学、戏曲、摄影、书法、美术、音乐、舞蹈、影视作品，在服务文艺工作方面发挥更大作用。据统计，全年原创文学、戏剧、曲艺、音乐、舞蹈、书画、民间文艺等作品200余部，其中85项作品（集）获省以上奖项，1件作品入围中国民间文艺“山花奖”。

【主题活动】 一是围绕纪念建党95周年、长征胜利80周年、纪念叶剑英诞辰119周年，结合“两学一做”学习教育专题，开展歌颂党、歌颂祖国、歌颂社会主义的主题文艺活动。组织文艺界党员代表走进大埔县青溪镇，开展以革命传统教育为主题的“重温入党誓词、重走红色交通线”党员活动。启动“红色印记”——纪念建党95周年暨红军长征胜利80周年摄影大展采风创作活动。二是主动促成梅州松口古镇获评“广东十大海上丝绸之路文化地理坐标”，这是梅州市获中华诗词之市、中国楹联文化城市、广东十大美食之乡后，梅州文联创建的又一文化品牌。三是开展“红色交通线上的故事”大型文学创作、“叶帅手迹暨选平选宁习字展”、《客家文学的一面旗帜:程贤章》纪录片摄制等一系列主题鲜明活动，取得较好的社会效果。

【文艺交流】 坚持与各地文联进行广泛交流，探索繁荣全市文艺的新途径和新举措，全年接待200多名梅州籍文艺家到访。市文艺家协会与省内外文艺团体进行互访并举办“大客家”摄影、“红土地·苏区行”写生展览等艺术交流，产生强烈反响。市文联先后前往揭阳、潮州、汕尾、珠江和河源等地开展交流，组织开展一系列主题鲜明、内容丰富的文艺活动，提高梅州知名度。

【文艺惠民】 组织文艺家走基层，开展对口服务和文艺惠民活动，深入村镇、社区、学校主办20场广东“万名书法家送‘万福’进万家”和“文联万家百村行”公益惠民活动。成功举办广东省“百家千场艺术讲座下基层”活动，邀请著名作家艾云、肖克凡，省摄协副主席梁力昌，省文联主席许钦松，国家一级美术师黄唯理分别到各县（市、区）、嘉应学院举办惠民讲座。市作家协会的品牌项目——“文学进校园”活动，先后举办5场精彩的文学讲座，受益学生和文艺工作者1000多人。据统计，全年全市文联和专业协会组织开展文艺惠民活动近150场次，3000余人参加活动，举办各层级展览25场。2016年市文联被评为广东省文艺志愿服务先进集体，张广武、张明、宋焕南、缪德良被评为广东省文艺志愿服务先进个人。

【品牌创建】 推进“一会一品牌”“一县一项目”建设，初步形成文联领导、协会主导的“品牌”化创建格局。在以“品牌”推进的同时，创作大量贴近梅州本土的艺术作品，有32项入选国内重大艺术作品展示平台并获奖。在培养美术人员、对外交流采风、主题创作方面，以文企互动合作的方式进行尝试，取得显著效果。

【人才培养】 加大文艺人才的培养力度。一是梅州市文艺家之家在广州美之臣集团挂牌成立，这是广东省地级市第一个在省城成立的文艺家之家，标志着梅州市文艺交流创作有了新平台。二是设立颜文艺奖励金，由陈公颜先生出资20万元，用于扶持奖励市文艺团体或文艺家的精品项目，并首次表彰一批先进集体和个人。三是做好省戏剧家协会等11个省级文艺协会换届工作，肖伟承当选广东省民间文艺家协会副主席，杨秀微、徐青当选广东省戏剧家协会副主席，曾令存等23人当选省文艺家协会主席团成员或理事。四是“名家传戏——当代戏曲名家收徒传艺”工程入选“中华优秀传统艺术传承发展计划”戏曲专项扶持项目名单，梅州市文联原副主席、国家级广东汉剧代表性传承人梁素珍榜上有名。市书法院常务副院长宋焕南书法作品获广东省第五届中青年书法家篆刻展最高奖，平远县画院院长姚尉文入选广东省青年人才扶持项目工程名单。

【阵地建设】 建立本土文艺名家工作室，侯坚、廖炳训工作室挂牌揭幕。成立梅州市民间工艺研究会、梅州市林风眠研究会。《嘉应文学》杂志应邀参加2016年中国(武汉)期刊交易博览会，是梅州市期刊首次参展、也是唯一参展代表。新建市文联展览厅作为公益性文化设施，以文化惠民为目的，吸引广大群众走进文化场所，成为宣传文艺事业和文联工作的窗口阵地。梅州市大埔县三河镇梓里村、银江镇昆仑村、蕉岭县广福镇乐干村（九栋）入选第五批广东省古村落。“中国客家文学艺术网”举行开通仪式。召开文艺理论讲座，举办文艺论坛、优秀作品研讨会，巩固和扩大文艺阵地，做好文艺界维权工作。办好梅州文艺网、梅州文联微信以及《嘉应文学》《青年作家报》《梅州书坛》《梅州楹联》《嘉风》等刊物。《客家文丛》编纂工作进展顺利，完成编辑出版《客家文丛》之《梅州：中国（广东）古村落》、《梅州市文学艺术志》和《梅州十大茶山》等书目，其中《梅州文学艺术志》是广东省首部地方文学艺术志。

（市文联）

市 残 联

【政策保障】 5月，市政府印发《梅州市人民政府关于加快推进残疾人小康进程的实施方案》，对残疾人康复、教育、就业、扶贫、社会保障、文化体育、权益保障、无障碍建设和公共服务等各个领域30项重点工作进行任务分工，明确责任、完成时限和分步推进措施。市残联先后制订《梅州市残联系统〈针对严重精神障碍患者救治救助工作方案〉》《关于加强残疾人服务机构公建民营模式的管理建议意见》《梅州市残疾人康复机构评估工作方案（暂行）〉的通知》等方案并组织实施，为加快推进残疾人小康进程提供政策保障。

【社会保障】 制定实施《关于为重度残疾人、精神和智力残疾人缴纳城乡居民基本养老保险费的实施方案》。10.63万名残疾人纳入城乡居民养老保险，36323名重度残疾人、精神和智力残疾人由政府出资全额缴纳基本养老保险费，11.2万名残疾人参加城乡居民医保，106935名残疾人享受“两项补贴”（其中生活津贴50022人、重度护理补贴56913人），3807人享受机动轮椅车燃油补贴。假肢装配、白内障复明、“三瘫”（偏瘫、截瘫、脑瘫）康复、精神病患者服药等医疗康复项目纳入城乡医保报销范畴。

【康复工作】 全市完成白内障复明手术2525例（其中免费1892例），完成省下达280名定向行走训练任务，完成精神病防治救助国家任务619人（其中：药物救助504人、住院治疗救助115人），为365名0～6周岁肢体残疾儿童免费提供康复训练服务，为80名贫困聋儿免费验配助听器、23名植入人工耳蜗和提供机构康复训练，完成假肢装配125例、矫形器装配166例，免费配发各类辅助器具2226件，残疾人居家康复服务200人，居家无障碍环境改造200户。

【教育就业】 贯彻落实国家和省、市《特殊教育提升计划（2014—2016年）》及后续行动计划，以随班就读、特殊学校就读、送教上门、经费补助等方式新安置475名适龄残疾儿童入学。先后培育10名残疾学生入读省培英中专、34名残疾考生入高等院校就读，并为入读中等、高等院校的残疾学生每人给予500～2000元的一次性补助。为帮助扶持残疾人创业就业，市残联制订《2016年市政府民生实事扶持残疾人自主创业就业工作实施方案》，确保扶持2130名残疾人自主创业就业任务全面完成。通过开展精准化培训、召开卖场就业招聘会、加强康园中心建设等措施，不断拓宽残疾人就业创业渠道，提高残疾人就业率。全市征收残疾人就业保障金2337.96万元（其中市直1267.5万元），举办专门招聘会2场，推荐1070名残疾人就业。首次举办全市残联就业机构工作人员暨雇主培训班，培训50人；举办电商培训班，培训残疾人20名。新建康园中心16个，全市58个社区康园中心为895名残疾人提供辅助性就业；扶持协助15个残疾人扶贫基地安置残疾人就业590人，辐射带动就业810人。

【精准扶贫】 全年为37641名贫困残疾人建档立卡，并分年度纳入减贫目标。为834户残疾人家庭进行危房改造，经过筛选审核，有1837户1850人列入“十三五”期间危房改造扶贫对象。市残联派出1名专职干部驻点五华县双华镇双华村进行精准扶贫，先后投入2.6万元经费为残疾人提供电视、空调等基本生活设施。

【信访维权】 5月，市残联与市民政局一起参与市“行风热线”直播节目，就广大残疾人关注的热点、难点问题与残疾人进行交流沟通，接受政策、维权、教育和就业咨询服务，其间受理问题131个，现场答复6个，剩余的问题线后逐一进行梳理回复。6月，开通“12385”残疾人服务热线，并直接接入市政府服务热线，为残疾人搭建又一个绿色通道。全年处理残疾人信访、电话480件次，接访210人次，提供法律咨询8人次、法律援助5宗，处理网上信访29件。推动公共交通不断向均等化、智能化发展，实现客家话、普通话“双语”报站。在梅州城区重点干道修建盲道，重要公共场所和重要建筑物设置方便残疾人的无障碍设施。

【宣传活动】 利用各级各类宣传媒体，宣传残疾人事业，分别在省残联网站报道残疾人工作动态130条、在梅州残联网报道143条、在梅州广播电视台播出新闻32条、在《梅州日报》刊发文章38篇。

【文体活动】 组织参加省第九届残疾人艺术会演获1个金奖、1个银奖和2个铜奖。组织4名运动员参加省残疾青少年田径锦标赛获得“2金4银”成绩。谢豪、魏国平在里约残奥会上获得银牌，受到省、市表彰。

【信息更新】 按照中残联、省残联《关于做好全国残疾人基本服务状况和需求信息数据更新工作的意见》文件要求，对残疾人基本服务状况、服务需求信息、服务对象覆盖面等情况进行更新完善，使残疾人服务对象、服务需求动态信息更加精准。全年受理残疾人办证1.96万份，全市持证残疾人10.25万人。

【服务设施】 各县（市、区）多渠道筹措建设资金，加强残疾人康复、托养等基础设施建设。建立完善20个残疾人康复机构（其中：市级3个、县级17个），服务场地面积1.36万平方米。市残疾人康复中心改造项目完成前期规划准备，改造面积4000平方米，改造后服务项目将增加至4个、服务能力可达180人。建立3个托养服务机构，托养残疾人250人。

（王清林）

2016年11月16日，市委书记谭君铁（左一）率队到市残联调研残疾人工作

市红十字会

【概况】 2016年，梅州市红十字会接收广东省红十字会和社会各界捐赠款物110.11万元，发放救灾救助款物132.96万元。开展卫生救护知识培训843人次；采集造血干细胞100份，成功配对3例；捐献器官10例。协助省红十字会援建红十字博爱卫生站2个（未验收）；应用红十字品牌，集合社会力量资源开展“博爱·人人行”公益宣传活动。

【救灾赈济】 1月下旬，受强的寒潮天气影响，市红十字会制订相关应急方案，及时做好救援救助工作，迅速下拨价值9万多元的防寒棉被、食用油、大米等一批物资，给各县（市、区）红十字会开展救灾救助活动。4月，市红十字会把仓库历年积存的运动鞋、运动裤、香皂、应急灯、

T恤短袖、羽绒背心等价值26万多元的物资，下拨到各县（市、区）红十字会开展扶贫救助工作。5月，省红十字会拨给200个家庭价值8.7万元的救助包，下拨到各县（市、区）红十字会开展扶贫救助工作。8月，省红十字会下拨足球、衣服等价值10万元的物资一批，用于扶贫救助活动。

【救助活动】

博爱送温暖　2016年，市红十字会按照省红十字会《关于2016年元旦春节期间开展“红十字博爱送万家”活动的通知》要求，筹集款物，开展博爱送温暖活动，对贫困地区、革命老区的困难群众进行慰问，发放款物24.86万元。

筹资募捐　全年收到各类捐款696599.5元，包括一般捐款34474.8元、助学捐款329500元、募捐箱善款35305.5元、奖教奖学238000元、“6·30”广东扶贫济困日54800元、2016年暴雨洪涝灾害后募集善款6560元。所有善款都按指令上缴省红十字会和市慈善会，用于灾区的紧急救援、精准扶贫及博爱家园建设，并及时在梅州市红十字会网站上公布捐赠信息。

特殊群体救助　市红十字会开展人道救助工作，为重大疾病及特困家庭排忧解难。全年向中国红十字基金会申请“小天使基金”，救助28名白血病患儿，其中有25名患儿获得各3万元救助款、3名患儿获得各5万元救助款。

【应急救护培训】　全年市红十字会举办应急救护培训班21期，培训（含复训）843人次，重点对意外伤害事故易发的工矿企业、电力通信、酒店旅游等高危行业的从业人员进行培训及对在校学生、社区居民进行防灾避险、自救互救知识宣传教育。在第八个国家防灾减灾日，市红十字会参与由市政府主办的“减少灾害风险，建设安全城市”宣讲活动，在梅城文化公园组织20多个红十字会志愿者参与演练活动，组成3个应急救护教学演示组进行现场演示教学，向过往群众普及防灾减灾知识和自救互救技能。

【器官及造血干细胞捐献】　2016年，全市完成多器官捐献4例，角膜捐献6例；张绮雯、廖海华、丘广林3位志愿者在广州成功捐献造血干细胞，其中张绮雯是梅州第一例捐髓女志愿者。

【红十字知识宣传】　市红十字会以“5·8”世界红十字日、“防灾减灾日”、“博爱·人人行”公益活动、“世界急救日”、“12·1”防艾宣传日等活动为契机，通过解答疑问、派发资料、现场演示等方式进行红十字知识宣传。一是开展红十字进学校活动。二是开展红十字进企业活动。在《喜多多报》刊物设红十字会专栏，广泛宣传红十字会知识。三是开展红十字进机关活动。组织师资为市120急救指挥中心20多名干部职工培训卫生急救知识。四是开展红十字进公共场所活动。5月8日上午，在梅城文化公园广场举行由市红十字会与市妇儿工委、市卫计局、市妇联等单位联合主办的以“携手同行·奉献爱心”为主题的2016年“‘世界红十字日’‘世界地贫日’”宣传活动。五是开展红十字进媒体活动。2016年，及时更新网站内容，编发信息38条；在广东省红十字会“各市红十字会新闻”刊登简讯7条；在梅州电视台播放报道8次；在《梅州日报》报道6次。六是开展“博爱·人人行”公益活动。9月20日，梅州“博爱·人人行”公益活动在梅城客都汇广场举行启动仪式暨首场活动，10月29日，在梅县区松口镇开展第二站活动。活动由市红十字会、梅州日报社和中国邮政储蓄银行梅州市分行联合主办，梅州日报艺术团协办。活动内容为应急救护模拟现场演示、红十字有奖知识问答、邮行日有奖知识问答、梅州日报艺术团优秀节目展演、手机摇奖等。七是开展“世界急救日”宣传活动。9月9—13日在“世界急救日”期间，与市关心下一代工作委员会、市教育局等单位联合在大埔县北塘红军小学、梅县区雁洋镇叶剑英红军小学开展梅州市2016年“世界急救日”主题宣传进校园活动。

（罗俊霞）

法 治

责任编辑：陈旭芳

综 述

【概况】 2016年，梅州市政法机关根据中央和省的决策部署，按照市第七次党代会的工作要求，围绕中心、服务大局，以创建“平安梅州、法治梅州”为载体，加大对政法、维稳、综治、社会建设、法治建设等工作的统筹力度。梅州的群众安全感和政法工作满意度位居广东省第一，首次获评“2016年全国创新社会治理优秀城市”。

【公共安全管理】

服务中心工作 一是围绕振兴发展中心，把服务全市重点工程建设作为政法机关的首要任务，全市法院审结征地拆迁行政纠纷案件74件，检察机关出台促进非公有制经济发展的服务保障措施、实施工作意见8份，公安机关立涉金融领域案件143宗（破案129宗），司法行政机关组建法律服务团主动介入，主动为交通基础设施、产业园区、嘉应新区建设提供强有力的司法服务。二是健全完善维稳形势分析研判制度，做好党委、政府维稳工作的参谋助手，强化对重点群体和涉疆涉藏类等重点人员的排查稳控工作，实现全年无大规模到省进京上访事件。

社会矛盾化解 集中开展“5+3”社会矛盾专项治理，推动解决涉农、涉土、涉劳资纠纷、涉环境、涉房地产、涉众型金融、涉部分复退军人群体、涉企业军转干部、涉原民办代课教师、涉出租车从业人员等领域的利益诉求。

无邪教示范工程创建 全年申报创建全国无邪教示范镇（街道）3个、示范村（社区）24个，全省示范县1个（蕉岭县）、示范镇（街道）2个、示范村（社区）16个。10月14日，全省“无邪教创建示范工程”现场推进会（粤东片会）在梅州市蕉岭县召开，梅州市经验在全省推广。

“平安梅州”创建 一是落实综治领导责任制。明确各地各部门党政“一把手”主体责任，对涉及平安综治方面的问题做到重大工作亲自部署检查、重大行动亲自靠前指挥、重大问题亲自协调解决、重要事项亲自督促落实。二是完善立体化社会治安防控体系。制定《梅州市贯彻落实〈关于加强社会治安防控体系建设的意见〉分工方案》《2016年项目推进任务分工方案》，重点加强街面巡逻防控网、群防群治防控网、单位行业场所防控网、区域警务协作网、技术视频防控网、虚拟社会防控网“六张网”建设。推进“平安梅州”视频监控系统第二个三年规划建设，提升社会面治安防控等级。加大群防群治队伍建设，梅州市建立相关组织3272个11280人。三是夯实基层基础建设。开展“平安村居”建设，全市创建率100%。协调推进“平安学校”“平安医院”“平安家庭”“平安边界”“平安铁路”等基层创安活动。高度重视严重精神障碍患者救治救助工作，落实人力、物力、财力，及时完成严重精神障碍患者救治救助工作有关年度任务指标。开展危爆物品、寄递物流清理整顿等专项行动。强化禁毒工作，推动戒毒康复人员就业帮扶和病残特殊吸毒人员戒毒场所建设。四是加强重点镇（街）综合治理。发挥考评“指挥棒”作用，综合运用综治政策工具，对市法制局进行“黄牌警告”，对兴宁市罗岗镇进行挂牌整治，对2015年度挂牌整治的平远县大柘镇、丰顺县丰良镇、五华县安流镇进行验收并摘帽。

【创新社会治理】

基层平台创新 探索“中心+网格化+信息化”工作模式，推进蕉岭县三圳镇、梅江区江南街道试点建设。围绕“防控违法犯罪、化解矛盾纠纷、排查安全隐患”三大任务，着力构建集矛盾化解、信访维稳、治安防控、平安创建、服务管理等多功能于一体的基层综治信访维稳工作平台。

科技应用创新 建立政法委机关综合应用平台，实现省、市、县公文流转无缝联网对接，实现维稳系统模块业务对接。建立全市政法信息网通信机房和全市政法信息综合管理系统，使政法各部门实现网上办案和电子卷宗一体化，实现政法信息网“联通共享一体化”的目标。

突出“三项治理” 协调纪检、检察、公安机关分别对村干部贪腐、涉农职务犯罪、农村黑恶势力等突出问题开展专项整治行动。2016年，全市排查基层党员干部违纪违法线索2851条，给予党纪政纪处分502人，移送司法机关处理8人。查办涉农领域职务犯罪立案131宗164人，其中查处扶贫领域职务犯罪案件24宗49人。打击农村黑恶势力，立案561宗，破案520宗，刑拘832人，提请逮捕617人。

引导参与社会治理 对全市社会组织进行专项治理，进一步规范管理服务，提升社会组织风险管控能力，净化社会组织发展环境。引导社会组织参与社会治理，总结推广蕉岭县村民理事会试点工作经验，培育发展村民理事会，促进群众在农村社区治理、公共事务和公益事业中依法自我管理、自我服务。

【依法治市】

司法体制改革 成立梅州市司法体制改革试点工作协调领导小组，全面开展司法体制改革四项试点工作。协调组织、编制、财政、人社等部门，统筹解决改革中的重点难点问题，保障司法体制改革试点工作。支持审判机关和检察机关依法独立公正行使职权，支持各政法单位依照宪法法律，独立负责协调一致开展工作，维护宪法法律的尊严和权威。全市有191名法官、143名检察官通过员额制改革遴选入额。

法治镇（街道）创建 印发《梅州市2016年推进法治镇（街道）创建工作方案》，确定36个先行创建法治示范镇（街道）名单。相关镇（街道）在市委政法委的具体指导下，成立领导机构、制定工作方案、明确责任分工、建立工作台账，对照相关评价标准进行自查自纠，截至2016年年底，全市36个先行镇（街道）达到全省创建工作标准。通过创建活动，基层党政机关带头依法执政、依法行政能力增强，行政执法进一步规范，促进基层民主法治建设。

执法规范化建设 进一步完善办案质量终身负责制，实行法官、检察官、人民警察在职务范围内对办案质量终身负责制，建立健全冤假错案的责任追究机制。对领导干部干预司法活动插手具体案件处理，严格实行记录、通报和责任追究。定期集中检查、评查群众反映强烈的案件，保障人民群众的知情权、参与权和监督权。2016年，对兴宁市、梅江区看守所进行执法监督检查，进一步清理判处实刑罪犯未执行刑罚专项工作。强化案件督办，3宗党政机关为被执行人案件全部依法办结。

坚持司法为民 推进行政执法与刑事司法“两法衔接”工作。市直33个联网行政执法单位在“两法衔接”信息平台录入案件数据856件，未发现有“有案不移、有案不立、以罚代刑、降格处理”等违法现象。坚持诉访分离，把涉法涉诉信访问题纳入法治轨道，全年处理群众来信 61 件（网上信访 32 件），接待来访 22 批次。做好司法过程中困难群众的救助工作，全年发放司法救助金 20 万元（10 宗 27 人），有效维护当事人的合法权益。

（中共梅州市委政法委员会）

公　安

【概况】 2016 年，全市公众安全感和公安工作满意度获全省双第一，获第二届粤警创新大赛乙组金奖，打防成效综合考评获全省优秀单位（排全省第四），全年有 3 个单位记集体二等功、58 个单位记集体三等功、34 个单位记集体嘉奖；1 人记个人一等功、7 人记个人二等功、243 人记个人三等功、327 人受嘉奖。

【法治维稳】 做好排查稳控，圆满完成杭州 G20 峰会、中共十八届六中全会、市第七次党代会等重大安保任务。及时妥善处置梅江区西阳奇龙坑垃圾焚烧发电厂、大埔火力发电厂、高陂水利工程、儿童过期疫苗等重大不稳定因素苗头。开展“断流 2016”专项行动，行动考核获全省第十三名。加强网上公安巡查执法，强化信息安全等级保护，成功侦破公安部督办的“安网 12”专案等一批涉网案件，“安网 2016”行动考核获三类地区第一名、全省第十三名。

【惩治犯罪】 推进打击破案三级“同步作战、责任捆绑”办案新模式，探索建立大合成作战中心，制定《梅州市公安局追究在查处“黄、赌、毒”工作中失职、渎职责任的规定》，提升打击破案整体能效。及时侦破梅江“2·29”持枪寻衅滋事案、梅城“撒钉案”、“3·26”恩华广场枪击案、平远“5·31”枪击案等一批大要案，连续三年保持命案全破。协助深圳市公安局破获 17 年前发生的公安部一号督办命案——“BLP”系列杀人碎尸案，获公安部、省公安厅肯定。侦破“2016-665”号、“2016-991”号公安部涉毒目标案件、“2015-747”号、“2015-87”号省涉毒目标案件，破涉毒案件同比下降 25.44%。建成市反诈骗中心，破涉电诈案件同比上升 32.3%，破涉金融案件同比上升 37.5%，破盗抢案件同比上升 5.88%，破黄赌案件同比上升 32%。全市风气进一步净化。

【治安防控】 一是建立梅州城区（含梅县新城）社会治安大巡防新机制，制定出台《移动警务系统建设方案》，打造“两所三站四纳入”（“两所”即“移动指挥所、移动派出所”，“三站”即“移动防控站、移动采集站、便民服务站”，“四纳入”即纳入治安防控体系建设的整体去推进；纳入派出所警务室去管理，纳入应急处置和服务群众去做亮点，纳入多警种去联勤联动）的新型综合实战平台，出台《梅州市公共安全视频临近系统建设“十三五”规划》，完成与省视频平台联网、标注任务，联网率和标注率均 100%。互联网管控率 100%，管控 WiFi 上网场所 5198 个，纳入管控热点 5810 个。公安治安查控网顺利完成，8 个市际治安卡点、8 个县际治安卡点建成并投入运作。二是寄递物流安全管理进一步规范，录入寄递物流企事业、站点信息 1150 家，掌握快递企业 40 家，备案分支机构 107 家，分拨中心 12 家，完成 X 光机安装 29 家。三是流动人口出租屋等双实管理更加扎实，安装“门禁+视频”系统 5680 套，162 家旅业信息系统门匙提醒功能安装率达到 100%。四是登记 3 级以上重性精神病障碍患者 1187 名，全部落实管控措施。全面加强“三非”（未经合法手续而在中国非法就业、非法入境和非法居留）外国人清查整治，有效挤压“三非”外国人的生存空间。五是开展涉枪涉爆隐患排查整治，破涉枪刑事案件 56 宗，涉爆刑事案件 4 宗，查处涉枪、涉爆行政案件 50 宗，抓获违法犯罪人员 128 人，缴获炸药 1218.9 公斤，雷管 19994 枚，各类非法枪支 1315 支。六是夯实基层基础工作，全市派出所警力达县级总警力的 40.67%，社区民警占派出所警力达 53.76%，社会治安防控体系建设考核获全省第六。

【管理服务】 一是启动为期8个月的梅州城区交通秩序大整治，坚持“五化”（区域网格化、路段级别化、人员定岗化、勤务定责化、智能精准化）标准，压实责任，严格落实“八必查”（乱停乱放，逆行、冲红灯，超载、超员，驾乘摩托车没戴安全头盔，无牌证、假牌证、报废车上路行驶，不按规定车道行驶或变更，货车违法入市、闯禁行，斑马线不礼让行人必查）要求，对“两难一乱”（停车难、行车难、秩序乱）问题开展强力整治，查处违法行为17329宗，同比上升68%，查扣各类车辆1295辆，同比上升93%，完成金燕大道、梅水路中间隔离栏安装，剑英桥环岛改造，重新施划汽车停车位1516个，施划禁停线3500米，安装隔离栏4100米，标牌65个，公开销毁422辆无牌无证车辆。加大机动车、驾驶人管理，查处交通违法行为989009起，同比上升157%，查扣交通违法机动车26237车辆，交通违法行为现场执法率28%，排全省第一。二是推进农村道路交通安全“交管站”“劝导站”建设，完成7个县（市、区）建设任务。三是配合市政府制定出台《梅州市公安局关于进一步推进户籍制度改革实施意见》，配套制定《梅州市公安局关于进一步推进户籍制度改革实施细则》。四是推出交通安全提示“直通车”、视频“行车宝”、出入境办证“微支付”等6项公安改革惠民举措，自主研发“证明云”系统，获全国公安改革创新大赛银奖。五是探索完善“一门式、一网式”服务模式，推进24小时自助办证厅建设，出入境护照、港澳通行证等业务预受理、个人港澳游再次签注实现24小时全天候自助办理。六是推广“互联网交通安全综合服务平台”，开通驾驶人自主约考、围墙缴纳、电子监控处理等功能122项。

【“四项建设”工作】 “四项建设”指基础信息化建设、警务实战化建设、执法规范化建设、队伍正规化建设。一是完成基础信息化项目25个，编制《梅州市公安机关住处资源共享目录》。二是坚持县区合成化作战思路，探索建设信息采集自动化、资源整合全域化、系统共享全警化、情况应用智慧化的“四位一体”合成作战综合应用平台。深入“一长四必”（“一长”：县（市、区）公安局长对刑事案件现场勘查工作负总责。“四必”：县（市、区）公安机关必须对辖区刑事案件现场全部勘查；现场发现的犯罪信息要全面采集；勘查信息和分析意见必须及时、准确、规范地录入系统；现场勘查获取的所有痕迹物主和相关信息必须及时进行检验、鉴定和查询比对）现场勘查新机制建设，全市案件现场勘查率达100%，现场指纹提取率9.97%，现场DNA提取率7.29%，新机制市、县考核获全省双第一。三是出台《梅州市公安机关三级办案制度》《梅州市公安机关受立案工作流程》《梅州市公安局案件审核工作规定》等执法规范性文件，建立涉“黄赌毒”取保候审案件汇总通报机制，健全“久侦未破、多次上访”案件处理工作机制，建立执法质量考评负面清单。推进执法办案场所精细化管理，逐步推进刑事案件法制部门统一审核、统一出口工作机制，加强执法能力建设。四是制定《梅州市公安局直接指挥处置重大社会性事件工作实施细则》等规定，提升应急处置能力，开展“大轮训、大练兵、大比武”活动。公关科在全省公安新闻宣传大比武中获第一名，指挥中心在全省指挥系统大比武中获集体一等奖。

【队伍建设】 制定《关于进一步推进市公安局党委会的通知》《关于进一步推进市公安局办公会的通知》，规范会议流程，明确责任，对市公安局及各部门班子每周工作安排实行挂网公开，接受全警监督。坚持制度管人、管事、管权，制定出台巡查工作方案、内务规范、现场督察、上下班考勤管理、“黄、赌、毒”工作责任追究等6项制度。开展纪律作风建设活动，开展向曾妙龙同志学习活动。落实人民警察警衔津贴标准及“团圆计划”，开展“解警困、暖警心”系列活动，加强派出所“五小”（小食堂、小浴室、小文化室、小健身房和小洗衣房）工程建设，全市151个派出所全部完成建设。制订完善《梅州市公安机关优抚慰问暂行办法》《梅州市公安局机关工会经费收支管理暂行办法》等规定，组织功模休养，发挥公安文联、警体俱乐部等文化育警作用，凝聚警心，公安文化建设在全国公安文联吉林四平现场会作经验发言。

（市公安局）

检　察

【概况】　2016年，梅州市人民检察院受理各类群众来信来访858件，其中控告、申诉类366件，受理举报线索394件，办理梅州民声网上信访98件，接待来访群众538批876人，受理涉法涉诉信访案件204件，导入法律程序125件。审查民行案件79件。办理司法救助案件24件，发放救助金18.9万元。派驻基层检察室走访乡镇502次，下乡巡访90次，开展法制宣传256场次，发放宣传资料4880余份，收到控告举报信120件，接待群众来访245件269人，收集线索9件，移送相关线索9件，协助调解纠纷44件，在辖区开展社区矫正法律监督117次。

【服务非公有制经济】　一是树立依法平等保护各类市场主体观念，研究非公有制企业在经济发展新常态下的法律需求，注重运用法治思维和法治方式提供司法服务。二是运用打击、预防、监督、教育、保护等各项职能，为非公有制经济发展持续健康提供司法保障。三是打击针对非公企业及其成员人身、财产权利的诈骗、抢夺、敲诈勒索、职务侵占、盗窃等犯罪活动。四是建立健全联席会议、定期通报情况、联合开展调研等常态化机制。五是建立办理涉及非公有制企业案件风险评估机制，对法律政策界限不明、罪与非罪不清的问题，慎重妥善处理，加强调查研究，注意听取各行业主管、监管部门或工商联的意见。六是开展检察官“进企业”活动，通过法律咨询、预防宣传，适时宣讲涉及企业的法律法规和有关政策，对企业常见法律问题提供咨询服务，并结合案件查办帮助涉案企业建立预防和化解风险的机制。全市检察机关出台促进非公有制经济发展的服务保障措施、实施工作意见等文件8份，办理侵犯非公有制企业和非公有制经济人士合法权益的刑事案件3件5人，办理涉及非公有制企业职务犯罪窝串案10件10人，为企业提供行贿犯罪档案查询15084次，对873名非公有制经济代表人士进行综合评价。

【刑事犯罪惩治】　受理公安机关提请批准逮捕案件1580件2522人，批准逮捕1205件1820人，不批准逮捕决定347件651人。受理职务犯罪案件102件142人，决定逮捕10件14人。受理公安机关移送审查起诉案件2035件2936人，决定起诉1853件2617人，不起诉101件147人。受理自侦部门移送起诉案件69件112人，决定起诉67件103人。基层人民检察院提出抗诉7件12人，市人民检察院支持抗诉2件3人。加强刑事申诉工作，受理刑事申诉案件20件，审查结案18件，提出再审检察建议1件。

【职务犯罪预防惩治】

职务犯罪预防　推进环境资源领域、食品药品安全领域、扶贫领域“三大领域”的职务犯罪预防工作。开展预防调查64件，案例分析28件，发出预防检察建议33件，开展预防警示教育271次，开展重点工程专项预防36项，受理行贿犯罪档案查询13949次。开展换届选举专项预防，保障全市乡镇换届选举工作顺利进行。市人民检察院将市反贪部门查办的扶贫领域典型案例，以领导参阅形式报送市有关领导和部门，为市委、市政府推进精准扶贫、加强基层治理提供决策参考。

职务犯罪惩治　召开全市检察机关反贪、反渎工作推进会，突出抓住惠农扶贫领域，围绕征地拆迁、危房改造、专项补贴、帮扶资金管理等环节，重点查办村干部及涉农职能部门人员职务犯罪。立案侦查涉农领域案件33件49人，扶贫领域案件20件37人。推进重点打击行贿犯罪专项工作，立案侦查行贿犯罪7件7人。立案侦查贪污贿赂等职务犯罪案件44件76人（处级3人），人均立案数居全省第12位。立案侦查渎职侵权职务犯罪案件23件33人，人均立案数居全省第2位。

【未成年人检察工作】 全市检察机关设立专门的未检机构，通过分案起诉、附条件不起诉、“圆桌审判”等方式，推动未成年人犯罪案件审查方式改革。一是坚持分案处理制度。对共同犯罪的案件进行分案处理，同时建议看守所实行分别羁押，建议刑事执行部门实行分别矫正。二是适用量刑建议制度。三是贯彻法律援助制度。对未成年人犯罪嫌疑人和未成年被害人均指定法律援助律师。四是建立社会化帮教体系。五是在全市统一建立每案回访帮教档案制度，构建办案部门、家庭、学校、社区一体化帮教网络。六是贯彻法定代理人到场制度。七是完善合适成年人参与诉讼制度。八是坚持刑事和解制度。促使被害人与犯罪嫌疑人之间达成谅解，化解社会矛盾，以减少由于羁押给未成年犯罪嫌疑人带来的负面效应。九是贯彻落实未成年人犯罪记录封存制度。十是构建未成年人权益保护的社会预防体系。市人民检察院制作预防未成年人违法犯罪法制宣传专题片，分发至全市各中小学。各基层人民检察院通过建立“检校合作”机制、在各中小学设立“法制副校长”、“两微一端”新媒体平台以及“五进活动”等形式，将更多犯罪预防工作向社会广泛宣传，并通过与共青团、阳光义工组织合作开展社会帮教工作。全市检察机关均成立未成年人检察工作办公室，实现对未成年人犯罪“捕、诉、监、防”一体化工作机制，受理审查批捕案件149宗255人（其中被害人系未成年人的案件49宗84人），受理审查起诉案件179宗256人（其中被害人系未成年人的案件54宗72人），不起诉8人8人，办理二审上诉案2宗2人。在全市开展“法制巡讲进校园”活动，实现法制教育全覆盖。

【诉讼监督】

刑事诉讼监督 探索和推进对公安派出所刑事侦查活动的监督，继续加强对漏罪、漏犯的审查，特别是对“在逃”、“另案处理”人员、遗漏的其他涉案人员的审查，依法发出追捕漏罪、漏犯建议，利用侦查监督活动平台，发出侦查违法通知书87份，提出书面纠正违法通知书3次，要求公安机关说明不立案理由1件，要求公安机关说明立案理由2件，纠正漏捕19人。发挥公诉部门诉讼监督职能，追加犯罪嫌疑人48人，退回公安机关补充侦查案件419件次，改变公安机关错误定性案件27件39人，提出检察建议11份，向法院书面提出纠正意见3件，向公安机关书面提出纠正意见8件。

民事行政诉讼监督 加大对裁判结果监督、执行监督、审判程序监督和虚假诉讼监督；加强和改进行政诉讼监督，通过加大行政违法监督力度，规范行政机关的执法行为；开展基层民事行政检察工作推进年活动，提高基层监督效果。受理各类民事行政案件及执行监督案件92件，审查后，作出不支持监督申请决定55件，提请省院抗诉3件，终止审查6件，对执行案件提出检察建议13件，对审判活动违法行为提出检察建议1件。对于国土、资源、生态环境、国有资产利用等领域国家利益、社会公共利益可能受损害或已经受损害的情形，督促有监管职能的行政机关依法履职，办理督促履职案件17件，促成和解5件。

刑罚执行和监管监督 全市检察收押4518人，检察释放4631人，办理减刑、假释、暂予监外执行案件2388件，提出纠正不当106件，均被采纳。提出庭审意见299件。开展安全防范检查221次，提出书面建议8次，均被采纳。开展法制宣传教育14场次，谈话教育在押人员1401人次，受理在押人员约见申请514人次，举办派驻检察接待日56次。开展羁押必要性审查监督案件91件，派出3人次开展死刑执行临场监督。全市监外执行罪犯2452人，违法及重新犯罪2人，收监执行1人。

【司法改革】　一是加强调查研究，抓好培训。做好内设机构设置、编制职数、队伍人员的统计摸查、登记造册工作；做好 2016—2018 年省级中期财政规划工作，组织对全市检察机关财会人员会计电算化新软件操作培训工作。二是做好职务套改工作，起草配套文件。加强各个层面人员年平均工资的调研，完成 395 名检察官的职务套改。两级检察院制定《完善司法责任制工作试点实施方案》《检察机关人员分类管理和检察官统一提名管理改革试点实施方案》《首批拟入员额检察官选任工作实施方案》等相关文件。三是加强沟通联系，争取支持。围绕未入额人员的职级待遇和分流安置、检察官试点工作岗位津贴、合同制司法辅助人员人数确定招录、经费保障等困难和问题，及时报告，争取市委政法委及相关部门的理解与支持。四是抓好检察官选任考试考核，确定第一批入额检察官 143 人。五是推进检察改革试点工作。全市检察机关围绕落实司法责任制、检察人员分类与统一提名管理、检察官职业保障制度和省以下检察院财物统一管理等 4 项改革任务，在完成检察官入额选任确认的基础上，以检察官办案责任制为核心，抓好检察官职责权限划分、检察官办案组织组建运行、检察人员分类管理等系列配套机制的建设和推进落实。

2016 年 3 月 1—2 日，广东省人民检察院党组成员、政治部主任叶少明（左二）在梅州市人民检察院党组书记、检察长许伟谋（右一）陪同下深入梅州开展检察队伍建设和司法体制改革试点工作专题调研

【“一镇一检察官”工作】　在梅县区人民检察院召开“一镇一检察官”活动现场会，推广宣传工作经验做法：通过化解信访积案和矛盾纠纷，维护社会稳定；开展法制宣传教育，预防职务犯罪和刑事犯罪；对镇村开展执法监督，促进依法行政；探索在法制框架内化解基层矛盾纠纷。全市检察机关全面铺开“一镇一检察官”活动。

（叶耀峰）

法　院

【概况】　2016 年，梅州市法院受理各类案件 24143 件，同比增长 8.17%；审结 23475 件，同比增长 9.72%，结案率 97.23%。其中，梅州市中级人民法院受理各类案件 4145 件，审结 4091 件，结案率 98.70%。

【审判执行】

刑事、刑事附带民事案件审结　审结一审刑事案件 1942 件、二审刑事案件 246 件，结案率 98.65%，判处五年以上有期徒刑的 195 人，重刑率 7.53%。审结陈少强等 20 人涉嫌制造 600 多公斤氯胺酮特大制造毒品案、陈剑华等 12 人虚开 58 亿多元增值税专用发票案等一批大要案。审结长期故意在城区道路扔撒螺丝钉引发社会恐慌的“撒钉案”。审结未成年人犯罪案件 108 人，封存 107 名未成年人犯罪记录。贯彻宽严相济刑事政策，适用非监禁刑 966 人，非监禁刑适用率 37.28%。一审刑事附带民事案件调解率 66.56%。加强减刑假释工作，裁定减刑假释 2148 人。

民商事案件审结　审结一审民商事案件 12047 件、二审民商事案件 1223 件，结案率 96.57%，标的金额 51.27 亿元。审结买卖、借款、房地产经营、建设工程等合同纠纷案件 3938 件。推动民事案件繁简分流，推进小额诉讼速裁，审结小额诉讼案件720件。坚持“能调则调、调判结合”工作思路，一审民商事案件调撤率49.51%。

行政案件审结 审结一审行政案件295件、二审行政案件55件，结案率97.22%；审查非诉行政执行案件454件，准予执行450件。坚持实质性化解行政争议，一审行政案件和解率15.29%。推行行政机关负责人出庭应诉机制，行政机关负责人出庭应诉率10.57%。

案件执行 执结各类执行案件5096件，执结率97.05%，执行到位金额8.15亿元。开展“执行大会战”活动，打响解决“执行难”歼灭战。加大财产查控力度，运用全国法院“总对总”网络执行查控系统，落实“四查一告知”措施，解决被执行人财产难查、难控问题。开展涉民生案件专项执行活动，执结涉民生案件1579件，发放执行款1.83亿元。推行失信被执行人“黑名单”制度，全市法院将1301名“老赖”列入失信被执行人“黑名单”，165名“老赖”慑于信用惩戒履行了义务。

【审判管理监督】 健全审判管理机制，加强审判运行的管理监督，强化案件审限跟踪督办，健全立案、开庭、裁判、执行、归档等环节的诉讼流程，切实解决超审限问题。开展对长期未结案件专项清理工作，健全定期通报和督办机制。加强案件质量评查，健全庭审和裁判文书“两评查”长效机制，全市法院开展“两评查”活动16次，评查各类案件623件，裁判文书优良率96.75%。加强对基层法院审判管理指导，规范案件流程管理。加强案例编报工作，全市法院8篇案例被省法院采用，2篇案例被评为广东省优秀妇女儿童维权案例。贯彻执行领导干部过问干预案件登记备案、全程留痕、责任追究制度，保障法官依法独立公正行使审判权。

【司法建议】 向政府部门、事业单位、企业等提出司法建议111份，反馈率94.59%。其中，市中级人民法院向市农业局发出《关于规范农村土地承包经营权流转的司法建议》后，市农业局提出健全土地流转服务平台，完善县、镇、村三级服务和管理网络，指导各地加强乡（镇）、村承包土地流转管理服务和登记工作等措施。市中级人民法院向丰顺县住房和城乡规划建设局发出《关于加强监管，严格建筑市场准入制度的司法建议》后，丰顺县住建局研究部署对全县建筑企业开展依法依规承建工作的宣传教育活动，加强监管执法力度。市中级人民法院参与社会综合治理，推动社会延伸保护、帮教、社区矫正工作，会同梅州监狱、市检察院对18名社区矫正的假释人员进行回访。

【司法改革】 一是完善司法人员分类管理，将法院工作人员分为法官、审判辅助人员、司法行政人员三类管理，细化各类人员岗位职责、工作流程、工作标准，确保各类主体权责清晰、各司其职、各尽其责。二是建立法官单独职务序列管理制度，推进法官员额制改革，严格员额法官选任程序和标准，全市法院选任首批员额法官192人，其中市中级人民法院选任37人、基层法院选任155人。三是完善司法责任制，明确审判组织权限和审判人员职责，落实办案责任，实现“让审理者裁判、由裁判者负责”。四是落实省以下法院人财物统一管理，探索完善司法人员职业保障制度。启动行政案件集中管辖改革，指定兴宁市人民法院作为全市基层法院行政案件集中管辖法院。

【司法公开】 继续推进审判流程公开、裁判文书公开、执行信息公开三大平台建设，构建“开放、动态、透明、便民”的阳光司法机制。完善主动公开渠道，全市法院构建“梅州法苑、法庭内外、与法同行”3个媒体合作栏目和“官方微博、手机网站、门户网站、宣传栏”构成的四大司法公开窗口。加大裁判文书上网力度，全市法院上网公开各类裁判文书6704份，上网率93.90%。健全与人大代表、政协委员日常联络工作机制，主动邀请人大代表、政协委员观摩庭审、见证执行、参与评查案件 299 人次，走访人大代表、政协委员 33 人次。加强人民陪审员工作，人民陪审员参审案件 2723 件，陪审率 66.26%。

【参与社会管理】

服务梅州振兴发展　创新司法服务措施，开通绿色司法通道，支持市委、市政府重点工程项目建设。全市法院审查执结琴江新区、桂岭新区、梅汕高铁、大埔三河火力发电厂、大埔高陂水利枢纽工程等土地征收、房屋拆迁等非诉行政案件 74 件。参加互联网金融风险专项整治工作，规范网络金融行为，依法保护合法的网络金融债权。开展金融债权案件专项清理活动，清理金融债权案件 6006 件。服务供给侧结构性改革，审结破产案件 11 件，依法推进“僵尸企业”退出市场。

司法为民　完善诉讼服务中心、信访服务中心线下实体服务，探索官方网站、微博、微信线上虚拟服务，打造“网上网下、虚拟实体”相融合的现代化诉讼服务中心。市中级人民法院诉讼服务中心完成升级改造，“12368”诉讼服务热线办公场所建成使用。落实立案登记制，做到“有案必立、有诉必理”，当天立案率达 95.63%。推进诉讼文书电子送达，全市法院电子送达诉讼文书 1276 件，发送邮件 1675 件。参与基层法治治理，兴宁市法院建立法官驻村挂点工作机制，丰顺县法院联合基层综治、司法部门开展诉前联调，五华县法院开展涣散挂点村党组织整顿工作。

司法救助　为 91 名困难当事人缓减免交诉讼费 28.94 万元、243 名困难当事人发放司法救助金 159.79 万元，彰显人文关怀。

【基层基础建设】　加快信息化建设步伐，建设全市法院信息化 3.0 版的网络法院、阳光法院、智能法院，推进网上办公办案，促进审判体系与审判能力现代化。加强网络信息安全建设，启用内网安全管理系统。加大信息化投入力度，全市法院投入 2000 多万元用于诉讼服务中心改造和庭审视频直播系统建设。做好档案数字化硬件建设的准备工作，兴宁市法院归档案卷电子卷宗制作率 100%。坚持科技司法，不断完善数字法庭建设，提供案件查询密码功能，方便当事人查询司法公开信息。加大安保投入，提升安保水平，确保庭审安全。

【队伍建设】　开展“两学一做”学习教育，提升干警的党性修养。开展纪念中国共产党建党 95 周年系列活动，组织干警到平远县红军纪念园、坚真纪念馆、古田会议旧址参观学习。加强司法能力建设，举办政研宣工作培训班等各类培训班 28 期，培训干警 682 人。提升干警专业素质，全市法院先后与河南大学、四川大学、厦门大学、中南财经政法大学联合举办业务骨干培训班。开展学术研讨，3 篇论文分别获全国法院学术论文讨论会二等奖、三等奖和优秀奖，市中级人民法院、丰顺县法院获“广东法院第二十七届学术讨论会论文组织工作先进奖”。加强廉洁司法教育，市中级人民法院出台《开展谈话提醒构建抓早抓小工作机制实施方案》，开展谈话提醒 148 人次。开展“党员随身微教育”活动，增强党员廉洁自律意识。完善审务督察制度，开展审务督察 47 次，查纠纪律作风问题 20 个。开展创先争优活

2016 年 12 月 21 日，市中级人民法院院长刘思彬（后排中）带头坐堂审案，公开开庭审理河源市和平县委原常委、政法委原书记黄伟平受贿一案

动，有 44 个先进集体和个人获市级以上表彰奖励，其中：市法官协会被评为“全国先进社科组织”、市中级人民法院黄洪远获“全国法院先进个人”、市中级人民法院周展明获“全国法院党建工作先进个人”。

（伍思方）

司法行政

【普法宣传】 梅州市“六五”普法工作顺利验收，并获得多项全国、全省荣誉，“七五”普法启动，梅州普法微信公众号开启普法新模式。法治宣传创新模式，实现向“关键少数”与“普及大众”相结合、队伍多元参与、“联合唱戏”、“新媒体”、“硬指标”转变。特别是在坚持开展“法律六进”活动的基础上，组织市普法宣讲团开展“普法宣讲百镇千村行”“普法进百校”等活动，打造“点餐式”普法宣讲品牌，得到《法制日报》《南方法治报》等媒体的宣传报道，获得省、市委宣传部肯定。12 月，全省普法讲师团工作经验交流会在大埔县召开，梅州市经验在大会上得到推广。开展“普法之家”、法治文化公园（广场、场馆）建设，大埔法治文化园暨杨邦孝大法官司法风范展馆在全省普法讲师团工作经验交流会上深受与会代表好评。开通梅州发布微访谈、电台行风热线、电视台“以案说法”专栏、《梅州日报》“与法同行”专栏等多媒体宣传载体。各级普法办搭建平台，组织执法单位联合“唱戏”，开展法治文艺大巡演。建立法治建设目标考核机制，将普法宣传任务列入综治考核和精神文明创建工作的考核内容，推进“谁执法谁普法”责任制的落实。

2016 年 12 月 7—9 日，全省普法讲师团工作经验交流会在梅州市大埔县召开

【法律服务】 一是法律服务重心下移。专项服务团主动介入，紧扣交通基础设施、产业园区、中心城区征地拆迁等重点项目建设，专项服务破解难题。二是法律服务平台向基层延伸。市、县各级推进公共法律服务实体平台建设，规范建设公证服务大厅、法律援助临街服务大厅，为群众提供窗口服务平台。三是参与信访接访。公职律师和信访工作律师团发挥专业优势，参与信访接访及政府信访复核工作，做好涉法涉诉信访释法、劝导工作。

【法律援助】 市政府将法律援助列入梅州市 2016 年十大民生实事项目，市委办、市府办联合出台梅州市《关于加强和改进法律援助工作的意见》。市各级法律援助机构加强法律援助机构基础设施建设，市、县法律援助临街服务大厅实现全覆盖；扩大法律援助范围、提高刑事法律援助质量；实施“法援惠民工程”，发挥法律援助工作在构建和谐社会、服务民生、创建平安梅州中的作用。全年全市办理各类法律援助案件 1310 宗，接待来信、来电、来访法律咨询 30406 人次，组织和参加法律宣传咨询活动 94 场次。全市法律援助成绩突出，梅州市法律援助处获全国老年法律维权工作先进集体称号，丰顺县法律援助处主任刘钦泰、大埔县茶阳司法所所长徐振西被授予“全国法律援助工作先进个人”称号。

【一村（社区）一法律顾问工作】　全市村（社区）法律顾问深入镇（街）、村（社区）开展公益法律服务，累计提供法律服务31219次，出具法律意见书551件，开展法律咨询20109场（次），举办法治讲座6650场（次），调解纠纷912件，处理群体性、敏感性案件112件，法律援助150件。市一村（社区）一法律顾问工作受到充分肯定，省司法厅专门组织摄影组在梅州拍摄村（社区）法律顾问公益宣传广告，并专题制作梅县区广州对口支援律师工作纪录片。

【仲裁业务及公证工作】

仲裁业务　仲裁委全年受理民商事案件85件，创历史新高，涉案标的额达2049万元。在系列案件集中、数量多、时间紧、所涉当事人多、纠纷矛盾大，而仲裁机构办案人员少的情况下，梅州仲裁秘书处保证当事人依法依规行使仲裁权利，确保仲裁程序公正合法，所办案件未有违反法定程序的现象。

公证工作　公证业务领域不断拓展，全市全年办理各项公证业务13666件。一是把公证工作融入全市经济社会发展中。围绕政府中心工作和重点工程建设，在征地拆迁、公证丈量、法律文书送达、清点和证据保全等方面做了大量工作。二是发挥公证保障公民权益、预防纠纷的职能作用。利用节假日办证，对残疾人、孤寡老人、困难户等救助对象，对行动有困难的当事人，提供上门服务。11—12月，按照司法部和省厅倡议，嘉应公证处开展为70周岁以上老年人免费办理遗嘱公证的便民利民活动。三是围绕“为经济建设提供优质法律服务”的中心，开展法律服务进企业活动，担任企业法律顾问，保障企业和员工的合法权益。四是成立市公证协会，加强全市公证行业管理。

【司法鉴定】　全市司法鉴定机构6家，司法鉴定人员32人，全年办理司法鉴定业务1345件，其中法医临床司法鉴定1234宗、法医精神病司法鉴定110宗、司法会计鉴定1宗，综合采信率100%。

【人民调解工作】　全市司法行政部门一是开展人民调解规范化建设，建立和完善市、县（市、区）、镇（街）、村（社区）人民调解组织网络体系。二是采取市、县联动的形式，对全市人民调解员进行全员培训，培训60多场（次）、1万多人。三是全市各地开展“社会矛盾纠纷排查化解”专项活动，及时妥善处置各类社会矛盾和纠纷20321件，调解成功20238件，调解成功率99.59%。四是加强行业性、专业性人民调解组织建设，全市建立各类行业性、专业性调解委员会250个，专兼职调解员1156人，调解各类行业性、专业性纠纷161件，调解成功154件，成功率95.6%。

【戒毒康复工作】　2016年，市强制隔离戒毒所收治强戒人员265人，在册强戒人员500人。市强制隔离戒毒圆满完成创建现代化文明强戒所任务，实现场所15年持续安全“六无”（无逃脱、无非正常死亡、无毒品流入、无所内发案、无非生产安全事故、无重大疫情）目标。市戒毒康复工作管理所发挥禁毒宣传教育基地作用，组织全市市直干部职工4000多人次分期分批参观学习禁毒基地，营造全市禁毒大氛围。

【社矫安帮工作】　各县（市、区）强化监管手段，推行点名训诫办法，创新管理模式。梅江区成立嘉城社区矫正基地，创新社区矫正“两个八小时”活动模式。兴宁市开发社区服刑人员“人脸指纹考勤系统”。五华县推行执法人员佩戴执法记录仪试点工作。全年全市累计接收社区矫正人员9859人，累计解除社区矫正7569人，累计重新违法犯罪20人，重新违法犯罪率始终控制在2‰左右。在册社区矫正人员2290人。全年全市各级安置帮教机构衔接刑释解教人员2566人，安置2468人，帮教2507人，安置率、帮教率分别为96.18%和97.77%，重新犯罪率为0。

【国家司法考试】　市司法行政系统按照“组织严密、程序严谨、标准严格、纪律严明”的要求，确保第15次国家司法考试考务工作安全有效。全市参加国家司法考试708人，实考人数535人，成绩合格100人，通过率18.69%。

（市司法局）

军 事

责任编辑：陈旭芳

梅州军分区

【概况】 2016年，梅州军分区围绕军委国防动员部、南部战区和广东省军区部署要求，着力固军魂、突出抓主业、合力保稳定，部队和民兵预备役建设呈现均衡发展、整体提高的良好态势。梅江区人武部党委被省军区评为“先进团级单位党委”，梅县区、平远县人武部分别被省军区评为“标兵人武部”“先进人武部”。全年55名先进个人受到各级表彰奖励。

【思想政治建设】 突出抓首位、持续铸魂育人，政治工作生命线地位不断强化。学习贯彻习近平主席系列重要讲话、中共十八届六中全会精神，学习《廉洁从政准则》《党纪处分条例》《问责条例》等。开展“改革强军”和“两学一做”两项教育活动，坚持季度专题学习活动，开展“新形势新使命新职能”，“五查五看”大讨论，“庆党建、迎改革、强信心”主题党日，“重走大埔红色交通线”和党员队伍“三亮三起来”，“承诺践诺”等主题活动。参加省军区“百堂优质党课评选表彰”活动，7人获奖。开展训风演风、党的建设、兵员征集、财务接待和房地产资源管理等10个方面行业风气清理和执纪监督自查整治。

【军事斗争准备】 贯彻省军区反恐会议精神，开展营区哨位、应急分队、作战值班室、民兵武器仓库等重点整治。落实民兵应急、支援、储备三支队伍组织调整和实力对接任务。全市18岁公民兵役登记率达到95.4%。按照标准规范和“基本+应急”模式，推进国民经济动员后勤保障群（队）组训装配套建设。新建成立梅州市民兵政治工作分队，专武干部依托市委党校集中训、参谋尖子封闭式强化训、应急专业分队联合地方实战训，进一步打牢业务基础和能力素质基础。

【兵员征集工作】 坚持廉洁征兵、质量征兵、“阳光”征兵，军地联合印发《梅州市征兵工作责任制实施细则》，细化《征兵工作量化考评暂行办法》，与市、县两级征兵办公室和主检医师签订责任书，开通市、县两级征兵宣传微信公众号。推行进校园开展国防教育及征兵政策宣传、物理体检异地交叉、复查抽检全员覆盖、军分区常委挂钩巡视等做法，2016年，圆满完成新兵征集任务，大学生新兵占35%，比全省指导比例高9个百分点，高中生新兵比占60.8%，兵员质量比往年有较大幅度提高。

【后勤保障能力建设】 梅州军分区一是围绕建设现代军事后勤建设，落实战备物资储备“实物+协议”模式，军地合力充实完善动员潜力数据库。二是组织财务工作大清查“回头看”，逐年加大行政消耗性开支管控力度，开展人武部资金集中支付、部门经费收归分区统管、物资集中采购、固定资产清查等重点工作。三是按照中央军委部署“全面停止对外有偿服务”的工作要求，在避免引发军民矛盾纠纷的前提下，采取专项调解、政府补偿、司法解决等方式依法依规提前半年完成整改，26个违规租赁项目全部收回。

【党管武装工作】 结合乡镇换届选举，提前介入、主动作为，协调梅州市委组织部联合发文，明确相关政策规定，完成全市专武干部的调整配备。根据市、县两级党委人事变动情况，及时报请省军区同意，增补任命梅州市委书记谭君铁为军分区党委第一书记，研究任命新调整县（市、区）委书记兼职人武部党委第一书记以及做好乡镇（街道）党委书记任基层武装部政治教导员等工作。组织开展各县（市、区）党管武装工作述职，推动武装建设重点问题和矛盾困难的解决。

【部队正规化建设】 梅州军分区一是以“条令月”和“百日安全”活动为抓手，开展法制军营创建。二是学习贯彻军委国防动员部新颁发的6个部队管理规范性文件，突出重点时节应急处突和经常性管理，军分区常委先后4次带队检查人武部战备执勤、安全管理工作、拉动点验应急处突分队情况。三是抓住人、车、枪、弹、密等重点领域，分类细化128项主要内容，组织安全隐患“六项清查”整治，着力解决存在的突出问题。四是贯彻省军区“湛江会议”精神，推广平远县试点成果，全面推开政府代建“交钥匙”工程模式，对照正规化建设标准规范逐项整、区分两个波次分批建。五是市、县两级信息化作战指挥系统、战备库室和安防系统升级改造顺利完成，旧杂武器装备集中上缴销毁及涉枪涉弹专项清理整治工作圆满完成。

【“双拥”、扶贫工作】 6月，梅州市连续两年获评“全国双拥模范城”。扶贫工作持续深化，一是蕉岭县、平远县、丰顺县等人武部各选派1名职工任命为村委第一书记，长期驻村指导，确保工作落实。二是梅江区、梅县区、兴宁市等人武部结合国家扶贫日、广东扶贫济困日、全民国防教育日宣传上级脱贫攻坚和惠农富农政策，组织法律下乡，维护好军烈属和伤病残退役军人合法权益。三是军分区机关先后3次到三河坝“八一”希望小学调研，筹集经费30多万元，为希望小学改造饭堂、电脑室、图书室等基础设施，赠送电脑40台、投影仪4套、空调2台，配置一批办公桌椅。开展团以上干部与贫困学生结对助学活动，军分区23名干部与28名贫困学生结成帮扶对子，个人捐助学费、文具、生活物资等9.8万元。四是各级投入专项资金92万元，重点支援贫困村农田水利和交通、通信、文化等基础设施建设，配合实施水电路气房和美化环境工程。五是军分区政治部研究确定大埔县大麻镇青里村8名救济对象，协助提高低保标准，建立10万元的救助基金，对重大疾病家庭给予一次性救济。各人武部采取节日慰问、学生升学奖励、重点救济等形式，发放慰问金11万元。六是五华县人武部协助挂钩村委建立“公司+基地+农户”模式，并协助政府把疏河固堤工程与文化旅游相结合，打造“十里桃花”文化旅游景点。大埔县人武部牵头举办技能培训班，投入3万元帮建村委会行政便民中心，推荐21名贫困家庭劳动力人口到深圳、东莞就业，并协调农业局为农户蜜柚种植提供科学技术支持。

（杨红军）

武警梅州市支队

【思想政治工作】 一是坚持用习近平总书记系列重要讲话精神凝聚官兵意志、引领部队建设，抓实主题教育和经常性思想工作，开展“五项铸魂”“五红”活动，组织重走红色交通线、参观叶帅故居和开展“十大先进典型”“反恐特战比武”事迹报告会。全年，3名战士考入武警院校，兴宁市中队指导员石新义获总队“十佳‘四会’政治教员”，政治处宣传股长康前汉被总队评为“新闻工作先进个人”，支队被总队评为“新闻工作先进单位”、被武警部队表彰为“纪念红军长征胜利80周年知识竞赛先进单位”“新闻工作先进单位”。二是贯彻全面从严治党要求，组织“两学一做”学习教育，狠抓党委班子成员上党课、党员承诺践诺、民主生活会等党内生活，开展手抄党章、重温誓词、参观见学等配合活动，兴宁市中队党支部被总队评为“先进基层党组织”、2名党员被总队评为“优秀党务工作者”、3名党员被总队评为“优秀共产党员”。三是持续推进全面肃清郭伯雄、徐才厚流毒影响工作，开展组织建设自查、行业风气清理整治和财务大清查等活动，解决13名随军家属安置，协调11名军人子女入学，干部休假率100%。

【军事训练】 狠抓军事训练“八落实”，推进5个中队障碍场建设，组织两级反恐力量集训、“魔鬼周”训练、“卫士—16”演习、预提指挥士官集训和勤训轮换。参加总队反恐特战比武，特勤排获第3名，应急班获第4名，5人被总队表彰，《支队两级反恐力量集训做法》被总队转发，梅江区中队长刘明丰、平远县中队长张常伟被总队评为“优秀教练员”。圆满完成五华县看守所回迁押解、梅江区西阳镇群体性事件备勤等临时勤务53起，蕉岭环粤设卡任务查获39千克冰毒，二中队班长颜大宝立二等功，5人受嘉奖，司令部被总队评为“先进司令部”。

【正规化管理】 贯彻落实总队党委“议安全”“预防工作形势分析”会议精神，开展“学规范、用规范、保安全”“百日安全竞赛”“新选士官专题教育整顿”等活动和安全隐患排查。投入82万余元安装安全防护网，妥善处置1起冒充武警抹黑支队的网络负面舆情，3篇经验做法被总队转发，1人被总队表彰为“密码工作先进个人”，支队被总队表彰为“密码工作先进单位”“保密工作先进单位”“武器装备管理达标先进单位”。

【后勤综合保障】 一是基层基础更加厚实。按照“抓两片带一队”思路，落实精准帮建，严密组织蹲点帮建和“三个之家”培训帮带，规范执勤人员行为、监门哨执勤、政治文化环境、伙食精细管理等，持续推进暖心工程。全年更新5个中队网络学习室电脑、新建2个中队军营网吧和1个中队荣誉室。先后6次下队开展心理咨询，妥善解决4名官兵家庭涉法问题。一中队指导员石俊明、后勤处副处长马建成获总队“大练基本功先进个人”称号，兴宁市中队指导员石新义被总队评为“标兵政治指导员”、林杰被评为“标兵班长”，直属大队和二中队、大埔县中队、五华县中队被总队评为“先进单位”，兴宁市中队被总队评为“标兵中队”。二是综合保障更加明显。贯彻落实“后勤变前勤”要求，持续推进支队、二中队两级战备物资库升级改造，全面打造后勤“一组五队”，组织7次后勤应急保障实兵演练，参加总队后勤专业比武，获修理专业

梅州五华犯人回迁

第4名和军械专业第5名。开展“伙食精细管理年”活动，推进“1126”“6211”保障模式，先后投入15万元改善官兵伙食。推进“三库”改造，完成支队军械库、机关饭堂和丰顺县中队营房改造，支队军械仓库被总队评为“红旗仓库”，1人被总队评为“优秀军械干部”，卫生队被总队评为“先进卫生队”，后勤处被总队评为“先进后勤处”。

（卢洪超）

人民防空

【指挥通信】　组织开展人防应急通信、机动指挥所开设、卫星通信值班、短波电台通信值班、视频会议值班等训练。利用现有条件开展模拟演练，以桌面演练的形式开展人民防空演练，提高通信指挥人员的业务水平。定期对警报器检查、检修，保持通信设施良好的战备状态，全年在全市范围更换电声警报器，扩大警报鸣响覆盖范围。11月10日，成功组织梅州市2016年度防空警报试鸣。

【人防工程】　抓住梅州中心城区扩容提质建设和城市地下空间开发利用两大机遇，坚持人防工程建设与城市建设相协调、与城市功能开发相结合，推进人防工程建设，提高城市整体防护能力。坚持“应建尽建、应收尽收”的原则，推进人防“结建”工作。制定下发关于加强人防工程质量管理相关文件，规范梅州市“结建”工程建设管理中的各方主体行为，提高管理工作水平，确保人防工程防护体系建设健康发展。发挥市人防设备厂的地缘优势，为梅州市人防工程建设提供便捷优质高效服务。

【依法行政】　一是创新服务方式。结合人防工作职责，创新人防行政审批服务方式，开展“微改革、微创新”活动。推行审批改革，配合市行政服务中心推进深化行政审批改革工作，清理非行政许可审批事项，推进梅州市基本建设项目审批制度和流程改革工作。二是优化服务工作。按照《梅州市行政许可和行政处罚等信用信息公示工作实施方案》要求，推进市人防办行政许可和行政处罚等信用信息公示工作，转变政府职能，通过政府信息公开和数据共享，促进社会公平竞争，进一步优化发展环境。

【宣传教育】　利用信息网络、广播电视、报纸杂志等媒体开展人防知识宣传教育，扩大人防宣传途径和宣传范围。完善雁洋德育国防教育基地人防设施。推进人防知识进机关、进企（事）业单位、进学校、进社区、进家庭，加强对全市中学生人防知识宣传。翻印下发省人防办编印的《人民防空知识》中学生读本，让广大师生全面了解人民防空知识。

【“准军事化”建设】　一是按照“准军事化”标准建设人防机关，建立完善机关学习制度、工作制度、请示报告制度、考核奖惩制度、考勤制度等，坚持用制度管人。二是加强队伍建设，举办人防工程干部管理培训班、指挥通信业务培训班、法规宣传教育培训班，提高队伍整体素质和业务水平，规范机关“准军事化”建设。

（方　旭）

经济管理

责任编辑：廖晓鹏

发展和改革管理

【规划编制】 一是编制完成“十三五”规划。印发实施《梅州市国民经济和社会发展第十三个五年规划纲要》。二是落实主体功能区规划。大埔、丰顺2个县成功调整纳入国家重点生态功能区。基本完成蕉岭县发展总体规划编制省级试点工作。三是推进新型城镇化。雁洋镇入选国家特色小镇，留隍镇入选国家新型城镇化综合试点。做好开发区审核公告目录修订申报工作，争取国家发改委将梅州市10个开发区（含集聚地）全部纳入国家目录。

【计划编制实施情况】 编制《梅州市2016年国民经济和社会发展计划》，经市六届人大七次会议审议批准后，由市政府下达实施。为确保各项主要预期目标的实现，市发展改革局围绕振兴发展主线，组织实施国民经济和社会发展计划，全市经济社会发展取得新成绩。2016年，全市生产总值1045.56亿元，同比增长7.5%；人均地区生产总值24031元，同比增长7%。其中第一产业增加值211.89亿元，同比增长4.3%；第二产业增加值371.28亿元，同比增长6.3%；第三产业增加值462.39亿元，同比增长9.9%；三次产业比例调整为20.3∶35.5∶44.2。规模以上工业增加值224.21亿元，同比增长4.6%。固定资产投资完成650.36亿元，同比增长14.5%。消费品零售总额619.77亿元，同比增长10.8%，居民消费价格上涨2.3%。进出口总额155.1亿元，同比增长1.7%；实际利用外商直接投资5710万美元，同比下降19.9%。地方一般公共预算财政收入105.46亿元，同比增长1.8%。城乡居民人均可支配收入17986.6元，同比增长9.6%，其中，城镇居民人均可支配收入23642.4元，同比增长8.4%；农村居民人均可支配收入12991.2元，同比增长10.1%。人口自然增长率5.79‰，城镇登记失业率2.45%，控制在预期目标以内。完成节能减排降碳年度目标任务。

【重点项目建设】 一是重点项目建设扎实推进。实施《梅州市重点项目管理办法》，落实重点项目目标责任制考核，实行领导挂点联系和市主要领导每月调研督查重点项目制度。特别是面对固定资产投资一季度大幅回落的局面，通过创新项目管理方式，突出重点精准发力，实行项目一周一监测等手段，实现重大项目建设突破，粤电大埔电厂建成投产，梅汕高铁全线动工建设，五华抽水蓄能电站加快建设，龙川至梅州至龙岩高铁、瑞金至梅州铁路前期工作扎实推进。2016年，全市重点项目完成投资593.15亿元，占年度投资计划的106.1%；其中省重点项目完成投资

210.24亿元，占年度投资计划的124.35%，拉动全市固定资产投资增长14.5%。二是拓宽项目建设资金渠道。推行PPP投融资模式，组织20个项目参加省重大项目面向民间投资项目推介会，高陂水利枢纽工程、梅畲快速干线、五华县足球文化公园3个PPP项目列入省发改委门户网站推介。争取国家专项建设基金，加强与国开行、农发行对接，梅汕高铁、兴汕高速兴宁至五华段等10个项目获国家安排专项建设基金15.48亿元，12个项目获国家政策性重点贷款18.77亿元。兴宁成功发行企业债券5亿元。三是开展项目稽查工作。配合省做好对梅州市2015—2016年中央预算内投资项目的专项稽查工作，保障重大项目的顺利推进和项目资金安全。

【政策落实和资金争取】 一是“两大政策”落实。不断加强对“两大政策”的研究，尤其是对争取苏区政策的过程、主要工作及成效、存在的困难问题以及工作着力点等进行全面梳理，着力提高政策争取的针对性。跟进原中央苏区第三次部际联席会议议定事项的落实，将一批重大项目和重大事项列入第四次部际联席会议议题。2016年，梅州市在建、新建国铁干线，5条高速公路项目，普通公路（桥梁）和公路客运站，广东梅兴华丰产业集聚带环保基础设施建设，原中央苏区农村超高速无线局域网应用试点等方面获得国家和省的支持。3月，省政府同意对梅汕客专项目资本金在省（部）、市按7∶3的比例出资基础上，市级资本金出资减半（减少部分转由省级承担），即项目资本金由省（部）、市按8.5∶1.5的比例出资，梅汕客专项目资本金梅州市出资额因此将减少约6.62亿元。二是资金争取。在水利、棚改安置房、环保、医疗卫生、教育等领域的33个项目争取中央预算内投资和省级资金15.39亿元。

【物价管理】 一是加强收费管理。全面取消收费许可证和收费年审制度，建立收费目录清单、收费公示、收费情况年度报告“三项制度”。全面实现省定涉企行政事业性收费“零收费”。二是加强价格管理。出台《梅州市推进价格机制改革实施方案》，调整梅州城区出租车运价、污水处理费收费标准和梅州管道天然气价格，继续推进蔬菜大棚、冷藏设施、平价商店“三项建设”工作。重点开展驾驶员培训、医疗收费等价格收费专项检查，打击价格违法行为，维护市场价格秩序。做好价格监测工作。三是做好价格公共服务。完成出租车运营服务、自来水成本、生活污水处理、管道天然气等方面13宗成本监审工作，完成价格认定案件60件，涉案金额344.94万元。

【重点领域改革】 一是推进供给侧结构性改革。牵头制订梅州市供给侧结构性改革总体方案和5个行动计划，协调推进全市供给侧结构性改革。重点推进补短板行动计划，全市补短板项目完成投资419.65亿元，占年度投资计划的71.03%。二是推进投融资体制改革。出台《梅州市创新重点领域投融资机制鼓励社会投资工作方案》和《梅州市企业投资项目负面清单管理工作方案》，清理制约民间投资发展的政策措施，鼓励社会资本特别是民间资本参与和扩大重点领域投资。三是推进社会信用体系建设。推进信用信息“双公示”工作，出台《梅州市关于推进行政许可和行政处罚等信用信息公示工作实施方案》，极利用信用梅州网归集“双公示”信息数据。同时，做好公务用车制度改革和公共资源交易平台建设等工作。

（梁启亮　杨向东）

工商行政管理

【概况】 2016年，全市工商和市场监管系统贯彻落实全省工商和市场监管工作会议精神，深化商事制度改革，强化市场监管执法，服务梅州加快振兴发展。2016年，市工商局被评为2015年度全省工商系统政务信息工作先进单位，获市政府2015年度依法行政考评优秀单位；梅县分局服务窗口先后被国家工商总局、广东省妇联授予

“全国工商和市场监管部门企业登记工作成绩突出的窗口单位”、广东省“巾帼文明岗”称号。由梅州市工商局牵头的梅州市“两建”工作，在全省2015年度“两建”工作考核中，以98.98分排名全省第9位，位居粤东西北12市首位。联合市个私协会推荐的个体工商户代表“梅州市梅江区独档纺织日用品生活馆”经营者傅宗宏被评为“全国先进个体户”，在人民大会堂受到李克强总理的接见。2016年各项工作获得各级领导批示和肯定16次，其中做好“放管服”工作的经验成效先后得到省政府常务副省长徐少华、市委书记谭君铁的批示肯定。

【“两建”工作】 “两建”指社会信用体系建设、市场监管体系建设。一是迎接省“两建”考核工作。协调44个成员单位准备相关考核材料，制定《省“两建”第六考核组来梅工作方案》，考核工作以98.98分位列全省第9位。二是做好对各县（市、区）开展2015—2016年度“两建”工作评估检查。市“两建办”参照省的做法，制定《2015—2016年度梅州市社会信用体系和市场监管体系建设工作考核方案》，抽调各相关部门人员组成两个评估检查组对各县（市、区）开展评估检查。三是组织召开全市商事制度改革后续监管工作会议。3月4日，召开全市商事制度改革后续监管工作推进会，传达省商改后续监管工作推进会精神，总结市商改后续监管工作情况，研究部署下一步工作。7月6日，召开全市“商改”工作协调会，推进简政放权放管结合优化服务改革工作，研究部署落实“五证合一”，推进“个体工商户营业执照和税务登记两证合一”“电子营业执照”“营业执照同城通办”等深化商改工作任务。8月25日，召开全市深化商事制度改革工作推进会。会议学习传达国务院、省政府和国家工商总局、省工商局关于深化商事制度改革工作系列会议、文件精神，结合梅州实际部署落实企业“五证合一、一照一码”，个体工商户“两证合一”，工商登记“同城通办”模式，电子营业执照，登记注册全程电子化等五项具体工作。四是做好省“12345”投诉举报平台建设对接各项工作。3月17日，前期完成的10个接口数据通过校验，上传至省“两建”平台数据库，开始实现每天数据同步上传。9月，完成“12345”平台数据对接。五是印发《梅州市工商行政管理局贯彻落实〈广东省市场监管条例〉工作方案》《2016年梅州市市场监管体系建设重点工作》。六是制订《梅州市市场监管体系建设“十三五”规划》呈报市政府审批。七是梅州市全面推行“双随机一公开”（随机方式抽取被检查对象，随机方式选派执法检查人员，及时公开检查结果）监管工作机制。9月27日，召开全市推行“双随机一公开”监管工作会议，贯彻落实李克强总理批示和全国、全省推行“双随机一公开”监管工作会议精神。按照《国务院关于印发2016年推进简政放权放管结合优化服务改革工作要点的通知》《广东省人民政府办公厅转发国务院办公厅关于推广随机抽查规范事中事后监管的通知》等文件，研究制定梅州市的实施方案，征求收集各成员单位的意见后，于12月1日以市府办名义印发《梅州市人民政府办公室关于建立全面推行“双随机一公开”工作机制的通知》。2016年，组织各级工商部门不定向对2732户市场主体进行“双随机”抽查，发现存在违法行为的市场主体193户次，有172户企业被列入经营异常名录。

【商事制度改革】 贯彻实施《广东省商事登记条例》，全面深化商事制度改革。在2015年实施企业登记“三证合一”的基础上，于2016年与全国同步实施企业“五证合一”，比全国提前一个月实施个体工商户“两证整合”，推行电子营业执照和“同城通办”，并分别与市工行、市建行签署战略合作框架协议，启动“政务服务+金融”新模式。受市政府委托，在市政务中心56个进驻单位中，率先进行登记注册“一门式”改革。牵头修订《梅州市商事登记住所（经营场所）登记管理暂行规定》，进一步降低商事主体的市场准入门槛，群众办事时间大幅缩减。2016年，全市新增市场主体2.98万户，激活民间投资435

亿元，同比分别增长 7.8%和 59.2%；全市市场主体总量达到 20.5 万户，历史首破 20 万大关。3 月 23 日《南方日报》整版、7 月 10 日《梅州日报》头版头条报道梅州商事制度改革成效。

【内资企业登记管理】 2016 年，全市新登记各类市场主体 3.1 万户，激活民间投资 201 亿元，吸纳从业人员 18 万人，同比分别增长 19.2%、11%、9%，均高于梅州同期 GDP 增长率。各类市场主体达 20.3 万户，为历史峰值。

全市各类市场主体登记的基本情况一览表

表 2　　单位：户

企业类型	期末数	2015 年同期数	同比增长（%）	发展数	2015 年同期发展数	同比增长（%）
内资	4734	4470	5.9	455	315	4.4
私营	24199	19685	22.9	5461	4480	21.9
外资	1251	1363	–8.2	64	16	300
个体	169608	154866	9.5	24286	22224	9.3
农民专业合作社	4207	3879	8.5	376	527	–28.7

企业登记“五证合一、一照一码” 在“三证合一、一照一码”登记制度基础上，纳入社保登记证和统计证，从 2016 年 9 月 1 日起在全市全面推行“五证合一、一照一码”登记制度，进一步提升办事效率。

个体工商户“两证整合” 自 2016 年 11 月 1 日起，将个体工商户营业执照和税务登记证合并为加载统一社会信用代码的营业执照，实行个体工商户“两证整合”登记制度。

“同城通办”登记 以工商业务信息系统为依托，破除区域限制，在梅江区、梅县区、工业园区区域范围内由申请人自主选择区域内任一工商登记机关，申请适用工商登记注册业务办理的市场准入登记模式，进一步方便群众办事。

【市场监管】 2016 年，全市工商系统开展反不正当竞争、打击传销、规范直销、打击走私等各项工作，立案查处各类经济违法违章案件 1757 宗，罚没 812.87 万元。其中立案查处反不正当竞争案件 60 宗，罚没 49.33 万元；制售假冒伪劣案件 297 宗，罚没 176.92 万元；走私贩私案件 12 宗，罚没 0.77 万元；其他案件（包括无照经营、商标侵权、广告违法案件）1390 宗，罚没金额 585.82 万元。

流通领域商品质量监管 一是建立健全商品质量抽检机制。制定《梅州市工商局消费者权益保护工作制度》，防范履职风险。贯彻落实省工商局制定的《广东省流通领域商品质量抽查检验的工作规范》《广东省流通领域缺陷商品认定及处置的工作规范》，依法认定缺陷商品，查处销售不合格商品违法行为。二是强化流通领域商品质量监管。根据省局统一部署，印发《转发广东省工商行政管理局关于做好 2016—2017 年度流通领域商品质量抽查检验工作的通知》，组织各县级局对群众关心、媒体关注的重点商品质量进行抽查，涉及成品油、电动车、文具、纸制品、小家电、人造板、儿童及婴幼儿服装等，抽样13类443批次，合格372批次，不合格71批次。2016年，立案查处不合格商品抽检案件28宗（其中汽油、柴油6宗），案值43.61万元，罚没金额44.08万元。三是加强对抽检不合格商品的后续处理工作。组织全市工商系统对手机、服装、人造板、童车、箱包皮具、电热水器、汽车轮胎、润滑油、制动液、消防器材等18类843批次不合格商品进行市场清查，对其中71批次名单中不合格商品，责令经营者停止销售。

反不正当竞争　组织开展对供水、供电、供气企业强制购买商品，电信企业虚假宣传行为、滥收费用行为以及限制其他经营者经营，教育部门滥用行政权力指定经营者以及被指定经营者滥收费用，汽车销售维修行业的侵权仿冒、贬低竞争对手及商业贿赂等不正当竞争行为进行为期6个月的集中整治。

打击传销和规范直销　一是开展创建无传销城市工作。将打击传销作为“两建”工作和社会治安综合治理工作重要内容，纳入地方政府“平安城市”“文明城市”建设，开展打击传销工作检查考核，落实各职能部门和属地监管职责。二是制定并下发《关于开展打击传销、规范直销专项行动的通知》文件，要求各地严格按照国家局和省局的工作部署，做好本地区的打击传销工作，遏止违法传销的漫延势头。三是严厉打击违法传销活动。指导各基层执法人员，加强信息收集，及时掌握辖区内的传销活动动向，打击违法传销活动。四是加强学习研究，确定直销监管思路，正确研判直销企业发展形势，分析直销行业出现的新形势和新特点，转变监管理念，细化监管措施，提升监管水平。五是强化直销企业日常经营行为的监管。着力规范直销企业的招募行为，规范服务网点建设，规范计酬环节和退换货制度，规范会议培训备案。加强对直销违法违规行为新动向的分析研究，依法规范直销企业违规招募、违规培训、夸大宣传等行为，组织全市各县级局对安利、完美、无限极、玖琳凯等直销企业的服务网点进行检查，促进直销市场健康发展。

打击走私贩私　组织各县级工商部门按照《关于开展打击走私“国门利剑2016”联合专项行动的通知》精神，开展打击走私贩私违法活动，全面加强市场监管力度，突出重点市场、重点部位、重点商品，坚决查处经营无合法来源证明进口商品及其他违反工商行政管理法律法规经营进口商品行为，维护正常稳定的进口商品交易秩序。全市立案查处走私案件12宗，罚没金额0.77万元。

查处无照经营　9月，在全市范围内开展为期3个月的查处取缔无照经营专项整治行动。2016年，全市查处无照经营513户，案值总额369.17万元，罚没金额202.10万元，累计引导办理证照6047户。

人感染H7N9禽流感防控　按照市政府《关于开展全市人感染H7N9禽流感防控工作督查的通知》要求，结合节日市场监管工作，以落实家禽“集中屠宰、冷链配送、生鲜上市”工作作为禽流感防控重要环节，实行“1110”工作制度，落实每月15日休市制度。制定印发《梅州市工商局关于开展梅州城区家禽“集中屠宰、冷链配送、生鲜上市”工作的推进方案》，明确各部门工作职责。加强与卫计、药监、城综、林业、畜牧等部门的配合，严查休市期间在城区范围内违规经营活禽的行为。2016年，全市工商出动执法人员3985人次，检查集贸市场541个（次）、活禽经营户12155户（次），立案查处拒不休市经营活禽案件20宗，罚没金额2.24万元。

“红盾护农”行动　根据广东省工商系统2016年红盾护农行动工作方案的要求，开展春、秋两季的农资抽检和“红盾护农”活动。2016年，出动工商执法人员1464人次，检查企业、个体工商户3510家次，查处各类农资违法案件46宗，罚没金额20.59万元。

“合同帮农”行动　各级市场监督管理部门强化合同行政指导，加大对涉农合同欺诈行为的打击力度，提高涉农合同的签约率和履约率。为农产品产销衔接提供保障，进一步维护农民权益，促进农民增收。2016年，印发宣传资料4250份，建立71家“合同助农指导站”，推进签订订单合同农业企业106家、农户701户，订单签约1040份，金额1429.12万元，订单履约率100%。检查涉农企业93家、涉农合同218份，推广使用涉农示范文本6类300份。办理涉农动产抵押登记9份，抵押融资3524万元。为涉农企业和农户提供合同咨询、签约指导和纠纷调解等法律服务，助推农村经济发展。

格式条款合同整治　办结合同违法案件36宗，罚没金额13.65万元。案件的特点都是经营者利用格式条款侵害消费者合法权益。

成品油市场整治　执法行动以城乡接合部、高速公路沿线、旅游景区、偏远地区以及消费者投诉集中、媒体曝光较多的地区为重点，对加油站（点）销售的油品质量是否符合标准，是否证照齐全、亮照经营，是否按要求规范标示产品名称、牌号和等级等进行严格检查，对销售不合格油品的行为坚决依法查处，保护消费者权益。

市场信用分类监管　指导各县级局对全市的商品交易市场进行数据录入和按要求根据市场开办单位和场内经营者两个经营主体市场准入、经营行为、市场退出等指标进行四个类别的综合认定。全市工商系统按照“及时、准确、完整、规范”要求对辖区市场的基本信息、日常监管信息、信用信息及专项整治等信息数据的采集录入工作进行查漏补缺，完成全市辖区内的市场信用分类监管基础数据的采集工作，并进行认定。认定市场95个（其中A类市场0个、B类市场90个、C类市场5个、D类市场0个），全年录入巡查监记录403条。

网络交易市场监管　2016年，全市检查网店821个次，实地检查345个次，立案查处网络违法案件36宗，罚没金额18.95万元，案件数同比增长350%，罚没金额数同比增长848%。一是开展省网络市场监管综合信息平台上线应用。完善网络经营主体数据库建设，利用国家局、省局、通管局下发数据，企业年报涉网信息，日常巡查监管信息，通过数据比对和核实，及时将全市网络经营主体纳入监管数据库，确保网络经营主体建档数据的实时、准确、完整、有效，实现网络经营主体的全覆盖。2016年，全市审核入库网络经营主体815个，主体网站数量达到1002个。二是“工商红盾电子标识”推广。鼓励和支持网络经营者进行工商注册登记，加强与电商协会、商会等行业组织的沟通和联系，全面推广网络经营者申领“工商红盾电子标识”，引导网络经营者亮照经营，逐步建立网络经营者信用档案。2016年，全市核发“工商红盾电子标识”10个，核发标识企业达到35个。

【企业监管】

“守合同重信用”申报公示　全市工商系统在广东省“守合同重信用”企业网上公示系统公示2015年度广东省“守合同重信用”企业1011家，首次突破千家，其中连续10年以上公示的企业182家，新申请公示的企业157家。经初审合格上报省工商局推荐国家总局公示的企业22家，其中新申请的企业5家。

企业信息公示抽查　一是企业公示出资信息定向抽查。2016年，不定向抽查638户市场主体，正常经营的有548户，因未按规定公示信息等原因被列入经营异常名录的有74户，迁移、注销等原因18户。检查情况录入工商业务系统并对外公示。二是行政处罚信息公示排查。根据国家总局安排，对2014年10月1日至2016年5月31日以来，适用一般程序办结的行政处罚案件进行一次集中排查，并按照“谁办案、谁录入、谁负责”的原则迅速组织进行校正或者补录。公示行政处罚案件414户。

企业经营异常名录管理　根据《经营异常名录管理规定》的有关规定，对市场主体未按规定时间办理年度公示的、查无下落的、公示信息弄虚作假的等各种违法行为列入工商业务异常名录管理系统并对外公示。一年来累计被列入异常名录的市场主体396户次，申请移出异常名录81户次。

【商标广告监管】

商标管理 2016年，梅州市在《商标公告》上被核准公告的商标800件，注册商标累计数10287件，其中中国驰名商标2件、广东省著名商标73件，全市商标有效注册量、著名商标有效数继续稳居粤北山区5个市第一。全市查处商标侵权假冒案件134宗，案值47.05万元，罚款金额79.07万元。一是加强宣传，营造尊重商标的良好氛围。加强商标的宣传、推介，指导企业及时注册商标并正确使用商标，帮助企业完善注册商标使用、管理制度。二是加大扶持力度，推动企业做强做大。抓好省政府颁布的《广东省著名商标认定和管理规定》的落实。指导市商标协会开展省著名商标认定工作，到相关企业走访，了解企业的生产经营及商标使用管理情况，指导企业正确实施商标品牌战略，争创省著名商标。指导相关企业延续认定省著名商标。2016年，全市新申报省著名商标7件。三是加强农业品牌的培育和保护。抓好引导和协助申报农产品商标和地理标志及集体商标的注册工作，对已注册的农产品商标引导其规范管理和运用。对梅县金柚等地理标志证明商标的使用进行指导。四是开展“双打”专项行动。采取有效措施，加强对商标侵权假冒行为以及侵犯特殊标志的处理力度，加大对驰名商标、著名商标的保护力度，严厉打击对社会危害性较大的商标侵权行为。开展商标代理机构和打击假冒伪劣日用品专项整治行动。

广告管理 一是全面加强广告审查员队伍建设。举办城区媒体广告审查员培训班。建立梅州广告审查员QQ群，全天候接受广告审查员的咨询。二是参与全市互联网整治工作。全市出动执法人员65人次，检查互联网企业36家，排查问题线索23条次。加大宣传力度，使广大群众认清非法集资、融资危害性，远离非法集资。发挥工商部门的职能作用，协同银行等部门在梅州城区开展互联网金融专项整治工作。三是推进公益广告取得初步成效。与梅州日报社、梅州市工商业联合会和梅州市春天集团有限公司共同发起“鸿荣重工杯”第二届平面公益广告大赛，不定期发布优秀公益广告作品。据统计，2015—2016年，梅州市在重点区域布置大型户外公益广告大牌626个，总面积21240平方米；城乡建筑围挡布置宣传画面积约14856平方米；各类电子显示屏刊播宣传片、宣传标语6945.37万次；报刊刊播公益广告117版面，投入费用420.8万元；电台、电视台刊播公益广告122382条；重点网站刊播公益广告网络浏览量1727万（人）次，网络点击率1124万（人）次。四是加强主流媒体广告监测和检查。7月19—22日，对城区梅州市广播电视台、梅州日报社、梅县区广播电视台、《嘉应文学》杂志社4家城区主流媒体的广告经营情况进行实地检查，规范广告经营行为，发出《行政指导意见书》4份。五是做好虚假违法广告方面的电话投诉接听和接访工作。2016年，接到各类投诉19件，都及时进行处理和回复。查处广告案件100宗，其中虚假广告44宗，罚款金额55.72万元。六是做好广告业统计工作。梅州广告业主体总数713户，统计数量709户，统计率99.44%，排在全省前列。

【消费者权益保护】 2016年，全市各级消委会、“12315”机构受理消费者各类咨询、申诉4502件，同比上升36.76%，受理消费者申诉投诉566件，同比上升4.24%，调解成功528间，投诉解决率93.28%，为消费者挽回经济损失343.24万元。

“3·15”国际消费者权益日系列活动 一是评选消费维权典型案例。广泛征集2015年发生的具有代表性和典型性的消费维权案例，并从全市743宗案件中筛选出“一颗螺丝引发的车祸案”“‘名牌’手表不防水惹争议案”“购车合同有猫腻‘擦亮眼睛’防中招”“销售霉变饲料致家禽死亡”等十大案例。二是开展消费年主题宣传活动。3月15日，由梅州市工商局、市消委会牵头发起，联合质监、食品药品监督、卫计、旅游、住建、烟草、盐业等19个相关职能部门共同开展的“3·15”国际消费者权益日现场宣传咨询活动在梅城客都汇广场举行。活动对“新消费，我做主”的消费年主题进行解读，并介绍2015

年度全市十大消费维权案例和消费提示。现场咨询的群众近300人，派发宣传资料2000份，受理投诉5宗，主要涉及酒品质量、网上购物、天然气安装合同纠纷等问题。“3·15”期间，还联合梅州日报社、质监局等部门举办小记者“3·15”消费者权益日采风活动。三是配合省消委会提案。针对省消委会转办的《关于整治预付式消费乱象，规范预付式消费发展的建议（征求意见稿）》，联合全省各地消委会向国家商务部提交规范预付式消费专题报告。

规范和推进“12315”“五进”维权服务站建设　制定并印发《全市工商系统进一步规范和拓展“12315”“五进”工作考评办法》，提出“统一检查标准、公平公正，并结合各县区消委会平时的工作业绩进行综合评比”的考评要求，以全面完成“该建应建100%”建站目标。在符合省、市工商局规定的建站条件和要求的企业、商场、超市、市场、景区100%建立“消费维权服务站”。拓展延伸建站范围，在“五进”（进企业、进商场、进超市、进市场、进景区）基础上，拓展延伸社会维权网络，推进“12315”进公共事业领域、行业协会（商会）和电商平台的“三进”建设。

社会维权监督网络构建　一是推动“诉转案”机制建设见成效。机制建立以来，市消委会、梅江区消委会先后启动“诉转案”工作机制，借助司法力量，联合梅江区人民法院成功调解处理2宗涉及网购“三无”产品消费纠纷索赔案，为消费者挽回经济损失近3000元。二是借力“行业协会”工作。“12315”延伸拓展“三进”建立以来，市消委会、梅江区消委会金山分会借助梅州市装饰行业协会力量，成功调解1宗涉及商品房装修消费纠纷案，为消费者挽回经济损失近4万元。

（陈飞　张惠婷　曹燨予　刘愉鹏　叶乐　李梦露　李波　李文冰　肖瑜　陈军忠　程淑娟　曾富文　王瀚俊）

国土资源管理

【土地规划】　2016年，市国土资源局一是推进土地利用总体规划中期调整完善工作，经向广东省争取，至2020年前，梅州市获省追加城乡建设用地规模0.26万公顷，极大缓解全市用地规模不足的难题。二是结合市委、市政府制定“一区两带六组团”发展新格局的规划功能定位，制定分解下达梅州市土地利用总体规划（2006—2020）土地规划指标分解方案（简称“市级土地规划指标方案”），将规划指标重点向梅兴华丰产业集聚带、嘉应新区等重大平台倾斜；同时调剂266.67公顷建设用地规模至广梅产业园区。三是指导各县（市、区）局做好项目用地规划修改、有条件建设区调整、用地预审、核减占用基本农田等工作，全市办理土地利用总体规划修改7宗、办理有条件建设区审批8宗、办理重点项目用地预审13宗、办理用地项目涉及的核减基本农田6宗。

【耕地保护】　做好“十三五”土地整治规划编制工作，制定工作方案，按照方案开展整治规划编制的前期调研，资料收集等工作。督促指导梅江区做好最后一批城乡建设用地增减挂钩拆旧项目区复垦工作。一是推进永久基本农田划定工作，梅州市中心城区（含梅江区和梅县区）城市周边永久基本农田划定任务67.87公顷，并通过省国土资源厅和农业厅的审查；其他6个县（市）城镇周边永久基本农田任务0.09万公顷核实举证成果通过市级审查；组织完成市、县两级全域永久基本农田划定方案编制，市级方案通过省级论证审核，县级方案通过市级论证审核并批复。二是做好高标准基本农田建设工作，全市2013年度、2014年度高标任务工程建设工作全面完成；2014年度27个项目中，平远县、五华县、兴宁市完成竣工复核和并上报工程竣工验收材料；2015年度建设任务23个项目，均完成项目招投标并全部进场施工，平远县、五华县、丰顺县、大埔县进度较快，完成工程量50%以上。

【地籍管理】 2016年，推进农村地籍调查工作的开展，下发《关于加快推进农村地籍调查工作的通知》，确保按省国土资源厅布置的时间节点要求完成各项目标任务。做好梅江区、梅县区土地调查数据库权属信息更新（两库合一）试点工作，并通过市级和省级的验收。组织各地梳理农村集体土地所有权确权登记发证情况，按照《广东省农村集体土地所有权登记发证数据库汇交技术标准》，及时做好所有权数据库的更新备案工作。

【不动产统一登记】 2016年，推进不动产统一登记制度改革，2016年6月底前，全市全面完成省下达的“停旧发新”、职责机构整合等工作。全市整合设立不动产统一登记机构16个，整合到位人员288人。全年全市颁发不动产权证书46662本、不动产登记证明50574份，其中市本级颁发不动产权证书19480本、不动产登记证明15357份。

2016年1月6日，市国土资源局局长张阳（左四）、副局长丁仁心（右四）及不动产登记局、不动产登记中心负责人，市行政服务中心负责人等一道为权利人颁发市本级6本“不动产权证书”

【土地利用】 一是争取用地指标。争取广东省下达梅州市新增建设用地计划指标848.87公顷，其中农转用计划指标723.87公顷、耕地指标453.40公顷。全年全市获国家、省、市批准城市批次及单独选址项目建设用地41批（个），面积2671.15公顷。二是推进“三旧”（旧城镇、旧厂房、旧村庄）改造。2016年，全市完成“三旧”改造面积99.88公顷，投入资金29.68亿元，同比增加20.1%，节地面积55.67公顷，节地率55.68%。通过实施“三旧”改造，有效拉动固定资产投入，促进经济增长，增加就业岗位，进一步提高土地利用效率，优化创业和生活环境，推动经济社会平稳较快发展。三是节约集约用地。加大对批而未用土地的盘活力度，盘活批而未征、征而未供土地689.38公顷。加强梅兴华丰产业集聚带及其他地区工业园区土地节约集约开发利用管理。四是闲置土地处置。全市认定构成闲置的110个图斑（53宗土地）、面积320.43公顷的土地全部处置完毕。其中采取收回使用权方式处置56个图斑（14宗土地）、面积191.20公顷；批准延长动工开发建设期限17个图斑（17宗土地），面积46.96公顷；安排临时使用37个图斑（22宗土地），面积82.27公顷。

【土地市场】 2016年城区新增储备土地263.70公顷，累计结余储备土地423公顷。其中江南新城新增储备土地134.23公顷，累计结余227.21公顷；芹洋半岛新增储备土地28.75公顷，累计结余93.82公顷；其他地区新增100.73公顷，累计结余101.97公顷。2016年，全市供应建设用地281宗，面积1740.86公顷，签订合同价款43.66亿元，其中采取招拍挂方式出让土地185宗，面积341.49公顷，成交价款39.20亿元；采取协议方式出让土地7宗，面积18.01公顷，成交价款4.46亿元；采取划拨方式供地89宗，面积1381.35公顷。

【矿产管理】　2016年，完成《梅州市矿产资源总体规划（2016—2020）》初稿编写工作。各县（市、区）的规划修编工作与市级同步开展，同步推进。组织对全市175家矿山开发利用情况进行年检。完成19个绿色矿山建设方案编制工作。完成矿山地质环境治理项目2个，投入资金570万元。全市公开出让采矿权2宗，出让价款额209万元，收取采矿权价款1.44亿元。

【地质勘查管理】　2016年，通过公开摇珠，选择采矿权价款评估机构1个。完成26宗探矿权审批（其中22宗延续登记、1宗转让变更、3宗保留登记），对122个探矿项目进行年度检查和省内交叉检查。全市最大地热采矿权——丰顺县邓屋大型地热采矿的环评审批工作正式启动。

【地灾防治】　2016年，全市获省财政分配地质灾害防治专项资金3077万元。一是全年全市消减2015年度在册地质灾害隐患点260个，占全部在册隐患点（2309个）的11.26%，完成每年消减10%以上的目标。二是加大宣传力度，强化预警预报。印制发放宣传挂图20多万份，制作地质灾害宣传片2条、地质灾害防灾科普知识专题4期，平远县、梅江区各成功预报一起地质灾害，及时转移群众，避免人员伤亡。五华县针对严峻的地灾防治形势，制定印发《五华县地质灾害专项整治三年行动实施方案（2016—2018）》，采取“以奖代补”的方式，重点开展对削坡建房可能引发地质灾害的边坡专项整治行动，完成削坡建房边坡整治1149处，完成中小学校边坡风险点整治10处。

【测绘管理】　2016年，组织开展2016年度测绘质量监督检查工作。抓好地理信息市场治理整顿工作，不断规范地图产品市场，重视抓好本地区地图产品的编制、出版工作，编制新版行政区图。及时为政府各部门提供政务版梅州城区电子地图、城区影像图等测绘成果服务。配合省国土资源厅做好高分影像项目建设工作，并配合作业单位做好覆盖全市优于0.2米高分遥感影像的获取工作。为保障农村土地承包经营权登记颁证工作顺利进行，市国土资源局及时向省国土资源厅申请领取颁证所需高分影像数据，并按程序依法提供给农业部门。

【执法监察】　2016年，一是开展土地矿产卫片执法监督检查工作，认定违法图斑447宗，违法用地面积234.97公顷，其中违法占用耕地面积49.29公顷，立案查处354宗，非立案处理93宗，全部处置完毕。全年拆除各类违法建（构）筑物面积11多万平方，没收建（构）物面积30467平方米，复耕面积41.80公顷，复绿面积104.33公顷，罚款862万元。在省政府组织的省土地卫片执法检查考核中，蕉岭县获二等奖，梅州市、丰顺县获通报表扬。二是做好国土资源动态巡查工作，全年平均上线率50.79%，上线时间82604.71小时，巡查距离110多万千米，上报事件1189件。对16个违法违规用地用矿问题较为突出且整治不力的单位，报请市政府于9月8日予以警示约谈或提醒注意，并在全市通报。

【改革创新】　一是推进行政审批制度改革，对17个行政审批事项和11个公共服务事项的办事指南和业务手册进行重新梳理和核查。二是完成市管建设项目并联审批改革，打破多部门审批时存在互为前置条件的行政壁垒。三是落实费改税改革，从7月1日起矿产资源补偿费费率降为零。四是推进绿色矿山建设，提高矿产资源节约集约利用水平。五是推行政务公开，对矿业权审批及行政处罚结果实行网上公示。六是全面改革矿山及勘查项目年检制度，实行矿业权人年度信息公示制度，强化信用约束，提高政府监管效能，扩大社会监督。全面实行网上交易公开出让矿业权。取消矿业权评估报告备案和矿泉水注册制度。

【信访和法治工作】　一是做好信访工作。2016年，梅州市国土资源系统处理群众信访件、网上信访和“12336”举报线索1506件，分别反映违法占地、权属纠纷、征地纠纷、探采纠纷、揭发批评、咨询建议和其他事项，信访总量同比下降25.4%。其中来信337宗，同比下降25.2%；来访164宗、来访人数404人次，同比分别下降48.9%和46.1%；网上信访686宗，同比下降10%；“12336”举报135宗，同比下降39.7%；处理省厅转办和交办件194宗。二是做好依法行政工作。制定印发《梅州市国土资源局2016年依法行政工作要点》，做好行政复议、行政应诉工作，办理因本级行为引发行政复议案件13件；受理下级机关行政行为引发的复议案件4件。办理因市国土资源局行政行为引发的行政诉讼3宗；新修订《中华人民共和国行政诉讼法》公布后，办理复议机关形成共同被告引起行政诉讼案件4宗。加强对重大行政决策和规范性文件制定的合法性审查，作出合法性审查17件。

（罗天飞）

质量技术监督管理

【质量强市建设】 开展质量提升活动，推动市委、市政府印发《关于深入推进质量强市建设的实施方案》，完成第一次市对县级政府质量考核工作。在浙江大学举办梅州市质量强市专题研修班，加深各级各部门对“质量强市”战略的认识，拓展质量管理工作的理论视野。

【质量品牌建设】 加强区域品牌建设，梅县区获授牌“全国知名品牌创建示范区”和获批创建“广东省质量强区示范城市”，丰顺县申报“全国知名品牌创建示范区”，获批筹建“广东省电声产业知名品牌创建示范区”，蕉岭县获批筹建“广东省水泥产业知名品牌创建示范区”。引导和培育一批企业争创名牌，14个产品获批广东省名牌（工业类）。推进地理标志产品保护工作，2个产品获批国家地理标志产品。

【标准化工作】 推进农业标准化建设，8个农业标准化项目通过省局验收，4家企业通过标准化良好行为验收。鼓励企业采用国际标准和国外先进标准，12个产品取得采标认可，引导企事业单位参与国家标准、行业标准和地方标准的制定，2家企业主导制订的行业标准、地方标准发布，市质计所2个地方标准获省局批准立项。帮助18家企业获得省质监局、梅州市政府标准化战略专项资助资金55万元。

【计量工作】 做好免费检定工作，检定集贸市场和基层医疗卫生单位计量器具24756台/件，免收检定费用243万元。对全市56家获证检验检测机构资质认定进行监督检查。推进计量诚信建设，与50家单位签订计量守信承诺书。推进测量管理体系认证工作，梅州市塔牌集团蕉岭鑫达旋窑水泥有限公司顺利通过国家测量管理体系认证。

【质量监督抽查】 探索建立风险防控制度和“双随机一公开”抽查机制，科学制订各类产品质量监督抽查计划产品目录，强化质量安全风险监管。产品不合格发现率4.33%，后续处理率100%；食品相关产品不合格发现率为0，产品质量保持稳定。强化对获证和认证企业的监督检查，督促企业全面落实产品质量安全主体责任，52家获证企业提交自查报告并通过年审。

【特种设备安全监管】 重点开展电梯、锅炉、压力容器、露天作业门式起重机械等特种设备安全隐患大排查以及重要时段、极端天气下特种设备安全专项整治行动，发出《特种设备安全监察指令书》401份，先后消除事故隐患401起，有效实现闭环管理。定期检验特种设备6887台，新装、改造特种设备监督检验1924台，保障特种设备安全运行。

【执法打假工作】 以农资、建材、卫生纸产品和特种设备、民生计量等为重点，开展“质检利剑”专项行动，全市质监系统查处案件114宗，受理举报申诉咨询案件60宗。发挥打假办牵头作用，组织协调全市各级各部门开展好打假工作，全市查处各类案1296宗，涉案货值3709万元，移送公安机关案件23宗，判刑8人。

【技术机构及人才建设】 在质量计量检验检测方面，争取广东省财政1807万元专项资金扶持。广东省质量监督稀土产品检验站通过验收挂牌并投入运营，国家水泥及制品质量监督检验中心和广东省质量监督电声产品检验站均进入试运行阶段。全年投入资金2300多万元，购置“一中心两省站”以及市质计所检验设备，新建立4项社会公用计量标准，并取得考核证书，10项社会公用计量标准通过省局的复查考核，分别在建材、轻纺等领域扩项19项。在特种设备检验检测方面，投入资金79.3万元购置激光式多功能电梯检测仪等30台(套)，确保检验数据准确可靠。加强技术人才队伍建设，引进教授级学术带头人1名、高工1名、硕士研究生1名、助工1名、培养工程师8名。加强科研能力建设，取得省级科技计划项目立项1项、省地方标准立项2项。参加国际能力验证活动，广东省质量监督水泥检验站（梅州）获得满意结果。

（何开洲　余银明）

审计工作

【概况】 2016年，全市审计机关完成审计项目292个，查出违规资金12315万元，管理不规范资金572108万元；审计作出处理应上缴财政资金2355万元，应归还原渠道资金13375万元，应调账处理资金81487万元；向有关部门移送事项19项。审计报告、专项审计调查报告先后2次得到市委、市政府主要领导的重要批示。市审计局被评为梅州市“文明单位”。

【重大政策落实审计】 开展梅州市政府性债务风险、财政存量资金清理盘活、供给侧结构性改革专项行动、新时期精准扶贫精准脱贫三年行动计划等17个专题落实情况跟踪审计。

【财政预算管理审计】 开展市本级公共财政预算、政府性基金预算、社会保险基金预算、国有资本经营预算等全口径审计。开展市直12个一级预算单位部门预算执行情况审计。开展梅县区、大埔县2015年度财政决算审计。

【领导干部经济责任审计】 发挥市经济责任审计工作联席会议制度作用，全市对21名处级、174名科级干部和2名企业负责人进行经济责任审计。2016年，首次派出8个审计组，对全市8个镇的党委书记、镇长经济责任进行异地交叉审计。

【民生专项资金审计】 对全市城镇保障性安居工程，4个县(区)、2个林场2014—2015年林业4项专项资金，4个县（市、区）中小河流治理专项资金，全市2011—2015年水污染防治资金等项目进行审计，揭示和反映专项资金使用和管理中存在的典型性、倾向性、普遍性问题。

【政府投资项目审计】 开展梅江区白宫河等山区中小河流治理、梅州城区客都大桥建设等24个政府投资项目审计，揭示和反映项目在招投标、项目实施、项目决算等方面存在的问题，促进提高建设项目管理水平和投资效益。

【“三公”经费支出审计】 加强对执行中央“八项规定”的监督，开展“三公”经费（因公出国经费、公务车购置及运行费、公务招待费）及会议费、培训费的审计，重点关注预算安排、经费使用、经费核算、报销规范等。2016年实施预算执行审计的12个单位中，除4个单位因公出国（境）费、1个单位培训费不减反增外，其余7个单位“三公”经费及会议费、培训费支出比例与上年相比均有较大下降。

（张世钦）

统计工作

【统计政策措施落实】 5月，习近平总书记、李克强总理、张高丽副总理等中央领导同志对统计造假、弄虚作假作出重要批示，对实事求是搞好调查研究、求真务实搞准统计数据提出明确要求。为此，国家、省统计局专门召开会议，学习贯彻中央领导同志重要批示精神。梅州市统计局迅速召开局党组会议和全市统计局长会议，传达学习相关会议精神。一是加强组织领导，履行好政治责任。市、县统计局“一把手”切实担负起主体责任和监督责任，坚决贯彻中央领导同志的批示精神，严格执行“三个不得”和“四条红线”，数据质量有一定的提高。二是开展专项整治，纠正统计违法行为。按照省局关于开展“数据造假、以数谋私”专项治理的部署和要求，开展专项整治工作，及时将中央、省有关精神向市委、市政府汇报，并取得全力支持，特别是清理纠正违反统计法精神文件的做法，及时制止2份征求意见中将统计部门列为经济社会发展目标完成责任单位的文件和做法。三是健全制度，从源头杜绝“数据造假、以数谋私”行为。市局组织对照《国家统计质量保证框架》和统计业务流程管理规范，对数据评估办法和操作规程进行梳理，针对GDP、工业、固定资产投资等重要指标，制定数据审核评估办法，堵住跑数改数、以数谋私的漏洞。

【统计数据质量管控】 一是增强统计人员依法统计意识。将统计法规知识列为统计业务培训的重要内容，动员全市统计人员参加全国统计法治征文活动，营造学法、懂法、用法良好氛围，形成以法治思维开展统计调查的行动自觉。二是采取多种形式宣传统计法。各地结合第三次全国农业普查，借助《梅州日报》、电视台、广播电台等新闻媒体，以“第七届中国统计开放日”“统计法制宣传日”等活动为平台，采取向广大市民发放《中华人民共和国统计法》《农业普查福到农家》等宣传手册、悬挂宣传横幅、张贴普查海报、主流媒体刊播标语、接受记者专访等形式，向社会各界解读统计法和统计知识。三是严格执行统计制度。按照统计制度方法要求，做好全过程统计数据质量的管理与控制，完善统计数据审核制度，规范统计数据报送流程，有序开展各专业统计调查工作。四是开展统计执法检查。对执法检查中发现数据质量问题严重的地区，市局及时约谈相关责任人，提醒注意并要求整改。

【统计基层基础建设】 一是贯彻执行《关于进一步加强统计工作的意见》(以下简称《意见》)。各地以《意见》为基本遵循，建立统计工作联席制度，争取党委政府和有关部门的支持，形成推动基层基础建设强大合力。二是实施全员培训。全年市局组织各类业务培训20场次；县级统计部门组织业务培训190场次，培训2000多人次，在岗人员培训率达到100%。三是指导网报企业建好台账。市、县两级统计部门争取当地政府和重视，实施网报企业人员岗位补贴并将补贴与台账建设挂钩，激发网报人员工作热情，台账建设率和水平有明显的提高。四是推进统计信息化建设。投入100多万元，对老旧的网络设备进行更新，改造开通市县互联双向高清网络视频会议硬终端系统。各县（市、区）筹集30万元，采购网络视频会议系统硬终端，梅州市是继江门市、惠州市、韶关市、清远市之后，全面开通市县互联双向高清网络视频会议硬终端系统的地级市。

【部门统计工作】 全市统计系统开展对部门统计业务指导，强化协调配合，与编办、工商、商务、质监、住建、税务等部门建立起更加完善、有效的数据交换机制，加强部门信息共享，共同推进“五证合一、一照一码”登记制度改革，定期对名录库中的基本信息进行清理、核实和完善。同时，加强与发改、经信、财政、住建、交通、农业、林业、妇联等部门的沟通协作，开展全面建成小康社会监测，配合做好促进粤东西北振兴发展考核、粮食产量抽样调查、妇儿“两纲”监测、节能减排、产业转移工业园考核等工作。

【统计服务工作】 一是围绕党委、政府中心工作，开展时效性、针对性强的统计分析。撰写高质量统计月度、季度和全年进度分析报告37篇，专题报告8篇。8个县（市、区）统计局撰写统计分析报告85篇。平远县统计局通过开展统计人员能力提升建设活动，鼓励和奖励统计人员多撰写统计分析文章、多发布统计信息，统计分析报告和统计信息量均处于8个县（市、区）前列。梅江区有3篇统计分析报告、丰顺县统计局有2篇统计分析报告均得到县（区）领导的批示和肯定。二是以拓展服务范围扩大统计影响，市局统计月报增加全市及各县（市、区）工业投资、技改投资、常住居民收入情况；统计年鉴增加全市及各县（市、区）主要经济指标一览表；统计月报资料的报送范围由原来的党政领导扩大到市四套班子全体领导成员和部分市直重点企业。三是加强粤东西北、山区五市、周边地区十三地级市等区域数据，加强“十一五”“十二五”等时期社会经济发展指标数据收集、整理、对比，搭建统计服务民生信息平台，实现统计数据共享，满足社会各界需要。

【第三次全国农业普查工作】 为确保全市第三次全国农业普查工作顺利推进，做到“四个到位”。一是机构组建到位。争取市委、市政府重视，全面组建市、县、镇、村普查工作机构，全市成立镇级普查办公室115个，村级普查工作组2090个。二是经费物资到位。争取领导支持，加强与财政部门沟通，做好经费预算编制和物资筹措工作，全年全市落实普查经费1265.4万元，各项普查物料均发放到位。三是宣传工作到位。通过开展农普宣传，增强社会大众对普查工作的支持和配合力度。四是人员选聘培训到位。全市选配普查指导员2471人、普查员9164人，对所有的“两员”进行业务培训。

（王 斌）

国家统计局梅州调查队

【重点调查工作】 梅州调查队在完成各专业定期报表任务的基础上，把城乡一体化住户调查、月度劳动力调查、固定资产投资试点小微企业调查、“三新”专项统计工作、网购用户专项调查等作为调查重点工作。2016年，梅州调查队圆满完成第三次全国农业普查农作物面积遥感测量工作、农产量和播种面积调查、主要畜禽抽样调查、生猪大县监测调查、城乡住户一体化调查、分市县住户调查、农民工统计监测调查、规模以下工业调查、小微企业和个体经营户跟踪调查、规模以下服务业调查、小微商业调查、采购经理调查、工业生产者出厂价格调查（PPI）、固定资产投资价格调查、居民消费价格调查（CPI）、商品零售价格调查、城镇低收入居民基本生活费用价格调查（SCPI）、劳动力调查、农民工进城市民化调查等专业调查工作，还完成广东调查总队部署的《广东群众幸福感测评调查》《广东省基本公共服务均等化公众满意度调查》等专项调查任务。

【“三农普”遥感测量】 2016年，梅州调查队按照国家统计局和总队的工作部署，在组织实施、落实保障、工作推进、确保数据质量等方面采取有力措施，支持“三农普”遥感测量工作，圆满完成40个样本村、200个样方的春播和43个样本村、215个样方的夏播农作物面积遥感测量工作。贯彻落实国家统计局和总队的工作部署，应用无人机航拍等新技术。选派业务骨干参加国家统计局组织的无人机驾驶员培训，考取驾驶执照。同时科学制订飞行计划，评估是否适合整村飞行，并选取合适的无人机起降点，打造无人机测量“绿色通道”。在固定翼飞手到梅州飞行期间，全力配合，负责飞手的饮食、住宿和交通，并及时组织联络好样本村辅调员引导带路，确保圆满完成飞行任务。

【统计分析研究】 2016年，梅州调查队撰写调查分析21篇，其中国家局内网采用2篇、总队内网采用12篇、《中国信息报》采用1篇、市领导批示1篇、市委办和市府办采用3篇。撰写经济信息46篇，其中：总队内网单独采用15篇、综合采用4篇；省领导批示1篇；省委办采用1篇；市委办采用15篇；市府办采用4篇。撰写政务信息102篇、工作情况交流6篇，其中国家统计局内网采用2篇、国家统计局司级内网采用2篇、总队内网采用34篇。实行精品战略，提高统计分析研究质量。梅州调查队组织开展“十二五”期间梅州市社会经济发展情况调研，推出《“十二五”时期梅州市社会经济发展情况调研报告》系列材料，形成7篇报告，充分展示梅州经济和社会事业发展的新变化、新亮点、新成效。参加总队开展的2016年优秀统计分析报告评选活动，报送的2篇文章分获二等奖和三等奖。同时对外供稿，多篇文章获《梅州社会科学》《梅州金融》等学术期刊选登。参与总队2016年度经济和社会调查分析研究题目招标工作，梅州调查队上报的《互联网视角下农村普惠金融发展路径研究——以梅州市为例》获得总队选定并按时结题。针对总队征集的课题研究题目，组织开展工业、民生等方面的专题调研并形成3篇调查报告。梅州调查编印《梅州统计调查分析和课题报告选编（2015）》，供各级党政领导和政府各部门参阅，取得良好效果。会同梅州市统计局共同编撰和出版《2016年梅州统计年鉴》。同时加强粤赣闽边区统计调查沟通协作，配合江西龙岩调查队编印《2016年龙岩调查年鉴》。

【提高数据质量】　一是抓好基层调查员和辅助调查员的培训和管理，提高基层业务能力和水平。通过加强教育培训、强化制度管理、细化业务考核、开展评先评优，推动基层调查工作创先争优。2016年，对14名优秀统计员、43名优秀辅助调查员和45名优秀调查对象进行表彰奖励。组织开展各类调查业务培训20场次，内容涵盖统计法治、“三农普”遥感测量、住户调查、价格调查、主要畜禽抽样调查、小微企业调查等重点工作，培训市县两级统计调查工作分管领导和专业人员200多人次、辅调员和调查企业（单位）统计员250多人次。二是加强数据审核，做到科学评估，提高数据质量。修订完善《梅州调查队调查数据质量评估制度》，继续实行专业人员—科室负责人—队领导逐级审核评估制度，定期召开调查数据评估审核会议，对重要数据有明显趋势变化的，不定期召开专题数据评估会议。三是组织开展调查回访和数据质量检查，确保源头数据质量。回访企业（单位）210多个、调查户300多户。还集中对9个专业、60多个调查对象（点）开展数据质量专项检查。

【调查服务】　一是围绕信息、分析工作，提高统计调查分析研究水平，服务好党政领导和社会各界。二是加强协调合作，减轻基层负担，服务好基层统计调查部门。梅州调查队加强与县级统计调查部门的沟通联系，坚持深入基层调查，尽量减少调查数据上报流程和环节。同时继续加大基层统计调查业务经费补助力度，2016年，下拨“三农普”遥感测量补助经费、“三员”补助经费等100多万元。三是抓好数据发布，服务社会公众。执行《2016年统计调查数据（资料）对外发布计划安排表》，定期在《梅州日报》和梅州广播电视台发布CPI、PPI等专业调查数据和统计法治知识、统计指标解释。2016年，通过《梅州日报》等新闻媒体发布调查信息分析30多篇，其中1篇获得腾讯网转载，接受梅州广播电视台等新闻媒体采访4次。按照国家局和总队关于开展第七届“中国统计开放日”活动的工作部署，围绕“农业普查福到农家”这一主题，首次联合高等院校进行立体宣传。参与国家统计局新闻办举办的纪念“统计微讯”3周年活动，报送诗诵一篇，获国家统计局和总队微信平台采用。

【统计法治建设】

加强统计法治宣传教育　借助《梅州日报》、梅州广播电视台等媒体，利用发送手机短信、制作固定宣传栏、开设网站专题专栏、发放宣传册等方式宣传统计法知识。2016年，向调查对象发送手机短信2000多条、向社会公众发放《中华人民共和国统计法》和《统计违法违纪行为处分规定》300多份、发放梅州调查工作宣传册500多份。开展统计法“入户”活动。队长黎建章在《梅州日报》上发表题为《弘扬法治精神，依法统计调查》的署名文章，阐述对“依法办统计、依法治统计、依法兴统计”的感受和体会，也向社会公众展示梅州调查队坚持依法统计调查、保障数据真实可靠的信念和决心。12 月 4 日，参与法制广场活动，全方位、多形式的推进统计法治宣传教育。2016 年，实现统计违法案件查办“零突破”。

统计法律事务告知制度　梅州调查队健全完善《梅州调查队统计法律事务告知办法》，实现统计法律事务告知工作的常态化，确保调查对象进一步明确自身的权利、义务和法律责任，规范其统计调查行为，提高配合程度。2016 年，向调查对象发送《统计法律事务告知书》91 份。

【联网直报与信息化建设】　梅州调查队把做好联网直报工作作为信息化建设的重要内容，对具备联网直报条件的企业列入直报范围，针对不同区域不同规模的企业采取不同的业务培训方式，采取成熟一个、推进一个的方式，逐季增加联网直报企业的数量。2016 年，规模以下服务业调查、采购经理调查和 PPI 调查联网直报率达到 100%，其他专业联网直报工作按国家统计局和广东调查总队的工作部署稳步推进。

（国家统计局梅州调查队）

食品药品监管管理

【监管责任落实】　一是夯实食品药品安全基础。狠抓落实对生产经营企业的日常检查责任，督促企业把主体责任落到实处，从生产源头防范和控制风险隐患。狠抓落实食品药品监督抽检责任，制订并有序推进年度抽检计划，督促基层将快筛快检工作责任落到实处，并通过现场检查和监督抽检，及时发现并处置食品安全风险。二是进一步完善食品药品监管体制。继续保持全市食品药品监管机构和监管队伍的稳定，重点加强基层食品药品监管所建设，确保监管人员、设备装备、办公经费“三到位”。全市 58 个乡镇所（总编制数 213 人），到位 163 人，总到岗率 76.52%。进一步落实食品安全属地管理责任，起草并报请市政府印发《梅州市关于进一步落实食品安全属地管理责任工作方案》，将地方政府落实“四有”情况作为重要年度考核指标。

【治理体系优化】　一是加强隐患排查强化事前监管。明确监督检查的重点区域、重点环节、重点品种，开展食品药品安全隐患排查。按新修订的《中华人民共和国食品安全法》要求，将网络食品经营纳入监管，加强对提供网络订餐企业的食品安全监管，督促第三方平台落实网络食品经营法定义务。全市初步摸查出入网餐饮单位 738 家，依法查处 2 家无证、1 家超范围经营的网络供餐单位。二是抓好事中事后监管工作落实。明确市、县、乡镇三级加强事中事后监管的具体职能，将工作重心向事中事后监管转变。探索推行基于问题导向和风险管控的“双随机”检查机制，实施食品药品现场检查记录等食品药品安全监管痕迹化管理，规范事中事后监管的飞行检查模式，全面落实检查信息公布制度。三是推进行政审批制度改革，承接好省局下放行政审批事项，优化行政受理服务，提升审批效率。

【食品安全保障】　一是推进农贸市场食用农产品快检工作，依托信息化系统平台，实现在农贸市场开展食用农产品安全快速检测工作。从 7 月 1 日正式启动快检工作，截至 12 月底，全市完成快检总数 61039 批次，检出不合格农产品 442 批次、730.06 公斤，全部无害化处理或现场销毁，全市每月总体完成率与各任务市场快检完成率均超 100%。二是继续加大推进家禽“集中屠宰、冷链配送、生鲜上市”工作力度，抓好落实活禽经营管理、生鲜家禽产品经营管理和“1110”制度等措施。三是推进食品安全审计工作，选取肉制品、婴幼儿配方食品等重点食品品种生产企业开展食品安全审计。四是开展食品安全示范建设，在全市范围内推进“食品经营食品安全示范街”建设工作，全市各县（市、区）均高质量完成 1 条以上食品安全示范街建设任务。丰顺县率先在省内启动食品安全示范县创建工作。

【信息化监管】 一是推进广东省“智慧食药监”建设，投入专项资金建设数据对接中间库系统，实现市、县行政服务中心窗口行政审批数据与省智慧食药监系统数据中心的无缝对接，进一步提高食品药品行政审批工作效能。2016年，全市企业“网格化”检查覆盖率39.52%，协管员“智慧食药监”协管系统有协管信息记录比率48.69%，提前并超额完成省局下达的两个30%任务指标，两项指标均居全省第二。二是推进食品安全追溯体系建设，全力推广婴幼儿配方乳粉、婴幼儿配方谷粉（米粉）、食用油、酒类追溯系统应用，食品安全追溯系统企业加入率居全省前列。三是将违法违规行为查处等工作纳入信息化建设体系，探索建立药品监管、稽查执法、药品检验、不良反应监测和审评检查等多部门的联动机制。四是强化食品药品监管技术支撑体系建设，重点提升市级食品药品检验监测能力，争取中央、省、市投资筹建五华、兴宁两个区域性食品安全检验检测机构。全年完成省局2016年药品抽检任务1061批次，其中评价性抽验150批，合格率99.3%；监督性抽验861批，靶向命中率29.5%；中药饮片专项抽验50批，靶向命中率56.0%。完成省、市局2015年食品检验任务664批次及2016年食品抽验任务3594批次，合格率97.1%。完成省局2016年化妆品抽验任务65批次，100%合格。在药械不良反应监测方面，全年有170个单位上报药品不良反应报表2462例，有104个单位上报可疑医疗器械不良事件896例，15家医疗机构上报化妆品不良反应报告表119份。

【食品药品违法犯罪惩治】 一是联合公安推进打击食品非法添加违法犯罪“清源行动”，立案查办“非法添加罂粟壳”“生产假劣茅台酒”“无检验检疫证明冻肉”等一批较大影响的案件。梅江区局查办的“非法添加罂粟壳”案件被省局作为典型案例报国家总局评选优秀案例。二是联合公安、检察部门开展打击药品、医疗器械、化妆品违法犯罪行为的“雷霆行动”，立案查处“销售强力咳喘Ⅱ号案”“虫草鹿鞭丸案”等假药案。三是开展打击保健食品违法犯罪“蓝剑行动”专项行动，以减肥、辅助降血糖、缓解体力疲劳等产品为重点，对在保健食品生产过程中非法添加药物、明知保健食品存在非法添加药物仍继续经营的违法行为实施严厉打击。四是组织开展好各项食品药品专项检查整治工作。2016年，全市立案查办食品药品安全违法案件675宗，结案率100%，移送公安10宗，以重大案件上报省局10宗，总罚没金额194.39万元。其中2个案件获得“2016年中央转移支付补助稽查打假项目补助”、1个案件入选全省优秀案例、1个案件作为典型案例由省局报国家总局评选优秀案例。

【食品药品安全宣传教育】 一是重点加强宣传舆情和政务信息报送考核工作，将食品药品安全宣传、舆情应对处置和政务信息报送工作列入年度重点工作任务进行考核。2016年，政务网站采用政务信息316条，向省局报送政务信息96条。二是继续加强与省市主流媒体的沟通协调与战略合作，与南方日报社梅州办事处、梅州日报社、梅州市广播电视台等省市主流媒体签订战略合作协议，及时回应群众对食品药品安全问题的关切，宣传食品药品政策法规和安全常识。三是坚持食品药品安全宣传和法治宣传结合，做好“法纪长廊”“健康饮食常识”“安全用药知识”等专栏宣传，组织开展食品安全宣传周等现场宣传咨询活动，开展进乡镇、进社区、进农村、进校园、进企业、进工厂等主题宣传活动。

（市食品药品监管局）

粮食储备管理

【粮食安全政府责任制】 一是责任落实。根据省、市考核办法和年度考核通知精神，将考核工作纳入政府督办事项，成立梅州市粮食安全责任考核工作领导小组和梅州市粮食安全责任考核工作组，以市政府名义召开全市粮食安全责任考核工作会议和全市粮食安全责任考核工作组成员单位业务座谈会等，全面落实各级政府和相关部门在保障粮食安全方面的责任。二是查找短板。发挥牵头部门作用，联合13个责任单位印发《关于开展2016年度梅州市粮食安全责任考核工作的通知》，进一步落实各县（市、区）政府和市直成员单位考核指标任务分工，多次召开考核工作动员部署会、推进会和汇报会等，进一步落实各科室考核指标任务分工，做好查找短板、佐证材料收集汇总等工作，确保职责范围内考核指标的落实。三是撰写总结报告。会同市发展和改革局、市农业局，结合各县（市、区）政府和市直成员单位的上报材料，完成市政府2016年度落实粮食安全责任制考核自评打分等工作。

【粮食流通基础设施建设】 一是粮食仓储物流设施项目建设。丰顺县汤西储备库、瑞丰粮油食品加工车间及仓库和平远县粮食收储公司、大埔县粮食收储公司、梅州市稻丰实业有限公司、兴宁市金谷粮食加工厂、蕉岭粮食加工仓储物流配送中心7个建设项目完工，可投入使用。二是“危仓老库”维修改造。全市有7个“危仓老库”项目纳入中央资金投资补助项目，争取到中央资金170万元，总投资834万元，有6个项目完工并投入使用。三是粮食交易“微改革微创新”和质检体系建设。全面完成粮食交易机制建设，成立市嘉应粮食交易中心有限公司，建立全市储备粮竞买竞卖网上交易制度，规范储备粮竞买竞卖程序。2016年，全市储备粮网上购销总量133812.6吨，其中销售总量32465.6吨、采购总量101347吨。成功申报梅州国家粮食质量检验检测站，并设置物检区和化检区等功能房，购置先进的检验检测设备。

【粮食储备管理】 一是新增地方储备粮规模全面完成，圆满完成全市6.84万吨增储任务。二是科学储粮水平不断提升。进一步加强储备粮规范管理，严把源头关和质量关，确保入库粮食安全。创新管理机制，优化品种结构，探索常规储备、包干（动态）储备轮换相结合的存储方式，推进粮食流通“四散化”工程，推广绿色储粮和节粮减损新技术。

【依法治粮】 一是强化粮食流通监管。严格执行储备粮出入库质量检验制度、规范事中事后监管制度，灵活运用随机抽查、专项检查、突击检查等方式，加强粮食库存检查、政策性粮食收购和出库检查、“转圈粮”专项整治、安全生产检查等，做好增储任务的监管服务和库存粮食监督检查工作。加强粮食收购和市场秩序监管，严格执行粮食市场准入制度，加大涉粮案件查处力度，确保粮食流通市场秩序规范稳定。二是做好依法治粮宣传工作。在《粮食流通管理条例》《广东省粮食安全保障条例》颁布实施周年和“世界粮食日”“爱粮节粮宣传周”“粮食科技活动周”期间，开展系列法治宣传教育活动，营造爱粮节粮和保障粮食安全的良好社会氛围。

【粮食应急调控】 一是粮油市场保供稳价工作。做好社会粮油供需平衡报表编制、测算、分析工作和2016年城镇居民粮油消费调查、社会粮油供需平衡调查、秋季粮油普查等工作，为政府调控粮食供需平衡提供决策依据。规范应急网点建设，修订完善粮食应急预案，制定《梅州市粮食收购、储存和政策性粮食质量安全事故应急处置预案》，开展粮食应急保障和质量安全事故应急培训和演练。推进粮食产销合作，与江西省樟树、宜春和吉林省吉林、松原、敦化等市达成粮食产销合作协议，拓展粮源渠道，确保全市粮食市场供应充足、价格稳定、秩序良好。二是军粮供应管理工作。进一步提升军粮供应管理规范化水平，加强军粮供应质量、财务管理，严格执行军粮供应“五统一”制度，确保供应部队的粮油符合国家等级标准和卫生安全。全面完成市粮食局直属分局和兴宁市、平远县、大埔县粮食局的4个纳入省军供网点应急仓储设施维修改造项目建设。

（市粮储局）

农　业

责任编辑：廖晓鹏

粮食和经济作物

【概况】 2016年，梅州市各级农业部门以打造富硒长寿品牌为中心，持续推进农业组织化、信息化、品牌化、市场化、机械化、服务社会化及农村土地制度、人才培养模式、农业金融等系列改革与探索，推进农业生产方式转变、农业现代化建设和农民增收。全市农业总产值343.02亿元，同比增长4%。农业增加值211.89亿元，同比增长4.3%，增速全省第一。全市农村常住居民人均可支配收入12991.2元，同比增长10.1%。全年粮食总产量121.97万吨，同比增长0.1%。全年水产品总产量11.5万吨，同比增长3.5%。

【经营主体培育壮大】 梅州市农业部门加强农业十二协会建设，健全内部运作机制，开展协会换届，提升协会的凝聚力和带动力。加大龙头企业、合作社、家庭农场的培育力度，新增国家级龙头企业1家，广东顺兴种养股份有限公司在“新三板”挂牌上市；新增省级龙头企业21家，累计106家，居全省第一；新增市级龙头企业39家，累计353家；新增农民专业合作社409家，累计4172家；新登记注册家庭农场558家，累计1410家。

【农业种养结构优化】 梅州市开展粮食高产创建活动，2016年，全市粮食播种面积21.64万公顷，产量121.97万吨，其中水稻种植面积17.43万公顷，产量106.68万吨。由杂交水稻专家、中国工程院院士袁隆平选育的华南双季超级稻在兴宁市测产验收，年亩产1537.78公斤（干谷），提前一年实现年亩产三千斤的攻关目标，创造双季稻产量世界纪录，“华南双季超级稻年亩产三千斤技术绿色高效模式攻关”在梅州市获得全面成功。推进种植结构调整，优化产业布局，2016年，全市水果种植总面积900815公顷，总产量150.86万吨，其中梅州金柚种植面积385853公顷，总产量86.64万吨；脐橙面积36448公顷，总产量7.43万吨。全市茶叶种植面积128037公顷，总产量1.52万吨。发展特色养殖，引进美国银斑、小龙虾、澳洲石斑鱼、澳洲淡水龙虾等新品种试养、示范推广，优化放养结构，全年水产品总产量11.5万吨，同比增长3.5%。

【品牌建设】 2016年，梅州市有10个名牌产品入选广东省第二届“十大名牌”系列农产品，数量居全省第一。新增省级名牌产品8个，累计89个，占全省近1/10。新增无公害农产品认证企业22家，认证面积21775公顷，累计353家；新增绿色食品企业6家，累计55家；新增有机食品企业8家，累计91家。新增大埔乌龙茶为国家地理标志保护产品，累计6个。对金柚、茶叶等主导产业，实行红黑名单管理制度，筛选首批金柚、茶叶红名单企业34家。

【农业标准化实施】　以提高农产品质量和市场竞争力为重点，推进农业标准化五年大行动，出台《梅州市农业标准化工作实施意见》，明确2016—2020年发展目标及工作计划。推进标准园建设，新增梅州市飞龙果业有限公司、大埔聚德生态发展有限公司、梅州市骏辉实业有限公司等14个农业企业为首批标准化示范园，涵盖金柚、茶叶、蔬菜产业及特色种养。

【富硒长寿品牌打造】　联合省地质局第八地质大队，开展全市8个县（市、区）的土壤检测工作，据最新勘测统计，全市有富硒土壤区域8280平方千米，占全市面积的52.3%，硒平均含量0.7mg/kg，比国家富硒标准高出75%。依托梅州市富硒土壤和长寿之乡新优势，市政府出台《关于推进“世界客都·长寿硒谷”品牌建设工作的实施意见》，启动实施“世界客都·长寿硒谷”差异化品牌战略。开展现有农业基地和产品检测工作，筛选首批富硒农业生产基地76个（含64个土壤富硒基地及12个产品富硒基地），评选出梅州金柚、嘉应茗茶、平远脐橙、客都稻米等十大最受欢迎长寿特产。成功召开“第六届国际硒研讨会暨世界富硒长寿产业联盟大会”，推进产研对接、产销联动、跨域合作。

2016年10月24日，世界富硒长寿产业联盟在梅州启动

【转型升级】　2016年，以金柚为原料的金柚啤酒、金柚饮料、金柚膳食纤维、金柚果胶等柚类精深加工进一步发展，橙汁、葛(淀)粉、梅片树深加工能力不断增强。全市农产品加工总量48万吨，农产品加工总值27亿元，农产品加工总值超过1亿元的企业7家，农产品加工总值超过5000万元的企业26家。发展休闲观光农业，新增平远县为全国休闲农业与乡村旅游示范县，新增五华县双华镇、丰顺县八乡山镇、大埔县三河镇、蕉岭县三圳镇4个镇和梅州梅台阿鲤廊生态农业园、梅州梅县雁洋南福春秋等6个点为全省第三批休闲农业与乡村旅游示范镇和示范点称号。

【宣传推介】　充分利用媒体、展会及信息平台，全方位加强农产品宣传推介，提升市场知名度，“大宗供销、超市专柜、社区直供、电子商务”四类市场得到巩固发展。与《南方日报》合作推出《嘉应茗茶——一片叶子的故事》《梅州金柚——一棵树的传奇》等12个专版宣传。在梅州农业信息网上增设专家库等栏目，开通网站手机版，梅州农业信息网发布信息313篇，梅州农业微信公众号推出图文信息92篇，12个协会微信产业群发布各类信息600多条（篇），每次信息发布辐射影响30万人次以上。组织企业参加第十四届中国国际农产品交易会、广州农博会、第七届省农博会、海上丝绸之路展、全国革命老区首届特色手工艺品和农特产品展览会等多场展会，开拓外部市场。

【基础设施建设】　梅州市新建农业仓储（农业设施）68个，3年累计建成187个，面积72.4万平方米，农业仓储能力大大提升，对金柚等产品批量化储藏、机械化筛选、等级化分级、品牌化包装、链条化延伸提供厚实的设施条件。全面竣工112359公顷高标准基本农田建设任务。实施耕地保护与质量提升工程，开展土壤墒情、耕地质量、土壤重金属监测，全市共建26个耕地质量监测点。推动农村沼气发展，全市新建户用沼气池195个、大中型沼气工程8宗，累计户用沼气池达到10.026万个、大中型沼气工程109宗。

【科技创新】 加强与省农科院合作，壮大科研力量，成立省农科院梅州分院（梅州市农科院）。深入实施“外援专家+内源专家+乡土专家”三级农业人才科技服务机制，组建三级人才专家库，推动院地合作、科企对接，遴选52位专家组成8个市级农业科技专家组，分别对接8个县（市、区）、33个基地。广东省农科院首批与广东金珠农业科技有限公司等15家企业签订合作协议，实现点对点式精准对接。加快农科创新中心建设，新建立茶叶、柑橘种质资源圃和柑桔无病毒苗圃，可年产无病优质苗木10万株以上。示范推广以防治柑橘木虱为核心的黄龙病综合防控技术，建立黄龙病综合防控示范点15个，柑橘木虱统防统治面积29882公顷。

【农村综合改革】 进一步完善农业社会化服务，把单一服务向多领域、多方位、多时段拓展，形成以政府主导、农民专业合作组织为主体、龙头企业为骨干、信息建设为纽带的多层次服务组织格局。全市经营性专业化服务主体（社会化服务类型合作社）675家。推进农业机械化，农机化水平明显优于其他山区地市，农作物综合机械化水平47.3%。以“四至清楚、确权到户”为目标，全面铺开农村土地确权工作，全市8个县（市、区）均完成外业公司的招投标和合同签订工作，全市有108个镇、1936个村开展农村土地确权工作，完成实测耕地面积940412公顷，实测率68.6%。深化与金融机构的合作，推动农业融资模式创新，与邮储银行签署战略合作协议，推出“互联互保”“政银合作”等农业贷款品种，与中国银行梅州分行签署“客都特产抚育战略合作协议”，推出无抵押贷款（300万元内）。出台《梅州市农林业新型经营主体信贷风险补偿基金管理办法》，设立新型经营主体信贷风险补偿基金，市财政5年内投入5900万元，放大撬动银行资金5.9亿元用于支持经营主体。

【强农惠农政策落实】 落实中央、省关于农业“三项补贴”改革的工作部署。全年核发支持耕地地力保护补贴面积18.60万公顷，发放补贴资金2.27亿元。争取村级公益事业“一事一议”项目，落实省级以上财政奖补资金7281万元。开展政策性农业保险，水稻投保面积17.22万公顷、蔬菜投保面积419.02公顷、水果投保面积704.17公顷。受台风“海马”影响，水稻受损面积约1.86万公顷，预计保险赔偿金额4000多万元。

（市农业局）

畜牧业

【概况】 2016年，全市生猪饲养量412.11万头，其中存栏154.95万头，出栏257.16万头，牛、羊、禽、兔的出栏量分别是4.32万头、7.03万头、5029.75万只、90.87万只，肉类总产27.47万吨，禽蛋产量2.49万吨，奶类产量0.15万吨。全市畜牧业呈现持续稳定发展的良好势头，猪禽自给有余，部分供应珠三角等地区，确保全市人民的畜产品安全有效供给。2016年，全市畜牧业产值77.87亿元，畜牧业是全市农业中的第二大产业，是农民收入的主要来源之一，是农村经济持续发展的重要力量。

【绿色现代畜牧业基地建设】 截至2016年年底，全市年出栏生猪500头以上的规模猪场472个，其中万头以上猪场35个；年出栏5万只以上的肉鸡养殖场69个。全市国家级保种场1个、省级原种猪场9个、省级原种鸡场1个、种猪扩繁场25个；农业部畜禽养殖标准化示范场19个和省重点生猪养殖场22个、重点家禽养殖场19个、省级“菜篮子”基地15个；省级农业龙头（畜牧）企业13家、市级龙头78家，农业部无公害农产品认证企业94家、广东省农业名牌产品认证企业4家。全市90%以上规模养殖场推行产业化、标准化生产和生态健康养殖，提高畜禽生产水平，绿色现代畜牧业基地初具规模。

【生态特色畜牧业发展】　全市存栏 10 头以上肉牛养殖场 103 个，存栏 50 头以上肉羊养殖场 86 个，存栏 100 只以上肉兔养殖场 49 个，蜜蜂存栏 18 万群。位于平远县长田镇的梅州和信达农牧公司是一家专门从事肉牛养殖的企业，养殖基地占地面积 73.16 公顷，2014 年成立以来投入 2000 多万元，建有栏舍 4000 平方米，完善青贮池、饲料房、沼气池等配套设施，人工种植牧草 10.05 公顷，存栏肉牛 257 头。2016 年，成功配种母牛 86 头，产牛犊 36 头，出栏肉牛 230 头，全年销售收入 483.76 万元，利润 69 万元。广东桂岭蜂业公司实行“公司+基地+农户+科技+品牌+效益”模式，带动蕉岭县农户发展养蜂生产，开展本地优质中华蜜蜂的收集和培育，在基地原有蜂群饲养量 5000 群的基础上扩大到 8000 群，带动全县养蜂 2801 户 5.5 万群，创建“桂岭蜂蜜”品牌，并建成省级中华蜜蜂保种示范场。5 月 17 日，蕉岭县通过由国家畜禽遗传资源委员会办公室组织的“国家级中华蜜蜂（华南型）保护区”现场审验。

【健康绿色畜牧业发展】 2016 年，全市新增堆粪场 10230 立方米、新增沼气池 37650 立方米、新增沼液储存池 42864.5 立方米。全市升级改造规模养殖场 58 家，按照环保规范要求建设完善治污设施，提高污染治理水平，实现畜禽养殖废弃物资源化综合利用。同时，推广“畜—沼—果（林、茶、蔬菜、稻）”生态良性循环发展模式，促进畜牧业生态健康养殖再上新台阶。平远县生猪养殖主推“畜—沼—果”和“温氏模式”（即配套完善发酵床、病死猪无害化处理池、发酵塔等设施设备，确保污水污物基本“零排放”），全县应用这种模式生产的养猪场有 127 家。

【动物疾病防控】 2016 年，全市没有发生高致病性禽流感等重大动物疫情，保障畜牧业健康发展和社会公共卫生安全。在 9 月全省开展的重大动物疫病防控延伸管理考核工作交叉检查中，梅州市防控工作得到省检查组的充分肯定。

集中防疫工作　全市采购禽流感疫苗 2625 万毫升、口蹄疫疫苗 652 万毫升、猪蓝耳病疫苗 276.8 万头份、猪瘟细胞苗 626.8 万头份、小反刍兽疫疫苗 3.8 万头份，采购应急物资一批。按照春防、秋防工作部署和《2016 年梅州市动物疫病强制免疫实施方案》要求，全市高致病性禽流感、高致病性猪蓝耳病、口蹄疫和猪瘟 4 种重大动物疫病免疫密度均达到 100%，抗体合格率达到国家规定要求。

动物疫病监测　2016 年，全市累计监测动物疫病样品 24465 份，其中禽流感血清学 4857 份、病原学 1821 份，口蹄疫血清学 5156 份、病原学 960 份；送省禽、猪、牛羊血清等样品 1715 份。监测结果显示，全市畜禽群体免疫率较高，其中禽流感免疫抗体合格率 89.2%、口蹄疫免疫抗体合格率 75.1%、猪瘟免疫抗体合格率 84%。

H7N9 流感防控工作　2016 年，全市从各养禽场、批发市场、农贸市场采集 775 份禽血清、禽棉拭子等样品进行 H7N9 检测，检测结果全部为阴性。养殖环节未发生动物 H7N9 流感疫情。

病死畜禽无害化处理体系建设　贯彻落实省、市病死畜禽无害化处理实施方案，指导和监督各地加强病死畜禽无害化处理工作，推动兴宁市、五华县、丰顺县等畜禽养殖大县（市）病死畜禽无害化处理场建设。以梅县区、蕉岭县、兴宁市各 1 个规模养殖场为示范点，探索、推广应用病死畜禽无害化处理设施设备经验。蕉岭县建成一个覆盖全县、年处理病死畜禽 2000 多吨的无害化处理厂——蕉岭县益民农业资源再利用处理厂，全年处理病死猪（禽）39163 头（只），取得良好的社会效益和生态效益，并在全省工作会议上作典型经验介绍。

消毒灭原　1 月 13 日，全市组织开展“动物防疫消毒灭原日”活动，出动人员 5551 人次，消毒面积 1165.248 万平方米，消毒养殖场 4120 个。督促规模养殖场、屠宰场等加强定期消毒工作，消除疫病隐患，指导养殖户加强养殖管理，健全养殖档案，增强防疫意识，提高防疫水平。

防疫应急演练　全进一步健全突发疫情的应急机制，市制定《梅州市突发重大动物疫情应急操作手册》，强化疫情预警预报，健全疫情报告制度。五华县、梅江区、蕉岭县举办2016年突发重大动物疫情应急演练现场会，进一步提高应急处置能力。

【畜产品质量安全监管】　全市没有发生重大畜产品质量安全事件，确保人民群众吃上“放心肉”。

生猪“瘦肉精”违禁品监管　抓好生猪养殖场、屠宰场“瘦肉精”等违禁添加物的监督检查，全年实施生猪尿样盐酸克伦特罗、莱克多巴胺和沙丁胺醇检测抽样分别为63809头份、63596头份、41858头份，检测合格率全部100%。农业部检测机构、省兽药饲料质量检验所、省农科院先后到市开展生猪“瘦肉精”检测、畜禽产品抽检、兽药残留风险评估等项目，全部达到合格水平。

畜牧业投入品监管　市成立兽药质量安全监管工作领导小组，与各县（市、区）签订《梅州市实施兽药GSP工作责任书》，建立健全兽药GSP专项整治工作责任制。市制作下发《行政处罚一般程序流程图（以经营假劣兽药为例）》和《广东省农业行政执法检查记录表》，加强对兽药、饲料等畜牧业投入品的生产、经营和使用等环节的监督检查。全市组织专项整治饲料、兽药市场行动526次，出动13094人次，对13家兽药、饲料生产企业和864间兽药（鱼药）经营门店、2494个畜禽养殖场、88个畜禽屠宰场进行监督检查。通过整顿饲料、兽药市场，有效地规范市场秩序，打击不法经营行为。

检疫监管完善　继续完善全市192个动物检疫申报点软硬件配套设施设备，努力推行产地检疫“现场检疫—报检点出证”模式，全年实施产地检疫生猪238.7万头、牛4.1万头、羊6.9万头、家禽4958万羽，屠宰检疫生猪202.3万头。同时严把屠宰检疫关，推进屠宰溯源视频监控系统建设、抓好动物标识、各种检疫票证管理及各类报表填报工作，促进检疫工作规范化、标准化，确保出证肉品合格率100%。

【畜禽屠宰管理】　全市认真落实生猪屠宰法规制度，强化生猪屠宰行业管理，稳步推进屠宰管理工作。

“扫雷行动”开展　6月起，全市开展生猪屠宰监管“扫雷行动”，加强小型屠宰场点、“代宰”经营屠宰企业、屠宰环节病害猪无害化处理工作监管力度；加强对私屠滥宰、屠宰环节添加“瘦肉精”、屠宰病死猪、注水或注入其他违禁物质等违法行为的查处力度。全市开展执法720次，出动执法人员5389人次，立案件数131件，罚没金额11.748万元，捣毁私屠滥宰窝点43个。

生猪定点屠宰资格审核清理　4—10月，对全市86家生猪定点屠宰企业屠宰资格逐一进行现场审查复核，并经市政府网站公示无异议，2016年，全市审批确认65家生猪屠宰企业（第一批）。

规划外生猪屠宰场清理　兴宁市政府发布《兴宁市人民政府关于依法关闭规划外生猪屠宰场（车间）的通告》，采取有力措施，于6月11日完成10家规划外生猪屠宰场（车间）关闭工作。

家禽“生鲜上市”　督促家禽定点屠宰场加强管理，梅江区派驻检疫人员到家禽屠宰场开展屠宰检疫工作，全年检疫肉鸡58757只。

生猪屠宰日常监管　市制定《梅州市生猪定点屠宰厂年度和日常监督检查工作方案》，各县（市、区）制定县级工作方案，开展全市86家生猪定点屠宰场监督检查工作，监管覆盖率100%。发放《规范生猪屠宰活动告知书》，全市86家生猪屠宰企业签订《规范生猪屠宰活动承诺书》，生猪屠宰经营户签订《广东省生猪定点屠宰企业接受委托屠宰协议书》，规范屠场管理，督促屠宰企业落实主体责任。加强“瘦肉精”抽检和企业自检工作，检测合格率100%。督促屠宰企业加强肉品品质检验工作，全市有肉品品质检验人员143人，其中参加省农业厅培训并获得资质的108人。各屠宰场全面建立屠前、屠后检疫检验和无害化处理台账，做到各项工作有章可查。推进有关屠宰场迁建工作，大埔县新建的县肉联厂于 2016 年年底投产试运行。按照省、市要求，各县（市、区）启用新版屠宰证章标志。

【畜牧业抗风险能力增强】 一是协调开展政策性能繁母猪保险工作，市畜牧和财政部门及人保财险公司各司其职，密切配合，2016 年全市参保能繁母猪 112101 头。二是推进生猪和家禽养殖保险试点工作，各县(市、区）先后开展生猪和家禽养殖保险业务，投保生猪 38 万多头、家禽 700 多万羽。大埔县投保生猪 4 万多头，五华县投保生猪 145665 头。三是做好畜牧业防灾救灾工作。全市切实加强组织领导，落实防灾抗灾责任，采取有力措施做好年初低温雨雪灾害天气及“海马”等 5 个台风防御工作，提高畜牧业防灾抗灾能力。按照《梅州市汛期畜牧业防灾安全隐患排查和风险防控工作实施方案》，市、县落实安全隐患排查，全市出动工作人员 6132 人次，排查 2089 次，排查畜牧生产主体 2036 个，发现治理隐患点 30 处，保障畜牧业生产安全。

（市畜牧兽医局）

梅州市金绿现代农业发展有限公司整体布局图

林　业

【概况】 2016 年，全市林业用地面积 122.27 万公顷；森林覆盖率 74.78%，位居广东省第二；林地绿化率 97.29%；活立木总蓄积 6202 万立方米；省级生态公益林面积 69.01 万公顷；一、二类林率年均增长 4%以上。全市森林公园 137 个（其中国家级森林公园 4 个），自然保护区 51 个（其中省级 6 个）。组建 13 支共 570 人的森林消防专业队伍和 4382 名的村级护林员队伍。创建 7 个“全国绿化模范县”（单位），7 个“省林业生态县”（梅江区、梅县区、兴宁、平远、蕉岭、大埔、丰顺）、46 个市级生态镇、794 个生态村。兴宁市、平远县被授予“中国油茶之乡”。在全省 2016 年度森林资源保护和发展目标责任制考核中，梅州市居全省第三。

【林政管理】 为服务好全市经济社会发展用地需要，市林业局向上级林业主管部门追加林地指标。全年获批中央、省、市重点项目征占用林地面积 1496.31 公顷，包括梅平高速、梅汕高铁、高陂水利枢纽、五华抽水蓄能电站、梅畲快速路、保税区、东山医院等用地，确保全市各重点项目的顺利推进。深挖吃透粤东西北振兴发展和原中央苏区振兴发展等重要政策文件精神，向国家、省林业主管部门争取项目资金支持，全年争取中央、省专项资金约 5.6 亿元、广东对口帮扶资金 1500 万元。

【林业生态建设】 通过广泛动员、科学部署、示范带动等措施，全市造林绿化工作有效开展，四大林业重点生态工程建设任务、森林抚育任务全面完成。全年完成碳汇造林 1.21 万公顷、生态景观林带 964.67 公顷，新建森林公园 21 个、湿地公园 2 个，完成乡村绿化美化工程 260 个，完成省级碳汇林抚育和中幼林抚育 11.70 万公顷。全民义务植树人数 259 万人次，植树约 1012 万株。

【森林资源管护】 一是完善机制，夯实依法治林基础。出台县、镇党政主要领导“三不”责任追究办法，《梅州市森林火源管理条例》获得省人大常委会批准并从 2017 年 3 月 1 日起实施，划定林业生态红线。二是加大投入，提升森林资源管护基础设施建设。全年投入资金 5251.83 万元，其中市本级 524.82 万元，用于林火远程视频监控系统等森林资源管护基础设施建设及现代化林业管护设施建设。三是提高队伍护林能力。完善提升护林员和森林消防专业队伍，组建爱护森林志愿者服务队。不定期组织学习培训、参观考察，加强护林防火实战演练。四是强化执法。严惩破坏森林资源行为，开展严厉打击非法占用林地等涉林违法犯罪专项行动，加大野生动植物资源保护和打击力度。2016 年，全市各类森林案件立案 270 宗，查处 248 宗，破案率 91.85%；打击和处理违法犯罪人员 257 人次（其中逮捕、判刑 34 人，行政处罚 203 人）。五是广泛宣传。继续引导全民保护森林，开展宣传活动 15 场（次），推送爱林护绿宣传片 30 多次，通过各类媒体宣传报道 300 多次，通过发送温馨提醒短信，出版宣传画册、林业书籍等方式引导群众共同保护森林资源。

【林业产业建设】 市林业局注重对林业产业的发展和支持，鼓励龙头企业辐射带动农户发展林下经济，在规划引导、争取政策、技术支持等方面帮扶林业企业加快发展，突出抓一批油茶、梅片树、竹木、用材林、珍贵树种等示范基地建设，鼓励发展铁皮石斛、金线莲、南药、红豆杉等林下种植。全市有 2 家林业企业获评“国家级林下经济示范基地”，12 家林业企业获评“省级林下经济示范基地”，5 家林业企业获评“国家林业重点龙头企业”，55 家林业企业获评“省级林业龙头企业”。

【国家森林城市创建工作】 从 2015 年年底开始推进国家森林城市创建工作，在全社会共建共享生态文明。成立创建国家森林城市领导小组及办公室，出台市创建国家森林城市总体工作方案，明确到 2018 年成功创建国家森林城市的总体目标和阶段性目标任务，颁布实施《广东省梅州市国家森林城市建设总体规划》，结合新一轮“绿满梅州”大行动开展实施一批重点生态工程，利用媒体开展广泛的工作宣传。

（市林业局）

水利水电

【防汛抢险救灾】

雨情　1—11 月全市平均降雨量 2325.2 毫米，比多年同期大幅偏多 51%。从时间分布看，全市出现 9 轮强降雨过程。第一季度平均降雨量 696.5 毫米，是多年同期的 2.7 倍，其中 1 月降雨量 305 毫米，是多年同期的 6.1 倍，刷新历史纪录；第二季度平均降雨量 789.7 毫米，比多年同期偏多 15.2%。从空间分布看，北部、南部的平远县、蕉岭县、丰顺县的降雨量较多，累计降雨量大于 2500 毫米的站点有 53 个，最大雨量站点为丰顺县留隍镇汤坑镇梅子坝站 3525 毫米。

水情　2016 年，全市主要江河出现 5 场较大洪水。其中五华河河子口水文站 8 月 12 日 11 时出现洪峰水位 117.79 米，相应洪峰流量 840 立方米/秒，为历史实测最大流量；琴江河尖山水文站、梅江河梅县水位站、梅江河横山水文站、石窟河新辅水文站、韩江三河坝水位站、韩江留隍水位站均超警水位多次。

旱情　全年无旱情。

低温冰冻灾害　1 月 22—26 日，梅州市出现历史罕见的低温雨雪冰冻天气过程，大范围出现降温、大风、雨夹雪、冰冻天气，最低温度出现在 1 月 25 日早晨，全市有 133 个测站气温低于 0℃，最低气温为阴那山-10.6℃。此次寒潮雨雪冰冻天气具有降温幅度大、冰雪影响范围广、过程结束快的特点，造成全市各县（市、区）均发生不同程度的低温冰冻灾害，全市 89 个镇受灾，受灾人口 1.52 万人，转移 70 人；全市因灾直接经济损失 1.74 亿元，其中农林牧渔业损失 1.71 亿元。

洪涝灾情　2016 年，全市未发生流域性洪涝灾害，但多轮的强降雨导致各县（市、区）发生洪涝灾害，其中第 22 号台风“海马”造成的灾情比较严重，全市 8 个县（市、区）115 个镇（街）均遭受不同程度的洪涝灾情，受灾人口 37.32 万人次，紧急转移人口 22793 人，因洪涝灾害死亡 2 人，因灾倒塌房屋 998 间，农作物受灾面积 3.99 万公顷，灾害造成直接经济损失 7.28 亿元，其中水利设施直接经济损失 1.78 亿元。

应急处置　面对极端天气频发多发的严峻形势，市、县两级三防指挥部切实加强统一领导、统一指挥，及时启动应急响应，市三防指挥部成员单位首次实行联合值班值守，坚持汛期 24 小时值班和领导带班制度，及时掌握雨情汛情灾情，有效地提高三防指挥调度效能，凝聚防灾抗灾工作合力。

【城市水务工程建设】　全面加快梅州城区新水厂首期 10 万吨工程建设，2017 年 7 月可通水试运行。完成江南水厂二期复产改造，增设东升水厂原水管。完成城西、城北片区二次加压设施和 121 个小区供水管网改造，重点区域供水压力普遍明显提高，漏失率大幅降低。加快梅州城区重点区域排涝整治，进一步提升城市排水防涝能力。

【重大工程建设】　韩江高陂水利枢纽工程建设提档加速，征收建设用地 174.2 公顷，一期一段围堰提前一个月合龙，完成年度投资支付 13 亿元。梅兴华丰产业集聚带水务环保基础设施“1963”工程加快推进，广梅园一期污水处理厂等项目投入运行。超额完成山区中小河流治理任务，全年治理河道 660.4 千米，占省下达市治理任务的 113.8%，治理经验获水利部、省水利厅的充分肯定和推广。

【农村水电建设管理】　全年完成 23 宗农村小水电增效扩容和电气化项目改造工作，完成 12 宗小水电站安全生产标准化试点建设工作，2 宗涝区整治基本完成。加快推进 19 宗农村中型及重点小型机电排灌工程建设工作。

【农田水利设施建设】　继续加强中央小农水重点县建设，完成 3 个省级水利示范县、2 个中央财政小农水重点县年度建设任务。抓好中小型灌区续建与节水改造工程，梅县区中小型灌区改造工程完成 90%、平远县富石灌区改造工程完成 80%、丰顺县引龙灌区改造工程完成 70%。继续完善国家农田水利设施产权制度改革和创新运行管护机制试点工作，蕉岭县全面完成第一轮（2014—2015 年）试点工作，同时继续开展第二轮（2016 年）产权制度改革和创新运行管护机制试点工作。

【农村饮水工程】　推进村村通自来水工程，各县（市、区）对村村通自来水工程建设方案重新进行修编，制定 2016—2018 年工程建设方案，继续抓好项目进展，累计完成 2016 年度投资计划 4.50 亿元，占年度计划任务的 101.13%。

【水库移民后期扶持】　完成梅州市大中型水库移民后期扶持“十三五”规划的编制、上报、审批和梅州市小型水库移民后期扶持“十三五”规划的编制、上报工作。2016 年度大、中、小型水库移民项目完成投资 1.54 亿元。完成梅江区城北干才村美丽家园建设，启动梅江区西阳移民新村、丰顺县埔寨镇茅园移民新村、梅县区车子排移民村和五华县潭下镇移民新村建设。协助市政府完成对清凉山水库扩建工程、大埔县茶阳水电站工程竣工移民安置初验工作。

（市水务局）

【梅西水库】　2016 年，新购置防洪石块 404 立方米、防洪沙 113 立方米、防洪碎石 116 立方米、土工膜、编织袋、应急照明电筒、雨具等防汛物资，切实提高防洪应急保障能力。总降雨 2540 毫米，是水库有气象记录以来历史最高，通过科学调度确保上下游人民群众生命财产安全。

电站增效扩容改造　局属程江梯级电厂和工程管理处争取上级政策扶持资金 1045 万元，自筹 936 万元，对电站进行增效扩容改造，提升设备的效率。梯级电厂改造后，全厂全年销售发电量4722万千瓦时，工程管理处梅西水电站2016年发电量1980万千瓦时，比改造前多年平均发电量翻了一番。

资产盘活　上官塘水库农场通过公开招标发包茶园和柚园，每年可增加收入30多万元，增加企业经营收入。

惠农政策落实　2016年，为248户群众发放补贴3.91万元，同时，向上级申请34300元对患有大病和临时特困群众进行医疗救助。发放优抚补助8.4万元。30多户贫困户全年获取低保、五保、孤儿生活救助资金近17万元。农村合作医疗参保率100%。在“扶贫济困日”发动全区干部职工捐款3.68万元，对库区22户低保户贫困户落实帮扶措施。

“一事一议”和移民后期扶持政策落实　争取中央和省、市财政补助农村“一事一议”资金380多万元，重点改造库区街道、上官塘村和侯畲村的村道、绿化和亮化工程。总投资324万元的梅西水库梅西镇龙居村河堤改造等9宗工程项目基本完成。总投资424万元的梅西水库库区侯畲村四队姚群坑耕作区灌溉等7宗工程项目开工建设。总投资795万元的梅西水库库区美丽家园建设等4宗工程项目，完成招投标及施工合同签订等前期工作。

治安综合治理　2016年，筹资10多万元用于库区平安监控视频建设，一年来累计开展大检查20多次，召开安全生产及水事违法行为整治会议5场，成功制止大坪镇坪畲村一起围库造塘的水事违法行为。制订完善《救灾应急预案》，对排查出来的12户防御地质灾害重点户建立专门的档案，确定责任联系人和联系电话。

（梅西水库）

气　象

【气候】　2016年，梅州市的主要气候特点是气温正常，雨量显著偏多，日照略偏少。年内受超强厄尔尼诺现象影响，天气异常，极端天气事件频发，出现历史罕见的雨雪冰冻天气、冬季洪水和汛后台风等特殊天气。汛期具有“开汛早、雨量大、台风暴雨多”的特征，气候年景偏差。全市年平均气温21.8℃，较常年偏高0.5℃；平均降水量2497.6毫米，较常年偏多56%，创梅州市年雨量历史新纪录。台风暴雨多，17号台风“鲇鱼”和22号台风“海马”均带来明显的降水过程，其中台风“海马”是有气象记录以来10月下旬影响梅州最强的一次台风，造成严重的风雨影响和风灾洪灾。

气温　2016年，梅州市各县（市、区）年平均气温在21.4℃～22.5℃之间。年内气温起伏大，2月、3月气温明显偏低，4月、5月、6月、10月、12月气温则明显偏高。1月下旬受寒潮影响，全市最低气温出现在阴那山-10.6℃，其中蕉岭、兴宁、五华3县的最低气温创当地1月下旬新低。2月全市平均气温11.8℃，较常年同期偏低2.3℃，12月全市平均气温15.9℃，较常年同期偏高2.3℃。全年全市各县的极端最低气温为：-1.8℃～0.8℃，均出现在1月25日，其中蕉岭录得全市最低温：-1.8℃；各县极端最高气温为：37.9℃～38.6℃，出现时间不一，梅县、蕉岭、大埔7月24日测得全市最高温38.6℃。

雨量　2016年，梅州市各县（市、区）年总雨量在2295.8毫米～2858.2毫米之间。从时间分布看：年内全市出现9轮强降雨过程。第一季度平均降雨量696.5毫米，是常年同期的2.7倍，其中1月降雨量305毫米，是常年同期的6.1倍，刷新历史纪录；第二季度平均降雨量789.7毫米，比常年同期偏多15.2%，其中4月降雨量346.7毫米，比常年同期偏多67.8%；第3季度平均降雨量620.3毫米，比常年同期偏多14.5%；第4季度平均降雨量380.8毫米，是常年同期的2.8倍，其中10月降雨量208.8毫米，是常年同期的5倍，为历史次高值。从空间分布看：北部的平远、蕉岭降雨量较多，年降雨量均超过2780毫米，全市最大年雨量出现在丰顺县八乡山镇，为3328.8毫米。

日照　2016年，梅州市各县（市、区）年总日照时数在1431.8小时~1652.7小时之间，全市平均1559.1小时（比常年平均偏少15%），除大埔、丰顺、五华属正常外，其余属略少。

【灾害性天气】　2016年，梅州市天气异常，极端天气事件频发，年内主要气候事件是历史罕见的雨雪冰冻天气、冬季洪水、开汛早、汛后台风、年雨量创纪录等。

罕见寒潮　1月22—26日，梅州市出现罕见寒潮天气，这次寒潮过程具有“降温幅度大、冰雪范围广、极端气温低、大风时间长”等特点，同时也是梅州市自1991年以来时隔24年再次出现大范围降雪天气。此次寒潮各县城测站最低气温情况如下：蕉岭-1.8℃、平远-1.6℃、兴宁-1.5℃、梅县-1.4℃、五华-1.1℃、大埔-0.9℃、丰顺0.8℃；全市最低气温出现在阴那山-10.6℃，其中蕉岭、兴宁、五华3县的最低气温创当地1月下旬新低。此外受寒潮影响，24—25日梅州市日平均气温大部分在3℃左右（梅县24日3.2℃、25日3.4℃），气温极低。

冬季洪水　受季风云带和西风槽的共同影响，1月21—22日，梅州市中、北部普降暴雨局部大暴雨，最强降雨时段在21日夜间，强降水区主要在平远县。根据自动气象站网监测，21日8时至22日8时，平远县平均雨量108毫米，全县有88%的站点雨量超过50毫米，2个站雨量超过200毫米，最大雨量出现在泗水镇（245毫米）。平远县全县均不同程度受灾，其中泗水镇、上举镇受灾最为严重，无人员伤亡报告，直接经济损失1.65亿元。

开汛早　3月19—24日，梅州市先后出现暴雨，局部大暴雨，部分市县还出现冰雹和6级~8级的短时雷雨大风等强对流天气，此次过程具有“降水时间长，过程雨量大，一场降水致开汛”的特点。持续强降水导致梅州市江河水位暴涨，梅江横山水文站超警戒水位2.05米，韩江三河坝超警戒2.79米，8个县（市、区）62个镇受灾，直接经济总损失1.37亿元。

汛后台风　“海马”是有气象记录以来10月下旬以后登陆广东省的首个强台风，具有“强度强、移速快、风雨范围广”特点。受其影响，梅州市20日20时到22日08时出现狂风暴雨天气，全市普降暴雨到大暴雨，局部特大暴雨，平均风速6级~8级，阵风9级~12级（丰顺县汤南镇出现12级大风：34.8米/秒）。

【防灾减灾】

预警服务工作　2015年，梅州市（含各县）发布台风预警信号92次、暴雨预警信号287次、雷雨大风预警信号413次、高温预警信号113次、寒冷预警信号126次、大雾预警信号75次、冰雹预警信号3次、道路结冰预警信号2次、灰霾预警信号18次、森林火险信号92次。做好灾害性和关键性天气预报服务工作。市气象台全年发布重大气象信息快报74期、天气报告74期、重大气象信息专报8期。全力应对1月强寒潮、“1·28”“3·19”等强降水过程和台风“妮妲”“莫拉蒂”“鲇鱼”“海马”等重大气象灾害，尤其是在“海马”影响期间，市、县两级气象部门先后发布台风黄色、橙色预警信号，全市中小学、幼儿园、托儿所和中等职业技术学校（含技工学校）停课，为梅州市首次全市停课，实现防台风工作“零死亡”。

气象服务保障工作　完成“两会”“党代会”“2016南粤古驿道定向大赛”“2016中国·丰顺‘喜德盛杯’国际山地自行车邀请赛”“大埔县蜜柚名茶长寿文化旅游节”等各项重大活动的气象保障工作。10月16日，2016年南粤古驿道定向大赛第4站，在梅州市大埔县百侯镇客家古村侯南村举行。活动当日正值21号台风“莎莉嘉”来袭之际，各方都非常关注天气，市气象局顶住压力，通过反复分析判研，做出晴天的预报结论，成功准确的预报为主办方制定周密的活动方案提供可靠的参考，在活动期间每半小时的滚动天气信息为整场活动保驾护航。11月26—27日，2016年中国·丰顺“喜德盛杯”国际自行车邀请赛在丰顺县城隆重举行。丰顺县气象局召开专题服务会议，组织预报员进行周密会商，制订周密的气象服务方案，优质的气象服务获得主办方的高度评价。11 月 28 日，中国共产党梅州市第七次代表大会开幕，为保障大会顺利召开，市气象局在大会召开期间设立专题气象短信组，向相关人员提供每 3 小时滚动更新天气预报。

气象防灾减灾救灾体系完善 抓好《广东省气象灾害防御条例》和《广东省突发气象灾害预警信号发布规定》贯彻落实，建立以预警信号为先导的停工停课机制，推广下载“停课铃”，商请市人社局将灾害性天气停工机制纳入劳动合同标准版本。与国土、水利、农业等 25 个部门实现应急预案无缝衔接，建立部门间高效联动主动应对气象灾害的响应机制。制定出台《梅州市突发事件预警信息发布实施细则（试行）》，规范预警信息发布责任、分工、流程和渠道，增强突发事件预警信息发布能力。

【气象现代化建设】

重点项目进展 平远县新观测场于2016年1月 1 日进行对比观测，新址搬迁得到省局批复同意，将于 2017 年 1 月 1 日开始正式业务运行。蕉岭县预警中心业务用房于 10 月竣工并投入使用，由蕉岭县财政投入 100 多万元建设的梅州市首个县级气象影视制作中心顺利投入业务运行。梅县区预警中心业务用房基建、内部装修、附属设施全面完工。雷达双偏振改造 10 月开始，硬件改造完成。

现代化发展水平提升 市政府印发《关于全面推进我市气象现代化建设（2016—2020）的实施意见》，明确推进生态文明气象保障工程建设，推进气象科技成果的应用，建设“互联网+气象服务”工程三项主要工作，并要求通过加强组织领导，完善国家与地方气象事业协调发展机制，强化气象法治建设，聚集和激励气象科技创新人才，强化督促考评五方面措施强化保障。联合发改局印发《梅州市气象发展“十三五”规划》，明确将扎实推进生态文明气象保障工程、预报预警和应急保障工程、“互联网+气象”服务工程（“智慧气象”服务工程）、现代化新型台站建设“四大重点工程”建设任务。

防雷领域改革 加强行业监管，与经信、安监等部门联合开展气象灾害防御暨防雷安全生产执法检查行动。联合民政、农业部门开展农村雷电灾害隐患排查专项行动。组织开展岁末年初安全生产大检查。把气象（防雷）安全工作及成效纳入市、县领导班子安全生产责任制考核内容。国务院印发《国务院关于优化建设工程防雷许可的决定》后，市气象局多次与住建部门协调，就如何加强防雷安全监管、防雷装置竣工验收及备案需要资料等进行探讨，推进防雷改革。

（罗碧瑜　曾惠娟）

供销合作经济

【概况】 梅州市供销合作社是集体所有制性质的合作经济组织，由市社、县（市、区）社、镇级基层社三级供销社组成，截至 2016 年年底，有县（市、区）供销社 8 个，基层供销合作社 65 个。全系统有法人单位 129 个，产业活动单位 1765 个，从业人员 4987 人，其中正式职工 1812 人；离退休人员 7094 人，市社机关干部职工 22 人。2016 年，全系统经营总额 771527 万元，同比增长 7.4%；商品总销售 407573 万元，同比增长 4.3%；利润 682 万元，同比增长 1%。新组建农民专业合作社 30 家，累计组建 624 家，实现助农增收 2.1 亿元，在全省供销社系统名列前茅。

【综合改革试点】 一是抓好中央、省深化综合改革文件的学习贯彻。围绕供销社改革“不能把为农服务的宗旨改丢了，不能把系统优势、规模优势改没了，不能把社有资产改少了，不能把市场经济方向改偏了”的原则，结合工作实际提出贯彻落实的意见。二是制定梅州市深化供销合作社综合改革实施意见。组织起草《中共梅州市委梅州市人民政府关于深化供销合作社综合改革的实施意见（送审稿）》，提交市政府常务会议和市委常委扩大会议审议通过，市委、市政府印发《中共梅州市委梅州市人民政府关于深化供销合作社综合改革的实施意见》。三是综合改革试点工作成效显著。督促指导列为综合改革试点县的丰顺县供销社、蕉岭县供销社做好综合改革试点工作，推进组织体系、经营体系、服务体系和管理体系创新，争取综合改革项目资金482万元。2个试点县供销社通过综合改革，创新发展模式，拓宽服务领域，创新组织体系和服务机制，形成综合性、规模化、可持续发展的为农服务体系，综合实力明显增强。丰顺县供销社、蕉岭县供销社圆满完成综合改革试点16项工作任务，分别获评93.4分和93.9分，通过省评估验收。蕉岭县供销社全面恢复传统经营业务，丰顺县供销社与省社直属企业进行产权对接、建设“三农”综合服务平台的做法得到省综合改革评估验收组的充分肯定，认为可在全省进行推广。

【创建农产品电商平台】　一是进一步完善农产品电子商务实体运营平台建设，实现线上线下同步销售农产品。截至2016年年底，入驻电商平台农业企业和农民专业合作社累计506家；入驻实体运营平台农业企业和农民专业合作社累计108家。注册“梅州供销农产品”微信公众号，并通过账号主体认证，实现网站、手机、微商城三网合一。推进电子商城建设，入驻电子商城农业企业和农民专业合作社24家，网上交易量实现新突破。全年全系统线上线下销售农产品231188万元，同比增长52.2%。二是做好本系统电商平台与全国供销总社电商平台的有效对接，组织引导本系统企业、基层社、农民专业合作社入驻“供销e家网”“供销大集网”，系统整合资源，融入“供销一家”一张网。三是推广“互联网+电商金融”服务。协调线上线下实体运营平台与中国农业银行E商管家电商平台进行业务对接，依托中国农业银行自身强大的网络和客户资源，为企业提供多渠道支付结算、线上线下协同发展、云服务等一体化的综合性电商金融服务。四是各县级社发展农产品电子商务。大埔县供销社创建全国供销合作社电子商务示范县成效显著，电子商务运营中心和“客都供销商城”建成投入使用，入驻龙头企业40多家，销售产品1600多种。同时，配套建设电商培训中心、青年创业孵化基地、实体体验展示店。蕉岭县供销社组建一叶电子商务有限公司，建成200平方米的农土特产品线下展示厅，完成自主研发的独立电子商城系统升级，“线上+线下”运营模式日臻成熟，成为解决农产品难卖问题的重要平台。梅县区供销社依托该区电商产业园电子商务平台，扶持和鼓励各类专业合作社网上开店，开展与5i5D代销平台业务，推动农民专业合作社农产品与电商企业有效对接，实现线上线下融合发展。五华县供销社利用中国供销·粤东农批项目落户五华的大好时机，与中国供销·粤东农批公司签订电子商务战略合作协议，开展电子商务示范县创建工作。

【农民专业合作社发展】

农民专业合作社培育　全年新组建农民专业合作社30家，累计组建624家。入社农户33700户，带动农户98900户，助农增收2.1亿元。全系统有19家国家农民专业合作社示范社、12家全国供销合作总社农民专业合作社示范社、52家省级农民专业合作社示范社、215家省供销社系统农民专业合作社示范社、231家市供销社系统农民专业合作社示范社，居全省供销社系统首位。

农民专业合作社联合社组建　引导农民专业合作社以产品和产业为纽带开展联合与合作，有效整合资源，实现抱团发展。全年新成立3家专业合作社联合社，累计6家，在引领农民耕山致富方面起到示范效应。开展农村综合服务社星级社申报评定工作，全年新组建4家，累计79家；新评定“三星级”3家、累计18家；新评定“四星级”1家、累计4家；省供销社新认定“五星级”1家、累计3家。

【惠农政策扶持】　一是贯彻落实市供销社与人保财险、人保寿险梅州分公司签订的《战略合作协议》精神，先后组织大埔县供销社和蕉岭县供销社与相关保险公司进行保险服务业务对接，分别与保险公司在综合服务社和保险业务对接、农民专业合作社和保险业务联结、农化服务培训和涉农保险宣传相结合的金融服务业务达成合作意向。二是为推动广东省供销合作社省级金融服务平台与梅州市供销合作社系统综合改革试点单位的对接，市供销社与省供销社直属企业广东新供销农业小额贷款股份公司签订《广东省供销合作社省级金融服务平台对接综合改革试点单位战略合作协议》，选择梅州市雨农农业发展有限公司与广东新供销农业小额贷款股份公司开展合作，组建广东新供销农业小额贷款股份公司梅州分公司，开展全市供销合作社系统的农业小额贷款金融服务，扶持供销合作社系统的企业和农民专业合作社发展。

【“新网工程”建设】 推进“新网工程”（新农村现代流通服务网络）建设，加强联合合作，在全市系统初步构建上下贯通的农村现代经营网络和经营服务综合平台，服务城乡群众生产生活。

农资经营网络建设　以广东天禾农资梅州配送公司为抓手，推进与改革试点县蕉岭、丰顺县的业务对接，全年新发展农资配送中心 2 家，终端客户发展到 390 家，其中新发展直接用户客户 10 家。

粮油销售网络完善　支持梅州新供销天润农产品有限公司加快粮油配送网络进县入镇建设工作，重点发展区域经销商或县、镇加盟店，着力打好“社区牌”，服务城乡社区居民。全年发展终端消费客户 30 家，二级经销商 10 家，发展天润粮油加盟店 1 家，天润粮油平价商店和粮油配送网络基本覆盖全市城乡。

省、县共建项目建设　由广东新供销天润农产品有限公司出资 280 万元，丰顺县供销社出资 120 万元参股组建，总投资 580 多万元、建筑面积 3200 平方米的丰顺新供销天润三农综合服务平台正式建成使用，为当地城乡群众提供质优价廉的农副产品、金融服务和新农村建设培训服务。

加盟入驻供销大集“酷铺”　市供销社与供销大集华南区代表签订合作协议，携手合作开展打造“500 家酷铺”工作。多次与供销大集公司沟通协商，对自愿加盟、入驻的供销社系统企业、农民专业合作社提供最优惠政策。供销大集“酷铺”业务逐步与各县供销社系统企业、农民合作社进行对接，搭建为农服务平台。

中国供销·粤东农批项目建设　项目位于五华县水寨镇，总投资 15 亿元，规划用地面积 24.12 公顷，总建筑面积约 45 万平方米。建成后将成为集客都休闲港、粤东“名特优”产品展销港、商品综合交易港、“自由贸易”港四大主题产业区于一体的现代化大型综合商贸平台，将有效促进粤闽赣城市圈的农商业发展。

【安全生产工作】 一是严格落实安全生产责任制。坚持把安全生产作为各级供销社和社属企业一项重要的日常管理工作，完善安全生产责任体系和管理机制。二是开展安全隐患排查整治行动。在全市供销社系统开展消防安全、粉尘、易燃易爆危险化学品、烟花爆竹安全大检查，对直属企业、省市社参（控）股企业以及各县（市、区）供销社直属企业、基层社进行全面的消防安全大检查和安全隐患排查整治。全年全系统对 56 家市县企业进行安全检查，对相关企业发现的安全隐患和问题进行整改，实现全年全系统安全经营。

【服务“三农”工作宣传】 加强与新闻媒体合作，宣传中央 1 号文件、习近平总书记和李克强总理关于继续办好供销社的批示精神和广东省实施意见精神，让广大农民了解党的农村政策，有效对接各级惠农政策。全年在省、市报纸杂志刊登稿件 18 篇，在省、市社和市政府政务公开网站发布信息 863 篇。与市广播电视台《服务 900》栏目开展战略合作，全年为农民专业合作社和农业企业免费制作 23 个专题视频，累计制作 52 个，视频挂在市供销社官方网站长期宣传，有效推介市内有代表性的涉农企业和农民专业合作社产品及市供销社电子商务平台。在市供销社官方网站增设百家农民专业合作社示范社宣传专栏，专题宣传报道 100 多家农民专业合作社创业历程和示范带动社员增收致富风采。

（谢益军　李廷颂）

工　业

责任编辑：廖晓鹏

经济和信息化

【概况】2016年，梅州市规模以上工业企业436家，比上年增加43家，全市规模以上工业企业完成总产值736.75亿元，同比增长3.6%，完成规模以上工业增加值224.21亿元，同比增长4.6%。

【招商引资】根据市委、市政府招商引资工作部署，市经济和信息化局按照“一区两带六组团”发展新格局，致力发展壮大实体经济，着力推进梅兴华丰产业集聚带建设，围绕重点产业发展，实施精准招商、靶向招商，实施“乡贤回归创业工程”，全力助推梅州振兴发展。推进梅州江南电器有限公司生产用房项目，即新型节能LED灯异地搬迁生产技术改造项目。项目计划总投资10500万元，全部投产后产值可达到3.21亿元，创造税收1500多万元。项目落户东升工业园，占地面积约1.34公顷，基本完成1栋厂房和办公楼主体建设，力争2017年底建成投产。

【园区建设】2016年，园区经济效益不断提升，全市产业园区（集聚地）实现工业总产值431.36亿元，规模以上工业增加值83.38亿元，全口径税收20.15亿元。园区“三个一批”项目建设成效明显，新签约项目89个，计划投资额177.72亿元。入园落地企业651家，建成并投产企业549家，新动工建设企业70家。园区基础设施建设不断完善，累计投入基础设施建设资金28.19亿元，重点用于水、电、路及污水处理等。全年园区获得省级财政专项建设资金6.01亿元，其中获得省扩能增效招商选资专题资金1亿元、企业创新专题100万元、梅兴华丰产业集聚带环保基础设施专项建设资金5亿元。

【梅兴华丰产业集聚带建设】2016年，省政府常务会议审议通过《广东梅兴华丰产业集聚带环保基础设施规划建设方案》，为梅州市落实环保基础先行和高效用好省5亿元梅兴华丰产业集聚带专项环保基础设施建设资金提供有力支撑。市政府印发《加快推进梅兴华丰产业集聚带近期重点发展区域规划建设工作实施方案（2016—2020年）》《关于推进广东梅兴华丰产业集聚带基础设施一体化实施意见》。产业集聚带区域总投资231亿元的21个项目列入市2016年重点建设项目计划，其中总投资120亿元的9个项目列入省重点建设项目计划，为产业集聚带发展提供有力的项目支撑。2016年，产业集聚带5个产业园区（集聚地）累计实现工业总产值356.98亿元，规模以上工业增加值65.30亿元，税收14.56亿元。2016年，集聚带区域产业园区（集聚地）累计征地约

442.2 公顷，投入基础设施建设资金约 24 亿元，重点用于园区水、电、路、污水处理和征地拆迁等。全年累计新签项目 54 个，计划投资额 100.6 亿元，新增固定资产投资 93.05 亿元。

【技改创新】 主动适应经济发展新常态，抓住广东新一轮技术改造的发展机遇，贯彻落实国家、省、市一系列产业投资政策，实施工业转型升级三年行动计划，围绕发展壮大实体经济，激活工业存量，做实工业增量，推进工业结构调整和转型升级等工作目标，通过抓政策落实、抓项目建设、抓跟踪服务，有效激活工业投资和技改投资，工业发展动能不断增强，实现“十三五”技术改造工作的良好开局。全年全市完成工业投资 207.55 亿元，其中，工业技术改造投资完成 75.87 亿元。落实省技改创新专项资金 32351.8 万元，有 75 个项目获得省技术改造专项资金支持。开展国家、省级产业集群区域品牌建设试点示范工作，梅州丰顺电声产业集群被列为工信部产业集群区域品牌建设试点名单。

【节能降耗】 推进全市节能降耗工作，全年单位 GDP 能耗同比下降 3.80%，超额完成省下达梅州市 1.5%的年度目标任务。加强宣传培训、节能监察和能耗运行监测分析，做好节能目标、措施的指导服务和考核工作。围绕电机使用等关键环节，加快淘汰低效电机和实施电机系统节能改造，2016 年，完成电机更新改造 3.6787 万千瓦，超额完成 3 万千瓦的电机能效提升年度任务。广州海珠（丰顺）产业转移工业园、广州番禺（五华）产业转移工业园 2 个园区列入 2016 年省级园区循环化改造试点。

【信息化建设】 贯彻落实《梅州市贯彻落实广东省促进大数据发展行动计划（2016—2020）实施方案》《梅州市简化信息基础设施建设审批流程工作方案》《梅州市原中央苏区农村超高速无线局域网应用试点工作方案》《梅州市人民政府办公室关于印发梅州市三网融合推广工作实施方案的通知》《梅州市智慧城市建设总体规划（2016—2025）》《梅州市深化制造业与互联网融合发展的实施方案》等系列政策，截至 2016 年年底，梅州市光纤覆盖用户能力累计 285.68 万户，光纤接入用户累计 45.93 万户（其中农村光纤接入用户 9.9 万户），3G/4G 移动电话用户 224.3 万户。梅州市“城市家庭 20M 及以上宽带接入能力”等 6 项指标全部超过“宽带中国”示范城市申报要求，获得“宽带中国”示范城市最佳实践奖。原中央苏区农村超高速无线局域网应用试点项目建设有序推进。

【机电工业】 2016 年，梅州市机电装备行业规模以上工业企业实现工业总产值 113.94 亿元，同比增长 18%，占全市规模以上工业总产值的 19.8%，成为第三个产值达百亿元的产业。行业类别主要有汽车零部件（含整车）制造业、电气机械和器材制造业、金属制品业、通用设备制造业、仪器仪表制造业、专用设备制造业和铁路、船舶、航空航天及其他运输设备制造业。机电装备行业有规模以上企业 58 家。

【铜矿业】 2016 年，梅州市铜矿行业规模以上工业企业实现工业总产值 7342 万元，同比增长—29.3%，占全市规模以上工业总产值的 0.10%。铜矿行业规模以上企业只有梅州市金雁铜业公司 1 家。

【电子信息工业】 2016 年，全市规模以上电子信息产业实现产值 130.86 亿元，同比增长 5.5%，完成工业增加值 31.87 亿元，同比增长 5.7%。全市规模以上电子信息制造业企业有 75 家，产值亿元以上的企业有 25 家，其中产值 5 亿元以上的有 9 家。全市规模以上印制电路板行业企业 28 家，产值约 57 亿元，其中超华科技、博敏电子、嘉元科技、冠锋电子等企业分别在主板上市或新三板挂牌融资发展。全市规模以上电声企业 28 家，产值约 41 亿元。丰顺县先后被评为广东电声之都、广东省电声产业集群升级示范区、中国电声出口基地、广东省出口电声产品质量安全示范区和全国产业集群区域品牌建设试点。全市通信设备及其他规模以上电子信息制造企业有19家，产值约33亿元。2016年，全市软件和信息技术服务业企业实现软件业务收入9024.95万元，同比增长64%。广东骅锋科技股份有限公司、广东泰鸿科技等在新三板挂牌上市，成为梅州市一批上市的软件和信息技术服务业的企业。

【特种行业（民爆）】 梅州市有2个民爆生产企业，分别是广东天诺民爆有限公司兴宁分公司（原七〇五厂）、广东天诺民爆有限公司梅县分公司（原广东省四〇一厂）；1个民爆销售企业、8个民爆销售网点（即梅州市兆安民爆专卖有限公司，下设7个县级分公司）。2016年，全市生产工业胶状乳化炸药2.9万吨，产值1.81亿元（其中七〇五厂产量1.7万吨，产值1.03亿元；销售炸药7602吨、雷管202万发、工业索类火工品205万米，总销售额8443万元）。

（市经信局）

【陶瓷工业】 2016年，梅州市陶瓷工业以“调结构、转方式、促升级”为主要着力点，以提升品种、品质、品牌为主要抓手，依靠科技创新，不断提升陶瓷产业绿色发展水平，努力打造特色服务载体，促进全市陶瓷产业健康平稳发展。全市陶瓷工业实现产值35.15亿元，销售收入26.7亿元，税收1.68亿元，一般贸易出口总额2.31亿美元，同比分别增长12.7%、13.6%、24.4%和8.5%。同时，鼓励和引导企业加大技改创新力度，重点推动宝丰、裕丰、鹏程、富大、怡丰园、溪山等一批陶瓷重点企业进行技改项目建设，提升“两化”（工业化和信息化）融合应用水平，夯实产业发展基础。

（陈福新）

【中烟工业】 梅州卷烟厂始建于1939年，先后历经多次体制改革，2008年1月起，更名为“广东中烟工业有限责任公司梅州卷烟厂”，是广东中烟工业有限责任公司境内下属四个卷烟工厂之一。内设13个科室和3个车间，拥有在岗职工804人，其中党员275人。企业占地面积约16.62公顷，年生产规模约40万箱。主要生产“双喜•五叶神”系列、“双喜（硬世纪经典）”等卷烟产品，为广东中烟中高端卷烟产品的主要生产基地。2016年，生产卷烟36.7万箱，实现工业产值74.9亿元，实现税金42.97亿元，上缴税金43.37亿元。12月20日，梅州卷烟厂联合工房及配套工程技术改造项目（省重点项目）一期工程正式投产，全面提升企业设备设施装备水平，实现“系统化设计、智能化控制、精细化加工、柔性化生产”的先进加工工艺模式，具备年产卷烟50万箱、产值约100亿元、税收约60亿元的生产能力。企业获得的主要荣誉有“广东省先进基层党组织”，广东省“先进集体”，“全国模范劳动关系和谐企业”，全国和省、市“安全生产先进单位”，全国和省、市“工人先锋号”，全国和省、市“巾帼文明示范岗”，“广东省文明单位”、“广东省扶贫开发‘双到’工作优秀单位”等。

（梅州卷烟厂）

梅州卷烟厂联合工房外景一角（许金龙 摄）

招商引资与经济合作

【招商引资】 2016 年，全市各级各有关部门主动适应经济新常态，突出发展实体经济主线，强化项目意识，主动招引项目，全力服务项目，推动招商引资实现提质增效，为进一步加快梅州振兴发展提供项目和产业支撑。全市引进合同项目 195 个、计划投资额 684.1 亿元。其中梅兴华丰产业聚集带承接合同项目 133 个，计划投资额 470.87 亿元，占引资额的 68.83%；梅江韩江绿色健康文化旅游产业集聚带引进项目 31 个，计划投资额 168.31 亿元，占引资额的 24.6%。市委、市政府多次召开专题会议研究部署，把招商引资作为振兴发展的重要抓手。市委书记谭君铁、市长方利旭多次带队拜访香港、广州、深圳等境内外乡贤和企业家，亲自率团赴珠三角和周边地区，组织开展招商引资。全市各级各有关部门组织外出招商 394 批次，接待广州开发区中小民营企业协会、广东省汽车用品商会等重要客商 474 批次，促成珠三角 85 家企业落户。

招商推介　全市各级各有关部门发挥各自的人缘、地缘、商缘优势，组织举办“穗梅携手、共享发展”等 92 场主题推介会，开展“认亲、攀亲、交友”系列活动，设立上海、广州、佛山等多个招商联络处，建立 90 个国内产业协会（商会）招商合作平台，锁定 1444 家目标企业，联合策划 479 个招商项目，确定 255 条招商信息，引进合同项目 42 个，达成项目投资意向 98 个。

产业招商　围绕五大产业板块和 7 个百亿产业集群，采取集团式冲锋和招商队突击相结合的形式，组织开展“一对一”联系、“点对点”招商，引进补链、强链和扩链型产业项目。2016 年，全市 22 支产业招商队引进金步电器、南凌电器、大众金属、思泊织轻纺等重点产业项目 49 个，计划投资额 130.72 亿元，实际投入资金 18.89 亿元，项目履约率、动工率分别达到 63.27%、53.06%。

乡贤投资项目招商　市委、市政府召开民营企业家座谈会和香港、深圳等地企业乡贤企业家座谈会，动员外出乡贤回乡投资创业，实施“乡贤回归投资兴业”工程，促成棕榈时光生态城、宋声生态旅游、胜福珠宝创艺园、新南方青蒿素生产、嘉晖盛电视机生产、煜华汽车零配件生产等 101 个乡贤企业回乡投资，计划投资额 316.37 亿元，分别占总数的 51.79%、46.25%。

招商环境建设　坚持一手抓硬环境建设、一手抓软环境建设，加快推进城市扩容提质，加大园区、市政道路、供水供电等基础设施的资金投入和建设力度。开展“微改革、微创新”活动，推行招商引资项目“一站式”限时服务制度，着力解决项目用地、用工和融资等问题，主动为投资企业排忧解难，全力加快招商项目落地，坚定客商的投资信心。2016 年，全市各级各有关部门投入园区（聚集地）建设资金 13.1 亿元，新建园区道路 23 千米，兴建标准厂房 35637.8 平方米。各县（市、区）完成征地拆迁 617.71 公顷、累计平整项目用地 237.38 公顷。

【对口帮扶】 2016 年，全市各级各有关部门贯彻落实省委、省政府进一步促进粤东西北地区振兴发展的决策部署，坚持以增强可持续发展能力为核心，以推进产业共建为重点，推进落实 26 项重点工作，各项帮扶工作取得明显成效。在省对口帮扶三年工作评估考核中，广州—梅州结对帮扶被评为优秀。

园区共建　围绕园区扩能增效工作重点，发挥广州市的资金、人才、管理等方面的优势，落实两地产业园区（聚集地）合作协议，共同争取省级专项资金，建设产业园区（聚集地），推进扩园美园工作，联合打造对口帮扶载体。2016 年，广州（梅州）产业转移工业园、广州海珠（丰顺）产业园、广州番禺（五华）产业园、广州南沙（平远）产业园分别获得 1000 万元、3000 万元、2000 万元、4000 万元的省级产业园扶持资金，广州市对口帮扶区投入 1 亿多元园区（聚集地）资金，增强园区（聚集地）承接力。

产业对接　组团参加广州迎春花市、第 120

届广交会、广州博览会、广州旅游博览会等活动，寻求现代农业、电子信息、先进制造业、新医药、文化旅游等产业合作。联合全国驻穗办事机构、全国异地广州商会等团体，组织举办 2016 年广东省变压器行业企业春茗联谊会等 10 多场投资推介会，与中国国际贸易促进委员会广州市委员会、广州安徽商会、黄埔区企业联合会、广州异地商会、广东省工业园区协会等机构（协会）建立信息交流合作平台，推进产业对接。

项目协作　按照省委、省政府深化珠三角与粤东西北地区产业共建的决策部署，立足“一区两带六组团”发展新格局，紧盯广州市重点客商和优质企业，密切对接广州开发区、国资委、工信委等对口协作单位，主动跟踪广药、广汽、雅安等目标企业，邀请广州粒米网络科技、广东天华阳光新能源科技等 40 多批次企业到梅州洽谈投资项目，策划生成广汽零部件产业园、广药王老吉大健康产业园、新能源新材料及先进制造产业园、食品产业园等重大项目，达成意向投资 200 亿元的广州开发区中小民营企业协会旅游文化体验项目，引进计划投资 80.58 亿元的神光医疗、尚善彩印、奥园长寿食品、环峰新能源等 20 个项目。

【区域合作】 2016 年，全市各级各有关部门围绕振兴发展主题，主动对接“一带一路”倡议，开展产业对接、交通共建、旅游协作、科技合作、文化交流、治安联防等活动，引导区域内企业相互合作，推动区域协作发展。

平台搭建　组团参加闽粤赣 13 市党政联席会议等区域性活动，在闽粤赣 13 市协作区举办 9 场专题推介会，重点推介梅兴华丰产业聚集带和梅江韩江绿色健康文化旅游产业集聚带，对接厦门广东商会、厦门客家经济文化促进会、福建广东商会、泉州广东商会和盛利丰制衣、金时裕科技等区域性组织和目标企业，与厦门广东商会等 6 家区域性组织建立信息共享平台，拓展区域合作网络。

产业协作　按照产业共兴的要求，坚持聚集产业和项目，举办客家旅游联盟第一次联席会议等活动，邀请英新纺织、天路新材料、康美日用品等近百家企业到梅州考察，引进计划投资 40 亿元的中梅电商、天路高端磁性材料、享尔纯棉无纺布加工等产业项目 12 个。

专项协作　围绕交通共建、科技合作、文化交流、环境共保、治安联防等目标，组织开展“双龙”高铁、大潮高速、兴宁至汕尾高速等交通项目协作，参与举办粤闽梅州、潮州、漳州“平安边界”建设联席会议及闽粤赣龙岩梅州赣州警务协作会议等活动，深化专项协作，构建对接珠三角、融入汕潮揭、沟通闽粤赣的区域联动发展格局。

（市招商和经济合作局）

工业园区建设

【蕉华工业园区】 2016 年，蕉华工业园区管委会贯彻落实中央、省和市的一系列决策部署，突出园区主业，狠抓招商引资和项目建设，实现蕉华经济社会健康发展。

招商引资　发挥长寿资源优势，围绕“城镇精品化、园区特色化、环境生态化”的目标和“产城联动、三产互动、融合发展”的思路，有序推进编制园区控制性详细规划工作，加快南部健康食品园区、北部新型工业园区、中部综合服务区、西部现代农业园区、东部健康养生园区五大功能区建设，涵盖食品饮料、医药健康、养生旅游、现代农业等产业的大健康产业集聚地初具雏形。全年新签合同项目 11 个，投资总额 12.2 亿元，新动工项目 10 个，投产项目 5 个，完成工业固定资产投资 10.796 亿元，全面完成省、市下达的 10 亿元固定资产投资任务，实现国税、地税收入 5448.32 万元。

用地保障　争取市财政局、市国土资源局的重视和支持，统筹解决用地所需的用地指标、土地回收、征地资金等问题。做好园区土地利用总体规划中期规划调整工作，新增建设用地规模 60.64 公顷，新增建设用地可占用耕地面积 53.8

公顷。全年回收土地 40.87 公顷，拨付土地收回补偿资金 6500 万元，完成用地报批 3 宗 14.14 公顷。探索“零土地”招商路子，盘活空置厂房，客家磨坊、宏海实业、奋进威、汉邦实业 4 家企业租赁厂房落户，超强现代农业项目通过租赁农田落户。严格执行“双控”（投资强度和建筑容积率控制）措施，提高节约集约用地水平。适时调整供地价格，工业用地出让价格上调为 200 元/平方米，为园区发展提供强有力的用地保障。

环境建设　围绕发展健康食品主导产业，加快园区基础设施配套，着力优化园区发展环境。全面完成 205 国道园区段“绿化、亮化、美化”工程，基本完成新开发的南部健康食品产业园“三通一平”配套基础设施建设，2016 年，园区污水处理厂建成通水试运行，管道燃气在春节前实现通气使用，集中供气供热项目正在建设，蕉华幼儿园拆建工程完成设计、立项、招标。通过实施投资 2200 多万元的农村“一事一议”、环境综合整治、农业综合开发等一批惠农项目，让园区群众共享发展成果。

（钟渊元）

【梅州高新区】　2016 年，梅州高新区树立“重实体、兴实业”理念，围绕提质增效目标任务，抢抓“两大振兴政策”机遇，以建设梅兴华丰产业集聚带核心区为新起点，聚焦产业和项目建设，突出产业招商和平台搭建，做优企业服务和要素保障，加快发展步伐，掀起开发建设热潮，较好地完成各项工作任务。2016 年，入园企业 213 家，投产 173 家。园区实现工业总产值 116.2 亿元，同比增长 11%；规模以上工业增加值 24.2 亿元，同比增长 19.7%；全口径税收 7.5 亿元，同比增长 25.3%；完成固定资产投资 25.9 亿元，其中设备投资 11.8 亿元。

规划引领　围绕梅兴华丰产业集聚带“一核四组团”空间发展格局，完成园区总体规划、二期控制性详细规划以及城市设计方案的修编工作，近期规划建设面积 43 平方千米，远期规划 76 平方千米。沟通梅县区和兴宁市，磋商广梅园与梅县畲江园、兴宁水口园的规划对接事宜，推进园区之间协同发展。谋划广梅园约 6 平方千米的产业共建区规划，完成 4 个“园中园”(广汽零部件产业园、广药王老吉大健康产业园、新能源新材料及先进制造产业园、绿色食品产业园)规划，建成广东梅兴华丰产业集聚带数字展厅。

基础设施建设　一是启动总投资 8.55 亿元含 24 个项目的基础设施建设，其中横一路东段、横二路、纵四路等 5 个道路工程建设竣工验收；纵二路道路工程、二期基础设施 BT 项目、人工湿地等 6 个项目快速推进；纵一路道路工程、纵三北路道路工程、二期污水提升泵站等 10 多个项目开展测量放线或勘察设计等前期准备工作。二是筹集 1 亿多元支持建设广梅医院，推进职业技术学校和畲江中心小学建设，引进 2.2 亿元建设商务大厦和酒店等公共服务配套设施。三是加紧安置区建设，梅县公和安置区完成总工程量的 87%，官铺农民新村基本完成，梅兴新村进行图纸设计，楣杆下安置区 161 户、1235 人的住房回购以及红星安置区 196 单元的抽签选房工作均完成并交付使用。四是配合推进国家级经济开发区和综合保税区申报工作，提升园区综合竞争力。

招商引资　围绕主导产业，实施乡贤回乡投资兴业工程，点对点上门招商。擦亮穗梅产业共建招牌，推进产业招商对接工作。参加招商推介活动，修编完善投资指南，投入使用高空全景产业地图，增强园区吸引力。2016 年，园区新签约项目 13 个，计划投资总额 23.8 亿元，其中计划投资额在 1 亿元以上项目 8 个；新动工项目 9 个，计划投资总额 22.7 亿元，预计年产值 26.6 亿元，其中高端纺织园等 6 个项目实现当年签约、当年动工；新投产项目 7 个，计划投资总额 11.4 亿元，达产后预计新增年产值 12.9 亿元。

创新发展　深入实施供给侧结构性改革，落实省工业转型升级攻坚战三年行动计划，用好市进一步加快实体经济发展实施意见和促进民营经济发展若干意见等扶持措施，推动条件成熟的企业上规模或挂牌上市，园区规模以上企业 57 家，其中新上规模企业 6 家，在“新三板”上市企业2家。支持企业开展“产学研用”合作，鼓励企业开展技术改造、设备更新、智能装备应用以及服务平台建设等业务。2016年，园区工业技改项目17个，完成技改投资1.6亿元，规模以上企业新增技改项目4个，计划总投资1.85亿元。

土地集约节约　一是土地调规方面，深入畲江镇和水口镇实地踏勘，对适宜开发的土地进行可行性论证，2016年，新报增建设用地规模301.5公顷。二是用地报批方面，全年组织用地报批2宗，面积74.57公顷，其中梅县区域39.13公顷和兴宁区域35.44公顷均取得用地批文。三是土地征收方面，梅县区域完成湿地公园4.22公顷土地征收，兴宁区域完成纵三路周边12.86公顷山地和铁路西及周边52.93公顷土地征收，园区可供储备土地约134公顷。四是供地会审方面，依法依规行使下放至园区的国有建设用地供地会审职能，全年办理汇和纸品、享尔实业、大众金属等17宗用地供地手续，面积约26.4公顷，同时做好榴杆下安置区、公和安置区、110千伏连江变电站等划拨供地工作。

多方融资　建立园区一级财政和独立金库，加强与人民银行、国地税和市财政的沟通联系，形成园区自我滚动发展的良性机制。以广梅投资公司为融资主体，启动两年融资30亿元的相关工作，获工商银行到位资金4900万元、交通银行2.6亿元授信额度商定用款计划，农业发展银行15亿元贷款正在报批，与江西银行广州分行合作成立15亿元发展基金获江西银行总行授信。理顺广梅投资公司的管理机制，广州市持有该公司7亿元股权划转梅州市持有并委托广梅指挥部行使出资人职责。

人力保障　强化用工宣传，开展校企合作，组织企业参加“春暖梅州”等招聘活动，在园区网站等招聘平台累计发布招聘信息60多条，组织企业参加3场招聘会，累计进场招聘单位60多家，进场求职人员超过600人次。加强劳动保障监察，引导企业合理合法用工，全年开展劳动监察专项行动3次，涉及劳动者4500多人，受理投诉案件50件，涉及劳动者300多人。

企业服务　以五星级服务园区为新起点，采用“充分授权、封闭运作”的管理模式，行使市一级经济管理权限、行政审批职权和启用2号印章，为企业提供“办事不出园区”的一站式优质服务。构建“亲、清”新型政商关系，设立投资促进中心，成立企业项目筹建服务工作领导小组，建立领导干部挂钩联系企业制度，从项目审批、环评到税务登记等方面为企业提供全方位服务，让项目在签约后的3个月内即可动工建设。

（陈锐锋）

广东梅州高新技术产业园区

【梅州嘉应新区】　梅州嘉应新区于2013年11月经广东省人民政府批准设立，规划范围包括梅江区的金山、西阳、三角、长沙，梅县区的程江、南口、扶大、梅南、水车、畲江，兴宁市的水口11个镇（街）的部分村（居），成立江南公司和嘉建公司，总面积498平方千米。其中核心区面积为55平方千米，起步区（江南新城、芹洋半岛、梅县新城）面积为17.8平方千米。截至2016年年底，嘉应新区建成区面积41.98平方千米，同比增长14.4%；常住人口45.55万，同比增长0.5%；地区生产总值150.26亿元，同比增长7.8%；固定资产投资222.97亿元，同比增长57.4%。江南新城是梅州中心城区扩容提质的龙头项目，是嘉应新区的起步区和核心区，位于梅州市中心城区南部，北至丽都路，东至站前东路延长线、梅江，南至广梅汕铁路、华南大道，东连芹洋半岛，西接梅县新城。首期规划用地面积 6.66 平方千米，居住人口规模 7.5 万人。

征拆安置　一是拆迁工作。江南新城 6.66 平方千米范围内，需征收土地 303.18 公顷（含国有土地，集体土地、房屋和空闲地）、征收房屋 5327 座，征地拆迁涉及群众约 6636 户。征地拆迁工作由嘉应新区管委会主导，梅江区作为责任主体实行征拆总包干，市国土资源局和市征地土储中心负责收储、出让。嘉应新区管委会每周与梅江区主要领导召开一次碰头会议，研究和协调解决遇到的实际困难和问题。移交收储土地 259.63 公顷，还有 93 座房屋未签约。二是安置房建设。江南新城征地拆迁需要安置面积约 200 万平方米，其中货币安置 43 万平方米，需要建设安置房 157 万平方米、8290 套，总投资约 73 亿元。调整增加 15.41 公顷中心地块作为安置建设用地，并调整优化原有安置区建设地块，最后确定分为 4 个区域建设、3 个阶段完成。安置房一期项目包括吉祥和站前安置区，采取政府购买服务的模式，2015 年 5 月通过公开招标引进省建鑫、省建工等组成的联合体作为融资、勘察、设计、施工一体化服务的主体实施。建安置房 4812 套、总投资 40 亿元，由社会资本和政府共同出资 8 亿元，获得国开行专项贷款 32 亿元、国家“稳增长、促发展”专项基金 2 亿元和中央预算内资金 1.19 亿元支持。吉祥安置区主体结构全部封顶，站前安置区正在进行地下室和主体结构施工。安置房二期项目包括上坪和塘明安置区，采取政府购买服务的模式，通过公开招标引进中国二十二冶集团公司组成的联合体作为融资、勘察、设计、施工一体化服务的主体实施。建安置房 3116 套、总投资 29.3 亿元，由社会资本和政府共同出资 5 亿元，获得国开行专项贷款 23 亿元、国家“稳增长、促发展”专项基金 3.7 亿元支持。上坪安置区和塘明安置区正在进行地下室和主体结构施工。

道路和地下综合管廊建设　江南新城规划建设道路 36 条、35 千米，地下综合管廊 11 条、20.2 千米，配套总控制中心一座，总投资约 35 亿元。按照海绵城市、地下综合管廊国家试点城市的标准要求，创新运用“PPP+政府购买服务”模式，实行勘察、设计、施工、运营一体化方式，引进省建工集团旗下的广东华隧公司联合体作为实施主体，全面开工建设江南新城道路和地下综合管廊。获得国开行专项贷款 28 亿元、国家“稳增长、促发展”专项基金 1.4 亿元和中央预算内资金 2.2 亿元支持，还被省住建厅列入试点城市建设项目。正在推进建设的道路 16 条、管廊 4 条，完成投资 8.3 亿元，累计完成管廊主体结构施工总计 5.26 千米，万达广场周边 4 条道路基本建成，2017 年年底前剑英大道、安康路、吉祥路、纵三路等道路管廊可基本完工，如意路建成通车，剩余 20 条道路、7 条管廊争取 2017 年全部动工建设。

公共服务设施建设　围绕把剑英湖公园建成梅州城区中心、城市客厅的目标，借鉴引入深圳欢乐海岸建设理念，在原有公益性和休闲性的基础上，采取“PPP+政府购买服务”模式，计划投资 8 亿元，对老公园改造提升、水质改良和建设儿童乐园、风情街，同时建设梅州市城市馆、青少年科技馆，并结合人防工程建设约 1400 个车位的地下公共停车场和约 1 万平方米的绿轴广场。由深圳铁汉生态公司作为投资主体，正在加快推进。引进上市企业棕榈园林公司，投资 1.2 亿元建设马鞍山公园、芹洋湿地公园，在尽可能保留原有植被生态的基础上，为市民打造提供观赏游憩、休闲健身、养生体验的公共平台。规划 6 间幼儿园、2 间中学、2 间小学和 3 间三甲医院，市中医医院、风眠小学等项目正在顺利推进，梅州紫合医院项目首期用地已供地，市妇幼保健院正在规划设计，普惠幼儿园、水白中学扩建等项目基本完成规划设计。高标准建设刘复之故居——七贤居周边环境整治提升项目。

产城联动项目　按照市委、市政府提出“产

城联动”的要求，突出以总部经济、中央商务、公共设施、文化创意等为招商重点，接洽央企、国企、上市企业和大型企业集团 53 家，接待兄弟市考察团 18 个，引进项目 29 个，计划投资总额 352 亿元，其中万达广场、保利客家人居文旅、时光梅州、商会大厦、梅州紫合医院、五羊摩托总部、强华无刷电机研发中心等产业项目 21 个，计划投资总额 232 亿元，累计完成投资 124 亿元，其中 2015 年以来新动工的义乌商城、科伦总部等项目 15 个，计划投资总额 65 亿元，投入约 20 亿元。

资金筹措　整个江南新城建设约需投入资金 200 多亿元。为解决资金难题，抢抓政策先机，创新融资方式，用活股权基金，引进社会资本，优化资本结构，2014 年 11 月以来，筹措到位资金 167.23 亿元，投入 86.03 亿元，保障江南新城征地拆迁和建设资金需求。包括江南新城棚改一期、二期和道路管廊争取国开行政策性贷款 83 亿元，江南新城棚改、管廊项目和剑英湖改造提升共获得 8.3 亿元国开基金支持，棚改和管廊项目获得 3.39 亿元中央预算资金支持。引进中冶集团、广东建鑫、广东华隧、铁汉生态等社会资本投入 23.12 亿元，解决基础设施建设前期启动资金投入问题。发挥在全省首批获得粤东西北振兴发展股权基金 7.79 亿元的作用，撬动金融机构授信额度 13.4 亿元。对现有土地及资产建立台账，通过提升周边环境，提升土地价值，有计划出让土地，盘活土地资源，实现土地资产增值。引进社会资本投资，活化利用现有的老祖屋、老厂房，减少财务成本，实现产城联动、产城融合。

项目建设管理　一是市政府将江南新城范围内政府性投资项目全权委托市政府建管中心监督管理，在嘉应新区管委会专门设立江南新城项目组，抽调 6 名精干人员，负责全权监督管理江南新城政府性投资项目，并指导完善好相关手续。二是每月召开一次江南新城重点项目和征地拆迁工作推进会，建立领导班子挂钩联系重点项目制度，专门成立清障工作组，及时研究解决存在的困难和问题，有效推进工作顺利开展。三是主动接受市纪委派驻纪检组监督，邀请市检察院共同开展江南新城重点项目同步预防监督工作，对所有的重大事项研究、会议纪要、情况通报均及时报告。四是每次重要会议或研究重要工作均邀请市纪检派驻组负责同志全程参与，同时邀请管委会具有律师资格的干部和聘请的法律顾问列席参加。五是编制廉政风险防控手册，制订工作流程图，并与所有干部签订廉洁承诺书。

（梅州嘉应新区）

民营经济

【概况】　2016 年，全市中小企业发展有如下特点：一是总量规模扩大。全市发展私营企业 2.42 万户、个体工商户 17 万户，同比分别增长 22.93% 和 9.52%；私营企业注册资本 1135.6 亿元、个体工商户注册资本 70.2 亿元，同比分别增长 41.19% 和 28.1%。二是社会贡献增大。全市民营经济完成增加值 655.05 亿元，同比增长 7.21%，占全市 GDP 的比重为 62.7%；民营企业上缴税金 163.97 亿元，同比增长 19.3%，占全市税收总额的 83.9%；民营企业创造 80%的新增就业岗位，就业人数突破 117.7 万人，同比增长 3.05%。三是发展后劲增强。全市民营资本完成固定资产投资 417.78 亿元，同比增长 11.34%，占全市固定资产投资的 64.24%。累计发展高新技术企业 56 家，民营科技企业 80 多家。全市注册商标总量突破 8200 家，省级工程技术研发中心 25 家，市级工程技术研发中心 30 家。

【企业建设】

政策支持　围绕新常态下中小民营企业碰到的重点、热点和难点问题，重新制定出台《梅州市关于进一步促进民营经济发展的若干意见》等 20 个配套文件。2016—2020 年，市财政投入专项资金 20 亿元用于扶持民营经济发展，初步形成一套“1+20”的扶持民营经济发展的政策体系。通过召开全市民营企业家座谈会和印制系列政策汇编、在媒体作政策解读、上门服务、召开政策宣传推介会等形式，将中央、省、市一系列扶持政策措施，及时传递到基层和广大民营企业。落实中央和省小微企业税费减免政策，政策受惠面 100%。

缓解企业融资困难　一是继续做实信贷风险补偿基金。发挥信贷风险补偿基金的融资增信平台作用，推动更多符合条件的企业进入“重点中小微企业池”，加强对贷款企业的贷后监管，全面落实风险防控措施，全市有 190 家企业加入“重点中小微企业池”，成功为 34 家中小微企业提供增信贷款 1.9879 亿元，有效缓解企业融资难问题。二是继续做大创业创新投资引导基金。主动联系对接国内有资质的创业投资机构，探索合作建立子基金，共同投资创新企业，重点对引入天使基金、种子基金和战略投资合作者的企业项目进行投资参股。先后与东北证券、梅州蕉岭长寿投资公司达成在梅州境内设立“梅州客商创投基金”的初步意向。三是继续做活促进创业小额担保贷款基金。依托梅州市企信融资担保投资有限公司，发挥基金在缓解创业者和初创企业资金困难方面的重要作用，编印《促进创业小额担保贷款基金办事指南》并发放到全市创业者和初创企业，受理小额担保贷款申请 30 多项，发放贷款 1200 万元。四是继续做好新兴领域扶持资金项目实施。制订实施《梅州市农商品培育示范点建设专项扶持资金实施方案》和《梅州市文化创意动漫开发及客家民间工艺美术项目专项扶持资金实施方案》，明确申报对象、申报条件和申报形式等，进一步提升梅州农产品向农商品转化比率和档次，进一步推动客家文化传承保护。

服务体系建设　一是加大公共服务平台建设力度。组织开展小微企业创业创新示范基地、创业券创新券合作服务机构及产业技术创新、中小企业技术服务等公共平台的认定和管理工作，在全市公开遴选 10 家小微企业创业创新示范基地；建立创业券创新券合作服务机构库，择优确定一批具有一定规模和实力的创业辅导、财税代理、法律服务等各类社会服务机构入库；认定一批为中小微企业提供研发设计、标准认证、检验检测、质量管理等服务的公共服务平台。二是加大市场开拓服务力度。组织和发动 47 家企业代表及采购商参加“第十三届中国国际中小企业博览会”“全国中小企业高峰论坛”“创客中国创新创业大赛”“国际产业合作与投资对接洽谈会”“中小企业信息化应用推广暨信息化论坛”等系列活动，助力企业开拓市场，提升企业知名度。

企业人才培养　联合市委组织部和市直相关部门先后举办“梅州市电子信息产业发展转型与创新研修班（电子科技大学）”“梅州市发展实体经济专题研讨班（中央财经大学）”“第五届梅州市微信营销公益讲座”等 10 多场活动，整体培训人数 1100 多人次，为加快梅州实体经济发展提供人才智力保障。

推动产业转型升级　一是助力小微企业快速成长。制定实施《梅州市关于对首次上规上限企业奖励的实施办法》，建立局领导挂点联系企业长效工作机制，开展实地调研走访活动，宣讲惠企政策，倾听企业困难，收集企业意见，帮扶企业发展。全年助推 43 家小微企业成功实现上规模目标。二是推进企业体制创新。支持和鼓励有条件、有潜力的中小企业成功进行体制创新，促成一批企业上市、挂牌。全市成功完成股份制改造企业 68 家，上市公司 9 家，新三板挂牌企业 19 家。上市公司和新三板挂牌企业总量居全省山区市首位。

【招商引资】　贯彻落实市委、市政府关于切实加大招商引资工作力度的决策部署，主动对接院士项目，不断提升招商引资工作实效。2016 年 6 月，中南大学邱冠周院士及其专家团队的科研成果转化项目（番石榴叶防治糖尿病系列产品开发）顺利落户梅州以来，帮助项目建设单位先后完成项目可行性报告论证、发改部门备案、工商注册登记、组建公司团队和种苗引进培植以及与中南大学建立联合实验室、技术合作协议和梅州市农业科学院种苗嫁接培植合作协议的签订等。首期计划总投资 3.5 亿元，其中固定资产投资 3 亿元。预计可实现年销售收入 5000 万元、税收

5000万元、利润8000万元，解决劳动就业人数1000人以上，具有较好的经济和社会效益。

【创业氛围营造】 一是办好一场创业大赛。科学制订《赢在客都·梅州市首届创新创业大赛工作方案》，优化大赛流程，经过初赛、复赛、决赛三轮角逐，28个优质创新创业项目分获大赛创业组、创新组、创意组一、二、三等奖和优秀奖，营造创新创业良好氛围。二是建设一批众创空间。加大对小微企业创业创新示范基地、科技企业孵化器、创业孵化基地等众创空间的指导和扶持，促进服务能力提升。引入科伦集团以企业投资建设运营、政府提供政策支持的方式，合作共建创杰（梅州）产业孵化器项目，以打造全市首家国家级“双创”示范基地为目标，建设以“金融产业孵化器”为概念的综合性创新创业服务平台，引领梅州创新创业平台，嫁接市外创新创业资源。三是配合开展一场专项活动。制订梅州市关于全国大众创业万众创新活动周工作方案，开展优惠政策解读、送政策下企业和创业辅导培训等形式多样的“创业、创新”服务活动；依托市内高等院校、市创业协会和社会中介培训机构等，举办“创业创新计划书咨询与指导”“创业沙龙”等专题培训，提升创业创新本领和职业技能。

（陈福新）

安全生产

【概况】 2016年，全市发生各类生产安全事故121起、死亡67人，没有发生较大生产安全事故。市委常委会议3次研究安全生产责任体系、机制等工作。市政府常务会议12次研究安全生产工作重点难点，研究部署的120项重点隐患全部挂牌督办、完成整改。梅州市委书记、市长分别多次对安全生产工作提出明确要求和作出指示批示，多次带队检查安全生产工作。

【隐患排查】 梅州市委、市政府领导带队对分管行业（领域）或挂点县（市、区）开展安全生产检查，发现112项隐患问题，由市安委办进行督办。全市各级安监部门检查企业2.34万家次，发现隐患1.3万项，行政处罚285宗，经济罚款413.35万元，其中市局经济罚款46宗、28.8万元。有5个县（市、区）安全生产执法监察标准化创建达到二级。在加强综合督查、专项检查、日常检查的基础上，建立安全生产“双月督查”机制，全年组织6轮“双月督查”，检查县级部门96个、镇（街）政府48个、企业98家，排查问题和隐患768项，全部发出通报，要求限期整改。

【安全生产专项整治】 一是推进城市风险点、危险源排查整治专项行动，全市累计排查风险点、危险源3995个。二是推进省重点行业领域攻坚工作，其中大埔县陶瓷制造行业职业卫生攻坚工作按省要求，危害因素检测率、培训率、体检率等7项指标均达到100%，完成省攻坚工作任务。三是推进全市重点行业领域重点地区攻坚工作，对交通运输、消防、建筑施工、非煤矿山、危险化学品、烟花爆竹、特种设备、农机等重点行业领域及28个镇（街）进行攻坚整治。

【事故调查处理】 建立健全较大事故责任追究、一般生产安全事故挂牌督办制度和安全生产诫勉约谈机制。对2016年发生的32起一般工矿事故全部进行挂牌督办，审核各县（市、区）提交的事故调查报告27份。全面落实事故统计联网直报工作，全市11个统计单位全部通过直报系统上报事故信息，其中工矿商贸事故直报率100%。

【安全员队伍建设】 一是采取全市统一出题，统一笔试、面试时间，统一任职培训的方式，建立起380多人的全市专职安全员队伍。二是加快推进省级矿山应急救援梅州基地建设，其主体工程业务用房投入使用，采购法国产雷达生命探测仪等国内先进装备一批。梅州市矿山救护队被国家安全监管总局评为全省唯一的一级矿山救护队，救援范围覆盖梅州和粤东4个市，参与深圳光明新区、福建泰宁严重滑坡事故的现场救援，得到国家安全监管总局、广东省和福建省有关部门的表扬。

【宣传教育培训】 组织开展全国第15个“安全生产月”系列活动，印制安全生产法律法规挂图5万份、订购《中国安全生产报》1500份，免费发到基层和企业。加强对企业负责人、安全管理人员和特种作业人员安全培训，组织培训企业“三项岗位”人员2039人，颁发特种作业操作证5078件。举办230多人参加的市、县安全生产工作领导干部业务知识培训班及500多人参加的镇（街）园区专职安全员队伍培训班，培训效果良好。

（市安监局）

电力工业

【梅州供电局】 2016年，梅州市购电量75.27亿千瓦时，同比增长8.69%；售电量70.69亿千瓦时，同比增长7.97%。当年电费回收率99.97%。用户年平均停电时间18.43小时。全口径综合线损率6.08%。

电网发展　梅州供电局强化规划引领，适时启动“十三五”配电网规划修编、梅兴华丰产业集聚带电力专项规划等4项规划编制工作。超额完成年度电网建设及改造任务，完成固定资产投资11.49亿元，完成率101.37%。顺利投产220千伏畲江输变电、粤电大埔电厂送出等5项工程，投产变电容量46万千伏安，线路195.7千米。220千伏梅县电厂至畲江线路解口入富远站等重点工程建设有序推进。35千伏及以上主网项期考核节点全部完成，储备948项估算总投资4.18亿元配网项目库。中心村农网改造升级示范项目建设工作圆满完成，五华“转水模式”的中心村示范典型被指定为粤东片交流学习项目，横陂供电所“一所一册”样本在全市复制推广。首批新一轮农网改造升级和中心村改造升级项目全面完成，年中增补项目626项，追加中心村电网改造升级投资1.75亿元。全市并网光伏项目累计140个（总装14.86兆瓦），累计发电量132.95万千瓦时。

安全工作　梅州供电局正确处理119起110千伏以上电网缺陷，化解设备检修带来的电网风险49次，妥善做好梅县电厂机组退役风险应对工作。建成兴宁、长沙、梅县、蕉岭巡维中心，主网专业化建设有序推进。实现对大埔、梅县和平远局29座变电站规范化集中监控，配网调度统一延伸至10千伏分支线和台变。坚持基于风险的体系思想，完成5类风险辨识，梳理风险18项，相应制定69项管控措施。首次在基建、技改工程应用无人机开展竣工验收，110千伏及以上线路机巡覆盖率51.4%，机巡技术应用日趋成熟。累计开展应急演练13场次，865人次参加，圆满完成对“妮妲”“海马”等台风的应急处置和76项保供电工作。梅州电网安全运行超24周年。

优质服务　46个业扩配套项目全部延伸至客户红线，中低压业扩投资界面延伸率93%，接收客户资产原值5500万元，惠及3万多客户。更加关注客户感受，顺利完成760个低电压台区改造任务，启动中心城区停电时间小于1小时治理工作，初步提出中心城区网架构想。配网带电作业同比增加297次，为用户减少平均停电时间1.92小时。网厅、微信受理业扩报装工单占比达到88.84%，客户投诉率下降42.86%。业扩报装远程服务比例保持100%。丰富农村客户缴费渠道，新增3000个惠农通和助农网点代收电费，非现金缴费率提升至87.67%。累计完成全市范围内49万只智能电表更换和37万户低压集抄建设任务。2016年，梅州供电局再获梅州市地方公共服务满意度调查排名第一。

（梅州供电局）

【广东粤电大埔发电有限公司】 广东粤电大埔电厂为法人独资的有限责任公司，“上大压小”新建工程项目是广东粤嘉电力有限公司的承接项目，该项目位于广东省首批中央苏区县的大埔县三河镇，投资约53亿元，由广东省粤电集团下属的广东电力发展股份有限公司投资兴建。大埔电厂项目于2011年9月获得国家能源局同意项目开展前期工作的批复文件；2013年3月，广东粤电大埔发电有限公司挂牌成立；2013年12月，项目获得国家发改委核准。2016年，大埔发电公司全体人员围绕“基建、生产”两大中心工作，守住安全红线，狠抓工程建设，强化成本管理，提升经营水平，夯实党建基础，抓好员工队伍建设，成功实现由粤嘉公司到大埔公司的无缝衔接和人员的平稳过渡。

项目顺利投产　大埔发电公司建设两台60万千瓦超临界燃煤发电机组，同步配套建设高效除尘、脱硫和脱硝装置。其中1号机组于2015年12月26日建成投产，2号机组于2016年6月21日建成投产。2016年12月，公司两台机组均通过省环保厅脱硝除尘脱硫设施先期验收以及烟气超低排放验收，实现超洁净排放，提前4年达到国家烟气治理排放要求。

安全生产　2016年，公司基建与生产安全两头抓，确保安全形势总体平稳。基建期间未发生安全考核性事故，安全处于受控状态，圆满实现基建“三个零”（零人身重伤事故、零人身死亡事故、零重大设备事故）安全目标，实现自2013年10月16日起至2016年12月31日的连续安全生产1172天。

机组优化运行　公司根据新建机组的特点，反复分析总结和探索，不断优化机组的启停、运行方式。结合实际拟定主要经济指标竞赛方案，激励岗位人员提高机组经济运行的积极性，对各种制约经济指标的问题提出改进策略并开始着手调整。2016年，公司完成上网电量22.38亿千瓦时（不含2号机组调试上网电量2.7326亿千瓦时）。

设备保障　公司检修部建章立制，规范各类台账及班组的日常管理工作。优化检修策划管理，初步建立检修策划管理体系，提高检修工作效率。检修人员加强技术学习，摸索和了解新设备的结构特点和维护方法，不断优化系统设备改造，确保两台机组投产后的稳定运行。

燃料供应保障　克服连续下雨、干煤棚基础施工场地受限、铁路未开通等困难，保质保量进煤。在铁路专用线未开通之前，公司燃料部克服困难，做好进厂煤车的接卸、验收和堆存工作。6月13日，公司的运煤铁路专用线正式通车，实现海铁联运进煤。公司于6月开通惠州港，10月增设厦门港进煤渠道，解决单一港口进煤的被动问题。合理控制采购节奏，尽可能在合适的价格时期多采购煤，降低公司的燃料成本。

经营成本降低　研读电力体制改革有关文件，建立报价预测模型，根据市场需求和公司的生产成本制定报价方案，克服困难，争取发电市场份额。争取并获得环保电价、超低排放电价。抓好商务管理，全年为公司节约685.64万元。

管理效能提升　集团公司科技项目《优秀火力发电企业标准化建设项目》在公司实施，该项目于7月份正式启动。公司在实施该项目时推进兼容质量管理、职业健康安全管理、环境管理、能源管理、风险管理、内部控制、安全生产标准化、信息安全管理等企业标准化体系建设各项工作，优化业务流程，精简整合标准，促进公司各项工作的标准化、系统化、制度化。

信息化建设　公司开发考勤管理、IT服务等功能。按照公司信息规划，跟生产管理相关的功能模块在EAM系统中开发、跟生产过程数据采集和分析相关的应用在SIS种开发，其余行政管理模块等在TIMSS中开发。

专利申报　2016年，公司申报11项专利，已取得专利，10项剩下1项正在审核。其中，“补给水系统采用浮船取水”“NCS和ECMS一体化系统在大型火力发电机组中的应用”2个项目分别获得梅州市科技奖励二、三等奖。

队伍建设　一是优化人员配置。根据项目的进展情况，公司合理开展人员调配、选聘工作，先后完成职能部门中层管理岗位、一般管理岗位的公开竞聘。开展因粤嘉公司机组的关停导致的人员分流安置工作，没有发生因员工安置问题引发的上访等事件，实现粤嘉公司机组停产后人员向大埔发电公司的平稳过渡。二是做好员工技能培训工作。建立三级教育培训网络。建立相关培训机制和方法，利用ELN在线学习系统，提高内训人员的授课水平。做好粤嘉公司关停后人员转岗定向培训相关工作。

（广东粤电大埔发电有限公司）

【广东粤电长潭发电有限责任公司】 前身为广东省长潭水电厂。长潭水电站是一座以发电为主，防洪、灌溉、供水和航运等综合利用的水利枢纽。电站位于闽粤赣三省交界的“世界长寿乡”蕉岭县，始建于1978年3月，1987年4台15兆瓦机组相继投产发电，1994年为保证下游生态流量，完成一台兆瓦机组扩建，有总装机64兆瓦。长潭大坝为砼空腹重力坝，按百年一遇洪水设计、万年一遇洪水校核。长潭水库集雨面积约1990平方千米，总库容为1.72亿立方米，实际年均入库水量17.8亿立方米，属不完全季调节水库。2003年，电厂公司实行公司化改制，改制后为有限责任公司。

主要经营指标 2016年，长潭发电公司发电3.163亿千瓦时，上网电量3.113亿千瓦时，为建厂以来最高发电量和最好经营业绩。来水预测综合准确率77.14%，高于目标值70%。平均降雨量2708.8毫米，较建库后多年平均值(1717.7毫米)偏多991.1毫米。发电水耗10.40立方米/度，比2015年（10.42立方米/度）有所降低，上述指标均优于下达的目标指标任务。

安全管理 2016年，公司一是履行企业主体责任，做到安全投入到位、安全培训到位、基础管理到位、应急救援到位，确保全年未发生人身和设备安全事件，截至2016年12月31日，公司安全运行1122天。做好防汛和大坝安全管理工作。二是做好“三防”工作，确保水库安全。受超强“厄尔尼诺”和“拉尼娜”现象交替影响，暴雨级别或最大三日降雨量超过75毫米以上的有13次，发生较大洪水的有8场，最大一场洪水发生在10月22日，出现的最大洪峰流量为1640立方米/秒，水库在防洪过程中发生的最大出库流量为927立方米/秒，最高水位148.64米。公司高度重视水情预报预测分析，协调“三防”机构、电网调度和上下游电站，提前开展汛前安全大检查工作，做好防汛物资清查和储备工作，水库上、下游均未发生洪水灾害，确保水库安全度汛。三是公司监测和检查大坝安全的各项工作，大坝整体运行状况良好，在第四轮大坝安全定期检查中，经专家组综合评定为A级正常坝(最高级)。

绿色发展 合理地腾空库容以拦蓄洪水，科学合理调度水库，充分利用洪水资源多发电。严格依法依规做好闲置资产盘活工作，保证企业资产的保值和增值。密切关注国家扶持政策，控股机组长龙水电站5号机组增效扩容项目成功通过“十三五”农村水电增效扩容改造财政资金支持审批。配合广东风电公司开展的梅州市风电项目，2016年年初，平远茅坪、梅州明山嶂风电项目获得发改委核准，平远泗水风电项目取得发改委路条，派人参与平远茅坪风电场现场施工前期工作。寻求梅州地区分布式光伏发电项目。

管理和科技创新 对生产管理机制改革进行全面系统的研究和长周期的规划设计，充分评估风险并持续推进。结合实际情况，提出推行水电“运维合一”生产管理模式，经集团公司评审通过，正在申报试点工作。长潭发电公司的管理项目《整合水电企业管理体系研究》创新项目获得粤电公司管理创新项目二等奖，参与的科技项目《调峰调频水电机组多维度耦合轴系稳定性研究及工程应用》获得广东省科技进步三等奖、中国电力科学技术奖二等奖。《整合水电企业管理体系研究》管理创新项目获得粤电公司管理创新项目二等奖。《水情测报系统改造》《上位机和通讯主机改造》《三号水轮发电机组动平衡试验》3个项目获得集团科学技术进步三等奖。

（郭庆涛）

【广东粤电青溪发电有限责任公司】

生产指标 2016年年发电量7.13亿千瓦时，上网电量7.01亿千瓦时，完成集团下达年计划经营目标值3.32亿千瓦时的211.06%。年售电收入20217.56万元，同比增加88.34%；年营业总成本

8860.31 万元，同比增加 16.78%；利润总额 11360.46 万元，同比增加 261.30%；净利润 8206.84 万元，同比增加 252.41%，完成集团下达的考核目标值 795 万元的 1032.31%。全年流域平均降雨量 2346.5 毫米，同比增加 29.98%；入库水量 158.44 亿立方米，同比增加 103.99%；发电耗水偏差率 0.2%；水能利用提高率 6.25%，发电平均耗水率 20.00 立方米/千瓦时。年水情预测准确率 93.1%，符合集团下达考核目标值 70%的要求。

安全生产　安全生产总体平稳，未发生人身、设备、火灾、交通、垮坝、水淹厂房、恶性误操作及网络与信息安全事故和C类以上设备障碍，未发生职业病危害事故和环境污染事故，未发生机组检修后返修事件，未发生违反“三防”工作规定事件。全年非计划停运 1 次，设备异常 1 次，不安全事件 1 次。截至 2016 年 12 月 31 日，连续安全运行 7139 天。一是健全和完善标准两票。全年修编标准工作票 589 张、操作票 327 张；执行工作票 565 张、操作票 585 张，两票合格率 100%；执行调令 883 条，正确率 100%；发现各类缺陷 65 项，完成消缺 62 项，消缺率 95.38%。二是安全检查。先后开展春节前安全大检查、汛前安全大检查、“安全生产月”安全大检查、国庆节安全大检查，发现问题 45 项，制订整改计划 45 项，完成整改 45 项，完成率 100%。三是完成集团公司批复技改项目 12 项、特殊修理项目 10 项、科技项目 2 项。内含 4 号机组 A 修、悬垂绝缘子改造、2 号主变大修、库区水浮莲专项整治、水轮机层上游侧电缆检修平台改造等重点、难点项目。受厄尔尼诺现象影响，青溪流域全年雨量充沛，来水量大，全年发生 9 次洪水过程，流域年平均降雨量和入库水量均创历史新高，实现安全度汛，没有发生防汛责任事故和违反防洪调度原则事件。

经营管理　2016 年，水量利用率 90.36%，年增发电量 1.41 亿千瓦时，节能增发效益明显。一是严格费用预算管理和用款审批，合理应用财税政策，健全成本控制制度，将费用控制在预算金额范围内。二是严把项目立项关，运用招标、合同洽谈等降低生产项目成本。三是严格执行《差旅费管理标准》《公务接待管理规定》等标准制度，严格费用支出范围和支出金额，杜绝不良消费。四是继续拓宽经营分析的深度和广度，逐月跟踪、分析预算执行情况和涉网考核情况，杜绝不合理或预算外支出，可控费用未超出预算。全面检查公司 2012—2014 年的涉税事项，及时补缴税款，并逐项完成整改。

企业管理　一是开展全面对标工作。建立起由 73 个指标构成的全面对标指标体系，覆盖安全生产、经营管理、党风廉政建设、职业健康等 7 个方面，推动综合管理水平不断提升。公司标准化建设持续推进，重新识别公司采用的国家标准、行业标准 1243 个。二是按照集团公司的统一部署，公司成立续志工作机构，编制、发布续志工作方案，各项工作均按照工作方案要求平稳有序推进。三是人力资源配置持续优化。通过组织开展竞聘工作，优化生产人员，补充完善班组结构，工作效率明显提高。《事故处理辅助决策研究与应用》管理创新项目被集团公司评为管理创新项目二等奖。公司获评集团公司 AAA 级先进发电企业、企业管理创新成果二等奖、档案工作优秀单位，保持省企业档案工作二级甲等规范单位。全员培训率 100%，培训合格率 99.21%。生产人员持证上岗率 99.00%，职工培训鉴定考核检查得分率 97.00%。

（广东粤电青溪发电有限责任公司）

【梅州市大埔韩江高陂水利枢纽工程建设管理处】　2016 年 8 月，省机构编制委员会批复，同意梅州市大埔韩江高陂水利枢纽工程建设管理处定为梅州市政府管理的正处级事业单位。10 月，梅州市机构编制委员会批复建管处内设综合部、计划财务部、工程建设管理部，核定管理处事业编制 20 人，配主任 1 名、副主任 2 名、总工程师（副处职）1 名、科长（正科职）3 名、副科长（副科职）4 名，办公地址位于梅州市金利来大街南门水务大厦。

广东省韩江高陂水利枢纽工程概况　广东省韩江高陂水利枢纽工程是国务院明确要求要在2015年年底前开工的27项重大水利工程项目之一，也是国家发改委、财政部、水利部三部委确定的第一批引进社会资本参与重大水利工程建设运营的12宗试点项目之一。工程位于梅州市大埔县高陂镇上游约5千米处的韩江干流上，是一宗以防洪、供水为主，兼顾发电和航运等综合利用的大（二）型水利枢纽工程。坝址以上控制集雨面积2.66万平方千米，水库正常蓄水位38米，总库容为3.656亿立方米，其中兴利库容0.983亿立方米，防洪库容2.673亿立方米，电站装机容量100兆瓦。主要建筑物有泄水闸(含排漂孔)、电站厂房、船闸、鱼道及两岸连接重力坝五大部分，工程设计洪水标准100年一遇，校核洪水标准1000年一遇。设计施工总工期66个月，总投资61.54亿元，投资来源为中央资金、省级资金及社会资金三部分。工程建成后，与福建省棉花滩水库及韩江下游堤防相结合，可将韩江下游及三角洲地区的城市防洪标准由50年一遇提高至100年一遇，主要堤围由30年一遇提高至50年一遇，保护范围约850平方千米，保护人口约625万人，耕地12.73万公顷，惠及揭阳市、潮州市、汕头市等。同时，通过枢纽的调蓄作用，可提高韩江下游地区的供水保证率，缓解水资源供需矛盾，惠及人口约750万人。项目的项目法人为梅州市大埔韩江高陂水利枢纽工程建设管理处。工程经过公开招投标，选取广东水电二局股份有限公司为PPP合作伙伴和施工总承包单位、广东省水利电力勘测设计研究院为工程设计单位、广州新珠工程监理有限公司为监理单位、水利部江河水利水电咨询中心和广州新珠工程监理有限公司的联合体为移民监督评估单位、中国能源建设集团广东电力工程局有限公司为施工用电承建单位、广东省水利水电科学研究院为100%第三方检测单位。工程建设需占用土地面积约2288.85公顷，搬迁安置4178人（规划水平年），生产安置5896人（规划水平年），移民涉及5个镇28个村（居）委223个自然村，分别安置于高陂陂寨、乌槎、党溪、银滩、大麻汶水塘、三河汇城6个移民安置点。

工程建设进展情况　2016年是韩江高陂水利枢纽工程建设的重要开局之年。一是工程建设前期工作全面完成。7月，前期工作最后一个审批程序即建设用地审批获国土资源部批复。二是年度征地任务基本完成。全年完成土地征收173.06公顷，基本满足工程建设用地需求。同时，陂寨、汶水塘、乌槎安置点建设等各项工作按计划顺利推进。三是工程施工进入提档加速状态。现场施工呈左右岸同时施工、右岸导流明渠扩挖和一期一段围堰填筑共同推进，临时交通桥、左右岸上坝道路等施工面同步实施，生产生活营地、管理营地、库周道路等加快推进的“多点、多线、多面”的良好局面。12月9日，一期一段围堰顺利实现合龙，比计划提前近一个月，标志着工程建设进入新阶段，主体工程自此进入施工高峰期，为明年安全度汛、基坑开挖、船闸和大坝混凝土浇筑打下良好基础。四是PPP项目特许经营协议顺利签订。11月24日，PPP项目特许经营协议经梅州市政府常务会议通过；12月9日，项目法人与项目公司签订PPP项目特许经营协议，标志着PPP项目正式进入实施阶段。

（余晓虹）

交　通

责任编辑：廖晓鹏

公　路

【交通固定资产投资】 2016 年，全市交通运输部门以构建“潮汕平原北上开拓腹地的交通枢纽”和“国家公路运输枢纽城市”为定位，打好交通基础设施建设攻坚战，服务“一区两带”发展战略，为梅州加快振兴发展提供坚实交通支撑保障。一是交通固定资产投资实现持续快速增长。2016 年，全市完成交通固定资产投资 120.7 亿元，同比增长 21%。其中作为拉动投资的主战场和重引擎，高铁建设完成 19.7 亿元，超额完成 137%。高速公路建设完成 42 亿元，超额完成 10%。二是交通经济运行质量持续提高。全市公路完成客运量 2693 万人次，货运量 7734 万吨，同比分别增长 5.8%和 7.7%。旅客周转量和货物周转量同比分别增长 6.7%和 9.2%。

【高速公路规划建设】 2016 年，按照《广东省加快推进高速公路重点建设项目关键环节 2016 年度责任目标分解表》目标任务要求，全力确保总里程 265 千米、总投资 301 亿元的 6 条高速公路实现年底同时建设目标。大潮、东环、丰华、华陆等高速公路按步骤加快推进；大埔至潮州高速公路梅州段（含大埔至漳州支线）施工图设计完成修编，开展整体用地报批和征地拆迁相关工作；梅大高速公路梅州东环支线、兴汕高速五华至陆河段、大丰华高速公路丰顺至五华段均 12 月动工建设先行工程。

【交通惠民工程】 推进新农村公路建设，新农村公路路面硬底化改造工程全年超额完成 537 千米改造任务。新投放 290 辆纯电动公交，城区公交车辆 1427 辆，其中新能源公交车 931 辆、LNG 公交车 272 辆，比例占到 84.3%。进一步优化线路，方便市民出行，新增 2 条、调整优化 6 条公交车线路。城乡公交有 52 条线路，运营线路里程 2000 余千米，覆盖梅江区、梅县区全域 3000 多平方千米，覆盖人群逾 90 万人，年客运量 3500 万人次。客都大桥进展顺利，项目累计完成投资超九成。程江大桥前期工作稳步推进。

【交通执法】 2016 年，全市出动交通执法人员 5.3 万人次，出动执法车船 1.06 万车（船）次，立案 3253 宗，结案 3136 宗（结案率 96.4%）。采取市县联合专项整治、入口阻截劝返、错峰执法以及 GPS 监控重点路段等科技治超方式，治超卸货 17384.58 吨。

（市交通运输局）

【公路建设】 一是普通公路投资快速增长。全市普通公路完成投资情况良好。其中国省道完成投资 17.62 亿元；县乡公路、桥梁、新农村公路完成投资 26.21 亿元。二是全力推动公路安全生命防护工程实施。精心谋划，按时间节点要求实施公路安全生命防护工程。191 条部级、市级安防工程项目有序实施，完成投资 1.54 亿元。三是县乡公路路域环境不断改善。科学统筹安排，继续加大农村公路养护管理和绿化美化投入。全市累计投入 5300 万元，完成 52 条（段）线路的路面挖补工程、22 条（段）线路的硬水沟建设等农村公路附属设施，建设 22 条约 133 千米绿色廊道，种植乔木黄槐、紫荆、杜鹃等大批花木植被。

公路项目建设　全市普通公路完成投资情况良好，其中国道、省道完成投资 17.62 亿元；县乡公路、桥梁、新农村公路完成投资 26.21 亿元。重点项目梅畲快速干线改线工程进入全面施工阶段，完成投资 9 亿元，完成 58.6%；罗乐大桥新建工程基本完成桩基混凝土灌注作业，完成约 60%；国道 206 线兴宁松陂至丰顺北斗石桥头段改建工程韩山隧道先行段开工建设。

公路养护　一是圆满完成“迎省检”任务，省对梅州市国道、省道路况水平给予高度好评，市公路局被省交通厅评为“先进单位”。抓好“三个文明”创建，完成 160 千米“文明示范路”、9 个“文明养护中心”创建任务，国道、省道通行环境和服务水平得到明显提升。二是推进“示范工程”建设，除国道 206 线平远八尺至大柘段经省同意延迟实施外，其他路段的创建工作均按照省公路局的要求基本完成。三是推进养护工程建设，完成 8 个路面改造工程的交工验收工作，9 个水毁项目被列入省重点，实施 98.8 千米灾害防治和 30 座危桥加固改造工程。通过狠抓公路养护工作，全市国道、省道路况水平逐年提升。截至 2016 年年底，国道、省道路面使用性能指数 PQI 均值为 87.18，同比增长 1.18；路况综合指数 MQI 为 88.93%，同比增长 1.23%；路面优良路率为 87%，同比增长 1%。

公路安全管理　推进“平安公路”“平安工地”建设，在直属分局试点公路隧道安全管理规范化建设。全面开展安全生产检查、排查和治理工作，实现全年安全生产无事故。组织轻舟演练、架桥集训演练等，获得省交通厅组织的架桥比赛第三名。承办广东省公路突发事件综合应急演练，得到省交通厅、省公路局的认可。

（市公路局）

【梅州市粤运汽车运输有限公司】　梅州粤运公司下辖梅州汽车客运有限公司，梅州江南、兴宁、大埔、五华、丰顺、平远、蕉岭汽车运输有限公司，梅州汽车货运有限公司，梅州汽车材料供应有限公司等 10 个子公司以及梅州市粤运汽车运输有限公司多种经营分公司、梅州市粤运汽车运输有限公司江北、江南、兴宁、大埔、五华、平远、蕉岭等 8 个分公司；公司站场 14 个，其中一级 1 个、二级 6 个、三级 3 个、三级以下（乡镇站）4 个，乡镇售票网点 50 个；在册职工 1960 人。旅客标志牌 540 块、营运班线 242 条、建制车辆 840 台（含的士 245 台）。2016 年，全年总行驶里程 12993.28 万千米，运送旅客 410.70 万人次，旅客周转量 12.86 亿人千米，客运班线辐射省内及闽、赣、湘、浙、琼、港等 6 个省 30 多个地区，是梅州市唯一一家“国有道路运输一级企业”。

重大节假日运输　节假日期间，所有客运站场及自营车队全部由总部统一指挥、统一调配运力。始终秉持“以人为本”的经营理念，坚持“顾客至上、服务第一”的宗旨，竭诚为广大旅客出行提供“安全、快捷、便利、高品质”的专业化服务。2016 年春运期间，公司投入运力 834 台，全司站场发出 46828 个班次，发送旅客 47.68 万人次。其他重大节假日和暑运班次、客运量、营收等方面都取得较好成效，实现社会效益和经济效益双丰收。

运输主业经营管理　加强自营车管理，优化资源配置，提高市场竞争力，发挥“粤运品牌”效应。适应市场灵活经营，坚持“能自营的一定回收自营不动摇”的原则，开展承包车回收自营工作，回收跨市班车24台、跨县班车42台、县内农客29台。调整运输结构，开通4条县际班线，分别是平梅线（平远—梅州）、五梅线（五华—梅州）、蕉梅线（蕉岭—梅州）、埔梅线（大埔—梅州），开通2条农村客运线，分别是广福线（蕉岭县城—广福镇）和高陂线（大埔县城—高陂镇），提升“粤运快车”的品牌影响力。

站场建设　在加快发展的同时，推进社会公益性民生工程建设。贯彻落实市委、市政府以及省交通集团、粤运交通公司和交通主管部门有关加快梅州市中心枢纽汽车站建设的一系列工作部署和要求，增强政治意识、大局意识、责任意识，推进重点工程项目建设。梅州市中心枢纽汽车站各项工作有序推进，梅州粤运畲江客货运中心站于2016年6月正式投入运营。

新业务拓展　坚持抓好重点主业经营的同时，实施主辅业并举策略，利用站场资源、媒体广告资源优势，拓展副业经营，增加企业营业外的收入。完成12间乐驿便利店的开设工作，开展“三位一体”（便利店、售票、快件）业务，并正式接入“网上飞”小件快运联网平台，开启全省小件巴士快运新时代。

运输服务　开展客运班线和学生班车定制，满足旅客出行需要。开通自助售票、网上购票、微信购票、“悦行”APP、粤运微信等线上售票渠道，广大旅客可以通过线上享受购票，班线时间、优惠活动查询，客服咨询，电子过检等服务。在各大专院校、旅游景点、重要商场以及乡镇，设立售票网点和上落点。为解决广大群众出行“最后一公里”的问题，2016年新增乡镇站点15个和城区站点11个，乡镇站点累计达50个。推进山区客运、农村客运、城乡公交一体化工作，为广大群众安全出行提供个性化、多样化、高品质的出行服务。

安全生产管理　坚持“以人为本、安全发展”理念，落实安全生产“一岗双责”制度，调整安全管理架构，转变安全管理模式；全面推行分队制管理，推进安全标准化建设，建立考核奖惩机制，从严从实抓好安全生产。对29名先进驾驶员进行表彰奖励。激发广大驾驶员的积极性和责任意识，建设一大批优秀驾驶员队伍。2016年，公司驾驶员近1700人，总行驶里程12993.28万千米。年度安全责任“四项指标”（责任事故率、死亡率、受伤率、经济损失率）均为零，有效地防范和遏制较大以上安全生产事故的发生，安全生产形势稳定好转。

（市粤运汽车运输有限公司）

铁　路

【梅州铁路建设办公室】　梅州铁路建设办公室主要职责是协助开展全市综合性、长期性的铁路建设规划研究；承担铁路建设的协调、管理相关职责，争取铁路建设项目，参与铁路建设期间全过程的协调管理。2016年，在市委、市政府的正确领导下，贯彻落实关于构建粤东北门户交通枢纽的工作部署，谋划推进铁路规划建设，加快推进梅州至潮汕铁路建设。

梅汕高铁建设情况　梅汕高铁为双线电气化客运专线，设计行车速度为250千米/小时，新建路线全长约122.41千米，梅州境内总长71.78千米，设梅州西站、畲江北站、建桥站、丰顺东站、揭阳北、揭阳潮汕机场、潮汕站7个车站。项目工程总投资196.14亿元，其中梅州段92.73亿元。建设期为2015—2019年。项目建成通车后，梅州至潮汕车程时间约0.5个小时，至厦门约1.5个小时，至深圳约2.5个小时，至广州约3.5小时。2015年2月12日，梅汕高铁获得中国铁路总公司和广东省人民政府的批复；4月27日，梅汕高铁先期段在梅州市丰顺县境内动工建设。2016年，梅汕高铁梅州段完成投资19.7亿元，占年度投资的158%；先行段工程秀水隧道于2016年12月5日全面贯通，云山隧道、丰顺隧道及梅江特大桥等节点工程进展情况符合预期。

（市铁路办）

梅汕高铁丰顺建桥标准化工地示范点

【梅州火车站】 梅州火车站位于梅州市梅江区三角镇彬芳大道南，隶属广梅汕铁路有限责任公司惠州车务段的三等站，是东至厦门，西去广州、深圳，北到武昌，南达汕头的重要乘降站。途经梅州运行的旅客列车有6对（12趟），其中途经跨省列车3对：分别是厦门至广州东方向的K299/300次、厦门至昆明方向的K231/232次、汕头至武昌方向的K799/797次。梅州始发省内旅客列车2对：分别是梅州至深圳方向T8369/8370次、梅州至广州东方向的T8367/8368次。途径省内列车1对：汕头至广州东方向的T8381/8379次。

安全控制 截至2016年12月31日，车站实现安全生产6650天。全年行车、劳动、消防、交通等各项安全目标均顺利完成，实现安全年。以标准化建设为载体，确保安全生产控制。车站从人员素质、规章制度、环境卫生、设施设备等多方面入手，不断完善安全生产基础制度和设施设备。在接发列车、旅客乘降组织、防洪防汛、军事运输、施工安全、轨道电路、列尾安全、消防安全、应急处置等方面进行制度化、规范化。在安全措施上进行流程操作，从任务布置、计划、协调、指挥、组织、实施、总结等一系列关键阶段都有指导程序、人员和责任的落实，确保安全不出位、不爆冷。

生产经营 一是旅客运输。2016年，车站平安发送旅客558074人，同比增加28749人，增幅5.4%；到达旅客543442人，同比增加20277人，增幅3.9%。客运本线收入4246.8万元，同比增加742.7万元，增幅21.2%。二是货物运输。2016年，完成装车713辆，比上年（1619辆）下降56%，发送3.32万吨。完成卸车4527辆，比上年（5784辆）下降21.7%，到达26.1万吨。货运收入464.51万元，比上年（619.59万元）下降25%。

军运工作 一是树立“军运无小事”的观念，严格按照军运要求和规定做好军运组织工作。二是重点抓好军品到卸工作。2016年军运卸载任务繁重，作业时站领导现场把关，按作业标准严格盯控，并组织好军事运输质量把关。三是确保新老兵的运输。加开售票窗口方便新老兵购票，为新老兵划分专门候车区域，按“四优先”办法组织新老兵进站上车。行包房主动为新老兵办理行包托运业务手续。2016年，平安接待新老兵1306人。

（梅州火车站）

航　空

【航空业务】 新开通大连—杭州—梅州航线，改造珠海航线，新增大连、杭州、南宁3个通航城市，通航雅加达、北京、上海、广州、香港、台中、西安、长沙、珠海、海口、天津、郑州、大连、杭州、南宁15个城市。2016年，旅客吞吐量达到33.6万人次，同比增长48%，再创历史新高；保障飞机起降5097架次，同比增长20.2%，为把梅县机场打造成粤闽赣边区重要支线机场和通航基地的目标奠定良好基础。

【第 38 个安全年】 2016 年，梅县机场狠抓安全隐患的排查治理，抓好航空安保审计工作，推进“平安民航”建设工作，加大安全投入，全年未发生不安全事件，安全生产形势平稳运行，实现自兴宁场站建站以来的第 38 个安全年。

【航空服务】 以“真情服务，特色服务”为抓手开展服务工作，抓好机场放行正常率，加大基础设施投入，改善候机环境，为旅客排忧解难，做好服务保障工作，全年没有发生严重差错以上服务事件、未发生因机场责任原因导致旅客有效投诉事件和其他群体事件，旅客评价不断提高。

（田有绥）

梅县机场

水　运

【航道】 2016 年，梅州辖区航道总里程 830 千米，其中五级航道 186 千米（梅江：梅江桥至三河坝 83 千米，汀江：茶阳至三河坝 22 千米，韩江：三河坝至蔗溪口 81 千米，通航 300 吨级船舶），五级以下航道 644 千米。航道养护里程 485 千米，航道设标里程 196 千米（韩江、梅江设标里程 164 千米，汀江设标里程 32 千米）。全年航道疏浚 23000 立方米，扫床 943 千米，航道维护水深年保证率 100%。维护航标 297 座，维护工程量 107754 座（天），航标维护正常率 99.8%，船舶完好率和优秀率均 100%。

航道建设　配合韩江三河坝至汕头航道整治工程竣工决算和竣工验收准备，完成航标工程交工验收，完成水保、环保、效果观测、竣前测量、实船试验和项目档案专项验收工作。加快航道支持保障系统梅城码头、趸船工程建设，12 月 15 日，梅城码头工程通过交工预验收。争取当地政府的支持，在按新的市政规划设计调整的基础上，保留梅州航道局业务用房建设用地，工程经重新招标于 11 月 29 日恢复施工。配合《广东省内河航道中长期发展规划研究》，完成韩江三河坝至潮州港航道扩能升级工程预可研究工作。

养护工作　一是航道养护工作。贯彻执行《中华人民共和国航道法》，加强航道日常养护管理，重点落实韩江高陂水利枢纽工程施工航段保通航工作，在枯水期启动《梅州市梯级联调（航运）实施方案》，有效解决辖区航道枯水期制约船舶通航的问题。完成汀江茶阳水电站至石市 18 千米航道测量、韩江桃花浅滩疏浚工程、基层一线员工劳动防护用品购置、1 吨旋转吊航标工作船前期设计评审等。完成松口船排设施改造工程实船试验，有效解决梅州辖区大型船舶上排维修难的问题。全年辖区航道安全畅通。二是航标、船舶养护工作。加强专设航标服务管理，落实桥区水上航标养护，完成辖区航道枢纽船闸“一闸一档”建档，完成粤标 703、粤标 708、粤标巡 702、粤标巡 7034 艘船舶修理任务。

航道管理　贯彻落实《中华人民共和国航道

法》，做好涉航项目通航条件影响评价审核工作。做好航道行政审批标准化编制工作，重新编制审批许可事项办事指南和业务手册，方便群众办事。全年完成各类航道行政审批 41 宗，没有违章审批和超期限审批行为。落实区域航道局、航标与测绘所、站船三级巡查制度，全年出动巡查 189 人次，巡查航道 7941.2 千米，现场监管项目 31 宗，辖区航道没有发生因监管不力造成违章建筑或施工的现象。

桥涵标专项整治　根据辖区航道安全隐患排查，发现安全隐患主要集中在桥梁通航安全方面，部分桥梁未设置桥涵标或未落实桥涵标维护管理责任，影响船舶通航安全及桥梁自身安全，存在较大安全隐患。开展辖区跨越Ⅰ～Ⅶ级航道桥梁桥涵标安全隐患的专项治理，截至 2016 年年底，辖区Ⅰ～Ⅶ级航道要求整改的 27 座桥梁，完成整改 18 座。加强安全生产管理与监督，安全生产形势持续稳定。

（温力祥）

【海事】

专项整治　联合地方政府、水务等部门，并结合创建“平安船舶”专项行动，开展采（运）砂石船舶专项整治和“‘水上旅游安全年’暨水上旅游交通安全专项检查”，对违法作业行为保持高压严管态势。以《广东省渡口渡船安全管理办法》的颁布实施为契机，召开宣传贯彻会议，推动渡运安全管理责任落实、力促地方政府、相关部门加大渡运安全资源保障，联合开展渡运安全隐患排查治理，完善渡运安全法规制度建设。

水上应急管理体系建设　举办以“水上安全伴我游”为主题的 2016 年梅州市水上旅游安全应急救援演练，并组织水上旅游从业管理人员进行安全知识培训，进一步提高梅州市水上旅游安全应急处置能力，实现事故应急的快速救援，提升海事应急反应能力。成功应对强台风“海马”“鲇鱼”及暴雨、洪水袭击，根据预警预测信息启动防洪应急响应，通过智慧海事、手机短信平台及派出督查组等方式发布预警信息，通知辖区船舶、涉水施工单位做好安全防范措施。成功处置丰顺“3 · 10”事故、4 艘受到洪流冲击断缆漂流的无动力船舶以及松口闲置砂船碰电站大坝等险情。

海事服务　巩固“微改革、微创新”成果，服务地方航运经济和水上旅游发展。发挥海事专业技术优势，提早介入，主动服务，参与地方涉水项目发展规划制定、水工工程规划、可行性研究和通航环境评估工作，提出合理化、专业化的安全管理措施和建议。做好韩江高陂水利枢纽工程建设监管及施工水域的通航安全保障工作，科学实施水上交通管制，确保施工水域安全、畅通。在审批程序、监管服务上下足功夫，尽力缩短审批时间，为工程建设提供优质高效的海事服务。服务地方民俗活动，派出执法力量对龙舟赛水域实施交通管制，保障竞赛安全顺利进行。

水上安全公益教育活动　面向校园开展水上安全公益教育，全年举办活动 7 场，对 14 所学校近 7000 名师生代表普及水上安全知识。

（梅州海事局）

邮　　电

责任编辑：廖晓鹏

邮　　政

【概况】 2016年，梅州市邮政普遍服务有营业局所159处、“三农”服务站112个、便民服务站235个、助农取款点1045个、村邮站430个、农村电商网点1027个，行政村通邮率达到100%。全市快递网点555个，其中取得快递业务经营许可证的法人企业40家、备案分支机构89个、农村快递服务网点368个、城区网点58个。全市邮政业业务收入7.31亿元，同比增长35.51%；邮政业务总量7.31亿元，同比增长30.57%。快递业务收入2.84亿元，同比增长104.55%；快递业务量2117.04万件，同比增长79.66%。全年邮政业寄递渠道收投量1.23亿件，据广东省邮政管理局测算，全国单笔快件平均货值160元，梅州邮政业承载196亿货值的商品流通。

【基础设施建设】

邮政基本公共服务均等化建设　2016年，邮政基本公共服务均等化建设项目投资191万元，整治网点7个，更新邮政车辆5辆，购置邮政包裹柜43组。

西部和农村地区邮政基础设施建设　2016年，西部和农村地区邮政普遍服务基础设施建设项目投资650万元，其中财政资金260万元、企业自筹资金390万元，完成4部投递车辆和40部邮运车辆购置、19部邮运车和9部机要投递接发车设备安装。

“快递下乡”工程　2016年，快递末端网点建设（2016年民生实事工程）投资568万元，其中省级财政补贴68万元、市县两级财政补贴150万元、企业自筹350万元，新增100个分布在全市的快递末端网点。

智能快件箱建设项目　2016年，智能快件箱项目投资115万元，其中省级财政补贴19万元、企业自筹96万元，建成分布在全市的智能快件箱173组。

安检机项目　2016年，安检机项目投资总额327万，其中省级财政补贴总额150万元、企业自筹177万元，购置安检机29台。

【网运能力】

车辆情况　2016年，邮政业车辆1995辆，其中邮政专用标志车辆137辆（汽车100辆、摩托车37辆），快递企业车辆1858辆（汽车385辆、摩托车1404辆、三轮车69辆），快递企业把枪1405支。

邮路情况　2016年，进出口邮路300条，其中普遍服务邮路28条（全部是汽车邮路，单程2279.16千米，其中农村邮路11条，单程940.5千米），快递服务邮路262条。

投递路线情况　2016年，投递路线1797条，其中普遍服务投递路线347条（城市投递路线93条，单程3082.36千米；农村投递路线254条，单程17196.68千米），快递服务投递路线1450条。

服务人员情况　2016年，邮政业从业人员2935人，其中普遍服务从业人员634人、快递服务从业人员2301人。

（市邮政管理局）

通　信

【中国电信梅州分公司】　2016年，中国电信梅州分公司坚持党建引领，以改革、创新为两大动力，聚焦工作重点，企业改革及发展取得里程碑式突破：网络层面实现核心网IP化，退网所有传统的交换端局，实现零TDM目标；城域网实现扁平化，网络架构由五层简化为三层，出口总带宽达460G；接入网实现光纤化，通过超常规建设，超常规发展，总的光端口达73万，光宽渗透率达80%，实现由铜转光的历史性跨越，初步建成“全光城市”，支撑梅州创建“宽带中国”示范城市。公司连续十年获“全国用户满意企业”、连续十一年获“全省用户满意企业”称号；被中共大埔县委、大埔县人民政府评为2013—2015年扶贫开发“规划到户 责任到人”工作优秀单位。

社会责任　开展并配合政府防范打击通信信息诈骗工作，专人进驻市公安反诈骗中心。严格落实实名制工作要求，语音中继业务备案率100%，9月30日后所有在网用户实现100%实名。选派驻村干部挂钩兴宁市罗浮镇澄联村开展扶贫工作。

客户服务　客户服务关键指标总体完成良好。客户服务能力持续提升，全年宽带装维满意率94.63%，同比提升2个点。实体渠道满意率96.61%，同比提升1个点，工信申诉、越级投诉率得到有效控制，四季度工信申诉定责工单实现零宗，梅州分公司客服类业绩指标得分5.5分，排名全省第7。

“智慧城市”建设　一是依托全市网上办事大厅项目，推进基层公共信息服务平台延伸到各镇场及居委、行政村，为基层群众提供便民利民服务，提升党委、政府管理效率。二是为助力教育“创强”和“创现”工作，建成覆盖所有中小学的教育城域网，不但可接入安全专业的教育内网，还可高速接入互联网。搭建教育OA办公自动化系统、教育视频网、教育云三通两平台，提升梅州教育信息化水平。三是为助力卫生管理部门推进卫生信息化，完成区域卫生平台建设，接入所有基层医疗卫生机构并与社保联网，实现全市医疗信息电子化管理，为400多万市民提供健康档案“一卡通”服务。四是为服务“平安梅州”建设，在梅州区域内建设5600路“平安视频监控”网络。五是为加强生态保护，与环保部门一起建设环保在线监测系统，实现对工业企业污染排放的有效监控，维护梅州的青山绿水。六是“12345”政府热线、统一通信视频会议系统、应急指挥对讲调度系统、阳光厨房等一系列信息化项目发挥作用，推动“智慧梅州”建设。

（李志伟）

【中国移动通信梅州分公司】　2016年，梅州移动公司围绕省公司“一二三”工作部署，以一张光缆网为基础，推动4G极致发展、政企突破发展、宽带规模发展、业务融合发展，强化管控机制、流程机制、服务机制、责任机制和成长机制，实现企业创新转型，促进员工全面成长和公司持续稳健发展，完成通信服务收入13.3亿元，同比增长5.3%。2016年，梅州移动获得第十四届、十五届“海洋王杯”全国QC小组成果发表赛一等奖，广东省五一劳动奖章，中国移动班组建设示范单位，梅州市“廉洁火炬杯”党规党纪知识竞赛冠军等称号。

网络建设　持续加强优质精品网络建设，扩大网络领先优势。一是快速推进以4G网络为主的移动互联网基础建设，广度覆盖翻倍扩大，质量大幅改善，网络感知持续领先，4G基站总数超4000个，基本实现全市城市城区、乡镇镇区的100%连续覆盖，行政村以上全覆盖，实现全市重点旅游景点、主干重要道路的 100%覆盖到达，4G 网络的下载平均带宽超 30Mpbs，网络速率峰值可达 160 Mpbs。二是支持梅州“宽带中国”示范城市建设。落实“光纤入户”国家政策，采用业界领先 GPON 技术开展，城市攻坚补盲与农村覆盖同步扩展，全年完成 33 万家宽预覆盖建设，预覆盖规模突破 100 万家,建设节点机房上百座，通信管道达到千管程公里，光缆达到上万皮长公里，承载系统设备达到 500 多端，新增基础设施规模增长 2 倍。网络容量成倍升级，全面满足高宽带客户承载，视频、网页测试指标连续多月处于领先水平，支撑 4K 电视业务拓展。

业务拓展　宽带网络覆盖基础持续夯实。一是提升百姓信息生活质量，完善 4G 产品和服务体系，4G 飞速发展。从 2014 年正式商用开始，梅州 4G 客户数突破百万，推动梅州移动互联网发展，提升市民的信息生活质量。二是落实宽带提速降费，提升上网质量，降低宽带资费，惠及梅州客户，光纤宽带累计客户超 25 万户，为梅州百姓畅享信息高速发展成果做出应有贡献。三是全面建设“互联网+平台”，推动传统优势产业转型升级和信息服务业创新发展，不断打造“互联网+”新型应用项目，引入推广“B2C2C”营销模式的“岭南优品”等电商渠道，丰富当地农产品出口渠道，服务梅州社会经济发展。

（梅州移动公司）

【中国联合网络通信梅州市分公司】　2016 年，梅州联通公司围绕 “互联网＋”行动计划、宽带中国、提速降费等国家战略部署，全力加快 4G 和全光网络建设,4G 网络覆盖能力大幅。推动“互联网＋”在梅州经济社会各领域的战略合作和创新应用，并在政务、企业、楼宇、金融及教育信息化等方面取得突破性发展。与公安部门共建打击通信网络诈骗犯罪新机制，派出技术人员进驻梅州市公安局反电信网络诈骗中心，协助公安机关开展涉案电话的即时查询、技术拦截、溯源取证，网站域名和网络 IP 的查询、关停、封堵、动态监控等工作。

网络建设　2016 年，梅州联通强力推进 4G 网建设，重点完善核心城区、县城及主要乡镇区域的 4G 信号覆盖，对主干道路和重要旅游景点进行 4G 信号覆盖，重点区域网速可达 370M。光缆线路长度接近 6000 千米，城域网出口带宽为 60G，宽带承载能力 13 万户，其中新增光纤覆盖用户能力 4.5 万户，带宽接入能力全面满足 10Mbps 以上。网络自建宽带端口速率均达到 100M 要求，乡镇宽带覆盖率提升到 80%。梅州联通计划 3 年内完成梅州宽带互联网基础枢纽设施建设，基本实现梅州市城区及重点镇区光网全覆盖，建成城乡全覆盖的 150M 高速 4G 网络，城区中心实现 300M 高速覆盖，努力打造“互联网＋”建设主力军形象。

信息化发展　2016 年，梅州联通陆续与 8 个县（市、区）政府签订战略合作协议，以专用网络、专用平台和专用的解决方案，为政府、行业、企业提供产业互联网顶层设计、解决方案、集成实施、运营推广服务。梅州联通自 2012 年建立本地云计算平台，承载省内外 90 多家单位的 300 多项应用，承建智慧水利、数字城管、电子教学、电子商务、医疗急救、安防监控等信息化项目。梅州联通以智慧城市平台和物联网平台为基础，实现超过 1800 个连接。

客户服务　2016 年，梅州联通专注于客户的舒心体验，在原有“卓越沃服务”基础上不断升级和创新，为客户提供“沃 4G+不仅更快，体验更舒心”的优质服务新感觉，打造“卓越服务新感觉”。一是星级客户服务。2016 年，为钻金银客户提供免押金开通国际漫游、“10010”热线优先接入、紧急开机、免费补卡、营业厅业务优先办理、节日双倍信用额度、免打扰、发票邮寄 8 项专享服务。进一步扩大客户规模，由原钻金银升级为星级客户服务体系，客户只要在网满 6 个月以上即可参评星级。在服务上，为星级客户准备生日当天电话免费、一对一通信顾问定制服务、一号百通联通客户专享通信外优惠、爆款手机优先订购 4 项升级尊享服务。二是流量服务。全新推出 5 元包 1GB、10 元包 3GB 的 3G 流量加油包以及本地 5G 流量王，满足不同客户流量使用需求。配合流量使用，推出手机营业厅、微信、短信等多个互联网自助渠道，可按天、周自主定制流量消费情况的提醒服务。推进微信服务号建设，开展专业化运营，实现包含查询（查流量、查账单等）、缴费充值、流量包订购等在内的多项服务功能。三是提供 370Mbps 极速网络。2016 年，在核心区域，“沃 4G+”网络采用双载波技术优势，峰值速率下行已经超过 370Mbps，上行已超过 70Mbps。四是提供高清语音。率先全网开通高清语音通话功能，手机通话将获得如 CD 质感的全新体验，客户通话品质获得大幅提升。VoWiFi 是对传统电信服务模式的颠覆，通过 4G 与 WiFi 的无缝切换，解决室内覆盖问题。

（梅州联通公司）

【中国铁塔股份有限公司梅州市分公司】 2016 年，中国铁塔股份有限公司梅州市分公司围绕实现常态化营收目标，较好的完成年度各项生产任务。梅州铁塔塔类建设总量相当于运营商过去 3 年累计建设量，通过提升物业租赁能力、构建标准化建设管理体系，加强设计、施工、监理等合作单位考核，建立质量安全管控体系等手段，形成常态化建设机制，按时保质的交付客户需求，做到对接国家战略、支撑 4G 规模发展、全面提升网络品质。2016 年，收到电信、移动、联通 3 家通信运营商基站建设需求 1973 个（同比增长 105%），向通信运营商交付 1929 个（同比提升 151%），通过共享节约投资约 5800 万元、少建基站约 290 个、节约土地约 3 万平方米，为加快梅州通信基础设施建设提供有效支撑。

营收状况　通过与客户反馈沟通解释，完成地市级商务协议及相关补充协议的签订工作。全市从付款依据、付款流程、数据管理和系统支撑 4 个方面构建常态化营收体系。2016 年，营收回款率 91%，预算完成率 97.7%。

维护承接　2016 年，维护质量保持稳定，维护质量基本达到客户要求。组建维护中心、监控中心、区域团队、代维队伍“四位一体”体系，建立故障处理、发电、出入站巡检、应急保障等关键生产流程，运转良好。完成“一个制度五项对接”，为维护营收打下基础。开展维护整治工作，提升资产效益。

（刘玲玲）

外经贸·口岸

责任编辑：廖晓鹏

外经贸

【概况】 2016年，全市实现社会消费品零售总额619.77亿元，同比增长10.8%，增幅居全省第13位；外贸进出口155.1亿元，同比增长1.7%，增幅居全省第12位；合同外资4.2亿美元，同比增长13%，完成目标任务居全省第12位；实际使用外资5710万美元，同比下降19.9%，完成目标任务居全省第9位。

消费市场　2016年，全市实现社会消费品零售总额619.77亿元，同比增长10.8%。一是从区域结构看，各县（市、区）发展不平衡。社会消费品零售总额增速达到或超过全市平均水平(10.8%)的县（市、区）有4个，分别是梅县区（14.1%）、兴宁市（11.4%）、平远县（10.9%）和梅江区（10.8%）。丰顺县、大埔县、蕉岭县和五华县分别比全市的平均水平低2.9、0.7、0.7和0.1个百分点。二是从城乡结构看，城镇消费市场增速略高于农村。城镇消费品市场实现零售额433.9亿元，同比增长11%；乡村消费品市场实现零售额185.87亿元，同比增长10.2%。城镇消费增速高于农村消费0.8个百分点。三是从行业结构看，批发零售业增速平稳，住宿餐饮业增速减缓。批发与零售业514.9亿元，占全市的92.7%，同比增长11.4%，增速比上年同期上升0.5个百分点；住宿餐饮业40.6亿元，占全市的7.3%，同比增长7.9%，增速比上年同期回落5个百分点，其中限额以上住宿餐饮业9.6亿元，同比增长2.3%，增速比上年同期回落18.1个百分点。

对外贸易　2016年，全市外贸进出口总值155.1亿元，同比增长1.7%，增幅高于全国（–0.9%）和全省（–0.8%）。其中出口140.4亿元，同比下降0.5%，降幅低于全国（–2%）和全省（–1.3%）；进口14.7亿元，同比增长29.9%，增幅高于全国（0.6%）和全省（0%）。一是从贸易方式看，一般贸易占比逾8成，增速持续高于加工贸易。2016年，梅州市一般贸易方式进出口124.5亿元，同比增长2.0%，占梅州市外贸总值的80.3%；加工贸易方式进出口30.6亿元，同比增长0.6%。二是从出口商品看，机电和陶瓷产品出口增速减缓，家具出口保持快速增长，橡胶及工艺品出口呈负增长。2016年，机电产品、陶瓷产品、家具、橡胶制品和工艺品五大主要出口商品累计出口115.9亿元，同比增长3.2%，占全市出口总值的82.6%。三是从市场主体看，传统市场得到巩固，新兴出口市场进一步开拓。2016年梅州市对美国、欧盟和日本3个传统市场出口同比小幅下降。对东盟、韩国、拉美和非洲等7个新兴市场出口总值60.0亿元，同比增长0.77%。四是从经营主体看，民营企业进出口持续较快增长，比重进一步提升，成为拉动进出口增长的主力军。2016 年，梅州市民营企业进出口 105.8 亿元，同比增长 7.4%，占梅州市外贸总值的 68.2%，比上年提高 3.6 个百分点。五是从区域结构看，各县（市、区）进出口增幅有升有降，5 个县（区）完成全年目标任务。平远县（125.0%）、梅江区（110.7%）、大埔县（109.2%）、蕉岭县（103.4%）和丰顺县（101.0%）5 个县（区）均超额完成预期目标任务，五华县（92.7%）、兴宁市（88.2%）和梅县区（54.5%）3 个县（市、区）未完成预期目标任务。增速排名前 3 位的县（区）分别为：平远县(32.8%)、梅江区(16.7%)和大埔县(16.0%)。梅县区（-42.5%）、兴宁市（-2.8%）和五华县（-2.4%）增速低于全市平均水平（1.7%）。

利用外资　2016 年，全市新批 37 宗外商直接投资项目，同比增长 19.4%；合同外资金额 41510 万美元，完成工作目标 109%，居全省第 12 名；实际使用外资金额 5710 万美元，完成工作目标 76.1%，居全省第 9 名。一是合同外资完成全年目标任务，实际使用外资跌幅大幅收窄。一批较大规模的已批项目出资履约、意向项目转正式合同并实现合同报批。其中丰顺御景房地产 2550 万美元、梅县 BPW 车轴增资 1064 万美元和五华精荣科技 700 万美元均出资到位；投资上亿美元的广东佳品实业、投资 600 万美元的平远南台矿泉水、增资 300 万美元的国威新能源、增资 1000 万美元的梅县卡莱轮胎和投资 232 万美元的梅县裕农项目均完成合同报批。二是吸收利用外资以第二、三产业为主。全年第一产业合同外资（3578 万美元）占全市总量的 8.62%，实际使用外资（395 万美元）占全市总量的 6.92%；第二产业合同外资（16541 万美元）占全市总量的 39.85%，实际使用外资（1626 万美元）占全市总量的 28.48%；第三产业合同外资（21391 万美元）全市总量的 51.53%，实际使用外资（3689 万美元）占全市总量的 64.61%。

【宏观指导】 一是先后制定出台《梅州市促进外贸稳定增长工作方案》《2016 年梅州市促进外贸发展政策措施实施细则》等政策措施，带动大埔、丰顺、五华等县域迅速出台配套政策。据不完全统计，市、县两级落实扶持资金 3000 多万元，促进外贸稳定增长。与中财保梅州分公司联合印发《关于做好短期出口贸易信用保险工作的通知》，增强企业开拓国际市场的信心。二是注重组团参展。全年累计组织 410 家次企业、808 个展位参加 14 场次国际专业展会，拓展“一带一路”国际新兴市场。大埔陶瓷、丰顺电声、平远家具分别抱团参加中国品牌商品美国展、柏林电子展、俄罗斯家具展。“大埔青花瓷”和“丰顺电声”区域品牌影响力得到提升。三是联合举办海关业务改革与通关政策宣讲会、食品农产品出口政策宣讲会和电商业务培训班等 10 多场活动，宣传各级各项商务扶持政策，帮助企业提高政策运用水平。通过反复沟通，帮助东电化、瑞东厚等企业解决报关出口、办理加工贸易电子账册等问题。跟踪超华科技首期设备进口项目，组织 7 家次企业申报国家和省进口贴息专项资金。

【招商引资】 一是做好招商引资基础工作，突出主导产业，筛选对外招商引资项目，整理、编印投资指南，建设“梅州市投资促进信息平台”，系统实现顺利上线运行。二是抓好经贸交流。发挥 15 个海外梅州经贸文化联络处作用，先后组织拉美三国、欧洲三国、粤港、台湾等“走出去”经贸交流活动，邀请英国、印尼及中国香港、台湾地区等地客商到梅州投资考察。发挥招商小分队作用，主动到东莞、揭阳、汕头、厦门、泉州等地开展招商工作，成功引进投资 2000 万元的美绫实业箱包制造项目和投资 1.5 亿元的嘉荣超市梅江、五华、蕉岭 3 家分店。建立完善外资项目库管理台账，指定专人负责，按月滚动跟踪落实。密切关注签约及在谈项目进展，解决多家企业遇到的困难和问题，增强企业投资发展信心。

【电子商务】 围绕营造环境、搭建载体、培育示范三方面下功夫。研究制订《梅州市电子商务中长期发展规划纲要（2016—2025 年）》《梅州市人民政府关于印发促进电子商务发展实施方案的通知》等系列政策措施。支持各县（市、区）建设10家集多功能、多业态为一体的电子商务示范园区，2016年，新增入园企业约100家。组织近200家电商企业举办“2016年梅州市电商成果展”。支持本地电子商务龙头企业在淘宝等知名平台建设苏宁梅州、淘宝梅州特色馆，扩大影响，带动发展。联合海关、邮政速递等部门探索跨境电子商务发展。兴宁市电商示范基地、梅县区淘宝电商创业园2个园区获2016年广东优秀县域电商产业园奖，13家企业和个人获2016年广东“农电商奖”。平远县国家电子商务进农村综合示范县建设取得明显成效，丰顺电子商务产业园正式开园，平远、兴宁、五华等县（市）建立农村电商县域运营中心，全市建立1000多个村级运营点。

【市场拓展】　一是落实“十大扩消费行动”，开展“消费促进月”“广货网上行”活动，首次组团参加京交会，举办各类促销活动，挖掘汽车、家电、建材、餐饮等传统消费潜力，着力培育服务、信息、绿色、时尚、品质、农村等新兴消费热点。二是推动社区连锁菜店、农贸市场、物流仓储等一批商业流通设施重点项目建设，完成农贸市场建设及改造6个、物流仓储设施7个，向省推荐社区电子商务、特色商业街、智慧商圈典型案例6个。促成乐得鲜公司与客家帮联手打造生鲜电商，涌现“优速同城”“马上达”等一批1小时内同城配送的电商物流企业。三是支持五华县完成商业网点规划编制工作，启动梅州肉类蔬菜流通追溯体系试点建设。四是加强典当、拍卖、二手车等特种行业管理，新增典当企业2家、拍卖企业1家、二手车交易市场1家，开展拍卖典当租赁汽车流通旧货流通业等行业风险点危险源排查整治专项行动，加强单用途商业预付卡管理，规范市场经营秩序。五是指导怡丰园开展公平贸易工作站建设，帮助大埔陶瓷企业应对贸易摩擦。

【服务贸易发展】　一是平台建设方面，推进梅州经济开发区扩区升格、丰顺经济开发区扩区和梅州综合保税区申报。二是基地建设方面，重点对丰顺电声和大埔陶瓷2个省级基地在公共平台建设、项目资金申报、抱团参展等方面下功夫，2016年，2个基地共获得上级扶持资金2324万元。三是工艺陶瓷、文化旅游、中医药等领域服务进出口取得新的突破，怡丰园、富大陶瓷等6家陶瓷企业获评国家文化出口重点企业；新南方青蒿被纳入首批国家中医药服务贸易先行先试骨干企业（机构）名录，以上7家企业共获得国家210万元专项资金资助。四是培育外贸新业态方面，指导联顺昌公司加快平台建设和市场拓展工作。为市中小企业提供一站式通关、结汇、退税等个性化服务，全年实现进出口6632万美元，同比增长38.4%。

【依法行政】　做好行政许可和公共服务审批事项标准编制工作，编制服务事项24个大项、42个子项，确保“一门式一网式”政府服务模式改革顺利开展。推进商务领域“放管服”改革工作，及时取消设立旧机动车鉴定评估机构审批、加工贸易业务及内销审批、纺织品临时出口许可证核发等审批事项。2016年，行政审批窗口受理业务申请1500件，及时办结率100%。坚持政务公开，做好人大代表建议和政协委员提案办理工作，推进行政许可和行政处罚等信用信息“双公示”工作。

（王映萍）

梅州口岸

【概况】　2016年，梅州市航空口岸出入境旅客27094人次，同比下降8.5%；出入境飞机450架次，同比下降7.2%；经梅州市查验的进出境货运车辆2038辆次，同比下降20.8%；进出口货物66627吨，同比下降13.1%。

【口岸发展规划】　口岸局结合梅州口岸实际，组织编制《梅州市口岸发展规划（2015—2025）》，先后经市政府、省口岸办和省政府研究同意后向海关总署、国家口岸办报送《广东省“十二五”口岸工作基本情况及“十三五”口岸发展规划建设的函》，提出将梅州机场口岸扩大开放项目纳入国家“十三五”口岸发展规划。5月，国家口岸办经过反复调研论证，并征求国家有关部委和军方同意。7月，海关总署、国家口岸办将梅州机场口岸扩大对外开放列入国家“十三五”口岸发展规划并上报国务院。12月2日，梅州市口岸局收到省口岸办转来海关总署、国家口岸办《关于印发〈国家口岸发展“十三五”规划〉的通知》，经国务院同意，梅州航空口岸扩大开放列入《国家口岸发展“十三五”规划》。

【口岸设施建设】 一是推进梅州市进出境货运车辆检查场“三互”升级改造项目。根据《广东省落实“三互”推进大通关建设改革任务分工方案》的要求，前期准备工作完成。9月，移交梅州市政府投资建设管理中心。11月，梅州市政府投资建设管理中心对该项目进行招投标工作。二是落实“对查验没有问题的免除企业吊装、移位、仓储费用”等惠企政策。根据《广东省开展口岸查验配套服务费改革试点实施方案》精神，进一步规范查验服务型收费的项目、标准，降低企业运营成本，促进企业减负增效，做好梅州外经贸发展工作。

【口岸协调管理】 推进梅州机场口岸对印度、中国台湾、中国香港等航线的临时开放续期工作。为了确保印尼、中国台湾、中国香港航班的连续飞行，市口岸局于上半年完成申报梅州机场口岸对这些国家和地区航空公司临时性开放的续期工作。8月2日，国家口岸管理办公室下文批复同意中外籍客运包机临时从广东梅州机场出入境，时间为2016年9月1日至2017年2月28日。5月17日，在梅县机场公司召开梅州口岸综合协调联席会议，会议通报交流梅州口岸2016年1—4月的运行情况，研究决定确保航班正点及暂缓实施梅州机场口岸进出口货栈监管仓建设项目等有关工作事项。

（宋剑峰）

梅州海关

【概况】 2016年，梅州海关审核进出口报关单8625份，同比减少15.9%；监管进出境车辆2038辆次，同比减少20.8%；监管进出口货物6.7万吨，同比下降13.1%；进出口贸易总值4.5亿美元，同比减少6.6%。征收税款9015.5万元，同比下降14%；监管飞机448架次，同比减少6.3%；监管进出境旅客2.44万人次，同比减少4.3%。新办理企业注册备案120家；审批加工贸易合同42份，同比增长2.4%，合同金额2.1亿美元，同比减少1.7%；开展企业稽查作业12家，核查25家，企业巡查33家。

【服务地方建设】 一是贯彻落实梅州市委、市政府决策部署。参与“一区两带六组团”建设，支持梅州综合保税区申建工作。主动融入参与地方政府事务。二是推进通关业务改革，落实通关便利。推广区域通关一体化、通关无纸化作业改革，优化通关环境，促进贸易便利。采用通关一体化模式和无纸化模式的报关单分别占整体报关单的48.6%和99.8%。继续落实预约通关制度，合理调配人手加班加点，为企业办理验放手续。2016年，为企业加班43次，总计215人次。三是落实“行政审批”一个窗口制度，推进简政放权，做好“放、管、服”工作。四是加强政策法律宣传，引导企业守法经营。利用“4·26”知识产权保护日、“6·26”国际禁毒日、“8·8”海关法制宣传日等开展法制宣传，让更多的企业及时了解海关优惠政策，享受改革红利，实现海关、地方政府、企业三方共赢，梅州海关被授予广东省“六五”普法先进集体。五是持续做好统计监测预警，发挥海关在地方经济发展中参谋助手的作用。撰写统计文章23篇次，其中被总关采用22篇次、广东分署采用3篇次、总署采用2篇次。

【业务监管】 一是推进综合治税。以推动通关制度改革为抓手，推广区域通关一体化，引导本地企业税收回流，抓住关区主要税源企业，做好服务。强化审价、归类、内销及稽查补税工作。全年归类、审价补税102.7万元，内销补税1686.6万元，稽核查补税416万元。二是强化实际监管，夯实业务基础。运用视频监控系统、智能卡口系统等科技手段，加大对监管场站和运输工具的管控力度，突出重点，加大对货运渠道伪报、瞒报、夹藏以及出口骗退税行为的查处力度。加强对企业进出口商品的审核，严厉打击进出口环节侵犯知识产权行为。加强对毒品、政治性非法出版物、淫秽印刷品和音像制品等的查缉，实行“3个100%”查验制度，杜绝各类违禁物品进出境。加强注册企业后续管理。加大企业巡查力度，从源头上防控打击“空壳企业”和虚假贸易。2016年，通过稽查渠道查获一宗涉嫌转让进口减免税设备的案件，对6家注册备案信息不实企业实施通关布控。

【反走私工作】 强化综合治理，保持打私的高压态势。健全反走私联系协作机制，推进辖区反走私综合治理。联合缉私分局、梅州市打私办等部门到辖区省际交界地实地调研，察看闽粤交界过往车辆情况，召开现场座谈会，就辖区反走私工作态势开展交流。按照总署总关的统一部署，开展“国门利剑2016”联合专项行动，发挥监管、缉私和稽查的作用，不断加强正面监管。全年立案11宗，罚没收入39.6万元，提前完成全年打私罚没任务。

【综合保障】 一是提高政务保障能力。做好HB2012系统的推广应用，强化督促检查、统筹协调、反馈等方面职能作用，提高办文、办会、办事等能力。继续做好机要档案、安全保密、应急处置等工作，修订和完善有关制度5个。二是推进信息宣传工作。多途径多形式做好新闻宣传，做到每月电视有图像、电台有声音、报纸上有文字。同时做好政务、互联网信息报送工作，全年政务信息积分、新闻宣传积分在全关排名中位居前列。

（梅州海关）

梅州边检

【边检安全执法】 一是持续推进边检勤务改革。按照总队关于边检勤务改革的思路，继续完善“小前台、大后台”勤务模式，将执勤业务一科打造成为前台查验尖兵，将执勤业务二科、机要信息化科、指挥中心整合为大后台，制定《后台核查工作指引》，为前台查验工作提供信息支撑。升级改造执勤现场高清监控系统，启用智能验讫章柜，推进智能验证台建设，提高勤务工作信息化水平。借鉴乌鲁木齐边检站先进做法，主动协调民航部门推动出境旅客信息数据提前获取工作，探索建立后台前置审查机制。5月，在检查员经验不足、联检单位提出质疑、场地空间设施有限等内外压力下，强力推动旅客行李物品常规检查。确保政治安全，实现“零投诉、零事故、零重大业务差错”的工作目标。二是建章立制，规范执法执勤。根据《出境入境管理法》《勤务规范》等法律规定，结合实际细化制定《执法执勤工作流程》《常见行政案件办理指引》《执法办案场所管理使用规定》等规范性文件，并加强一线执勤人员培训，提高队伍素质，提升勤务组织科学化水平。选派2名干部到梅江区公安分局三角派出所进行为期2个月的跟班学习，提高执法办案能力。三是常态监督，保证勤务质量。建立勤务工作“日监测、周讲评、月总结”制度，坚持每日安排后台人员实时监测前台验放质量，每周交班会集体会诊执法执勤视频并现场评正，每月首长办公会总结讲评当月勤务工作情况，确保执法执勤安全和勤务质量。

【岗位技能训练】 一是坚持全员参与。坚持全警动员、全员参与，教育引导官兵认清开展岗位技能练兵暨实战化训练的重要性和紧迫性，认识到当前的时代背景和形势任务需要，区分不同岗位、职级、类别，建立“人人参与练兵、时时组织练兵、事事凸显练兵”的全员练兵新局面。二是健全练兵机制。按照“基本体能、基本技能、基本业务”三个要求，坚持日练、周测、月考制度，形成主官负总责、分管抓落实、机关合力抓、一级抓一级、层层抓落实的工作格局。三是培育战斗精神。针对年轻官兵社会实践阅历少，通过应急处突、雪地拉动、袭击营门、反恐主题宣传、铁人三项、冬泳比赛等，着重培树官兵血性和战斗精神。

【队伍建设】 一是抓部队管理。以“大排查、大清理、大整改”、安全工作大检查和整治酒驾醉驾专项活动为抓手，结合实际修订完善正规化管理实施细则和干部量化管理规定，明确干部每周进行1次警容风纪检查、3次早操、每周留营住宿3晚的要求。对照条令规定，从穿衣戴帽、发型仪容、内务设置、礼节称谓等细节入手，延伸营区以外和8小时以外两个触角。二是确保枪弹安全。在全省边检站率先升级改造兵器室，严格落实各项管理审批制度，通过监控进行24小时全时段督察。注重实弹射击训练安全，主官全程参与、现场督导，严格武器装备操作流程，熟练掌握武器分解结合和射击原理，严防操作不当和失误。组织官兵开展实弹射击，未发生任何事故。三是强化监督检查。完善督察机制，由站纪委牵头，成立站督察小组，围绕值班备勤、部队管理、安全防范和执法执勤4个督察重点，采取网上督察、现场检查、电话询查、夜间查哨等方式，加大对部队的督导检查力度。2016年，派出督察人员30人次，对各基层单位开展13次督导检查，对督察出的问题在每周交班会进行通报。

【后勤保障管理】 一是部署开展审计整改专项检查，统筹经费预算，严格执行财务管理规定和伙食管理“五项制度”。健全完善采购制度，实行公务卡结算。修订完善财务、营房、卫生等7项制度。走访交警支队，建立违章抄告制度，安装行车记录仪。开展3期军械运输培训，进一步规范军械运输装备维护、操作、保养和使用方法。以部队远程拉练为背景，就物资装备筹集、官兵给养保障等后勤应急保障重点科目进行演练。二是推动征地项目。稳步推动18.76公顷军事训练用地征地工作，顺利纳入《梅州市口岸发展规划（2015—2025）》。将梅汕高铁丰顺东站广场入口处旁约3.35公顷地块作为部队战训保障中心用地。 （黄波波）

梅州检验检疫

【概况】 2016年，梅州检验检疫局完成出入境货物检验检疫0.7745万批，同比增长7.88%；货值2.2569亿美元，同比增长10.64%。其中出境货物检验检疫0.7317万批，货值2.0218亿美元；入境货物检验检疫0.0428万批，货值0.2351亿美元。检出出入境不合格货物10批，货值122.2856万美元，不合格率分别为0.13%、0.54%。检验检疫出入境飞机380架次，检疫查验出入境人员23322人次。截获禁止进境物34批次，检出橘小实蝇、瓜实蝇等检疫性有害生物6批。完成出入境人员传染病监测体检190人。签发健康证书188人份，查出肺结核和乙型肝炎各1例。签发各类原产地证书2423份，同比增长32.13%；货值4518万美元，同比增长17.41%。

【进出口产品质量安全】 一是参与质量强市工作。把检验检疫工作融入梅州市各级政府质量工作当中，将进出口产品质量安全纳入梅州市考核内容，同时把质量安全示范区、“三同”（同线同标同质）工程、地理标志产品等作为加分项，鼓励地方政府参与其中。二是深化质量安全示范区建设。推动出口电声质量安全示范区维护和升级工作，投入40万元为示范区100多个产品进行质量安全检测，推进公共服务平台建设，推动和帮扶示范区企业开展CANS认可实验室建设，发挥示范区和示范区企业的品牌效应，力争2017年创建国家级出口示范区。继续做好出口蜜柚质量安全示范区创建工作，建立起质量安全标准化、化学投入品控制等七大体系建设，帮助企业提升质量管理水平和自主创新能力。三是开展“同线同标同质”工程帮扶行动。印发 1200 份宣传手册，在出口食品备案企业中广泛宣传，为66家企业、120多人举办专项培训班，对重点企业实行“一对一”帮扶，指导符合条件的企业做好上线工作，有3家企业成功上线“三同”平台。四是帮助大埔青花瓷成功获批地理标志产品保护，帮助梅州顺兴种养股份有限公司获得广东省农产品出口示范基地。

【检验监管】 一是做好口岸卫生检疫工作。做好寨卡病毒病、黄热病、中东呼吸综合征等重大疫情的防控，加强口岸通道红外线体温监测和医学巡查，每天实行疫情零报告制度。在梅县机场开展口岸病媒生物监测，捕获鼠类 21 只、蚊类101 只。二是加强进出境动植物检疫工作。在梅县机场推进口岸动植物检疫规范化建设，做好禁止进境物查验工作，2016 年，截获禁止进境物34 批，检出检疫性有害生物 6 批，检出率提升20%，在车检场查获一批未施加 IPPC 标识木质包装。三是加强进出口食品农产品安全监管。与市农业局合作，率先在出口蜜柚行业建立黑红名单制度，严把供港澳食品安全关。四是加强进出口商品检验监管。强化进口成套设备的检验监管工作，与梅州市商务部门联合发文，做好有关法规、政策的宣传，取得较好的成效。对报检单证进行清理，规范进出口商品报检流程。对辖区 10 种目录外商品进行监督抽查，检出4批不合格产品，并进行事后监管处置，有效掌握辖区进出口商品质量状况。五是加强执法打假和行政处罚工作。审理办结卡莱（梅州）橡胶制品有限公司擅自使用未报检的进口法检商品一案，对该企业实施罚款 11 多万元的行政处罚。同时联合质监等相关部门开展质量安全监管和执法联合行动，开展进出口商品打假和打击走私工作。

【企业帮扶】 一是帮扶农产品扩大出口。培育梅州富硒长寿食品特色产业，推广 GAP 认证，帮助更多食品、农产品生产加工企业获得出口目的国或地区资质，配合梅州市政府工作部署，进一步落实 CEPA 协议，深化梅港经贸合作，打响梅州客家名优产品与文化旅游产品在港澳地区的知名度。帮助投产 8 亿元的三丰禽业有限公司顺利完成对港冰鲜鸡注册出口，继续为梅州出口食品农产品企业参加香港裕华国货展销会等海外展销提供支持，指导企业利用自贸区政策，不断开拓澳大利、韩国等海外市场，扩大产品销量。二是为企业提供信息指引。主动为梅州出口食品农产品企业提供国外的质量标准、技术贸易壁垒限制、风险预警等资信，免费为企业举办专项培训班 10 多次，对 230 多家企业、近 560 人进行培训。

【业务综合改革】 一是确保 e—CIQ 主干系统平稳上线。前期做好上线筹备工作，对基础设备实行升级改造，多层次、多角度开展培训和演练活动，加大对地方各级政府和出口企业的宣讲力度，不断完善运行政策措施。系统上线以来，累计受理进出口报检 201 批，运行状态良好，为企业实现减负增效。二是复制推广自贸区改革经验。结合辖区实际，对进口食品快速放行模式、检验检疫“电子证书”模式、原产地签证清单管理模式等多项内容实现复制推广，提高办事效率，降低企业报检通关和检测费用。联合地方商务部门探索“无水港”模式，争取让更多改革红利惠及企业。三是提升贸易便利化。实行通关一体化改革，推进检验检疫通报、通检、通放，扩大报检无纸化覆盖面，在安全风险可控基础上，除高风险产品外，进一步扩大进口直通的区域、企业和产品。四是继续推进“三互”建设。加强与海关、边检等部门合作，完善口岸监管联动工作机制，逐步实现检验检疫机构与口岸管理相关部门信息互换、监管互认、执法互助，推进梅州大通关建设进程。

（梅州检验检疫局）

国内贸易

责任编辑：廖晓鹏

商贸流通服务业

【概况】 2016年，全市社会消费品零售总额619.77亿元，同比增长10.8%，增速比上年回落0.3个百分点，但比全省（10.2%）和全国（10.4%）平均水平分别高0.6和0.4个百分点。其中限额以上社会消费品零售额138.60亿元，同比增长9.7%，增速比上年高2.6个百分点。增长较快的有梅县区、兴宁市和平远县，分别增长14.1%、11.4%和10.9%。

【零售业】 全市零售业继续呈现出多样化的发展态势。大润发、昌大昌、卜蜂莲花、欧尚购物中心、喜多多、乐万家、自家人、美宜佳、乐得鲜连锁店纷纷应用电子商务、网上购物等无店铺销售形式和微商等社会化移动社交电商模式。引进嘉荣超市、丰宜美连锁店等新零售企业和万达广场、客都汇、东汇城、万象江山、锦发君城、奥园广场等新兴商业业态。

【批发业】 全市有批发市场9个（其中4个正在建设中，3个已开业，1个未开业），营业面积53.16万平方米，仓储面积12.88万平方米，从业人员8825人，交易总额15.2亿元。其中成交额亿元以上市场5个，均是民营企业。全市9个批发市场都是以内销为主，主要销区多为本省及周边省、市，辐射范围不大，交易品种以农产品、三鸟、五金、建材、服装纺织百货、副食品等为主。较大型、现代化的梅州海吉星商贸物流园（以水果为主）、中国供销·粤东（五华）农产品电商批发城（以农产品为主）、兴宁毅德商贸物流城、梅州义乌小商品批发城正在建设中。

【餐饮服务业】 2月，中国烹饪协会公布新一批“中华餐饮名店”评选结果，梅州市梅江区金苑酒家榜上有名，是梅州市继梅县区雁南飞围龙食府、雁鸣湖银湖大酒店，大埔金帆大酒店、华侨大酒店，兴宁城南酒家之后的第6家“中华餐饮名店”，是梅江区首家。11月1日，在梅州市餐饮行业协会第三届会员大会暨授牌表彰大会上，中国烹饪协会副会长、广东省餐饮行业协会执行会长谭海城代表中国烹饪协会为梅江区金苑酒家颁发“中华餐饮名店”牌匾。会上选举产生协会新一届理事会及其组织机构，张伟华当选为新一届理事会会长，陈钢文当选为执行会长，上届会长叶祖根当选为“永远荣誉会长”。广东省烹协、餐协以及来自河源、惠州、东莞、江西赣州、福建龙岩等客家人聚居地的餐饮界大咖和专家学者近300人聚首梅州，在观摩大会的同时并就客家菜系的传承、发展和创新进行广泛交流。专家学者们对梅州打造“中国客家菜之乡”做出的努力和所取得的成绩表示赞许，并就客家菜的传承、创新、发展提出具有建设性的意见建议。

【典当、拍卖及二手车交易市场管理】

业务概况　2016年，梅州市11家典当企业发生典当业务634笔，同比下降17.2%；典当总额8062万元，同比增长7.2%；营业收入206.7万元，同比下降37.5%；上缴税金5.93万元，同比下降75.4%；实现税后利润16.1万元，同比增长82.7%。全市8家拍卖行举行拍卖会113场，成交额24007万元，拍卖会场次和成交金额分别同比增长16.5%和12%。全年二手车交易16376辆、交易金额47765.21万元，同比分别增长6.14%和8.53%。全市2家报废汽车回收拆解企业拆解报废汽车和摩托车1907辆，同比增长110%，其中拆解报废汽车1851辆、摩托车56辆。

管理工作　市商务局通过对典当、拍卖、报废汽车回收拆解、二手车交易企业经营情况表的分析，掌握各行业经营情况和动态，通过开展调研和专项检查，发现企业存在的问题，督促企业及时整改，防范经营风险。开展典当企业年审工作，对全市参加年审的11家典当企业报来的年审资料进行初审，初审后报省商务厅核查。开展拍卖企业年审工作，对全市参加年审的8家拍卖企业报来的年审材料进行初设，初审后报省商务厅核查。

（王映萍）

盐业专营

【概况】 2016年，广东省盐业集团梅州有限公司（盐务局）一是坚持“以盐为基、以盐带路、严把盐关、广开盐路”的经营策略，在抓好食盐主营业务的同时，开拓非盐产品营销。优化升级“粤盐”食盐品种，丰富市场食盐产品线。二是通过“以盐带路”，加强非盐产品宣传，突破原有非盐业务模式，采取掌控终端、建设渠道及客情维护“三位一体”的营销模式，把优质、健康食品营销至各终端消费者，非盐业务再上新台阶。2016年，销售食盐18092吨，碘盐出厂合格率100%。上缴税利1460万元，完成上级下达的各项任务指标。

【盐业体制改革】 落实“市场营销、市场检查、两书签订、‘粤盐’品牌与食盐政策宣传、派发《通告》和《盐改调查问卷》”五位一体的工作机制，提高全社会食盐安全责任意识和食盐经销商守法经营理念。按照省经信委关于做好食盐储备计划的要求，做好政府食盐储备资金划拨工作。做好食盐价格监测点选定和食盐电子追溯系统建设，食盐电子追溯系统投入使用，初步建成食盐产品来源可追溯、去向可查证、责任可追究的食盐安全可追溯体系。

【盐业安全监管】 一是贯彻落实《关于加强全省食盐市场经营管理的通告》，抓好食盐政策宣传工作，并与用盐大户、经销商签订《食盐安全责任书》，提高全社会对食盐安全重要性的认识。二是履行好盐业市场日常监管职责，实现市场监管常态化，防止假冒伪劣盐冲销食盐市场。三是强化联合执法工作机制，定期牵头联合各职能部门开展食盐集中打假整治行动，检查全市用盐情况，打击制售假冒伪劣食盐的违法行为。四是做好“一证两书”签订和网上办事大厅“两法衔接”建设工作，提升盐政执法服务水平。

【食盐储备供应】 坚持加强食盐营销主渠道建设，保障食盐供应安全，巩固国有企业在全市食盐市场的供应主渠道和主力军地位。一是提升食盐直配直送率，切实掌控终端网络。将原由经销商供应配送的超市、餐饮、学校和工业园区食堂，转由公司直接配送，并将直配直送延伸到乡镇用盐量较大的终端用户。二是贯彻落实好省、市两级政府食盐储备任务，制订调运计划，加强与盐场（矿）联系沟通，组织盐源，加快食盐调运、包装生产和配送工作。截至2016年年底，公司食盐储备（含正常经营性库存）3200吨，完成省、市规定的2400吨的食盐储备任务。

（市盐务局）

石油行业

【确保供应】 梅州石油公司加大对成品油流通渠道、质量、数量、税收和经营安全的监管力度，通过主流媒体连续跟踪报道非法加油车、黑油点泛滥等乱状。全年协助政府部门查获非法柴油100多吨，净化成品油供应市场。梅州石油公司借鉴邻近省市、系统内外先进公司经验，打造12个具有梅州特色、在粤东领先的升级版精品体验店，提升市民消费环境。

【转型发展】 梅州石油公司实施"'211工程'双微关注+网银（移动）充值+加油广东APP"，进一步丰富客户体验，电商一体化服务平台初具规模。截至2016年年底，梅州公司订阅号推送信息528篇，总点击量超100万次，新增微信普粉4.8万人（共18万人），新增卡粉3.8万人（共5.1万人）。推广网银（移动）充值支付，实现非现金支付总额9.9亿元。8月，成立4个试点公司，实现加油微信支付全覆盖，全省系统第一台微信支付多功能加油机成功运行，带动微信支付2006.5万元。推广"加油广东APP"，下载人数3.1万人，其中绑卡用户1.4万人。

【风险防控】 一是坚持QHSE例会制度，修订安全检查和QHSE考核办法，明确检查职责，对问题实行清单销项，实现闭环管理。二是突出重点作业环节监管。落实分管领导、安全部负责人现场确认安全措施、签发作业许可证制度，实行安全部人员和站长全过程监护。三是落实承包商定期培训约谈机制，加强承包商的安全管理。四是抓实安全"五个一"活动，夯实安全管理基础。五是强化应急预案演练，开展竞赛活动，每月的23日定期演练，锭子桥、大沙等加油站成功处置6起未遂事件。六是加强协调，依法办理35站次的安全环保证照，防范经营风险。七是强化质量管理，协调并盯住油库发油准确度，突出对损耗偏高单位的日常指导和监管，综合损耗率同比下降0.08%，对比目标节耗251.7吨，避免3起漏油事故和环保事故。清洗85个油罐，常规抽查105站（次）、223个油样。八是加强资金发票风险控制。双指纹密码锁保险柜实现全覆盖，更换交接钱箱，确保油站资金安全。定期开展加油站发票开具、现金投币、POS机刷卡、IC卡付油等现场突击检查。九是加强资产安全管理和置换保全，消除6个安全隐患，大埔湖寮油库和明珠站、华兴站置换保全取得积极进展。十是完善加油站联合督查长效机制，开展"112+N"联合督查，强化考核兑现。2016年，检查油站362站次，发现整改问题4486个。

【企业管理】 梅州石油公司一是修缮黄竹坪等5座站厨房宿舍，为59座站购置"五小建设"物资价值48.3万元。指导梅汕等51座站开辟小菜园，丰富员工餐桌。二是落实"四送四有"关爱，建立困难员工"一人一表"救助台账，实现困难员工帮扶常态化，全年慰问困难员工289人次，慰问资金19.1万元，发放困难职工子女上大学助学金1.2万元，为296名在岗女职工购买"安康险"。为先进员工家属邮寄贺信、送油米。三是坚持文化兴家，开展8次"夏送清凉、冬送温暖"活动，发放价值50.6万元物品。举办"家文化"厨艺大赛，组织先进女员工"三八"节郊游。成立足球、羽毛球等文体协会，承办全省系统第一届足球比赛并获冠军。落实职代会制度，通过提案9个。选树毛跃华、张世豪、陈秋源、刘海军等先进典型。连续4年开展"情暖驿站"活动，连续15年组织义务献血，开展"爱心加油站"公益活动。

（钟鹏程 廖志宇）

烟草专卖

【卷烟营销】 坚持"稳销量、提结构、降库存、增税利"，深挖市场潜力，组织有效货源，精准投放策略，规范营销行为。2016年，全市销售卷烟16.25万箱，同比增长0.63%，实现单箱销售收入 29518 元，同比增长 2.32%。强化重点品牌培育，提升品牌销售结构，提升终端建设质量。

【烟叶生产】 坚持“守红线、调结构、提质量、惠烟农”，2016 年，全市收购烟叶 16.46 万担，实现烟叶产值 22420.43 万元，同比增长 6.06%。烟农户均收入 8.48 万元，同比提升 7.8%。全市 4 个产区推行烟叶精益生产，6 个烟农合作社规范运营。2016 年，全市投入补贴资金 1368.78 万元，建设烟基项目 325 个，完成 2 个烟叶工作点建设。

【专卖管理】 坚持“依法规、重防治、严监管、为民利”，发挥烟草、公安联合执法作用，开展市场清理整治行动。2016 年，全市成功破获卷烟制售假国标网络案件 3 宗、省标网络案件 2 宗，查处各类涉烟案件 2923 宗，查获各类卷烟 3718.38 万支。落实商事制度改革，科学规划卷烟零售点合理布局，推进行政审批大厅建设，规范证件办理，落实生产经营规范要求。

【基础建设】 加强成本费用管控，开展对标、贯标管理，推行 6S 现场管理，全年实现降本增效 472 万元。发挥新物流中心运营功能，加强信息系统建设，成功发布 12 个 QC 课题，创造可计算的经济效益 229 万元。突出抓好工程建设项目和烟用物资采购专项治理，强化预算约束、重点费用、大额资金审计，公开招标金额占比 98%。保持“四个为零”安全管理目标，启动“七五”普法工作，推进行政审批与内部管理事项改革。

（市烟草专卖局）

财税·金融

责任编辑：廖晓鹏

财　政

【财政收入】 克服经济下行压力，针对“营改增”政策全面铺开、财政体制调整、普遍性减税降费政策以及部分重点税源企业大幅减收等状况，加强与国地税部门的沟通协调，帮助寻找税源，配合做好税费组织工作，规范收入征管秩序，做到“收足、收实、收好”。2016 年，全市一般公共预算收入 105.46 亿元，同比增长 1.81%（按可比口径计算，增长 4.3%），收入增幅在全省排名第 13 位。其中税收完成 68.68 亿元，同比减少 6.97%，按可比口径计减少 1.97%，占一般公共预算收入的 65.13%；非税收入完成 36.78 亿元，同比增长 23.57%，按可比口径计增长 18.6%，占一般公共预算收入的 34.87%。

【财政支出】 规范预算执行，强化预算约束，严格执行年度预算。继续压减财政存量资金规模，加大对财政暂付款等往来指标的清理，加快财政支出进度，促进财政支出各项关键指标达标。进一步完善公务活动支出管理系列制度，调整市直党政机关和事业单位差旅费、误餐补助等开支标准。推进厉行节约、反对浪费，从严控制一般行政性经费和“三公”经费增长，千方百计降低行政运行成本，把有限的财政资源用在刀刃上，集中财力办大事。2016 年，全市一般公共预算支出 384.02 亿元，全市、市本级行政和参公事业单位会议费及“三公”经费财政拨款支出同比分别下降 16.08%、31%。

【政策资金争取】 争取上级财政在激励型财政机制、县级基本财力保障机制、生态保护补偿机制、重大项目建设、重点民生项目等方面给予梅州市更多转移支付资金支持，增强市县两级可支配财力。2016 年，全市获得上级各项转移支付资金 237.86 亿元，其中市本级 33.68 亿元。主动对接债务置换政策，利用省置换债券置换利率高、期限长的存量债务，有效降低政府债务的利息成本，并通过新增地方政府债券等方式，缓解全市经济社会建设资金需求压力。2016 年，全市获得省置换债券 67.24 亿元，其中市本级 30.68 亿元；全市获得省新增政府债券 59.02 亿元，其中市本级 32.07 亿元。

【重点支出保障】 一是保障重大项目支出。2016 年，市财政拨付江南新城建设项目资金 39.11 亿元、芹洋半岛建设项目资金 4.05 亿元；全市各产业园区（集聚地）获得省级产业园区扶持资金 1.01 亿元，市财政分别拨给工业园区（集聚地）建设管理综合评审中排名靠前的兴宁产业园、丰顺产业园、大埔集聚地各 1000 万元专项资金奖励；市财政安排旅游专项资金3000万元；全市财政交通运输支出16.92亿元。二是推进融资模式创新。拓宽融资渠道，依托城投公司等融资平台开展融资工作，与建设银行、交通银行等金融机构合作设立发展基金，加大PPP项目规范推广力度，引导和筹集更多资金投入市委、市政府确定的重点项目建设。三是保障重点民生支出。支持补齐民生和社会事业短板，保障社保、医疗、就业、教育等重点民生支出，支持文化、体育等事业发展，筹集资金支持实施省市民生实事，健全完善财政支农投入机制，支持实施新时期精准脱贫工作，落实好政法经费保障，促进社会更加和谐稳定。2016年，全市财政民生支出完成313.7亿元，同比增长2.1%，占一般公共预算支出的81.48%。

【实体经济发展支持】　推进供给侧结构性改革，研究制定支持降低企业成本的一揽子政策措施，落实各项税收优惠政策，全面推开“营改增”试点工作，开展清理规范涉企收费工作，全年为全市企业减负31.48亿元，其中降低税负成本18.23亿元。落实市委、市政府促进实体经济和民营经济发展的一系列扶持政策，综合运用发放创业券创新券、风险补偿、设立引导基金等方式，加大对中小微企业发展的扶持力度，培育创业创新示范平台，促进外向型经济发展。2016年，市财政投入股权投资资金2.6亿元，全市为企业争取上级技改等资金2.1亿元，通过市信贷风险补偿基金为企业发放增信贷款2亿元。加快推进国家节能减排财政政策综合示范城市建设，组织开展2016年度节能减排典型示范项目征集申报工作，全市有54个典型示范项目入选，项目总投资额101亿元，年度计划投资32.6亿元，核定中央奖补资金3.17亿元。

【财政监督管理】　围绕群众关心的焦点问题以及财政资金的重点领域、行业开展监督检查，先后组织开展转移支付资金、债券资金、技改奖补资金、重点支出资金、税收优惠政策落实、会计信息质量等专项检查。强化财政支出绩效评价结果应用，进一步完善专项资金绩效评价考核机制，推进第三方绩效评价。协调做好各县（市、区）世界银行和外国政府贷款项目的申报、审批、实施等工作。推进财政信息化建设，实施财政一体化信息系统升级改造，稳步推进财政资金实时在线联网监督系统建设。加强地方政府性债务管理，防范和化解债务风险。加强财政内控机制建设，科学制订内部控制办法和操作流程。加强政府采购监管、财政投资评审、会计管理、农村集体“三资”管理、农村财务管理、行政事业单位资产管理、国有企业资产管理、财政票据监管、市拍卖行管理等工作，推进依法行政、依法理财。

【财政改革】　加大财政预决算信息公开力度，加快推进实施中期财政规划管理，全面推行市、县、镇三级国库集中支付改革，深化行政审批制度改革，配合推进公务用车制度改革、司法体制改革、审计机关人财物管理改革、农业“三项补贴”改革、国有企业改革、机关事业单位工作人员养老制度改革等工作，开展基层公共服务综合平台建设试点工作，各项改革工作取得预期成效。

（市财政局）

税　务

【梅州国税】

税收收入首破百亿元　2016年，梅州国税组织收入历史性突破百亿元大关，达到105.66亿元，同比增收11.87亿元，增长12.65%。实现计划考核口径税收收入105.04亿元，同比增收11.95亿元，增长12.83%，完成省局下达年度计划的102.98%。其中全年“两税”收入90.51亿元，同比增长14.75%；所得税收入达到8.66亿元；稽查查补收入1.65亿元，同比增长16.28%；风险管理查补收入2亿元；组织非居民税收收入4200万元。

税收改革　一是“营改增”改革。全市系统

凝聚地方党政、地税、财政和税收中介的合力，开辟绿色通道23条，组织试点政策大宣讲，开展回炉式培训，做好发票供应和国地税发票衔接工作，做好“开好票”“报好税”“分析好”“改进好”等工作，顺利将全市试点四大行业的1.71万户试点纳税人全部纳入正常管理，全年四大行业入库税款11.74亿元。二是税收征管体制改革。推动征管体制改革和国地税合作落地生根，成功创建广东省第二批国地税合作县级示范区。全市联合共建办税服务厅6个，共同进驻政务大厅8个，互设办税窗口26个。在全省率先开展国地税联合绩效管理等创新项目，做法和成效得到省局领导肯定，并专报至税务总局和在全省国税系统推广。全年的深改和国地税合作工作，被省局认定为“做出突出贡献”，获得全省最高的专项加分。三是依法治税。法治税务示范基地建设开展，五华县国税局被授予“2016年广东省国税系统第二批省级法治税务示范基地”称号。加大稽查办案力度，有效消除行业性、区域性税收隐患。推进税务稽查专项改革，建立曝光税收违法案件工作常态化制度和梅州市对重大税收违法案件当事人实施联合惩戒工作协调机制，在全省率先挂牌成立公安派驻国税联络机制办公室，进一步建立健全税警协作保障机制、“双随机”抽查工作机制。深化行政审批制度改革，推进“五证合一”“两证整合”登记制度改革工作。

纳税服务拓展 2016年，全市系统不断创新服务方式，丰富服务内涵，较好地提升纳税满意度。在全省第三方纳税满意度调查中，梅州国税再次以92.74分获得全省综合得分第三名的佳绩，成为全省国税系统唯一连续4次位列全省前三的单位。一是持续推进便民办税。开展“便民办税春风行动”，累计对1万多户纳税人开展“问需求、优服务、促改革”活动；在全市推广“同城通办”业务，推行“二维码”一次性告知事项，启动24小时网络版代征车购税业务模式；增加委托代开发票网点，全市系统“双委托”代开1.6万笔，代开业务金额8亿多元；打造“12366”服务热线咨询品牌，接通率处在全省前列，在全省营改增专项测评中以98分名列第一。二是上线运行电子税务局。按照省局工作要求，及时上线运行电子税务局，对涉税事项、电子化办理流程、涉税业务功能实现全部覆盖。全年电子税务局实名认证2.15万户纳税人，办理2.64万笔业务，有效缓解前台业务压力，初步达到“足不出户、轻松办税”的效果。三是落实各项税收优惠政策。推出系列支持苏区中小企业挂牌“新三板”的服务举措，帮助相关企业防范税收风险；“银税互动”累计向76户企业发放贷款4.48亿元，进一步为全市小微企业缓解融资难的问题；严审快退，办理出口退（免）税16.45亿元，同比增加2.04亿元，支持外贸企业的发展；全市有5万多户小微企业享受优惠政策，全年减免税收1亿多元。

组织建设 2016年，国税工作得到省国税局领导和市委、市政府领导20多次“点赞”，全市国税系统工作得到较好提升。一是行政管理更加高效规范。加强基层领导班子建设。数字人事信息系统成功上线并平稳运行。迎接省局全方位的实地督查，并对基层单位组织开展9批次实地督查，促进工作落实。加强预算管理，政府采购和公务接待进一步规范；完善资产管理，强化基建管理；顺利上线“经费支出报销审批管理系统”，并得到省局通报表扬；保密管理、舆情管理、信访维稳进一步规范；后勤保障水平持续提升，安全管理有效加强；信息技术系统和基础设施维护管理进一步强化。二是国税形象得到持续提升。成立志愿服务支队，开展“蓝色梦想”助学助教志愿服务系列活动。苏区党建、营改增、深改和国地合作、争先创优等重点工作，得到《中国税务报》《南方日报》《梅州日报》等主流媒体的多次关注和报道，进一步提高梅州国税形象。发挥以税辅政的作用，全年有6篇税收调研文章获得市委、市政府领导的肯定性批示。

（市国税局）

【梅州地税】

税收概况 组织各项地方税费收入165.84

亿元，按入库口径增收 23.47 亿元 ，同比增长16.49%，按可比口径（剔除营改增影响）同比增长 31.04%。其中税收收入 89.74 亿元，按入库口径同比下降 8.62%，按可比口径同比增长 8.7 %；社保费收入 68.74 亿元，同比增收 32.19 亿元，增长 88.08%；其他收入（含教育费附加、堤围费等收入）7.35 亿元，同比减收 994 万元，下降 1.33%。中央级收入 16.81 亿元，同比增长 21.9 %；省级收入 19.16 亿元，按可比口径增长 30.1%，市县级收入 53.77 亿元，按可比口径下降 0.5%，占全市市县本级公共预算收入的 50.99%。

税收特色 一是县级地税税收收入增长快，比重上升。除市直和梅县区，其余的 5 个县、1 个市累计组织地税税收收入 47.94 亿元，同比增收 2.85 亿元，增长 6.35%，占全市地税税收收入的 53.42%，较上年提高 7.58 个百分点；市直和梅县区累计组织税收收入 41.80 亿元，同比减收 11.47 亿元，下降 21.54%，占全市地税税收收入的 46.58%。二是所得税、土地增值税以及资源税税收贡献度加大。2016 年实施营改增后，所得税、土地增值税以及资源税税收收入比重为 54.14%，比营改增前上升 8.33 个百分点。三是纳税大户税收聚集效应凸显。纳税大户纳税额占比不断提升，全市年纳税额超过 1000 万元的纳税户 166 户，贡献 58.5%的税收收入和 7.51 亿元的税收增量。其中 4 家证券营业部合计缴纳税款 2.86 亿元，同比增收 1.66 亿元，增长 138.9%；广东宝丽华电力有限公司缴纳税款 3 亿元，同比增收 0.43 亿元，增长 16.69%。四是税收减免力度持续加大。减免各项税收 11.16 亿元，占税收收入 12.44%，主要有：支持金融资本市场减免税收 4.43 亿元，改善民生减免税收 4.12 亿元，鼓励高新技术减免税收 1712 万元，促进小微企业发展减免税收 2077 万元。

税制改革 一是深改方案有效落地。“营改增”顺利转换，按时完成全市 1.5 万户营改增纳税人数据核实补充及信息移交；出台“两代”业务政策指引和操作流程指引，确保“两代”业务顺利开展；组织缴销地税监制各类发票，完成国地税发票有序衔接；持续跟踪解决“营改增”后的各类问题，确保“营改增”的顺利实施和平稳运行。资源税改革稳步推进，资源税改革实施以来，征收资源税 3.23 亿元，同比增加 0.37 亿元，增长 12.5%。商事登记制度改革落实到位，与相关部门对接，统一业务标准，落实“五证合一”“两证整合”。二是国地税合作有序推进。以《合作工作规范》为指引，共建工作机制，宣传合作内容；联合考察学习国地税业务和深化国地税合作的先进经验；将落实国地税合作事项列入绩效考核和督查督办重点内容，成立国地税合作联合督查组，开展多次全市范围的工作督查。三是落实结构性减税政策，助力大众创新、万众创业，减免各类税收 11.16 亿元。

依法治税 一是依法行政水平不断提升。推行权力清单动态管理，建立兼职税收法制员制度，全面清理税收规范性文件，预防化解行政争议，做好行政复议案件的应对和依法处理。二是督察内审质效持续改进。开展执法督察，落实执法责任制，加大执法问责和责任追究力度，通过督察发现问题 441 个，发出税收执法督察文书 47 份，跟踪落实问题整改，有效防范执法风险。做好内外部审计问题整改工作，有效促进执法规范。三是巡察发现问题整改。对照省局党组巡察组反馈的 4 大类 15 个方面问题，梳理分解为 76 项整改任务，制定 92 条针对性整改措施，严肃责任分工，做到整改项目挂账销号、倒计时推进，截至年底，整改完毕 46 项任务，长期持续改进 28 项，党纪政纪处分 2 人，追缴税费、滞纳金合计 1147.92 万元，新建制度 5 个，修定完善制度 3 个，出台意见规定 2 个。四是税收执法。贯彻落实稽查“双随机”抽查制度，有序开展重点税源随机抽查，加大涉税案件查办力度，全年立案 24 宗，结案 27 宗，查补税款、滞纳金、罚款共 2302.74 万元。严厉打击发票违法犯罪活动，检查受票企业 48 户，查处违法企业 25 户，非法发票 134 份，检查涉及金额 164.48 万元，罚款 2.94 万元。

（郭程望）

2016 年 4 月 7 日，梅州市召开全市营改增动员大会（黎滔滔　摄）

金　融

【概况】 2016 年，梅州金融业产值 47.36 亿元，同比增长 14.1%，对经济增长贡献率达 8.4%，同比上升 2 个百分点。金融业增加值占 GDP 的比重由 2015 年的 4.43%提高至 4.53%。

银行业　一是存贷款规模稳步扩张。截至 2016 年年底，梅州辖区银行业金融机构 20 家，无新设法人机构和非法人分支机构，资产总额 2871.70 亿元，同比增长 13.6%；各项存款余额 1819.19 亿元，同比增长 16.22%；各项贷款余额 830.18 亿元，同比增长 12.73%，存贷款增速均居山区五市首位。全市 11 家地方法人机构（8 家农合机构、3 家村镇银行）不断优化公司治理，加强内控建设，推进业务创新，整体经营稳健，形势向好。地方法人机构资产总额 539.08 亿元，同比增长 15.36%；各项存款余额 464.72 亿元，同比增长 15.69%；各项贷款余额 263.22 亿元，同比增长 11.04%。二是银行业金融机构资产质量优化。截至 2016 年年底，梅州辖区银行业金融机构实现不良双降。不良贷款余额 14.06 亿元，较年初下降 1.06 亿元；不良率为 1.69%，较年初下降 0.36 个百分点。各金融机构不断加强风险管控和内部合规建设，全年未发生重大信贷资产损失和重大案件，整体风险可控。11 家地方法人机构整体不良贷款余额为 11.22 亿元，较年初减少 1.32 亿元；不良率为 4.26%，较年初下降 1.03 个百分点；贷款损失准备充足率 207.35%，较年初提高 36.82 个百分点，整体抗风险能力大大增强。三是非银行业金融机构运营不佳。截至 2016 年年底，梅州辖区有 8 家融资性担保公司，较上年增加 1 家；担保责任余额 103483 万元，同比减少 19.13%；担保费收入 1174 万元，同比减少 7.29%；本年度履行担保责任支出 6307 万元，亏损达 1369 万元，部分担保公司履约支出额较大，担保业务收缩，运营情况不佳。全市有 9 家典当行，比上年度增加 1 家，抵押贷款余额 2614.96 万元，同比增加 3.54%；实现业务收入 206.7 万元，同比减少 37.53%；年度净利润 18.85 万元，同比下降 23.72%；典当行经营较为困难，资本补充渠道狭窄，规模受限，业务量下降，整体经营利润下降。全市注册备案小额贷款公司 20 家，各项贷款余额 68740.44 万元，同比增长 13.39%；不良贷款余额 1642.34 万元，同比增长 208.13%；不良贷款率 2.39%，同比上升 1.51 个百分点。

证券业　截至 2016 年年底，梅州辖区有证券公司营业部 12 家。梅州辖区证券市场交易额累计 5118.43 亿元，同比下降 45.85%；投资者账户数 50.78 万户，同比增长 19.27%；全年营业收入 2.56 亿元，实现净利润 1.3 亿元。资本市场融资功能进一步发挥，梅州在 A 股、港股、新三板上市挂牌的企业有 28 家，2 家上市公司和 4 家挂牌企业先后在资本市场通过定向或非定向增发、发行公司债券等方式直接融资约 83 亿元，其中宝新能源增发 31 亿元，创下梅州市上市企业单笔融资最大金额。

保险业　截至 2016 年年底，梅州辖区有保险公司 31 家，比上年增加 1 家，其中产险公司 16 家、寿险公司 15 家。2016 年，全市实现保险业保费收入46.59亿元，同比增长9.52%。其中财产保险保费收入15.05亿元，同比增长18.13%；人寿保险保费收入31.54亿元，同比增长5.83%。全市保险公司支付保险赔款8.26亿元，其中大病保险、巨灾指数保险、老人意外险、计生险、“三农”保险等政策性保险业务保费收入2.88亿元，同比增长26.88%，支付赔款1.7亿元。

（人行梅州市中心支行）

【人行梅州市中心支行】 2016年，人行梅州市中心支行“两权”抵押贷款试点工作位居全省前列，支付结算、国库、外汇等多项业务创新工作在全省率先实施，成功捣毁一起新中国成立以来梅州市破获的最大假币案。一是执行稳健的货币政策，营造适宜的货币金融环境。围绕梅州经济振兴发展目标谋划金融工作，灵活运用信贷政策支持再贷款等货币政策工具，支持重点领域和薄弱环节的信贷投放，引导降低社会融资成本。落实定向降准政策，对考核达标的法人机构和农业银行“三农”金融事业部执行优惠存款准备金率，增加可贷资金2.6亿元；运用扶贫开发县的专项扶贫再贷款政策，在大埔发放全省首笔扶贫再贷款2亿元，扶贫再贷款余额为4.12亿元；利用补充抵押贷款的利息低、周期长的特点，推动国开行和农发行与政府部门的对接，加大对水利设施、新农村、生态环境治理等重点领域的支持力度。农发行使用补充抵押贷款发放的贷款余额3亿元。二是加大信贷政策和产业政策协调配合，支持实体经济振兴发展。抢抓原中央苏区和粤东西北“两大振兴政策”重要机遇，围绕交通基础设施建设、产业园区扩能增效、中心城区扩容提质“三大抓手”，引导金融机构加大对“一区两带”重点项目、工业转型升级、文化旅游等领域的信贷支持力度。本外币各项存款余额1819.19亿元，同比增长16.22%，比全省平均水平高4.1个百分点；本外币各项贷款余额830.18亿元，同比增长12.73%。推动设立“梅州原苏区扶贫振兴发展基金”，在“十三五”期间对梅州基础设施、城市扩容、专利技术孵化转化产业、文化旅游产业等领域提供600亿元的融资支持。新增9家新三板挂牌企业，宝新能源、广东明珠、集一家居等上市公司在资本市场融资81.47亿元，同比增加61.82亿元，其中宝新能源定向增发融资近31亿元。三是加强财税部门横向沟通联系，支持配合财税改革。支持配合“营改增”，准确完成TCBS、TIPS、省金融平台、国库综合前置系统的营改增相关参数修改，保证税款安全、准确、及时入库。新设广东梅州高新技术产业园区支库，实现高新区预算资金的直接缴库和拨付，提高辖内国库资金运行效率。配合市财政局完成市本级国库集中支付代理银行资格认定工作。四是向地方党政建言献策，提高基层央行金融话语权。创办双月刊《梅州金融》，搭建辖区金融学术交流平台，在普惠金融、理论研究、宏观经济等方面献智献策。继续做好《梅州金融信息专报》，发挥人民银行、外汇管理局作为金融统计数据中心的作用。

农村金融改革　一是推进“两权”抵押贷款试点工作。承办全省“两权”工作会议，协调相关部门做好确权登记颁证、流转交易平台、抵押物处置、风险补偿和缓释机制等方面配套工作，推动五华县设立农房抵押贷款风险补偿基金1000万元。在“两权”抵押贷款基础上，探索“货币政策工具+农房抵押+新型农业经营主体”“货币政策工具+农村承包土地经营权抵押+互联网金融+信用三农”叠加助贷模式，多家金融机构发放广东省系统内首笔农房抵押贷款。至12月末，五华县农民住房财产权抵押贷款余额3932万元，蕉岭县农村土地经营权抵押贷款余额2540万元，位居全省前列。二是推进金融精准扶贫工作。制定《金融精准扶贫工作实施方案》，指导金融机构对接建档立卡贫困户，向上级行争取到扶贫再贷款额度6亿元。创新“支农（扶贫）再贷款+公司+基地+农户”“支农再贷款+农房抵押贷款”等模式，支持2108个农户和60家涉农企业，带动超过2万个农户和贫困户奔康致富。三是升级农村信用体系建设。夯实贫困户信用数据基础，整合梅州农户诚信信息服务系统与“广东新时期精准扶贫信息平台”的相对贫困户信息，掌握贫困村和贫困户的信用状况，有效解决金融扶贫信息不对称问题。至12月末，全市涉农贷款余额412.59亿元，同比增长13.64%。探索优化农村支付通道，针对助农取款服务点使用效率较低、社会认知度不高等问题，协调广东省邮政局成功引入“村邮乐购驿站”。在五华县列为广东首批项目的试点地区的基础上，探索形成“村邮乐购驿站+助农取款服务点”的农村多功能综合服务点。至12月末，五华县98个助农取款服务点完成“村邮乐购驿站”叠加工作，占助农取款服务点总量的29.34%。

金融管理和服务　一是中征应收账款融资服务平台取得新突破。印发全省首个政府采购支持平台应用文件，联合政府职能部门推进商业银行贸易融资、供应链融资业务创新和商业保理发展。至12月末，全市在中征应收账款融资服务平台成功注册资金提供方用户51个、企业用户210个，促成融资交易482笔，成交金额118.63亿元。推动蕉岭、兴宁、平远县政府将信用报告纳入政务活动中，进一步扩宽信用报告在非金融领域的应用。二是电子商业汇票受理环境取得新进展。推动地方法人机构和商业银行新增网点加入电子商业汇票系统，召开银企电子商业汇票专题推介会，有效提升电子商业汇票业务的社会认知度。2016年，全市银行机构办理电票业务42.13亿元。三是客都金融素质教育工程再上新台阶。丰富创新金融教材的内容、形式、题材和载体，形成集课本、视频、音频、戏曲、电视剧为一体的教材库，借助“2131”农村电影放映惠民工程，将金融知识普及覆盖全市所有行政村。以边远山区、贫困地区或两省交界地的小学为重点，组织金融知识进边区校园统一行动。至12月末，金融知识进校园活动覆盖全市94%的小学，派出志愿者5239人次，授课1736课时，受惠学生99983人。四是金融IC卡惠民工程取得新拓展。在菜市场探索金融机构、银联、市场建设投资方共同参与运营，在住宅小区拓展物业门禁的应用。至12月末，全市发行金融IC卡832.7万张。五是率先在全省开展跨境人民币知识巡回宣讲。送政策、送法规、送业务知识到辖区基层一线，让市场主体懂政策、用政策、最大限度地享受政策红利。2016年，开展巡回宣讲7场次，1000多名中小微外贸企业、政府部门、银行机构代表参加，发放宣传资料1200多份。六是全口径跨境融资业务实现零的突破，首笔跨境双向资金池业务成功落地。全年梅州辖区发生跨境人民币结算总额29.64亿元，占全辖跨境收支的21.31%。七是率先在全省开展“双随机”外汇专项检查试点。探索建立检查对象和检查人员的随机抽查机制，提高执法公正透明力度，提升监管效能和监管效率。在2015年开展的个人和服务贸易外汇业务专项检查的基础上，深入排查有关线索，对银行违规问题处罚3万元，涉及违规金额15.47万美元。八是创新国库事中监督方式。联合县财政局对预算单位和集中支付代理银行开展国库集中支付业务现场检查，及时纠正预算单位零余额账户大额取现、预算单位授权支付资金用途与使用的预算科目不符等问题。创新凭证式国债到期资金约定转存业务创新。从政策、管理、业务三个层面增强对凭证式国债投资者合法权益的保护，有效防范国债兑付资金风险。全年办理凭证式国债到期资金约定转存业务8笔，金额81万元。

金融风险防范　一是落实宏观审慎评估工作。对宏观审慎评估结果为C的法人机构进行约见谈话，引导法人机构加强自我约束，三季度评估结果为C的法人机构由一季度的5家降为2家。二是开展互联网金融风险专项整治工作。牵头制定工作方案，组织辖区银行业金融机构开展支付机构客户备付金风险和跨机构清算业务摸底排查，有效净化互联网金融生态环境。跟踪重点行业、产能过剩行业、重点领域的动态和风险。密切关注企业债务、非法集资、民间融资、互联网金融等风险事件，提高突发事件应急能力，确保不发生区域性系统性金融风险。三是强化空头支票行政处罚管理。依法对签发空头支票及与预留印鉴不符的支票实施行政处罚，维护票据结算纪律。全年处理14笔空头支票行政处罚，违规支票票面金额达88.87万元。四是加强支付机构整治管理。协调当地公安网警、工商等部门，对辖区支付机构开展线下收单业务、网上买卖POS机等进行系列摸排与整治工作，确保商户的资金及账户信息安全。五是开展打击治理电信网络新型违法犯罪专项行动。协助公安机关拦截非法买卖银行卡案件近20起，涉案银行卡352张。建立涉案账户紧急止付和快速冻结机制，配合公安部门开展涉电信诈骗账户冻结及案件的取证工作，有效扭转电信诈骗“追查线索难、工作协调难、调查取证难、赃款控制难”的局面。累计协助反诈骗中心冻结涉案账户资金85.56万元，挽回资金损失45.80万元。六是开展反洗钱专项清理行动。加强可疑交易资金的监测甄别，与公安机关定期、不定期开展情报会商，挖掘、分析有价值的可疑交易线索，堵截冒名开户事件114起，将7笔疑似地下钱庄的重点可疑交易线索移交市公安局，破获一起郭某珍地下钱庄案件。七是开展打击假币违法犯罪专项行动。加强防范假币的群防群治工作，实施反假币工作“重心前移”，强化反假币警银合作机制，成功捣毁一起新中国成立以来梅州市破获的最大假币案，涉案金额1.39亿元，获得总行和公安部领导的高度肯定。八是有序应对跨境资金异常冲击。突出“控流出、扩流入、推改革、稳预期”重点，通过强化对市场主体的政策宣传，及时了解市场主体需求，加强跨境资金流动管理，有效防范和控制大额和异常购付汇风险。

（刁依河）

【中国银行业监督管理委员会梅州监管分局】

截至2016年年底，辖区银行业金融机构20家，营业网点577个。银行业资产总额1891.70亿元，同比增长16.37%；各项贷款余额830.18亿元，同比增长12.73%；各项存款余额1763.68亿元，同比增长17.17%；不良贷款余额14.06亿元，不良率为1.69%，同比减少1.06亿元和下降0.36个百分点；银行业年度利润20.41亿元，同比下降1.88%。

服务实体经济　一是提升银行服务质效。制定工作分解表和台账，督导辖内银行业金融机构以支持供给侧结构性改革为核心任务，持续优化信贷结构。至2016年年末，累计压缩退出过剩产能行业贷款3.36亿元，投向节能环保、新能源、新能源汽车贷款余额36605.5万元，比年初增加9366.5万元；支持保障性安居工程类贷款余额68000万元，比年初增加38000万元。辖内暂无债委会成立。二是支持重点领域和薄弱环节。督导辖内银行业支持地方政府贯彻落实原中央苏区、粤东西北地区振兴发展“两大政策”，支持“一区两带六组团”重大工程项目、珠三角产业转移以及新兴产业发展。至2016年年末，辖内机构投向九大软硬基础设施信贷26.67亿元，比年初增加2.93亿元。落实小微企业信贷政策，提高投贷精准度，完成“三个不低于”（贷款增速不低于各项贷款平均增速，贷款户数不低于上年同期户数，申贷获得率不低于上年同期水平）目标，继续推广“银税互动”模式，推动市政府成立中小微企业信贷风险补偿基金，有190家优质中小微企业进入池。通过明察暗访，督促银行业严格执行“七不准、四公开”（“七不准”：不准以贷转存、不准存贷挂钩、不准以贷收费、不准浮利分费、不准借贷搭售、不准一浮到顶、不准转嫁成本；“四公开”：收费项目公开、服务质价公开、优惠政策公开、效用功能公开）规定，降低企业融资成本，辖内机构减少收费项目100多项。三是拓宽支农融资渠道，加大脱贫攻坚支持力度。研究制定《梅州银行业助力精准扶贫精准脱贫三年攻坚实施意见》，引导银行业加大扶贫力度。至2016年年末，发放建档立卡贫困人口的小额贷款1046.56万元，比年初增长26.8%，向新型农业经营主体发放贷款12.13亿元，比年初增加7311.24万元，发放“两权”抵押贷款余额7930.14万元。组织有条件的中外资银行多次前往辖内贫困村开展扶贫助困活动。兴宁石马镇邮银网点的设立妥善解决反映多年的邮银金融服务空白问题，便利当地农民办理低保、新农保等业务。

风险防范　一是重点排查治理信用风险。针

对油坑建材贷款风险问题，成立防范化解贷款风险工作小组，并与市政府沟通，合力化解潜在风险。动态监测、分类化解集中风险，对部分法人机构实施大额贷款限额政策。及时提示和化解辖内个别楼盘重复抵押贷款的潜在信用风险。全年发出17份监管意见书、12份现场检查意见书和6份风险提示函。督导银行业做好地方政府存量债务置换工作，至2016年年末，置换金额20.19亿元，进一步缓释存量风险。二是防范流动性风险。完善流动性风险监管指标，将负债、资产和表外三大业务共15项需重点关注的情况纳入指标体系，提高流动性风险管理的前瞻性。指导法人机构建立预警机制，开展压力测试，提高精细化管理水平。三是综合排查治理跨行业、跨市场风险。督导法人机构按“穿透原则”，定期报送相关情况，规范资金投向，建立“四个防火墙”。重点防范民间融资、非法集资、电信诈骗等外部风险向银行体系传染渗透，配合地方政府相关部门开展“防范打击非法集资宣传月”活动、P2P网络借贷风险专项整治工作。开展打击治理电信网络新型违法犯罪专项督查，配合政府相关部门成立“梅州市反诈骗中心”，成功止付和冻结金额300多万元。四是防范信息科技风险。组织银行业开展金融专网接入端安全风险排查、突发事件风险隐患排查等。通过对辖内邮储和农金机构的安全大检查，强化营业场所、业务库和自助设备的安全防范基础设施建设和安全操作。通过组织辖内12家机构进行全面声誉风险自查，提高声誉风险管理意识和管理水平。

银行业改革　一是民营银行筹建取得成效。梅州客商银行获批筹建，成为粤东西北地区首家民营银行。二是推动农信社改制农商行。继续探索和推进城区2家农联社合并改制农商行，完善法人治理结构、有序推动改制。三是督导规范梅县客家村镇银行完善公司治理和内控管理，提升经营管理水平。四是引导大埔农商行走现代商业银行发展之路，支持其申请加入全国银行间债券市场，以运用发行次级债的办法提升和完善资本补充机制，获得省局认可，并安排于2017年年初对大埔农商行进行准入辅导。五是完成26家邮储银行“名行实所”机构变更工作，全面完成辖内42家邮储银行二类支行改革，进一步理顺邮储银行与邮政企业的风险和管理责任。六是推动法人银行机构强化资本管理。指导辖内农合机构增资扩股，通过引进民资、引入战略投资者等措施支持民间资本投资入股和参与重组改造，提高机构资本质量，审慎进行利润分配，提高利润留存和损失准备金。

监管效能　一是强化机构依法合规经营。召开“重塑合规年”督导会，分局领导多次实地走访，带队驻点开展“落实监管要求后评价”现场检查。将“重塑合规年”活动与“促监管政策法规进基层行”活动有机结合，为机构作政策解读。二是强化金融消费者合法权益保护。按照银监会新修订考核评价指标体系，对辖内银行业金融机构开展消费者权益保护工作评价，机构考核评价覆盖率达到95%，考核工作受到省局通报表扬。开展“金融知识进万家”活动，并与教育部门联合开展“送金融知识进校园”等活动，受众约18万人。对34个网点开展访查，有效规范银行员工销售行为。三是强化自身监管能力建设。重新梳理分局银行业高管人员、机构及业务类准入事项审查决定程序和权限明细表。推动董（理）事和高管人员任职资格考试系统成功上线并于9月开始实施机考。建立辖内法人机构市场准入管理的“三个一”（每个月组织一次高管考试、一次任职资格谈话、一次准入事项集中审核）制度。注重提高现场检查专业化水平和质效，加强EAST系统的推广应用。

（梅州银监分局）

【中国工商银行股份有限公司梅州分行】 工行梅州分行贯彻落实总省行服务管理工作要求，不断提升优质服务水平。一是强化考核。制订服务质量和消费者权益保护工作考核评价实施细则，加强对服务精细化管理的考核。二是创建星级网点。加强服务星级网点和标杆网点建设，以点带面，促进网点服务水平的整体提升。三是开展专项活动。通过持续开展服务提升“四个一”活动、“服务面貌百日整治”及网点环境 5S 综合治理活动等，提升客户服务体验。四是加大渠道，优化建设。撤并梅州东门塘支行、兴宁北门支行，新增 2 家离行式自助银行。对 20 家网点进行智能化改造，进一步提升网点服务能力。至 2016 年年末，工行梅州分行本外币全部存款余额 191.39 亿元，比年初增加 26.34 亿元；本外币各项贷款余额 93.97 亿元（含信用卡和贴现 0.15 亿元），比年初增加 0.58 亿元。实现中间业务收入 12351 万元。全行不良贷款率 0.22%，资产质量保持优良水平。全年实现零案件、零重大责任事故，实现安全运营。

（刘洪龙）

【中国建设银行梅州市分行】 2016 年，建行梅州市分行一般性存款余额 230.92 亿元，比年初新增 34.62 亿元，新增市场占比 33.97%，居四大行第 1 位。各项贷款余额突破百亿元，达到 107.61 亿元，比年初新增 8.69 亿元，新增市场占比 25.67%，居四大行第 2 位。盈利能力不断提升，全年实现账面利润 4.67 亿元，居四大行第 1 位。

“合规平安年”工作　以“合规平安年”和创建“平安建行”工作为平台，落实金融系统社会管理综合治理暨平安金融创建和安全生产管理目标责任制，开展安全生产大检查。2016 年，全市分行系统成功堵截各类新型电信诈骗 19 宗，避免客户资金损失 92 万元。防范冒名开户 52 起，识别无效证件办理银行业务 67 起，配合公安民警抓获 2 名犯罪嫌疑人。保持安全生产事故零发案。

信贷业务拓展　配合服务地方经济建设的需要，加强上下沟通联动，加强重点客户走访工作，加快相关信贷资产目标项目落地。2016 年，新增储备项目 17 个、新增授信金额 38.3 亿元。促成建设银行广东省分行与市政府签订涉及 600 亿融资额的《“十三五”时期战略合作协议》。

科技金融业务　主动与当地科技部门的联系，寻找创新能力强、技术含量高的高新企业进行合作，打造“科技创新，首选建行”的社会效应。2016 年，顺利对接辖内高新技术企业 55 户，授信客户数 32 户，授信总额 8.02 亿元，贷款余额快速增长，达到 4.02 亿元。完成科技金融年度经营目标，计划完成率 112.24%，并获得建设银行广东省分行颁发的 2016“FIT 粤”产品覆盖标杆奖。

网点建设　为顺应经济社会发展需要，辖属 30 个网点均开办对公、对私和个人外汇业务，并具备个贷和小企业贷款经营资格，能满足各类客户的“一站式”服务需要。推进新型网点建设，完成万象江山支行项目，并于 10 月对外营业；完成丽都支行迁址装修项目施工验收。有 9 个离行自助银行及 2 个离行单点设备，新增投放柜员机设备 25 台。

普惠金融服务　顺应广大客户消费升级的需要，把零售产品的常态营销、精细经营、扩大贡献纳入日常重点，努力做大分期，加大基金、黄金的销售，加强粤通卡、社保卡和相关电子产品的常态营销。发行中国建设银行客天下龙卡，开展个人业务“夏季攻势”“百日跨越”“龙行四海十百千万”等专项活动，增创常态营销效果。新设立的嘉应学院和嘉应学院梅州师范分院的两所校园 e 银行正式开业，标志着校园金融工作迈上新台阶。

（熊威珠）

【中国银行梅州分行】 2016 年，中国银行梅州分行投放各项贷款近 30 亿元，支持梅州基础设施建设、新兴产业发展，以金融力量助推地方经济转型升级。至 2016 年年末，梅州中行对公授信累计投放 12.42 亿元，支持高速公路、电力等重点项目建设。保持国际贸易和跨境人民币结算量同业领先地位，助力梅州企业“走出去”，努力成为连接梅州企业与世界的“桥梁”。通过开展“进校园、进社区、下乡村”等系列活动，送金融服务、金融知识、金融普法上门，向民众普及金融知识，提高客户的金融安全防范意识，增强金融消费者保护理念。创新金融服务手段和方式，支持地方经济建设，全方位服务广大民众。

服务“中小微”企业　把服务中小微企业发展作为支持实体经济发展的重要举措，成立“中小微企业金融服务中心”，并向重点管辖支行派驻钻石服务团队，增强专业审批人员的力量，进一步提高审批效率，使中小微企业的融资需求可以得到快速响应和处理。围绕小微企业抵押担保能力不足问题，落实国家关于扶持小微企业发展的金融政策，推出“小微企业授信新模式”，实行授信资源倾斜。通过市场调研，不断改革创新，研发适应市场需求、灵活多样的中小微企业专属授信产品。从丰富抵质押担保方式上，实现房地产、应收账款质押、存货质押、收费权质押、担保公司担保等多种抵押担保方式。至2016年年末，中小微企业新模式客户授信余额突破5亿元大关，同比增加3400万元。

服务民生事业　2016年，梅州中行发挥个人贷款的业务优势，个人贷款累计净增超6亿元，全方位满足市民在购房、买车、教育、旅游、投资经营等方面的融资需求，有效刺激梅州居民消费快速提升。与梅州人民医院签订战略合作协议，为医院搭建自助就医环境，通过自助挂号机、自助通、ATM等设备，实现挂号、缴费、取款等自助操作，提高医疗服务质量与效率。

立体便民金融　2016年，梅州中行逐步建立起实体网点、自助银行、网上银行、电话银行、手机银行等多渠道共同发展的银行服务体系，为客户提供全方位便捷的金融服务。一是推动网点功能、服务等方面的战略转型，改善网点软硬件环境，将营业网点打造成为让客户放心满意的服务窗口。二是推进渠道建设，将自助银行作为网点渠道网络的重要延伸，自动柜员机等自助银行设备投放力度逐步加大，覆盖区域进一步扩大到社区、园区等范围，为市民提供随心、随时、随地的金融服务。

（中行梅州分行）

【中国农业银行梅州分行】

存贷业务　至2016年年末，农行梅州分行存贷款存量份额稳居四大行首位，是梅州四大行中唯一一家法人贷款实现正增长的银行。

支持实体经济　2016年，梅州农行一是加大对梅州上市公司和优势行业的信贷投放，支持进出口龙头企业、基础设施建设项目及新型城镇化建设的信贷支持，助力产业带战略性交通设施建设，支持陆丰宝丽华、塔牌集团、梅河高速等项目贷款16.02亿元。二是推动园区企业发展，实现辖属支行与工业园区对接，制订“一园一策”融资规划，建立园区企业贷款审批“绿色通道”，确保园区企业客户“进得来、贷得到、贷得快、贷得好”，累计向园区企业投放贷款3.87亿元。三是支持小微企业发展，加快产品服务创新，打造适合小微企业需求的特色产品，提高服务效率，累计发放小微企业贷款2.71亿元。四是紧跟“化解房地产库存”政策导向，促进梅州地区房地产市场平稳健康发展，信贷规模优先满足百姓住房需要，成功开办“公转商”业务，全年实现投放个人住房按揭贷款22.4亿元。

服务“三农”　一是加大信贷资源，支持经营稳健的农户和新型农业经营主体，稳步推进农村土地承包经营权抵押贷款和农民住房财产权抵押贷款的全国试点工作，成功发放全省农行首笔住房财产抵押贷款，获批全省农行首笔县域政府购买服务贷款项目并顺利投放。二是加大对全市农、林业专业大户、家庭农场等客户的走访，拓宽无抵押或抵押不足的农户的融资渠道，创新推出“三农”特色产品“油茶贷”“金柚贷”“茶叶贷”。三是加大普惠金融宣传。加强惠农通交易的监测；通过E农管家系统绑定商户上下游客户，达到惠农通和E农管家实现线下线上无缝对接，提高E农管家的上线和有效率。落实精准扶贫，做好“美丽乡村”建设金融服务工作，支持贫困地区经济发展和脱贫致富，累计向建档立卡贫困户发放贷款1360万元。

金融服务　梅州农行以“服务环境最新、服务渠道最佳、服务功能最全、服务效率最快、客户满意度最高”为目标，不断优化物理网点布局，全面推进网点标准化转型建设。2016年，梅州农行到全市农村、乡镇、工业园区和企事业单位开展近100场次活动，向人民群众普及银行卡、反洗钱、真假人民币辨别和征信知识，帮助广大群众树立科学、正确的金融观念和消费习惯。参与协办梅州市电视台《财富》《事事关心》等专题栏目，为市民提供理财和金融知识咨询。

风险防控　梅州农行从严管控风险，加强风险前瞻防控。严抓不良贷款与逾期贷款管控，把控风险底线，风险防控工作取得显著成效，不良资产连续六年保持“双降”。以网格式为抓手，落实“两个责任”及“三位一体”排查机制，加强员工行为管理，开展辖内合规文化和反腐倡廉案例宣讲，防范员工行为风险。健全完善运营监管体系、落实安全生产主体责任、强化声誉风险管控、强化全行安全生产意识，实现安全生产无事故。

（巫　曼）

【广发银行股份有限公司梅州分行】　至2016年年末，广发银行梅州分行各项存款余额89.69亿元，比年初增长13.54亿元；各项贷款余额26.89亿元，比年初减少8.43亿元。实现中间业务净收入1.28亿元，同比增幅21.5%。不良贷款余额765万元，不良贷款率0.28%，资产质量保持优良水平。服务管理工作成效显著，2016年分行营业部再次获评中国银行业协会“千佳示范网点”。加强分行品牌建设工作，组织“金融知识进校园”“金融知识进社区”等多项活动，结合中国人寿入主成为广发银行单一大股东所带来的机遇，深化与中国人寿梅州分公司的全面合作，签订业务合作协议并联合举办高端客户答谢会，进一步提高分行知名度。

存、贷款业务创收　一是优化存款业务结构，分行常规存款占比95%，同比提升1.2个百分点，活期存款占比57.5%，比年初提升13.5个百分点。二是优化贷款业务结构，个人贷款新增2.67亿元，增幅24.1 %，其中按揭贷款新增3.99亿元，增幅85.6 %；“自信一贷”新增0.34亿元，增幅19.5 %；个贷净利息收入超1亿元，较年初增长9.7%。三是在信用卡分期业务、贸易融资、对公理财、个人自营理财、代销保险等业务方面加大营销力度，实现中间业务收入和利息收的较快增长。

业务拓宽　一是落地首笔大股东股票质押式回购业务。二是成功办理同业直投业务5笔，累计金额8亿元，成功营销同业存放累计金额达到61亿元。三是扩展一批同业机构新客户，且均有业务落地。四是在推动传统业务发展的同时，通过完善管理架构、组建专业团队、加大资源投入等手段，在新兴业务领域迈出可喜的一步，进一步拓宽业务渠道和创利来源。

信贷风险防控　2016年，分行整体资产质量保持良好。一是坚持执行“3211”风险管理措施，维护信贷资产安全，每月通报、监测、专人跟踪、考评，有效提高分行对公信贷业务的风险管理质量。二是出台公司客户分类授信管理实施方案，强化客户分类管理。三是在公司及个人信贷全面开展“排雷行动”，确保资产质量整体可控。

合规检查　一是开展“重塑合规年”活动，是辖内最早开展活动的银行，组织员工进行守法合规宣誓并签订《守法合规承诺书》。二是组织开展“两个两”回头看工作。支行、部门自查机构的比例和分行检查机构的比例都达到100%。三是不断强化合规内控建设，在经营机构推行业务和合规内控“双百分”考核，做到“有规必循、违规必究”及“严查重罚”，有效防范风险。

（广发银行梅州分行）

【中国农业发展银行梅州市分行】　2016年，中国农业发展银行梅州市分行以支持“稳增长、促改革、调结构、惠民生”的民生工程项目为重点，强化信贷支农，夯实基础管理，组织客户、信贷基础管理、财会专业技能和财会基础管理等各类培训班，强化一线员工的业务知识培训和实践锻炼，经营效益创下新高，实现全年安全无事故。至年末，累计发放贷款21.84亿元，其中投向土地整治收储、水利建设、棚户区改造等中长期项目贷款18.77亿元，发放粮棉油储备贷款3.07亿元，支持全市收购和轮换政策性粮油 10.65 万吨。贷款余额达到 47.32 亿元，同比增加 14.35 亿元，增幅 43.53%；成功投放中国农发重点建设基金 5.8 亿元；存款余额 27.96 亿元，同比增加 17.15 亿元，增幅 158.79%；不良贷款余额保持为零；实现账面利润 6528 万元，同比增加 2368 万元，增幅 56.92%。

（罗亦宝）

【广东省农村信用社联合社梅州办事处】　至 2016 年年末，全市农合机构资产总额达 493.63 亿元；各项存款余额达到 427.18 亿元，增长 14.6%；各项贷款余额 241.36 亿元，增长 9.63%；不良贷款余额 10.95 亿元，降幅 11.89%，不良率比年初下降 1.1 个百分点，实现“双降”目标；实现经营利润 9.3 亿元，同比增加 0.7 亿元，增长 8.13%；累计缴纳各类税收 2.62 亿元。

改革转型　推进梅县、梅江两区联社合并改制前期工作。2016 年，取得监管部门、省联社、顺德农商行的支持，梅州市政府正式发文成立合并改制筹建工作领导小组。在监管指标达标升级工作中，除梅江联社外，均达监管评级要求，实现保级晋级目标，抗风险能力进一步提升。

信贷风险防控　坚持服务“三农”、服务中小微企业、服务县域实体经济，通过创新信贷产品、实施利率优惠定价、降低融资成本等措施，持续加大对小微企业、涉农信贷的精准投放。至年末，全市涉农贷款余额 176.23 亿元，同比增加 8.75%；小微企业贷款余额 103.37 亿元，同比增加 7.93%。严格落实省联社从严治贷工作要求，执行大额信贷业务风险报告制度，建立信贷风险监测机制，强化信贷风险防范工作，守住不发生区域性、系统性信贷风险，提升信贷治理能力。全年累计清收压降不良贷款 8.82 亿元，关联贷款余额对比年初明显压降，信贷风险的可控性得到进一步加强。

普惠金融　践行普惠金融“八项行动”，优化提升助农取款点服务功能和村级金融服务站建设，组织开展送金融知识进农村、进社区、进校园系列宣传活动，多措并举防范电信诈骗，做实金融扶贫工作。大埔、兴宁、丰顺分别在乡镇一级设立农村青年创业金融服务站，通过打造“营业网点+电子设备+助农取款点+金融服务站+互联网金融”五位一体的服务体系，推动普惠金融服务不断延伸。至年末，全市布放 1177 个助农取款点，较年初增加 137 个；布放自助终端（ATM/CRS/BST）494 台，拓展 POS 商户 4240 户。

业务拓展　各机构主动落实“总对总”营销，加强与政府部门、企事业单位和同业机构等的沟通合作，创新中间业务、电子银行等业务。在国税“双代”业务中，全市累计发生 1.8 万笔、金额达 8.9 亿元；大埔农商行与大埔县供销宏森农产品有限公司签订“金融+电商”暨精准扶贫战略合作协议，与大客汇 • 乡城品签订战略合作协议，全面拓宽银企合作；五华联社与奥园广场、中农批公司签订战略合作协议；梅县联社通过与各镇村委会、梅州义乌小商品批发城、梅州市农管家等建立长期合作关系，开展多领域的业务合作，取得良好成效。至年末，全市“鲜特汇”上架产品总数达 110 个，有效注册用户数达 8580 个；“悦享商圈”商户 554 个；累计发行珠江平安卡 227 万张，签约网银客户 10.9 万户，手机银行 14.7 万户，网上支付（含支付宝卡通、财付通及银联无卡支付）27.8 万户；发行社保 IC 卡 83.4 万张。各机构均开通微信公众号客户端，上线云报表管理系统、“易捷通”效率银行系统。平远农商行首推校园一卡通、大埔农商行首发教育系统联名状元卡，实现一卡多能；兴宁联社首推代扣水费业务；丰顺联社推出预期收益质押贷款，平远农商行推出景区门票收费权、水电站电费收费权质押贷款；蕉岭、五华联社推动农村土地承包经营权抵押贷款和农房财产权抵押贷款试点工作，至年末，“两权”抵押贷款余额达 3852 万元，取得初步成效。梅县联社“柚农宝”、五华联社“奔康贷”产品获中国银行业协会 2015 年度服务“三农”五十佳产品奖项。省联社第二场网点转型现场工作会议在蕉岭联社顺利召开，网点转型工作得到省联社的充分肯定；大埔农商行在梅州市嘉应新区新设全市农合机构首家跨县域的普惠金融服务点；梅江联社在梅江碧桂园开设客家新世界支行网点，主打社区银行品牌，受到广大客户的好评。大埔、五华上线自助发卡机；大埔、丰顺、兴宁、五华等机构获准加入市场利率定价自律组织基础成员；大埔、兴宁等机构成功上线电子商业汇票系统；大埔成功加入全国银行间同业拆借市场，探索二级资本债项目；大埔、蕉岭、梅县创新开办“智惠存”产品、协议存款等负债产品；兴宁新开办代理保险和代理个人理财业务。各机构顺利实施“营改增”工作，完成新旧税制的衔接与平稳过渡。

（梅州农合机构）

保　险

【中国人寿保险股份有限公司梅州分公司】 2016年，中国人寿保险股份有限公司落实与梅州市政府签订的战略合作协议，持续做好各项民生保障服务工作，推动梅州市公共安全体系建设和社会和谐发展，公司业务持续、稳定、健康发展，全年实现总保费8.752亿元，同比增长12.76%，占全市寿险市场份额的28.5%，首年期交保费16917万元，同比增长31.35%；续期保费49451万元，同比增长17.04 %。全年给付各类保险金6.45亿元（包括满期、退保、赔款、年金等），发挥保险的政治“稳定器”、经济“助推器”、社会“和谐器”、幸福“保障器”的作用。

（中国人寿保险股份有限公司梅州分公司）

【中国人民财产保险股份有限公司梅州市分公司】 中国人民财产保险股份有限公司梅州市分公司是梅州财产保险行业中营业网点最多、保险领域最广、市场份额最大、服务能力最强的保险机构，是梅州市连续16年“守合同重信用”国有企业。2016年，上缴各类税收2432万元。开办的业务有机动车辆险、企业财产险、家庭财产险、货运险、信用险、责任险、意外险、农险等300多个险种。公司全年保费收入7.19亿元，同比增长28.5%，保费规模创历史新高，在梅州地区的市场份额为47.8%，居梅州地区财产保险公司之首。全险种赔付率68.82%，同比上升4.8个百分点，累计提供各类保险保障11605亿元。承担的政府统保业务有农房保险、能繁母猪保险、森林保险、城乡居民大病医疗保险、城镇职工补充医疗保险、种植保险、政策性水稻保险、自然灾害公众责任保险、出口信用保证保险等。

助力经济建设　一是保障全市重大项目建设。为梅州各类重大项目、重大产业和政府重大政治、经济活动提供保险保障和风险管理服务，支持产业和经济转型升级。公司承保的大型企业有塔牌集团、宝丽华集团、超华集团、威华集团、梅雁集团、华银集团等；承保的重点项目及活动有江南新区棚户区改造工程、大埔粤电工程、兴华高速工程等。二是支持出口平稳增长。重点支持高附加值、自主品牌企业“走出去”。创新推出小微企业短期出口信用保险政府统保模式，以少量保费换取当地出口企业应收账款安全，并促进小微企业融资。2016年，累计为全市197家小微出口企业提供保障金额1.59亿美元。

改善民生　一是落实强农惠农富农政策。连续10年承办梅州市政策性农房保险。累计承保全市农户91.3万户，累计承担保险责任95.23亿元，承保覆盖面100%。推动全市政策性农业保险发展。公司承保的农险品种有7种，分别是能繁母猪保险、生猪保险、家禽保险、果蔬保险、水稻保险、岭南特色水果保险、森林保险。持续完善“三农”保险服务体系。配合全市农村普惠金融工作，推动保险产品、人员和服务“三下乡”，建成“三农”营销服务部7个，“三农”保险服务站28个，聘请农村协保员2024人，乡镇覆盖率100%，基本构建面向农民、根植基层的农网体系。参与畜禽无害化处理，将保险与畜禽无害化处理相结合，引导养殖户对病死畜禽进行无害化处理，有效防止病死猪流入市场，保障肉菜食品安全。二是助力完善全市社保体系。2016年，承办大病保险和补充医疗保险项目2个，分别是城乡居民大病医疗保险和城镇职工补充医疗保险，覆盖人数467.3万人，提供保险金额7502亿元，支付赔款2.06亿元，3.35万人次受益。三是脱贫帮扶。2016年，公司派出科级干部到五华县双华镇竹山村驻村，实施精准扶贫。

服务社会　一是化解民事责任纠纷。公司开展火灾公众责任险、医疗责任险、校园方责任险、安全生产责任险、食品安全责任险、特种设备责任险、环境污染责任险等行业性责任保险项目，助力提高全市社会管理水平和公共服务效率。二是完善灾害救助体系。2010年起，在梅江区江南街道办试点推广自然灾害公众责任险，探索以保险形式完善市灾害救助体系。至2016年年底，自然灾害公众责任险承保覆盖面75%，累计提供保险保障1300多亿元。

防灾减损　一是首创巨灾指数保险，放大财政资金效应。2016年，公司预付“海马”台风巨灾保险赔款500万元，成为全省巨灾保险第二大赔案。二是加强大灾理赔工作，发挥经济补偿功能。梅州地处山区，自然灾害和各类事故频发。8月，台风“海马”给梅州市造成较大损失，人保财险梅州分公司迅速响应市委、市政府号召，立即启动大灾应急预案，全面开通理赔绿色通道，加快理赔速度。发挥网点多、人员多的优势，每天派100多名查勘工作人员、30多辆查勘车分在全市各灾区开展灾害理赔工作，倾力救灾复产。

（罗　博）

证　券

【广发证券股份有限公司梅州营业部】　2016年，广发证券股份有限公司梅州营业部两市成交量1187.09亿元，利润总额2896.53万元，实现税收3093.02万元。一是通过营业部长期的跟踪服务，5月24日，梅州康达公司2016年非公开发行公司债券(第一期)成功发行，金额10亿元，期限5年（3+2），主体评级AA。二是加强与政府部门合作，拓展政府企业债。与公司债券部一起到丰顺县和五华县调研发行政府企业债。

客户服务　一是通过加强客户定期回访、与客户见面交流、举办专题座谈会等，盘活客户。二是做好分类客户服务覆盖和督导工作，通过微信、电话联系，客户见面拜访等方式，结合新股中签、业务介绍等进行，及时了解掌握客户的动向，提高客服的效率和针对性。三是成立投顾及电商小组。组织安排落实营业部投顾相关工作，树立营业部在当地的投顾品牌，做好投顾电子化签约，推进公司的贝塔牛机器人投顾。做好电台、报社等媒体的股评，组织营业部的股民沙龙讲座、投资报告会等工作。通过各种途径，组织各类活动推广公司和本营业部的官方微信，引导客户使用官微中的服务功能，通过官微及时发布投资资讯和投资指导，扩大官微的粉丝量和影响力。制订营业部金钥匙、理财网店工作的推进计划或方案，落实组织和督导工作。

营销拓展　联合各合作银行，推广各大银行专版掌上开户APP。借助银行APP开户工具和经纪人经营模式进行营销业务拓展，成立业务拓展小组，同时加强新客户拜访和电话沟通，提高服务质量。

业务宣传　一是分别在营业部和客天下大酒店举办“庆祝梅州营业部开业23周年投资策略报告会”和“广发证券25周年司庆暨2016财富管理投资策略报告会”，2场报告吸引近500名客户参加，活动向客户分享投资策略报告，推广介绍贝塔牛、香港海外、积分商城、网下打新等业务，首次与高端品牌（宝马汽车）合作，互动环节气氛热烈，客户参与积极。举办广发证券机器人投顾演示会，介绍机器人投顾业务优势、操作方法，以及基金定投业务。二是营业部组织业务骨干参加梅州市“金融教育进社区与助力青年创业创新项目”启动仪式。启动会上创业青年代表签署意向创业创新项目孵化对接协议和举办梅州市金融助力青年创业创新首期培训讲座。三是响应开展2016年“展翅计划”大学生就业创业能力提升活动，为大学生提供实习岗位。四是由KAB全国推广办公室与广东省广发证券社会公益基金会联合举办的“大学生微创业行大讲堂”全国巡讲在汕头大学举行。营业部组织嘉应学院创业团队学生参加活动，加强广发证券宣传。五是做好梅州广播电台“股市快评”节目及《梅州日报》股评投稿工作。六是做好期货、期权业务宣传。重点对“两融”客户、大资产及年龄 50 岁以下的客户进行宣传。重点介绍业务的风险点、业务模拟、开户要求等。

投资者教育和反洗钱宣传　一是营业部举办以“权利·责任·风险、理性投资从我做起”为主题的“3·15”广发证券投资者权益保护活动；开展“私募基金投资者权益保护教育专项活动”；开展以“宣传调解制度，化解证券纠纷”“认清非法证券，远离诈骗陷进”为主题的投资者教育进网点活动；开展适当性管理制度建设专项等活动，通过这些教育活动的开展，让客户清楚投资风险，提高风险防范意识。二是通过营业部公众微信平台进行反洗钱宣传。11 月 22 日，营业部联合银联梅州分公司邀请人行梅州中心支行反洗钱科专家，在营业部现场给全体员工进行反洗钱知识培训。

（李　梅）

【安信证券梅州分公司】 2016 年，安信证券梅州分公司股票基金交易额为 37124346 万元，占当地市场份额 59.02%，实缴税收总额 1.62 亿元，股票质押式回购业务 5.48 亿元。做好与本市上市企业的沟通与合作，协助上市公司办理限售股解禁 4.78 亿元。

服务实体经济　安信证券梅州分公司是梅州地区众多券商分支机构中唯一一家分公司级别（由公司总部直管）的券商分支机构，是梅州地区唯一拥有独立承做新三板业务资质的券商，拥有专职新三板业务团队。2016 年，培训企业 65 家，拜访企业 55 家，立项企业 14 家，挂牌 9 家，股票发行融资 2 家次（骅锋科技 2 次）。全市的新三板挂牌企业或拟挂牌企业中，由安信梅州辅导推荐挂牌的企业 5 家（骅锋科技、泰鸿科技、恒晖科技、华力电气、获赛尔），申报股转审核的 1 家（广东客都物业），已签约在规范的 10 家（金雁电工、五华井得电机、平远八乡情、广东绿园环保、蕉岭宏基建材、广东鸿荣重工、广东博森光能、自家人、洁源水电、佳鸿达科技）。

普惠金融　依托在各县的营业部，建立梅江区、梅县区、兴宁市、五华县、平远县、丰顺县下乡宣传教育基地，利用互联网，创新服务农村金融方式，推进金融产品、金融服务和金融知识深入农村，全年开展普法宣传教育活动约 80 次。

反洗钱工作　安信证券梅州分公司始终坚持“风险为本”原则，以制度为依据、管理为保障，在日常工作中加强反洗钱工作责任分解和落实，建立覆盖各业务种类和各业务环节的反洗钱工作流程并逐步优化，履行法定的反洗钱职责，规避自身的经营风险。

（安信证券梅州分公司）

城乡基本建设

责任编辑：廖晓鹏

城 乡 规 划

【规划编制管理】 2016年，市城乡规划局抢抓省促进粤东西北地区振兴发展和国家支持赣闽粤原中央苏区发展“两大政策”机遇，扭紧“三大抓手”，全面服务“一区两带六组团”建设，完善城乡规划体系，严格依法审批，立足规范管理，着力推进中心城区扩容提质工作，助推梅州振兴发展。

规划编制　努力形成一套覆盖市、县、镇村的城乡规划体系。在市本级规划层面，组织中规院完成《梅州市城市总体规划（2015—2030）》（待省政府批复）；重点完成《中心城区扩容提质建设规划》《中心城区市政专项规划》《中心城区“三旧”改造规划》《中心城区综合管廊规划》《梅州市生态控制线划定》《梅塘湾休闲健身公园规划》；基本完成《历史文化名城保护规划》《中心城区地下管线综合规划》《梅州市海绵城市专项规划》《梅州低碳生态城区规划》，加快推进《嘉应新区及中心城区控规全覆盖》编制工作。在县级规划层面，组织开展县（市）域乡村建设规划和村庄试点申报工作，编制《梅州市县（市）全域改善农村人居环境建设规划编制指引》。在镇村规划层面，强化规划督促指导，完成百侯镇等10个历史文化名镇名村保护规划（待省批复）和报送20个中国传统村落保护规划项目需求。

规划研究　立足梅州全境苏区实际，开展“振兴发展两大政策”的研究，将政策精神融入在编重点规划中。利用技术优势，主动对接交通、公路、城综等部门，开展中心城区重大交通基础设施互通互联、中心城区高速公路出口与城区路网快速对接、中心城区交通环境优化与主要出入口提升改造、中心城区城市主要道路沿线景观提升以及中心城区内涝问题研究。协助梅兴华丰产业集聚带指挥部办公室，完成梅兴华丰产业集聚带基础设施一体化规划项目示意图及项目表。组织开展梅州境内古驿道以及周边环境利用情况的调查研究，形成《梅州市古驿道专题调研报告》。

规划管理　一是加强城市规划管理。优化局内部管理体制，将原来建筑规划科和建设工程管理科合并为规划报建科，并增设规划法规科和“多规合一”管理科两个科室。结合梅州实际，出台《梅州市基本建设项目规划报建阶段并联审批协调管理暂行办法》。借鉴云浮、厦门两地成功做法，全面启动“多规合一”工作，正在推进基础数据测绘和信息平台建设。配合省住建厅开展卫星遥感疑似图斑核查工作，完成图斑“二下二上”核查程序。二是统筹乡村规划管理。开展第二批历史建筑普查、申报和评审工作，认定132处梅州市第二批历史建筑。

规划审批　在审批程序上，依据《中华人民共和国城乡规划法》《广东省城乡规划条例》和有关技术规范的要求，全面实行“一书两证”制度，继续推行“微创新、微改革”措施，实行规划批前公示和市规委会集体审议，对重要地段、重要节点地区、重大项目的规划方案严格审议把关。截至12月，新核发“建设用地规划许可证”33宗，总用地面积约95.9万平方米，审批修建性详细规划71宗（含增设电梯41宗），核发建设工程规划许可402宗（含市政项目建设工程规划许可64宗）、建筑面积261.43万平方米，召开规委会3次、审议议题25个。在审批手段上，打破传统的审批方式，基本完成“数字规划”信息管理（二期）系统建设工作（试用阶段），加快构建科学高效的新审批模式。

（市城乡规划局）

【城乡环境建设】　梅州市贯彻落实省委、省政府对农村生活垃圾收运处理工作的决策部署，层层落实工作责任，完善“户收集、村集中、镇转运、县统筹处理”农村生活垃圾收运处理模式，农村生活垃圾处理实现常态化、制度化，群众环境意识普遍增强，农村生活垃圾治理取得阶段性成效。截至2016年年底，全市城镇生活垃圾无害化处理率100%，农村生活垃圾有效处理率82.76%。在2016年农村垃圾收运处理工作第三方评估中的得分在粤东西北12个市中排名第5位。一是“以测促治”，全面推动生活垃圾治理工作。9月13日，市委、市政府组织召开全市创建国家环保模范城市暨城乡环境综合整治和美丽乡村建设工作会议，启动全市城乡环境综合整治工作，制订工作方案，采取“市对县（市、区）、县（市、区）对镇、镇对村”逐级开展测评的方式，以生活垃圾治理、生活污水治理、市容市貌、村容村貌管理为重点，对各县（市、区）城乡环境综合整治工作进行量化评分。市对县（市、区）每个季度测评一次，县（市、区）对镇、镇对村每两个月测评一次，根据测评打分进行排名，有关排名在全市通报，并与干部考核任用挂钩。经过两轮测评，强力推动全市城乡环境综合整治工作。二是配合开展农村生活垃圾收运处理示范县（梅江区）和示范镇（兴宁市龙田镇）的验收工作。示范县、镇均顺利通过省的验收。三是制定落实农村生活垃圾治理方案。制订《梅州市深入推进农村垃圾治理工作实施方案》，经市政府批准印发实施。

【宜居城乡建设】　一是推进梅县区雁洋镇、客天下旅游产业园省“2511”综合试点镇（项目）建设。二是协调推进城市地下综合管廊建设。出台《梅州市城市地下综合管廊建设实施方案》，对2015—2020年梅州市地下综合管廊规划建设工作进行部署。三是开展城市黑臭水体整治工作，制订市城市建成区黑臭水体整治方案，全市5条黑臭水体整治工作有序开展。四是开展绿色村庄创建工作。根据《广东省住房和城乡建设厅关于开展绿色村庄创建工作的通知》要求，组织135个村庄开展绿色村庄申报工作。五是开展宜居示范城镇宜居示范村庄申报工作，推荐报送梅县区南口镇侨乡村作为美丽宜居示范村。

【城镇村庄建设】

传统村落保护　根据住建部、文化部等多部门联合公布的第四批中国传统村落名录，梅州市6个村落列入名录，分别是梅县区松口镇圳头村、白渡镇峰溪村委石溪村、松源镇横坊村委横江村，丰顺县黄金镇清溪村，平远县石正镇南台村、泗水镇梅畲村。截至2016年年底，梅州市有46个中国传统村落，约占全省的1/3，是广东省中国传统村落数量最多的地级市，并分布于全市各县（市、区），其中梅县区数量最多，达15个。梅州市前三批的40个中国传统村落全部获得中国传统村落中央财政专项资金，累计获得中央补助9900万元，已拨付到各县（市、区）财政，相关保护项目正有序推进。

农村危房改造　省下达给梅州市2016年度农村危房改造任务为10702户（包括4430户国

家改造任务），其中分散供养“五保户”545户、建档立卡贫困户（不含分散供养“五保户”）3955户、非建档立卡的低保户、贫困残疾人家庭和其他贫困户6202户。截至12月30日，农村危房改造全部开工建设，其中竣工9029户。严格落实县（市、区）政府的主体责任，实行工作进展情况月通报制度。加强部门沟通，落实精准对接，督促各县（市、区）严格按照规定程序确定危房改造对象，并按要求落实农村危房改造信息公开工作。强化档案管理，严格执行农户档案信息化录入制度，及时将农户档案录入系统。同时通过加强培训教育，不断提高市农村危房改造工程质量和施工安全水平。

【绿道建设】 梅州市把加快绿道网建设作为梅州改善人居环境、提升城市品位、统筹城乡发展的重要工作。组织开展南粤古驿道普查、保护工作。广东省要求梅州市2016年规划建设的省立绿道总里程为154.9千米，城市绿道63.227千米，完善中小学周边绿道25.111千米。鉴于“省绿道网规划”划定的省立绿道8号、10号线在梅州境内里程未具体到梅州市各县（市、区），而且省立10号线在梅州部分大部分为登山探险径，原线路实施难度较大，“梅州绿道网规划”在走向大致不变的前提下，调整部分线路的位置，使绿道能依托附近的公路、河流进行建设，仅在局部地段采用登山探险径的形式建设，提高线路的可行性。“省绿道网规划”10号绿道长度为358千米，“梅州绿道网规划”线位调整后为438千米，其中登山探险路径为75千米。调整后，省立绿道包括8号线、10号线在“梅州绿道网规划”中的总里程数为888.1千米，并分解到各县（市、区）。截至2016年年底，梅州市建成省立绿道728.225千米，其中2016年建成省立绿道139.906千米、城市绿道45.342千米，完善中小学周边绿道27千米，建设完善绿道配套设施30个，建成社区体育公园10个。

（谢汉奎　李清玉）

建筑业

【概况】 2016年，全市建筑业总产值为267.67亿元，同比增长11.01%。全年共创省建设工程优质奖（金匠奖）、省市政优良样板工程各1项，市质量样板工程2项，省、市安全生产文明施工示范工地分别有7项、10项。

【建设工程质量监督】 通过健全完善工程质量安全监督机制、加强队伍建设、转变监督方式等措施，提高监管效能。一是组织开展“质量月”活动，样板引路。二是组织开展预拌商品混凝土专项治理，督促企业质保体系正常运行，保证混凝土质量。三是开展房屋市政工程质量检测机构专项检查。四是推进工程质量常见问题治理，做好住宅工程质量分户验收工作，重点整治新建住宅工程特别是保障性安居工程涉及渗、漏、裂和给排水、电气、节能等方面影响使用功能的问题。

【安全文明生产】 一是组织全市范围的建筑施工安全生产检查及专项整治10次，及时发现和消除安全隐患，保证在建工程的安全生产状况处于良好的态势。二是开展“安全生产月”活动，通过标语、板（墙）报、手机短信等多种形式，宣传建筑施工安全生产法律法规及安全知识，使安全生产理念深入人心。开展建筑施工平安企业、平安工地创建活动，营造安全、和谐、稳定的企业运营环境。三是组织文明施工。要求梅州城区房屋市政工程施工现场安装视频监控系统，及时发现和纠正建筑施工污染环境行为。参照“万达模式”扬尘治理措施，推广使用“雾炮”抑尘设备，加强建筑施工扬尘治理工作。加强巡查执法，督促城区在建工地落实“同城同标准”要求。

【建筑节能】

节能监管　提高建筑节能强制性标准执行率，严格执行建筑节能设计审查备案制度。加强节能工程施工环节的督查检查，要求建设工程质监机构将建筑节能分部工程列入工程质量监督的重点内容之一，并在竣工验收备案环节对工程验收执行建筑节能标准情况作进一步抽查，未按规定执行建筑节能标准的不予备案，全市新建建筑节能强制性标准在设计阶段和施工阶段执行率达100%。组织开展全市建筑节能专项检查工作，促进全市各县（市、区）建筑节能工作的提高。

可再生能源建筑应用示范建设　以创建国家可再生能源建筑应用示范市（县）为主要抓手，推动可再生能源建筑规模化应用，基本实现学校、医院、宾馆使用太阳能热水器。梅州市示范市、示范县项目已经完成，正完善资料等待国家、省验收。再生能源建筑应用已经实施的项目有270个，建筑面积达到692.5万平方米，折算应用面积207.7万平方米，超额完成规定的示范任务。

绿色建筑发展　以大型公共建筑、政府投资公益性建筑、保障性住房以及嘉应新区范围内新建建筑为重点，抓好绿色建筑标准的贯彻执行，促进绿色建筑规模化发展。鼓励、引导条件成熟的项目申报绿色建筑评价标识，并发挥标识项目的示范带动作用，总结经验并加以推广。2016年，全市按绿色建筑标准进行设计并通过施工图设计审查的项目有86个，建筑面积约445.12万平方米；获得绿色建筑认定的项目有20个，建筑面积55.19万平方米，其中获得绿色建筑标识的有4个，建筑面积共21.57万平方米。

公共建筑节能改造　全年完成212栋国家机关办公建筑和大型公共建筑的能耗统计，按要求进行能耗公示，为建筑能耗研究和分析等工作提供参考依据。结合梅州市国家节能减排财政政策综合示范城市创建工作，利用专项资金推进公共建筑节能改造，并组织条件成熟的公共建筑节能改造工程项目申报梅州市节能减排综合示范（建筑绿色化）项目。

新型墙体材料应用　在工程项目施工图设计审查、施工监督以及竣工验收备案阶段，严格执行“禁实限粘”，以新型墙体材料专项资金征收为约束手段，限制工程建设各方使用实心黏土砖行为。梅州城区和各县（市、区）城区均实现“禁实”目标。推广应用新型墙体材料，全市新型墙材生产企业有17家，年生产规模约11亿块标准砖，其中加气混凝土生产企业8家，年生产规模约7亿块标准砖，加气混凝土砌块成为建筑工程的主要墙体材料，其他新型墙材，包括粉煤灰砖、蒸压灰砂砖、混凝土砖等生产规模约4亿块。2016年，全市新型墙体材料产量达80万立方米，累计节地45.56公顷，利废75万吨，节约标准煤3.5万吨。

【培训教育】 2016年，市建设职业技能鉴定服务中心举办培训班19班次，培训从业人员4688人次，提高从业人员的安全生产意识和事故预防、应急处理能力。

【市政府投资建设项目管理】 2016年，实施代建项目53项，总投资约10.68亿元。其中当年新接收代建项目25项，总投资约2.41亿元，主要有嘉应学院医学院附属医院住院大楼工程、梅州市剑英体育馆设施设备修缮工程、梅州市奇龙坑生活垃圾卫生填埋场填埋区铺膜工程、梅州城区梅水路接广州大桥西端引道21米路工程等。竣工项目22项，总投资约3.12亿元，包括原梅县矿务局丙村、石壁塘国有工矿棚户区改造项目，梅州市粮食交易中心及应急仓库项目（一期），嘉应学院音乐厅装修工程，梅州城区丽都西路与梅江四路交叉口环岛改造工程，梅州城区彬芳大道与丽都中路交叉口环岛改造工程等。

（杨　海）

住宅与房地产业

【房地产开发销售】 2016年，全市房地产开发完成投资117.28亿元，同比减少21.87%，其中商品住宅完成投资86.76亿元，同比减少10.26%。商品房新开工面积316.3万平方米，同比减少

16.59%，其中商品住宅新开工面积 238.94 万平方米，同比减少 11.74%。商品房销售面积 443.74 万平方米，同比增长 10.11%，其中商品住宅销售面积 396.84 万平方米，同比增长 11.92%，销售套数 31357 套，同比增长 10.6%。商品住宅全年销售均价为 4800.78 元/平方米，同比上涨 5.05%。梅州城区（含梅县区）房地产开发完成投资 82.86 亿元，同比减少 12.01%，其中商品住宅完成投资 59.1 亿元，同比减少 4.68%。商品房新开工面积 214.57 万平方米，同比增加 1.24%，商品住宅新开工面积 151.66 万平方米，同比增加 1.82%。商品房销售面积 242.61 万平方米，同比增长 13.38%，其中商品住宅销售面积 216 万平方米，同比增长 11.42%，销售套数 16900 套，同比增长 9.28%。商品住宅全年销售均价为 5390.67 元/平方米，同比上涨 8.03%。

【房地产管理】 制订《梅州市供给侧结构性改革去库存行动计划（2016—2018 年）》和《梅州市 2016 年供给侧结构性改革去库存行动计划》，鼓励开发商自持物业经营，推广“农民安家贷”业务，2016 年度梅州市净化解非住宅商品房 2.6041 万平方米，完成 2016 年度去库存任务。制定《梅州市规范房地产开发企业经营行为维护房地产市场秩序专项整治工作方案》，联合市发改局、市工商局开展房地产市场秩序专项检查，重点查处 9 种违法违规行为。做好不动产统一登记后相关职能划分和移交工作，按照国家部委及省、市有关文件要求，进行职能划分和机构、人员编制的研讨，厘清登记、交易、审批管理的职责，并与不动产登记部门建立数据对接系统，实现不动产登记系统与商品房网签系统的实时互通共享。开展房地产领域不稳定问题专项治理工作，加强和规范房地产领域不稳定问题专项治理的台账管理，对所有在建、在售房地产开发项目和所有物业管理项目进行全面检查和治理。

【住房保障】 完善住房保障体系，制定出台《关于完善梅州城区公租房租金定价机制的通知》等政策和措施，推进公租房和廉租房并轨运行工作。制订 2016 年住房保障实施计划，加快推进棚户区改造和保障性安居工程的竣工验收。2016 年，全市各级住房保障部门投入资金约 26.47 亿元，供应土地约 10.2 万平方米，城市棚户区新开工 9032 套（含货币安置 1846 户），基本建成 8752 套（含公租房 949 套），新增租赁补贴发放 272 户，超额完成省政府下达的目标任务。通过实物配租或租赁补贴的方式保障中、低收入住房困难家庭、新就业职工和异地务工人员 8574 户 2.58 万人。其中，梅州城区租赁补贴发放 179 户 26 万元，通过实物配租或货币补贴的方式保障中、低收入住房困难家庭、新就业职工和异地务工人员 3424 户 1.02 万人。市直单位发放住房货币补贴对象 161 人，补贴金额 323.2 万元。其中财政拨款 194.2 万元、98 人，单位自筹资金 129 万元、63 人。

（戴和桃　刘　烨）

市政建设与管理

【概况】 2016 年，由市城市综合管理局主抓实施的梅州城区（不含梅县新城）城建项目 41 项，完成市政道路、园林绿化、城市照明、垃圾处理、天然气等市政公用设施建设总投资约 4 亿元，同比增长 41.34%。

【市政基础设施建设】 2016 年，新建、扩建道路总长约 2.9 千米，面积 4.52 万平方米。芹洋半岛 18 条市政道路完成 30%，内环路完成 60%。梅水路连接广州大桥延长线完成 45%。完成梅水路客都汇、嘉应汇两座人行天桥建设、万达广场公交站亭建设、江南客都汇南侧 18 米道路改造工程。客都大桥连接线、正兴路至富奇路连接线、客家文化产业基地配套市政道路等重点工程前期工作有效开展。联合公安交警，安装金燕大道、五横街、梅水路中央隔离栏。牵头制订城区公共停车场建设工作计划。完成月影塘珍珠公园、梅州大桥东端环岛、中心坝至富奇路绿化建设，新增城区绿化面积64437平方米。改造提升城区主要道路及景观节点绿化，部分主次干道补植增绿，全年补种苗木7.7万多株、乔木764株、灌木662株。城区人均公园绿地面积、建成区绿化覆盖率和绿地率分别达 17 平方米、42.94%和37.08%。主动对接配合剑英湖城市休闲旅游综合体、马鞍山公园、芹洋滨水公园、足球文化公园等重点项目建设以及国家旅游休闲示范城市创建工作。环保能源发电项目完成23%。确定西阳、长沙 2 座梅州城区建筑余泥渣土临时受纳场选址。推动城区建筑垃圾回收再利用项目。奇龙坑垃圾填埋场实施填土方铺膜建设、垃圾渗滤液处理设备及调节池升级改造，促进库容增量和渗滤液达标排放，全年无害化处理生活垃圾约 22 万吨，生活垃圾处理率 100%。市政维护中心与广东省基础工程公司合作项目“独塔单索面斜拉桥施工技术”获全市科学技术二等奖。基本完成《梅州城区市政公用事业发展“十三五”规划》编制工作。

【公用服务保障】　解决梅塘东路隧道等 19 条道路“有路无灯”“路灯偏暗”问题，完成站前东路等26条道路的LED灯改造。2016年，净增道路照明灯盏数1264盏、线长3.8千米。嘉应大桥、秀兰大桥、东山大桥安装中国结灯饰。改造升级三遥节能稳压箱 18 台，新增 8 米路段路灯安装三遥稳压箱6台，节能减排效果明显。亮灯率保持98%以上。城区燃气普及率97%。新建市政管道24.82千米、庭院管道52.39千米，供气量1013.55万立方米。天然气管网基本覆盖梅州城区（含梅江区和梅县区），并跨越秀兰大桥进入芹洋半岛。开展城区天然气、液化气 6 家公司的燃气经营许可证换证相关工作，各公司气库进行第三方安全评估，确保燃气安全供应。天然气实现燃气供应、维护、抢修、巡检和服务的“互联网+”综合指挥调度。修复城区道路混凝土路面、沥青路面、人行道路面约 10 万平方米，建立城市桥梁设施保险制度。市场物业总站科学优化市场资源结构配置，提高经济效益。落实农贸市场安全消杀措施，所辖市场全年无疫情发生。瓜园市场、百花洲市场硬件设施和购物环境有新改善。

【市政市容管理】　开展城乡环境综合整治，全年处理市容“六乱”（乱贴、乱画、乱牵、乱挂、乱搭、乱建）行为 88379 宗。设置华苑路等 12 个临时摆卖点。在加大巡查执罚力度基础上，采用服务外包，聘请社会公司对沥明安置区等建设工地守点管理，确保运输车辆在检查合格后方可进入道路行驶，并对客都大道、中环路、金燕大道等路段进行每天洒水降尘，运输车辆扬、洒、漏及空气扬尘现象大大减少。加大广告招牌管理和清拆力度，严禁超高、超宽设置招牌，打造整洁靓丽街景。严抓源头防控，完善建设项目批后跟踪管理和规划竣工核实，坚决遏制违法建设。依法对客都大桥连接线、文化公园周边等重点防控区域保持高压态势，确保违法建设零增长。2016年，拆除违法建设366宗、面积 6 万多平方米。数字城管投入试运行以来，在市政公用、园林绿化、燃气、市容环境等各领域发挥积极作用，有效提高城市管理效率，全年立案案件数4999宗，案件结案数3089宗，结案率61.8%。

（黄慰慰）

环境卫生

【概况】　2016年，梅州市环境卫生管理局每天清扫保洁城区主要道路336万多平方米，清运生活垃圾450多吨，上门收运生活垃圾服务范围覆盖建成城区约11万户。有大小作业车辆199辆，管理公厕 44 座，全部为二类以上，固定中转站27座，果皮箱1700多套。对梅州城区的建筑垃圾运载过程实行管理，规范排放、受纳各类建筑余泥渣土 1125767 立方米，查处扬、撒、漏污染道路行为 649 宗，督促整改乱倒乱堆行为1176宗，核发建筑垃圾处置证 10 张，办理通知书5份。

【基础设施建设】　一是加大经费投入，维护、更新、淘汰生产作业车辆、各类果皮箱一大批，其中增加拉臂车 6 辆、扫路车 2 辆、电动三轮翻斗车 50 辆，全局各类环卫生产作业车辆增至 199 台，作业机械化程度进一步提高。二是协调、推进归读公园南端压缩式中转站、梅江碧桂园社区中转站项目建设，完成柏聪临时中转站的改造扩建，加固和美化城区花篮式果皮箱 150 套。三是着力解决生产车辆停放难题，修缮改造百花洲中转站、华南大道中转站和局机关停车场所，空间利用更加充分。

【城乡环境建设】　一是加强环境卫生保洁，每天坚持主干道保洁不少于 16 小时，洒水降尘不少于 4 次。定期进行城区道路、护栏清洗和雾炮抑尘作业，对主干道每月组织一次大清洗。引进专业队伍巡回清理城区小广告、牛皮癣。二是加强卫生巡查，落实环境卫生网格化监督管理方案，从机关到一线生产班组全员出动，层层联动、分片区落实工作任务，确保各路段有保洁员、有管理员、有挂钩干部、有挂钩领导跟进落实工作。建立工作微信群，局机关建立暗访检查组，明察暗访交叉，实时掌握下属单位工作落实情况。做到主干道卫生巡查每天不少于 10 小时，发现陈旧垃圾，垃圾飘落，建筑垃圾，泥头车扬、撒、漏等情况，快速应对和处置。三是严格内部考核，对下属单位工作落实情况每月一通报，考核结果与绩效发放、评先评优挂钩。

定期洒水降尘，保持道路整洁

【农村垃圾治理】　一是深化镇街工作对接，夯实局班子成员挂钩联系镇街环卫工作机制，加强村（社区）环境卫生工作指导，农村保洁队伍增加至 560 多人。二是加大镇街工作支持力度，投入资金 500 多万元，淘汰置换农村垃圾桶 6000 多个，增加清运车、三轮车等 90 多辆，新建、升级改造中转站 6 座。拿出专门经费，支持镇、村环境综合整治等工作开展。生活垃圾处理费自来水公司代收代缴模式向农村覆盖，镇街垃圾处理费开征率 100%。“一镇一站”“一村一点”工程全面完成，农村生活垃圾分类减量比例达 50%，村庄保洁覆盖率、生活垃圾有效处理率均 100%，顺利通过“农村生活垃圾收运处理试点示范县”省级验收。

【工作机制健全】　生活垃圾服务费自来水公司代收模式在梅江区成功推广，与自来水公司沟通搭建信息共享平台，对垃圾服务费相关信息和台账等情况实行动态管理，代收代缴工作稳妥推进，收费率大幅度提升，有效减缓财政压力。深化清运、车队承包改革，明确相关费用和管理标准，探索中转站试点承包工作，切实提高清运工作效率和精细化水平。加强横向、纵向沟通，进一步凝聚镇（街）和职能部门力量，加强巡查监督、突出属地管理，推进建筑垃圾、河道垃圾、大件废弃物整治和“创模”、大气污染防治、美丽乡村建设等民生工作，问题突出的城乡接合部、无主区域、城中村卫生情况得到改善，初步构建起城乡环境卫生管理一体化的长效机制。

【宣传教育】　学习贯彻《广东省城乡生活垃圾处理条例》，加强环境卫生、垃圾分类等宣传教育，修缮更新重点路段宣传栏 13 个，设置农村宣传栏 81 个，在《民生 820》等黄金栏目时间投放公益广告，进一步向基层延伸环境卫生宣传触角。落实“门前三包”责任宣传，定期组织力量进店入户发放“门前三包”倡议书，提高经营户和市民卫生意识，从源头上减少垃圾乱排现象。

（梅州市环境卫生管理局）

环境保护

【环境质量状况】 2016年，梅州市城区环境空气质量优良率98.1%，饮用水源地水质达标率保持100%，与潮州市交界的韩江赤凤断面水质稳定达到Ⅱ类标准。

【“创模”活动】 围绕“2016年考核指标基本达标”的目标，印发《2016年梅州市创建国家环境保护模范城市工作要点》，先后召开全市推进“创模”暨十大重点环境问题整治、创建国家环境保护模范城市暨城乡环境综合整治和美丽乡村建设、全市农村人居环境综合整治暨创建国家环境保护模范城市推进3场全市性会议。创模26个指标中，已达标需持续巩固的有18项、基本达标需努力改善的有6项、未达标需重点突破的仍有2项。

【项目审批服务】 印发实施《梅州市“十三五”环境保护规划》，重新核实确认梅州市严格控制区，划定生态红线，实施差别化环保准入，严格落实空间管控措施，从源头预防环境污染和生态破坏。对不符合有关规划和产业政策、不符合环保法律法规、不符合清洁生产要求、达不到排放标准和总量控制目标的建设项目一律不予审批。开展行政许可和公共服务事项标准化编制，推进“互联网+政务服务”“一门式、一网式”改革，网上业务申请率100%。落实领导挂点服务企业制度，做好“两大政策”“三大抓手”等项目的环评审批、穿越生态严控区调整等指导服务。争取环保专项资金7305万元，支持全市环境保护和生态建设。

【净污减排】 督促8家县城污水处理厂进一步提高水量负荷和进水浓度，督促14个中心镇污水处理设施初步形成减排能力，推进梅兴华丰产业集聚带环保基础设施建设。5家燃煤电厂配套脱硫脱硝设施稳定达标排放，2家完成超低排放改造。6家日产2000吨熟料以上的旋窑水泥厂脱硝效率稳定在60%以上。开展节能减排示范市创建工作，出台《梅州市2016年节能减排财政政策综合示范市四项主要污染物“以奖促减”实施细则（试行）》，有效促进净污减排。

【环境执法监管】 一是做好中央第四环境保护督察组督察迎检工作。二是开展环境保护大检查、环境执法大练兵活动，推行环境监管网格化管理，开展环境监管“双随机”抽查，突出抓好造纸、线路板、电镀行业企业专项执法检查，严厉查处环境违法行为，有效保障环境安全。全市出动执法检查人员13653人次，检查企业4419家（次），立案查处环境违法案件132宗，关闭企业50家，责令停产企业38家，移送公安案件3宗，罚款223.1万元。全市排查清理整顿违法违规建设项目3507个，完成率100%。三是推进“十大重点环境问题”挂牌督办制度，市政府挂牌督办的40个“十大重点环境问题”大部分按时间节点完成整治。四是建立环境监测、执法会商研判制度，及时排查化解影响环境质量的不利因素。加强与公安、检察等部门的沟通衔接，形成联合打击环境违法行为的高压态势。五是开展危险废物规范化管理，加强对重点产废企业废物产生、贮存、运输、处置全过程监管，强化进口固体废物企业、医疗废物产生单位和集中处置单位的日常监管。加快城镇污水处理厂污泥处置项目建设，发放“严控废物处理许可证”，初步具备规范处置污泥能力。六是开展涉环境保护领域矛盾纠纷排查，做好省“民声热线”、市“行风热线”上线和“微访谈”工作，全面及时调处各类环境信访案件。

【重点领域整治】 一是制订实施《梅州市大气污染防治2016年度实施方案》，重点推进燃煤机组超低排放升级改造、机动车污染防治、锅炉整治、挥发性有机物整治、移动源污染防治、扬尘污染控制、秸秆禁烧等工作，开展机动车监控平台建设，加大对黄标车提前淘汰和高污染燃料锅炉改造项目补贴，加大与公安、城管、住建等部门联合执法和黄标车闯限行区电子执法力度。二是以改善水环境质量为核心，制订实施《梅州市水污染防治工作方案》，开展汀江河青溪库区、兴宁合水水库、蕉岭多宝水库、丰顺榕江北河水环境污染综合整治，实施《梅州市主要河流断面水质监测考核办法》，加强 19 个跨县河流交接断面水质考核管理。会同住建、水务部门开展城区黑臭水体整治。开展梅江河饮用水源保护区排查整治，定期监测、公开集中式饮用水源水质，完成 106 个乡镇集中饮用水源保护区规范化建设和 2015 年度城市集中式饮用水源地环境状况评估。深化韩江跨界流域水环境保护，加快《韩江上游（梅江—汀江）跨界流域环境综合整治工程规划》编制，初步形成规划方案征求意见稿。会同赣州市妥善处置跨界流域水质异常问题。三是配合做好广东省重金属污染综合防治“十三五”规划编制工作，全面梳理排查涉重企业，推进重金属污染防治。完成强制性清洁生产审核验收企业 40 家。四是推进平远县、蕉岭县、丰顺县农村环境连片整治示范县建设，对 40 多个村镇开展农村连片整治工程，不断完善示范县农村饮用水源地保护、农村生活污水和垃圾处理、畜禽养殖污染防治等设施。五是组织对市级绿色学校申报单位进行评审，创建省绿色学校 2 所、省环境教育基地 1 家。

【环保能力建设】 一是加强环境监察标准化建设，市环保局环境监察局通过全国环境监察标准化建设二级环境监察机构的复检，兴宁市环境监察机构通过全国环境监察标准化建设二级环境监察机构的验收，梅县区、大埔县、丰顺县环境监察机构通过全国环境监察标准化建设三级环境监察机构的验收。二是强化监测质量管理，完成大气污染物来源解析、点位优化研究论证前期工作，首台环境应急监测车投入使用，初步建立空气质量预报预警系统及 APP 发布平台，环境质量监测、分析、研判和应急处置能力不断增强。三是推进环境综合网系统平台建设，建成全省首个重点排污单位环境信息公开平台，全面升级环保公众网，提升环境信息化水平。四是紧扣“6·5”世界环境日主题，联合市委宣传部开展以“改善环境质量 扎实推进创模”为主题的环境保护宣传月系列活动，全面拓宽政府网站、政务微信等公众参与渠道，宣传生态文明，弘扬绿色发展理念。

（刘 意）

旅　游

责任编辑：吴跃华

综　述

【概况】 2016年，全市旅游接待总人数3572.63万人次，同比增长18.01%，旅游总收入376.76亿元，同比增长20.19%。梅州市入选第二批“国家全域旅游示范区”和首批“省级全域旅游示范区”创建单位，梅县、平远、大埔、丰顺4个县（区）入选首批“省全域旅游示范区”创建单位；梅州市获评“中国最美休闲自驾游目的地”“最美中国·大众休闲健康养生旅游胜地”“国家厕所革命先进市”；市旅游局获评“2016年广东国际旅游产业博览会最佳组织奖”；客天下景区、平远五指石景区获评“2016年广东省最佳自驾游旅游目的地”；梅县区在2015—2016年度“旅游综合竞争力十强县（市）”评选中排名第三，雁洋镇上榜国家第一批中国特色小镇名单；平远县获2016年“全国十佳生态休闲旅游城市”称号；五华县双华镇、丰顺县八乡山镇、大埔县三河镇、蕉岭县三圳镇获评第三批省休闲农业与乡村旅游示范镇；梅台阿鲤廊生态农业园、雁洋南福春秋、丰顺九龙嶂生态旅游园、瑞山高新生态农业园、梅西水库金丰休闲农业园、韩山生态旅游园获第三批省级休闲农业与乡村旅游示范点认定；梅州市游客何日胜获评“优秀文明游客”，是广东省唯一上“红榜”的游客。

截至2016年12月底，梅州市有国家AAAAA级景区1家、AAAA级景区9家、AAA级景区19家。全国休闲农业与乡村旅游示范县1家，全国红色旅游经典景区2家；国家森林公园4家，国家水利风景区2家；省级温泉旅游示范基地1家，省级乡村旅游示范基地1家，省级科技旅游示范基地1家，省级中医药文化养生旅游示范基地2家，省级农业旅游示范基地2家，省级森林生态旅游示范基地3家，省级红色旅游示范基地3家，省级地质公园1家，省级风景名胜区2家，省级旅游度假区2家，省级自然保护区6家，省级体育旅游示范基地1家，广东省星级农家乐18家。

全市星级饭店37家，其中五星级2家、四星级5家、三星级27家、二星级3家。有旅行社45家，其中出境游组团社4家；旅游汽车公司5家；大型游船公司1家；高尔夫球场2家。

2016年，梅州市接待国外及港澳台地区旅游者29.28万人次，同比增长37.48%，其中外国游客1.64万人次，同比增长15.83%；香港同胞24.54万人次，同比增长41.76%；澳门同胞1.81万人次，同比增长29.76%；台湾同胞1.28万人次，同比增长9.72%。旅游外汇收入13483.46万美元，同比增长30.65%。2016年，梅州市出境游组团社组织到国外或港澳台地区游客2203人次，同比下降2.65%，其中香港游204人次，同比下降32.67%；澳门游180人次，同比下降24.37%；出国游 1819 人次，同比增长 5.63%。

2016 年，梅州市接待除港澳台以外其他国内游客 3543.34 万人次，同比增长 17.87%，旅游收入 367.81 亿元，同比增长 19.77%。其中接待过夜游客 1750.59 万人次，同比增长 13.38%。2016 年春节黄金周，梅州市接待除港澳台以外其他国内外旅游者 369.15 万人次，同比增长 8.28%，旅游总收入 12.08 亿元，同比增长 13.5%。“十一”黄金周，全市接待游客 393.35 万人次，同比增长 7.81%，旅游总收入 12.66 亿元，同比增长 11.73%。

国家 AAA 级旅游区——大东坪山梯田旅游区

【旅游规划】 2016 年，梅州市旅游局开展《梅州市旅游发展“十三五”规划（2016—2020 年）》（以下简称《规划》）编制工作并于 5 月初完成《规划》初稿，6 月通过《规划》评审，9 月印发《梅州市旅游发展“十三五”规划》；2 月完成编制《梅江韩江绿色健康文化旅游产业带发展规划（2016—2030）》；12 月完成编制《梅州市城市旅游休闲总体规划》。

【旅游决策】 2016 年，市政府出台《梅江韩江绿色健康文化旅游产业带发展规划（2016—2030 年）实施方案》和《2016 年梅江韩江绿色健康文化旅游产业带建设行动方案》；印发《梅州市旅游发展“十三五”规划（2016—2020 年）》；完成编制《梅州市城市旅游休闲总体规划》；在全省率先出台《关于促进梅州市民宿（乡村客栈）产业规范发展的指导意见（试行）》《梅州市民宿（乡村客栈）管理办法（试行）》《梅州市农家乐管理办法（试行）》《梅州市民宿（乡村客栈）星级标准与评定办法》《梅州市农家乐星级标准与评定办法》5 个系列文件；出台《梅州市创建旅游休闲示范城市工作方案》《关于扶持旅游产业发展的实施细则（试行）》《梅州市鼓励旅行社引客入梅实施办法》等文件。2016 年完成旅游厕所新建、改扩建 123 座。

【旅游扶持】 2016 年，根据《关于扶持旅游产业发展的实施细则（试行）》文件精神，2016—2020 年，市政府每年安排 3000 万元用于旅游产业发展，主要包括旅游目的地建设、旅游品质提升、重点旅游企业、重点旅游项目建设、旅游新业态项目、旅游商品开发及能力建设提升 7 个方面。

【招商引资】 2016 年，梅州市旅游局与新飞腾特色主题酒店、广东客天下酒店管理公司、格林豪泰酒店 3 家企业完成招商引资项目签约，计划总投资额 1.8 亿元，其中新飞腾特色主题酒店计划总投资 8000 万元、客天下酒店管理公司计划总投资 5000 万元、格林豪泰酒店计划总投资 5000 万元。同时跟进绿沁水上乐园、大浪集团、古竹山寨等重大项目的招商工作。

【景区建设】 2016 年，列入市重点项目的休闲旅游项目 46 项，总投资 569.25 亿元，2016 年计划投资 56.86 亿元，实际完成投资 77.38 亿元，占年度投资计划的 136.1%。重点推进兴宁熙和湾、平远五指石、大埔瑞山、丰顺八乡山、丰顺韩山旅游度假区等龙头项目建设。结合美丽乡村和旅游扶贫建设，发展农家乐、民宿产业，重点推进雁洋、留隍等 8 个特色旅游小镇，南口、差干等

25个旅游强镇，三圳九岭、长潭白马、西河北塘等67个旅游特色村以及新联村等11个乡村旅游扶贫重点村建设。

【旅游活动】　1月3日，第三届磨房梅州百里徒步活动举行。1月24日，“畅游客都 欢乐猴年”旅游活动月启动仪式在梅城客都汇广场举行。3月5日，“千车万人乡村游”暨乡村游产品发布会在梅城客都汇广场举行。3月10日，“春暖花开”深圳人游梅州雁南飞茶田景区旅游推介会在梅州雁南飞茶田景区举行。3月18—19日，全市50多家旅游企业赴汕尾、潮州举行“乐游梅州”广场宣传推介活动。3月26日至4月2日，市旅游局局长朱瑛参加广东省旅游局组织的“广东人游林芝”考察活动，与广州市旅游局赴拉萨商讨合作事宜并签订旅游合作协议。4月14日，印尼、香港旅业同行梅州踩线团旅游推介会在梅州市举行。4月17日，梅州市旅游推荐单位座谈会暨授牌仪式在市旅游局召开。4月22—27日，市长谭君铁率团赴江苏、浙江、安徽、江西考察，学习借鉴先进地区成功经验，加快推进梅江韩江绿色健康文化旅游产业带建设。5月5日，2016年全市旅游高级管理人员培训班在市委党校开班。5月6日，朱瑛率队到湖南长沙举行推介会。5月10日，朱瑛率队到西安举行推介会。5月21—24日，市长谭君铁带队赴郑州参加2016年中国（郑州）国际旅游城市市长论坛。6月16日，“第六届广东自驾游日暨国际慢城（梅州）自驾游周活动”启动仪式在梅州雁南飞举行。6月17日，梅州市梅江区第二届客家风情旅游节暨客天下首届“赴墟节”启动仪式在梅州客天下文化旅游产业园举行。7月18日，市旅游局和梅州海事局、市交通运输局，启动为期6个月的全市“水上旅游安全年”活动暨水上旅游交通安全专项检查。8月17日，梅州市水上旅游安全应急救援演练活动在梅州城区客通游船码头水域举行。9月5日，大埔县蜜柚名茶旅游节暨富硒长寿产业发展论坛在梅州市大埔县城举行。9月7日，“寻找‘一带一路’上的旅游‘奇迹’游记攻略大赛（梅州站）”启动仪式在梅州市客天下广场举行。9月24日，“重走中央红色交通线”大型军民徒步活动在大埔县举办。9月25日，广东金泉通用航空有限公司在梅县机场举行首航仪式，正式运营“空中游梅州”项目。12月9日，梅州市旅游海内外推广中心主任座谈会暨“一带一路”客家地区旅行社梅州采风活动举行，同时为新成立的两个梅州旅游海外推广中心（英国伦敦、西班牙马德里）颁牌。12月20—22日，省评估验收组到梅州开展创建国家旅游休闲示范城市初评工作，梅州市创建国家旅游休闲示范城市顺利通过省初检。

【宣传推介】

媒体宣传　一是梅州旅游网、梅州旅游微博、微信公众号运营良好，其中梅州旅游网全年新增图文1536条，制作电子书4部、210页，制作旅游专题2个，完善旅游专题3个，制作广告标语13个，点击量586万人次；梅州旅游新浪微博全年发布图文信息1839条，设置旅游话题8个，增加旅游专题2个，粉丝数由年初的44000人增长至年末的105196人，全年浏览量超过1000万；梅州旅游腾讯微博全年发布图文信息1742条，设置旅游话题5个，旅游专题1个，腾讯微博粉丝数近40万人，同比增加3万人左右，在梅州所有的政府、企业微博中总经验值排名第一，粉丝数排行第二；“梅州旅游”微信公众号发展迅猛，吸引大量网络用户关注梅州旅游，粉丝量超过9万人，全年推送图文520篇，图文总阅读量170万人次，影响力稳居梅州政务微信公众平台前十位，7次进入微信影响力排行榜前20强。同时，与同旅游程网合作，开设并完善梅州旅游旗舰馆，加大网络媒体宣传力度；与蚂蜂窝网合作，设置梅州旅游攻略专栏；引导旅游企业与途家网合作。二是先后在中国澳门、马来西亚、印尼、中国台湾、北京、上海、海口、郑州等地设立20个梅州旅游推广中心。三是通过投放平面媒体、电视媒体等方式宣传梅州旅游产品，在主要客源地市场电视台投放宣传片，在报纸杂志上刊登景区图文。与中央电视台合作，在春节期间拍摄《客家年俗》纪录片；在《中国旅游报》、《华夏游客》杂志、《梅州日报》电子阅读栏、《假日自助游》等新闻媒体投放梅州旅游宣传；与北京协众国际广告有限公司合作，在北京首都机场T1 东卫星厅投放梅州旅游广告；与广东卫视合作，在《美丽广东名片》栏目展播梅州旅游城市形象宣传片（15 秒）；与北京华威鼎智国际广告传媒有限公司合作，在中国车站电视播放梅州旅游城市形象宣传片（10 秒），在 300 个车站、4961 台屏幕播放 450 万次。

推介活动　分别赴长沙、西安、台中、台北、成都、重庆、肇庆、云浮、阳江、茂名、湛江、汕尾、潮州、三明、龙岩、漳州、泉州、珠海、中山、深圳、东莞、广州等城市进行旅游推介活动。

旅游展销会　参加广州国际旅游展览会、美丽中国港澳自由行活动、第 12 届海峡旅游博览会、2016 海峡两岸台北旅展、第 4 届澳门国际旅游产业博览会、2016 中国（广东）国际旅游产业博览会、成都国际旅游展、海南世界休闲旅游博览会等。

媒体采风活动　2016 年，到梅州参加采风、拍摄活动的有：中央电视栏目组拍摄客家节庆民俗、深圳市旅游文化交流促进会到梅州踩线、印尼巴厘岛客属乡亲会及媒体到梅州采风、香港梅州社团总会访问团到梅州参观考察、印尼香港客属社团旅游协会到梅州采风、西安旅游交流团到梅州踩线、《人民政协报》到梅州采风、辽宁铁岭旅游交流团到梅州踩线、台湾青少年团及媒体采风采访、《客家情》栏目拍摄、《亚洲卫视》栏目拍摄、“一带一路”客家地区旅行社媒体梅州采风行活动。

网络营销活动　网络营销活动主要有：梅州人最喜爱旅游目的地城市和梅州最受欢迎景区网络投票活动、寻找“一带一路”上的旅游“奇迹”游记攻略大赛（梅州站）、梅州旅游宣传口号征集、与蚂蜂窝网站合作宣传、“一起回梅州”微信公众号宣传活动。

旅游交流　参加 2016 年全国微信分享汇联盟研讨会、“广东人游林芝”踩线交流活动、香港“赏心乐食”美食节、闽粤赣十三市旅游局长联席会议、2016 年中国（郑州）国际旅游城市市长论坛、京交会、国际慢城联盟年会、第二届中国国际生态文化旅游品牌推介与旅居地融资大会、2016 年创新“互联网+全域旅游”暨第四届旅游业融合与创新（中国·思南）论坛、新媒体助力“一带一路”城市旅游品牌创新开封峰会、巴伐利亚庄园首届“欢乐避暑节”暨“黑森林乐园”会、广东省“美丽乡村·全域自驾”龙门首发仪式、客家旅游联盟联席会议、梅州旅游海内外推广中心主任座谈会、原中央苏区红色旅游联盟会议（漳州）。协助郑州市旅游局、清远市旅游局、汕尾市旅游局、龙岩旅游局到梅州举办推介会 4 场。

【旅游管理】

旅游执法　2016 年，联合公安、交通、工商、食品药品监督管理等相关部门，突出重点环节、重点领域和重点时段，开展系列旅游联合执法和市场秩序整治行动，重点打击“不合理低价游”和强迫购物消费行为。全年全市出动检查 400 场次，检查企业 500 家次，检查导游 60 多人次，检查团队 60 多个，妥善受理投诉 15 宗，结案率、满意率均 100%。

旅游安全管理　2016 年，召开全市旅游安全工作研讨会，编制旅游突发事件应急预案操作手册，建立全市旅游安全信息系统，综合运用广播、电视、报纸、短信、微博、微信和“12301”旅游信息平台等方式，发布旅游安全预警信息。坚持关口前移，落实《梅州市旅游市场综合监管实施办法》，联合市安委会有关成员单位在全市开展安全检查专项行动和水上旅游安全专项检查。全年组织各类安全检查 8 场次，派出检察人员 400 多人次，检查企业 100 多家，排查整治安全隐患 100 多宗。

资格认定　2016 年，完成全市 37 家星级饭店复核工作。其中，指导 2 家酒店开展星级评选前整改完善工作，完成2家四星级、17家三星级酒店评定性复核工作。开展旅游购物、餐饮“推荐单位”计划和“梅州手信”评选活动，评选出33家旅游推荐单位和25种“梅州手信优秀产品”。组团参加全省导游职业技能大赛，获大赛团体创意奖和方言奖。

旅游从业人员培训　2016年，举办全市旅游景区、酒店及旅行社高级管理人员培训班；组织讲解员人员参加全国红色旅游讲解员培训；组织2人参加省旅游局2016年省级星评监督员培训工作；赴北京参加文化生态健康旅游特色产业专题研讨班培训；落实“千人培训”计划，采取“请进来、走出去”的方式，组织开展全市旅游企业高级管理人员、文化生态健康旅游特色产业专题以及导游专项培训班，先后组织赴湖南长沙、西安、北京等地进行实地培训。

（黄日瑜）

广东梅州文化旅游特色区

【概况】　2016年，市委、市政府成立梅江韩江绿色健康文化旅游产业带办公室，梅州文化旅游特色区管委会作为成员单位之一，抽调1名副主任和4名工作人员到产业带办公室统筹推进产业带项目发展建设工作。围绕梅江韩江绿色健康文化旅游产业带发展规划（2016—2030）发展目标，聚焦文化旅游产业发展和项目建设，强化招商引资，取得成效。2016年，旅游接待3572.63万人次，同比增长18.01%；旅游总收入376.76亿元，同比增长20.19%。

【规划编制】　协助编制《梅江韩江绿色健康文化旅游产业带发展规划（2016—2030）》；出台《梅江韩江绿色健康文化旅游产业带发展规划（2016—2030）实施方案》和《2016年梅江韩江绿色健康文化旅游产业带建设行动方案》。参与《梅江韩江绿色健康文化旅游产业带发展规划》《梅州市旅游发展“十三五”规划》《梅州市城市旅游休闲总体规划》《梅县区全域旅游总体规划》以及五指石栈道二期、丰顺大宝山旅游区、揭岭飞泉、五华客天下、丰顺鹿湖国际康养度假区、平远地质博物馆布展内容等规划和项目的评审。

【招商引资】　2016年，与光大华陇信托基金、东部华侨城集团进行对接，成功对接和引进保利房地产股份开发有限公司，促进梅州城市建设和经济发展。

【项目建设】　2016年，完成梅县区雁洋镇、丙村镇1000万元环保专项资金安排。成功取得省财政厅、省旅游局对梅州雁洋生态旅游产业园3亿元竞争性扶持资金使用调整方案的批复，依法依规完善项目手续。

【宣传推广】　在《中国自助游》图书的扉页、封底、“广东开篇”、“中国慢城TOP10”等显著位置插入梅州精美图文推介。组团参加5月9—13日在澳大利亚古瓦召开的国际慢城年会，进行慢城建设情况交流和梅州文化旅游宣传推介，寻求与国际慢城总部和其他慢城的合作。

【公司运作】　梅州文化旅游投资开发有限公司与部分员工解除劳动合同，由原有21人减至10人，综合管理部、项目管理部、文创产业部、投融资部合署办公。完成国有资产入账。注销梅州文化旅游航空服务有限公司、松口南洋古道投资开发有限公司和梅州客嘉投资管理有限公司。租赁雁洋游客服务中心一楼给梅县客家村镇银行股份公司，承包梅州同学汇青年旅舍有限公司给蕉岭硒源长寿养生产业有限公司经营，抵押雁洋18.76公顷土地给梅州建鑫城市建设有限公司。

（广东梅州文化旅游特色区管委会）

叶剑英纪念园

【概况】　叶剑英纪念园位于叶剑英元帅的故

居——广东梅县雁洋虎形村，是全国红色旅游经典景区、全国爱国主义教育示范基地，景区建设集展现伟人风范、弘扬客家文化、推进生态旅游于一体。叶剑英纪念园筹建于 2004 年，历时 3 年，于 2007 年 5 月 13 日正式开园。规划占地面积 32.29 公顷，分为纪念景区、人文秀区、生态林区和旅游休闲服务区。设叶剑英纪念园管理局，为正处级参照公务员管理的事业单位，国营性质，直属梅州市委，内设办公室、公共事业管理部、旅游经济发展部、保卫科、基金会管理办公室 5 个职能机构；下设叶剑英元帅纪念馆、叶剑英纪念园文史研究中心 2 个事业单位。2016 年，纪念园游客接待量 110 多万人次，完成接待讲解 800 多批次，接待中共中央原政治局委员、中央政法委原副书记王乐泉，财政部副部长刘昆，国务院参事、国家减灾委专家副主任、国务院应急管理组组长闪淳厚，副省长蓝佛安，中国人民解放军军事科学院副政委高东璐中将，原广州军区副司令员龚谷成中将，原广州军区后勤部部长陈添林少将等 30 多批党政军领导及嘉宾，以周到的服务、热情的态度赢得社会各界的一致好评。2006 年，叶剑英纪念园被评为全国重点文物保护单位。

【文物保护与管理】 叶剑英元帅纪念馆有文物数量 1987 件（套），实际数量 11620 件，珍贵文物 18 件（套），实际数量 19 件。其中，名人遗物 276 件、书法绘画 467 件、陶器 10 件、铁器与其他金属物品 21 件、玺印符牌 100 件等。经鉴定，一级文物 11 件/套（12 件）、二级文物 7 件（套）、一般文物 361 件、资料 11241 件。组织人员系统整理文物。完善库房设备，建立专业库房，制定文物库房管理制度。严格按照《博物馆风险等级标准》的要求，管理和保护馆藏文物。藏品按质材类型和存放条件存放在设备精良、分类合理、安全整洁的文物库房内，严格做好馆藏文物的出、入库登记、藏品制卡及信息数据处理、书目目录建立和库房安全管理等工作。

【文物征集与接收】 1 月，接收国家一级书法家叶生茂捐赠 “上善若水”书法立轴，接收朱德外孙刘建捐赠《中国探月》1 件；3 月，接收李祯荪捐赠 3 首叶帅未发表诗（报纸）；5 月，接收军事科学院捐赠影印宋版《武经七书》2 件和中国人民解放军军事科学院典藏纪念盘 1 件。同时，接收其他捐赠藏品以充实馆藏文物。

【交流和合作】 注重加强与其他纪念馆、博物馆的学习与交流。 2016 年，叶剑英元帅纪念馆安排讲解员参加全国红办和广东省文博举办的导游员、讲解员培训班；5 月 15—16 日，叶剑英元帅纪念馆副馆长黄宏文、杨健等 9 人到中国客家博物馆参加为期 2 天的 “名师讲座暨 2016 年梅州市文博系统业务培训班”培训；7 月 5—8 日，叶剑英元帅纪念馆讲解员古竞辉到四川省南充市仪陇县参加全国红办举办的名人伟人故居旧居（纪念设施）红色旅游讲解员导游员培训班；8 月 18 日，叶剑英元帅纪念馆宣教部派出 8 名讲解员参加 2016 年梅州市导游人员、讲解员培训班；10 月，叶剑英纪念园管理局李晓锐副局长带队到湖南参加 “全国元帅纪念馆第 13 次学术研讨会暨贺龙元帅诞辰 120 周年纪念活动”。3 月，南昌新四军军部旧址陈列馆刘松涛馆长到纪念园参观交流学习；5 月，朱德同志故居纪念馆副馆长林品强、朱德铜像纪念园管理所所长罗淑蓉到纪念园参观交流学习；7 月，河南博物院副院长刘玉珍、广东省博物馆办公室副主任胡锐韬等到纪念园参观交流学习。

（叶剑英纪念园）

教　育

责任编辑：吴跃华

综　述

【概况】　2016 年，全市有各级各类学校 1415 所。其中小学 452 所，在校生 330179 人，学龄儿童入学率 100%，毛入学率 103.35%，升学率 100%；初级中学 167 所，在校生 138294 人，学龄儿童入学率 100%，毛入学率 103.99%，升学率 100%；普通高中（含完全中学）61 所，在校生 98209 人，升学率 89.37%；中职学校 27 所，在校生 32523 人，高中阶段毛入学率 94.80%；幼儿园 700 所，在园（班）幼儿人数 152762 人；特殊教育学校 8 所，在校生 622 人。全市有国家级示范性普通高中 10 所，国家级重点中职（技工）学校 5 所。全市中小学教职工 58715 人，专任教师 51120 人。

【教育创强争先】　创建“全国义务教育发展基本均衡县”工作实现全覆盖，成为同期粤东西北 12 个市中通过“均衡县”最多的地级市。严格按照省对创强复评的新标准要求，组织好教育强镇的复评工作，平远县仁居镇、大埔县青溪镇等 20 个镇（街）顺利完成教育强镇复评。各县（市、区）均先后召开“争先”工作动员会，印发配套的实施方案，正式启动“争先”工作。梅江区和蕉岭县争创“广东省推进教育现代化先进县（区）”工作顺利接受省的验收，其中，蕉岭县于 5 月顺利通过省级督导验收，成为粤东西北地区首批通过验收的“广东省推进教育现代化先进县”，其他县（市、区）的“争先”工作也按计划、按步骤推进。

【教育基础建设】　一是学前教育公益性和普惠性更加突出。实施《梅州市关于促进普惠性民办幼儿园健康发展的意见（试行）》《梅州市发展学前教育第二期三年行动计划（2014—2016 年）》等文件，筹措资金，新建、改建、扩建一批幼儿园。全市学前教育毛入园率 96.4%，公办（含公办性质）幼儿园占比 31.4%。二是义务教育发展趋向均衡。推动义务教育阶段学校标准均衡优质发展，义务教育“全面改薄”工作顺利推进。全市义务教育标准化学校(含民办)覆盖率 98.96%。按照国家、省的要求，指导各地制订出台《消除大班额规划（2016—2020）》，主动适应新型城镇化发展，在各县（市、区）县城规划建设优质实验中小学、幼儿园，动工 23 所，建成 15 所，新增学位 3 万个。三是高中阶段教育发展水平得到提升。发挥东山中学等 10 所示范性高中的示范作用，带动全市普通高中走内涵特色发展之路。加快推进薄弱普通高中改造提升工作，完成五华县萃文中学等 4 所薄弱普通高中的改造提升任务。全市中职学校基础能力建设明显提升，大埔县入围“国家级农村教育和成人教育示范县”创建单位，梅州农校被确定为全省第一批“职业农民指定培训学校”。全市高中阶段毛入学率94.49%。四是梅州南方紫琳职业学院筹建工作顺利推进。2016年12月底，学院的筹建申请顺利通过省高等学校设置评议委员会的筹设表决。五是特殊教育持续健康发展。落实《梅州市特殊教育提升计划（2014—2016）》，梅江区、梅县区、平远县、五华县4所标准化特殊教育学校建设工作扎实有序推进，全市“三残儿童”入学率95.19%。

【素质教育建设】 坚持立德树人，加强社会主义核心价值体系教育，弘扬中华民族优秀传统文化、客家优秀传统文化，加强中小学生的乡土乡情教育。2016年，全市有4名学生获第十二届宋庆龄奖学金， 372名学生获“叶剑英基金品学兼优奖”。推进“一校一品”工程，校园足球运动成绩显著，梅县区丙村中心小学、五华县华东中学等16所学校被认定为“全国校园足球特色学校”。高质量承办广东省“省长杯”足球联赛（高中、中职组）全省总决赛，梅县高级中学荣获高中组亚军。

【招生工作】 一是推进优质普通高中指标到校工作。推进10所国家级示范性学校和6所省一级学校指标到校工作，2016年，全市分配到各地各学校的优质普通高中学位比例提高至50%，4345名学生受益。二是解决外来务工人员子女升学就读问题。外来务工人员子女就读梅州市义务教育阶段公办学校实行积分入读，实施《进城务工人员子女在梅州市参加中考实施办法》，保障务工人员随迁子女公平接受教育的权利。全市义务教育阶段进城务工人员随迁子女入读公办学校的比例为94.63%。

【教师队伍建设】 一是实施高素质人才引进工程。2016年，从陕西师范大学等招录6名研究生和一批应届本科毕业生到梅州任教。加大音、体、美等学科紧缺教师的招聘力度，不断完善城乡学校对口帮扶、校长轮岗、教师支教机制，师资结构进一步优化。二是发挥名师示范引领作用。实施名师工程，评选表彰“叶剑英基金优秀校长”20名、“叶剑英基金优秀教师”230名，以及市优秀教师、优秀班主任、优秀教育工作者和教学工作先进教师283人，在全社会掀起新一轮尊师重教的热潮。三是加大教师培训力度。2016年，举办中小学校长教育现代化智慧教育理念引领高研班、百千万人才培养工程、中小学英语教师英语语言村培训等34项培训班，培训28290人，教师队伍的管理水平和业务素养明显提高。四是不断提升教师福利待遇。按省委省政府要求，修订出台山区和农村边远地区学校教师津贴实施办法，将山区和农村边远地区学校教师补贴政策实施范围从义务教育学校扩大到普通高中和公办幼儿园，并按人均每月不低于800元的省定补助标准发放至农村教师，实现全覆盖。五是教师职称制度和教师资格认定制度改革扎实推进。印发《关于做好2016年度中小学教师职称评审工作的通知》《梅州市中小学教师职称（职务）竞争推荐工作的指导意见》等文件，全市中小学教师职称评审和教师资格认定工作顺利完成。

【教学成果】 实施“科研促教、科研兴校”战略，加强教研队伍建设，组建联合教研组，开展“网络晒课”“送教下乡”“一师一优课，一课一名师”等活动。其中，“一师一优课、一课一名师”活动开展以来，全市有9391名教师参与晒课，晒课9956例，评出市级优课439例、省级优课121例、部级优课65例，部优率53.72%，在全省排名第一。五华县、蕉岭县晒课教师在全市占比居前列，兴宁市部优课数连续两年居全市第一。2016年，市高考在参考人数连续减少的情况下，第一批本科入围2538人，同比增加85人，一本入围率7.38%，同比提高0.92个百分点；第二批本科以上入围考生12,567人，同比增加226人，入围率36.55%，同比提高4.04个百分点。

2016 年参加国家、省中职学校技能大赛取得佳绩，获全国一等奖 2 个、三等奖 2 个，省一等奖 9 个、二等奖 11 个、三等奖 33 个。

【“平安校园”创建活动】　落实安全工作“一岗双责制”，加强安全知识的宣传教育，免费编印并下发《梅州市中小学安全读本》35000 册，组织举行 3156 场各类安全应急演练，广大师生的安全防范意识和技能进一步提升。新增 71 所“市级安全文明学校”。推进“阳光厨房”建设工作，完成各县（市、区）乡镇 100 人以上学校食堂食品监控平台建设，学校公共食堂安全监管水平进一步提升。加强考试综合整治，确保招生考试安全顺利实施，实现“平安考试”目标。推进依法治校工作，全市中小学校“一校一章程”建设工作有序进行。梅县区华侨中学、平远县铁民中学等 8 所中小学申报省“依法治校示范校”，教育治理体系和治理能力现代化水平不断提升。

（王奇足　李文清）

2016 年叶剑英基金奖教奖学金颁发大会

市农业学校

【概况】　2016 年，梅州农业学校（梅州市理工学校）有天字岌、尧排、城东 3 个校区，占地 2.23 万平方米，校舍建筑面积 16.2 万平方米，实训设备总值 8162 万元，图书馆藏书 19.2 万册，教职工 286 人，全日制在校生 5916 人。开设园林技术、畜牧兽医、果蔬花卉生产技术、现代农艺技术、农业机械使用与维护、农村经济综合管理、机电技术应用、汽车运用与维修、数控技术、模具制造技术、计算机应用、计算机平面设计、平面媒体印刷技术、会计、电子商务、文秘、学前教育、旅游服务与管理、中餐烹饪与营养膳食、建筑施工、淡水养殖 21 个专业。其中园林技术、畜牧兽医、机电技术应用、汽车运用与维修、中餐烹饪与营养膳食为省重点建设专业。

【招生就业】　学校重视招生宣传，2016 年招录新生 2740 人，函授大专在校生 281 人，网络大专在校生 311 人，合计成人大专在校生 592 人，　2016 年被广东省成人教育协会评为“先进集体”。成功举办 2014 级学生专场招聘会，市内外 70 多家知名企业到场招聘，提供 3000 多个招聘岗位，学生供不应求，专业对口率稳步提高。

【硬件建设】　进一步完善办学条件，2015 年，省竞争性资金园林技术项目及电子商务项目投入使用，天字岌校区科学馆恢复并提升原有功能，建成现代农艺、园林技术、畜牧兽医、建筑工程施工、计算机技术、计算机平面设计等专业实训中心。尧排校区建成中餐烹饪与营养膳食、会计专业实训中心，城东校区电子商务专业实训中心即将建成。学校有 1 个国家级实训基地、10 个省级实训中心，在粤东西北地区乃至全省名列前茅，为学校“十三五”期间的发展提供强有力的硬件支撑。

【教育成果】　实施“三成”（成人、成才、成功）德育模式，2016 年，有 24 人获学校优秀班主任称号，513 名学生校级三好学生、优秀学生干部称号，32 人获市级三好学生、优秀学生干部称号，1 名学生被评为省级优秀学生。

【课题研究】 2016年，立项开展工作的课题有广东省教育科学立项课题2个、广东省教育研究院立项课题6个，市级教育立项课题4个、校级课题8个。其中由广东省科技厅立项的“铁皮石斛有机栽培关键技术的研究与应用推广”项目成果通过广东省科技厅的结题验收。

（市农校）

市职业技术学校

【概况】 市职业技术学校是直属于市教育局的公办全日制国家重点中等职业技术学校，全国首批国家中等职业教育改革发展示范学校。学校始于1978年成立的梅州市农业机械学校，隶属于梅州市机械公司，2002年4月，市政府将学校划归市教育局直属管理，更名为“梅州市职业技术学校”。2007年与市旅游职业技术学校合并，2010年与市商业学校及市财贸学校合并，组建成为市职业技术学校。学校先后获得“全国和谐校园先进学校”“国家级语言文字规范化示范校”“广东省依法治校示范校”等荣誉。有3个校区：校本部（东山教育基地）、江南校区（富奇路）及在建的广州（梅州）产业转移工业园区分校（梅县区畲江镇）。校园占地面积1.15万平方米，建筑面积16.1万平方米，教职工340人，全日制在校生5433人。中央财政支持的职业教育实训基地1个，设备6000台（套），价值7000万元。学校开设汽车运用与维修、数控技术应用、模具制造技术、电子电器应用与维修、机电技术应用、学前教育、会计电算化、计算机应用、计算机网络技术、计算机动漫与游戏制作、美术设计与制作、旅游服务与管理、高星级饭店运营与管理、商务英语、电子商务、中餐烹饪与营养膳食、服装设计与工艺17个专业。

【教学管理】 学校做好教学常规管理，把好课堂教学关，优化课程教学，改进教学方法，开展专业组教研活动，加强日常教学巡查，开展教学常规检查活动和专题教改活动。实施“三个并行”（教学过程与生产过程并行，理论教学与实践教学并行，综合职业能力教育与全面素质教育并行）和“三段式”（社会实践、教学见习、顶岗实习）教学实训模式，提高学生专业技能和适应社会的能力。同时，在全校开展优质课程和优秀教案评比活动，促进教师教学交流，提高教师课堂教学管理水平。贯彻《广东省中职学校教学工作管理规程》等。

【德育工作】 学校开展德育工作量化考核，加强班主任队伍建设。举办法制进校园活动和应急知识培训活动，组织学生参与“文明风采”系列活动，取得优异成绩。成立校“文明督导队”，启动“月文明班级”评比制度，加强学生日常行为规范管理和纪律教育，执行进出校门打卡，早读、午歌到班制度，开展整治违规携带食品专项活动，采取主题班会、黑板报或班集体活动等形式对学生进行思想教育，提高学生的法律意识和法制观念，减少校园欺凌、财物失窃、扰乱课堂秩序等现象。组织2016春季、2016秋季学生开展为期一周的军训，强化学生的组织纪律意识和军事素质。2016年，学校德育工作取得丰硕的成果，校学生会获评2015—2016年度广东省优秀学生会，校学生社团联合会获评2015—2016年度广东省优秀学生社团，校青年志愿者协会被授予梅州市青少年禁毒公益服务联盟成员单位。

【招生就业】 利用电视、网站、报纸等宣传媒体和印发宣传资料、深入各初级中学等形式进行招生宣传。2016年，全日制招生人数2038人。实习就业方面，学校主动前往珠三角等地走访规模比较大、声誉比较好、学生反映好的用人单位，与用人单位协调落实学生顶岗实习事项，做好学省顶岗实习和就业指导工作，搭建企业与学生双向选择的平台。

【教师队伍建设】 学校注重师德建设，规范从教行为，以全员培训为重点，提升师资队伍素质和教育科研水平。2016年，校长江立志获“叶剑英基金优秀校长奖”称号。教师邱廉珍、陈海生获“叶剑英基金优秀教师奖”称号。教师刘盛光被评为梅州市“优秀班主任”，朱晓燕被评为梅州市“优秀教师”，黄丹艳、刘湘潭被评为梅州市“优秀教育工作者”，吴秀红被评为梅州市“教学工作先进教师”，蔡玮玮、刘茹、谢毅辉、陈瑜在第十二届全国中等职业学校“文明风采”竞赛活动广东复赛中获“优秀指导教师奖”，刘茹、谢毅辉、陈瑜、肖伟锋、杨维获评2015—2016年度梅州市科教系统“优秀共青团干部”，谢毅辉获2016年广东省“省长杯”足球联赛（中职组）全省总决赛中职男子组“优秀教练员”称号，李裕君获2016年梅州市“市长杯”青少年校园足球联赛男子初中组市级决赛“优秀裁判员”称号。

【教学成果】 学校组织师生参加各种竞赛，做到以赛促教，以赛促学，以赛促改，取得丰硕成果。教师程道芳获2016年市第六届中小学班主任专业能力大赛中职组一等奖、2016年第六届省中小学班主任专业能力大赛中职学校组二等奖。梁志娟的作品《Flash引导层动画》获2016年市计算机教育软件评审活动中等职业教育组一等奖。学生参加2016年市中等职业学校技能大赛获一等奖13个、二等奖14个、三等奖13个；参加省中等职业学校技能大赛获二等奖1个、三等奖5个。2016年，学校梁志娟、钟晋欢、张梅、丘素珍、丘廉珍、谢金华、丘飞苑、王映红、陈春琴、廖彬扬、宋姝婷、徐国新、韩淑兰、李志辉、俞娜、吴秀红、蔡志辉、朱晓燕、朱永宁、谢毅辉、李裕华、李彬、叶晓丹、罗惠聪、梁靖、黄利利26位教师在各类教育类刊物上发表26篇论文。其中丘素珍的论文——《多媒体技术助力中职语文教学效果的提升》在全国教育教学优秀论文大赛暨教育科研成果评比中获一等奖；钟晋欢的论文——《浅谈中职电喷发动机教学现状》获三等奖。四位教师科研课题顺利结题，申宇忠的《信息技术与中等职业学校学前教育专业理论课程整合研究》课题、李志辉的《职业学校数字化教学资源积件建设与应用研究》课题、李慕琼的《机械加工技术数字化校本课程的开发与应用研究》课题、曾小苑的《免学费政策背景下中职生幸福感调查研究》课题均于2016年3月结题。

【函授培训业务】 学校培训中心对外扩展业务，2016年度承担16个单位、50多场次、2万多人次的培训、考试业务。函授招生逐步扩大规模，函授学生人数达到260人。梅州职校导游服务有限公司除承领全市社会导游的注册、管理、考核业务外，还开拓旅游行业从业人员培训、国家导游员的培训考证业务。

【后勤管理】 2016年，学校膳管中心每月组织召开膳管会议和安全工作研判会，排查食堂食品安全问题。4月，一楼乐得鲜食堂、二楼昌泰食堂获得由中共梅州市委宣传部、市精神文明建设委员会办公室、市食品药品监督管理局等部门联合颁发的“文明餐桌示范性食堂”。4月，一楼乐得鲜食堂获得由梅江区食品药品监督管理局颁发的“餐饮服务食品安全等级A级”认证。6月，一楼乐得鲜食堂4D管理通过验收，是全省第一家通过4D管理模式的校园食堂。

（市职业技术学校）

嘉应学院

【概况】 2016年，嘉应学院校园占地面积108.5万平方米，校舍建筑面积60万平方米。设置数学学院、物理与光信息科技学院、化学与环境学院、文学院、外国语学院、生命科学学院、政法学院、地理科学与旅游学院、经济与管理学院、电子信息工程学院、计算机学院、美术学院、体育学院、音乐学院、教育科学学院、土木工程学院、马克思主义学院、梅州师范分院、医学院19个学院。有57个本科专业，学科专业涵盖文学、理学、工学、法学。有普通全日制学生25874人、成人教育学生2.2万人。教职工1681人，其中专任教师1257人（教授143人、副教授337人，博士143人、硕士699人）。馆藏纸质图书223.08万册，电子图书70多万种，期刊2300多种。定期公开出版《嘉应学院学报》《嘉应教育论坛》《客家研究辑刊》3种专业刊物。

【省、市共建学院】 2016年12月20日，广东省教育厅、梅州市人民政府和嘉应学院共同签署《广东省教育厅 梅州市人民政府共建嘉应学院协议》。协议要求，省教育厅每年拨给学校5000万元建设资金，梅州市原则上不能少于1∶1的配套，主要用于开展学科建设、科学研究、产学研合作、人才队伍建设。

【“十三五”规划编制】 《嘉应学院“十三五”教育发展规划》经学校第三届教职工代表大会第四次会议讨论、校长办公会议审议、党委会审定，于9月上报省教育厅。

【教学审核评估】 2016年，学校召开本科教学工作审核评估动员大会，成立迎评工作领导小组和工作机构。分别邀请教育部资深评估专家薛家宝教授、雍和明教授、张建林教授、张昌教授、梅顺齐教授、范忠宝教授、杨小元教授、蔡映辉教授、杨棉华教授到学校指导审核评估工作，作“本科教学工作审核评估辅导报告会”，现场指导文学院、外国语学院等12个二级学院的教学和评估工作。组织3批考察团分赴浙江、安徽、湖北等地，参观考察江苏师范大学、徐州工程学院、盐城师范学院、合肥学院、合肥师范学院、武汉纺织大学、肇庆学院、惠州学院8所高校，学习审核评估先进经验。邀请校外专家余国江教授、谭敏教授、葛春梅教授及组织校内18位专家，对电子信息工程学院、文学院、教务处及人事处进行试点审核评估工作。

【专业建设与人才培养】 学校新增“学前教育”本科专业。应用统计学、食品科学与工程专业获得学士学位授予权，截至2016年年底，学校有49个专业获得学士学位授予资格。实施“卓越人才培养”计划，“卓越教师人才培养班”“卓越法律人才教育培养计划”“卓越工程师计划”“卓越护理师计划”有序推进，第三届卓越教师培养班60名学员顺利结业。开展协同育人工作，与广东环境保护工程职业学院联合申报“环境工程专业”三二分段专升本应用型人才培养试点，2016年计划招生50人。组织修订2016级本、专科人才培养方案，完善职业课程。推进辅修、双学位工作，400多名学生修读双学位。

【招生与就业工作】 2016年，学校录取新生7537人（含专升本547人），超计划127人，其中本科5309人、专科2228人。省内文、理本科录取分数线分别高出省最低录取控制线55分、50分，超额录取101人；省内二本体艺类专业录取生源充足，第一志愿高分出档，超额录取37人；文、理专科录取分数线分别高出省最低录取控制线32分、34分，超额录取28人。2016年，应届毕业生6469人，其中本科4638人、专科1831人，举办大、小型校园专场招聘会100余场次，引进用人单位近600家，在校内发布用人单位需求信息380条，提供就业岗位12570个，毕业生初次就业率94.21%，同比提升2.74个百分点。创新创业教育方面，学校加大创业基地建设力度，能够满足60家企业同时入驻。截至年底，入驻该基地的学生创业项目40家，部分创业团队朝公司化运作发展，单一团队最多发展至30多人的小微企业规模，据统计，团队在校内带动300多名学生走上创业之路。

【师资队伍建设】 2016年，学校引进高职称、高学历教师等各类人才59人，不断优化教师队伍结构。做好高校教师资格认定工作，49名教师通过审核。推荐教育厅评审高级职称评审44人，其中5人通过正高评审、12人通过副高评审。组织完成自评学科副教授评审及教师中、初级职称评审34人，其中13人通过副高评审。开展“叶剑英基金优秀教师”“方直卓越教师（教育工作者）”“邓振龙优秀教师（教育工作者）”等评优评先活动，评选出各类优秀教师和优秀教育工作者55人。

【教研工作】 一是建立和完善理工类学科制度，制订《嘉应学院深化科研体制机制改革实施办法》《嘉应学院加强理工类学科建设实施方案》，重新修订《嘉应学院科研计分办法》《嘉应学院科研目标管理评估方案》等制度。7月6日，组织召开理工类学科建设专家听证会，扩大理工类学科专业的招生规模。二是重点学科建设取得突破。学校在建设好中国语言文学等6个优势重点学科、马克思主义理论等8个特色重点学科、计算机科学与技术等 8 个一般扶持学科的基础上，申报广东省新一轮特色重点学科，其中地理学学科被批准为广东省优势重点学科，应用化学、体育教育训练学被批准为省特色重点学科。三是推进“创新强校工程”建设。在省教育厅公布的“2015年重点平台建设跃升计划及重大项目与成果培育计划”立项名单中，学校 16 个项目获得立项，获资助 98 万元。学校获纵向项目立项 83 项，获资助额 400 多万元。其中国家级基金项目5项、教育部项目2项、省级项目49项、其他项目46项。学校申报专利数量16个，取得10个专利的授权，其中发明专利2个、实用新型8个。学校与各企事业单位签订横向合作协议38项，总金额300.3万元。四是“苏区精神（广东）研究中心”挂牌。学校根据中央关于赣闽粤原中央苏区振兴发展规划的一系列重要文件和政策的精神，加大对原中央苏区精神的研究力度，联合中共省委党史研究室、梅州市党史研究室，结合学校具体实际，于7月9日挂牌成立“苏区精神（广东）研究中心”。

【对外交流与合作】 开展教师交流、学生交换、项目研究等合作，与加拿大新大陆教育集团签署合作开展国际教育框架合作协议书，与津巴布韦信诺公司签署招收留学生的合作协议，与马来西亚北方大学签署两校合作备忘录，与广州莘莘樱华教育咨询有限公司签订协议。承办印尼华裔中文教师学习班、印尼梅州会馆“中国寻根之旅”夏令营，承办马来西亚、新加坡中国寻根之旅冬令营”。引进15名来自美国、英国、南非、日本、俄罗斯、泰国6个国家的外籍教师，做好外籍教师管理工作。推进13批78名教师赴港澳台交流、讲学、参赛、访问等工作；75名学生赴台湾玄奘大学、侨光科技大学、大仁科技大学、联合大学研习；2 名学生赴英国北安普顿大学交流学习；23名学生暑期赴美国参加带薪实习；接收1名台湾侨光科技大学学生到学校研习。办理因公出国3批 9人。

【成人教育和继续教育】 招收新生 6530 人，其中本科 3317 人、专科 3213 人，在校生 21430 人。开拓成人教育办学点，新增阳江市江城区远智教育培训中心和湛江市赤坎区新远智文化培训中心2个教学点。与嘉元科技股份有限公司合作开展成人学历教育，实现学历教育办学进企业。争取省市培训项目，有序开展各类培训工作。

【建设省级中小学教师发展中心】 学校与河源、汕尾等周边城市及梅州市各县（市、区）教育局开展教师队伍建设、教师培训、教师学历提升等培训合作。完成广东省中小学学科骨干教师培训、广东省农村教师置换培训、广东省农村幼儿骨干教师培训、汕尾市教育局学科骨干教师培训、梅州市第九期初级中学校长提高培训、梅州市第二十一期初级中学校长任职资格培训、丰顺县和梅江区中小学（幼儿园）教师学历能力水平提升培训、大埔县中小学骨干教师培训等工作。

【数字化校园建设】 学校数字化校园建设二期有序进行，完成 OA 系统测试和数据对接；完成大学工、人事、站群、一卡通、综合运维等新建系统和教务、教学平台、邮件、财务等原有系统的对接，开发22类、136个数据集成交换接口，实现三大平台（门户、身份认证和数据库）统一。完善校园网结构，实现校园网楼层与核心设备之间的万兆互联，实现无线网络全面覆盖。完成一卡通升级项目建设，实现消费、生活、工作、学习、医疗等功能的集成对接。创新推行云架构数据中心，实现网络分区规划，提升数据安全性。建设综合运维平台，实现后勤处、设备处、教育技术中心、信息网络中心等多个部门维修事项的数字化运维。实现数字招生、数字迎新、数字离校。逐步推动人事、财务、资产管理数字化。维护学校网络安全稳定，排查网络安全隐患，完成网络安全等级保护测试，制订突发事件工作预案，及时过滤不良信息，加强监控网络。

（钟益奇）

市广播电视大学

【概况】　全市电大系统在校生有 1.6 万多人。教职员工 42 人（含临聘人员），其中专业教师 18 人。梅州电大发展成人高等教育、社区教育、现代远程教育，办学业务扎根各县（市、区），覆盖到 18 周岁以上各年龄段，成为推进地方高等学历教育、社区教育、终身教育、学习型社会建设的主要力量。市电大学先后获“2016 年度广东开放大学教材管理工作先进集体”“2016 年度全国网络统考优秀考点”等。

【招生培训工作】　2016 年春、秋两季招收各类本、专科学生 943 人，同比增长 20.13%。2016 年秋季，全市电大系统开放教育招生 2225 人，在全省地市级电大排第二名，其中市电大招生 538 人，同比增长 51.5%。2016 年，学校继续与市委组织部合作开办“千名大学生村书记培养计划”培训班，学员 1050 人，为全市各县（市、区）基层党组织培养新型、实用的管理人才做出新的贡献。探索与系统外高校合作办学，在与华南农业大学开展在职硕士班教育基础上，与湖北大学教育学院联办教育管理研究生班。

【师资队伍建设】　一是对兼职教师的选聘严格把关、精心筛选，2016 年，聘请专兼职教师 69 名，其中本校教师 17 人、外聘教师 52 名，具有高级专业技术职称的 43 人，占 62.3%。二是加大培训力度，开拓教师视野。组织 18 人次教职员工赴广州市、省外培训，占员工比例的 60%。对 2 名报读研究生并取得毕业的教师进行学费补助。

【课题研究】　2016 年，参与课题研究的教师增加 15 位，课题成功申请增加 9 项，其中，熊子东的论文《远程开放教育网上毕业论文管理系统的设计与实现》获 2016 年广东开放大学系统优秀科研成果奖项，由陈元双负责的课题《梅州市连锁超市成本控制问题研究》、蔡文娟负责的课题《体验经济视角下客家文化旅游发展策略——以梅州客家文化为例》、石伟祥负责的课题《基于学习者学习需求的远程开放教育体系构建研究》，获批准为梅州市社会科学界联合会 2016 年规划立项课题。由陈元双主持的《梅州社区教育实践模式探索研究——以“金融教育进社区与助力青年创业创新”项目为例》课题获得国家开放大学立项课题，是市电大首次获得国家开放大学立项课题。

【非学历教育】　进一步拓展社区教育，搭建市电大微信平台，及时发布新闻资讯，建立专门队伍专注社区教育，联合江南街道办举办多场社区活动。12 月 10 日，联合梅江区金山街道办事处成立市电大第二间社区大学——碧桂园社区大学。

【信息化建设】　学校以“项目建设年”活动为抓手，先后投入 30 多万元打造可供教师进行网上课程资源建设的录课室，对教职工进行录课室操作培训。合并社区教育平台和电大教学平台，平台网络数据实现一体化。

（市广播电视大学）

科学技术

责任编辑：吴跃华

综　述

【政策驱动创新优化】　2016年，市委、市政府发挥政策导向作用，制订出台《梅州市加快科技企业孵化器建设实施办法》《关于加快众创空间发展服务实体经济转型升级的实施意见》《梅州市深入实施知识产权战略加快创新驱动发展五年行动计划（2016—2020）》《梅州市促进中小微企业创新专利资助管理办法》等一系列政策措施，科技创新政策支持力度不断加大，促进创新资源集聚发展。

【科技计划项目】　按照省科技厅申报指南要求，圆满完成2016年省科技计划项目立项。截至2016年12月底，市结转下达的省科技计划项目34项，获得经费3995万元。其中产学研结合项目10项，经费895万元；省应用型科技研发专项资金（重大专项）项目4项，经费1700万元；科技型中小企业创新基金项目2项，经费60万元；高新区及孵化育成体系建设领域项目2项，经费400万元。2016年度，受理市级科技计划项目医研类161项、科教类7项，经分类后，组织专家进行评审，根据评审结果，分两批次下达149项。

【产学研合作】　发挥梅州籍院士资源优势，成功举办“凝聚人才智慧力量，助力客都创新发展”为主题的“粤东西北院士专家行暨2016年梅州市创新驱动发展战略咨询会”，借力梅州籍院士智慧力量，探索苏区创新驱动发展新路。市政府与广东院士联谊会签订战略合作协议，全国首个院士团队创新创业驿——广东院士团队创新创业（梅州）驿站落户梅州。饶芳权院士团队与广东鸿源机电股份有限公司、廖万清院士与嘉应学院医学院、汪懋华院士与振声科技股份有限公司、孙大文院士与分子态生物股份有限公司、陈志杰院士与冠锋科技有限公司、丘冠周院士与广东番石榴健康产业有限公司等分别达成共建院士专家工作站协议。

【高新技术企业培育发展】

培育发展高新技术企业　截至2016年年底，有53家企业申报高新技术企业入库，其中成功入库23家；存量高新技术企业87家，其中2016年新增31家。市高新企业分布的地域相对分散，各县（市、区）均有认定，其中又以省级高新区、梅县区和兴宁市占的比例相对较大。领域涵盖国家重点支持的除航空航天技术外的7大领域，其中电子信息、生物与新医药、新材料及高新技术改造传统产业占的比重较大。

组织认定高新技术产品　根据省科技厅

《关于组织申报广东省高新技术产品的通知》精神，市科技局组织高新技术产品认定申报，全市组织申报高新技术产品认定64个。

【科技创新平台建设】

科技企业孵化器建设 贯彻落实好《梅州市加快科技企业孵化器建设实施办法》，加强与市有关部门的联系和合作，密切配合、形成合力，推进科技企业孵化器建设工作，截至2016年12月，有6家机构进行孵化器登记。

众创空间登记 贯彻落实好《梅州市人民政府办公室关于加快众创空间发展服务实体经济转型升级的实施意见》，截至2016年12月，有12家机构进行众创空间登记，其中5家成功认定为省级众创空间试点。

专业镇建设 全市有省级专业镇45家（其中工业类19家、农业类22家、第三产业（旅游）4家），市级专业镇20家。同时，为贯彻落实市委六届七次全会精神，市科技部门联合市委组织部、市委党校召开由专业镇党委书记（镇长）、各县（市、区）科技主管部门以及相关负责人80人参加的培训班，探索加快专业镇发展的新机制、新办法，促进专业镇的协同创新发展。

产业技术创新联盟 针对全市特色产业的技术创新平台有序推进，成立大埔陶瓷产业、丰顺电声产业2家省级产业技术创新联盟。

省、市级工程技术研究中心 全市有省级工程技术研究开发中心45家、市级工程技术研究开发中心29家。

【科技人才队伍建设】 一是实施“扬帆计划”等人才计划专项工作。“扬帆计划”实施以来，全市立项7项，包括农业、高端装备制造、新材料、生物技术与新医药、新能源、节能与环保等多个领域，总金额1526亿元，其中省专项经费2100万元、自筹经费1.316亿元，为梅州引进人才40人，其中博士26人、硕士9人、本科5人。二是做好省、市两级专家入库推荐工作。推荐146名专家进入省科技厅阳光政务平台省级专家库，其中57名专家通过审核入库；同时做好市级科技人才专家库储备工作，截至2016年年底，市科技局专家库有1046名专家。

【科技成果转化】 广东分子态生物股份有限公司自主研发的“天然植物有效成分高效分离纯化集成系统及应用（PLEESIT系统）”获2016年度广东省科学技术三等奖。2016年，市科学技术奖评审委员会办公室受理项目45项，其中农业类10项、医药卫生类13项、工业类22项，根据《梅州市科学技术奖励办法》和《梅州市科学技术奖励办法实施细则》的规定和程序，评出一等奖3项、二等奖13项、三等奖27项、缓评2项。

【科普宣传】 一是2016年，市科技部门开展全市科普统计，对174家单位进行包括科普人员、科普场地、科普经费、科普传媒及科普活动等方面数据统计和检查。二是科普设施不断完善，建成场馆类科普场地2个、科普画廊143个、农村科普活动场地819个、年度科普经费使用额1446.8万元。三是科普队伍日益壮大，全市有科普专职人员566人，比2015年略有增加。四是科普宣传手段进一步增强，全年电视台、电台播出科普节目约1000小时，开展科普活动105次，参与人数近4万人，举办各类实用技术培训502次。全市有8家青少年科技教育基地。

【知识产权】

专利申请 2016年，全市专利申请量2146件（其中发明186件、实用新型1084件、外观设计876件）；专利授权量1544件(其中发明授权量74件、实用新型792件、外观设计678件)。广东宝丰陶瓷发展股份有限公司被认定为2016年广东省知识产权优势企业。广东嘉元科技股份有限公司的“电解铜箔生产废水处理工艺”、广东华威化工集团有限公司的“一种高威力乳化炸药及其制备方法”2个项目获得2016年广东专利优秀奖。全市有广东省知识产权优势企业13家、广东省知识产权示范企业2家，获得广东专利优秀奖8个。

质押融资　将金融与知识产权融合发展作为知识产权工作创新发展的新引擎。抓好2016年广东省知识产权金融服务促进计划项目的落实工作。继续以梅县区“国家知识产权强县工程试点区”为抓手，推进知识产权质押融资试点工作，鼓励金融机构对运用自主知识产权进行质押融资的中小微企业提供重点支持，截至2016年10月，梅县客家村镇银行发放知识产权质押融资贷款1000万元。

执法维权　制订《梅州市知识产权局2016年专利行政执法工作计划》，把涉及人民群众生命财产安全，社会反映强烈的食品、药品、化妆品等作为重点查处对象，严厉打击侵犯知识产权和制售假冒伪劣商品等违法行为。据统计，截至2016年12月，市知识产权部门联合各县（市、区）知识产权局出动专利执法125人次，受理专利纠纷案件1宗、结案1宗；调解并结案专利纠纷案件1宗；办理省局移交的假冒专利案件1宗、结案1宗；查处假冒专利案件6宗、结案6宗，涉案金额2.13万元；全市出动“双打”执法3520人次，立案查处各类案件125宗，涉案金额49.19万元。全市范围没有出现集中性、区域性制售假冒专利商品的行为事件。

政策宣传　在第16个世界“知识产权日”期间，结合“4·26”宣传周活动，围绕“加强知识产权保护运用、加快引领型知识产权强省建设”主题，组织梅州市电视台、梅州日报社等新闻媒体深入企业采访知识产权创造运用、知识产权质押融资方面的情况。活动期间，市、县科技部门联合举办50多家企业代表参加的知识产权讲座。同时，市知识产权部门与省知识产权研究和发展中心联合举办“知识产权侵权典型案例分析以及无效应对”知识讲座及“企业知识产权管理规范”培训班，全市知识产权管理人员、企业代表等200多人参与。

【防震减灾】

地震监测预报　加强2个测震台、1个强震台、12个预警台、32个流动重力点和6个地震前兆观测站的日常管理工作，执行各项观测技术规范和管理制度，保障台站观测工作正常运行。建成市地震应急指挥中心。梅县区梅西镇柱坑（粤1井）、龙虎（粤2井）两口国家级、省级地震地下水观测井实现与省地震局视频互联互通、台站运行情况实时监视、地震灾害快速评估等，进一步提升梅州市地震应急救援的指挥能力。

法规宣传　围绕“减少灾害风险，建设安全城市”主题，结合“防震减灾日、宣传周”“科技进步活动月”“法制宣传日”等活动，开展防震减灾宣传，举办《不要随便摸我》《地震来了怎么办》等示范宣讲，开展送宣传挂图进校园、进乡镇、进医院、进社区活动等。3月，在梅州城区院士广场举行城市地震应急综合演练活动。由42个单位、15支专业应急救援队伍组成的3500人参与演练，发放宣传小册1000多份。

示范社区创建　推进地震安全示范社区创建工作，做好梅州市2016年十项民生实事，提高城镇社区地震灾害防范应对能力。市地震部门深入红光社区检查指导地震安全示范社区创建工作，通过市、区地震局和红光社区三级部门的共同努力，红光社区于9月被省地震局认定为省级地震安全示范社区。全市建立5个省级示范社区，分别是大埔县湖寮镇城北社区居委会、梅县区锭子桥社区、蕉岭县城西社区，梅江区长沙镇墟镇社区、梅江区江南街道办红光居委社区。

（市科技局）

重大科技成果选介

【天然植物有效成分高效分离纯化集成系统及应用】　项目是华茶生物自主研发的具有完全自主知识产权的新型天然植物精深加工技术，由20多项专利组成并已成功应用于天然植物中有效成分的提取纯化，尤其实现分子即溶茶等产品产业化，技术处于国内领先地位。

主要完成单位：

广东省正源华茶生物股份有限公司

【刚挠结合高密度互联（HDI）印制电路板】 通过关键工艺技术将 HDI 印制板与挠性板层压整合而成的高密度、高可靠性的产品，通常由两个或者多个刚性板间通过一层或者多层的挠性板接成的有机整体，既可以提供刚性印制板应有的支撑作用，又有挠性板的弯曲性，能够满足三维组装的要求，从而实现一体化的装配要求。广泛应用于计算机、航天航空、智能手机、平板电脑、数码相机等电子产品中。

主要完成单位：

博敏电子股份有限公司

【基于实木封边的表面平整度调控与异型处理技术】 项目技术针对速生材单板的家具结构件进行结构与工艺的开发，在对速生桉木等家具用速生材单板层积材基本性能研究的基础上，重点进行新型速生材多层单板胶合弯曲木家具零部件和速生材单板层积材板条穿榫竖拼板两个家具结构件制造关键技术的研发，探寻利用速生材单板层积材代替天然实木制造家具和木制品的路路径与方法，以提升速生材的使用使用价值，加快实现和提高基于速生材单板的实木和板木家具产品设计与先进制造技术。

主要完成单位：

梅州市汇胜木制品有限公司 、南京林业大学

【龙脑型阴香高产株选育及高效扩繁技术研究与应用】 以富含天然右旋龙脑的药源植物阴香为调查研究对象，筛选抗性好、生长快、枝叶中有效成分含量高的单株作为母树，通过高位换冠嫁接方式建立良种采穗圃，同时开展无性繁殖技术研究，培育出优良无性系苗木，保持优株的优良性状，为梅州地区发展林药植物阴香（梅片树）的大规模种植、加工提供技术支撑。项目经多年研究，从普通阴香植株中筛选出生长快、枝叶中右旋龙脑含量高（占鲜枝叶的 0.5 %～1 %，比普通株提高 5～10 倍）、扩大种植后性状保持稳定的龙脑型阴香优良无性系，并开展种植推广、枝叶回收、加工应用。

主要完成单位：

梅州市林业科学研究所、广东华清园生物科技有限公司

【深两优 870 的选育及配套高产栽培技术研究推广】 项目技术通过 14 年来两系不育系选育，深 08S×P5470 的育、繁试验，选育出优质、高产、高抗、广适的两系新组合深两优 870，并配套良法栽培、示范推广。经鉴定整体技术达国内先进水平，社会、经济、生态效益显著。

主要完成单位：

广东兆华种业有限公司、国家杂交水稻工程技术研究中心清华深圳龙岗研究所、深圳市兆农农业科技有限公司

【独塔单索面斜拉桥施工技术】 独塔单索面斜拉桥采用创新设计，施工采用超宽斜拉桥变角度牵索三角挂篮施工技术、斜拉桥索塔开窗式模板翻模施工技术、斜拉桥主梁箱体钢筋拆分预制和组合安装施工技术三项技术，成功解决困难，完成大桥的建设，并且获得专利（专利号：ZL 2013 1 0003893.0 ）。

主要完成单位：

广东省基础工程集团有限公司、梅州市市政工程维护中心 、广州市市政工程设计研究总院、广州市广州工程建设监理有限公司、华南理工大学

【腹腔镜下全膀胱切除加尿流改道术治疗膀胱癌的疗效分析】 项目旨在研究探讨腹腔镜下根治性全膀胱切除术加尿流改道治疗膀胱肿瘤的疗效，手术方式选择，为患者术后能获得较好的临床治疗效果和生存质量。

主要完成单位：梅州市人民医院

2016 年广东省科学技术奖获奖项目一览表

表 3

序号	项目名称	项目完成单位	奖励等级
1	天然植物有效成分高效分离纯化集成系统及应用	广东正源华茶生物股份有限公司	三等奖

2016 年梅州市科学技术奖获奖项目一览表

表 4

序号	项目名称	项目完成单位	奖励等级
1	刚挠结合高密度互联（HDI）印制电路板	博敏电子股份有限公司	一等奖
2	基于实木封边的表面平整度调控与异型处理技术	梅州市汇胜木制品有限公司 南京林业大学	一等奖
3	龙脑型阴香高产株选育及高效扩繁技术研究与应用	梅州市林业科学研究所 广东华清园生物科技有限公司	一等奖
4	深两优 870 的选育及配套高产栽培技术研究推广	广东兆华种业有限公司 国家杂交水稻工程技术研究中心清华深圳龙岗研究所 深圳市兆农农业科技有限公司	二等奖
5	一种生产高锰酸钠的方法	广东航鑫科技股份公司	二等奖
6	独塔单索面斜拉桥施工技术	广东省基础工程集团有限公司 梅州市市政工程维护中心	二等奖
7	车载双锭机的研发	丰顺县培英电声有限公司	二等奖
8	金针菇自动化工厂化生产技术研究成果	广东蓝田农业有限公司	二等奖
9	电厂补给水系统采用浮船取水结构的创新应用	广东粤电大埔发电有限公司	二等奖
10	无烟无臭节能环保三通道排蜡隧道窑的研究与应用	梅州玉丰特陶科技有限公司	二等奖

续表 4

序号	项目名称	项目完成单位	奖励等级
11	安全蔬菜产销全程溯源关键技术研究与应用	梅州市乐得鲜农业开发有限公司 广东省农业科学院农业经济与农村发展研究所 中山大学数据科学与计算机学院	二等奖
12	一种纯天然蜂蜜柚子茶果酱浓浆及其制备方法	大埔县通美实业有限公司	二等奖
13	脑室镜辅助下微血管减压术治疗原发性三叉神经痛	梅州市人民医院	二等奖
14	骨髓间质干细胞及支架植入术治疗冠心病的初步研究	梅州市人民医院	二等奖
15	泛耐药病原菌耐药机制分析和感染控制	梅州市人民医院	二等奖
16	解表追风丸的工艺技术及质量研究	广东联康药业有限公司	二等奖
17	基于速生材单板的家具结构件关键制造技术研究与应用	梅州市汇胜木制品有限公司 南京林业大学	三等奖
18	草坪收草机的技术研发与应用	梅州市绿鹰机械设备有限公司	三等奖
19	手机安全加压除泡机	广东金诺通讯设备有限公司	三等奖
20	NCS 和 ECMS 一体化系统在大型火力发电机组中的应用	广东粤电大埔发电有限公司	三等奖
21	循环流化床锅炉 SNCR 脱硝效率提高工艺	广东宝丽华电力有限公司	三等奖
22	“掌游客家”智慧文化旅游移动门户平台	梅州市掌游客家电子商务发展有限公司	三等奖
23	QDJ2910 型行星减速起动机的研究开发与推广运用	广东井得电机有限公司	三等奖
24	安全超声波换能器的优化与应用	广东固特超声股份有限公司	三等奖
25	环境友好型抗菌紫砂陶瓷的研制	广东宝丰陶瓷科技发展股份有限公司	三等奖
26	电声器件导磁极加工技术研究	丰顺县鸿润电子有限公司	三等奖
27	利用表面处理过程产生的含镍废水制备电镀级硫酸镍的方法和设备	广东自远环保股份有限公司	三等奖

续表 4

序号	项目名称	项目完成单位	奖励等级
28	一种陶瓷花豹纹釉复合矿化剂及其制备方法	梅州恒辉陶瓷实业有限公司 大埔县高陂恒辉陶瓷工艺厂	三等奖
29	茶叶末艺术釉的研制与应用	广东省大埔陶瓷工业研究所	三等奖
30	葛根栽培技术改良与推广应用	平远县威大地有限公司	三等奖
31	蓝莓引种及配套栽培技术总结与应用	丰顺县土肥站 丰顺县新南腾飞农林专业合作社	三等奖
32	黄花倒水莲栽培技术规程	梅州市林业科学研究所	三等奖
33	鲜柚茶及其制作方法	梅县清凉山蜂蜜茶厂	三等奖
34	三红蜜柚引种试验示范及推广应用	梅州市梅县区水果服务中心 梅州市农业科学院	三等奖
35	优质名茶“黄金芽”引种及栽培技术研究与示范推广	五华县农业科学技术研究所 五华登云嶂云雾茶叶有限公司	三等奖
36	黑木相思栽培技术研究与应用	五华县林业科技推广站	三等奖
37	三维适形同步放化疗治疗中晚期食管癌	梅州市人民医院	三等奖
38	支气管封堵器在胸腹腔镜联合食道癌根治术中的应用	梅州市人民医院	三等奖
39	壳聚糖管状支架在颈部食管部分缺损中的应用研究	梅州市人民医院	三等奖
40	腹腔镜下全膀胱切除加尿流改道术治疗膀胱癌的疗效分析	梅州市人民医院	三等奖
41	NT—proBNP 在老年慢性充血性心力衰竭中的应用	大埔县人民医院	三等奖
42	个体化术前模拟截骨在全膝关节置换术中胫骨平台假体选择中的应用	梅州市人民医院	三等奖
43	山豆根影响黑色素瘤细胞生长、增值的研究	梅州市人民医院	三等奖

科学技术协会

【科普工作】

科学知识宣传 一是推进《全民科学素质纲要》实施，服务全民科学素质建设，重新调整完善素质纲要领导机构、编制《〈梅州市全民科学素质行动计划纲要（2016—2020年）〉实施方案》。二是市科协与市科技馆、梅县区科协、科技馆等单位联合，以梅县区创客教育基地为依托，开展创客进校园活动，选择针对青少年科技普及的创客实验课程，通过完整的阶段性授课，配套设备的培训，创新思维的拓展、演讲和体验活动，先后在市德兴小学、梅县区外国语学校、黄遵宪纪念中学、梅江区城东镇中心小学、梅县区高级中学等学校，宣传推广校园创客文化，培养新一代创客先锋，以提高梅州青少年科技知识水平。12月1日，市青少年创客基地在梅县区松源小学和松源中学举行青少年“创客文化”进校园活动，走进新城中心学校、华侨中学等14所中小学校，培养青少年科技创新能力，激发青少年的科学兴趣和创造激情，丰富梅县区中小学生的第二课堂活动。三是5月23—27日，市科协、广东科学馆、市科学技术馆、兴宁市科协、五华县科协、梅县区青少年创客基地航模表演队等单位联合在兴宁市实验学校、兴宁市合水中心小学，五华县水寨镇第一小学和五华县河东镇第一小学开展2016年“播种科学种子·实现创新梦想”提升青少年科学素质行动科普进校园活动。通过科普智力游戏、机器人表演、3D电影和球幕电影、小品表演与科学小实验相结合模式，传播科学思想、科学思维和科学方法，培养师生“爱科学、学科学、讲科学、用科学”的兴趣热情，促进师生科学素质提高。四是市科协携手“精诚支教”团队向大埔县平原支教点乡村图书馆捐赠科普书籍200多本，圆山区儿童学习科技知识梦想。

“防灾减灾日”活动 在2016年全国第八个防灾减灾日，市科协与各成员单位联动在梅城江北文化公园广场举办以“减少灾害风险，建设安全城市”为主题的宣传活动，活动面向基层、面向群众，贴近生活，深受欢迎。

科级活动月活动 6月21日，市科协和市食药监局、市粮食局、市工商局和市农业局等市食安委成员单位和梅江区相关单位在梅城剑英体育馆广场举行2016年“尚德守法，共治共享食品安全”食品安全宣传周活动启动仪式和食品安全知识现场宣传咨询活动。通过增强全社会对食品安全的参与意识和生产经营者守法经营责任意识，提高广大人民群众的食品安全知识和自我保护能力，营造全社会“关注食品安全，构建和谐社会”的良好氛围。食品安全宣传周期间，市科协还与平远县科协在官田广场举办的食品安全现场宣传咨询活动。科技活动月期间，市科协携手梅县区科协、梅县区科技馆在梅县区文体中心一楼展厅举办为期2个月的“中国流动科技馆巡展”活动，巡展总观展人数1.5万人次。

“全国科普日”活动 围绕“创新放飞梦想，科技引领未来”主题，以“普及传播发展理念，倡导创新创造创业，促进公众理解高新科技，倡导科学生活方式”为内容，大埔县科协联合县广播电视台，播出“校园科普”及“卫生天地”2个专栏；联合县卫生局组织12名专家、医生在县城文化广场举办以防治流行性疾病及心血管疾病为主的现场咨询、义诊、宣传活动；联合县防震办、县国土局在大埔县张云栽实验小学举办防震减灾及科普进校园观看挂图活动；联合省顺兴蜜柚公司，在双髻山蜜柚公园，组织大埔小学、大埔田家炳小学师生进行一次大型校外科普活动。蕉岭县科协结合创建先进“科普社区”活动，汇同蕉城镇城西社区居委会、社区科普志愿者为市民提供科学用药、科学饮食、健康长寿、自救互救等城市生活知识，制作安装宣传栏2处、30米，张贴宣传画报150张，发放宣传资料480份，为社区居民提供日常科普宣传。五华县科协联合县教育局与县第一小学开展科普进校园系列活动，把科学知识、科学方法、科学精神带给青少年，启迪他们的科学思维和创新意识，联合县农业局组织农业专家，动员农村专业技术协会、农

村科普示范基地、农村科普带头人和科普志愿者队伍，开展农业新技术讲座、新品种推广。

“基层科普行动计划”实施　继续组织实施“基层科普行动计划”，提高广大农民和社区居民的科学文化素质，让科普公共服务持续惠及广大基层群众。把纳入《科普惠农项目储备库》的一批优秀单位和个人进行培养，对各县科协、财政局推荐申报 2016 年全国的“基层科普行动计划”单位和个人进行实地考察和材料审核，经市科协和市财政局核准，推荐 2 个农技协、2 个科普基地、2 个科普带头人和 2 个科普示范社区上报省科协和省财政厅再择优上报中国科协和财政部参评。在 2016 年全国的评选中，“科普惠农兴村计划”再结丰硕成果。其中，蕉岭县文福镇柚果协会、平远县黑米专业协会被中国科协和财政部评为“2016 年全国科普惠农兴村计划先进农技协”，各获 20 万元奖励；梅县区白渡镇乡建桥村的谢光辉、兴宁市合水镇罗英村的刘福春被评为“2016 全国农村科普带头人”，各获得 5 万元奖励；五华县水寨镇府前社区居民委员会被评为“2016 年全国科普示范社区”，获 20 万元奖励。

“千会服务千村”行动　坚持以农村实用技术需求为导向，以现代农业生产技术项目为纽带，以科研院所、大专院校和专业学会为依托，以解决农业生产的实际问题为出发点，推广农业先进实用技术，加强农村劳动力的技能培训，不断满足农村群众的科技需求。一是科技进步月期间，与省科技工作者服务中心、省农村专业技术协会、华南农业大学海洋学院联合举办“客都草鱼养殖技术培训班”，分别由华南农业大学海洋学院教授邹记兴作“水库养鱼水质防控技术”讲座，珠江水产品研究所研究员王广军作“水产品质量安全知识”讲座，湖南常德市珍珠协会秘书长、高级工程师宋双菊作“淡水珍珠饲养管理与病害防治技术”讲座，组织学员到梅江区伟群养殖有限公司参观考察，市渔业技术推广与疾病防控中心全体人员，各县（市、区）渔业主管部门水产股股长、水产技术推广站站长，市水产协会养殖企业技术负责人，梅江区、梅县区重点养殖户等 120 人参加培训。二是为进一步提升梅州市水产养殖效益，打造客都草鱼区域品牌，丰顺县科协组织有关农业专家到丰良镇城西村彬彬农业专业合作社有机青柠檬种植示范园开展“柠檬的栽培技术和病虫害防治”现场培训活动。通过培训，合作社员和农户进一步了解青柠檬的基本特征、青柠檬的定植以及柠檬的栽培管理和病虫害防治等，从而更好地掌握技术要领，促进增产增收。

农村党员现代远程教育网建设　围绕“建、管、学、用”的工作方针，市科协选制提供《控时开花早结果》《好品种养出瘦鸭子》《养黄鳝有绝招》《鸡粪无害化处理》《小蜜蜂进梨园》《围栏散养育肥牛》《科学养殖蟹苗》《安全使用电梯须知》《感冒时多喝水好吗》等 18 个农村实用技术和安全、健康知识课件节目，推动农村党员现代远程教育网建设。

科普阵地建设　支持梅县区大坪镇双红村、梅县区松口镇富坑村、兴宁市合水镇、兴宁市径南村建科普长廊和科普活动室，丰富社区居民的科学知识。继续与梅州日报社专属网站——梅州网合作共建“科普梅州”专栏，刊载科技前沿最新动态、科学日常现象解释以及梅州科协日常工作动态等，运用信息网络加强科普阵地建设。

【青少年科技竞赛】　市科协会同市教育局、科技局举办以“创新·体验·快乐·成长”为主题的第 31 届梅州市青少年科技创新大赛。收到 116 所学校的参赛作品 982 件，403 件创新作品入围展评。评出科技成果项目一等奖 6 名、二等奖 10 名、三等奖 15 名；实践活动项目一等奖 1 名、二等奖 1 名、三等奖 3 名；科幻绘画一等奖 5 名、二等奖 9 名、三等奖 20 名。选出优秀作品参加第 31 届广东省青少年科技创新大赛，市代表队获得省创新成果竞赛项目一等奖 2 个、二等奖 2 个、三等奖 6 个；获省科技实践活动项目二等奖 2 个、三等奖 1 个；获科技辅导员创新项目二等奖 1 个；获专项奖 4 个。其中，兴宁市龙田中学作品“揭示机器螺丝松脱原因的实验组合演示套具”获省科协主席奖，梅县区华侨中学作品“水槽式电阻定律演示器”获广东工业大学校长创新奖，梅江区梅州师范附属小学作品“多功能安全防滑板”获省青少年科学基金会专项奖，梅县区华侨中学科技教师潘柏奎获得广东省“十佳优秀科技教师”称号。11月7日，市科协与市教育局市科技局、知识产权局、梅州市哆梦创客科技有限公司联合举办第32届梅州市青少年科技创新大赛暨梅州市第2届中小学创客创作大赛启动仪式。5月，市科协携手市教育局、深圳红树林杂志社、省民营企业投资发展促进会，在全市中小学组织开展“播撒科技种子，实现创新梦想”青少年征文比赛活动，184件作品获奖。

【科技交流】 2016年，组织科协工作者参加“创响中国”巡回接力首站活动暨中国创新创业成果交易会；参加安徽芜湖举办的科技产品博览会；参加全国地方科协主席培训班的学习；7月17—22日，组织学生参加全国青少年高校科学营的交流学习，撰写营员日记；接待省科协2批调研组的调研考察；8月，组织各县（市、区）科协人员到梅县区观摩学习中国流动科技馆巡展活动；组织市科协工作人员到县级科协调研，撰写《县级科协基层组织建设状况调查》的调研报告，并就存在问题向上级科协提出意见建议；派出市科技馆人员赴湖南长沙学习借鉴科技馆建设经验；9月，与嘉应学院等单位联合开展学术活动周活动，围绕梅州本土园林绿化美化树种的移植和病虫害防治展开学术交流，为美丽梅州建设和世界客都打造贡献智慧力量。

【科技服务】 一是组织开展学术活动周活动。11月16日，市科协与市风景园林协会、市客商会、嘉应学院生命科学学院、市花卉盆景协会、市嘉应社会组织服务中心在万达营销中心联合举办2016年学术活动周活动，邀请深圳市铁汉生态环境股份有限公司设计院院长陈伟元、研发中心技术总监吕永兴博士作“美丽中国——生态梅州”专题报告，围绕“搞好园林绿化、改善生态环境、促进美丽家乡建设”的主题，为与会人员阐释自己的观点和研究成果，为市科技工作者和业界人士提供新理念、新思维、新视野、新角度，助力美丽梅州建设。二是开展青少年科技创新大赛优秀科技辅导员、组织工作者和组织单位评选活动，经推荐评选，梅县区科协黄锶强、市科学技术馆李钇被评为全省优秀工作者；梅县区华侨中学潘柏奎、梅州师范学校附属小学周清兰、大埔县光德镇中心小学张婷婷、平远县第三小学徐振兴、梅江区嘉应中学卓艳红被评为全省优秀科技辅导员；梅县区科学馆、梅州师范学校附属小学被评为全省优秀组织单位。

（市科协）

文化·传媒

责任编辑：吴跃华

综　述

【文化惠民工程】 2016年，印发《梅州市加快构建现代公共文化服务体系的实施方案（2016—2020）》。新建农村文化俱乐部100个、文化驿站（台）20个。完成兴宁市省级公共文化服务体系示范项目——“一村一文化活动中心”建设任务，建成村文化活动中心453个。完成蕉岭县图书馆、大埔县文化馆总分馆建设任务。打造“客都文化公益讲坛”品牌，全年举办10期。推进公共图书馆、文化馆、博物馆免费开放工作。全面完成农村公益电影24480场放映任务。

【文化遗产保护】 出台《梅州市人民政府办公室关于加强市级不可移动文物定级和保护工作的意见》，公布第四批市级文物保护单位30处。基本完成可移动文物普查工作任务。推进客家文化生态保护区建设，组织第七批市级“非遗”项目、第五批省级“非遗”项目传承人推荐申报工作，开展第11个“中国文化遗产日”活动，参加“2016广东（佛山）非物质文化遗产暨佛山秋色民俗文化活动”。抓好中国客家博物馆和华侨博物馆升级改造工作，推进市非物质文化遗产展示中心建设。印发《客家围龙屋申报世界文化遗产工作方案》，推进客家围龙屋申报世界文化遗产工作。加强五华狮雄山建筑遗址的保护开发，与省文化厅签订《狮雄山建筑遗址保护合作协议书》。

【文艺活动】 组织开展2016年春节元宵系列活动。举办第十一届梅州城区群众文艺会演。新创作排演广东汉剧《曹操与献帝》、山歌剧《红百灵》等一批精品剧目，活态展演《等郎妹》《彩虹》《诗娘》等一批经典戏曲剧目。成功举办“2016粤戏粤精彩——粤剧与全省地方戏曲剧种（粤东北片区）交流演出暨学术研讨会”。组织参加“2016（中国·凤岗）客侨文化节暨‘两岸暨港澳地区’客家山歌邀请赛”。继续打造“客都艺韵”之“周六有歌”剧场，培育演艺市场。与印尼、马来西亚、中国台湾等地开展文化交流活动。组织开展“广东省特色文化品牌——群星舞台大家乐”群众文艺演出活动，组织群众文艺团体走进社区乡村演出、送戏下乡演出等2000多场。梅州市获2015年省群文作品评比第一名。

【文化产业发展】 出台《梅州市扶持民间工艺美术创业创新发展奖励办法（试行）》《梅州市文化产业示范园区管理办法》，修订《梅州市文化产业发展专项资金管理办法》。组团参加深圳第十二届中国（深圳）国际文化产业博览交易会，获“优秀组织奖”和“优秀展示奖”。成功举办第四届梅州市客家文化创意产品博览会。组织启动“客都文化杯”文化创意产品大赛，建立文创产品库。加大招商引资力度，与深圳京兰高科有限公司签订招商引资项目合同书，计划投资3亿元，在梅江区长沙镇建设客家大观园（“非遗”小镇）项目。

【市场管理】　全面抓好广播电视安全播出工作，实现安全播出零事故目标。继续加大对城乡网吧、娱乐、演出等文化场所的监管力度和出版物市场的查处力度，规范市场秩序。推进全市网吧视频监控平台建设。推进文化市场信用体系建设，实行文化市场准入执法“双公示”和文化产品黑名单制度。完成354家出版物发行经营单位，206家印刷复制企业、报刊出版单位，2家音像制品出版制作单位，1家省内报刊驻梅记者站，12家连续性内部资料性出版单位等新闻出版单位的年检、核验换证工作。开展市场专项行动，出动人员1700人次，检查各类门店682家次，收缴各类侵权盗版出版物1295份，非法音像制品178件，取缔图书音像流动摊点2个，责令整改违规经营单位1家，受理群众举报1件。

（毕嘉美）

广东汉剧传承研究院

【文艺演出】　2016年，加工打磨获国家艺术基金和广东省精品剧目扶持的广东汉剧——《梦@时代》，在梅州、广州、上海、深圳、珠海、惠州、北京等地巡回演出40场，深受专家和观众好评；创排大型传统汉剧——《曹操与献帝》；复排《徐九经升官记》《花灯案》《蝴蝶梦》等汉剧大戏；编排“司法专题”等大型专场晚会；完成“知法守法·爱我梅州”法治专题、“深圳文博会”、“客家文博会”、“香港梅联会交流”、粤戏越精彩展演、“非遗”展示展演和“传承客家文化·惠民服务基层”等演出任务；坚持广东汉剧“周五有戏”“周六艺苑”公益演出；组织“广东汉剧进校园”演出活动，送戏到五华、丰顺、梅县、蕉岭、大埔等地，全年演出112场，观众10万人次。

《梦@时代》剧照

【人才培养】　选送3名专业人员到中国戏曲学院、星海音乐学院、上海“麒派”艺术研习班进修培训；接收14名第二届汉剧幼苗班到剧院实习，同时做好第三届汉剧幼苗班的教学管理工作；聘请中国戏曲学院王振义教授和汉剧前辈梁素珍、谢仁昌等为青年演职人员传授技艺，促进演职人员的专业化发展。

【戏剧数字化采集】　完成国家戏剧数字化建设中心下达的广东汉剧相关条目采集工作，录入并通过1500条广东汉剧数字化信息，上报国家非遗中心。

【宣传推介】　完成《广东汉剧志》编审和出版工作。联合举办“南国牡丹·百年桂珠”——黄桂珠100周年诞辰纪念活动，编辑出版纪念画册；强化剧院网络建设平台，不断丰富剧院网站和公众号版面内容，推动剧种艺术的宣传和普及；承办梅州市第三届“南国牡丹杯”群众广东汉曲、汉乐大赛；继续做好与嘉应大学音乐学院合作建立“广东汉剧院艺术实践教学基地”相关工作；市青少年活动中心、大埔幼儿园和普育小学等地设立“汉剧从小唱”兴趣班；与梅江区、梅县区等城区多个社区开展“结对子”汉剧、汉乐互动活动，加强扩大剧种的受众群体，推动广东汉剧的传承发展。

（丘海虹）

市客家山歌传承保护中心

【文艺创作和演出】

创排大型山歌剧《红百灵》　为纪念中国共产党建党95周年暨红军长征胜利80周年，传承中心创排大型山歌剧《红百灵》，是贯彻落实国家、省关于推动地方戏曲传承发展工作会议精神，培养梅州本土年轻编创队伍和客家山歌剧年轻演员的重要举措。《红百灵》的编剧林文祥，导演李建生，音乐作曲刘小勇，灯光设计陈夫，化妆师叶燕红、曾怡静，道具师罗新等主创人员全部是梅州本土编创人员。主要角色均选用年轻演员担任，其中陈婷霞是嘉应大学本科应届毕业生、陈晨光是2013年星光大道年度六强获得者等。该剧演员为市山歌剧团自身演员，90%以上为90后年轻演员，平均年龄不到23岁。

“客都艺韵”演出　2016年，传承中心继续开展“客都艺韵——我唱山歌等你来”演出活动，以“山歌剧场”为演出平台，逢周六晚8点，在山歌剧场向市民和游客展演历年来优秀舞台艺术精品剧目和客家综合文艺节目。固定时间、固定地点的常态化演出，把“客都艺韵剧场——我唱山歌等你来”打造成客家文化品牌，演出上座率90%以上，得到广大观众的欢迎和肯定。

送戏下乡　2016年，传承中心复排山歌小戏《三十六封家书》，新创排山歌小戏《糊涂案》和一批客家民俗节目。开展“文化惠民”演出，送戏下乡到农村、老区、学校等，得到广大基层群众的一致欢迎。传承中心全年开展惠民演出100多场，受惠观众10万多人次。

“客家山歌进校园”活动　2016年，传承中心继续开展“客家山歌进校园”工作，选派业务骨干挂靠到黄遵宪纪念中学等试点学校，为学校师生现场教授客家山歌，受到学校师生的欢迎。“六一”前夕，组织举办“客家山歌进校园庆‘六一’文艺会演”，抽选梅江区、梅县区的13所小学参加比赛。到深圳龙岗区横岗高级中学举行客家山歌进校园活动，选派杨苑玲等一批业务骨干为龙岗区全区音乐教师、横岗高级中学师生进行客家山歌传授。

【客家山歌剧申遗】　客家山歌是第一批国家级非物质文化遗产。客家山歌剧根据历史记载有100多年历史，分布范围广泛，江西、福建、广西、广东等地有几十个专业山歌剧团，梅州有7个。受市场冲击和其他因素影响，广东省能独立创排大型山歌剧的团体只有市山歌传承保护中心和梅县山歌剧团能。为传承保护这一优秀客家文化，2016年，传承中心多次组织相关专家召开研讨会，组织人员到汕头、大埔等地走访专家、民间老艺人等，搜集山歌剧申遗素材，整理撰写申报材料，成功将客家山歌剧申报列为市级非物质文化遗产保护名录。

【人才培养】　2016年，传承中心一是继续在市艺术学校山歌班公开择优招聘一批年轻演员，设立传承部，通过选派业务骨干以老带新和外请专业老师对年轻演员进行专业培训，提高其综合素质。二是重点培养原有年轻演员，通过压担子、挑大梁的办法，促进专业水平的提高。三是每季度一次在全体演职员中定期开展业务考核，实行能者上、庸者下的淘汰机制，调动演职员的积极性。四是继续与市艺术学校联合举办“山歌班”，定向招收培养一批山歌专业学生。五是组织主创人员学习观摩其他院团演出的精品剧目。六是以省艺术研究所（梅州地区）创作基地为平台，邀请一批国内、省内专家到梅州授课培训，提高梅州本土编创人员水平。七是由省文化主办，省艺研所、市文广新局承办的首届省基层院团舞台美术培训班在梅州举办，同期举办梅州市首届舞台美术培训班。邀请季乔、方国良等一批国内知名专家为来自全省和梅州各基层院团的100多名舞台美术、灯光、音响人员进行授课，提高梅州文化知名度。截至 2016 年年底，传承中心基本配齐导演、编剧、作曲、舞美、灯光、化妆等编创人员，演出人员阵容基本完善，涌现一批业务苗子，新招收的年轻演员参加大型山歌剧《红百灵》的排演和中国文联春晚等大型晚会。

【对外交流】 2016 年，传承中心以“粤港澳文化交流示范点”为平台，按照梅州文化强市发展规划纲要要求“艺术产品走出去”的战略思路，开展对外文化交流工作，让优秀客家文化艺术走出国门、走向世界，并以山歌为桥梁，以乡音联乡情、联乡谊，为梅州对外文化交流事业做出积极的贡献。4 月，与台湾桐花歌舞协会的 80 多名艺术家举行文化交流演出；6 月，与由印尼雅加达梅州会馆“中国寻根之旅”夏令营和印尼万隆客属联谊会教师组成的百名师生举行文化交流演出，教授师生客家山歌；7 月，赴深圳中英街开展文化交流演出，并与香港梅州联会访问交流团进行交流演出；8 月，与香港梅州社团总会“薪火力量·客都之行”青少年交流团举行交流演出。

【地方剧种交流演出暨学术研讨会举办】 11 月，由省文化厅主办的“2016 粤戏越精彩——粤剧与全省地方剧种交流演出暨学术研讨会（粤东北片区）”在梅州举行，全省 11 个市、县、区的 13 个院团参加演出，提高梅州文化的知名度和影响力。

（市客家山歌传承保护中心）

梅州日报社

【宣传报道】 报社秉承“新闻+服务”的办报理念，强化政治意识、导向意识，围绕服务中心、服务大局，加强新闻策划，唱响主旋律，传播正能量。2016 年，一是围绕市委、市政府的重要工作部署，展开“学习贯彻胡春华书记到梅州调研讲话精神”“‘十三五’开局”“建设一区两带”“两学一做”“贯彻落实市委六届七次全会精神”“精准扶贫精准脱贫”“市第七次党代会”等主题策划。二是抓住市委中心工作的重要节点，围绕市委全会、党代会、丰华兴梅产业集聚带建设等重要议题，针对性地组织评论，从理论的高度更好地配合中心工作。三是发挥媒体文化自觉，在组织“寻访大学校长”“寻访院士”的基础上，举办“寻访客都文化地标”大型采访报道活动，得到海内外媒体和广大读者的好评。四是组织庆祝中国共产党成立 95 周年、纪念红军长征胜利 80 周年系列活动，挖掘和弘扬客家优秀传统文化和革命精神。

【栏目建设】 一是《梅州日报》内容高度本土化，每天 12 个版的内容中，本土占八成以上，全面展现梅州时政、民生、财经、体育、娱乐、文学等各领域的发展和成效，深受梅州读者的喜爱。《梅州日报》订阅数始终保持在广东地市报前列。二是报社关注民生、服务百姓的一个重要平台——《梅州日报》“民生一线”栏目，围绕“舆论监督、民生服务、公益救助”开展民生新闻报道，促成一大批民生问题的解决，全年为困难群体、弱势群体筹集善款 300 多万元。以“民生一线”的报道稿件为主上送的《梅州日报民情反映》，多次得到市委书记谭君铁的批示，市政府先后两次指定本报民生部作为政府微改革成效的第三方调查机构。三是各版面不断减少文摘类稿件，立足梅州，深挖本地新闻，不断增强报纸的贴近性。如评论版针对本地新闻展开评论，定期组织评论员座谈会，加强与本地评论员的沟通和联系；财经版加强本地财经新闻的主题策划；社会副刊部注重培养本地作家，不定期组织文学作者采风、集会，大量启用客家、梅州的文学作品；体育版以足球为主，努力推进体育新闻本地化。四是在每年评选梅州十大新闻事件的基础上，2016 年组织首届梅州十大新闻人物、梅州十大公益人物评选活动。

【多媒体融合】 不断拓宽新闻传播渠道，网页、微博、微信矩阵、网络视频、手机客户端、户外平台相继建成，多媒体融合发展格局初步建立，平台传播用户200万户，多媒体传播力、品牌影响力在广东省地市报中排在前列。截至2016年年底，梅州网注册用户40多万户，是广东省八大地方网站之一、全球排名10万名以内的三家广东地市级新闻网站之一；“梅州日报”微博粉丝32万、微信号粉丝25万，长期稳居全省纸媒前六名、地市报前两名；网络视频项目开办2年，制作、发布视频300多个，在梅州网、腾讯视频等平台上的播放量1500万人次；报社自主研发的“掌上梅州”新闻客户端在11月8日记者节当天正式上线，10天的时间装机量过万。此外，报社拓展户外联播平台，5块大型户外T牌于2016年投入运营，建成80多块户外电子阅报栏，户外联播平台基本可覆盖全城的路面、公园、学校等公共场所，日均曝光率150多万人次。12月初，全媒体中控室正式运作，同时，创新完善奖惩机制，试行全媒体采编流程和考核办法。通过“中央厨房”的统筹、协调和指挥，基本实现“一次采集、多种生成、多元传播、全天候滚动发布”。

2016年11月8日，“掌上梅州”客户端正式上线

【拓展经营】　梅州日报社以“互联网+”理念指导经营工作，探索多元经营、跨界经营、线上线下、版内版外拓展运营，报社经营业绩逆势发展。报社以展会等各项活动为抓手，先后策划和实施网络春晚、广场舞舞林大会、家博会、高考咨询会、品牌汽车博览会、医博会、公益徒步行、萌宝大赛、少儿才艺大赛、小记者夏令营等活动，有效提升梅州日报社的品牌形象。2016年，报社经营业绩再上新台阶，总营收入增长10%，总量超亿元。

（梅州日报社）

新华书店

【概况】　2016年，梅州新华书店有限公司实现销售收入4062万元。其中大中专教材和中小学课本销售收入1407万元、一般图书销售收入1331万元、文化用品销售收入1086万元、音像制品销售收入23万元。实现利润309万元。

【江南购书中心改造升级】　梅州新华书店依托集团的优势资源，1月，投资600多万元完成对下属江南购书中心卖场的升级改造，打造“最美空间、最美品质、最美服务、最美体验、最美创意”的卖场。各楼层添加安装冷暖式空调，配备观光电梯，增设盲人、残障人士通道等，二楼设社科馆休闲阅读书吧、文创生活馆咖啡休闲吧台，三楼设60多平方米的少儿阅读空间，四楼设玩具馆和亲子阅读区。各楼层不同区域的公共活动休闲空间与图书、文体产品的互补与配合，传递梅州新华“打造卓越的文化产品服务商、传统文化与客家文化精神的摆渡者”的责任与担当。同时重视新媒体营销，开通微信支付、微信商城下单购物、库存查询以及线上线下营销活动，不断扩大粉丝群体。

【阅读活动】　举办名人名师免费讲座，联合梅州悦读馆新华书友会，在“4·23”世界读书日期间举办寻找“梅州朗读者”大赛、以“朗读”和“人”为主体，告诉读者“朗读属于每一个人”。梅州悦读馆新华书友会坚持开展各项阅读推广活动，服务内容不断创新，开展多样化读者服务。

【文化建设】 向集团总部争取“广东新华文化驿站”项目建设资金，支持乡镇文化建设，建成丙村文化驿站和雁南飞文化驿站。丙村驿站的建成，惠及丙村镇百姓和广大学子，成为购书及学习阅读的好去处；雁南飞驿站让更多到梅州的旅客了解梅州，激发对厚重客家文化的兴趣。

【店铺购置】 梅州新华书店有限公司在广东新华发行集团的授权下，以2538万元购置梅县新城府前壹号楼盘2000平方米新店铺，用于拓展经营 。

（梅州新华书店）

市剑英图书馆

【概况】 截至2016年年底，市剑英图书馆入藏普通图书12933种、35952册，订购2017年度报纸74种、88份，杂志571种、801份。2016年，接待来馆读者45.65万人次，其中外借处接待来馆读者16.8万人次、少儿部8.7万人次、阅览室9.7万人次、电子阅览室2.5万人次、典藏部0.79万人次，公共自习室7.16万人次；图书流通4.63万人次、14.64万册次。

【读者活动】

“客都文化公益讲堂”举办 联络授课专家，确定排期。授课专家以市内专家和市外客籍专家为主，杨宏海教授、丘峰教授、房学嘉教授及其他行业领军人物，授课内容以国学、礼仪、客家文化、家庭教育、心理学、健康养生等既有地方特色、又贴近百姓生活的主题为主，同时开展“健步走”“全市中小学生礼仪大赛”等系列活动，提高全民文化礼仪素质。做好每一期“客都文化公益讲堂”宣传报道、场地提供、音响以及现场等后勤工作。3—12月，每月举办一次公益讲座，内容涵盖山歌、中医、汉乐以及书法等方面，听众上座率场均超98%，打响品牌，得到广大市民和读者的好评，收到良好的社会效益。

文化驿站开展 配合市文广新局开展文化驿站工作，制定方案以及驿站踩点、沟通联络工作。

竞猜谜语迎春 2月8日（正月初一）上午，市剑英图书馆开展一年一度的迎新春猜谜语活动，吸引市民参与，增添浓厚的节日气氛。

盲人诗歌散文朗诵大赛 3月31日，由省立中山图书馆主办、市剑英图书馆承办的“第六届广东省盲人诗歌散文朗诵暨第二届盲人散文小说创作大赛”粤东地区赛前培训在市剑英图书馆举行，市特殊学校、市残疾联合会等单位的100多名读者参与培训。培训邀请中山大学中文系教授、博士生导师谢有顺老师以及著名的朗诵家、朗诵活动策划人一舟老师分别进行文学创作赛前培训及朗诵技巧赛前培训。4月23日上午，朗诵比赛初赛举行，并派出第一名参与省决赛。市剑英图书馆组织赛前培训和初赛表现突出，获广东省文化厅、广东省残疾人联合会颁发的“优秀组织奖”。

“4·23”世界读书日系列活动开展 在世界读书日期间，市剑英图书馆组织开展“最是书香能致远”全民阅读暨图书馆宣传周启动仪式、优秀志愿者颁奖仪式、梅州市盲人诗歌朗诵比赛、“关注五大领域，为孩子的身心成长助力”公益讲座以及神墨教育“春之声”诗歌朗诵比赛等活动，取得良好的社会效应。

“六一”儿童节活动 市剑英馆组织小朋友们开展“穿越梅州走进图书馆”、“迎六一 猜谜语”、《天空之城》电影播放、好书推荐等系列活动，旨在让更多的孩子走进图书馆、了解图书馆，从而爱上阅读，养成多读书、读好书、爱读书的良好习惯，推进全民阅读工作持续发展。

廉洁阅读月活动 为贯彻落实《关于组织开展第六届廉洁读书月活动的通知》，市剑英图书馆开展第六届廉洁读书月活动，在阅览室设置廉洁图书专柜，以专柜为服务阵地，增加有关廉政文化主题的新书。同时，加大廉洁图书阅读的宣传力度，通过馆网站（浮动窗口链接至广东省立中山图书馆专题网站）、微信、新闻媒体等广泛宣传，形成读廉洁图书，扬清风正气的良好社会氛围。围绕活动主题，在全市范围发动广大读者参加廉洁书籍读后感征文活动，扩大廉洁读书月活动的影响。“第六届廉洁读书月”廉洁书籍读后感征文活动，收到投稿202篇，其中市内投稿145篇、市外投稿57篇。经组织人员评选，评出优秀征文20篇。

【古籍修复与地方文献数字化】　2016年，注重抓好古籍收藏和保护，推动全市古籍普查工作。在省馆的支持下，着手建设古籍修复室；编印《古籍目录》，于3月出版。继续古籍修复室建设项目，完成修复室装修设计，部分修复设备已到位。古籍数字化工作全年有序开展，地方文献索引资料整理，出版社印刷完毕。

【数字图书馆建设】　2016年，市剑英图书馆对图书馆管理系统进行更新换代，新的系统增加微信推送、短信催还等功能，实现读者管理的信息化。继续完善“数字图书馆”“移动图书馆”“叶剑英文献资料和客家文献数据库”等资源，开通网上书城等。

【文化志愿服务】　2016年，继续组织书虫志愿者服务队，开展“走进国学、重温经典”活动，活动于每周六上午举行，以诵读《弟子规》《论语》《大学》《中庸》等经典读本为主。截至2016年年底，拥有87名志愿者，全体志愿者开展108场次“走进国学 重温经典”公益读书活动，3200人次的家庭参与活动，平均每位志愿者服务82位孩子。

【学术交流开展】　加强部门之间、馆际间的交流与合作。邀请潮汕地区图书馆同仁到市剑英图书馆开展学术交流，通过交流经验、分享成果，探讨学会发展思路，推动和提升图书馆的管理水平和服务质量。推动全市图书馆界的学术交流、研究，普及图书馆知识及培养人才，促进行业和谐社会的构建。

（市剑英图书馆）

市广播电视台

【宣传报道】　市广播电视台履行党的新闻舆论工作的职责和使命，做强主业，做大产业，持续创新，加快媒体深度融合，台整体舆论引导力更强、新闻传播力更广、品牌影响力更大，主流宣传思想文化阵地得到不断巩固壮大。一是对内宣传，高效到位。台围绕全市中心工作，讲好客都故事，传递梅州声音，为振兴发展营造良好氛围。电视3个频道、广播2个频率以及新媒体的收视收听率、市场份额、用户数、粉丝关注度等主要考核指标均位列全省前茅。其中，电视一、二频道分居梅州市场第一和第三。广播节目影响力排名全省第二，电视市场份额在全国100家城市电视台中排名第七，是全省唯一进入十强的市级台。二是对外宣传，更上层楼。2016年，广播、电视上送中央台、省台新闻节目提档进位。电视全年上送省台播出新闻量超600条，上送量首次突破至全省第三名，超过深圳、广州、东莞。上送中央台播出新闻量全省排名第六。广播上送省台的新闻量连续6年全省排名第三，2016年晋级第二。同时，台主动对接国家“一带一路”倡议，客语节目首次被省新闻出版广电局列入省对外交流重大项目。赴毛里求斯、留尼旺、印尼拍摄大型纪录片《丝路南洋》，获省专项资金扶持。三是节目为王，亮点纷呈。电视自办节目每天首播三个半小时，综合频道王牌栏目《民生820》收视率连续十年名列梅州榜首，《梅州新闻联播》收视率位居全省同类栏目前三名；客家公共频道打造全球阵容最强的客语电视节目，全省三大方言情景剧之一的《围屋人家》、覆盖全球客属地区的选秀节目《全球客家妹形象使者大赛》、客属地区首创的“客家春晚”和“客家流行音乐金曲榜”等，客家春晚收视率4.3%，市场份额19.6%，两项指标在梅州所有落地频道同一时段中均排名第一，高出第二名1倍多。广播两个频率收听率和市场份额常年稳居梅州第一，广播交通台实现24小时播出，新闻台《行风热线》节目创办10年来，在提高政府效能、改进工作作风上发挥较好的舆论监督作用。

【产业经营】 2016年，市广播电视台依托节目品牌支撑，面对全行业大幅萎缩，兄弟台大幅下滑情况，克服困难，创新办法，实现广告创收6075万元，超额完成任务，广告创收全省排名第七。

【融合交流】 2016年，着力发展“两微一端一网”（微信、微博、客户端、网站），重点打造“无线梅州”手机客户端，全台节目实现大屏、中屏、再到小屏的全覆盖，实现梅州广电融合发展，转型升级，打造媒体发展新格局。截至年底，“无线梅州”用户17万户，与梅江区、五华县建立战略合作，用户覆盖14个国家和地区，活跃度在全国同类APP排名前5%，建成“智慧梅州”移动综合服务平台。“两微一端”粉丝总数超100万，“民生820”微信公众号获“2016年全国城市台电视民生新闻微信公众号最具影响力十强”，在全国电视类公众号排名第19位，在全省排第一。

（市广播电视台）

中国客家博物馆

【概况】 2016年，入馆参观人数58万人次，是客家人寻根问祖和文化交流的重要平台。客家博物馆设有固定陈列《客家人》主题展览，以“客从何来”“客家风情”“地标围屋”“人文秀区”“客家腾飞”5个部分展陈客家渊源、客家风俗、客家民居、客家文化、客家精神等内容。黄遵宪纪念馆由国家重点文物保护单位人境庐、荣禄第和省级文物保护单位民居恩元第组成，是收藏、陈列、研究近代中国著名爱国诗人、杰出外交家、思想家和政治家黄遵宪的主题馆。大学校长馆主要介绍和展示晚清以来249位梅州籍海内外校长、书记的生平事迹、学术成就及主要贡献。将军馆主要介绍和展示从辛亥革命以来的梅州籍将军在中国军事史上的风貌和历史功绩，展陈482位将军，其中上将10人、中将99人、少将373人。中国客家博物馆是梅州市爱国主义教育基地、广东统一战线基地。

【馆藏文物与藏品管理】 中国客家博物馆接收捐赠藏品15件，包括书画、匾额、生活物件等。在文物管理方面，做好契约类纸质文物的清理、消毒、杀虫及入库工作，修复古籍类藏品1件，《康熙字典》补遗总目。中国客家博物馆馆藏文物主要是唐代水车窑产品、客家历代名人书画作品以及族谱、地契等各类型的客家民俗文物。古籍图书是清代著名爱国诗人、杰出外交家、思想家、政治家、教育家黄遵宪先生的藏书。馆藏文物的管理和保护，均严格按照《博物馆风险等级标准》的要求。藏品按质材类型和存放条件存放在设备精良、分类合理、安全整洁的文物库房内，并严格做好馆藏文物的出、入库登记，做好契约类纸质文物的清理、消毒、杀虫，藏品制卡及信息数据处理、古籍善本书目目录建立和库房安全管理等工作。2016年，馆文物普查完成数据的上传和修改工作。完成申报藏品数量9746件（套），实际数量18332件（套）；其中珍贵文物141件（套），实际数量225件，完成率100%。

【宣传接待】 中国客家博物馆实行无节假日固定时间讲解。2016年总参观人数58万人，未成年参观人数16万人次，讲解接待350多场、1万多人次，重要的接待有：湛江市委书记、市人大常委会主任刘小华率领党政考察团；新加坡驻广州总领事蔡鳌合一行；泰国驻广州总领事瓦信先生一行；龙岩市委副书记、代市长林国耀一行。暑假期间，举办第二届“小小讲解员”夏令营活动，活动延续首届的举办理念和方式，为青少年走进博物馆，了解客家文化提供平台。

【学术研究】 中国客家博物馆自开馆以来，致力于各项有关客家文化和文物博物的相关研究，为做好馆刊《客家文博》出版工作，组建客家文博杂志社团队。编辑出版馆刊《客家文博》（第十三、十四期）。研究课题“华侨文物与梅州华侨华人史”“梅州红色文化遗产现状与保护对策”“台湾学者客家研究的视角”“广东地区博物馆馆刊建设情况调查”成功申报2016年梅州市社科课题并获立项。

【展览活动】 2016年，中国客家博物馆举办《馆藏客家地区出土古陶瓷展》《铁血印记凝浩气 红色传统耀千秋——魏金华藏“中央苏区(梅州)文物史料”首展》等18场临时展览，其中引进《图像证史——19世纪中国外销通草水彩画精品展》《墨韵飘香——台湾著名画家罗秋昭女士个人画展》2场临时展览。

【国际博物馆日文化宣传活动】 5月18日国际博物馆日当天，一是举办馆藏客家地区出土古陶瓷展，馆精心遴选出馆藏的107件客家地区出土的古陶瓷，时间上至汉魏时代，下至元明时期；二是举办陶瓷文物修复DIY活动，包括陶瓷器物修复知识讲解、陶瓷器物拉胚成型技艺展示及观众动手参与残缺陶瓷器物修复等内容；三是举办名家讲座暨“2016年梅州市文博系统业务培训班”，特邀请省博物馆副馆长、研究员肖海明和嘉应学院文学院副教授郭真义到博物馆授课。

【客家文化博物馆联盟年会】 “客家文化博物馆联盟2016年年会暨‘客家文化博物馆与文化景观’主题论坛”于11月份在馆举行，是馆首次承办全国性的专题会议，为馆进一步研究客家文化，深入交流研究成果具有深刻的意义。

【安防、消防工作】 做好多媒体设备、中央空调、消防安防设备、电梯、水电设施的日常维护保养工作；举办文广新系统安全消防培训；馆与梅州市公安消防支队梅江区大队一中队签订协议，在法定节假日、国际博物馆日等，为广大游客、工作人员讲解和普及消防知识。

（中国客家博物馆）

卫 生

责任编辑：吴跃华

综 述

【概况】 2016年，梅州市有卫生机构3290个，同比减少2%，其中医院、卫生院146个，村卫生室2404个；床位16654张，同比增长7.12%，其中医院、卫生院床位14314张；卫生人员28855人，其中卫生技术人员22954人，同比增长5.61%，含执业（助理）医师15845人、注册护士8167人，同比分别增长4.31%、12.25%。

【医药卫生体制改革】 2016年，全市投入医改资金33.04亿元，同比增长21.84%，其中市级投入资金2.4亿元。2016年，梅州市委、市政府出台《中共梅州市委、梅州市人民政府关于建设卫生强市的意见》及配套文件3个，全面部署建设卫生强市工作，为深化医改注入新的动力，各县（市、区）均制定创建卫生强县（市、区）实施意见。成立梅州市创建卫生强市工作领导小组，调整医改领导小组，进一步完善医改工作机制。出台《梅州市深化医药卫生体制改革近期工作要点》《2016年度梅州市深化医改工作检查评估方案》等文件。全市17家县级公立医院全面取消药品加成，实行零差率销售，建立新的补偿机制，全市拨出公立医院各级财政补助资金33562万元。出台《梅州市人民政府办公室关于印发梅州市加快推进分级诊疗制度建设实施方案的通知》，在全市推进建设以家庭医生式签约服务为切入点，以医联体建设为抓手，以常见病、多发病、慢性病分级诊疗为突破口，不断加强县、镇两级医疗机构的能力建设，建立符合梅州市实际的分级诊疗制度。全面推行聘用制度、岗位管理制度和公开招聘制度，落实医院用人自主权，推进县级公立医院薪酬制度改革，合理确定医务人员收入水平。

【卫生项目建设】 2016年，市争取中央投资项目5个，总投资12527万元，其中中央投资7266万元、地方配套5261万元。市政府出台《梅州市医疗卫生重点项目规划建设方案》，重点对优化梅州城区医疗资源配置和提升县域医疗服务能力提出具体的工作措施。市中医医院完成组建任务，填补没有市级中医医院的空白；成功引进2家民营医院；市第三人民医院迁建工作有序推进；市人民医院新住院大楼建设进入征地拆迁等前期工作；市妇幼保健计生服务中心完成初步选址。根据省的部署，结合全市医疗卫生实际，全市完成《梅州市区域卫生规划（2016—2020）（初稿）》和《2016—2012年梅州市医疗机构设置规划（初稿）》制订工作。2016年，基本公共卫生服务经费人均补助标准提高到45元。全市电子健康档案建档370万份，建档率84.9%。

【疾病预防控制】

传染病防控　2016年，全市未有甲类传染病病例报告，报告乙、丙类传染病31808例，总发病率726.90/10万，同比上升1.39%。其中：报告乙类传染病15种13208例，发病率303.08/10万，同比上升2.24%，死亡25例；报告丙类传染病8种18600例，发病率426.81/10万，同比上升0.80%，无死亡病例；全年未发生重大传染病暴发疫情。2016年，全市报告发生人感染禽流感病例4例（H7N9流感3例、H9N2流感1例），其中死亡1例；新增艾滋病感染者和患者111例，同比上升26.1%；未发生登革热输入性和本地病例。2016年，全市清除滋生地19496处，清理卫生死角17863处，清除垃圾5289吨；开展现场活动30场（次），电视、报纸报道85篇（次），悬挂宣传横幅300多条，张贴海报、派发宣传资料14.77万份；参与统一行动人数17.34万多人次，治理大中型滋生地175个，新装防蚊闸90个，新装毒鼠屋4667个，投放灭鼠药物4600多公斤，使用灭蚊药物约3500公斤（升）。2016年，全市8个县（市、区）分别设立食品安全风险监测点和食源性疾病监测哨点医院，实现县（市、区）监测工作全覆盖。全年开展包括农兽药残留、有机污染物、元素、食品加工贮藏过程产生的污染物、食品添加剂、非食用物质、禁用药物、生物毒素等9大类项目558份化学污染物及有害因素样品监测；开展包括7种、114份常见致病菌等微生物及致病因子样品监测项目；监测点县（市）区覆盖率100%。

慢性病防治　2016年，全市发现活动性肺结核病人2503例，其中初治涂阳631例、复治复发涂阳40例、涂阴1832例；非结防机构报告肺结核或疑似肺结核患者4759例，转诊3052例，转诊率64%，总体到位3407例，总体到位率87.38%。全市35岁以上居民首诊测血压人数2125247人，高血压管理人数155960人，管理率19.05%，其中规范管理人数126094人，规范管理率80.85%，血压达标人数80165人，血压控制率51.40%；糖尿病管理人数42952人，管理率13.63%，其中规范管理人数34485人，规范管理率80.29%，血糖达标人数21932人，血糖控制率51.06%。2016年，制定《梅州市精神卫生规划（2016—2020年）》，建立市加强严重精神障碍患者救治救助工作联席会议制度。推进精神疾病医院—社区一体化管理模式，开展严重精神障碍患者排查、登记、治疗、建档和录入工作，在册严重精神障碍患者数23175人，检出率5.32‰，年管理率94.86%。

【卫生监督】　2016年，出动卫生监督人员1892人次，检查有关涉嫌无证行医的场所或门店59间、医疗保健机构258家、疾病预防控制机构1家、采供血机构1家（采血点4家）、消毒产品生产企业1家、餐（饮）具集中消毒企业2家；查处非法利用B超进行胎儿性别鉴定立案2宗、结案4宗（其中2宗为2015年度立案）；查处无证行医4宗、取缔4宗；查处医疗卫生机构超范围执业1宗、聘用非卫生技术人员4宗、使用未取得处方权医生开具处方1宗；实施行政处罚9宗，罚款金额2.2万元；对8家次医疗卫生机构的不良执业行为实施记分，记50分；对市直管的127家次医疗机构（门诊部和诊所）进行校验；调查处理群众投诉举报13宗；收缴非法医疗广告牌9块；全年发出卫生监督意见书1815份。行政执法人员均持有合法执法资质证件，履行行政执法职责；各项计划生育（包括母婴保健）具体行政执法行为、行政执法程序、执法文书均合法规范。全市抽查案卷642份、合格率99.5%。全年受理信访案件9302件（次），其中卫生业务信访1516件（次），占16.3%；计生业务信访7786件（次），占83.7%；回复及时率100%。2016年，被评为月度文明窗口2次，收到群众锦旗2面，2人被评为月度优秀共产党员，3人被评为月度服务之星。

【卫生应急】　2016年，有效处置传染病突发公共卫生事件9起。其中H7N9流感3起，H9N2流感、诺如病毒、水痘、手足口病和胃肠不适聚集性疫情各1起，水泥厂烧伤患者抢救1起，累计报告病例46例，死亡1例。各级公共卫生应急人员481人次。派出省级传染病防控类卫生应急队伍和专业人员16人参与梅州市城市地震应急综合演练活动，派出省级传染病防控类卫生应急队伍成员5人参与2016年粤桂两省警地联合卫生应急演练。

【卫生信息化】 2016年，开展“十三五”信息化建设规划工作，参加云计算应用试点单位项目的申报工作，做好广东省突发公共卫生事件医疗救助信息系统数据接口有关工作，根据信息安全与保密工作检查，提出市卫计局异域网络整改意见，出台《梅州市卫计局计算机信息系统安全和保密管理制度》。截至2016年年底，全市有154个基层医疗卫生机构完成光纤专网接入工作，实现通过VPN专网接入区域卫生信息平台，全市PADIS系统的协查信息反馈率100%，协查信息反馈及时率99.7%。全员人口信息系统的通报信息接收率94.76%，通报信息接收及时率84.7%。儿童预防接种信息上传完成率99.12%。全市100%的基层医疗机构实现联网即时结算工作。

【医政管理和药物政策】

医政管理 2016年，批准设置新医疗机构18家，新执业登记医疗机构7家，完成市直医疗机构校验170家；全年完成医师首次执业93名，变更注册1220名。每千常住人口卫生技术人员数、执业（助理）医师数、注册护士数分别为5.26人、2.19人、1.87人；全市医疗卫生机构总诊疗2078万人次，出院5.99万人次，病床使用率75.55%，年病床周转37次数，平均住院6.9日。2016年，全市有1100名考生参加医师资格实践技能考试，970名考生参加理论笔试。全市发生医疗纠纷45起，比2015年（59起）下降23.73%。

药物政策 2016年，全市公立基层医疗机构全面实施基本药物制度，二级以上公立医院完成省政府、省卫计委对基本药物配备和金额使用要求，全市239家村卫生站实行零差价销售基本药物制度。落实阳光用药制度建设工作，组织药事管理专家开展阳光用药制度建设及合理用药督导检查，规范药学服务和医务人员合理用药行为，改善医师不合理处方行为。建立和完善抗菌药物临床应用的管理机制，继续开展抗菌药物临床应用专项整治活动，落实抗菌药物临床应用分级管理制度，规范抗菌药物的合理应用，加强对麻醉药品和精神药品的管理工作。开展县级试点公立医院医药价格改革工作，通过调查测算，县试点公立医院改革后取消药品加成的政策性亏损仍有部分得不到合理补偿。为弥补公立医院综合改革价格调整后的收费不足，经研究决定，对个别县的公立医院医疗服务价格进行调整。

【基层卫生建设】 2016年，出台《中共梅州市委办公室 梅州市人民政府办公室印发关于开展创建梅州市“基本医疗和基本公共卫生服务示范镇”活动的实施方案的通知》，从2016年开始，利用3年时间，通过开展“卫生两基示范镇”创建活动，全面加强镇村基本医疗和基本公共卫生的服务能力。全市每个镇卫生院基本上建立一个家庭医生式签约服务团队，全市家庭医生式签约服务工作全面展开。11月，梅州市人民医院（三级综合医院）与梅江区江南社区卫生服务中心建立医联体，通过建立医联体，医联体内的双向转诊、分级诊疗制度基本完善，全市以点带面，逐步建立全市完善的分级诊疗制度。大埔县茶阳镇卫生院、高坡镇卫生院，蕉岭县三圳镇卫生院，五华县郭田镇卫生院、华城镇卫生院、棉洋镇卫生院，兴宁市大坪镇卫生院、径南镇卫生院、龙田镇卫生院创建“群众满意乡镇卫生院”顺利通过国家级考核验收。

【妇幼保健】 2016年，全市完成孕前优生健康检查49608人，目标人群覆盖率100%，信息系统建档率100%；全市孕产妇地贫筛查55390人，筛查率90.5%，地贫基因检测6995人，产前诊断313人，发现重度地贫33例，重型地贫出生数进一步下降，地贫防控效果明显。梅州市专门成立“危重孕产妇救治中心”和“危重新生儿救治中心”，依托市人民医院，承担全市危重孕产妇和新生儿救治任务，指导和接受全市助产机构危重孕产妇和新生儿抢救会诊转诊。全市完成市、县、镇三级妇幼保健和计划生育服务中心的整合任务，树立以妇女儿童健康为中心的“大保健”服务理念。

【科研教育】　2016年，受理医药卫生科研课题申请116份，通过立项课题95项。招收住院医师57名，其中研究生22名、本科35名，均完成广东省住院医师规范化培训公共课统考；录取订单定向考生30名。5月，10人获得参加2017年助理执业中医师考试的资格；7月，开展中医、中西医和临床执业医师实践技能考试，考生总人数1053人，中医、中西医类别通过率58.62%，临床类别通过率76.40%；9月，举行综合笔试，应考人数883人（其中执业医师451人、执业助理医师432人）。

【爱国卫生与健康教育】

爱国卫生　9月，五华县、丰顺县、平远县先后被授予“广东省卫生县城”称号，实现全市省卫生县城全覆盖。全市创建省卫生村272个、市卫生村394个，超额完成省卫生村创建任务。根据《梅州市公共环境城区病媒生物防制服务采购项目合同书》要求，市爱卫办分别在8月、9月、11月和12月对梅州城区江南、江北两家中标机构制作毒鼠谷进行监制。全年全市未发生登革热、扎卡病毒病等媒介传染性疾病疫情，有效保证市民的身体健康。2016年，全市按计划应监测831份水样，实际完成869份，任务完成率104.57%；全市监测盐碘2400份，其中8～10岁儿童盐碘1600份、孕妇盐碘800份；复核盐样120份；监测尿样900份；B超检测8～10岁儿童甲状腺600人次。梅江区平均“四害”密度统计如下：成蚊密度27.1只/灯、白蚊伊蚊专项监测平均诱蚊诱卵指数17.07，蟑螂密度0.1只/盒，鼠密度0%，蝇密度0.09只/笼。

健康教育　8—9月，根据国家卫生计生委办公厅《关于开展2016年健康中国行主题宣传活动的通知》，开展“健康中国行”宣传周系列活动。9月，按照国家卫生计生委要求，探索建立全民健康素养促进的长效机制，各地结合本地实际制订规划，科学设计工作体系和目标，确保全市全民健康素养促进目标的稳步实现。参加“广东省农民健康知识竞赛活动”，市卫生计生局获“广东省农民健康知识竞赛活动”竞赛组织奖。

【中医药工作】　2016年，组织举办首届全市中医药管理干部培训班（北京中医药大学），培训管理干部56人；参加省举办中医临床技术骨干培训班6期，培训24人；10人参加省中医药宣传骨干培训班；4人参加省名中医师承项目集中理论培训班；7人参加省中医“治未病”膏方技术培训班。全市完成36个中医诊疗区（中医馆）项目建设，占40%。全市8家县（市、区）级中医医院全年门诊127.39万人次，同比增长21.67%；住院6.85万人，同比增长25.84%。新增市第二中医医院和丰顺县、五华县、平远县中医医院“治未病”网络建设项目单位。全市8间县（市、区）级中医医院全部建成中医药适宜技术视频网络平台并投入使用。截至2016年年底，为全市基层医疗卫生机构现场培训2830人，通过视频网络培训1853人，开展中医药适宜技术培训项目179个，教材70种，推广课件涵盖内、外、妇、儿、针灸、推拿和骨伤等专业领域；免费为基层医务人员发放4595册《基层中医药适宜技术手册》系列丛书；开展中医药适宜技术师资培训30多人次。

【援建工作】　2016年，完成省第28批援赤道几内亚医疗队组建工作，医疗队队员于6月29日启程并顺利抵达赤道几内亚，执行为期一年半的国际医疗援助任务。医疗队克服环境陌生、语言不通、住地条件简陋、受援医院缺医少药所带来的困难，主动适应新环境新岗位，迅速投入到援助工作中，取得良好的开局。半年的时间，医疗队完成上层保健 43 人次、手术 176 例、管床 1049 人次、门诊 1168 人次，得到赤几总统、中国驻赤几大使和经商处的赞赏和好评。

（危育东）

市人民医院

【概况】 市人民医院由黄塘院总部、广梅院区、泰康院区、扶大院区、客天下院区五个院区组成，占地面积 21.5 万平方米，建筑面积 16.2 万平方米，固定资产约 12 亿元，编制病床 3500 张，实际开放病床 3055 张，设置临床、医技科室 107 个。在职职工 3307 人，其中正高级技术职称 60 人、副高级技术职称 238 人、中级技术职称 529 人，博士研究生 12 人、博士后 4 人、硕士研究生 184 人。

【医疗业务】 2016 年，全院总诊疗量 145.8 万人次，同比增加 17.8%，日均诊疗量 3983 人次。出院病人 11.3 万人，同比增加 11.5%，日均住院病人 2942 人，最高日住院 3299 人，单日入院最多 520 人。全院病床使用率 97.5%，平均住院日缩短至 9.6 天，病床周转加快。住院手术 3.56 万人次，同比增加 12.1%，其中腔镜手术 1.67 万人次，占手术总量的 47%，三、四级手术率 47.4%。

【机构变动】 一是增设、调整、整合一批科室。3 月 23 日，医院设置药学部，药学部下设药房（包括调剂和药库）、临床药学室、静脉药物配置中心业务科室；撤销原药剂科机构设置。5 月 11 日，医院核磁共振科调整为磁共振一科、磁共振二科；CT 科调整为 CT 一科和 CT 二科。5 月 16 日，医院眼科调整为眼一科、眼二科。8 月 26 日，医院增设康复治疗室；10 月 29 日，医院增设外科重症监护科（SICU）。12 月 8 日，医院增设超声五科。12 月 21 日，医院设立争上医疗高地工作办公室。二是中心挂牌成立 。4 月 6 日，“生物芯片（北京）国家工程研究中心梅州市精准医学研究中心”暨“北京博奥医学检验所梅州临床合作基地”在医院挂牌成立。9 月 29 日，医院挂牌成立“梅州市危重孕产妇救治中心”和“梅州市危重新生儿救治中心”。11 月 4 日，广东省卫生计生委批复确定医院为第一家“广东省县级医院眼科能力建设区域培训中心”。

【医疗设备】 2016 年，医院购置 1 台科学研究型 CT (型号为西门子 Somatom Force，购置金额为 3108 万元)、1 台大孔径模拟定位 CT (型号为 GE Discovery CT590 RT，购置金额为 528 万元)、11 台 3D 腹腔镜和超高清腹腔镜（品牌为奥林巴斯，购置金额为 1127.6 万元），提升诊断水平和服务能力。

【专业建设】 一是心血管病中心开展动脉瘤腔内隔绝术、主动脉窦瘤破裂封堵术、急性心肌梗塞合并室间隔穿孔封堵术，并率先在粤东地区开展主动脉夹层杂交技术，标志着院主动脉夹层治疗水平迈上一个新的台阶，进入国内先进行列。二是消化病中心开展代表胃肠外科最高难度的完全腹腔镜下根治性全胃切除术 D2+脾门淋巴结清扫术。三是肝胆外科开展粤东地区首例腹腔镜经后腹膜入路胰腺脓肿清除术、首例联合肝脏分割和门静脉结扎的分阶段肝切除术。四是脑科中心神经内科在粤东地区率先开展“电—临床—影像学”三结合的致痫灶定位诊断，为难治性癫痫患者的手术筛查提供精准定位。五是神经内、外科合作完成梅州市首例药物难治性癫痫外科手术治疗。六是产前诊断中心开展超声引导下胎儿心腔内注射氯化钾减胎术；生殖医学中心“试管婴儿”技术获准正式常规运行。七是泌尿外科中心开展双镜联合下输尿管狭窄微创手术、精索静脉曲张显微镜手术、腹腔镜下全膀胱切除术+回肠原位新膀胱术。八是眼科中心完成 2 例“穿透性角膜移植术”并成功解决角膜来源问题，使角膜移植术发展成为常规手术。九是精准医学中心独立开展孕妇外周血胎儿游离 DNA 产前筛查与诊断，成为粤东地区最早且唯一一家有资质开展此类项目的医院。开展心血管疾病及药物遗传学、肿瘤靶向用药和化疗药物毒性预测基因检测体系，指导个体化用药，建立多层次的血液性疾病的细胞和分子诊断平台。十是 CT 科开展 CT 定位下肺穿刺活检，冠脉 CTA、全身血管 CTA 及先天性心脏病、能谱肿瘤检测等新技术。十一是超声诊断中心开展孕 11～14 周胎儿 NT 检查等产前超声诊断及心脏三维斑点追踪、超声引导下肝肿瘤射频消融等先进技术。十二是核医学科配合放射治疗室完成 PET/CT 三维适型实体肿瘤治疗，ECT 开展心肌灌注显像评价冠心病心肌梗死范围和心脏功能。十三是呼吸内科开展经支气管镜气道内支架植入术、全肺肺泡灌洗技术。十四是肝病科开展以血浆置换为基础的人工肝治疗肝衰竭。十五是耳鼻咽喉科开展人工听骨听力重建、人工耳蜗植入术。十六是脊柱外科开展寰枢椎肿瘤切除重建技术。十七是创伤骨外科独立完成环形外固定支架治疗复杂肢体骨折、骨缺损及骨感染。十八是关节外科开展导航辅助下精准膝关节置换术。十九是甲状腺外科开展甲状腺良性结节的微波消融治疗。二十是乳腺外科率先在粤东地区开展男性乳腺发育症腔镜下腺体切除术。

【教学科研】

教学　与广东医科大学签订临床教学协议，实行“3+2”临床教学合作模式，共同推进校院合作协同育人学院型医院建设。参加第十届中山大学临床教师教学技能大赛获得二、三等奖的优异成绩，是医院教学工作的一个突破。全面开展继续医学教育，与华西医院对接，举办 7 场远程医学教育，培训学员 1000 多人次。举办各类大型学术会议 44 场，培训学员 1 万多人次。规范实施住院医师培训工作，新增 2 个规培专业基地，增加省级认证师资 79 名，实现各专业基地省级师资全覆盖。

科研　全年科研立项课题 84 项，含国家重点研发计划重点专项 1 项、省医学科研基金项目 6 项、省自然科学基金项目 1 项；科研结题 75 项，获市科技进步奖 9 项，其中二等奖 3 项、三等奖 6 项；发表论文 287 篇，其中 SCI 论文 5 篇、核心期刊论文 140 篇。加入代表中国腹腔镜胃肠外科胃癌领域最高水平的 2 项临床试验。承担 2016 年度国家重点研发计划重点专项《ISGs 及获得性免疫应答因子在中枢神经系统中抗狂犬病病毒作用的分子机制研究》课题，实现医院独立承担国家级科研项目零的突破。

【信息化建设】　手术麻醉重症监护系统、数字化手术室、手术室行为管理系统、移动医疗等项目正式上线，标志着覆盖医院所有医疗业务的完整一体化医院信息系统全面建成。完成电子病历结构化文档数据元整理以及标准字典库的制作，自主研发新版企业服务总线，为临床知识库系统做好基础架构搭建。完成临床路径系统上线工作。开展 CA 认证工作。远程会诊中心投入使用。开通支付宝服务窗。

【基础建设】　新住院大楼完成地质勘查和初步设计，首期 1.25 公顷建设用地划拨到位。负压隔离病房完成主体、预处理消毒池工程建设。启动特需病房（原信息中心，位于乐育中学校门侧）、健康管理中心（秀兰门诊大楼 1 层）装修改造工程。增设外科重症监护科、全科医学科、眼二科、康复治疗室平面，升级改造急诊医学科、急诊 ICU、介入手术室。建成学术交流中心（福素楼 5 层），新增两个学术报告大厅。改造星光楼和综合楼，用作办公区和药品、医用材料库房。完成档案室（技能培训中心楼 8 层）、图书馆（福素楼 4 层）装修工程。完成中心花园初步设计。新建黄塘献血屋（便民药房侧）。修整广梅院区广场，增设眼二科平面，启动口腔种植科装修改造工程，完成西来庵侧停车场改造（供广梅院区病人及家属停车）。

【文化建设】　精心策划并成功举办建院 120 周年系列学术活动，拍摄医院 120 周年发展历程大型纪录片《中国梦　黄塘梦》，制作宣传画册，全面展示百年老院深厚的历史积淀和崭新的现代风采，活动得到市委市政府的高度重视，市委书记、市四套班子主要领导同时出席，中国科学院院士，工程院院士，国际心血管疾病、分子诊断等精准医疗领域知名教授共襄盛会，活动新闻登上省委机关报——《南方日报》头版。修葺院史馆，筛选医院120周年历史中有代表性的事件及阶段，设“源远流长”“传承发展”“开拓创新”等主要板块，客观反映医院各个时期的发展动态和取得的成就，展现医院的发展脉络和未来愿景。注册“黄塘医院”商标，构筑医院文化符号。

【人才队伍建设】　调整充实一批中层干部。改革人才招聘录用模式，增加考试环节，启用评分制，对应聘人员进行量化考评，择优录取。出台《新引进高层次人才安家费和购房补贴规定》，推动高层次人才引进工作。2016年，引进各类人才256名，其中博士研究生1人、硕士研究生25人、进站博士1人。聘请中国科学院葛均波院士、中国工程院夏咸柱院士、上海长征医院肖湘生教授、郑州大学第一附属医院程敬亮教授、中山大学中山眼科中心陈伟蓉教授等国内顶尖专家为医院名誉主任、客座教授。

（市人民医院）

市中医医院

【概况】　2015年上半年，市委、市政府作出医疗卫生重点项目建设工作部署，原市田家炳医院组建为市中医医院。2015年12月5日市中医医院正式成立。市中医医院占地面积73861平方米，固定资产1.9亿元，编制床位规模1500张，实际开放床位494张，设置临床、医技科室28个。在职职工758人，其中正高级技术职称15人、副高级技术职称48人、中级技术职称99人，博士研究生1人、硕士研究生26人。

【医疗业务】　2016年，全院总诊疗量25.37万人次，日均诊疗量695人次。全年出院病人1.37万人，日均出院病人37人，最高日住院431人，单日入院最多85人。病床使用率78.11%。住院手术0.74万人次，其中腔镜手术0.14万人次，占手术总量的19.67%，三、四级手术率49.03%。

【医疗设备】　购置1台多排高端CT系统、1台高端医用磁共振成像系统、1台移动式高频X摄影机及高端数字X射线成像系统、3台超声诊断系统，提升诊断水平和服务能力。

【专业建设】

科室整合　2016年，专科建设快速发展，中医特色初见成效，诊疗服务能力大幅提升，临床科室（含门急诊、麻醉科）由原来8个增至16个，新增二外科、肛肠科、美容皮肤科、眼科、二内科、ICU、儿科、治未病科；医技科室增设病理科。新开展的专科业务有脑外科、泌尿外科、肛肠科、美容皮肤科、眼科、呼吸科、消化科、重症医学科、儿科、治未病科、妇科盆底康复、康复科等10余项，医院诊疗服务范围、诊疗服务能力、危急重症抢救能力大幅度提高，人民群众就医体验得到极大改善。

业务拓展　一是治未病科秉承“健康从治未病开始”的理念，开展包括健康宣教、中医体质辨识、中医健康调养门诊及体检等活动。在粤东地区首次引进目前国内最先进的“中医经络检测仪”，开展健康状态辨识与风险评估，患者或体检者充分了解自己的体质类型以及易患疾病的倾向，有效制定个性化健康调养指导方案。运用经方、中医针药结合等方法治疗疾病，收到良好的临床疗效和社会效益。二是一内科以心血管专科和消化专科为主，开展床边临时起搏器植入、心脏永久起搏器更换及内镜下止血、消化道良恶性狭窄的扩张及支架置入术等。三是二内科以脑病（神经内科）、肺系疾病（呼吸内科）、肾内科等专科为主，开展相应疾病的诊治。四是儿科收治儿童、新生儿病例等。注重中西医结合治疗，除应用中草药、中成药外，还开展中医外治疗法，包括小儿推拿、捏脊、穴位贴敷、敷胸、扎四缝、穴位注射等，达到比较满意的效果。五是一外科开展普通外科的各种常规手术和微创手术，微创手术量占总手术量比例接近五成，并脑外专科开展开颅血肿清除术、去骨瓣减压术、钻孔引流术等。2016年，在梅州率先开展大隐静脉曲张高位结扎+硬化剂注射术；微波消融治疗肝癌、乳腺良性肿瘤和甲状腺良性肿瘤，均取得良好效果。六是二外科以泌尿系疾病的常规手术和微创手术为主，开展腹腔镜肾部分切除术、盆腔淋巴结清扫+全膀胱切除+尿流改道术等高难度手术。七是一、二骨科开展各种骨折及愈合不良、复合性创伤并发症、脊柱及关节疾病、重度褥疮、软组织缺损等疾病的诊治。熟练应用微创及显微技术。八是妇产科开展妇科疾病的诊治，子宫颈癌前病变、子宫内膜病变筛查、诊治等，围产医学范畴的医疗和保健，高危妊娠筛查和监护，妊娠合并症（并发症）的诊治，无创伤阴道分娩，疤痕子宫试产等。熟练应用腔镜、阴式手术等微创技术及盆底重建术。九是烧伤整形疮疡科开展烧、烫伤，电烧伤，皮肤溃疡或缺损、压疮、疤痕等疾病的诊疗及微创整形；熟练应用国际先进的 Meek 植皮术、肌皮瓣移植术及其他创面修复术。十是麻醉科完成手术 6576 台，其中急诊 732 台、腔镜手术 1962 台、无痛胃肠镜 492 例、无痛分娩 210 例；术后镇痛 4042 人次。开展臂丛神经阻滞、坐骨神经阻滞、股神经阻滞等新技术。十一是口腔科开展牙病的预防及治疗，缺失牙种植、镶牙修复、牙列不齐矫正、复杂牙拔除、中医治疗口腔黏膜病等。十二是眼科开展眼科疾病的诊治、泪道置管、眼外伤手术、翼状胬肉切除+结膜瓣转移术等。十三是肛肠科吻合器痔上黏膜环形切除吻合术成为痔病的常规手术。应用穴位封闭治疗、耳穴贴压、中药保留灌肠、内痔注射治疗、RPH（自动痔疮套扎术）等。十四是美容皮肤科拥有皮肤科主任医师及专业的美容皮肤设备，诊治疑难、复杂损容性皮肤病及皮肤常见病，结合中医传统治疗方法开展多项皮肤美容技术。十五是急诊科为梅州城区急诊、急救网络的重要成员单位，开展 24 小时急救医疗服务工作，院急诊出车率在市“120”指挥中心全部出车统计中占有较高比例。十六是医院制剂科生产的中药制剂是院的中医药特色之一，有产品 39 种，如和胃化湿片、结肠康片、莱菔消滞片、鼻咽消炎片、疏络片等，疗效确切，深受广大患者青睐。十七是医学检验科全面提升设备平台，彻底改变过去检验科设备老旧、残缺不全的局面，提升检验科的检测能力和检验质量，使检验工作实现质和量的飞跃。十八是医学影像科开展双下肢 CTA 血管造影，肺动脉、冠状动脉、头颈部 CTA，仿真内窥镜，三期腹部肿瘤增强扫描，DR 全脊柱、四肢全长拼接技术，MRI 关节、四肢、脊柱、头颅、腹部扫描，MRI 血管成像，胎盘、胎儿 MRI 扫描等新技术。十九是心电检查部开展平静心电图、动态心电图、动态血压监测、平板运动试验和经食道电生理检查等项目。医院以腔镜、微创技术取代传统技术作为主要治疗方法。

【教学科研】

教学　拟与广州中医药大学继续教育学院签订协议，委托广州中医药大学继续教育学院对院非中医类别医师进行中医药知识和技能系统培训，为本培训班在册并考核合格的学员颁发“广东省非中医类别医师中医药知识和技能培训结业证书”；为护理培训班的在册并考核合格的学员颁发广东省中医药职业学院（广州中医药大学继续教育学院）结业证书。

科研　全年科研立项课题 25 项，含省医学科研基金项目 1 项、市科技计划项目 16 项、市医药卫生科研课题 8 项；科研结题 10 项，含省医学科研基金项目 2 项、市科技计划项目 3 项、市医药卫生科研课题 5 项；发表论文 43 篇，其中核心期刊论文 9 篇。

【信息化建设】　在建中医药适宜技术网络平台及远程医疗视频系统项目，为临床科室提供中医药适宜技术培训指导以及远程协作诊疗途径。改造全院网络及机房建设项目，为建设以患者、电子病历为核心，具有中医特色的 HIS、EMR、LIS、健康体检管理系统、全院级 PACS/RIS 系统的数字化医院信息系统打下坚实的硬件基础。

【基础建设】 新建门诊综合大楼完成修建性详细规划审批、地质勘查和初步设计；B 栋装修改造工程进入收尾阶段，增设介入诊疗部、血透中心 ICU、二内科、二外科儿科、治未病科和三内科平面。完成康复医学科治疗区、眼科、肛肠科、药房、收费处、职工食堂和停车场迁移改造。启动康复医学科住院区、药库、计算机中心、心电检查部、超声诊疗部、口腔科、静配中心、中心供应室、碎石中心、门诊诊室装修工程、三外科和肿瘤科装修工程。

【人才队伍建设】 调整充实一批中层干部。改革人才招聘录用模式，增加考试环节，启用评分制，对应聘人员进行量化考评，择优录取。2016 年，引进各类人才 225 名，其中硕士研究生 10 人。

（市中医医院）

体　育

责任编辑：吴跃华

全民健身

【政策引导】　一是为贯彻实施国家《全民健身计划（2016—2020）》和省《全民健身实施计划（2016—2020）》，结合梅州实际，市体育局在总结2011—2015年全民健身实施情况基础上，出台《梅州市全民健身实施计划（2016—2020）》。8个县（市、区）也出台本地全民健身实施计划。市、县实施计划出台，为全民健身事业发展提供政策保障。二是印发《梅州市市级体育协会评估资助暂行办法》，支持本市体育协会发展，通过引导各类体育协会加强内部管理来提升其在群体活动中的带动作用，进而调动各类体育协会组织比赛、活动的主动性和积极性。

【体育场馆建设】　一是依托财政部和体育总局彩票公益金，进一步完善中央苏区公共体育设施建设。申报2016年彩票公益金资助中央苏区县级公共场馆资助建设计划，编制市2016—2020年国家发展公共体育场地建设规划，进一步加大场馆建设力度。二是推进“四大件”建设。梅州市政府在原东较场体育场、文化公园及周边范围规划建设足球文化公园，市剑英体育馆正式进入整体修缮工期。兴宁市香港赛马会足球场、丰顺县新区运动场在紧张施工中。五华县通过融资5亿元兴建足球文化公园，并于3月动工建设，计划筹资6亿元兴建足球小镇，主要用于旅游接待、足球产业、冬训集训、承办赛事等。梅县区规划建设足球小镇，预计投入1000万元，新建含一个足球场的足球训练基地。蕉岭县投入2000万元用于体育馆室内装修工程。三是全年完成9个社区体育公园建设任务。据统计，全市累计建设完成社区体育公园29个。四是实施公共体育场馆对外开放。全市5个大型体育场馆，市、县（市、区）体育部门所属26个公共体育场馆按照国家、省的要求，免费或低收费对外开放。全市新建体育场馆28.64万平方米，全市人均占有体育场地面积2.0平方米。

【群体活动开展】　据统计，全市举办赛事活动11678场次，参与人数67.4151万人，同比增加46%。全市经常参加体育健身人数占全市总人口的35%。一是以活动为抓手，以足球为重点，举办以四大品牌赛事为主，涵盖市、县、镇的“三级足球联赛”，形成富有梅州特色的“三级足球联赛”。成功举办贺岁杯、“跃速杯”“五四”青年足球赛、“赛翡蓝宝石球王杯”足球赛、“铁汉生态杯”乡镇（街道）足球联赛、市直机关第四届“客融天下”杯足球赛、“爱奇体育杯”五人制足球赛、梅县客家足球俱乐部足协杯、中国足球乙级联赛、U互动·邮政邮惠宝梅州市五人足球争霸赛等。2016 年全市各县（市、区）举办2197 场足球比赛，参加人数约 12.822 万人。二是挖掘地域体育特色，打造“一县一品”。全市举办的省级以上比赛有：平远县以纪念长征胜利 80 周年为契机，仁居镇与省体育局联合举办“发展体育运动，增强人民体质，同心共筑中国梦全民健身健步走活动”；举办穿越相思谷徒步活动；举办绿地·中信银行杯第七届北京国际山地徒步大会。大埔县百侯镇举办 2016 年南粤古驿道定向大赛。丰顺县举办“喜德盛杯”自行车国际邀请赛。全市举办的市级比赛活动有：第十届体育节启动仪式暨广场舞大赛、广东省百街千镇乒乓球球梅州预选赛、梅州城区老年人乒乓球比赛等其他特色活动。三是举办富有协会特色的活动。全年市县各级协会加强自身建设，开展各具特色的活动。市自行车协会举办骑行活动，市健美协会举办健美展示活动，市冬泳协会举办畅游梅江河活动，市乒协举办 2016 年乒协杯乒乓球赛（河源）市棋类协会举办成人象棋超级联赛，市拳道协会举办跆拳道首届大埔邀请赛等，活动累计128 场，参与人数达 4 万人次。

【健身指导】 一是做好社会体育指导员培训工作。印发《2016 年梅州市社会体育指导员培训计划》，市级培训 150 名二级社会体育指导员，县级培训 950 名三级社会体育指导员。全市社会体育指导员 11000 多名。结合梅州振兴足球发展工作，联合嘉应学院举办社会体育指导员（足球）培训班，培训足球指导员 40 名。承办广东省广场舞一级社会体育指导员培训班。二是完善健身气功站点建设。2016 年新增健身气功站点 42 个，健身气功站点累计 82 个。三是开展国民体质监测和体质测定与运动健身指导工作。下发《关于开展 2016 年梅州市国民体质监测工作的通知》，分配省下达的 1760 个国民体质监测样本量，各县（市、区）完成样本量采集工作。与嘉应学院、梅江区体育局联合开展体质测定工作，完成 4000 个样本量采集工作。参与梅州市“清洁家园灭蚊防病”第 28 个爱国卫生月专题现场活动。

【协会社会化建设】 鼓励符合条件的体育运动爱好者自愿成立协会，支持已有协会改进工作方式，加强制度建设。全年新增网球协会和篮球协会 2 个协会。在完善市级体育协会的同时，促成县级社会指导员协会的成立及完善，全市体育协会达 26 个。支持和创新协会活动，以各类体育协会为平台，指导各协会创新群众性体育竞赛活动形式。

竞技体育

【省市运动会概况】 根据规程总则组建参赛队伍。市体育局召开各项目队会议，根据省运会规程总则要求，调整项目布局，确定目标任务。完善参加省十五届运动会的项目工作，增加武术套路、篮球、帆板、帆船 4 个项目。优先抓好足球、田径、乒乓球、羽毛球、蹦床等优势项目；发展举重、拳击、跆拳道、高尔夫球等原参省项目；适度发展篮球、武术套路、帆板、帆船等新项目。加强与兄弟市的合作交流，与阳江市体育局签订省运会合作协议，为市培养帆板、帆船运动员。

做好省、市运会运动员注册工作。全年全市全国注册及备案足球运动员 600 多人、裁判员 30 多人、教练员 20 多人、体育协会 2 间。全市参加首次省级注册的运动员 1089 人，资格审核通过的运动员 430 人（含市代表队 13 个项目的运动员）。完成省运会运动员的注册、骨龄测试、功能测试及文化测试等工作。加强市运会运动员的注册监督。各县注册参加市运会足球项目运动员 1003 人，其他项目注册 2000 多人。

做好市运会规程下发、场馆建设、组队训练等筹备工作。下发市运会规程总则和单项竞赛规程。召开多场各县（市、区）体育局局领导、业务人员、教练员参加的座谈会，多次专题研究市运会规程总则。多次到梅县区检查督促市运会场馆设施建设。

省锦标赛取得好成绩。全市有 13 个项目队参加省锦标赛。5 支足球队有 3 支获亚军、1 支获季军、1 支获第五名；乒乓球获得 1 金；田径获得1金1银；蹦床获得3金5银1铜；拳击获得1银3铜；举重团体总分106分；跆拳道获得2个第三名，获体育道德风尚奖；武术套路女子乙组长拳第四名，女子乙组剑术第六名；高尔夫球男子甲组团体第四名，女子甲组个人第七名，获体育道德风尚奖；羽毛球公开组混合团体第三名、甲男团第五名、乙女团第五名、丙男团第二名、丙女团第三名、甲男双第五名、乙女单第五名；篮球第十四名。此外，兴宁还成功承办省蹦床锦标赛。

【青训体系完善】 加大政策出台力度。印发《关于加强市、县两级业余体校建设的意见》《关于进一步加强市体校运动员文化教育工作的意见》，要求2018年之前采取联合办学模式解决市体校运动员的文化教育问题，2018年后，市教育部门按有关规定将梅州市体校运动员文化教育纳入市教育发展规划，文化教育经费纳入同级财政预算。

加强市体校建设。一是抓好“两纳入”体制机制建设。召开推进市体校教育经费、教育规划“两纳入”工作会议，确保完成评估任务。市体校加强学生文化学习，探索教学改革方案，逐步建立文化课教学质量监测与评价体系，确保提高教师教学质量和学生文化水平，做到读训并重，推动学校教学质量及学生学习氛围进一步提升。二是加强项目训练。制订教练员年度训练计划，有计划抓好训练工作，备战省锦标赛和省联赛。5支足球队配齐教练员，新设立守门员训练组，对各队守门员集中进行训练，提高守门员专业能力。三是加强场地建设和后勤保障。市体育局继续加大对市体校经费投入，用于改善饭堂伙食、购置训练器材、维修场馆建设等，为教学训练提供硬件保障。膳堂厨房改造、乒乓球馆扩建、天然草足球场养护一期工程、守门员训练场、焕昌楼多功能阶梯电教室建设完成；学生宿舍和田径塑胶跑道改造有序推进。四是加强师资队伍建设。市体校聘用5名嘉应体育学院足球专业学生，招聘2名足球教练员、1名羽毛球教练员、1名拳击教练员，充实教练员队伍。同时，组织16位教师参加全省体育运动学校“微课件大比武”制作大赛，取得较好的成绩。组织52人次教练员参加省级学习培训，每周组织教练员召开座谈会进行交流研讨。

加强各县（市、区）体校建设。根据《关于加强市、县两级业余体校建设的意见》，各县（市、区）均清退机关借调人员。同时，各县（市、区）加大体校建设资金投入，五华投入200多万元完成县体校改造，平远争取政府重视解决体校办公和训练场地问题，丰顺、兴宁、梅江、梅县积极筹备改造工作。

抓好业余训练的延伸和扩展。市在省级足球传统学校的基础上，增加18所市级足球传统学校。与市教育局联合举办梅州市市级足球传统项目学校（小学组）足球比赛，有16间小学参加，并对命名为“梅州市足球传统项目学校”的24间市级足球传统项目学校给予授匾。全市有省级以上体育传统项目学校13所，其中足球6所、田径3所、乒乓球3所、羽毛球1所；有13所国家级、省级青少年体育俱乐部和2个校外体育活动中心；新申报2间省级青少年体育俱乐部和4所省级体育传统项目学校，其中足球3所、跆拳道1所。

【队伍建设】 推进裁判员、教练员、运动员队伍建设。裁判员培训方面：组织或委托组织足球、田径、篮球、乒乓球、羽毛球、排球、武术、网球、跆拳道等项目的培训，近500名各项目裁判员通过考核。教练员培训方面：派出28人次教练员参加国家、省级体育、教育部门组织的业务培训。举办广东省足球教练员B级培训班（梅州班），42名足球教练员参加。举办1期梅州足球教练员培训班，培训32人；举办足球裁判精英班，培训30人。运动员管理训练建设方面：市体校足球运动员与本地职业足球队铁汉生态队签订输送协议，促进职业与业余运动员有机结合；抓好市体校和各县（市、区）体校运动队的建设管理，协助教育部门加强校园定点学校运动队建设；以第十五届省运会和第八届市运会为契机，抓好市县两级运动队组建训练，运动队伍的技术、战术水平得到提高。

体育产业

【超额完成省体彩销售任务】 一是超额完成省下达的体彩销售任务。2016年销量再创新高，首次超越3亿大关。全市体彩年销量3.4亿元，同比增长14.9%，超额完成省下达的3.1亿元的目标任务。全市体彩市场占有率达50.9%，同比上升1.45%，全省排名第四。其中大乐透销量5470万元，市场占有率40.84%，全省排名第一。高频11选5销量6682万元，市场占有率40.81%，全省排名第三。即开票销量2426万元，市场占有率47.55%，全省排名第二。竞猜型销售增势迅猛，销量达1.8亿元，同比增长27%。全年筹集的体彩公益金2367万元，同比增加126万元；网点规模达409个，比福利彩票网点多73个。二是加强宣传推广工作。市体彩中心配合梅州客家足球队和铁汉生态足球队（中乙）主场赛事，加大中国体育彩票从场馆户外广告到赛场广告的宣传力度，提高梅州市体彩品牌的知名度，实现全市竞猜型彩票销量不断增加。市体彩中心通过报纸、电视、网络专栏、户外大型广告牌、网点横幅等宣传形式，拉动大乐透销量持续攀升。

【新兴体育产业构建】 一是出台相关产业政策。与市财政局联合出台《梅州市足球发展专项资金管理办法》《梅州市体育产业发展引导资金管理办法》，通过发挥政府财政杠杆作用，促进体育企业及组织发展。二是推进重点工程项目进度。持续跟进五华县足球小镇和球王文化广场（含3万人新体育场）建设进度，协助梅县区铁汉生态足球小镇推进规划建设相关工作。根据《市政府工作会议决定事项通知书》要求，成立市体育局东较场升级改造工作领导小组，配合市城乡规划局、梅江区政府等牵头部门做好东较场升级改造工作。三是文体旅融合发展刺激体育消费。响应健康中国建设号召，发展健身休闲运动产业，开展平远仁居重走红军路、平远县北京国际山地徒步、大埔百侯定向越野、丰顺自行车邀请赛等具有消费引领特征的时尚休闲运动项目，打造具有区域特色的健身休闲示范区、产业带。

足球改革

【足球改革政策出台】 为进一步推动足球改革工作落实，市委、市政府提出把足球振兴发展与城市经济发展相结合，让足球点燃城市梦想，把擦亮球乡名片提高到打造城市名片高度。市体育局制定出台《梅州市职业足球俱乐部建设扶持办法》等5项足球改革方案配套文件，从人、财、物等方面为足球改革提供政策保障。各县（市、区）也相继出台本地足球改革方案和相关配套政策。

【梅州市纪念誉为“足球之乡”60周年暨振兴足球工作会议】 市委、市政府于12月26日举办梅州市纪念誉为“足球之乡”60周年暨振兴足球工作会议，中国足球协会副主席容志行、市委书记谭君铁、省体育局局长王禹平作重要讲话，会议表彰60年来为“足球之乡”建设做出突出贡献的集体和个人。同时，举行国足元老队与梅州足球队友谊赛、“市长杯”决赛及颁奖、“足球与城市品牌交流会”等系列活动。

【足球产业构建】 一是根据《梅州市关于加快发展体育产业促进体育消费的实施意见》《梅州足球文化产业发展策划方案》《梅州市体育产业布局策划方案》等要求，重点发展足球制造业和服务业，促进体育、文化、旅游等产业融合发展。二是制订出台足球专项资金、体育产业引导资金管理办法，为足球运动的发展提供资金支持。三是构建“一县一品”足球产业，梅江区以发展足球培训和服务业为主导，梅县区主要发展以富力学校、铁汉生态中乙足球俱乐部为重点的竞技表演产业以及丙村足球制造业，兴宁以红旗、跃速企业为支撑发展足球服装、器材制造，五华重点发展以中甲足球俱乐部总部经济、李惠堂足球文化产业园和五华县足球小镇为主的文化产业。同时，市政府启动地校合作项目，与广州体育学院签订发展休闲体育产业合作协议，规划开发足球特色文化产业。

2016年12月26日，梅州市纪念誉为“足球之乡”60周年暨振兴足球工作会议在市委礼堂举行

【组织体系建设】　市体校率先归还借调人员，实行教练竞争上岗，各县（市、区）体校均按市体育局要求充实教练队伍，完善足校建设。推进市、县两级“足办”及足球运动中心建设，确保组织、人员、场地到位。重点发展业余足球俱乐部，带动社会力量支持足球工作，全市有28家在市县足协注册的业余足球俱乐部，足球协会及俱乐部不断向镇、村延伸，初步形成市、县、镇三级足球社会组织。

【足球场地建设】　鼓励足球场“进学校、进乡村、进景区”，因地制宜在“路边、村边、山边”建足球场。出台《梅州市足球场地建设经费补助办法》，对新建11人、7人、5人足球场补助50万、30万、10万元，各县（市、区）也相应配套补助经费。此外，国家、省也出台相关场地建设奖励办法，实现国家、省、市、县四级经费扶持，加快市实现1000块场地建设目标。全年全市新建足球场地55块。

【赛事品牌建设】　继续抓好“四大杯”“四大联赛”组织工作，举办贺岁杯、青年杯、足协杯、球王杯等品牌赛事。继续举办校园足球联赛、职工联赛、青少年足球联赛、乡镇足球联赛等，举办村级联赛，构建省、市、县、镇、村五级联赛。举办“爱奇杯”足球赛、市足球传统项目学校小学组足球赛、“客都文化杯”五人足球争霸赛等。组织各县（市、区）、嘉应学院、市直属机关工委、总工会、团市委等系统或部门为主的足球赛事。五华中甲成功保级。

【人才队伍建设】　一是以嘉应学院学生及教育部门体育教师为重点，联合广州体育学院、嘉应学院、省足协等单位，培养足球裁判员、教练员。引进巴西、英国、还有原梅州籍国家足球队员等外地优秀足球教练到梅州施教。五华成立县级足球基金，每年选送青少年运动员送富力足球学校等专业学校培养。二是打通从校园足球、业余体校向省专业队、职业俱乐部、嘉应学院输送人才的培养路径，调动青少年参与足球运动的积极性。全市拥有2家职业足球俱乐部及28家业余足球俱乐部，44支市、县体校足球队、200多支校园足球队以及富力足球学校、嘉应学院足球梯队。全市有裁判员112人、教练员102人、学校指导员144人、优秀足球运动员8600余人。

体育宣传

加强与本地新闻媒体合作，多角度、多层次报道全市体育新闻信息。据统计，《梅州日报》

刊登体育消息 450 条、专版 18 条；梅州市广播电视台发布体育新闻 255 条，其中电视台 130 条、电台 105 条。与《球乡》新媒体深度合作，围绕振兴足球重点工作、本市体育重大新闻进行宣传报道，发布信息 550 条。对体育网站进行升级改造并委托专业公司进行管理。据统计，2016 年梅州市体育局网站发布新闻信息约 1000 条，其中足球类信息约 250 条；政务信息公开网发布新闻信息 60 条。

（市体育局）

社会生活

责任编辑：吴跃华

人事劳动

【就业创业】　全市城镇新增就业30679人，完成年度任务的102.26%，新安置城镇失业人员就业24070人，完成年度任务的109.41%，其中就业困难人员实现就业3242人，完成年度任务的108.07%。城镇登记失业率2.45%，全市就业形势保持基本稳定。抓好高校毕业生就业创业政策落实，精心实施离校未就业高校毕业生就业促进计划，深入实施大学生创业引领计划，实现就业16938人，应届毕业生就业率98.65%，其中自主创业占1.53%。推动全市8个县（市、区）均建成1家县级以上创业孵化基地，市创新创业孵化基地首期项目建设进展顺利。全市发放创业（小额）担保贷款707笔、资金8570万元，贴息366.5万元；对享受各类就业扶持政策的企业和个人发放社保补贴288.4万元，岗位补贴10.9万元，全年累计使用就业创业专项资金3845.1万元。全市组织各类劳动力技能培训24150人，享受劳动力技能晋升培训补贴22240人，发放补贴4031万元；劳动力新增转移就业59942人次。健全一对一帮扶就业援助制度，举办专场招聘会21场，帮助就业困难人员实现就业394人，零就业家庭实现动态归零。

2016年2月17日，举办第四届“客都精英汇”新春大型现场招聘会，组织200家企业参加，提供约1.5万个就业岗位

【人事人才】　实施高素质人才引进工程，运用“互联网+人才”方式为企业和求职者提供精准对接服务，为企业引进高素质人才70多人，引进“千人计划”高层次人才18人。成功举办国家“千人计划”专家学者梅州行活动，与省人才服务局合作建立“梅州市高层次人才服务专区”，多位专家与梅州市企事业单位达成合作意向。发掘培养本土人才，全市新增副高级以上职称的专业技术人员1085人。高技能人才鉴定1909人次，获证1739人。有10个人才项目申报“扬帆计划”、6个人才项

目申报“广东特支计划”。3名高层次人才获得国务院2016年度政府特殊津贴，新增1家企业为“广东省第六批博士后创新实践基地”。全面完成中小学教师职称制度改革各项任务。乡镇机关事业单位工作人员乡镇补贴全面实施。全面规范机关事业单位津贴补贴。军转安置任务全面完成，企业军转干部队伍保持总体稳定。全年组织各类人事考试26场次，参加人数45385人次，招录公务员818人、招聘事业单位工作人员2266人。

【劳动仲裁】 劳动保障监察综合行政执法体制改革基本完成。全市劳动合同签订率94.08%，建立工会的企业集体合同签订率82.14%。劳动人事仲裁结案率99.2%，法定审限内结案率连续6年100%。开展劳资纠纷隐患排查化解，检查各类用人单位1940家，涉及职工13.23万人。妥善处理30人以上集体上访和突发事件5批783人次，涉及金额2212万元。严厉打击恶意欠薪行为，为5466名劳动者追回被拖欠或克扣工资9385.69万元，7宗涉嫌恶意欠薪案件移交公安机关。不断改革仲裁办案方式、优化仲裁办案程序，全市调解仲裁机构处理案件1706宗，涉及劳动者2470人，涉案金额3474万元。全市112个乡镇(街道)全部成立劳动人事争议调解中心。加强信访工作力量，专门成立局信访办，推行“诉访分离”制度，依法分类处理群众诉求。全年受理群众信访问题3059批次5102人次。其中，局领导带头接访群众38批次867人次；“梅州民声”网上信访平台受理2268批次。

（卢伟周）

社会保险基金管理

【概况】 截至2016年12月底，全市参加社会保险各险种综合人数838.44万人次，同比增长0.63%，其中，城镇职工养老保险（含离退休）106.84万人、职工医疗保险46.02万人、失业保险27.01万人、工伤保险35.82万人，生育保险28.93万人，城乡居民养老保险167.12万人，城乡居民医疗保险426.70万人。社保基金收入119.12亿元（其中，征缴收入78.29亿元），同比增长52.23%；支出115.12亿元，同比增长41.29%；累计结余93.47亿元，同比增长4.47%。社会保障卡持卡495万人。异地就医直接结算的医院362家。

【社保待遇调整】 落实供给侧改革任务，生育保险费率下调至0.5%，失业保险单位费率下调至0.8%，工伤保险费率下调至0.2%、0.4%、0.5%（分行业），全年为企业减负8601万元。城乡居民养老保险基础养老金提高至110元。企业职工退休人员月养老金人均增加至1488.56元，工伤职工生活护理费、工亡职工供养亲属抚恤金等工伤保险待遇得到提高。失业保险援企稳岗补贴支付1179万元。城乡居民医保每人年补助标准提高至420元，城乡居民基本医疗保险最高支付限额（不含大病保险）提高至45万元。城乡居民大病保险起付标准降为1.2万元，年度累计6万元以下部分，报销比例提高到60%；年度累计超过6万元（含）以上部分，报销比例提高到70%；年度累计最高支付限额提高到15万元。

【社保制度改革】 一是推进机关事业单位养老保险改革。率先在全省出台市级贯彻意见，原机关个人缴费全面清退，基本完成机关事业单位养老保险参保登记和信息上传。二是落实“五证合一”工作，停止对企业受理社会保险登记证申请业务，工商部门办理五证合一执照后，即办理社保登记，简化企业办理证照审批环节。三是推进按人次均、按定额、按床日、按实、按病种等基本医疗保险复合式付费方式改革，把23个病种实行按病种结算，人次均结算实行按基金支付额分段分担机制。

【社保经办管理】 强化基金运行管理，加强基金风险防控，加大稽核内控监管力度，保障基金安全运行。完成社保公共服务事项标准化编制。

推动灵活就业人员参加企业职工养老保险新政策平稳落实。配合做好医疗保险基金审计工作。对核心三版系统扩容升级，社保数据实现与网上办事大厅对接。城乡居民养老保险业务顺利上线省大集中系统，异地就医直接结算的医疗机构不断增加。启动梅江区、兴宁市、大埔县和五华县经办服务大厅标准化建设。

（市社会保险基金管理局）

社会事务

【低保救助】 城乡低保、“五保”和医疗救助标准均在7月达到并超过省、市确定的标准。截至2016年12月，全市有低保对象7.36万户、17.20万人，低保金支出4.65亿元；医疗救助支出11631.31万元，救助人数229977人次，住院人均医疗救助水平3461元。全市临时救助支出658.49万元，救助人数4221人次。出台《梅州市关于做好农村最低生活保障制度与扶贫开发政策有效衔接的实施方案》，全市先后开展社会救助“分指标”排查、低保靶向精准专项核查、农村低保政策落实及兜底脱贫情况全面排查。2016年，清退低保对象16389户、47665人，新增低保对象8515户、25604人。

【“五保”供养】 全市农村“五保”年供养标准提高到6470元/人以上，确保各县（市、区）农村“五保”年供养标准达到当地上年度农村居民人均可支配收入的60%。2016年年底，全市“五保”集中供养年人均标准8128元、分散供养年人均标准7694元，农村“五保”集中、分散供养年人均标准分别达到当地上年度农村居民人均可支配收入的68%、65%。

【防灾减灾】 全市发放生活救助资金725万元，救助受灾困难群众5.2万人。全市163户因灾全倒户完成重建工作。推进全国综合减灾示范社区创建工作，3个社区被认定为2016年度全国综合减灾示范社区。截至2016年年底，全市有28个全国综合减灾示范社区。

【养老服务体系建设】 全市有养老机构184家，其中公办137家、民办47家，养老护理人员621人，养老床位数20230张，新增床位1195张，每千名老年人拥有收养性床位28.6张。为80岁以上老人、60周岁以上困难群体购买老年意外伤害保险，全市273759名老年人受惠，老年人投保覆盖率35%。加强民政福利服务机构消防安全工作。

【惠民政策】 出台《梅州市关于做好农村最低生活保障制度与扶贫开发政策有效衔接的实施方案》《中共梅州市委梅州市人民政府关于加强农村留守儿童关爱保护工作的实施方案》《梅州市人民政府关于促进慈善事业健康发展的实施意见》《梅州市烈士评定申报审核工作制度（试行）》等系列惠民政策。

【福利救助】 组织“广东扶贫济困日”活动，全市接收捐款1.076亿元。做好农村留守儿童关爱保护工作，全面完成提高孤儿基本生活保障标准和建立事实无人抚养儿童生活津贴制度。2016年，孤儿全市最低养育标准集中、分散供养分别为1340元/月、820元/月。落实残疾人“两项补贴”（生活津贴标准：每人每年1200元；重度护理补贴标准：每人每年1800元）工作，对符合条件的残疾人进行补贴资金的发放。市慈善会与

2016年11月，省慈善总会、广州军区广州总医院为梅州市100多个贫困家庭的疑似先天性心脏病患儿开展免费筛查

省慈善会、广州军区广州总医院举行“大爱救心”项目十周年巡诊义诊活动，为全市100多个先心病患儿免费筛查。

【双拥优抚】 “双拥模范城（县）”创建工作取得显著成绩，梅州市蝉联“全国双拥模范城”，梅江区、梅县区、兴宁市、丰顺县、五华县被评为“广东省双拥模范城（县）”。调整提高优抚对象抚恤补助标准，确保优抚对象抚恤补助及时、足额到位。深入各县（市、区）乡镇开展为重点优抚对象免费送医送药巡回医疗活动，推进“涉军退人员”专项治理和安置工作。

【基层政权和社区建设】 在开展“村民自治改革创新工程”“五民主五公开工作法”“乡镇和职能部门与村（居）委会双向考核制度”“农村社区试点工作”等试点工作的基础上，及时总结提炼蕉岭县创新示范工作的成果和经验，在全市推进农村社区建设试点工作。开展社区减负督查和社区协商工作，蕉岭县确定为市城乡社区协商示范县，其他各县（市、区）选取2~3个城乡社区开展示范点建设工作。

【社会组织建设】 出台《梅州市社会组织等级评估评分细则（试行）》《关于社会组织实施统一社会信用代码及网站办理业务的通知》，继续推进社会组织网上办理和社会组织登记管理制度改革工作。

【社工工作】 成立“三社”（社区、社会工作者和社会组织）联动服务中心。启动“三社”联动和“专业社工、全民义工”试点工作。2016年，全市有563人报考社工师，155人通过考试，考试合格率和通过率在粤东西北各市中排名靠前。全市持证社工316人，社工机构8家，比2015年新增3家，其中兴宁市成立2家民办社工机构。

【福利彩票发行】 组织相关人员前往江西省赣州市学习考察苏区专项福利彩票发行经验，进一步研究苏区专项福利彩票发行工作，推进梅州福彩创新发展。同时，加大福彩宣传力度，拓宽福彩销售渠道，截至2016年12月底，全市福利彩票销售3.28亿元，完成省下达任务数的111%。

【殡改工作】 市殡改工作成效显著，梅州市殡仪馆被省民政厅授予二级殡仪馆称号，兴宁市、五华县和大埔县创建等级殡仪馆工作顺利推进。出台《梅州市殡葬事业发展“十三五”规划》《梅州市整治占地毁林建坟专项工作实施方案》。开展殡葬服务管理“三规范一推行”（规范殡葬服务价格管理、规范殡仪馆服务管理、规范民办殡仪服务机构代理服务，推行殡葬服务持证上岗）专项整治活动“回头看”和殡葬宣传月工作，举办殡仪馆“公众开放日”和“骨灰免费树葬”活动。全市实施城乡居民殡葬基本服务由政府免费提供政策，全年免除殡葬基本服务28666宗，总金额3878.51万元。

【区划地名】 稳步推进第二次全国地名普查工作，各县（市、区）地名普查工作采取自主招标形式进行，全市落实普查资金1811万元（含中央和省普查补助资金646万元），其中梅江区、蕉岭县、平远县和大埔县进展较快。全面完成梅州河源行政区域界线第三轮联检任务和梅州城区58条城市道路、4个建筑物（住宅区）的命名工作，设置安装和更新维护路（街、巷）牌100块。

（杨伟星）

计划生育

【概况】 2015年10月1日至2016年9月30日，全市常住人口出生54117人，出生率12.80‰，政策生育率96.77%，人口自然增长率5.79‰，出生人口性别比105.38：100。

【计生扶助】 2016年，全市发放各类奖扶资金6143.36万元，其中：农村部分计划生育家庭奖励15805人、2219.86万元，计划生育家庭特别扶助（独生子女伤残死亡家庭）367人、372.01万元，城镇独生子女父母计划生育奖励24668人、1384.49万元，农村计划生育节育奖励82772人、2167万元。开展“帮扶救助计生困难家庭”公益活动，筹集爱心捐款帮扶救助计生困难家庭150户；实施“计生家庭意外伤害保险”和“失独家庭综合保险”等惠民项目，继续为全市农村独生子女家庭、农村纯二女结扎家庭和城市困难独生子女家庭购买计生家庭意外伤害保险。

【计生管理】　制订《2016年度梅州市计划生育目标管理责任制考核方案》和《2016年度梅州市计划生育兼职单位综合治理工作目标管理责任制考核方案》，严格按照新的《中华人民共和国人口与计划生育法》《广东省人口与计划生育条例》要求，依法启动实施全面两孩政策。在省条例未修订前，做好过渡时期一孩、二孩生育登记服务工作，印发《关于贯彻实施“全面两孩”政策做好当前过渡时期全市生育登记服务工作的通知》，方便群众办证。

（危育东）

民族工作

【少数民族扶持工作】　加大对畲村在政策、项目、资金支持力度，完善畲村文化、教育、卫生和公路等基础设施建设，为畲村争取少数民族发展资金19万元。扶持畲村发展特色高山茶叶种植，提高村集体和村民收入水平，2016年全村人均收入9600元，基本实现脱贫。利用畲村地理条件、资源优势，推进少数民族特色村寨创建工作，加大对凤坪畲族舞蹈、茶园风光和招兵节等的挖掘和培育力度，打造“畲族招兵节”“特色舞蹈”等一批特色旅游节庆活动品牌。做好少数民族考生资格审核和资助少数民族大学生上大学等工作，10名少数民族大学生补助资金发放及时到位。

【城市民族管理工作】

创新工作举措　做好涉疆服务管理。专门邀请新疆驻粤工作队到梅江区、梅县区、兴宁市等地对新疆籍商贩做思想工作，引导教育他们守法经营，服从城管人员管理，配合政府做好创建国家卫生城市工作，禁止乱摆乱卖，取得明显效果。组织公安、城管、民宗等部门有关人员到新疆考察民族工作，与新疆和田县民宗委签订《关于加强少数民族流动人员服务管理工作的协议》，为加强新疆籍流动人员的服务管理打下坚实基础。

加强部门联动　妥善处理少数民族矛盾纠纷。配合公安、国安、城管等部门加强安全隐患排查，及时妥善处置涉民族因素矛盾纠纷，特别注意涉疆、涉藏人员矛盾纠纷的调处。梅江区、梅县区注意做好“古尔邦节”期间维稳工作，帮助协调新疆籍摊贩解决务工、经商遇到的困难和问题，及时化解矛盾纠纷。2016年，妥善处理涉及民族因素引发的矛盾纠纷2宗，有效维护民族领域的和谐稳定。

树立典型示范　开展民族团结进步创建活动，涌现出一批先进典型，其中嘉应学院、市城市建设管理监察支队、丰顺县潭江镇人民政府、梅江区金山街道办事处小溪唇社区等单位创建工作基础扎实、成效显著，被省民宗委命名表彰为“广东省第一批民族团结进步创建活动示范单位”，丰顺县潭江镇人民政府被推荐为第四批“全国民族团结进步创建活动示范单位”。

注重政治关怀　加强少数民族代表人士队伍建设。把培养选拔少数民族干部列入各级党委的重要议事日程，注重选用作风好、素质高、能力强的少数民族代表人士。全市有7名少数民族人士担任人大代表和政协委员，2名担任副处以上职务。

宗教工作

【宗教场所建设】　将千佛塔寺宗教文化景区相关配套设施列入城市公共配套设施进行规划建

设，协调有关部门推进千佛塔寺停车场、公共厕所和寺庙景观灯安装等项目工程建设；推动大埔三河天主教堂易地重建选址、用地报批、建设等相关工作；督促梅县区加快解决基督教东门礼拜堂新堂施工和消防安全通道建设问题；指导协调梅江区汉帝宫、阳东岩寺纳入城乡规划建设，以及佛教香花文化传承基地慈云宫做好大雄宝殿、斋堂改建工作等。

【宗教管理】

宗教界自身建设　指导宗教团体健全完善思想、作风、组织、制度建设，有针对性地培养年轻宗教教职人员和代表人士。推荐 14 名宗教界人士当选市人大代表、政协委员。指导各地按照章程规定做好宗教团体换届工作，优化配备团体领导人。

宗教场所管理　一是和谐寺观教堂创建活动。梅州市有 11 处场所被省民宗委评为第五批全省创建和谐寺观教堂达标场所。2016 年，五华县有 16 间宗教活动场所被评为第六批全省创建和谐寺观教堂达标场所，天主教梅州教区主教座堂荣获第三届全国创建和谐寺观教堂先进集体称号。完善场所信息公告、统一悬挂标识牌、教职人员基础信息统计等基础性工作。全市有 11 个宗教团体换领统一社会信用代码证，230 多间宗教活动场所开立单位银行结算账户。329 间佛道教活动场所获授由国家宗教事务局统一监制的标识牌，实现对佛道教场所的动态管理。二是寺庙宫观整治。贯彻国家《关于处理涉及佛教寺庙、道教宫观管理有关问题的意见》，开展寺庙宫观被承包、假僧假道、借教敛财等商业化问题的治理整顿工作。联合有关部门对全市宗教活动场所、景区违规设立功德箱和大型露天造像行为进行清查整治。指导协助做好基督教“生命泉”临时聚会点、道教泮坑公王庙等场所的管理工作；大埔县查处江畔人家景区违规建造寺庙一座、露天造像三尊和乱设功德箱等问题；兴宁市及时整治违规建造寺庙问题，做好场所的规范合法化工作。三是宗教场所平安创建。指导各宗教团体、宗教场所落实安全工作主体责任，加大风险点、危险源安全隐患排查力度，联合有关部门加强对宗教活动场所建筑、消防、文物、食品卫生和大型活动的安全检查。2016 年，全市宗教场所未发生较大以上安全事故。

反渗透整治专项工作　市民族宗教局领导经常到有关县（市、区）开展调研，指导协助做好境外非法宗教渗透专项整治工作，采取有效措施，把涉民族宗教领域的不稳定因素控制在源头，化解在苗头，全市民族宗教领域不稳定案件为“零”。各地成立专项整治工作领导小组，完善工作机制，开展重点摸排整治。

【民间信仰工作探索】　经调查，全市民间信仰场所建筑面积 100 平方米以上的有 316 处，五华县、大埔县数量较多。其中采用佛道教仪轨的场所 94 处，取得土地使用权或房产证的 6 处，单次民间信仰活动人数超过 1000 人的 15 处，建立财务、安全管理制度的 79 处，成立管委会的 74 处，经济收入 10 万元以上的 16 处，设立功德箱的 68 处。按照“依法管理、分类管理、属地管理、重在基层”的要求，采取社会综合治理工作方法，妥善处理涉国家利益和社会公共利益的民间信仰事务以及社会公共活动中涉民间信仰方面的事务。引导、注重发挥民间信仰在道德教化、文化传承、民间交流等方面的积极作用。

【公益活动与宣传】　引导宗教界在道德教化、心灵抚慰、心理调适以及植树造林、扶贫济困、养老义诊等方面发挥作用；引导宗教界践行社会主义核心价值观，在讲经布道时融入信教群众的日常生活和工作中，推动宗教伦理道德与中华传统美德结合；结合“广东扶贫济困日”和“宗教慈善周”活动，引导宗教界开展公益慈善活动。千佛塔慈济会坚持为灾区及困难群众捐款捐物；兴宁市基督教会兴办“长者之家”“食物银行”，佛教念佛堂开办“慈光安养院”，为老人提供养老和临终关怀；梅县佛光寺开办慈善中医诊所，免费为困难群众施医送药；天主教圣心仁爱会联合有关医院送医送药，下乡义诊、济困等，受到社会各界的好评。其中，兴宁念佛堂慈光安养院的慈善活动引起各界关注，《南方日报》、《羊城晚报》、广东电视台等主流媒体多次专题报道，肯定其慈善模式和成效。据统计，2016年宗教界累计为社会慈善公益事业捐款物资460多万元。深入挖掘提升宗教文化资源，发挥梅江区慈云宫佛教香花文化传承基地的辐射带动作用，不定期开展佛教香花文化讲座、研讨会和香花科仪切磋。完成佛教香花文化研讨会《论文集》和《梅州宗教志》的编纂和审核工作。

（市民族宗教事务局）

省委统战部副部长、省民族宗教委主任黄强（前排左一）到梅州调研宗教工作

县（市、区）概况

责任编辑：陈旭芳

梅 江 区

【概况】 梅江区位于广东省东北部，梅江河中游，梅州市中部，东临梅县区丙村镇和大埔县银江镇，南与梅县区梅南镇和丰顺县交界，西连梅县区程江镇和大坪镇，北接梅县区石扇镇和城东镇。全区总面积 570.61 平方千米，其中耕地面积 4069 公顷。2016 年，梅江区辖长沙、三角、城北、西阳 4 个镇和西郊、金山、江南 3 个街道办事处，辖 81 个村民委员会和 45 个社区居民委员会；全区年末常住人口 42.16 万人，同比增长 0.46%，年末户籍人口 35.52 万人，其中，男性 17.91 万人、女性 17.61 万人。人口出生率 11.46‰，自然增长率 5.35‰。祖籍梅江区的海外华人、华侨和港澳台同胞约 20 万人。区境内矿产资源主要有煤、石灰石、花岗岩、稀土、黏土、矿泉水等。土特产有金柚、客家盐焗鸡、客家娘酒等。

梅江区是国家历史文化名城，有众多名胜古迹和丰富的文化遗产。主要有黄遵宪故居人境庐、千佛塔、东山书院、梅江桥、梅州学宫、八角亭等各级文物保护单位 14 处和泮坑公王、义孚堂等众多未定级文物，嘉应学院、东山中学、梅州中学等名校，中山路、凌风路、仲元路等名街，席狮舞、五句板、梅城山歌、舞龙、金狮、闹八音、拜“孔圣人”等 33 项区级非物质文化遗产保护项目。

梅江区是原中央苏区县、国家园林城市、国家卫生城市、全国民政工作先进区、全国计划生育优质服务先进区、全国义务教育发展基本均衡区，是著名的文化之乡、华侨之乡、足球之乡。

2016 年,梅江区获评全国国土资源节约集约模范县、全国计划生育优质服务先进区，连续 17 年获评省计划生育工作先进单位，连续 9 次获评省双拥模范区。

【经济社会发展】 2016 年，梅江区推进产业结构调整，经济社会保持良好发展态势。全年实现地区生产总值(GDP)76.18 亿元，同比增长 6.8%。其中第一产业增加值 10.16 亿元，同比增长 4%，拉动 GDP 增长 0.5 个百分点；第二产业增加值 29.25 亿元，同比增长 3.8%，拉动 GDP 增长 1.5 个百分点；第三产业增加值 36.77 亿元，同比增长 9.9%，拉动 GDP 增长 4.7 个百分点。三次产业结构比例由上年的 13.1：39.4：47.4 调整为 13.5：37.2：49.3。公共财政预算收入 7.03 亿元，同比减少 18.77%。城镇新增就业人数 3610 人，年末城镇实有登记失业人员 2805 人，城镇登记失业率 2.43%，同比上升 0.03 个百分点。组织劳动力培训 2053 人，转移就业人数 4200 人。

【农业】 2016 年，梅江区农业总产值 17.12 亿元，同比增长 3.9%，其中种植业产值 10.07 亿元，同比增长 4.5%；林业产值 3783 万元，同比增长 7.5%；牧业产值 5.60 亿元，同比增长 1.7%；渔业产值 7995 万元，同比增长 8.2%；农林牧渔服务业 2660 万元，同比增长 10%。全区农村经济总收入 62.34 亿元，同比增长 6%；农民人均纯收入 9670 元，同比增长 6%。

种植业　全区农作物总播种面积 10621.53 公顷，同比增加 39.4 公顷。粮食作物播种面积 4348.6 公顷，总产量 2.48 万吨，其中水稻播种面积 3254.8 公顷、总产量 2 万吨；玉米收获面积 505.6 公顷、总产量 1812 吨；薯类面积 307.8 公顷、总产量 1.04 万吨；花生播种面积 398.27 公顷、总产量 1042 吨；蔬菜（含菜用瓜）播种面积 5013.93 公顷、总产量 12.50 万吨；水果种植面积 2357.93 公顷，总产量 4.06 万吨，其中金柚种植面积 1226.67 公顷、总产量 2.31 万吨；茶叶种植面积 666.67 公顷，总产量 600 多吨。

林业　2016 年，梅江区涉林经济总产值 4.95 亿元，其中第一产业 1.02 亿元（包括林木培育和种植 300 万元，经济林产品 7333 万元）、第二产业 554 万元（主要是锯材，木片加工和人造板制造）、第三产业（涉林产业）3.87 亿元。完成荒山造林面积 333 公顷，更新造林面积 600 公顷，森林覆盖率 73.23%。

畜牧业　全年全区生猪饲养量 24.65 万头，同比减少 2.2%；猪肉产量 1.54 万吨，同比减少 3.5%；年末存栏量 6.12 万头，其中能繁母猪头 7163 头、出栏肥猪 18.53 万头；家禽全年饲养量 305 万羽，同比减少 12.5%；肉类总产量 2.01 万吨。

水产业　全区水产养殖面积 643.67 公顷，比上年减少 127.73 公顷；水产品总产量 8431 吨，同比增长 13.2%；总产值 7551 万元，同比增长 9.6%。从事渔业生产 2215 户、2670 人，渔民年均纯收入 8417 元。

【工业、建筑业】　2016 年，梅江区完成工业总产值 93.44 亿元，同比增长 1.2%；完成工业增加值 23.79 亿元，同比增长 2.6%；其中规模以上工业总产值 72.54 亿元，同比减少 0.5%；完成规模以上工业增加值 19.61 亿元，同比增长 0.3%；其中五大支柱工业产值 64.24 亿元，同比减少 1.3%，东升园区规模以上工业总产值和增加值分别完成 58.29 亿元和 13.58 亿元，同比分别增长 5.5%和 5.9%。规模以上轻工业实现工业总产值 5.9 亿元，同比增长 4.7%；规模以上重工业实现工业总产值 66.64 亿元，同比减少 0.8%；工业投资 6.72 亿元，同比增长 91.5%；工业技改投资 3.31 亿元，同比增长 267.6%；规模以上工业企业实现利润总额 4.73 亿元，同比减少 11.6%。建筑业增加值 4.58 亿元，同比增长 11.1%；建筑业总产值 39.68 亿元，同比增长 3.9%。建筑企业房屋建筑施工面积 482 万平方米，房屋竣工面积 127 万平方米。

【招商引资】　梅江区抢抓政策机遇，加快重点基础设施项目建设，为招商引资奠定坚实基础。2016 年，先后引进客天下碧桂园、棕榈园林时光梅州等计划投资总额 120 多亿元，超额完成市下达的 70 亿元目标；海吉星水果市场、万达广场、义乌小商品批发城等 11 个在建省、市重点项目，实际完成投资近 100 亿元，优质项目建设成效初显。全年引进项目 26 个，计划总投资额 149.78 亿元；增资扩产项目 3 个，计划投资 3.8 亿元。顺利承接东升工业园建设管理职责，借力对口帮扶，合作共建增城（梅江）产业示范园，园区总产值 70.9 亿元，同比增长 4.6%。

梅州市没有一个统一的、大型的交易和配送平台，农产品的主要市场局限在本地及周边的几个城市，无法大量对外输送和销售，梅江区区政府引进海吉星项目，弥补这个短板，将质量优势转化为经济效应，推动梅江区乃至整个梅州市的农产品市场发展。该项目为梅州市“菜篮子”工程，计划投资 15 亿元，8 月，梅州海吉星水果市场正式开业。平台的搭建效果明显，梅州市农业局联合梅州海吉星农产品批发市场，成功打开京津沪市场，把金柚销售到上海等地。

【固定资产投资】 2016年，完成固定资产投资总额107.37亿元，同比增长55.9%，其中房地产投资58.3亿元，同比增长24.4%。固定资产投资按产业分，第一产业投资为0；第二产业6.72亿元，同比增长91.5%，其中工业投资6.72亿元，占固定资产投资总额的6.3%，同比增长91.5%；第三产业投资100.65亿元，同比增长54%。商品房销售面积98.78万平方米，同比增长50.9%；商品房销售额59.58亿元，同比增长61.1%。

【贸易】 2016年，实现社会消费品零售总额102.26亿元，同比增长10.8%。其中批发和零售业零售额95.14亿元，同比增长11.3%；住宿和餐饮业零售额7.12亿元，同比增长4%。外贸进出口总额42501万美元，同比增长9.6%。其中出口总额36455万美元，同比增长14%。实际利用外资234万美元，同比增长107.1%；新办“三资”（中外合资经营、中外合作经营、外商独资经营）企业9家，同比增加2家。

【金融·保险】 2016年各项贷款余额68.65亿元，同比增长21.3%；各项存款余额182.51亿元（含邮政储蓄），同比增长11.3%，其中城乡居民储蓄存款余额130.83亿元，同比增长6.3%。全年人寿、财产保险保费收入1762万元，同比增长5.0%；理赔支出759.6万元。

【旅游业】 2016年，梅江区抢抓“国家旅游休闲示范城市”创建契机，推进梅江韩江绿色健康文化旅游产业带建设，以辖区厚重的人文自然资源为依托，以各类型旅游景区景点为载体，致力推动传统景区提质升级，打造美丽乡村、提升品牌形象，全方位展示“诗画梅江”独特魅力，旅游产业发展迸发新活力。全区有国家AAAA级景区1家，AAA级景区2家，旅游星级饭店8家（其中五星级饭店2家、四星级饭店1家、三星级饭店5家），旅行社22家，旅游汽车公司2家，游船公司1家，形成“吃、住、行、游、购、娱”六要素的旅游产业体系。全年接待游客1176.3万人次，同比增长18.2%；旅游总收入140.6亿元，同比增长18.6%。

【基础设施建设】

交通运输建设 2016年，梅江区推进梅平高速公路、客都大桥、罗乐大桥等重点工程建设，新建农村公路25千米。交通基础设施建设投资5300多万元，实施建设和改造项目19个；查处各类违法案件344宗，罚款29.5万元；拥有运输营运车辆2776辆，其中载客汽车234辆、载货汽车2542辆；完成客运量243万人，货运量1716万吨；旅客周转量53496万人千米，货物周转量360458万吨千米。

水利建设 2016年投入水利基础建设资金6600多万元，水利惠民工程成效显著，中小河流治理居全省山区五市各县（区）前列，白宫河治理工程获评“省水生态与水文化结合示范点”。全年完成500米黄塘河应急段工程、干光段1千米工程建设和干才水库坝址至干才学校2.8千米工程施工，完成原梅隆铁路桥至古田截洪沟1.6千米段施工量的85%。修编完成《梅江区村村通自来水工程建设规划报告》和《梅江区村村通自来水工程建设实施方案》，第一期村村通自来水工程完成勘察设计和招标工作。

【城市扩容提质】 2016年，梅江区推进江南新城、足球文化公园等20多个重点项目用地征收，全年征收土地100多公顷、房屋239座。江南新城和芹洋半岛安置区及市政道路、紫合医院、马鞍山公园等配套设施建设稳步推进，万达广场、海吉星物流园、义乌小商品城等重点项目成效初显。

【城乡环保建设】 2016年，梅江区积极创建国家环保模范城市，严守生态保护红线，抓好重点环境保护问题排查整治，城区环境空气质量年度优良率98.9%；清凉山水库、梅江饮用水源地和主要江段水质达标率100%；区域噪声、道路交通噪声保持稳定，声环境质量较好，环境质量保持稳定。开展城乡环境综合整治，通过“农村生活垃圾收运处理试点示范区”省级验收。

【教育·科技】 2016年，梅江区有各类学校119所，其中普通中学13所、小学32所；职业教育4所（其中职业高中3所、教师进修学校1所）；幼儿园70所。在校学生64531人，其中幼儿园13526人、小学生31825人、初中学生8791人、普通高中学生7153人、职业高中学生3236人。公办在职教职工3199人，其中幼儿园教师58人、小学专任教师1425人、初中专任教师941人、高中专任教师608人、中职专任教师116人。公办中小学、幼儿园教师学历达标率100%。全区幼儿入园率100%、义务教育阶段适龄儿童入学率100%、高中阶段毛入学率100.88%、初中毛入学率125.07%、小学毛入学率114.42%。高考成绩全市排名第三，全区参加高考的考生3022人，本科上线1527人，本科入围率50.53%，同比增长4.59%；美术、音乐、体育高考本科上线229人，同比增加15人。全区4527人参加中考，700分以上500人，占全市高分尖子生（1346人）的37.14%，同比增长3.64%。特色办学取得显著成效，梅州中学、城北中学、鸿都小学3所学校被教育部评为“全国青少年校园足球特色学校”，水白中学被评为“广东省中小学心理健康教育特色学校”，鸿都小学被评为“广东省依法治校示范校”。2016年，人民小学向省级足球俱乐部输送15名运动员，梅师附小向省、市羽毛球队输送20名运动员，梅师附小参加“全国青少年羽毛球比赛”获团体一等奖，参加“广东省中学生锦标赛”获混合双打冠军，肩一小学刘佳欣参加“全国消防绘画作文”比赛获剪纸艺术二等奖。

科技队伍不断壮大，科技事业取得新的进展。2016年获得市科技进步奖2项，专利申请受理量256项，专利申请受权量242项。年末全区拥有事业单位各类科学技术人员3974人，同比增长0.6%，其中高级职称487人，同比增长0.4%；中级职称2310人，同比减少0.3%。

【文化·卫生】 文化事业健康发展，精神文明建设成效显著。梅江区有区级文化馆1个，镇（街道）文化站7个。图书馆藏书13万册。2016年开展送戏下乡93场、送书下乡15场、送电影下乡972场次。群众文艺作品获得省级奖项2项、市级奖项8项。全区有卫生机构14个，其中区级医院1所、专科医院1所、公共卫生事业单位4个、基层医疗卫生机构8所，病床位907张，卫计工作人员1528人，其中执业医师和执业助理医师370人、注册护士373人、药剂人员144人、技师（士）51人、其他590人。

【体育】 群众体育运动深入开展，2016年举办运动会2次，开展各类群众性比赛活动320多场次，参与活动人数1.2万多人次。各级群体赛事取得可喜成绩。2016年，梅江区被评为全国千村健身气功交流展示系列活动大赛三等奖，被定为“广东省足球试点县区”，金山街道在广东省第二届百街千镇乒乓球赛梅州选拔赛中夺得男子团体冠军，城北镇参加梅州市“铁汉生态杯”乡镇足球赛夺得冠军，誉诚轩队参加梅州市“赛翡蓝宝石球王杯”足球赛夺得亚军。体教结合，优势互补，以赛促练。2016年，梅江区运动员参加全国青少年羽毛球俱乐部联赛获得团体总分一等奖、广东省“萌芽杯”青少年羽毛球精英赛获得男子单打第一名、广东省中学生羽毛球锦标赛获得乙组混合双打第一名、“怡宝杯”广东省青少年羽毛球锦标赛获得丙组男子团体第二名、梅州市“体彩大乐透杯”青少年足球锦标赛获得男子甲组和女子丙组第二名、广东省青少年女子足球甲组联赛获得第五名（梅州市第一名）。2016年输送省体校运动员4人、市体校运动员14人。

【民生福祉】 2016年，梅江区常住居民人均可支配收入29139.3元，同比增长8.7%；其中：城镇常住居民人均可支配收入30340.4元，农村常住居民人均可支配收入17256.6元，同比分别增长8.2%和8.8%，扣除价格因素实际分别增长5.8%和6.4%。全年全区参加基本养老保险58163

人、失业保险21198人、工伤保险25917人、基本医疗保险36239人、生育保险26018人、农村社会养老保险57056人、城乡居民医疗保险215184人。全区有社会福利院17家、床位1733张，社区服务设施119个。城乡低保对象2126户、3564人，累计发放城乡低保资金2071万元。

【法治建设】　2016年，梅江区信访部门受理群众信访1604件次，同比上升1%；区党政领导约访、探访和设点接访群众218批386人次；加强“梅江民声”网上信访和“12345”政府服务热线宣传，受理网民网上信访1053件次，同比下降6.7%，按时回复率91.1%；“12345”政府服务热线受理工单375宗，新增“12345”热线知识库130条，按时办结率100%。

梅江区公安机关开展“飓风2016”“断腿2016”“断流2016”“安网2016”等专项行动，严厉打击涉毒犯罪、涉盗抢犯罪、涉电信诈骗、涉经济犯罪和涉黄涉赌等违法犯罪。2016年立刑事案件1853宗，同比下降12.8%；破刑事案件1216宗，同比上升1.2%；抓获犯罪嫌疑人451人，其中抓获涉毒犯罪嫌疑人54人，破涉毒案件50宗；抓获涉盗抢犯罪嫌疑人118人，破涉盗抢案件937宗；抓获涉电信诈骗嫌疑人10人，破电信诈骗案件57宗；抓获涉经济犯罪嫌疑人61人，破涉经济犯罪案件59宗。追回各类赃款赃物折值646万多元。

梅江区检察机关受理移送审查批捕案件243件445人，经审查批准逮捕202件346人；受理审查起诉案件334件506人。经审查，决定起诉295件447人；立案查处职务犯罪案件3件6人，追缴赃款及违法所得32万多元；受理行贿档案查询788次、788家企业、1353人。

梅江区人民法院受理刑事、民事、行政和执行等案件3798件，结案3595件，结案率99.02%，解决争讼标的12.8亿元。收、结案件数量同比分别增长20.57%和20.60%，法官人均办结案件187.7件，个人最高结案237件。

梅江区司法机关调解民事纠纷1204宗，调解率100%，调解成功1182宗，调解成功率98.2%。办理法援案件185宗，其中刑事案件33宗、民事诉讼案件140宗、非诉讼案件12宗；接待到访、电话访问群众1530人次。接收社区矫正人员94人，在册169人，无脱管、漏管现象；安置就业225人，安置率94%；落实帮教240人，帮教率100%。办理各类公证545件，其中国内民事公证458件、涉外公证87件。全面铺开一村（社区）一法律顾问，村（居）法律顾问覆盖率100%，村（社区）法律顾问应约服务、电话服务总数1571件。

【港澳台及华侨事务】　2016年，梅江区接待海外华侨和港澳台同胞3723人次，海（境）外青少年700多人，接受海外捐资公益事业602万元，为出国、境人员办理出国护照、赴港澳通行证39宗，完成因公出访计划4批10人次。重视侨界民生，依法维护侨胞合法权益，妥善处理侨务信访案件，全年侨胞信访7宗50多人次，100%处理妥善。规范困难归侨专项补助资金发放，对困难归侨实行动态管理，由村（居）、镇（街道）逐级上报，做到公平、公正、公开，专账到人，全年发放困难归侨救助金52.37万元。组建由区侨联、区司法局、区法律援助中心组成的法律顾问团，依法维护归侨侨眷的合法权益。

【国土资源节约集约模范县创建】　梅江区高度重视国土资源节约集约模范县创建工作，将节约集约国土资源与推动经济社会发展、经济结构调整等相结合，采取多项举措做好耕地保护、违法用地查处等工作，加大辖区土地科学化、节约化管理力度，推动国土资源节约集约利用工作向更高水平推进。通过“三旧”（旧城镇、旧厂房、旧村庄）改造、低丘缓坡荒滩等未利用土地开发，挖掘盘活辖区土地资源2680公顷，为中心城区扩容提质及重点项目建设提供坚实的用地保障。2016年，梅江区获评“全国第三届国土资源节约集约模范县”。

【各镇、街道简况】

长沙镇　地处梅江区南部，东邻梅江区西阳镇，南连梅县区梅南镇，西接梅县区程江镇，北与梅江区三角镇交界，东南与丰顺县龙岗镇接壤。总面积 94.76 平方千米，辖 6 个村民委员会和 1 个社区居民委员会。2016 年年末，全镇有 3819 户、12788 人；有耕地面积 712.87 公顷，农村经济总收入 2.84 亿元，同比增长 6.10%；村集体经济生产性纯收入 65.12 万元，同比减少 7.32%；农民人均纯收入 9097 元，同比增加 522 元，同比增长 6%。

三角镇　地处梅城南郊，东倚黄沙嶂高观音与西阳镇交界,南与长沙镇接壤，西临梅江与梅县区程江镇隔江相望，北与江南办事处毗邻。总面积 38.01 平方千米，辖 13 个村民委员会和 4 个社区居民委员会。2016 年年末，全镇有 9615 户、39371 人；有耕地面积 286.33 公顷，其中水（旱）田 198.27 公顷。规模以上工业总产值 15.77 亿元，同比增长 3.21%；农村经济总收入 14.9 亿元，同比增长 6%；村集体经济总收入 1643 万元，生产性纯收入 935 万元；农民人均纯收入 10923 元，同比增长 6%。

城北镇　地处梅州城区北面，东临金山街道、梅县区城东镇，南连梅州城区，西与西郊街道、梅县区程江镇毗邻，北接梅县区大坪、石扇镇。总面积 117.78 平方千米，其中城区面积 5 平方千米，辖 20 个村民委员会和 5 个社区居委会，278 个村民小组。2016 年年末，全镇有 18479 户、56452 人；有耕地面积 1631.4 公顷，其中水（旱）田 1045.2 公顷、旱地 586.2 公顷。镇级财政收入 1941.33 万元。全年规模以上工业产值 9502.6 万元，同比减少 39.3%；限上批发和零售业 14.54 亿元，同比增长 7.9%；固定资产投资 9.72 亿元，同比增长 36.1%。农村经济总收入 7.145 亿元，同比增长 6%；村委集体经济总收入 663.7 万元，同比增长 4.1%；村民小组集体经济纯收入 253.95 万元，同比增加 14.33 万元，同比增长 6%；农村人均纯收入 9067 元，同比增加 513 元，同比增长 6%。

西阳镇　地处梅江区东南部，东与梅县区雁洋镇及大埔县毗邻，西连梅州市东升工业园区，东北部与梅县区丙村镇接壤，东南部与丰顺县交界。总面积 272.64 平方千米，辖 27 个行政村和 3 个居民委员会。2016 年年末，全镇有 11157 户、35864 人；有耕地面积 1120.67 公顷，其中水（旱）田 973.27 公顷、旱地 147.4 公顷。全年实现规模以上工业总产值 21.16 亿元，同比减少 1.69%；农业总产值 2809 亿元，同比增长 6.18%；农村经济总收入 23.71 亿元，同比增长 6.18%；农民人均纯收入 8996 元，同比增长 6%。

江南街道办事处　地处梅州市区南部，东临梅江河畔与金山街道办事处相望，南与三角镇相连，西临梅江河畔与西郊街道办事处相望，北临梅江河畔与金山街道办事处相望。总面积 5.68 平方千米，辖 14 个社区居民委员会。2016 年年末，街道总户数 39807 户，户籍总人口 106322 人。完成规模以上工业产值 0.66 亿元，同比减少 4.3%；固定资产投资 15.69 亿元，同比增长 0.1%；规模以上批发和零售贸易 17.80 亿元，同比减少 11%；规模以上住宿和餐饮业为 1.27 亿元，同比减少 9%。

西郊街道办事处　地处梅州市区西部，总面积 6.53 平方千米，辖 5 个村民委员会和 7 个社区居民委员会。2016 年年末，街道户数 11564 户、街道总人口 36296 人；有耕地面积 104.73 公顷。农村经济总收入 5.84 亿元，同比增长 6%，农民人均纯收入 10113 元，同比增加 571 元，同比增长 5.98%。

金山街道办事处　地处梅州市区东郊盘龙桥侧。总面积 35.21 平方千米，辖 10 个村民委员会和 11 个社区居民委员会。2016 年年末，街道有 18592 户、68108 人；有耕地面积 226.4 公顷，其中水田 156.66 公顷、旱地 35.16 公顷，水浇地 34.58 公顷。农村经济总收入 7.85 亿元，同比增长 6%；农民人均纯收入 9778 元，同比增加 549 元，同比增长 5.9%。

（邹红香）

附：2016年梅江区领导班子成员名单

区委书记：潘小韬
副 书 记：肖卫华（女）
张茂先（任至10月）
钟 明（10月任）
区委常委：潘小韬
肖卫华（女）
张茂先（任至10月）
张灼明（任至4月）
罗海涛（任至8月）
钟小清（任至10月）
巫繁星（任至10月）
钟 明
李思平
罗红葆（女）
张周勇（任至6月）
陈真权（挂职，任至2月）
李志春（挂职，任至6月）
曾繁伟（4月任）
丘 炀（8月任）
古 熠（8月任）
姚文东（10月任）
王增文（10月任）
徐 峰（挂职，2月任）
区人大常委会主任：潘小韬（任至11月）
巫繁星（11月任）
副 主 任：黄国平（任至11月）
钟小清（11月任）
王 锦（任至7月）
程成芳
杜延生（11月任）
罗尚君
朱国涛
管文杰
区 长：肖卫华（女）
副 区 长：罗海涛（任至9月）
陈真权（挂职，任至3月）
杜延生（任至11月）
李思平（11月任）
谢益民
罗涤权
姚文东（任至11月）
李明华
刘伟球（11月任）
郭敏谋（11月任）
许 锋（挂职，3月任）
区政协主席：郭勇谋（任至11月）
赖经烈（11月任）
副 主 席：丘元强
梁 青（任至11月）
田聪谋（任至1月）
刘伟球（任至11月）
葛雅玲（女）
张海辉（1月任）
孙伟华（11月任）
徐 莉（女，11月任）
区纪委书记：张灼明（任至5月）
曾繁伟（5月任）
副 书 记：张海辉（任至8月）
叶怀忠
谢文梅（8月任）

梅 县 区

【概况】 梅县区位于梅州市中部。2016年，梅县区设新城办事处、扶大高新区管理委员会2个镇级建制单位和17个镇、355个村委会、33个居委会。总面积2482.86平方千米。2016年年末，全区户籍人口611638人。人口自然增长率7.12‰。2016年，全区耕地面积1.66万公顷，粮食播种面积3.17万公顷，总产24.15万吨。矿产资源以大理石、煤、铁、锰、钨、锌、铜、石灰石等为大宗，其中大理石储量40多亿吨、煤储量近4亿吨、铁储量1318万吨、锰储量700万吨。旅游资源主要有国家AAAAA级旅游景区雁南飞度假村，国家AAAA级旅游景区叶剑英纪念园、雁鸣湖度假村、千年古刹灵光寺，国家AAA旅游景区南寿峰健康产业园，省文物保护单位元魁塔，最具代表性的中国五大特色建筑客家民居围龙屋——南华又庐、丙村温公祠，国家级文化产业园南口麓湖山庄，国家级古村落水车茶山村、南口侨乡村，广东省十大最美古村落雁洋桥溪村，国家历史文化名镇和历史文化名街松口，世界最大圆形建筑——梅县文体中心，主要地方名胜阴那山、王寿山、九龙嶂等。

梅县区文化底蕴深厚，孕育出不少杰出人物。著名人物有清代著名诗人宋湘、黄遵宪，辛亥革命烈士陆军上将邓仲元，中华人民共和国元帅、全国人大常委会委员长叶剑英，现代著名画家林风眠，全国政协副主席叶选平，全国人大常委、香港金利来集团有限公司董事局主席曾宪梓，古德生、张楚汉等“两院”院士 14 人。2016 年，梅县区分别被授予“国家农产品质量安全县”“中国候鸟旅游县”“全国计划生育优质服务先进单位”“广东省双拥模范城”等称号。

【经济概况】 2016 年，梅县区生产总值（GDP）187.63 亿元，其中，第一产业增加值 48.36 亿元；第二产业增加值 68.74 亿元；第二产业中工业增加值 57.82 亿元；第三产业增加值 70.52 亿元。公共财政预算收入 21.89 亿元，同比增长 1.8%。税收总收入 31.55 亿元，同比增长 0.2%。其中，国税税收 12.63 亿元，同比增长 22.9%；地税税收 18.92 亿元，同比下降 10.8%。公共财政预算收入总量在粤东西北 74 个县（区）中排名第二位。完成固定资产投资总额 152.99 亿元，同比增长 10.5%。按产业分，第一产业投资 0 亿元，同比减少 100%；第二产业投资 39.7 亿元，同比增长 10.5%；其中，工业投资 39.7 亿元，同比增长 10.5%，工业技术改造投资 12.1 亿元，同比增长 46.2%；第三产业投资 113.28 亿元，同比增长 16.0%。居民人均可支配收入 22329 元，同比增长 10.7%；其中：城镇居民人均可支配收入 28304 元，同比增长 10.3%；农村居民人均可支配收入 16182 元，同比增长 10.6% 。

【工业】 2016 年，梅县区落实省工业转型升级攻坚战三年行动计划，制定出台招商引资以及中小微企业和建筑行业资质上规模、上等级、上档次等方面的扶持激励措施，做强做大经济总量。继续促进企业增资扩产、技术改造、转型升级和企业上市。一是做大做强主导产业，培育发展装备制造、电子信息、新能源、商贸物流等主导产业，梅雁、宝丽华、超华、华银、BPW（梅州）车轴、卡莱（梅州）轮胎、嘉元科技、振声科技等龙头企业实力明显增强，规模以上企业达到 101 家，工业增加值实现 50.71 亿元，同比增长 5%。二是实施创新驱动，完成技改投资 12.1 亿元，同比增长 46.2%。新增高新技术企业 2 家、省级创新产业化基地 1 家。推进国家知识产权强县工程试点区创建，全年专利授权量 340 件，获批“创建广东省质量强县（市、区）示范城市”。三是全年新增 3 家民营经济企业在新三板挂牌，民营企业产值实现 131 亿元。招商引资新引进项目 31 个，计划总投资 87.5 亿元，实际完成投资 31.24 亿元。发挥上市企业和骨干企业的龙头带动作用。

全年全区完成规模以上工业总产值 176.73 亿元，同比增长 6.3%；实现规模以上工业增加值 50.71 亿元，同比增长 5.0%。畲江工业园区完成规模以上工业总产值 40.22 亿元，同比增长 30.4%。规模以上工业总产值按经济类型分：国有企业产值 7342 万元，同比下降 28.9%；集体企业产值 4696 万元，同比增长 6.0%；股份合作企业产值 12000 万元，同比下降 9.8%；股份制企业产值 1354405 万元，同比增长 2.7%；外商及港澳台投资企业产值 265681 万元，同比下降 7.4%；其他经济类型企业产值 123155 万元，同比增长 317.3%。全区规模以上工业企业实现利税总额 23.4 亿元，同比增长 5.2%；其中，利润总额 19.5 亿元，同比下降 4.6%。全年规模以上工业企业用电量 11.61 亿千瓦时，同比下降 8.3%。工业产品主要有：发电量、电子元件、水泥、车轴、橡胶轮胎、编织工艺品、电解铜箔、服装、覆铜板、精炼铜 10 类产品。

【农业、林业】 2016年，梅县区以国家级现代农业示范区建设推动农业转型升级，推进粮食稳定增产和现代农业生产基地建设，巩固提升特色优势农业。运用“互联网+现代农业”“文化旅游+现代农业”，发展生态农业、休闲农业。发展农产品电子商务，拓宽农产品线上线下销售渠道。推动农产品精深加工和流通，促进农业由第一产业向二、三产业优化提升。加强品牌农业建设，培育发展绿色安全健康农产品。将农业龙头企业、农民专业合作社、家庭农场、新型职业农民列入新一轮产业发展贷款贴息扶持范围。加快推进农业科技创新驱动，加强农业、农村信息化和农村三资平台建设，建立健全新型农业社会化服务体系，提升农业发展活力。全年完成农林牧渔业总产值74.75亿元，同比增长4.1%。其中，农业产值57.99亿元，同比增长4.1%；林业产值0.85亿元，同比增长14.7%；牧业产值11.69亿元，同比增长1.8%；渔业产值3.04亿元，同比增长7.3%；农林牧渔服务业产值1.17亿元，同比增长12.1%。全区实现农林牧渔业增加值47.16亿元，同比增长4.2%。

全年粮食播种面积3.17万公顷，总产24.15万吨，其中水稻种植面积2.34万公顷。全年粮食产量19.18万吨，同比减少1.3%，其中水稻产量16.26万吨，同比减少0.9%。经济作物产量中，花生同比增长6.1%、烤烟同比增长3.8%、蔬菜同比增长5.1%、甘蔗同比增长5.6%。全年水果总产量78.5万吨，同比增长6.2%；其中柚子产量54.6万吨，同比增长6.9%，总产值约28亿元，人均金柚收入约5500元，占人均纯收入的30%。

全年生猪饲养量61.9万头，同比增长1.0%；猪肉产量4.29万吨，同比增长1.4%；水产品产量2.96万吨，同比增长3.8%；“三鸟”（鸡、鸭、鹅）饲养量893.8万只，同比减少0.06%。

2016年，全区完成造林2786.67公顷，其中碳汇工程造林953.3公顷、发动社会造林1533.33公顷、封山育林300公顷。完成景观林带建设20千米，完成森林抚育1.63万公顷，建设生物防火林带150千米，新建森林公园7个，森林覆盖率达到74.63%。

【招商引资】 2016年，全面启动畲江产业园、水车产业园和城东白渡产业园“三园合一”集聚区的规划建设，制定实施培育发展装备制造、电子信息、新能源、商贸物流4个产值超百亿元产业方案。引进至畲江产业园梅州综合保税区项目7个，计划总投资合计43.6亿元。投资8亿元的广州中新集团汽车零部件制造项目正在规划设计中。投资3亿元的深圳安盛华集团珠宝加工项目厂房正在进行建筑施工设计。计划投资20亿元的广东盈方创投发展有限公司盈方高科产业孵化园项目动工，投资1亿元的梅州琉璃光电力设备项目完成土地“招拍挂”，投资10亿元的广铁国际物流项目正完善规划设计和用地报批前期工作，投资1.5亿元的深圳有信达集团保税物流项目首期用地已办理手续，快件中心正在进行规划设计。

全年引进项目31个，投资总额87.5亿元，投入资金31.24亿元。其中动工项目14个、竣工项目17个。引进的31个项目中，工业项目13个，计划投资15.29亿元，投入6.58亿元（其中动工项目6个、投产项目7个），计划投资10亿元以上的项目3个。完成梅州市政府下达的全年“完成新签合同项目计划投资额70亿元以上、当年完成实际投入28亿元以上，并至少引进1个计划投资额10亿元以上的合同项目”的目标任务。

【国内贸易与外经贸】 2016年，全区实现社会消费品零售总额142.01亿元，同比增长14.1%。其中，城镇零售总额99.96亿元，同比增长14.6%；农村零售总额42.05亿元，同比增长13%。分行业零售总额中，批发和零售业零售总额123.61亿元，同比增长14.6%；住宿和餐饮业零售总额18.39亿元，同比增长10.7%。2016年年末，居民消费价格指数同比上涨2.3%，商品零售价格指数同比上涨0.2%。

2016年，对外经济贸易新签外商投资项目

（已批准）3 个，合同利用外资金额 4887 万美元，同比减少 10%。实际利用外资 1092 万美元，同比减少 42.5%。全年完成外贸进出口总额 28735 万美元，同比减少 46%。其中，出口总额 23120 万美元，同比减少 51.6%；进口总额 5615 万美元，同比增长 3.6%。

【旅游业】 2016 年，梅县区推动梅江韩江绿色健康文化旅游产业带、全域旅游示范县（市、区）建设，稳步推进旅游项目建设和旅游招商引资，继续擦亮“中国旅游强县”金字招牌，打响“叶帅故里、客都明珠、国际慢城”的特色旅游品牌。

围绕把旅游产业打造成为战略性先锋产业和幸福导向型产业，将旅游产业与特色高效农业、生态文明建设、美丽乡村建设紧密结合，谋划梅县区旅游改革发展的新格局：东部以雁洋国际生态慢城为核心，向松口古镇拓展，进一步延伸到桃尧镇、隆文镇、松源镇，重点打造雁洋、松口 2 个特色旅游小镇，带动周边的乡村旅游发展；南部保护和利用好九龙嶂革命老区的红色旅游资源，进一步开发休闲养生、漂流等项目，推动新南湾水岸游乐休闲中心、水车镇茶山村等旅游开发；西部以麓湖山文化产业园为重点，带动南口镇侨乡村等古村落的乡村旅游开发；北部以上官塘水库和梅西镇固村·香溪木屋主题度假村旅游开发为抓手，形成连接平远县及江西省的北部重要节点；中部以梅县新县城、槐岗新城、葵岗新城建设为中心，布局发展城市休闲和商务旅游，构建好梅县区全域旅游发展的基本框架。

截至 2016 年年底，梅县区有国家 AAAAA 级旅游景区 1 个（雁南飞度假村），国家 AAAA 级旅游景区 3 个（叶剑英纪念园、雁鸣湖度假村、千年古刹灵光寺），国家 AAA 级旅游景区 1 个（南寿峰健康产业园），及国家级文化产业园南口麓湖山庄，国家历史文化名镇和历史文化名街松口，国家级古村落水车茶山村、南口侨乡村和中国五大特色建筑客家民居围龙屋南华又庐、丙村温公祠等主要景区景点。

2016 年，梅县区获全国客家文化生态旅游知名品牌示范区和中国候鸟旅居县，县域旅游综合竞争力连续六年跻身全省十强、位居全省第三，有四季佳禾、麓湖山产业园等 5 家单位获得梅州市第一批旅游推荐单位。全年全区接待游客 1633 万人次，同比增长 12.3%；其中，住宿设施接待过夜游客 1213 万人次，同比增长 10.1%。旅游总收入 136.48 亿元，同比增长 11.8%。

【基础设施建设】

交通基础设施建设　推进交通互联互通。2016 年，全区完成公路交通基础设施投资 19 亿元，其中高铁建设约 9 亿元、公路建设约 10 亿元。统筹交通建设与园区、城区、镇村建设，全力配合抓好境内“两高一场”（高速公路、高铁和机场）建设，强力推进征地拆迁，确保梅平高速公路、东环高速公路和梅汕高铁建设无障碍施工。改造 G206 径义段等一批国省道，加固 G205 南口潘屋桥、雁洋大桥，加快推进客都大桥连接线、新进城大道、梅畲快线、白渡园区快速干线等一批城区和产业园区道路建设，提升 294 千米县乡公路为省道干线。加快构建互联互通快速综合交通体系。

截至 2016 年年底，区域内通车总里程 2803 千米，每百平方千米公路密度 112.9 千米。其中高速公路 4 条、总长 116.5 千米；国道 2 条、总长 84.4 千米；省道 12 条、总长 455.5 千米；县道 169 千米；乡道 1977.6 千米；村道 471 条、总长 974.63 千米。全区开通城乡公交线路 38 条，投入运营车辆约 360 辆，241 个行政村已通车，占比 67.7%。全区有 3 家出租车公司，2 家客运企业，货运企业 59 家。全年旅客运输量 390 万人次，旅客周转量 50721 万人千米，同比增长 7.1%；货物运输量 1754 万吨，货物周转量 315693 万吨千米，同比增长 9.6%。

水利电力建设　全年全区投资 4.1 亿元，实施 62 宗水利工程项目建设，主要包括：21 宗中小型灌区续建与节水改造工程，13 宗农村中型及重点小型机电排灌工程，2 宗小流域综合治理工程，8 宗山区中小河流治理工程，6 宗一般小型病险水库除险加固工程，5 宗水系连通试点工程，程江涝区治理工程，新城水质净化厂配套集污管网项目，村村通自来水管网改造工程，水库移民工程，亲水公园二期工程，程江河堤除险加固及提升改造工程等。截至年底，实际完成投资 3.4 亿元，占总投资的 82.92%。

信息化建设　贯彻落实“互联网 +”行动计划，实施宽带普及提速工程。加快 4G 网络建设，实现行政村、重点旅游景区、主干道路全覆盖。实施“全省农业信息进村入户试点县”“智慧校园”等工程，加快推动电子政务向镇村延伸覆盖。推进原中央苏区农村超高速无线局域网应用试点工作，359 个行政村列入试点（包括市直管的梅西水库、上官塘、侯畲村 3 个行政村）。推进“公共大数据中心”及“政务信息资源共享平台”建设，通过信息技术提升交通、医疗、教育、旅游和城市管理等领域的管理水平，推进“智慧梅县”建设。全年向社会主动公开政府信息 2339 条，其中发布工作动态信息 1268 条、视频新闻 251 条、规范性文件信息 50 条、其他类信息 770 条。另外，各行政机关向社会公开信息 1214 条，其中发布工作动态信息 902 条、通知公告 126 条、政策法规、办事指南等信息 186 条。

【城乡建设】

城市建设　2016 年，新县城投入建设资金 16.54 亿元，建设项目 55 项，建筑面积 132.91 万平方米。年末，新县城累计投入建设资金 235.32 亿元，建设项目 4604 项，建筑面积 1514.79 万平方米，建成区面积 20 平方千米，建成区绿化覆盖率 38.69%，绿地率 35.35%，人均公共绿地面积 18.06 平方米。巩固提升华侨城、大新城、新城西片区基础设施，加大城区交通治堵力度，继续完善在建的 10 条市政道路，优化提升府前大道、人民南路等城区道路。打通 2 条断头路、新建 3 条市政道路。探索建设城市公共自行车项目，倡导绿色出行。加快市政综合管廊、程江河亲水公园、梅江西堤亲水公园二期等城市公共配套设施建设。年底新城水厂建成运行，缓解新县城居民用水不足难题。依托梅县新城发展和“两高一场”建设，谋划好梅县新城、槐岗新城、葵岗新城、雁洋新城和畲江新城的规划建设。协助做好《梅州市城市总体规划（2015—2030）》《梅县区新城西片区控制性详细规划》《梅县区槐岗片区控制性详细规划》《梅县区葵岗片区控制性详细规划》。全年完成 88 宗用地规划，面积 191.29 公顷，核发“建设用地规划许可证”15 宗，总用地面积 49.37 公顷。依据《中华人民共和国城乡规划法》，对各规划建设的项目进行严格、规范的规划核实。通过规委会审议的建设项目有 29 宗，核发“建设工程规划许可证”179 宗，总建筑面积 181.8 万平方米；梅县城乡建设工程规划核实 159 个项目，面积 145.5 万平方米。

新农村建设　坚持“政府主导、农民主体”的基本原则，以雁洋省级新农村示范片、重点烟区新农村示范村和幸福村居示范片建设为抓手，以点带面，典型引路，改善农村人居环境。一是打造雁洋省级新农村示范片。以“叶帅故里 · 国际慢城 · 美丽雁洋”为主题，以雁上村、南福村、大坪村、塘心村和阴那村 5 个村为主体，连片规划面积 40.3 平方千米，涉及 18 个自然村、29 个村民小组，共 1752 户、7024 人。在前期投入 2 亿多元的基础上，2016 年，投入 5000 多万元推进村庄整治、民生项目建设、产业扶持发展，启动实施 43 个项目建设。2016 年 10 月，雁洋入选首批中国特色小镇。二是建设重点烟区新农村示范村。按《梅州市重点烟区 2015—2018 年新农村建设实施方案》的要求，制订《梅州市梅县区 2015—2018 年重点烟区新农村建设实施方案》，规划建设 3 个示范村，每个村补助 500 万元，分别为 2015 年松源镇横坊村、2016 年松口镇中江村、2017 年隆文镇木寨村。三是推进幸福村居示范片建设。开展“中央苏区县创建幸福村居示范片”相关工作。梅县区示范片项目有“梅县区南口镇—丙村镇幸福村居示范片”，核心村为南口镇葵黄、益昌 2 个行政村和丙村镇群丰、大雅 2 个行政村。2016 年年底，完成项目建设、档案资料整理等工作，迎接省的检查和验收。

【社会民生】

社会保障体系建设　坚持保基本、兜底线、促公平、可持续方向，扩大社会保险覆盖面，推进机关事业单位养老保险制度改革，着力提高城乡居民最低生活保障、农村“五保”供养等底线民生保障水平，加大对困难弱势群体帮扶力度，提高城乡医疗救助水平，稳定保障贫困残疾人基本生活、医疗康复等基本需求，保障残疾人在新农合、新农保等各项惠民政策中得到特别扶助。一是截至2016年年底，全区累计征收社保费8.67亿元，完成全年任务的108%，累计支付6.64亿元。全区有5.16万人参加社会养老保险，2.4万人参加失业保险，5.23万人参加职工医疗保险，3.92万人参加工伤保险，3.94万人参加生育保险，48.74万人参加城乡居民医疗保险，8.17万人参加城乡居民养老保险。全年社保费征收10.25亿元，完成全年任务8.06亿元的127%。二是全年新增低保1604户、3806人，取消低保1081户、3119人。从2016年1月起，全区城镇、农村低保补助标准分别为每人每月419元、191元，有城乡低保对象9011户、20401人，全年发放低保金5025.3万元。分散、集中供养孤儿标准分别为每人每月820元、1340元，全年累计发放基本生活费70.51万元。农村“五保”供养标准为每人每月732元，有农村“五保”供养对象2018人，全年发放“五保”金1926.5万元。三是全年组织城乡劳动力技能晋升培训51期、2538人，培训后实现转移就业786人，新增转移就业12658人。全年接受鉴定申请55期、2174人，核发技能等级证书1683人，其中初级工1493人、中级工190人。

脱贫攻坚工程实施　一是推进新时期精准扶贫精准脱贫工作。2016年4月，启动精准扶贫精准脱贫工作，全区核定录入相对贫困人口7611户、17079人（其中，省定32个相对贫困村有相对贫困户1236户、3315人，分散相对贫困户6375户、13764人），贫困发生率2.8%。投入帮扶资金2.85亿元，实施种养项目21003个，引进或培育壮大龙头企业37家，发展村旅游项目7个，建立电子商务平台18个，培训贫困户劳动力126次、1223人，帮助转移就业45人，帮扶贫困户子女上学2470人，完成农村危房改造46户，完成200人以上自然村道路硬底化改造7.73千米，解决农村饮水安全1122户，建设村文体或休闲活动场所23个。截至2016年年底，全区30%以上的相对贫困人口实现脱贫。全年完成农村危房改造780户。二是圆满完成新一轮扶贫开发“双到”工作。全区33个帮扶单位投入帮扶资金16945.5万元，贫困村的建设项目全部高质量完成，贫困户全部实现脱贫。33个贫困村集体经济总收入218.3万元，平均每村6.62万元。

农村人居环境综合整治　以美丽乡村、幸福村居、省级新农村示范片建设为切入点，围绕“一编二拆三清四改五建六美”要求，开展村庄规划、外立面改造、村巷道硬底化、村村通自来水、小公园、文化活动场所、美化绿化亮化、村容村貌整治、卫生保洁队伍、雨污分流、生活污水处理、畜禽集中圈养人畜分离、村规民约、章程及村民理事会等工作，推进人居环境综合整治。全年投入资金2.8亿元用于农村“三清”（清理粪堆、清理垃圾堆、清理柴草堆）“四改”（改水、改厕、改灶、改圈）和“五有”（有功能分区的整治规划、有文体活动场地、有绿化美化、有垃圾收集屋、有污水处理简易设施）建设。

社会事业发展水平提升　进一步完善义务教育阶段标准化学校的设施设备，完善梅县外国语学校建设，加快城区德兴小学标准化学校建设和畲江镇中心小学扩建工程，突出外语、体艺、足球特色，打造一批特色名校。加快广播电视数字化、网络化、信息化进程。支持成立镇级足球协会或足球俱乐部，抓好葵岗足球训练基地建设，培育发展足球文化产业、休闲体育产业。加快粤东医院综合楼、中医医院、梅州畲江医院、妇幼保健计划生育综合服务大楼等卫生、计生基础设施建设。

【环境保护】　2016年，全区环境质量保持良好，空气质量优于国家二级标准，城区空气质量优良率 98.1%，局部环境空气质量持续向好；地表水水质基本达到划定功能区标准，饮用和备用水源水质达标率 100%；城区环境噪声基本符合城市噪声质量标准。2016 年环保责任考核位列全市第一，梅县区环保局被省人民政府授予广东省环境保护先进集体。一是贯彻执行环保法律、法规，落实产业政策，强化环评审批集体审议、信息公开和事中事后监管，严把建设项目环评审批关。全年审批建设项目 165 宗，否决 16 宗选址不当的申报项目，建设项目环境保护竣工验收 53 宗，办理排污许可证 57 宗。二是加强对国控企业、各项环保设施和在线监测系统正常运行的日常监督。新城水质净化厂二期污水处理能力逐步增强。雁洋、畲江和松源 3 个中心镇污水处理厂通过验收。全年削减化学需氧量排放量 708.5 吨、氨氮排放量 80.51 吨、二氧化硫排放量 5341.51 吨、氮氧化物排放量 698.43 吨。三是开展环保专项执法检查行动。全年检查企业 612 家次，发出《责令改正违法行为决定书》25 份，立案 13 宗，处罚金额 27.4471 万元，结案 8 宗，罚款入账 9.0471 万元，清理整顿关停 9 个违法建设项目，办理备案 203 宗。全年排污费入库额 747.5 万元。四是开展重点整治工作。完成 10 个镇的集中式饮用水源保护区的划定以及保护相关工作。对梅县区梅江流域 11 个断面的水质进行调查，为水环境管理工作提供依据。加强机动车污染防治，实施黄标车闯限行区电子执法。全年发放机动车环保标志 7136 个，淘汰黄标车、老旧车 2340 辆，完成锅炉淘汰整治 14 台套。检查餐饮店 930 家，发放整改通知书 657 份。重金属污染防治清洁生产审核验收重点企业 9 家，通过审核验收的有 5 家，3 家待验收，1 家正在施工。

【科技】　2016 年，梅县区获取科学技术奖 12 项。其中，市级 6 项、县级 6 项。专利申请量 450 件（发明专利 60 件、实用新型专利 227 件、外观设计专利 163 件），其中发明专利申请量同比增长 27.66%；专利授权量 340 件（发明专利 28 件、实用新型专利 210 件、外观设计专利 102 件），发明专利授权量同比增长 100%。发明专利申请量及授权量连续 3 年位居全市第一。全年区财政拨款 135.24 万元对 1736 件授权专利进行补助，以提高全区科技创新热情。全区有国家高新技术企业 15 家，广东省高企培育入库企业 4 家，广东省创新型企业 2 家、创新型试点企业 1 家，省级工程技术研究开发中心 7 家、市级 4 家，广东省省部产学研示范基地 3 家、科技特派员工作站 5 个；省部产学研合作重点实验室培育单位 1 家，省级技术创新专业镇 7 家、市级 2 家，全国企事业知识产权试点单位 1 家，省知识产权优势企业 5 家，省知识产权教育试点学校 2 所。2016 年，组织申报省级科技计划项目 14 项，获准立项 6 项，获得财政资金支持 760 万元。松口镇人民政府获批为省金柚技术创新专业镇，梅州市梅县区佳禾现代农业有限公司的“梅县佳禾现代农业省级青少年科技教育基地”和梅州哆梦创客科技有限公司的“梅州市青少年创客省级青少年科技教育基地”均被确认为广东省青少年科技教育基地，广东十记果业有限公司的“现代农业示范区电商园”被确定为广东省众创空间试点单位。2016 年 11 月，梅州市专利技术孵化产业园揭幕挂牌。产业园包括产业孵化、产业研发、人才培训及配套高级人才公寓、综合楼、研发楼等。园区实行分期建设，首期投资 1 亿多元，占地 7.77 公顷，年底，项目全面动工。全区有科学技术人员 9191 人，同比增长 1.7%。其中：高级职称 1149 人，同比增长 7.5%；中级职称 4859 人，同比增长 0.2%。

【教育】　2016 年，面向全国招聘 74 位“211”工程院校全日制师范类应届毕业生或全日制师范类本科起点的硕士研究生到梅县外国语学校任教，招聘 40 位师范类本科毕业生充实到各中小学校任教。开展优秀教师、优秀教育工作者、优秀班主任、教改积极分子等评比活动，促进教师爱岗敬业。全年累计培训校长、教师近 1 万人次，派出校长到东北师大等学习培训 300 人次。继续对新建的高标准、现代化、有特色的梅县外国语学校的后续工程建设进行完善。投资 2300 万元的程江镇德兴小学于 9 月交付使用，顺利实现新增学位 1500 个。计划投资 4000 多万元择地新建梅县区特殊教育学校，进入全面施工阶段。畲江镇中心小学的提质扩建工作加紧推进。累计投入资金 4000 多万元，对相关学校的设备设施进行充实和完善，以进一步巩固提升教育“创强”成果。4 月，梅西镇、南口镇等 7 个乡镇的“强镇”复评通过省专家组的督导验收。6 月，创建“全国义务教育发展基本均衡县”复审工作通过国家复检验收。

2016 年高考再创佳绩，全区考生 4396 人，上重点本科线 199 人，同比增加 39 人；上本科线 1552 人，同比增加 232 人，入围率 35.31%；上省三 A 线 2539 人，入围率 57.76%。有各类学校 59 所，其中：完全中学 8 所、初级中学 17 所、中心小学和直属小学 27 所、中等职业学校 2 所、其他各类学校 5 所。全区有中小学生 64368 人（其中：普通高中 9305 人、中等职业学校 3411 人、初级中学 12684 人、小学 38968 人），适龄儿童入学率和小升初升学率 100%，高中毛入学率 96.06%。全区有各类幼儿园 110 所（其中：区直属幼儿园 1 所、镇中心幼儿园 19 所、学校附设幼儿园 18 所、民办幼儿园 72 所），全区幼儿园教职工 2094 人，教师学历达标率 100%；在园幼儿 20060 人，全区学前三年毛入园率 99.3%。

【文化艺术】 2016 年，梅县区委、区政府将农村文化俱乐部创建工作列入十件民生实事，列入对镇级工作绩效考核的指标。全年完成 16 个农村文化俱乐部的建设。创建雁洋、白渡 2 个乡镇文体广场示范点和雁洋雁中村、南口侨乡村 2 个行政村综合性文化服务中心示范点。全区公共图书馆、文化馆、博物馆、乡镇综合文化站等公共基础设施场地全部免费开放。

文学艺术创作获奖主要有：歌曲《家乡话》获省群文创作二等奖和梅州市群文创作一等奖；相声《特殊会议》获省群文创作三等奖和梅州市群文创作一等奖；表演唱《老汉进城》获省群文创作三等奖和梅州市群文创作二等奖；舞蹈《排排坐唱山歌》参加广东省第十届少儿艺术花会获三等奖等。群众文化活动亮点纷呈，大型山歌剧《合家福》作为广东省唯一入选剧目参加全国基层院团戏曲会演；大型山歌剧《古寨牛人》参加“2016 广东戏曲喜剧特邀展”；山歌表演唱《月下恋歌》参加“两岸暨港澳地区”客家山歌（东莞·凤岗）邀请赛获金奖。举办梅县区第二十八届中秋山歌节文艺演出、“中国梦·丝绸路——文化迎春松口行”和非遗文化进校园等系列活动。木偶剧团演艺公司新创作的大型人偶剧《海族总动员》在梅州市山歌剧院首演，并在广州、潮州、深圳，重庆、海南等地区进行巡演。在 2016 年春节期间应中国文联的邀请参加北京市 2016 年百花迎春晚会。

全年完成农村电影放映 4260 场、广场电影 322 场，关爱残疾人送影下乡放映活动 790 场，扶贫济困敬老院放映活动 332 场，梅县区人防科教影片《居安思危备战人防》放映活动 740 场，广东工会情系职工放映活动 6 场，观众达 30 多万人次。

2016 年，梅县区图书馆新增藏书 1 万册，电子图书 100 万种；全年到馆 10 多万人次，借阅纸质图书 20 多万册。以“4·23”世界读书日为契机，成功举办“书香梅县·共享阅读”全民阅读活动暨梅县区数字图书馆落成仪式，邀请知名作家现场签名赠书活动。

完成梅县区第一次全国可移动文物普查工作报告，全区有各级文物保护单位 53 处。其中：国家级文物保护单位 1 处、省级文物保护单位 14 处、市级文物保护单位 19 处、县级文物保护单位 19 处。第三次全国文物普查登录的文物点有 380 处，公布的不可移动文物名录有 267 处，市级历史建筑 44 处，中国历史文化名镇 1 个，中国历史文化名村 1 个，广东省历史文化名村 1 个，国家级历史文化名街 1 个（松口古街区），中国传统村落 15 个。

做好“丙村开锅肉丸”申报梅州市第七批市级非物质文化遗产代表性项目工作，成功被列入市级非物质文化遗产代表性项目名录。截至2016年年底，梅县区有省级“非遗”项目4项、市级“非遗”项目7项、县（区）级“非遗”项目32项，共有9类43项；各级“非遗”项目代表性传承人42人。

全区有文化产业企业167家。其中：文化旅游产业3家、动漫制作4家、文化艺术传媒6家、动漫电子游艺城2家、电影放映单位4家、歌舞娱乐场所10家、互联网服务营业场所45家、文艺表演团体4家、音像零售26家、国内版书报刊40家、印刷企业10家、工艺美术13家。其中：注册资金达100万元以上的有32家、10万元以上55家、10万元以下80家。同时，从事文化产业的工作人员总计达11000多人。梅县区成立有18家文艺家协会。文艺家协会有市级会员251人、省级会员139人、国家级会员32人，全区文艺协会会员1036人。

全年出动执法人员1846人次，检查文化经营单位1972家次，其中：检查歌舞娱乐场所260家次、网吧432家次，书报刊经营单位444家次、印刷经营单位132家次、文物单位482家次等，作出行政处罚11家，收缴非法出版物158册（张）。开展“扫黄打非”专项行动，净化出版物市场。以“清源”“秋风”等专项行动为重点，有效净化梅县区文化市场。

【医疗卫生】

医药卫生体制改革 落实经费保障，确保按人均45元保障基本公共卫生经费足额配套到位。以梅县区中医院为试点单位，稳步推进第二批县级公立医院改革试点。初步建立分级诊疗制度和家庭医生签约服务，在丙村镇、程江镇开展家庭医生式签约试点服务。严格执行基本药物制度并实行零差率销售，有效控制药品费用的不合理增长。建立健全综合监管体系，监督覆盖率100%。落实基本公共卫生服务，12类国家基本公共卫生服务、4项重大公共卫生服务项目全部免费或以补助的方式向全民提供。做好梅县区农村孕产妇住院分娩补助、农村妇女增补叶酸预防神经管缺陷工作，重点加强孕产妇规范管理与督导。9月28日，在全区范围内实施农村妇女宫颈癌检查及农村地区宫颈癌监测工作。实施出生缺陷综合防控项目工作，全区实现连续3年重型地贫儿零出生。梅县区被广东省卫生计生委认定为2016年度“省级妇幼健康优质服务示范区”。

卫生强区创建 对乡镇卫生院在编人员实行工资财政兜底，并实施绩效工资、津贴补贴等措施。加大人员招聘力度，充实基层医技人员，全年公开招聘基层医技人员230多人。加大基础设施建设投入，2016年，投入公共卫生经费超2亿元。开工建设的项目有粤东医院感染大楼、梅县区中医医院改扩建、区妇保院出生缺陷干预中心大楼、梅州畲江医院、梅西镇卫生院综合大楼、白渡镇卫生院综合大楼、程江镇卫生院改建工程，其余镇卫生院新建和改造项目有序推进，松源、雁洋等卫生院改造工程完成。全区规划建设标准化卫生站301间，医疗卫生机构设备配套工作正同步进行。

公共卫生检查 一是医疗卫生机构检查。采取日常监督、突击检查、专项整治等措施，依法查处违法行为。2016年，受理各类行政许可总数824份，出动卫生监督人员1682人次，检查有关涉嫌无证行医的场所或门店38间、医疗保健机构407家、疾病预防控制机构1家、采血点1家、消毒产品生产企业1家；查处无证行医2宗，取缔2宗；查处医疗卫生机构超范围执业1宗；实施行政处罚3宗，罚款金额0.7万元；对1家医疗卫生机构的不良执业行为实施记分查处；调查处理群众投诉举报6宗；收缴非法医疗广告牌7块；全年发出卫生监督意见书1796份。二是饮用水卫生检查。全区有集中式供水单位30家，持有“生活饮用水卫生许可证”的有18家，持证率60%。三是学校卫生检查。联合区教育局、区食品药品监督管理局对辖区内12所中小学开展学校卫生综合评价工作，经检查及评价，11所中小学校均能达到B级（学校卫生合格学校），针对部分学校医疗及保健室管理不完善、无有效“医疗机构执业许可证”、从业人员未取得执业医师资格证等问题提出指导建议，逐步提升学校卫生工作管理水平。

【体育】 2016年，梅县区体育部门牵头制订《梅州市梅县区全民健身实施计划（2016—2020年）》《梅州市梅县区振兴"足球之乡"实施方案》《梅州市梅县区职业足球俱乐部建设扶持办法》《梅州市梅县区足球场地建设补助办法》《梅州市梅县区足球队奖励办法》等足球改革方案配套文件，为擦亮"足球之乡"品牌提供政策支持。梅县区体育基础设施较为齐备，有大、小足球场103个，乒乓球桌（室）78个，田径场25个，篮球场256个，游泳池2个。大型的体育设施分别有梅县文体中心和曾宪梓体育场。此外，还设有梅县业余体校、富力切尔西足球学校和梅县客家足球俱乐部。竞技体育，分别获得广东省青少年女子足球乙组联赛（2001～2002年龄段）亚军、广东省青少年男子足球乙组联赛（2004～2005年龄段）第四名、广东省青少年男子足球甲组联赛（2001～2002年龄段）第四名、梅州市少年男子足球选拔赛（2002～2003年龄段）冠军、梅州市少年女子足球锦标赛甲组冠军、梅州市少年男子足球锦标赛乙组冠军、梅州市少年男子足球锦标赛甲组冠军、梅州市少年女子足球锦标赛乙组亚军。

【党的建设】

干部监督管理　选取松口镇、梅南镇、区教育局、区国税局等单位作为"八小时以外"监督管理试点单位，通过建立党员领导干部双重组织生活制度，"八小时以外"重大问题、重要事项请示报告等制度，全方位、立体化推进干部"八小时以外"监督管理，净化领导干部的社交圈、生活圈、休闲圈。

基层党组织建设　开展"两学一做"学习教育，重点做好党员组织关系集中排查、党代表和党员违纪违法未处理情况排查清理、基层党组织按期换届检查、党费收缴工作专项检查、推进非公企业和社会组织"两个覆盖"等工作。坚持"会商研判排查""一村一策"整顿软弱涣散基层党组织，完成20个村党组织的整顿工作。抓好驻点联系工作。全区组建388个驻点团队，上门联系、走访慰问群众13.58万户，占全区总户数的90.25%，召开座谈会1074场次，定点接访9761人次，收集群众反映问题5869条，解决5488件，占93.5%。投入资金928万元，帮助村解决各类民生实事。完成区镇两级党代会换届选举工作。全区388个村（社区）均有村级组织活动场所，按照每个村不少于6万元办公经费、村干部报酬不低于2200元的标准，落实好村级经费保障。2016年，梅县区委下辖基层党（工）委42个，其中区直系统党委11个、区直单位党委4个、镇（办事处、高管会）党（工）委19个、非公有制企业党委7个、村级党委1个；辖党（总）支部972个，其中村支部355个、社区支部29个。全区有党员34163人，其中：农民党员20367人，公有制经济单位职工7919人；非公有制企业党员1222人，女性党员10062人。新发展党员211人，其中女性党员78人，农牧渔民党员120人。

党风廉政建设　2016年，全区各级各部门把党风廉政建设责任制同经济工作有机结合起来，狠抓责任制的落实。一是分解任务，落实责任。县廉责办下发《梅县区党风廉政建设责任制和反腐败工作目标管理责任一览表》，各乡镇、各部门也结合实际制订党风廉政建设和反腐败工作目标责任书，将全年目标任务逐项细化分解。二是培育典型，示范引导。在巩固上年示范点的基础上，扩大培育新的示范点，由创建单位申报、县廉责办初核、半年检查、年终考核、县委表彰，实行挂牌示范、动态管理。三是完善考核办法。在总结上年经验的基础上，修订完善全县党风廉政建设责任制考核办法。四是加强检查指导。由县委常委带队，县党风廉政建设责任制领导小组抽调人员，对全县部分乡镇和县直部门进行检查。五是强化年度考核，将考核结果作为干部业绩评定、奖惩、选拔任用的重要依据。

【乡镇、办事处、高管会概况】

新城办事处　位于梅县区城区，总面积3.88平方千米。辖程江、富贵、华侨城、西桥和锭子桥5个居委会。2016年，辖区常住人口9万多人，总户数2万户，户籍总人口2.4万多人。2016年，财政税收完成1.14亿元，同比增长16%，固定资产投资2.62亿元；农民人均纯收入25577元，同比增长9%。

扶大高新区　位于梅县区城区，辖4个行政村和1个居委会。总面积18.8平方千米，其中耕地面积28公顷（含水田面积24.33公顷）、园地面积3.33公顷、林地面积726.67公顷。总户数4251户，户籍人口11183人。农村社会总产值9.16亿元，同比增长10%；固定资产投资36.6亿元，同比增长20.2%；工商财政税收2.86亿元，同比增长50.52%；镇级地方财政税收1.24亿元，同比增长0.81%；农民人均纯收入20470元，同比增长7.96%。

程江镇　位于梅县区新县城，是全国文明县城，广东省卫生镇、教育强镇、文明镇、生态镇。总面积54平方千米，其中耕地面积502.46公顷，山地有林面积3013.33公顷。辖14个行政村和1个居委会。2016年，户籍人口4.6万人，常住人口10万多人。农村社会总产值11.01亿元，同比增长7.5%，村集体经济总收入441.31万元，工商税收4.11亿元，同比增长12.8%，规模以上工业产值1.6亿元，工业产值13.5亿元，固定资产投资总额14.2亿元。农民人均纯收入16491元，同比增长6.2%。

南口镇　位于梅县区西南部，距梅县区人民政府驻地12.8千米。总面积262.5平方千米，其中山林面积1.86万公顷、耕地面积0.24万公顷、城镇面积2.5平方千米。辖46个行政村和3个居委会。2016年，总户数16235户，总人口70913人。社会生产总值29.95亿元，同比增长7.6%；工业生产总值14.8亿元，同比增长10.4%；农业生产总值10.9亿元，同比增长11.2%；固定资产投入10.5亿元，同比增长23.5%；镇级财政收入1865万元；实现税收5200万元；农民人均纯收入11320元。

畲江镇　位于梅县区南部，距梅县区人民政府驻地42千米。总面积175平方千米。辖23个行政村和2个居委会。2016年，总户数13127户，总人口49070人。工农业总产值42.76亿元，同比增长13.1%；固定资产投入36.92亿元，同比增长157.4%；村集体经济总收入221.34万元，同比增长10%；实现税收3289万元，同比增长6.6%，其中国税2016万元、地税1273万元；农民人均纯收入17722.9元，同比增长15.1%。

水车镇　位于梅县区南部，距梅县区人民政府驻地31.9千米。总面积123平方千米。辖18个行政村和1个居委会。2016年，总户数5180户，总人口2.3万人。社会生产总值6.32亿元，同比增长11.07%；工农业总产值5.27亿元，同比增长12.37%，其中工业总产值3.19亿元，同比增长15.6%，农业总产值2.08亿元，同比增长7.8%；实现税收464万元，同比增长10.21%；固定资产投资4.26亿元。

梅南镇　位于梅县区南部，距梅县区人民政府驻地20.2千米。总面积146.9平方千米。辖16个行政村和1个居委会。2016年，总户数4120户，总人口1.6万人。镇级税收2880万元；固定资产投资5.57亿元，同比增长179%；规模以上工业产值3.54亿元，同比增长2.9%；农民人均纯收入14627元。

梅西镇　位于梅县区西北部，距梅县区人民政府驻地51.4千米。总面积92.7平方千米。辖17个行政村和2个居委会。2016年，总户数8702户，总人口30453人。农村社会总产值6.1亿元；财税收入3120万元，净收入784万元，同比增长3.3%；规模以上工业产值1.74亿元；固定资产投资2.59亿元，同比增长5.3%；农民人均纯收入14881元。

石坑镇　位于梅县区西北部，距梅县区人民政府驻地39.2千米。总面积87.2平方千米。辖17个行政村和1个居委会。2016年，总户数5988户，总人口2.68万人。镇级税收188万元；规模以上工业产值2807万元；固定资产投资3118万元；农民人均纯收入1.36万元。

大坪镇　位于梅县区西北部，距梅县区人民政府驻地30.5千米。总面积76.7平方千米。辖12个行政村和1个居委会。2016年，总户数5723户，总人口21275人。农村社会生产总值4.48亿元；固定资产投资5986万元，同比增长32.2%；实现税收194万元；乡镇净收入75.8万元，同比增长41.95%；农民人均纯收入15291元。

城东镇　位于梅州城郊，距梅县区人民政府驻地17.6千米，是广东省（机电）技术创新专业镇。总面积79.3平方千米，圩镇面积1.2平方千米。辖12个行政村和1个居委会。2016年，总户数4195户，总人口22529人。规模以上工业总产值17.8亿元，同比增长10.29%；固定资产投资2.55亿元，同比增长51.79%；工商财税1.5亿元，同比增长26.1%，其中国税完成1.26亿元、地税完成2400万元；镇级财政收入4557万元，同比增长20.68%；农民人均纯收入16856元。

石扇镇　位于梅县区北部，距梅县区人民政府驻地27.8千米。总面积91.4平方千米。辖12个行政村和1个居委会。2016年，总户数5785户，总人口21630人。农村经济总收入9.86亿元，同比增长9.5%；规模以上工业总产值1.8亿元，同比增长5%；固定资产投资8072万元，同比增长146%；完成税收801万元，同比增长36%；农民人均纯收入16750元。

丙村镇　位于梅县区东部，距梅县区人民政府驻地26.8千米。总面积170.7平方千米。辖21个行政村和1个居委会。2016年，总户数12562户，户籍人口43378人。社会经济总收入22.14亿元，同比增长11 %；农业总收入5.61亿元，同比增长10 %；镇级税收入库1.07亿元，同比减少5%；农民人均纯收入18211元，同比增长15%。

雁洋镇　位于梅县区东北部，距梅县区人民政府驻地35.2千米。总面积188平方千米。辖27个行政村和2个居委会。2016年，总户数8472户，总人口33525人。有3家A股上市公司（梅雁、宝丽华、超华）、1家新三板上市公司（嘉元科技）、1家美股上市公司（卡莱橡胶）；1家国家AAAAA级景区（雁南飞）、3家国家AAAA级景区（叶剑英纪念园、雁鸣湖、灵光寺）及五指峰、桥溪古韵等旅游景区。社会经济总收入100.1亿元；固定资产投资8.09亿元；规模以上工业总产值26.21亿元；税收收入9.1亿元；农民人均纯收入23133元。

白渡镇　位于梅县区东北部，距梅县区人民政府驻地32.6千米。总面积187.6平方千米，其中山地面积1.47万公顷，耕地面积1293.33公顷，圩镇面积0.43平方千米。辖24个行政村和1个居委会。2016年，总户数7603户，户籍人口2.8万人。农村经济总收入11.2亿元，同比增长8.3%；实现税收2408万元；镇级地方收入683万元；固定资产投资8.56亿元，规模以上工业产值6.84亿元；农民人均纯收入17810元，同比增长9.5%。

松口镇　位于梅县区东北部，距梅县区人民政府驻地45千米。总面积328.6平方千米。辖41个行政村和5个居委会。2016年，总户数14617户，总人口约7.3万人。农村经济总收入30.64亿元，同比增长15.5%；规模以上工业总产值6.69亿元，同比增长13.43%；完成税收1351.6万元；农民人均纯收入15930元。

隆文镇　位于梅县区东北部，距梅县区人民政府驻地62.5千米。总面积114.3平方千米。辖14个行政村和1个居委会。2016年，总户数6113户，总人口2.5万人。耕地面积1280公顷，农田保护面积920公顷，山林面积9160公顷。农村社会总产值5.43亿元，同比增长7.6%；财税入库736.8万元，同比增长21%；镇级净收入247.2万元，同比增长19.6%；固定资产投资980多万元，同比增长63.3%；农民人均纯收入16476元。

桃尧镇　位于梅县区东北部，距梅县区人民政府驻地67.5千米。总面积118平方千米，圩镇面积1.5平方千米。辖15个行政村和1个居委会。2016年，总户数5187户，总人口17654人。农村经济总收入3.6亿元，同比增长9.09%；工商各税收入311万元；固定资产投资2423万元；农民人均纯收入16582元，同比增长8.87%。

松源镇　位于梅县区东北部，距梅县区人民

政府驻地 83.4 千米。总面积 149.5 平方千米，圩镇面积 3.5 平方千米。辖 22 个行政村和 1 个居委会。2016 年，总户数 11023 户，户籍人口 41003 人。社会总产值 7.27 亿元，同比增长 6.5%；农村经济总收入 5.51 亿元，同比增长 8%；工商税收 550 万元，同比增长 2.2%；镇级财政收入 1454 万元，同比增长 19.43%；农民人均纯收入 10982 元，同比增长 8%。

（梅县区方志办）

附：2016 年年底梅县区领导班子成员名单

中共梅县区委

书　　记：张文广
副 书 记：钟光灵　钟秀堂
常　　委：罗时亮　涂戈峰　林　碚　古　裕　张志锋　张小兰　王杞杨　黄增国　宁和国（挂职）

梅县区人大常委会

主任、党组书记：曾庆辉
副 主 任：李丹玲　刘　敏　王英豪　梁新强　黄钦昌

梅县区人民政府

区　　长：钟光灵
常务副区长：罗时亮
常务副区长：宁和国（挂职）
副 区 长：赖启忠　管纪城　梁惠文　谢　芳　龙　元

政协梅县区委员会

主席、党组书记：曾京铭
副主席、党组副书记：钟梅福
副 主 席：余洪昌　曾祥伟　赖良钊　李　刚

中共梅县区纪律检查委员会

书　　记：古　裕
副 书 记：彭俊华　范文辉

蕉岭县

【概况】 蕉岭县位于广东省东北部，辖蕉城、新铺、三圳、文福、广福、长潭、蓝坊、南礤 8 个镇。全县有 97 个村，10 个居民委员会，1366 个村民小组。县境内有市属蕉华管理区。总面积 960 平方千米，其中山地 7.47 万公顷，耕地 0.9 万公顷。2016 年年末，全县常住人口 21.08 万人，人口出生率 15.16‰，死亡率 4.78‰，人口自然增长率 10.38‰。年末户籍人口 23.71 万人，同比增加 869 人，同比增长 0.37%。

蕉岭县地质构造比较复杂，岩石类主要有砂页岩、侵入岩、石灰岩、变质岩等。境内河流属韩江水系，主要河流韩江二级支流石窟河在县境内长 61.4 千米，集水面积 728.2 平方千米。县境属亚热带地区海洋性季风气候，夏长冬短，光照充足，雨季长，雨量充沛。重要矿产资源有铷、锰、铁、铝、钨、铜、铅、锌、锡、石灰石、大理石、花岗岩、石英砂、稀土等，铷储量约 160 万吨，锰储量约 240 万吨，花岗岩储量约 2700 万吨，石灰石资源储量约 23.5 亿吨。水力资源 10 万千瓦以上。野生动植物资源丰富，药用植物有 288 个品种，分隶 95 个科。主要旅游景点有国家 AAAA 级旅游景区长潭旅游风景区、全国重点文物保护单位丘逢甲故居和谢晋元故居、镇山国家森林公园、省重点文物保护单位罗福星故居和石寨土楼。是世界长寿之乡。

【发展概况】 2016 年，蕉岭县在梅州市委、市政府的正确领导下，围绕振兴发展目标，以推进供给侧结构性改革为主线，扭紧“三大抓手”，坚守“两条底线”，融入“一区两带”，建设“两区两业”，统筹做好稳增长、促改革、调结构、惠民生、防风险各项工作，促进全县经济社会保持平稳健康发展，实现“十三五”良好开局。

全县实现生产总值 728844 万元，同比增长 6.1%，其中第一产业增加值 125781 万元，同比增长 4.3%，对 GDP 增长的贡献率 12.1%；第二产业增加值 217436 万元，同比增长 7.9%，对 GDP 增长的贡献率 39.4%；第三产业增加值 385627 万元，同比增长 5.6%，对 GDP 增长的贡献率 48.5%。经济结构进一步调整，生产总值中三次产业构成为 17.3∶29.8∶52.9。人均生产总值 34649 元，同比增长 5.6%。全县实现国税、地税收入 93870.8 万元，同比增长 0.45%。公共财政预算收入 79950 万元，同比增长 13.24%。全年居民消费价格总指数为 102.3%（以上年为 100%），上升 2.3 个百分点。

2016 年年末，全县从业人员 118189 人，同比增长 3.05%。年末城镇登记人口失业人员 1342 人，登记失业率 2.45%，下岗失业人员实现再就业 1723 人。

【农业】 全县实现农业总产值 211461 万元，同比增长 4.2%。

农作物播种面积 2.212 万公顷，同比增长 3.5%。粮食总产量 65423 吨，同比增长 1.4%，其中稻谷 60017 吨，同比增长 1.9%；烟叶总产量 1395 吨，同比下降 9.65%；茶叶总产量 1996 吨，同比增长 1.22%；花生总产量 3203 吨，同比增长 1.71%；水果总产量 44615 吨，同比增长 4.98%；蔬菜总产量 115687 吨，同比增长 6.24%；果用瓜总产量 3456 吨，同比增长 8%。

肉类总产量 21580 吨，同比下降 4.06%，其中：猪肉产量 18054 吨，同比下降 2.83%；当年猪出栏 235687 头，同比下降 2.79%；牛出栏 5861 头，同比增长 3.53%；羊出栏 14369 只，同比增长 3.39%。年末生猪存栏 88452 头，同比下降 19.4%；牛存栏 5101 头，同比下降 39.4%；羊存栏 6912 只，同比增长 6.18%。

渔业水产品产量 6827 吨，同比增长 8.8%。

【工业和建筑业】 全年工业完成增加值 192045 万元，同比增长 7.2%。在工业增加值中，规模以上工业完成增加值 113431 万元，同比增长 4.4%。规模以上工业实现营业收入 428907 万元，同比增长 2.2%；实现利税总额 54306.7 万元，同比增长 25.9%，其中税金总额 23754.2 万元，同比增长 7.4%；实现利润总额 30552.5 万元，同比增长 45.3%；企业亏损额 3850 万元，同比下降 1.1%。

全社会完成建筑业增加值 27805 万元，同比增长 13.5%。全县资质以上建筑企业 8 家，实现总产值 85088.3 万元，同比下降 3.24%；实现利润 1812.4 万元，实现税金 3858.3 万元。建筑企业房屋建筑施工面积 72.22 万平方米，房屋竣工面积 27.69 万平方米。

【固定资产投资】 全年完成固定资产投资（投资额 500 万元及以上）393628 万元，同比增长 38.66%。在城镇投资中，国有企业投资 62839 万元，同比增长 61.9%。按产业分：第二产业投资 283779 万元，同比增长 77.96%，其中工业投资 283779 万元，同比增长 77.96%；第三产业投资 109849 万元，同比下降 11.72%，其中房地产企业投资 50693 万元，同比下降 49.27%。

【交通和邮电业】 全年交通运输、仓储和邮政业完成增加值 29340 万元，同比增长 4.0%。2016 年年末，公路通车里程 1341.6 千米，其中高速公路通车里程 40.46 千米，每百平方千米公路密度 139.8 千米。全年各种运输方式完成货运周转量 105332 万吨千米，同比增长 8.8%；旅客周转量 39040 万人千米，同比增长 11%。年末全县营运汽车拥有量 10700 辆，同比增长 7. 98%，其中载客汽车 7108 辆，同比增长 7.98%；普通载货汽车 3568 辆，同比增长 7.99%。

年末智能网接入电话总容量 75200 门。固定电话用户 29677 户，同比下降 11.89%。移动电话用户 166058 户，同比增长 1.75%。每百户拥有固定电话 39.85 部，移动电话 222. 97 部。电脑网络发展较快，年末互联网用户达 41390 户，同比增长 32.6%；每百户拥有互联网 55.6 条。

【国内贸易】 全年社会消费品零售总额 371887

万元，同比增长 10.1%，从分行业看，批发零售贸易业消费品零售额 347992 万元，同比增长 10.4%；住宿和餐饮业消费品零售额 23895 万元，同比增长 5.8%。按城乡分，城镇消费品零售额 262367.3 万元，同比增长 11.2%；乡村消费品零售额 109519.7 万元，同比增长 7.6%。

【对外经济和旅游业】 全年外贸进出口总额 5589.4 万美元，同比增长 25.6%，其中贸易出口总额 5580 万美元，同比增长 25.9%。全年实际利用外资 434 万美元，同比下降 52.6%。截至 2016 年年底，全县“三资”企业实现营业收入 29277 万元，利润总额 3823 万元。

全县接待国内外游客 378.1 万人次，同比增长 15.04%，其中接待国内游客 372.2 万人次，同比增长 15.1%。全年旅游总收入 293566.75 万元，同比增长 15.19%。

【金融和保险业】 全县金融业增加值 34664 万元，同比增长 11.7%。2016 年年末，全县金融机构本外币存款余额 852385 万元，同比增长 10.85%，其中住户储蓄存款余额 578862 万元，同比增长 7.98%。金融机构本外币贷款余额 370474 万元，同比增长 19.39%。

全年财产、人寿保险费收入 12328 万元，同比增长 14.8%，其中财产保险费收入 5140 万元，同比增长 12.5%；人寿保险费收入 7188 万元，同比增长 16.5%。支付险赔金额 5834 万元，同比增长 10.6%，其中财产保险支付赔款金额 2228 万元，同比增长 11.1%；寿险给付及赔付金额 3606 万元，同比增长 10.2%。

【科技、教育、文化、卫生和体育】 全县事业单位有专业技术人员 3535 人，其中具有中级以上职称 2351 人。

2016 年，全县有普通中学 15 所，在校学生 8637 人，同比减少 344 人，同比下降 3.8%；职业中学 1 所，在校学生 979 人；小学 12 所，在校学生人数 12866 人，同比增长 8.1%。适龄儿童入学率 100%，小学生升学率 100%，初中学生升学率 100%，高中学生升学率 89%。被大专以上院校录取 1388 人，同比减少 32 人，其中本科 708 人，同比增加 53 人。

2016 年年末，黄桂清图书馆有藏书 23.3 万册，法刚博物馆馆藏物品 8531 件。组织文化“三下乡”活动，2016 年，组织送戏下乡 22 场，送电影下乡 1246 场，送书下乡 2800 册，受众 81 万人次。广播电视业不断发展。全县有 300 瓦立体声调频广播电台 1 座，有线电视用户 3.46 万户，城乡入户率 95%，电视覆盖率 98.3%。

2016 年年末，全县有各种卫生机构 197 个，住院床位 523 张，平均每万人拥有病床 22.06 张。卫生专业技术人员 1049 人，其中执业医师 330 人、助理执业医师 113 人、注册护士 372 人、其他 234 人。平均每万人拥有卫生技术人员 44.24 人。

全县有各类体育场、馆 535 个，其中标准运动场 3 个，小运动场 22 个，各类球场、馆 510 个。举办各大中型运动会 30 场，参加人数 2.8 万人。向省、市输送 10 名优秀运动员。全县体育健儿在省、市运动会中获得 6 块奖牌，其中金牌 5 块、铜牌 1 块。

【人口、环境和人民生活】 2016 年年末，常住人口 21.08 万人，其中城镇人口 11.15 万人，占比 52.91%。全年出生人口 3587 人，出生率 15.16‰；死亡人口 1132 人，死亡率 4.78‰；自然增长人口 2455 人，自然增长率 10.38‰。年末户籍人口 23.71 万人，同比增加 869 人，同比增长 0.37%。

全县有环境监测站 1 个，设立县级以上自然保护区 2 个，面积 12990 公顷，投入环境保护资金 27517.4 万元。

全县碳汇林改造面积 651.2 公顷，年末建成生态公益林 3.67 万公顷，森林蓄积量 720.39 万立方米，森林覆盖率 79.4%。全年能源消费总量 177.33 万吨标准煤，同比增长 5.98%。万元 GDP 能耗下降 0.07%。单位工业增加值能耗增长 2.03%。全社会用电量 99729.2 万千瓦时，同比增长 5.22%，其中工业用电量 81538 万千瓦时，同比增长 3.52%。

全年城乡居民人均可支配收入 17847.5 元，同比增长 8.6%，其中城镇居民人均可支配收入 21815.9 元，同比增长 7.9%；农村居民人均可支配收入 13823.1 元，同比增长 7.4%。

全县参加基本养老保险的职工人数 36953 人，同比增长 0.26%；参加基本医疗保险职工人数 26804 人，同比增长 0.37%；参加失业保险职工人数 12455 人，同比增长 0.72%；参加农村养老保险 72000 人，同比增长 1.35%。参加城乡居民基本医疗保险有 207889 人，同比增长 0.09%。

全县有各类型社会福利院 12 所，床位 627 张，收养人数 196 人。全县得到各级政府救济 18271 人次，全年发放救济金额 3156.65 万元。享受低保救济的困难群众 7263 人，发放金额 1821.14 万元，其中城镇 676 人、农村 6587 人。

【乡镇概况】

蕉城镇　位于蕉岭县境中部，是县城所在地、省定中心镇，是全县经济、文化、信息、交通的中心。总面积 57.68 平方千米，其中城区面积 20 平方千米，耕地面积 618.08 公顷，山林面积 3184.14 公顷，辖 11 个村委会和 4 个社区居委会，181 个村民小组，户籍总人口 7.6 万人，其中农业人口 2.5 万人。农业生产总值 10.65 亿元，同比增长 9.0%；其中工业总产值 7.66 亿元，同比增长 9.2%，农业总产值 2.99 亿元，同比增长 8.9%。农民人均纯收入 15686 元，同比增长 9.5%。

长潭镇　位于蕉岭县城西郊，东与蕉城镇隔河相望，西与平远县接壤，南与三圳镇相邻，北与广福镇相邻。全镇总面积 91.59 平方千米，其中耕地面积 0.1 万公顷，山林面积 0.69 万公顷，辖 11 个村委会和 1 个社区居委会，167 个村民小组，总户数 5080 户，总人口 19063 人。2016 年度被梅州市评为文明镇。

长潭镇是广东省乡村旅游特色镇。境内生态旅游资源丰富，拥有国家 AAAA 级旅游区、一线天、百竹园、名木古树园、珍稀园、千亩枫叶园、高台庵、澳洲山庄、闽粤赣释迦文化中心等多个自然人文景点。辖区内有广东长潭粤电站和省级自然保护区。文化底蕴深厚，有抗清志士林丹九、赖其肖，画家林乃干、联合国高级专员钟嘉谋等名人。生产总值 4.55 亿元，同比增长 8.5%。农民人均纯收入 12889 元，同比增长 7.8%。

三圳镇　地处蕉岭县中南部，东接 205 国道和蕉华管理区，西与平远县交界，南与新铺镇接壤，北与蕉城镇相邻，距蕉城 10 千米，石窟河贯穿全镇。面积 96 平方千米，耕地 0.1 万公顷，山林 0.51 万公顷，森林覆盖率 69.9%，辖 9 个村委会和 1 个社区居委会，143 个村民小组，总人口 16863 人。三圳镇先后被评为首批广东省宜居示范城镇、广东省教育强镇、广东省技术创新专业镇（蔬菜）、梅州市尊师重教“先进单位”、梅州市人口与计划生育综合改革示范创建先进单位、梅州市计划生育先进单位、蕉岭县长寿镇、信用镇，创建中国“美丽乡村”试点镇等，2016 年被评为“广东省休闲农业与乡村旅游示范镇”，九岭村党总支被评为“广东省先进基层党组织”，顺岭村被评为“广东省卫生村”。2016 年，全镇农村社会总产值 2.086 亿元，同比增长 1.8%；农民年人均纯收入 11851 元，同比增长 1.5%。

新铺镇　位于蕉岭县最南端，石窟河沿岸，毗邻梅县区、平远县。总面积 184.9 平方千米，其中林业用地 1.43 万公顷，森林覆盖率 78%。辖 21 个村委会和 1 个社区居委会，户籍总人口约 4.5 万人。新铺有着优越的交通条件，天汕高速公路、205 国道横贯全镇。自然资源和物产丰富，是著名的水泥之乡、茶果之乡、华侨之乡、文化之乡，是省级中心小城镇建设示范点、省级建材专业镇。狮山村、矮岭村被评为广东省卫生村，潘田村、矮车村、徐溪村被评为梅州市卫生村。2016 年，全镇工农业总产值 20.82 亿元，同比增长 10%，其中工业总产值 16.35 亿元、农业总产值 4.47 亿元。农民人均纯收入 1.38 万元，同比增长 9%。

广福镇　位于蕉岭县北部，地处闽粤两省交界，距县城 24 千米，205 国道和长深高速公路贯穿全镇，是广东省首批中心镇之一。总面积 107.3

平方千米，其中耕地面积675.23公顷，山林面积9715.54公顷，森林覆盖率78%。辖10个村委会和1个社区居委会，124个村民小组。总人口15015人。境内有较丰富的大理石、锰、铁、钙、钾等矿产资源和水力资源。历史文化古迹有广福寺遗址、石峰村粟坝罗氏大围屋、乐干村九栋民居等，传统民间艺术有船灯舞等。先后获得“广东省宜居城镇”“广东省教育强镇”“梅州市文化先进镇”“梅州市文明镇”“梅州市平安镇”等称号。2016年，全镇实现生产总值4.33亿元，同比增长6.1%。其中农业生产总值1.71亿元，同比增长5.5%；工业总产值2.02亿元，同比增长6.8%；第三产业总产值6177万元，同比增长7.9%。农民人均纯收入8896元，同比增长5%。

文福镇　位于蕉岭县城以北12千米，是近代抗日志士、爱国诗人、教育家丘逢甲先生的故乡。天汕高速公路、205国道贯穿全镇，自然资源丰富（石灰石、锰、铅、锌、铁、稀土等丰富的矿产资源）。辖8个村委会和1个居委会，142个村民小组。总人口19960人，总面积122平方千米。耕地面积0.07万公顷，森林总面积0.90万公顷，其中生态公益林面积0.55万公顷，森林覆盖率78.6%。2016年，工农业总产值14.65亿元，同比增长8.1%，其中农业产值2.13亿，同比增长7.8%；第三产业总产值1.89亿元，同比增长12.3%。

蓝坊镇　位于蕉岭县东部，距县城6千米，总面积134.6平方千米，其中耕地面积776公顷，山地面积10319公顷；辖11个村委会和1个居委会，总人口约1.8万人。境内矿产资源丰富，煤、钨、稀土、铁、铅、锌、花岗岩、耐火石等。生态优美、人文荟萃，有效保护和开发龙潭飞瀑、文峰插汉、会仙洞、梯田、罗福星故居、克修公祠、水口塔、贞节牌坊等旅游资源。大地村被评为“广东省卫生村”。2016年，全镇生产总值16820万元，同比增长2.4 %。其中农业产值16226万元，同比增长2.4%，工业产值627万元，同比增长10%。农民人均纯收入11334元，同比增长7%。

南礤镇　位于蕉岭县东北部，北部与福建省的武平、上杭两县毗邻，东面与梅县区的松源、隆文两镇相连。总面积173.9平方千米，其中耕地面积599.4公顷，山林面积9523.8公顷。辖16个村民委员会，全镇总户数5409户、总人口20273人，其中农业人口17826人。境内山清水秀，森林和水力资源丰富，是蕉岭县木材和毛竹的主要产区之一，森林覆盖率85%。2016年，工农业生产总值2.34亿元，同比增长4.2%；其中农业生产总值1.44亿元，同比增长3.9%。农民人均纯收入8891元，同比增长5.1%。

（江萍英）

附：2016年蕉岭县领导班子成员名单

县委书记： 温向芳
副书记： 陈伟明
张利民（任至10月）
罗桂芳（女，10月任职）
常委： 温向芳
陈伟明
张利民（任至10月）
盘连欣（任至8月）
罗桂芳
凌　浚（8月任职）
陈德志（8月任职）
李瑞金
刘仁忠
杨斌宗（任至6月）
温健忠（6月任职）
南岳华
刘四海（任至6月）
徐　甦（任至8月）
古　熠（任至8月）
曹伟华（任至8月）
丘德俊（10月任职）
林文建（10月任职）
县人大常委会主任： 温向芳
副主任： 戴军生（常务，任至11月）
张利民（常务，11月任职）

陈森权（任至11月）
罗兴梅
刘昌永（任至11月）
温裕良
钟豪才
郭伟标（11月任职）
陈苑娜（11月任职）

县　　长：陈伟明

副 县 长：盘连欣（任至10月）
陈德志（9月任职）
南岳华
钟梅芬（女，任至11月）
温健忠（任至6月）
饶森健
江运洪
丘德俊（任至11月）
廖　如（女，任至11月）
张茂欣（6月任职）
刘素芬（9月任职）
徐杞文（11月任职）

县政协主席：张新忠（任至1月）
卢尧生（1月任职，任至11月）
钟梅芬（女，11月任职）

副 主 席：廖　平
吴　忠（任至11月）
彭　刚
黄伟宁
赖静兰（女）
古芹花（女）
罗威华　（11月任职）

县纪委书记：杨斌宗（任至6月）
温健忠（6月任职）

副 书 记：江　斌（任至10月）
谢广宁（任至10月）
陈运华（10月任职）
汤维彬（10月任职）

大 埔 县

【概况】 大埔县位于广东省东北部、韩江中上游，东北紧靠福建省平和县、永定县，东南连接潮州市饶平县，西依梅县区、梅江区，南邻丰顺县和潮州市潮安区。全县行政区域面积 2462.02 平方千米。辖 14 个镇和 1 个丰溪林场，镇、场下设 256 个村委会（居委会）。2016 年年末，全县总人口 57.96 万人，常住人口 38.29 万人，主要为汉族。祖籍大埔的华侨、华人和港澳台同胞 50 多万人，是广东著名侨乡。

大埔物产丰饶，山地丘陵众多，2016 年森林覆盖率 79.88%。境内溪河特多，水力资源丰富，理论蕴藏量 70 万千瓦，可开发量 53.1 万千瓦，已开发 39.95 万千瓦，是全国水电农村电气化县。瓷土储量 4.2 亿吨，紫砂陶土储量超 1 亿吨，有 800 多年制作陶瓷的历史，大埔青花瓷、高陂陶瓷产品远销欧美、中东及东南亚等 110 个国家和地区，是“陶瓷之乡”。土特产主要有天然矿泉水、瓷器、蜜柚、茶叶、烟叶、金针菜等，还有各式各样的风味小吃，有“中国青花瓷之乡”“中国蜜柚之乡”“中国名茶之乡”“中国长寿之乡”“中国小吃名县”等称誉。主要旅游景点有全国重点文物保护单位“父子进士”牌坊、2 个国家 AAAA 级旅游景区（泰安楼客家文化旅游产业园、百侯名镇旅游区）、8 个国家 AAA 级旅游景区（全国红色旅游经典景区“八一”起义军三河坝战役烈士纪念园、西岩茶乡度假村、大东坪山梯田旅游区、张弼士故居旅游区、富大陶瓷工业旅游区、青溪江畔人家休闲度假区、李光耀祖居旅游区、西河镇北塘乡村旅游区）、全国最早建成的三河中山纪念堂、明朝兵部尚书翁万达墓、客家民居大东花萼楼、茶阳古镇、广东省丰溪自然保护区、粤东名胜万福寺、双髻山省级森林公园、五虎山省级森林公园、田家炳祖居拱辰楼等，是“中国十大文化休闲基地”“中国特色旅游休闲度假胜地”“全国休闲农业与乡村旅游示范县”“十佳中国最美的小城”“中国深呼吸小城 100 佳”“中国最美丽县”。西岩乌龙茶、大埔乌龙茶、大埔蜜柚、大埔青花瓷列入国家地理标志保护产品。被国务院列入国家重点生态功能区（水源涵养型）。

大埔民间艺术丰富，是“中国民间艺术之乡——花环龙之乡”“中国民间文化艺术之乡——广东汉乐之乡”。大埔县是革命老区，是广东省首个中央苏区县。大埔县是“全国文明县城”“全国文化先进县”，百侯镇、茶阳镇、三河镇是“中国历史文化名镇”，百侯镇侯北村是“全国文明村”。

大埔名人有“父子进士”（饶相、饶与龄）、“一腹三翰林”（杨缵绪、杨黼时、杨演时）、“兄弟三将军”（范汉杰、范剑江、范作人）、一县同期“四位省主席”（罗卓英、吴奇伟、范汉杰、赵公武）、“父子两总理”（李光耀、李显龙），还有中国民族工业之父张弼士、中国首任驻日公使何如璋、中国共产党早期革命活动家罗明、中山大学首任校长邹鲁、首届感动香港十大人物田家炳及现代著名作家杜埃、碧野以及两院院士郑度、饶芳权、杨文采、邱冠周、蒲慕明等杰出人物，素有“文化之乡”美称。

2016年，大埔县获得的全国性荣誉称号有：“国家重点生态功能区（水源涵养型）”“2016中国最美丽县”“2016中国深呼吸小城100佳”。大埔县林业局被评为“全国绿化先进集体”。

2016年，全县地区生产总值81.19亿元，增幅排在全市第一。固定资产投资59.6亿元，全社会消费品零售总额49.1亿元，同比增长10.1%，外贸出口总额2.74亿美元，同比增长8.25%，排在全市第三。地方公共财政预算收入9.6亿元，支出35.3亿元，同比分别增长17.3%和8.7%。

【基础设施建设】 2016年，大埔县推进59项重点项目建设，累计完成投资54.5亿元，占年度投资计划的100.89%。完成交通基础设施建设投资6.74亿元，动工建设大潮高速公路（含大漳支线），大丰华高速公路前期工作有序推进；完成西岩山旅游公路、陂寨移民安置点主干道工程、县道961线茶阳至三河路面大修二期工程和10条段县乡公路生命安全防护工程建设；完成60千米新农村公路硬底化改造；县城过境公路改造、高陂赤山至留田段过境公路、省道222线高陂至桃源食饭溪公路改建二期工程建设扎实推进。广东省高陂水利枢纽工程全年完成投资13.08亿元，征地拆迁和6个移民安置点规划建设扎实推进。投入2.62亿元，加快推进重点水利项目建设。完成茶阳等14个镇小型农田水利重点县和23宗村村通自来水工程建设；改建塘坝（山塘）7宗，灌区渠道加固15宗34.2千米；修复水毁水利工程78处，维修巩固治理水土流失4.5平方千米。投入7700万元，完成新建供电配网工程建设。推进信息基础设施建设，新建、改造356个4G站点，投放WiFi热点3000个。

【工业经济】 全县规模以上工业增加值13.96亿元，同比增长19.3%，增幅排在全市第一。一是坚持“五业并举”发展战略，电力、陶瓷产业发展壮大，电力工业税收1.96亿元，同比增长98.5%。陶瓷销售收入20.3亿元，同比增长7.07%，税收1.3亿元；大埔青花瓷被认定为国家地理标志产品，培育注册陶瓷自主品牌66个。二是“两园四小区”建设有序推进，广州海珠（大埔）工业集聚区入园企业20家，其中投产企业18家，在建企业2家；三河电力能源产业园区大埔电厂两台机组建成发电，实现产值8.4亿元；县城科技工业小区、桃源陶瓷工业小区、茶阳食品工业小区和枫朗矿业建材小区建设扎实推进。三是实施创新驱动战略，新增省、市、县级工程技术研究开发中心4家，专利申请量218件。四是实施乡贤回归投资兴业工程，全县引进项目43个，计划投资总额96.62亿元，占市下达任务的241.55%，投入资金16.23亿元，占市下达任务的101.44%。

【农业建设】 全县新种植蜜柚673公顷、茶园340公顷，新培育省、市、县龙头企业25家、农民专业合作社27家、家庭农场43家。顺兴股份成功在“新三板”挂牌上市。推进西岩山脉万亩茶园项目建设。创建全国绿色食品原料（大埔蜜柚）标准化生产基地项目通过验收。大埔乌龙茶获得国家农产品地理标志登记保护。全县农村土地经营权确权登记颁证工作扎实推进。农村土地流转规范有序，建立村级土地流转服务组织 245 个，全县农村土地流转面积 1580 公顷。投入 5923 万元，完成 2153 公顷的农业综合开发和 933 公顷的高标准基本农田建设。

【文化旅游建设】 大埔县成立文化旅游产业发展管理委员会，制定出台《关于加快文化旅游产业发展的实施意见》。新增市级文物保护单位 5 处、非物质文化遗产保护 3 项，4 人被定为省级非物质文化遗产项目代表性传承人。聘请广州南方文化创意研究院规划韩江（大埔）客家文化旅游特色带，23 个旅游项目建设加快推进，北塘乡村旅游区被评定为国家 AAA 级旅游景区。完成 18 个休闲农业与乡村旅游点项目规划编制。激活客家文化旅游，百侯名镇旅游区、泰安楼客家文化旅游产业园和张弼士故居旅游区提升改造工程建设加快推进。大埔入选省首批全域旅游示范区创建名单，三河镇获评省休闲农业与乡村旅游示范镇，梅州赞粄（老鼠粄、算盘子、笋粄）获“中国金牌旅游小吃”称号。加强景区配套设施建设，申报市级特色客栈 1 家。成功举办 2016 年南粤古驿道定向大赛第四站“大埔•百侯站”赛事。全县全年接待游客 538.1 万人次，旅游收入 30.16 亿元，同比分别增长 22.6%和 26.2%。

【人居环境建设】 全县城镇化率 45.19%。完成《大埔县生态控制线划定规划》和县城万川新城、黎家坪新区控制性详规及 6 个镇的总体规划编制。抓好县城和高陂、大麻、茶阳 3 个具有县城功能的中心镇建设。翰林华府二期等 10 多个投资亿元以上的城市综合体项目建设扎实推进。打通内环中路等“断头路”，完成新黎路、广福路改造提升工程。完成县城 500 千米地下管线普查项目，获 2016 年中国地理信息产业优秀工程银奖。推进城乡环境综合整治，开展“六乱”整治和打击“两违”行动，省卫生县城市通过复审。建成县城生活垃圾填埋场二期生活垃圾无害化渗滤液处理站，推行“户投放、村收集、镇转运、县处理”，城区、农村生活垃圾无害化处理率分别为 100%、80%。完成县城环城大道、虎南路 3.3 千米截污管网建设，三河镇污水处理设施首期工程扎实推进。全县水环境质量、饮用水源水质、城区环境空气质量全面达标，单位 GDP 能耗、主要污染物减排通过省、市考核。完成碳汇造林 913 公顷、生态景观林带 62 千米 248 公顷和 29 个乡村绿化美化示范点建设，广东阴那山国家森林公园申报工作顺利推进，森林覆盖率 79.88%，县林业局被评为“全国绿化先进集体”。西河镇省级新农村示范片、百侯镇和大麻镇幸福村居示范片创建工作有效推进。大埔被纳入国家重点生态功能区，获“2016 中国最美丽县”“2016 中国深呼吸小城 100 佳”等称号。

【社会事务建设】 一是推进精准扶贫精准脱贫工作，投入帮扶资金 7000 万元，实施种养帮扶项目 119 个，全县 4978 名贫困人口实现脱贫，占 40.6%。二是十件民生实事目标任务全面完成：城乡低保、城乡医疗救助人均补助、孤儿集中供养、城乡居民基本养老保险基础养老金、城乡居民基本医疗保险补助、医疗保险年基金年度累计最高支付限额等社会保障项目标准进一步提高，建立事实无人抚养儿童生活津贴制度；投入 9800 万元完成县城自来水公司回购，加快建设山丰水库，城北、城东片管网管改造按计划推进；大埔县第三小学扩建工程办公综合楼完成基础建设，教学楼、运动场建设有序推进；全面完成县城迎宾大道上边坡灾害防治工程；建成大埔县肉类联合加工厂；完成 4 个县、镇森林公园建设；大埔县新中医医院规划建设扎实推进；新开工建设 50 套公租房，发放 100 户租赁补贴；投入 3000 万元，全力推进汀江河青溪库区生态环境综合整治，拆除网箱 51 万平方米，关闭和搬迁生猪养殖场 15 家，打捞清理水浮莲 257 公顷；投入资金 1.6 亿元，完成莒溪水等 10 宗 84.4 千米中小河流治理。三是启动广东省推进教育现代化先进县创建工作，实验中学、大埔三小扩建工程有序推进，投入1600万元实施教育装备工程。各类教育均衡发展，九年义务教育阶段巩固率97.2%，高中阶段毛入学率95.45%。四是加快创建省卫生强县，县人民医院感染科大楼建成投入使用，完成新建住院大楼土建装修工程，建立出生缺陷综合干预中心，三河镇等8所卫生院标准化建设加快推进，完成33个村卫生站规范化建设。基层医疗卫生机构综合改革基本完成，县级公立医院综合改革扎实推进。五是完成县公共图书馆、数字图书馆和县文化馆建设，建成农村文化俱乐部23个。完成县城城北社区体育公园建设，建成一批村级公益性体育小广场，大埔小学被评为全国青少年校园足球特色学校。

【镇场简况】

湖寮镇　总面积201.46平方千米，2016年年末，全镇总人口9.6万人。全年农村经济总收入8.78亿元，同比增长12.5%；农民人均纯收入1.28万元，同比增长14.3%；完成国税收入3470万元、地税收入5955万元，同比分别增长18.2%和8.6%。粮食作物播种面积1297.13公顷，总产量6754吨。新种植蜜柚133公顷、茶叶33公顷、南药33公顷，新发展农民专业合作社1家。投入217万元，开通并铺筑农村公路2.8千米，维修4条村道，抢修多条水毁公路，增设钢护栏500米。

百侯镇　总面积112.27平方千米，2016年年末，全镇总人口3.07万人。全年农村经济总收入6.9亿元，同比增长11.5%；农民人均纯收入1.21万元，同比增长10.6%；完成国税收入267.8万元、地税收入358万元。粮食作物播种面积1644.6公顷，总产量1.08万吨。新增农业龙头企业省级1家、市级5家。筹资100万元，用于4条村道6.5千米硬底化铺筑工程。

枫朗镇　总面积167.83平方千米，2016年年末，全镇总人口5.45万人。全年农村经济总收入9.93亿元，农民人均纯收入1.17万元，完成国税收入530.8万元、地税收入704.5万元。粮食作物播种面积1974公顷，总产量1.36万吨。新种植茶叶266公顷、蜜柚140公顷，全镇茶叶种植总面积3100公顷、蜜柚种植总面积1400公顷。投入200万元完成村道改造10千米，实现全镇23个行政村村村通水泥路；投入500万元，完成双溪河堤治理1.2千米；筹资80万元，清理河道21.5千米。

大东镇　总面积98.27平方千米，2016年年末，全镇总人口2.32万人。全年农村经济总收入4.99亿元，同比增长12.1%；农民人均纯收入1.16万元，同比增长12%；完成国税收入192.9万元、地税收入321万元。粮食作物播种面积923公顷，总产量6050吨。投入700万元，完成农村公路硬底化改造17条18.11千米；投入200万元，清理双电库区漂浮垃圾10吨，修缮改造塘市破损街道，新建休闲小公园1处，设计安装特色油菜花景观灯35盏。

高陂镇　总面积308.95平方千米，2016年年末，总人口8.99万人。全年农村经济总收入16.5亿元，同比增长12.6%；农民人均纯收入1.21万元，同比增长12.3%；完成国地两税收入6393万元，同比增长19.5%。全年陶瓷产值9.86亿元、税收5625万元。粮食作物播种面积2882公顷，总产量1.57万吨；新种植茶叶、蜜柚、火龙果等经济作物233公顷。整合资金1326万元用于41.8千米村级公路硬底化、桥梁建设和10.4千米村道升级改造；投入500万元完成高陂自来水厂（净水厂）扩建改造工程；筹集416.3万元用于大塘坝等25个村兴修水圳25.38千米、维修加固陂头4处。

光德镇　总面积125.96平方千米，2016年年末，总人口3.5万人。全年农村经济总收入12.5亿元，同比增长12.9%；农民人均纯收入1.2万元，同比增长12.3%；完成国税收入5284.7万元、地税收入738.2万元，同比分别增长18.1%、9.8%。新增规模以上企业2家。全年实现陶瓷产值12亿元，同比增长15%。粮食作物播种面积915.2公顷，总产量4671吨。投入资金500万元，完成全镇18条村道计18千米硬底化工程，新开机耕道1.4千米，新建或维新桥梁4座；投入400万元，完成上漳、下漳、雷峰、富岭、澄坑5个村高标准农田建设；投入490万元，新建或维修圳道14.5千米，修复陂头3座，溪道清理5千米。

桃源镇　总面积76.76平方千米，2016年年末，总人口2.03万人。全年农村经济总收入8.46亿元，同比增长10.2%；农民人均纯收入1.19万元，同比增长11.1%；完成国税收入2662万元、地税收入489万元，同比分别增长8.4%和4.9%。粮食作物播种面积491.87公顷，总产量2344吨。种植蜜柚60公顷。投入60万元完成富源厂至隆昌厂工业小区连接公路改造工程，筹资100万元完成公路绿化亮化工程，筹资100万元新建休闲公园、半岛公园和休闲广场各1座，筹资27万元建设狐狸凹登山公园。

大麻镇　总面积229.83平方千米，2016年年末，总人口4.09万人。全年农村经济总收入6.98亿元，同比增长12.1%；农民人均纯收入1.18万元，同比增长12%；完成国税收入285.25万元、地税收入607.5万元，同比分别增长20%和21.8%。粮食作物播种面积1500公顷，总产量9675吨。筹资320万元铺筑村道硬底化工程8.5千米，投入180万元开展环境综合整治。

三河镇　总面积152.25平方千米，2016年年末，总人口2.14万人。全年农村经济总收入4.19亿元，农民人均纯收入1.17万元；完成国税收入1724万元、地税收入845万元。粮食作物播种面积1014公顷，总产量5763吨。新注册农民专业合作社3家。投入300万元，改造农村道路45千米、新建桥梁1座；投入1200万元，完成梓里溪11.5千米小河流域综合治理；投入800万元，推进农田水利建设；投入70万元，实施饮水安全工程2宗；投资300万元，完成三河镇污水处理厂征地任务。

银江镇　总面积208.2平方千米，2016年年末，总人口2.7万人。全年农村经济总收入3.55亿元，同比增长12%；农民人均纯收入1.12万元，同比增长11.5%；完成国税收入385.71万元、地税收入390.36万元。粮食作物播种面积943.2公顷，总产量7045吨。筹资400万元铺筑村道6条共11.2千米，完善银江敬老院综合楼的配套设施。

洲瑞镇　总面积83.25平方千米，2016年年末，总人口1.83万人。全年农村经济总收入4.29亿元，农民人均纯收入1.15万元，完成国税收入1128.3万元、地税收入514.8万元。粮食作物播种面积932.53公顷，总产量4674吨。投入100万元，完善各村和道路沿线卫生设施，配齐卫生车辆和保洁人员；投资542万元，完成大坑、嶂岸等行政村的高标准农田建设；投入50万元，开展各村主溪道的整治；投入160万元，扩建改造或铺筑村道硬底化工程。

茶阳镇　总面积294.3平方千米，2016年年末，总人口5.9万人。全年农村经济总收入11.4亿元，同比增长11.7%；农民人均纯收入1.14万元，同比增长12.5%；完成国税收入1622.59万元、地税收入2523.67万元，同比分别增长18.4%和6.3%。粮食作物播种面积1967.8公顷，总产量1.3万吨。投入830万元，打造甜竹乡村旅游景区；投入1200万元，改造古村至福建省樟桡13千米的公路主体建设；投入10万元对全镇原有治安监控视频系统进行升级改造。

西河镇　总面积208.73平方千米，2016年年末，总人口3.6万人。全年农村经济总收入7.88亿元，同比增长2%；农民人均纯收入1.2万元，同比增长12.3%；完成国地两税收入855.24万元，同比增长10.2%。粮食作物播种面积1733公顷，总产量1.07万吨。西河镇是大埔县传统农业镇，素有“大埔粮仓”美誉。农业主导产业有西瓜、烤烟、甜玉米、茶叶、蜜柚、优质香稻等品种。投入6084.8万元，建设北塘、东塘、黄堂、漳溪、东方村的省级新农村示范片，完成游客接待中心、东塘村长寿食品加工基地、百亩荷塘、西河大桥、金三角观光长廊建设、北塘村现代农业示范基地等35个项目。北塘乡村旅游区被评为国家AAA级旅游景区。

青溪镇　总面积164.05平方千米，2016年年末，总人口 2.16 万人。全年农村经济总收入 4.6 亿元，农民人均纯收入 1.08 万元；完成国税收入 106.4 万元、地税收入 361.34 万元。打响“斯红羊肉、青溪飞鸡、青溪蜜柚、虎市蜂蜜、青溪家米、优质烤烟”六大精细高效农业品牌。粮食作物播种面积573.2公顷，总产量4949吨。投入1000万元治理河道 13 千米，投入 200 万元完善青溪、蕉坑村的文体活动场所工程，投入 150 万元扩宽虎市村村道，投入 1000 万元建设 1000 米堤圳的烟区水圳建设工程，投入 2300 万元，做好青溪库区环境综合整治。

丰溪林场　总面积 29.91 平方千米，2016 年年末，总人口 1756 人。全年农村经济总收入 2283 万元，农民人均纯收入 9134 元。全场粮食作物播种面积 110 公顷，总产量 453.7 吨。林地 2832.6 公顷，其中国有林地 428 公顷、村集体林业用地 2354.2 公顷，毛竹林 1000 公顷。活立木蓄积量 15 万立方米，森林覆盖率 98%，实现连续 59 年无山火。投入 100 万元对职工宿舍进行修缮，投入 80 万元兴建 1 个七人制足球场、篮球场和羽毛球场，投入 40 万元修复暂背溪坝路坎工程，投入 20 万元完善老办公楼的绿化、亮化和休闲小道建设。

（黄万海）

附：2016 年大埔县领导班子成员名单

县委书记： 林健雄
副 书 记： 朱汉东
黄建庭（任至 10 月）
李　宏（10 月任职）
常　　委： 林健雄
朱汉东
黄建庭（任至 10 月）
熊　华（任至 8 月）
李　宏
罗伟纯
张红梅（女）
黄剑锋
廖金鑫（任至 10 月）
郑尚森
陈伟平（8 月任职）
陈军营
郭展凌（10 月任职）
廖若旦（8 月任职）
张志平（挂职，任至 12 月）
罗盛芬（女，挂职，任至 11 月）
县人大常委会主任： 林健雄（任至 11 月）
黄建庭（11 月任职）
副 主 任： 李礼醒（任至 11 月）
刘坤明
廖金鑫（11 月任职）
黄荣昌（任至 11 月）
谢以美
张昭锋
饶凌云（女，任至 1 月）
邓立新（女，1 月任职）
张长先（11 月任职）
县政府县长： 朱汉东
副 县 长： 李　宏（任至 11 月）
张志平（挂职）
罗盛芬（女，挂职）
郑尚森(11 月任职）
王忠泽（任至 9 月）
房春鸣（9 月任职）
郭展凌（任至 11 月）
刘采峰　饶凌云（女，1 月任职）
蓝　欣（1 月任职）
罗春达（11 月任职）
邓立新（女，任至 1 月）
张　颖（任至 1 月）
县政协主席： 曾昭明（任至 11 月）
李礼醒（11 月任职）
副 主 席： 张友群（女）
刘小平
杨竹玲（女）
黄启蒙（任至 11月）
吴振石

刘广明（11月任职）
县纪委书记：熊　华（任至8月）
廖若旦（8月任职）
副　书　记：张长先（任至10月）
邝金禄
严庆东（10月任职）

丰　顺　县

【概况】 丰顺县位于广东省东部，梅州市南端，属南亚热带季风气候区，辖16个镇、1个国有农场，行政区域面积2710.22平方千米。2016年年末，全县户籍人口753988人，常住人口492610人。旅外华人华侨和港澳台同胞40多万人。梅汕高速公路穿境而过，并在县城设立2个出入口，广梅汕铁路横贯县内中部，县通镇公路全部实现水泥硬底化，国道206线，省道228线、224线、334线贯穿全县。

丰顺是全国地热资源丰富的县份，素有“九汤十八礤”之称，是著名的温泉之城，地热活动区遍布8个镇、24处，日动储量2.2万立方米，最高水温92℃，硅、氟、氡等元素含量符合医疗用热矿水标准，具有分布广、储量大、水温高、水质好、高端开发价值高等特点，主要用于发电、旅游服务业、养殖业、公共汤湖洗浴、家庭洗浴等方面。新中国成立后第一座地热发电站——邓屋地热电站就建在丰顺县汤坑镇。重要矿产资源有铁、钨、铅、锌、钼、锡、铜、金和稀土等金属矿，花岗岩、高岭土、钾长石、叶蜡石、水晶、石墨、云母等非金属矿。铁矿储量在2000万吨以上，属中型矿。

丰顺旅游资源丰富，有众多的温泉、瀑布、奇峰异石、文物古迹，主要旅游景点有千江温泉度假区、龙鲸河漂流、龙归飞瀑、揭岭飞泉、铜鼓峰高山旅游区、黄花村乡村游、八乡山大峡谷、韩山生态旅游区及太平寺、济公殿、西岩寺、丰顺公园、坚真公园，有省内独特的畲族风情及埔寨“烧火龙”。保留着水乳交融的潮客文化、历史悠久的宗教文化和红色激扬的老区文化。

丰顺著名人物有晚清洋务运动领袖丁日昌，民族英雄徐名鸿，华夏女杰李坚真，数学大师李国平，旅台书法家陈其铨，客家学专家冯秀珍，作曲家巫天特，国民革命军吴逸志中将、陈勉吾少将等，中国人民解放军将军胡军、黄锦容、林才文，爱国侨领丁家骏、何侨生、郑明如、陈修试、罗锦碟、徐廷侨等，国内实业家有地产大王朱拉伊、朱孟依和朱庆伊兄弟，中南五省糖王冯小华、李国辉，自行车大王谭伟龙等。

【发展概况】 2016年，全县生产总值实现1032093万元。其中第一产业增加值236277万元；第二产业增加值423891万元；第三产业增加值371925万元。人均生产总值21010元，同比增长6.3%。全年城镇新增就业3755人，就业困难人员实现再就业355人。年末城镇登记失业率为2.44%，同比基本持平。全年地方公共财政预算收入84372万元，同比增长14.6%；税收收入59085万元，同比增长14.0%。

【农业】 全年实现农业总产值400996万元，同比增长1.1%。

种植业　粮食作物种植面积24243.87公顷，同比增长0.9%。粮食总产量125188吨，同比增长1.2%。主要经济作物产量中：花生总产量6088吨，同比增长0.5%；蔬菜总产量236116吨，同比增长0.6%；水果总产量73434吨，同比增长0.1%；茶叶总产量2347吨，同比增长0.3%。

林业　造林面积0.57万公顷，“四旁”（零星）植树120万株。

畜牧业、渔业　肉类总产量42825吨，同比减少0.6%，其中猪肉产量18684吨，同比减少2.5%；禽肉产量22580吨，同比增长0.9%。水产品总产量15660吨，同比减少1.6%。

农业机械化　全年农村用电量17193万千瓦时，同比增长9.3%。全年农用化肥施用量（折纯）21488吨，同比减少3.1%。

【交通水利建设】 完成交通建设投资2.5亿元，

同比增长 5%。梅汕高铁工程顺利推进，大丰华高速公路丰顺至五华段正式动工。206 国道改造韩山隧道先行开工，丰达路、沿江东路等一批新建项目全面完工，北洞至大凹段、黄金三合至潘田段、文祠至留隍段、西环路一期等项目加快建设，培英大桥动工建设。升级改造县乡道 70 千米，完成新农村公路路面硬化改造 63 千米。争取水利资金 7.2 亿元，完成中小河流治理、省级小型农田水利重点县等重点水利项目年度建设任务，县城配水管网改造、备用水源石联水库和县污水处理厂一、二期建设全面完成。

【工业·建筑业】　全年完成工业增加值 353314 万元（工业口径），同比增长 5.6%，其中规模以上工业完成 253414 万元，同比增长 5.3%。全年实现工业总产值 1398744 万元，同比增长 10.9%，其中规模以上工业完成 1019192 万元，同比增长 6.3%。全年规模以上工业企业实现主营业务收入 971802 万元，同比增长 12.6%；实现利税 65928 万元，同比增长 1.6%；实现利润总额 38651 万元，同比增长 10.6%。全年规模以上工业企业完成出口交货值 199259 万元，同比增长 21.2%。全年完成建筑业增加值 173738 万元，同比增长 1.2%。建筑业总产值 1043669 万元，同比增长 4.3%。

【招商引资与产业园区建设】　省级经济开发区扩区获省政府审批。海珠（丰顺）产业园纳入省级循环化改造示范试点园区，获得省 5000 万元及海珠区 1000 万元的产业园扶持资金及相关政策支持，园区投入征地、平整土地等资金 4.8 亿元，完成征地 166.7 公顷、平整土地 80 公顷。加快推进总投资 15 亿元的“三纵三横”工业大道、埔寨变电站扩建工程和污水处理厂等基础设施建设，县城至园区 10.5 千米供水管道如期建成，生活配套区、安置区等配套设施规划建设全面推进。实施“乡贤回乡投资兴业”工程，引进合同项目 15 个，计划投资 91.3 亿元，其中落户园区项目 5 个，计划投资总额超 10 亿元。瑞丰粮油、汇威科技、中燃天然气等一批项目建成投产，获得省经信委 3000 万元招商选资奖励。宇星新材、青蒿药业获准“新三板”上市。绿色饲料园引进大北农、双胞胎、现代农业等 5 个项目，计划投资 10.2 亿元，完成“三通一平”等基础设施投资 1.2 亿元，占年度任务的 121%。丰顺电子商务产业园成功开园。至 2016 年，入园企业累计 135 家，投产企业 109 家，实现产值 85.3 亿元、同比增长 14.1%，税收 2.2 亿元、同比增长 26%。

【固定资产投资】　全年完成固定资产投资总额 618474 万元，同比增长 8.6%，其中房地产投资 148769 万元，同比增长 11.8%。固定资产投资总额中，第一产业投资为 5055 万元；第二产业投资 190657 万元，同比减少 33.0%，其中工业投资 190657 万元，同比减少 33.0%，工业投资中技改投资 47447 万元，同比减少 65.1%；第三产业投资 422762 万元，同比增长 48.4%。商品房施工面积 173.5 万平方米，同比增长 25.3%，商品房销售面积 29.2 万平方米，同比增长 62.7%。

【金融·保险】　2016 年年末，全县各项贷款余额 635588 万元，同比增长 5.9%；各项存款余额 1620081 万元，同比增长 17.3%。其中住户存款余额 1173740 万元，同比增长 11.9%。全年保费收入 11441 万元，同比增长 4.9%。其中人寿险保费收入 7900 万元，同比增长 11.3%；财产险保费收入 3541 万元，同比减少 7.0%。全年保险赔款支出 1860 万元，同比减少 6.7%。其中人寿险赔款支出 320 万元，同比减少 30.4%，财产险赔款支出 1540 万元，同比减少 4.1%。

【商贸】　全年实现批发和零售贸易业增加值 68767 万元，同比增长 9.2%。住宿和餐饮业增加值 17379 万元，同比增长 8.8%。全年社会消费品零售总额 492697 万元，同比增长 7.9%。其中批发零售贸易业实现 458615 万元，住宿和餐饮业实现 34082 万元，同比分别增长 7.7%和 10.3%。全年外贸进出口总额 34221 万美元，同比增长 0.95%。其中出口总额 33449 万美元，同比减少

0.37%；进口总额772万美元，同比增长137.5%。全年实际利用外资1165万美元，同比增长31.3%。

【旅游业】 实施《创建全域旅游示范县三年行动计划》。揭岭飞泉、大宝山、客潮水乡汤泉世界等一批新的景区景点规划建设有序推进。鹿湖温泉度假村、八乡山大峡谷、韩山生态旅游度假区加紧创建国家AAAA级旅游景区。丰顺县入选省“互联网+旅游”应用型培育小镇，文化创意、健康养生、运动休闲等新业态加快形成。韩山生态旅游度假区列入2016年全国优选旅游项目名录，文化旅游、农业旅游、养生旅游发展得到有效融合。全年接待游客521万人次，旅游总收入49.2亿元，同比分别增长21%、23%。

【交通·邮电】 全年旅客周转量42990万人千米，同比增长5.9%；货物周转量119823万吨千米，同比增长8.7%。全年完成邮政业务总量3604万元，同比增长9.6%。

【科技·教育】 2016年年末，全县企业和事业单位各类专业技术人员7189人，同比增长0.2%。其中高级专业技术人员925人、中级专业技术人员3775人、初级专业技术人员2489人。全县有幼儿园76所，其中民办59所，在园幼儿18288人；小学79所，小学教学点101个，招生7790人，在校学生41508人，毕业生5814人；初中学校24所，招生5640人，在校学生17036人，毕业生6456人；高中学校8所，招生3485人，在校学生10233人，毕业生3670人；职业中学1所，招生702人，在校学生1895人，毕业生736人；特殊教育学校1所，在校学生34人。

【文化·卫生·体育】 有文体服务中心16个，博物馆、图书馆、纪念馆、体育公园各1个，影院3家；有广播电视台1座。有卫生机构433个，实有住院床位1636张，在职人员2513人，其中卫生技术人员1937人。其中医院5所，实有住院床位1074张，卫生技术人员952人；镇级卫生院16所，实有住院床位478张，卫生技术人员642人；村卫生站357个，卫生技术人员60人；其他卫生机构55个，住院床位84张，卫生技术人员283人。卫生技术人员中有执业医师和执业助理医师789人，注册护士611人。有各类体育活动场所1742个，比上年增加66个。县运动员在参加市级以上竞技比赛中，有3项获得第一名、8项获得第二名、14项获得第三名。全年组织镇以上体育活动竞赛66次。全民体育健身活动广泛开展。

【人口·社会生活】 2016年年末，全县户籍人口753988人，年末常住人口492610人，同比增长5.6‰。全县人口出生率13.96‰，自然增长率9‰。居民人均可支配收入15716元，同比增长9.8%，扣除价格因素，实际增长7.3%。农村居民人均可支配收入11418元，同比增长10.1%，扣除价格因素，实际增长7.6%。城镇居民人均可支配收入20738元，同比增长7.8%，扣除价格因素，实际增长5.4%。参加城乡居民基本医疗保险593810人。

【镇场概况】

汤坑镇　位于县城东南部，是丰顺县的政治、经济、文化中心，素有“历史重镇”“温泉之乡”“电声之乡”“华侨之乡”的称誉。全镇总面积233平方千米，辖32个村委会和10个居委会。总人口144646人，其中农业人口81555人、非农业人口63091人。工业总产值83.09亿元，同比增长17.26%，其中电声产业总产值55.22亿元，创税2.2亿元，年产值千万元以上企业42家，超亿元的8家，国家级高新技术企业、省级工程技术研发中心3家，市级技术研究所2家。6月，泰昌电声元件有限公司党支部被广东省委评为“先进基层党组织”。

北斗镇　地处榕江北河上游，位于县境中西部。面积90平方千米，其中山地9000公顷、耕地366.2公顷。辖8个村委会，总人口1.7万多人。2016年，生产总值18843.12万元，同比增长

10.3%；工业总产值2532.44万元，同比增长9.4%；农业总产值13625.51万元，同比增长6.2%；财政收入713.71万元，同比增长8.2%；农民人均纯收入8030.43元，同比增长9.1%。

汤西镇　位于县境西南部。域内地热资源丰富，风景秀美，人文朴实，有粤东第一高瀑——揭岭飞泉和建于清朝乾隆年间的西岩寺。总面积196平方千米，辖12个村委会和1个居委会，有104个村民小组。2016年，全镇总户数13218户，总人口57909人。财政收入10073.86万元，同比增长76.7%；农业总产值3.23亿元，同比增长7.3%；规模以上工业企业8家，产值7.3亿元；农民人均纯收入10460元，同比增长13.3%。

汤南镇　位于县城汤坑镇南部，总面积46平方千米，辖8个村委会和1个居委会，总人口50780人，语言为潮汕话，是著名的侨乡和革命老区。汤南镇有中国古村落种王上围、中国传统村落龙上古寨和逸老庵、揭丰崇德善堂、定昌公祠、汤南罗安古墓、汤南蓝王隆烟以及榕江北河边的隆烟村石门池温泉“汤南八景”，手工面线、菜粄和菜脯等特色美食，潮剧、潮汕大锣鼓、出花园、舞金狮和跳火堆等民俗活动。2016年，全镇社会生产总值20.3亿元，同比增长19.3%，其中农业总产值2.9亿元，同比增长3.2%；工业总产值15.3亿元，同比增长7.67%；企业总产值16.1亿元，同比增长1.2%；第三产业收入2.1亿元，同比增长8.8%；镇级财政收入1856万元，同比增长61.1%；农民人均纯收入7115元，同比增长19.6%。

埔寨镇　位于县境最南端。埔寨镇历史悠久、文化底蕴深厚，是华侨之乡、文化艺术之乡和革命老区，有国家非物质文化遗产——“埔寨火龙”和省级非物质文化遗产——“埔寨纸花”。总面积95平方千米，耕地面积1444.33公顷，其中水田913公顷，旱地472公顷，山地面积4941公顷。埔寨镇温泉和矿产资源丰富，铜矿、铁矿、锡矿、稀土矿、高岭土、花岗石、石墨具有较高的开采价值。辖9个村委会和1个居委会，46个村民小组。总人口49885人，其中农业人口48562人。2016年生产总值89302万元，同比增长46.1%（其中：工农业生产总值77068万元，同比增长56.2%）；乡镇企业总产值65782万元，同比增长69.2%；财政一般预算收入1311万元，农民人均纯收入10097元，同比增长14.5%。

八乡山镇　位于县境西南部，面积194平方千米，平均海拔600多米。辖15个村委会和1个居委会，户籍人口21524人。有丰富的生态资源、人文资源，有粤东大峡谷云卷峡（八乡山大峡谷）、粤东第二高峰鸿图嶂、粤东电视高频转播台、千亩大水库、万亩绿茶园、誉为“中国富士山”的尖山、天堂庵、广善寺、文昌祠、东江苏维埃纪念馆等。2016年，八乡山镇的旅游空间布局全面优化，小溪村乡村旅游区、“炭寮星火”红色旅游区、翡翠三峡生态旅游区、南部广东八乡山水田园文化旅游产业园、大竹园乡村旅游区的旅游总体规划顺利通过专家评审和规委会审议，启动完成广东八乡田园牧歌休闲农业产业园和山湖居旅游综合体总体规划。社会生产总值1.92亿元，同比增长13.5%，其中农业产值1.09亿元，同比增长13.01%，工业产值1905.4万元，同比增长16.00%。农民人均纯收入7400元，同比增长8.61%。全年接待游客10多万人次，旅游收入2000多万元。2016年，被广东省农业厅和省旅游局评为“广东省休闲农业与乡村旅游示范镇”。

丰良镇　位于县境北部，原为丰顺县老县城，是全国重点镇、广东省中心镇，距县城31千米。总面积250平方千米，山地面积2.13万公顷，耕地面积1799.8公顷。镇政府设在大坝开发区。辖22个村委会和1个居委会。2016年年底，总户数13698户，户籍人口68211人，其中农业户8814户、48339人，非农业户4884户、19872人。镇内有稀土矿、高岭土、钾长石。2016年，生产总值5.83亿元，同比增长10%；农业生产总值2.56亿元，同比增长12%；农民人均纯收入10235元，同比增长11%。超额完成国地两税征收任务。

建桥镇　位于县境西北部，总面积94平方

千米，山地面积8364.7公顷，耕地面积825公顷（其中水田732.1公顷）。镇政府设在建桥村下坝。南部有海拔897米的鸡公髻岽，东部有韩山高巅，海拔1047米；发源于兴宁市境内的建桥溪，由西向东横境内平川，在丰良莘陂与大椹溪汇合流入丰良河。属南亚热带季风气候，一年常绿，四季分明，气候温和，雨量充沛、阳光充足，无霜期长。镇内森林、水力、矿产（优质石板、钾长石、河沙为主）资源丰富。辖10个村委会。有5631户、30795人。2016年，社会生产总值15748.81万元，同比增长13%；农业生产总值4973.52万元，同比增长15.13%；工业生产总值1638.27万元，同比增长9%。国税、地税超额完成年度计划任务。

龙岗镇　位于县境北部。总面积112平方千米，耕地面积859.3公顷（其中水田750公顷、旱地109.4公顷）。山地面积9万公顷。辖11个村委会，全镇有3758户，总人口20488人，其中农业人口18733人，非农业人口1755人。龙岗镇是著名的革命老区镇，其中马图村是历史悠久的红色革命根据地，因彭湃、朱德、林彪、陈毅、罗荣桓、聂荣臻、刘永生、古大存、李坚真等众多革命前辈曾经在此工作战斗过而闻名遐迩，村内有红四军军部、中共东江特委团部、闽粤赣边一支队司令部、红十一军司令部等红色革命遗址资源。2016年，社会总产值1.69亿元，农民人均纯收入6978元。水电站9座，总装机容量3100千瓦；农业种植专业合作社60家，种植绿茶、油茶等；注册商标公司、个体企业23家。2016年，龙岗镇推进公路升级改造工程，将县道949线（龙岗—马图—梅县梅南）申报升级为省级公路242线（梅县区梅西至丰顺丰良）。

潘田镇　位于县境中部，平均海拔426米，全镇总面积146平方千米。镇政府设在潘新社区居民委员会。主要资源有森林、水力、矿产(以瓷土、高岭土、铅锌矿、铜矿、锡矿为主，矿源分布广、品位高，有较好的开发前景。辖13个村委会和1个潘新社区居委会，100个村民小组。全镇7913户、41973人，其中农业户7552户、39537人；非农业户361户、2436人。2016年，农村社会总产值14521万元，同比增长6.5%；工农业总产值14103万元，其中工业总产值1108万元，同比增长8.1%；农业总产值12995万元，同比增长6.8%。固定资产投资11406万元，同比增长225.9%。农民人均纯收入11497元，同比增长7%。10月，新东番薯种植基地通过省农业厅的考核，被授予“丰顺县绿色食品原料（甘薯）生产基地”称号。12月，新东番薯获中国绿色发展中心认定为“绿色食品A级产品”。

大龙华镇　地处粤东第一高峰铜鼓嶂下，位于县境东北部。总面积220平方千米，林地面积2.07万公顷，耕地面积627.4公顷（其中水田513.3公顷）。镇政府设在田东村。自然条件优越，资源丰富，主要有森林、水电、矿产等。有2条属韩江二级支流的主溪水，即白溪和龙溪。龙溪水主河道天然落差近千米，长40千米。全镇山区水系密布、水力资源理论蕴藏量19825千瓦。矿藏有铅锌矿、锡矿、钨矿、金矿、瓷土、稀土、云母、水晶等，有开发前景。境内莲花山脉主峰——铜鼓嶂，海拔1559.5米，属粤东第一高峰，自然生态环境优异，野生动植物种类繁多，为发展山区经济提供宝贵条件。辖16个村委会。户籍人口21876人，其中农业户3514户、18752人，非农业户913户、3124人。2016年，社会生产总值2.05亿元，同比增长5.1%；财政收入（含上级预算内拨款）1752.43万元，同比增长14%。工业总产值7500万元，同比增长13.1%。农业总产值6005万元，同比增长2%。绿茶种植面积166.7公顷，油茶种植面积166.7公顷，仙人草种植面积133.3公顷。企业35家，从业人员300多人。工业企业28家，产值2600多万元，其中超百万产值工业企业5家。以民营企业为主体的工业产业形成电力、铅锌矿、电子配件组装和农副产品加工等几个支柱行业。

黄金镇　位于县境东北部，总面积158平方千米，山地面积1.39万公顷，耕地面积1266.7公顷。镇政府设在黄金圩镇。辖24个村委会和1个居委会。2016年有7243户、37408人，其中农业户 5408 户、29711 人。镇财政收入 1449.53 万元，以上级拨款为主。农村社会总产值 3.13 亿元，同比增长 15.21%；农业经济总收入 2.76 亿元，同比增长 9.96%；农民人均纯收入 8815.63 元，同比增长 12.88%。粮食种植面积 1593.2 公顷，总产 16428 吨。有镇、村、联产及个体企业 425 家，从业人员 1458 人。私营企业 11 家，从业人数 219 人。2016 年乡镇企业总收入 2.15 亿元，同比增长 9.5%。名优特新产品有黄金姜糖。

留隍镇 位于县境东北部，属革命老区，是梅州、潮州、揭阳三市交界处且是潮客文化交融地。2002 年被省政府定为中心镇。2004 年 10 月原东留、茶背镇并入留隍镇。合并镇后全镇总面积 428 平方千米，总人口 10.5 万人，辖 36 个村委会和 1 个居委会。2016 年 4 月，被梅州市委、市政府推荐为国家级旅游度假区创建单位。6 月，36 个行政村通过梅州市卫生村验收。11 月，产城融合新型城镇化综合试点方案获国家发改委批准，被确定为第三批国家新型城镇化综合试点地区。12 月，在梅州市第七次党代会上，被定为梅江韩江绿色健康文化旅游产业带龙头带动示范区。2016 年社会总产值 12.77 亿元，同比增长 17.6%；农业总产值 3.33 亿元，同比增长 1.6%；工业总产值 6.36 亿元，同比下降 9.1%；固定资产投资 1.7 亿元，同比增长 70%；农民人均纯收入 8864 元，同比增长 12.4%；国税收入 201 万元，地税收入 1550 万元，财政收入 3227 万元。青榄种植面积 1505.7 公顷，总产量 19868 吨，年产值 1.58 亿元；东留胜泰石斛科技种植基地，建成投产面积 6.7 公顷，年产值 200 万元；大坪、西山炒茶种植面积继续扩大，茶园经济效益初显。

潭江镇 地处县境东北部。总面积 218 平方千米，其中山地 1.91 万公顷，水田 536.7 公顷。辖 18 个村委会和 1 个居委会，233 个村民小组，总人口 3 万多人，其中凤坪村 850 多人（畲族 520 多人），是梅州市唯一的少数民族（畲族）聚居地，也是著名的革命老区。2016 年，社会生产总值 4.96 亿元，同比增长 8.3%，其中农业产值 2.20 亿元，工业产值 2.27 亿元，同比分别增长 3.29% 和 22.8%。农民人均纯收入 9256.2 元，同比增长 10.3%。完成国地税收入 756 万元。除传统农业外，茶叶是镇农业特色产业，茶叶种植主要分布在较高寒的凤坪、银溪、箭竹、官上、官溪、官下、社峯、然新 8 个村，以凤坪和银溪两地茶叶较为出名，素有“高山云雾出名茶”之称。全镇茶园总面积 953.3 公顷，春茶产量达 40 多万公斤，产值 7000 多万元，同比增长 16.7%。陶瓷产值 1.05 亿元，其中规模以上企业泰丰陶瓷公司和顺兴陶瓷公司分别完成产值 7860 多万元和 2640 多万元。

砂田镇 地处县境东北部，总面积 146 平方千米，其中山地面积 1.2 万公顷，耕地面积 470 公顷。四面群山环抱，西北面莲花山脉主峰——铜鼓峰，海拔 1559.5 米，为粤东最高峰；中间盆地，金沙河自北部向南流经砂田圩镇。辖 16 个村委会和 1 个居委会。2016 年，全镇有 4127 户，总人口 21164 人。森林、水力、高岭土、矿产（稀土、花岗岩为主）资源丰富，大部分尚未开发利用。自然生态环境优异，野生动物、植物种类繁多，为发展山区经济提供宝贵条件。黄花村人口 1100 多人，有 30 多名专家、教授出自该村（其中著名数学家李国平院士，于 1955 年当选为中国科学院首批学部委员），2016 年被评为“广东省文明村”。2016 年，全镇社会生产总值 1.7956 亿元，同比增长 12.5%；工业总产值 3740 万元，同比增长 10%；农民人均纯收入 9476 元，同比增长 12%。财政收入 2921 万元。全社会固定资产投资完成 1500 万元。

小胜镇 位于县境东北部。总人口约 1.6 万人，总户数 3596 户。辖 11 个村委会，155 个自然村。总面积 76 平方千米，山地面积 6600 公顷，耕地面积 366 公顷。2016 年，农村经济收入 1 亿元，同比增长 10.1%；农业收入 1624 万元，同比增长 13%；工业收入 2615 万元，同比增长 12%；农村人均纯收入 8807 元，同比增长 11%。

埔寨农场 位于县境最南端，原是梅州地区唯一能种植橡胶生产的省属国有农场。总面积 7 平方千米，有山地面积 418 公顷，耕地 104.5 公顷（其中水田 82.9 公顷、旱地 21.6 公顷）。有半岭管理区、大塘管理区及 1 个场企业，总户数 585 户，总人口 2493 人，其中农业人口 2036 人、非农业人口 457 人。农村耕地面积 104.5 公顷。场企业由于橡胶树老化，企业经济不景气，于 2009 年 11 月转租给广东新南方科技药业有限公司。2016 年，农村社会总产值 2839 万元，农民人均纯收入 8864 元。粮食种植面积 101.3 公顷，总产 560 吨，鱼塘 22.7 公顷，专业养鱼户产值 10 万元以上有 15 户。主要经济作物有柑橙、火龙果、龙眼、青榄、荔枝等。全场出栏“三鸟”（鸡、鸭、鹅）156780 只，有 3 户养鸡专业大户，2 户养猪专业大户，出栏生猪 4000 头。场企业主要种植青蒿等药材生产，2016 年收青蒿干叶 45 吨。

（丰顺县史志办公室）

附：2016 年丰顺县领导班子成员名单

县委书记： 陈志宁（任至 6 月）
曾永祥（6 月任职）

副书记： 曾永祥（任至 6 月）
廖茂忠（8 月任职）
郑奕雄（8 月任职）

常委： 唐秀娟　黄建斐
郑春鹏　林　剑
曹志辉（8 月任职）　黄纯忠
罗卫标（10 月任职）
凌　浚（任至 8 月）
丘　炀（任至 8 月）
陈辉祥（任至 10 月）
邱翠茂（任至 10 月）

县人大常委会主任： 陈志宁（任至 7 月）
朱云辉（7 月代理主任）
徐庆青（11 月任职）

常务副主任： 朱云辉（任至 11 月）

副主任： 陈美琼　何火营　陈诺文
曾命城　吴伟明
林楚辉（11 月任职）
徐建辉（任至 9 月）
罗喜周（任至 11 月）

县人大常委： 朱去辉　罗喜周　廖日来
吴裕强　张炳灵　李显益
徐文生　吴道远　徐名亮
马健生　徐小燕

县长： 曾永祥（任至 7 月）
廖茂忠（7 月任代理县长，11 月任职）

常务副县长： 郑春鹏

副县长： 傅伟芳　张建民（9 月任职）
梁玉辉（11 月任职）
罗裕权（9 月任职）
谢国泉（9 月任职）
刘超平（任至 11 月）
黄纯忠（任至 11 月）
罗卫标（任至 11 月）
房春鸣（任至 8 月）

县政协主席： 徐庆青（任至 11 月）
邱翠茂（11 月任职）

副主席： 刘超平（11 月任职）
谢仁泉　蔡运林　曾庆珠
陈新化（11 月任职）
郭春山（11 月任职）
林桂庵（任至 11 月）
徐旭亮（任至 11 月）
罗真对（任至 9 月）

县纪委书记： 唐秀娟

副书记： 廖若旦（任至 8 月）
王　琳　王湘阳（10 月任职）

五华县

【概况】 五华县位于广东省东部，辖 16 个镇、412 个行政村和 34 个社区居委会。土地面积 3237.8 平方千米。2016 年年末，户籍人口 151.64 万人，常住人口 1086795 人。人口自然增长率 10.6‰。耕地面积 4.15 万公顷，粮食播种面积 5.54 万公顷，粮食产量 331331 吨。林业用地面积 23.72 万公顷，森林覆盖率70.74%，活立木蓄积量822万立方米。自然资源丰富，有金属矿物34种，非金属矿物19种，矿点97处，其中钨、钼矿达国家标准一级一类、萤石矿属世界一级品、钾长石储量和质量均居全省首位。全县山地占49.1%，丘陵占41.3%，河谷冲积平原占5.4%，盆地占4.2%。水力资源丰富，理论蕴藏量6.8万千瓦，可开发量4.79万千瓦。动物、植物种类繁多，其中兽类20多种、禽类100多种、两栖爬行类50多种；植物1500多种。五华交通便利，205国道、广梅汕铁路穿梭而过，建成的高速公路有梅河高速、汕湛高速、平兴高速五华段，在建的有兴华高速（含畲华支线）、大丰华高速和兴汕高速五华段。

五华地灵人杰，英才辈出，是原中央苏区县。武状元李威光、球王李惠堂、革命家古大存、院士钟世镇等是其中杰出代表。素有"工匠之乡""文化之乡"美誉，尤以石雕技艺精巧称著。土特产繁多，国优名酒长乐烧、贡品大田柿花历为名品，远近闻名，长乐烧酒通过国家地理标志产品认证。境内文物古迹众多，有广东省八大大遗址之一的狮雄山秦汉城址、长乐学宫、狮雄山塔、李威光故居，双华英烈庙，横陂李惠堂故居，转水荣槐楼等省级重点文物保护单位7处，县级重点文物保护单位63处。民间传统艺术丰富多彩，其中五华提线木偶被评为全国优秀非物质文化遗产，竹马舞、石雕、采茶戏、长乐烧制酒工艺和下坝迎灯被列为省级非物质文化遗产保护项目。"山、水、泥"旅游独具特色，景点有被誉为"粤东明珠、物种宝库"的省级自然保护区七目嶂和国家AAA级旅游景区益塘水库旅游区、汤湖热矿泥山庄等。有中国传统村落岐岭镇凤凰村、横陂镇夏阜村；广东省古村落河东镇寨顶巷、横陂镇夏阜村西门寨、双华镇虎石村下门寨。

【经济发展概况】　2016年，全县实现生产总值140.54亿元，其中第一产业增加值32.20亿元、第二产业增加值36.85亿元、第三产业增加值71.49亿元。地方财政一般预算收入6.9亿元、全县一般公共预算总收入65.97亿元、一般公共预算支出58.25亿元，同比分别增长24.26%、6.03%、3.3%。

【农业】　2016年，全县农业产业结构调整稳步推进，促进农业产业化和现代化，使传统农业逐步向精致高效现代农业转变。全县农业总产值56.01亿元，同比增长3.3%；农业增加值33.17亿元，同比增长4.6%。完成2333.33公顷高标准基本农田建设任务。出台茶叶产业发展扶持奖励办法，成立县茶叶协会，"七畲径"绿茶、"登云嶂"黄金芽绿茶被评为省名牌农产品，松岗嶂被评为省"富硒企业生产基地"。双华镇被评为"广东省旅游休闲农业示范镇"。新增省级农业龙头企业3家、农民专业合作社87家。农村土地承包经营权确权登记颁证和第三次全国农业普查工作有序推进。横陂农业科研示范基地和松岗嶂、新丰寨、鼎德信等农业基地加快建设。

种植业　2016年，新增水果种植面积346.67公顷、茶叶种植面积353.33公顷；种植烟叶面积826.67公顷，收购干烟叶170万公斤。全县粮食播种面积5.56万公顷，总产量33.13万吨，同比增长2.4%。其中稻谷28.37万吨，同比增长1.1%；甘蔗7836吨，同比增长7.2%；烤烟2719吨，同比增长12.6%；花生8019吨，同比增长5.8%；大豆3962吨，同比增长4.5%。

林业　全年林业完成人工新造林1.06万公顷，年末森林覆盖率70.74%，同比提高0.59个百分点；林木蓄积量累计822万立方米，同比增长5.0%。全县有自然保护区11个，省级森林公园1个，县级森林公园2个。

畜牧业　2016年，全县生猪饲养量100.37万头，家禽饲养量829.3万羽。全年肉类总产量5.67万吨，同比下降1.4%，其中猪肉产量4.16万吨，同比下降3.1%。生猪年末存栏44.48万头，同比下降0.7%。耕牛年末存栏2.63万头，同比下降6.41%。

水产业　全年淡水产品产量1.88万吨，同比下降3.0%。

【工业】 2016年,全县工业总产值104.87亿元，同比增长7.8%。完成工业增加值30.39亿元，同比增长 11.6%。其中规模以上工业实现总产值66.73亿元，同比增长10.8%，实现增加值11.91亿元，同比增长13.9%。开展“暖企”行动，实行县领导挂钩联系服务企业制度，帮助企业解决融资、用地、用工等问题，加快推进企业建设投产工作。嘉晖盛、天东通信、航威斯电子等7家企业和辉骏集团高端电子板项目实现投产，红木文化产业园、中农批一期开业，富胜实业实现“新三板”挂牌，诺德实业、博思特厨电等 10 个项目动工建设。发挥“助保贷”（由地方政府和银行共同筛选企业组成“中小微企业池”；由政府提供的风险补偿资金和企业缴纳的助保金共同组成“助保金池”作为风险缓释方式的信贷业务）平台作用，为中小微企业放贷1.23亿元。实施新一轮工业企业技术改造，完成技改投资21亿元，同比增长 50.4%。富胜实业、宝汇环保获“国家高新技术企业”认定，新增 11 家规模以上工业企业，全县实现规模以上工业企业 30 家；全年规模以上工业企业实现销售收入62.5亿元，同比增长12%。全年主要工业产品产量：发电量2.49亿千瓦时，同比增长53.8%；涤纶纤维72577吨，同比增长 11.0%；饮料、酒 4418 吨，同比增长12%；中成药6759吨，同比增长33.1%；家用电热器具451万台，同比增长11.6%。

【园区建设及招商引资】 2016年，园区扩能增效步伐加快。一是投入 7.2 亿元，加快推进园区征地拆迁、土地平整和道路、供水、供电、排污等基础设施建设。完成广州番禺（五华）产业转移工业园征地167.93公顷、平整67.33公顷，完成兴业大道、兴业一路、工业五路硬底化建设，打通工业一路、工业四横路等“断头路”。完成河东工业区征地128.13公顷，园区主干道路和供水供电等基础设施加快建设，粤台（梅州）自行车产业园规划建设有序推进。完成安流工业园征地40公顷、华城工业园征地33.33公顷，项目引进、土地平整和园区规划建设扎实推进。广州番禺（五华）产业转移工业园获评省级产业园起步园优秀等次。二是园区实现工业总产值 59.2 亿元、规模以上工业增加值11.5亿元、税收1.4亿元，同比分别增长11.3%、30.7%、27.3%。三是实施“乡贤回乡投资兴业”工程，精心挑选符合产业布局的项目，落实专业招商队和领导干部“一对一”对接联系责任，全年引进项目34个，计划投资97.8亿元。

【固定资产投资】 2016年，全县固定资产投资增长较快。完成固定资产投资97.21亿元，同比增长 39.0%。其中，交通投资 32.63 亿元，同比增长33.4%;工业投资46.0亿元,同比增长34.4%，其中工业技改投资20.96亿元，同比增长50.4%；房地产投资4.92亿元，同比下降48.0%；其他投资13.66亿元，同比增长6.5倍。

【基础设施建设】

交通建设　一是统筹推进“四横两纵”骨干路网建设，交通路网持续优化，区位优势不断显现。兴华高速公路五华段实现无障碍施工，大丰华高速公路丰顺至五华段、兴汕高速公路五华至陆河段动工建设。投入13.8亿元，加快县内路网优化提升，X031 横周线、X033 棉双线、郭田至双华公路、环城大道东延线、X003线金坑至龙村公路、周江冰坎至华阳新田公路等 13 条共 180千米的县乡公路建设改造扎实推进，抓好 G355线华阳至安流段改造和长乐大道、狮雄山旅游公路等项目建设，动工迁建县汽车客运站场。完成农村公路硬底化120千米，琴江公路水寨至锡坑段实现单边通车，兴华高速公路五华互通至县城连接线、汕湛高速公路华阳互通至龙村连接线等项目建设改造基本完成。二是全县各种交通运输方式完成货物周转量16.95亿吨千米，同比增长10.4%，完成旅客周转量4.5亿人千米，同比增长7.6%。年末，全县公路通车里程 3334.47 千米，同比增加 88.47 千米，增长 2.72%。公路密度每百平方千米由上年的 100.27 千米增至本年的102.99千米，同比增加2.72千米，增长2.71%。

水利电网建设　梅州（五华）抽水蓄能电站“三洞两路”前期工程和两个移民安置区建设有序推进，启动库区大面积征地工作。龙狮殿风电场项目设计、水保报告评审等前期工作有序推进。投入4.9亿元加快水利设施建设，完成7宗病险小型水库除险加固任务和年度“五沿”崩岗水土流失治理工程，基本完成年度16宗山区中小河流治理主体工程建设，周江、华阳、长布等5宗镇级集中式水厂全面动工建设。投入电网建设资金1.4亿元，实施新一轮农村电网改造升级工程，完成119个中心村农村电网改造，建成208个基建配网工程。110千伏周江狮潭输变电工程加快建设。

城乡建设　一是完成县城水寨、河东、员瑾、大坝片区控制性详细规划和琴江新城15.7平方千米控制性详细规划编制。投入8.7亿元，加快中心城区和琴江新城市政配套设施建设，完成老河道公园、长乐大桥、公园路、华一南路、富通路等项目建设改造，奥园广场购物中心建成开业，增塘堤一期、河东北堤、琴江广场二期、华兴东路和琴江新城地下管廊、布新南路等项目加快建设，五华客天下文化旅游产业园、足球文化公园动工建设，“国家卫生县城”和“广东省文明县城”创建工作扎实推进，县城人居环境不断改善。二是镇村建设有序推进，全面实施农村人居环境综合整治和美丽乡村建设，重点打造转水镇“益塘流域·十里水乡”、潭下镇“五村联动桃花源”和郭田镇“红色文化·金色风铃”等美丽乡村示范点，全面启动镇村污水处理设施和生活垃圾中转站建设，进一步完善镇村生活垃圾处理设施，建成一批群众休闲健身广场，实施华城环城街、安流新兴街升级改造和横陂圩镇扩宽改造等一批街道提升改造工程。全面规范农村建房秩序，完成削坡建房边坡整治2141户，完成农村危房改造2640户。

邮电通信建设　推进原中央苏区农村超高速无线局域网应用试点工作，县城和各圩镇光纤宽带、4G网络信号实现全覆盖，城市管理逐步实现数字化。2016年，全县城乡固定电话用户62215户，同比下降23.7%。计算机互联网用户41400户，同比下降5.2%。

【旅游业】　2016年，全县抓住城市化进程和深梅旅游线路扩展契机，启动狮雄山建筑遗址保护省市共建项目，完成李威光故居修缮，推进热矿泥休闲山庄升级改造和双龙山景区、新丰寨生态旅游等项目建设，打造集“休闲度假、乡村旅游、客栈民宿、特色餐饮”为一体的休闲度假养生保健美丽乡村旅游，擦亮“五华客天下、球王故里、热矿泥浴”等特色旅游品牌。全年接待游客532.4万人次、旅游总收入37.66亿元，同比分别增长15.8%、16.9%。

【商贸·财税】　2016年，国内消费品市场稳定发展，全县实现社会消费品零售总额90.47亿元，同比增长10.7%。外贸进出口总额1.79亿美元、同比下降8.2 %，实际利用外资801万美元、同比增长50.3 %。深化投融资体制改革，新成立9个融资平台公司。农民住房财产权抵押贷款试点工作扎实推进。餐饮、物流、电子商务等现代服务业蓬勃发展。全县财政收入增长较快，地方一般公共预算收入6.9亿元，同比增长24.26%；地方一般公共预算支出58.25亿元，同比增长3.3%。强化对重点工程、房地产行业、外出经营企业等重点税源监管，税收管理不断加强。国税组织收入5.91亿元、地税组织收入7.35亿元，同比分别增长78.9%、9.6%。落实“营改增”和各项减税降费政策，为纳税人减负1.5亿元。

【金融·保险】　2016年，五华县实现普惠金融“村村通”。至年末，全县国家银行各项本外币存款余额245.74亿元，同比增长11.1%。城乡居民储蓄存款余额173.58亿元，同比增长9.2%。各项本外币贷款余额83.0亿元，同比增长18.3%。人保、人寿保险费收入1.44亿元，同比增长1.4%。其中人民保险保费收入4607.8万元，同比增长9.7%；人寿保险费收入9769万元，同比下降2.3%。

【教育·科技】 2016年，五华县顺利通过“全国义务教育发展基本均衡县”国家复查验收。启动“广东省推进教育现代化先进县”创建工作，高级中学如期建成开学，县第六小学和特殊教育学校基本建成，县技工学校建设扎实推进。设立县教育发展基金，募集认捐资金1.35亿元。教育基础设施不断完善，教育投资进一步加大，办学条件继续改善，办学质量持续稳定提高。全年教育财政拨款15.32亿元，同比增长10.5%。全县有各类中等专业学校2所，在校学生450人，同比减少59.1%；普通中学54所，在校学生72960人，同比减少5.4%，其中高中学生29001人，同比减少8.6%；职业中学3所，在校学生2880人，同比减少39.8%；小学160所，在校学生95973人，同比增长3.8%。适龄儿童入学率、小学毕业生升学率、初中毕业生升学率均100%，实现与上年持平；高中毕业升学率89.9%，同比下降3.1个百分点。在本年高考中，全县入省3A线以上人数4363人，入围率44.6%，入本科线以上人数2019人，入围率20.6%。全年完成市科学技术奖项目3个、县科学技术奖项目7个；完成五华县人民医院和五华县中医院6个项目的市级卫生科技立项结题验收工作；完成省级科技计划项目1个。专利申请总量250件，授权量220件。

【文化·广电】 2016年，五华县文化事业欣欣向荣，各种文化设施不断完善，广场文化丰富多彩。完成大型采茶戏《月照城乡》创作，建成村文化广场138个和农村文化俱乐部16个，完成清·道光《长乐县志》校点整理并重印出版发行。全年两个专业剧团和县文化馆一条龙业余剧团送戏下乡演出160场，放电影4932场。图书馆藏书13.3万册，进馆读者13万人次，图书流通量13.3万册次。有调频广播电台1座，有线电视台1个，有线电视站8个，卫星电视地面接收站1个，有线电视用户11.3万户，广播、电视人口覆盖率98%，实现“喇叭村村响”广播系统全覆盖。

【卫计·体育】 2016年，五华县启动“广东省卫生强县”创建工作，投入2.9亿元加快医疗基础设施建设和医疗设备购置，县人民医院、县妇幼保健院升级改造和县中医院外科综合楼、县慢病站住院大楼、县疾控中心业务用房建设有序推进，乡镇卫生院标准化改造和村卫生站公建民营建设有效实施，卫生服务能力逐步加强。郭田、棉洋、华城3所卫生院被国家卫计委授予“群众满意的乡镇卫生院”称号。进一步完善和落实人口与计划生育目标管理责任制，开展计划生育政策宣传，实施两孩新政，全面优化计生服务，提高妇幼健康服务能力，开展计生家庭养老照护试点工作，落实流动人口双向服务管理，计生服务能力不断提升。年末，全县拥有卫生机构43个，住院床位3198张。各类卫生技术人员3544人，其中执业医师1021人，同比增长1.2%；执业助理医师1009人。无偿献血63.24万毫升。2016年，全县总人口1516426人，同比增加52497人，增长3.59%。其中常住人口1086795人，常住人口城镇化率34.41%，同比提高1.2个百分点。在总人口中，城镇人口455154人，占总人口30%；农村人口1061272人，占总人口70%。男性人口789835人，女性726591人，性别比108.7：100。出生率16.36‰，同比提高2.94个千分点；死亡率5.76‰，同比提高0.11‰；自然增长率10.6‰，同比增加2.84‰。

2016年，全县积极发展足球事业，设立县青少年足球发展基金，启动新球王人才培养工程，获6个市级以上足球赛事冠军。组织中甲主场赛事，打造文明赛场，组建球迷协会、设立球迷服务中心，协助引导球迷和观众文明观赛；全年承办中甲赛事15场、足协杯赛事1场，吸引省内外观看球赛人数12万人次。完成华城、横陂镇7人制和安流镇11人制标准足球场改造。全县开展群众性体育竞赛活动，举办足球、篮球、乒乓球、棋类、健身竞走等大型群众活动28场次，推动全民健身运动发展。

【生态环境建设】 一是全县县级自然保护区和

县镇森林公园加快建设，启动实施“县城周边3万群山森林围城”工程，完成碳汇造林1.06万公顷、森林抚育2.88万公顷，建成乡村绿化美化工程54个。年末，实现森林覆盖率70.4%，同比提高0.59个百分点。二是落实森林防火责任制，创新开展森林防火“严防严管严打”行动和“每月一主题”活动，有效遏制森林火灾发生。加大对破坏森林资源行为打击力度，立案查处64宗48人。坚持重点环境问题县政府挂牌督办制度，完成重点环境问题整治38宗。三是落实耕地保护责任，全年立案查处国土资源违法违规行为46宗，拆除违法占地建筑172宗2.72公顷，向公安机关移送非法转让土地案件1宗，涉及金额130万元；依法对非法买卖土地行为作出《国土资源行政处罚决定书》2宗，罚没金额27.6万元。四是加大对高污染、高耗能企业监管及淘汰力度，淘汰改造高污染燃料锅炉11台，全面完成节能减排任务，空气质量优良率、饮用水源地水质达标率分别为98.6%、100%，固体废物综合利用率99.7%，全年城区空气质量优良以上347天。全县有环境监测站1个，环境监测人员18人；生活污水处理厂3座。

【民生改善】

精准扶贫 全面启动精准扶贫精准脱贫三年攻坚工作，精准识别贫困对象，全县核定贫困户21618户、70931人。创新“互联网+扶贫”模式，抓好扶贫服务事项进驻网上办事大厅工作，扶贫管理与服务系统建设试点工作有序推进。严格落实挂村帮扶责任机制，各级帮扶单位投入扶贫资金2.2亿元，推进产业发展、培训就业、教育文化、医疗保障、住房改造和兜底扶贫，2.7万名相对贫困人口顺利脱贫。

社会保障 超额完成社保扩面征缴任务。城乡居民基础养老金标准、城乡低保标准、“五保”对象供养标准、孤儿供养标准、城乡居民基本医疗保险补助标准、县属中等职业学校免学费补助标准、农村寄宿制学校生均公用经费补助标准、学前教育困难家庭幼儿生活费补助标准等不断提高。培训各类劳动力1.28万人次、转移就业1.29万人次、新增城镇就业5113人。落实事实无人抚养儿童生活津贴制度，确保50%以上的福利彩票公益金用于支持发展养老服务体系建设。为1.5万名35岁~64岁城乡贫困妇女免费筛查乳腺癌、宫颈癌。建成县社保经办大厅、县劳资纠纷应急处置中心，城乡居民医保中心获评全国人力资源社会保障系统优质服务窗口。保障房建设和棚户区改造有序推进。完成县残疾人康复中心主体工程建设，将镇残疾人专职委员纳入公益性岗位，为1.2万名残疾人缴纳城乡居民医疗保险和城乡居民养老保险。县革命烈士陵园、殡仪馆升级改造和水寨大岭、河东禾尚田、华城观源等一批镇级公益性生态公墓园建设有序推进。成功创建“减灾示范社区”，水寨镇公园社区被国家减灾委员会和民政部评为“全国综合减灾示范社区”。

2016年，全县征收社保费8.16亿元，参加城乡居民医疗保险人数115.94万人，同比下降4.6%。参加农村养老保险人数43.24万人，同比增长6.2%。年末，全县28239人参加失业保险，同比增加1.5%；参加基本养老保险职工人数32546人，同比下降25.4%；参加工伤保险人数32521人，同比增加1.9%；30445名离退休人员享受社会养老保险，同比增加8.3%。全县享受最低生活保障困难群众42669人，其中城镇471人、农村42198人。全年发放医疗救助金4067.34万元，救助58406人次。

社会管理 建成县、镇、村三级公共服务平台，全面实行村级服务群众代办业务，县公共服务中心受理各类事项50多万件，办结率99.9%。推进行政审批制度改革，加大简政放权力度，全面完成政府部门权责清单编制工作。实施商事制度改革，新登记各类市场主体5023户，同比增长24.2%。集中开展禁止露天焚烧秸秆、违法占用耕地建房和非法买卖（转让）土地等“十大专项整治”行动，城乡建设管理秩序不断规范。县镇换届选举工作圆满完成。创新开展以“打黑除恶”为重点的“百日行动”，破现案、积案117

宗。在全市公安机关“飓风 2016”专项打击行动中，五华县量化评价总分排名居全市第一。化解社会矛盾纠纷，全县信访维稳形势持续稳定，到省、市上访人数同比分别下降 10.9%、21.6%。开展“两违”（农村基层党员、干部违纪违法）线索排查，摸排线索 634 条，立案 154 件、结案 132 件。强化重点领域审计监督，完成审计项目 49 个。“阳光厨房”建设步伐加快，食品药品安全监管水平不断提高。落实安全生产“一岗双责”责任，推进安全生产重点行业领域治理攻坚工作，完成郭田镇火灾隐患重点地区整治，安全生产形势保持总体平稳。设立不动产登记中心，不动产统一登记发证工作稳妥推进。建成县镇电视电话会议系统和三防视频会商系统。开展“一村（居）一法律顾问”工作，完成“六五”普法任务，启动“七五”普法工作，五华县被评为“全国法治宣传教育先进县”，华城镇司法所被评为“全国模范司法所”。

【人民生活】 2016 年，五华城乡居民收入进一步增加，生活水平稳步提高。居民人均可支配收入 13478.5 元，同比增长 8.8%，扣除价格因素，实际增长 6.4%。其中：城镇居民年人均可支配收入 18780 元，同比增长 7.1%，剔除价格上涨因素，实际增长 4.7%；农村居民年人均可支配收入 11145.4 元，同比增长 9.9%，剔除价格因素，实际增长 7.4%。

【乡镇概况】

水寨镇 位于五华县城区，总面积 99 平方千米。辖 23 个村委会和 4 个居委会，450 个村民小组。2016 年，有 48585 户、166440 人。有耕地面积 1420.8 公顷，其中水田 1030.07 公顷、旱地 390.4 公顷。农村经济总收入 19.5 亿元，农民人均纯收入 10558 元，同比分别增长 8%、9%。镇级一般公共财政预算收入 2.43 亿元，国、地两税收入 1.25 亿元。

河东镇 位于五华县中部，地处城郊，总面积 236 平方千米。辖 43 个村委会和 3 个居委会。2016 年年末，耕地总面积 4870.47 公顷，其中水（旱）田 3361 公顷、旱地 1493.4 公顷。全镇有 25282 户、151943 人，其中农业人口 56082 人、非农业人口 95861 人。农村经济总收入 13.57 亿元，农民人均纯收入 9618 元，同比分别增长 9%、11%。

转水镇 位于五华县北部，离县城 13 千米，辖区面积 158.5 平方千米。辖 21 个村委会和 1 个居委会。2016 年年末，全镇有 17747 户、73666 人，其中农业人口 45216 人、非农业人口 28450 人。耕地面积 2568.8 公顷，其中水（旱）田 1969.27 公顷、旱地 599.53 公顷。财政一般预算收入 3569 万元，同比增长 10%；地税收入 665 万元、国税收入 230 万元；农民人均纯收入 8717 元，同比增长 9%。

华城镇 地处五华县北部，是老县城，全国重点镇之一，距县城水寨 27 千米。辖 34 个村委会和 3 个居委会，总面积 247.5 平方千米。耕地面积 3686.67 公顷，其中水田 3033.27 公顷、旱地 652.53 公顷。总人口 36720 户、127750 人，其中农业人口 83386 人、非农业人口 44364 人。农村经济总产值 14.46 亿元，同比增长 8.4%；镇级财政收入 1239.3 万元，同比增长 8.9%；农民人均纯收入 8741 元，同比增长 5%；国税、地税收入 4022 万元。

岐岭镇 地处五华县西北部，距县城 49 千米，总面积 154.5 平方千米，辖 25 个村委会和 2 个居委会。2016 年年末，有 19592 户、79356 人，其中非农业户口 6933 人、农业户口 72423 人。山地面积 1.10 万公顷；耕地面积 1783 公顷，其中水田 1515.93 公顷、旱地 267.07 公顷。全镇实现工农业生产总值 6.85 亿元，同比增长 12.7%；镇级财政收入 5689 万元，同比增长 6.7%；国、地两税收入 2919 万元，同比增长 29.3%；农民人均纯收入 9015.43 元，同比增长 10.1%。

潭下镇 地处五华县西北部，距县城 35 千米，总面积 258 平方千米。辖 20 个村委会和 1 个居委会。2016 年年末，总人口 63409 人。有耕地面积 2256.53 公顷，其中水田 1757.4 公顷，年总产粮食17500吨以上，素有“五华粮仓”之美誉；山地面积2.07万公顷，占全县山地面积的1/10，森林资源丰富，森林覆盖率75%。农村经济总收入7.94亿元，同比增长10%；镇级财政预算收入1846万元，其中国、地两税收入195万元；农民人均纯收入9067.71元，同比增长9%。

长布镇　地处五华县西北部，距离县城65千米，总面积284.1平方千米，辖25个村委会和2个居委会，276个村民小组。有耕地面积2267.13公顷，其中水（旱）田1793.13公顷、旱地473.53公顷。有13426户、77942人，其中农业人口74308人、非农业人口3634人。镇级财政收入4260万元；农民人均纯收入6758元，同比增长4.5%。

周江镇　位于五华县西南部，距离县城38千米，总面积199.4平方千米，其中山地面积1613.33公顷、耕地面积2105.13公顷。辖22个村委会和2个居委会。2016年年末，有13212户、64471人，其中农业人口61862人、非农业人口2609人。全镇农村经济总收入4.38亿元，同比增长8.9%；镇级财政收入1964万元，同比增加2.3%；农民人均纯收入8072.58元，同比增长4.9%。

横陂镇　位于五华县城西南8千米，总面积236平方千米，辖35个村委会和3个居委会，569个村民小组。2016年年末，有总人口25991户、116001人，其中农业人口75686人、非农业人口40315人。有耕地面积3286.13公顷，其中水田2314.13公顷、旱地940.93公顷、水浇地31.07公顷。全镇农村经济总收入9.95亿元，同比增长9%；实现国税收入640万元、地税收入509万元；农村人均纯收入9346元，同比增长11.2%。

郭田镇　位于五华县东南部，距离县城25千米，是县三个革命老区镇之一，也是古大存入党介绍人、五华第一个共产党员黄国梁的故乡。总面积142平方千米，辖12个村委会和1个居委会，250个村民小组。耕地面积1179.93公顷，其中水田886.93公顷、旱地268.6公顷，山地面积1.09万公顷。有5515户、44210人，其中农业人口42719人、非农业人口1491人。农村经济总收入3.15亿元，同比增长8.2%；农民人均纯收入8118元，同比增长10.2%。

双华镇　地处五华县东南部，离县城28千米，辖16个村委会和1个居委会。辖区面积141平方千米。耕地面积1363.2公顷，林地面积1.25万公顷。有5903户、42970人，其中农业人口41194人、非农业人口1776人。镇内土壤主要为赤红壤，矿产资源较丰富的有钨、稀土、花岗岩、瓷土等。农村经济总产值3.48亿元，农民人均纯收入8233元，同比分别增长8.75%、9.05%。

安流镇　地处五华县南部，距县城33千米，总面积238平方千米。辖42个村委会和4个居委会，735个村民小组。有34979户、160433人，其中农业人口117273人、非农业人口43160人。有耕地面积4430.67公顷，其中水（旱）田3354.07公顷、旱地1017.8公顷。农村经济总收入实现11亿元，同比增长10%，国税收入2030万元，地税收入2072万元，同比分别增收630万元、592万元。农民人均纯收入8500元，同比增长9.9%。

棉洋镇　位于县城南部45千米，总面积254平方千米。辖26个村委会和2个居委会，685个村民小组。2016年年末，耕地面积2911.8公顷，其中水（旱）田2328.73公顷、旱地578.27公顷。有25618户、113190人，其中农业人口108236人、非农业人口4954人。农村经济总产值实现9.01亿元，同比增长7.9%，其中工业总产值实现7200万元，同比增长6.6%；农业总产值实现6.1亿元，同比增长7.6%。镇级财政一般预算收入510万元，同比增长6.2%；农民人均纯收入7834元，同比增长8.3%。

梅林镇　位于五华县城西南部51千米，总面积128.4平方千米。辖18个村委会和1个居委会。2016年年末，耕地总面积1826.2公顷，其中水（旱）田1489.53公顷、旱地332.2公顷。有14283户、60924人，其中农业人口57798人、非农业人口3126人。农村经济总收入3.91亿元，同比增长13.1%；镇级财政收入278万元，同比增长12.6%；农民人均纯收入7890元，同比增长 11%。

华阳镇　位于县城西南部，距离县城 62 千米，东邻梅林镇、南邻龙村镇、北连周江镇、长布镇，西与河源市紫金县接壤。辖 13 个村委会和 1 个居委会，166 个村民小组。总人口 10783 户、63489 人。总面积 153.5 平方千米，其中山地面积 1.2 万公顷、耕地面积 1728.93 公顷。境内主要有花岗石、大理石、稀土矿和水晶石等矿产资源。工农业总产值 5.9 亿元，同比增长 5.3%；其中工业总产值 2.29 亿元，同比增长 5.2%；农业总产值 3.43 亿元，同比增长 4.6%。财政收入 376 万元。农民人均纯收入 7554 元，同比增长 5%。

龙村镇　地处五华县最南端，距离县城 65 千米，总面积 349.1 平方千米，是广东省第二大乡镇，辖 37 个村委会和 3 个居委会，709 个村民小组。梅州市“一号工程”——梅州（五华）抽水蓄能电站项目落户该镇黄狮村。2016 年年末，有山地面积 2.8 万公顷，耕地面积 3791.47 公顷，其中水（旱）田 2944.67 公顷、旱地 836 公顷。有 21006 户、110232 人，其中非农业人口 5259 人、农业人口 104973 人。工农业总产值 6.44 亿元，同比增长 6.8%。镇级财政总收入 5301.91 万元，同比增长 2.39%。农民人均纯收入 6997 元，同比增长 6.29%。

（曾繁波　黄培邦　汤国夫　何伟婷）

附：2016 年度五华县领导班子成员名单

县委书记：范宜军
县委副书记：吴　晖
傅国强
县委常委：范宜军
吴　晖
傅国强
叶天泉（任至 10 月）
梁英浩
钟光振
曾成奕（任至 6 月）
张爱芳
徐保宁（任至 6 月）
宋学希
曾光华
王忠泽（8 月任职）
杨兴会（6 月任职）
詹庆东（10 月任职）
吴庆松
吴泽桐（任至 11 月）
县人大常委会主任：范宜军（2 月任，任至 11 月）
邓伯锦（11 月任）
代主任：幸小明（任至 2 月）
副主任：李伟华（2 月任职）
徐建雄（任至 11 月）
曾冬云
李永浩
张群典（任至 11 月）
李清昌（11 月任职）
温志清（11 月任职）
张少凡（11 月任职）
县政府县长：吴　晖（2 月任职）
副县长：曾光华
吴庆松
吴泽桐（任至 11 月）
邓秋香（任至 11 月）
詹庆东（任至 11 月）
刘敬东
温燕玲（9 月任职）
赖　勤
甘飞鸿（11 月任职）
陈　逸（11 月任职）
县政协主席：邓伯锦（2 月任，任至 11 月）
叶天泉（11 月任职）
副主席：李胜文（任至 11 月）
周国富（任至 11 月）
甘飞鸿（任至 11 月）
李清昌（任至 11 月）
徐建雄（11 月任职）
邓秋香（11 月任职）
胡高云

　　　　胡荣华
　　　　刘冠鹏（11 月任职）
　　　　李炎香（11 月任职）
县纪委书记：梁英浩
副　书　记：钟湘衡
　　　　陈奋娣（任至 10 月）
　　　　叶汝强（10 月任职）

兴　宁　市

【概况】 位于广东省东北部，东江、韩江上游，东连梅县区，南邻丰顺县，西接五华县、龙川县，北界平远县、江西寻乌县，总面积 2104.85 平方千米。辖 17 个镇、3 个街道办事处、455 个村和 36 个社区居委会。年末户籍人口 119.39 万人，常住人口 98.98 万人。人口自然增长率 17.20‰。矿藏资源丰富，有煤、磁铁矿、石膏矿、钒钛磁铁矿、硫铁矿、萤矿、石灰石矿、稀土等矿藏资源 39 种，矿点 230 多处，总储量约 9 亿吨，是广东省重点矿藏大县（市）之一。耕地面积 3.61 万公顷，粮食种植面积 5.18 万公顷，粮食总产量 35.2 万吨。蔬菜产量 75.9 万吨，水果产量 17.5 万吨。林地面积 12.68 万公顷，森林覆盖率 67.62%，森林活立木蓄积量 743.4 万立方米。土特产主要有茶叶、高山茶油、沙田柚、珍珠红酒，风味小食有砸粽、鸡颈粄、萝卜粄、黄粄、艾圆等。

兴宁是全国粮食生产先进县、全国重点产茶县、全国东南沿海出口蔬菜重点区域基地县（市）。是著名的文化之乡、华侨之乡、足球之乡、商贸之乡、中国围龙屋之乡、中国花灯之乡、中华诗词之乡。有兴宁学宫、两海会馆、古城墙等省级文物保护单位 9 处，杯花舞、罗家通书推算法、版画、赏灯等省、市级非物质文化遗产保护项目 16 项，罗岗镇柿子坪村、石马镇刁田村、叶塘镇河西村等中国传统古村落 8 个。客家围龙屋是中国五大特色民居之一，有保存较好的围龙屋 2800 多座，占梅州市总量的 60%以上，其中 100 多座被评为特色古民居，磐安围、善述围、棣华围、玉成围、李和美屋被列为省级文物保护单位。

【经济发展概况】 2016 年，全市生产总值 166.37 亿元，其中第一产业增加值 45.74 亿元；第二产业增加值 39.38 亿元；工业增加值 33.95 亿元；第三产业增加值 81.24 亿元。人均地区生产总值 1.68 万元，同比增长 5.5%。规模以上工业总产值 63.26 亿元，同比增长 4.1%。农林牧渔业总产值 73.64 亿元，同比增长 12.58%。固定资产投资 64.68 亿元，同比下降 24%。社会消费品零售总额 95.62 亿元，同比增长 12.4%。外贸出口额 9146 万美元，同比下降 9.2%；实际利用外资 615 万美元，同比下降 26.9%。地方公共财政预算收入 11.04 亿元，同比增长 10.3%。城镇常住居民人均可支配收入 2.26 万元，同比增长 9.2%；农村常住居民人均可支配收入 1.49 万元，同比增长 10.3%。

【农业】 2016 年，全市实现农业总产值 73.64 亿元，同比增长 12.58%；农业增加值 46.26 亿元，同比增长 10.4%。一是实施高标准基本农田建设项目，通过 2015 年度高标准基本农田建设项目公开招投标，11 月 14 日动工建设，项目在黄槐镇、大坪镇、新陂镇、坭陂镇、水口镇、新圩镇等镇实施，建设规模 2284.4 公顷，总投资 5139.9 万元。二是推进农村沼气建设。全市有建池户用沼气 11234 个，建成特大、大中型沼气工程 13 个，农村沼气乡村服务站(点)24 个，年产沼气 1520 万立方米，折合可节约标准煤 11050 吨，开展以沼气为纽带的综合利用面积 2584.67 公顷。三是构建优质稻、蔬菜、水果、油茶、养殖、茶叶六大农业产业，主抓万亩优质稻示范基地、广东兴宁柚果种植研究基地、龙田精致高效农业（火龙果、韭菜花）示范基地、广东明珠养生山城茶文化建设项目、省级“菜篮子”基地等重点基地建设。2016 年，全市有各级农业龙头企业 89 家，各类农民专业合作社 597 家。累计已获“三品”（无公害农产品、绿色食品、有机食品）认证企业18家，面积1119.59公顷。其中，无公害农产品认证10家，面积579.65公顷；绿色食品认证5家，面积381.27公顷；有机食品认证3家，面积158.67公顷。有11家企业农产品获“广东省名牌产品”称号，12家企业农产品获“广东省名特优新”称号。

种植业　全年粮食种植面积5.18万公顷，粮食总产34.16万吨，蔬菜产量75.9万吨，水果产量17.6万吨。全年推广优质稻面积3.58万公顷，推广杂交稻面积4.15万公顷。无公害水稻生产面积160.67公顷，产量1012吨；有机水稻生产面积38.66公顷，产量155吨。全市实施农业面源污染治理731.59公顷。11月19日，袁隆平科研团队培育的超级稻在全国38个百亩示范片中唯一一个双季稻科研攻关项目，在兴宁市龙田镇环陂村进行“华南双季超级稻年亩产3000斤全程机械化绿色高效模式攻关”项目测产验收，经中国工程院院士罗锡文为组长的测产验收组测产，该项目年亩产量达到1537.78公斤，创造双季稻亩产量新的世界纪录。

林业　全年实施森林碳汇工程1550.4公顷，其中人工造林666.67公顷、封山育林1632.13公顷，韩江流域水源涵养林造林333.33公顷，总投资2828万元。新建兴华高速公路沿线生态景观林带33公顷，对新建的济广高速公路和兴畲高速沿线生态景观林带完善提升339.87公顷，总投资838万元。新建成黄陂县级森林公园、黄槐镇级森林公园2个森林公园。在60个村开展乡村绿化美化建设，打造3个省级示范点、3个梅州市级示范点。把发展林业经济与文化旅游、休闲观光等结合起来，在全市逐步形成有特色、有优势的林产品产业群。全市有大型苗圃基地5家，年均供应优良苗木1350多万株，建成名峰、鸿利丰等千亩以上油茶基地25个（其中万亩油茶基地5个），油茶种植总面积1.7万公顷。全年林业用地面积13.67万公顷，森林覆盖率67.65%，林地绿化率98.83%，活立木蓄积量743.39万立方米。

畜牧业　全年全市生猪饲养量100.8万头，禽类饲养量1309.6万羽，肉类总产量6.1万吨。九联富农公司完成新建鸡舍468栋并投产运行，实现月饲养量90万只鸡苗。保护地方特色的优良品种，在地方保种基地对坭陂猪进行提纯复壮。

水产业　全市水产养殖面积0.28万公顷，其中鱼塘1200公顷、鱼苗塘66.67公顷、山塘246.67公顷，水库1226.67公顷，其他33.33公顷。水产品总产量1.78万吨。推进渔业机械化建设，争取省级专项资金支持，在梅州市桂丰源生态农业发展有限公司、兴宁市生兴实业发展有限公司、梅州市思丰水产养殖发展有限公司、梅州市绿林湾水产养殖有限公司实施高效水产养殖机械化示范项目。全市推广应用各类增氧机16000多台（其中三相叶轮式增氧机3500多台）、各类投饵机5500多台。

【工业和园区建设】　2016年，全市50家规模以上企业完成工业增加值15.05亿元，完成总产值62.79亿元。完成工业投资23.03亿元，同比下降26.3%，其中，技改投资1.96亿元，同比下降65.7%。全年新增规模以上企业2家，工业投资项目24个，完成投资额23.03亿元。新开工建设工业项目4个，技改备案企业7家。拆除雄丰造纸厂、大岭造纸厂2家企业的落后生产设备，淘汰产能2.47万吨。

2016年，东莞石碣（兴宁）产业转移工业园投入基础设施建设资金2亿元，完成安置区首期建设，污水处理厂通过环保验收，自来水专管工程竣工。完成农发行融资6亿元、建设银行融资3亿元，推进总投资10.6亿元的园区市政道路建设项目，园区220千伏变电站即将完工。园区实现工业总产值41.95亿元、工业增加值8.62亿元、税收1.37亿元，同比分别增长6.5%、6.7%、26.5%，新增固定资产投资21.25亿元（其中设备投资7.26亿元）。截至2016年年底，园区进园企业74家，总投资额142.93亿元，其中投资亿元以上项目有29家，规模以上企业26家，建成投（试）产企业58家，在建项目18家（包括续建、部分投产、技改项目），筹建项目4家。就业人数约

7000人。

2016年，广东梅兴华丰产业集聚带水口工业园投入基础设施建设资金2亿元。确定水口工业园首期开发四至界址为：广梅园规划路网高新二路以西、高新五路以南区域，首期规划面积调整为826.67公顷。完成初步的土地利用规划图、产业布局规划图、基础设施布局规划图和826.67公顷范围内 1∶500 的地形测绘图。完成首期启动区90.87公顷的征地和土地平整工作。

【招商引资】 2016年，兴宁市招商部门建立“服务企业微信群”，为园外企业和相关职能部门之间建立沟通交流平台，及时高效服务企业，协调解决问题难题。借深圳宁江文化促进会、广东省兴宁商会、广东省贸促会考察团到兴宁考察的契机，兴宁市举办3场招商引资推介会；借佛山兴宁商会成立一周年契机，举办一场近500人参加的大型招商引资推介会。针对兴宁机械装备制造、汽车零配件等主导产业，注重引进项目、产品的互相配套，瞄准关联企业和项目进行重点攻关，促成广东省摩托车配件行业商会、惟合贸易、磊蒙重型机械等企业与本地企业鸿源机电、金雁电工等的合作意向。

2016年，兴宁市新引进宋声生态旅游、龙岗光学眼镜、家安消防设备、神光眼科医院等31个合同项目，计划投资总额82.16亿元，计划固定资产投资总额58.16亿元，预计年产值60.88亿元，预计年税收1.86亿元，已投入资金4.74亿元。引进项目中，工业项目有大兴光学眼镜、望江狮纺织等12个，计划投资总额19.51亿元，计划固定资产投资总额13.96亿元。

【基础设施建设】

公路交通建设　全年投入交通建设资金5.5亿元，新建、改造三级以上等级公路27千米，新建新农村公路92千米。兴华高速公路建设投入资金3.3亿元。全长4.059千米、概算投资3.5亿元的兴宁大道实现单幅通车。全长13.5千米、投资预算为8447万元的省道225线至济广高速公路叶塘互通口公路完成招投标工作。全长6千米、总投资预算为4.5亿元的东环大道和全长2.82千米、概算投资1.16亿元的兴南大道沥青铺筑等城市主干道路修建工程前期工作稳步推进，X002叶石线和甘罗公路梯子岭改造等道路修建项目稳步推进。投入9704万元，完成205国道加铺沥青混凝土工程25.73千米、省道225线水口二桥维修加固、县道013线三眼桥改造等公路建设维护工程。205国道洋里至茅塘段绕城改建工程，截至2016年年底，累计投入资金2.45亿元，完成投资过半。省道225线兴宁市火车站至水口段24.35千米一级公路改建工程，概算投资5.19亿元，完成项目用地预审、环评初审、水保等批复。省道 225 线叶塘北塘至新陂家庄段公路改建工程，路线长5.96千米，工程估算投资约1.75亿元，完成项目施工图设计。2016年，兴宁市着力推进“一纵三横”高速公路主骨架网的建设，谋划一批新城区域道路、旅游景区公路、农业经济公路及公交站亭建设项目，争取列入国家和省项目库、苏区项目库。完成汕昆高速畲江至兴宁段北延线路线编制，上报省政府、省交通运输厅，争取将该项目列入省“十三五”规划并加快实施。主动对接“双龙高铁”龙岩至龙川高铁前期工作。

水利工程建设　广东山区五市中小河流治理工程兴宁宁江河（北塘堤、马头围堤、老党校段、穿城段、文东堤、笃陂堤）、大村河、黄陂河（癞里石）、罗岗河（德丰段）、邹洞水治理项目，总长71.5千米，投资1.59亿元，全年完成治理河长65.2千米。推进省级水利示范县兴宁市4宗电排站工程，全年完成苑塘电排站建设。实施望江狮水闸重建工程，于2016年年底开工建设，投资6019万元。规划总投资5.18亿元，对全市19个镇街实施村村通自来水工程建设，全年完成罗岗、新陂、石马、叶塘、永和、刁坊、坭陂7个镇工程的招投标工作。加大对合水水库上游5个镇水资源保护、环境综合整治，投资8239万元的市污水处理工程（一期、二期），以及投资6050万元的罗浮、坭陂、水口、叶塘4镇污水处理工程相继完工。列入梅州市2015—2016

年度“五沿”范围崩岗水土流失综合治理计划的兴宁市部分，工程投资993万元，于1月开工，涉及14个镇（街道），治理崩岗102宗，治理面积149.10公顷，截至2016年年底，完成治理计划的62%。实施兴宁市中小河流治理重点县综合整治及水系连通试点工程，包括大坪镇、黄陂镇、径南镇、坭陂镇、新圩镇、水口镇、合水镇7个项目区，涉及8条河道，整治总长约100千米，总投资1.5亿元，大坪、黄陂项目区进入扫尾阶段，径南镇项目区完成工程建设任务的66%，水口、坭陂、新圩项目区开工建设。

供电建设　做好南部新城、“梅兴华丰”产业聚集带电力专项规划，开展叶塘工业园、兴华高速等重点项目涉电线路的迁移工作。推进罗浮供电所等9个小型基建项目。2016年，完成电网投资1.23亿元、项目161个，新建及改造线路1705千米。全年全市购电量9.90亿千瓦时，同比增长8.59%，售电量9.24亿千瓦时，同比增长8.85%，其中大工业用电量1.94亿千瓦时，同比增长7.12%。全市有220千伏变电站1座、110千伏变电站8座、35千伏变电站9座，用户约37万户。

供水建设　抓好重点项目建设和南部新城建设项目的配套供水管网规划与建设监管工作，配合毅德物流城、兴宁大道市政供水管网工程、205国道迁移工程等重点项目的进度，完成配套的供水管网的规划设计及铺设工作，完成神光山、熙和湾客居小镇、坭陂片区供水扩容工程、文峰新城、锦秀新城、三鸟市场等给水安装工程。全年新铺设管网38.15千米，新发展用户5245户。完善兴宁城区消防设施建设，新建消防栓39座。市自来水总公司产水3874万吨，售水1909万吨。

【城乡建设】

建设规划　2016年，完成兴宁市生态控制线划定成果的报批和备案、全市公厕专项规划、《兴宁市中心城区垃圾中转站布局专题研究》和《兴宁市地下管线普查和建立地下管线信息系统》等规划。审核批复修建性详细规划方案9份；审批发出“建设工程用地规划许可证”45份；审批发出“建设工程规划许可证”119份，建筑占地128091平方米，建筑面积1105315平方米，工程投资约12.3375亿元；审批发出“临时建设工程规划许可证”5份、“兴宁市建设工程规划核实凭证”83份。村镇规划管理得到加强，出具建设用地规划条件2份，核发镇区建设用地规划许可证5份，规划核实凭证3份。

房地产业与建筑业　加强房地产开发企业资质管理工作，加大房地产市场的调控力度，完善土地开发项目备案制度，促进房地产业健康发展。全年批准5家房地产企业申报暂定资质，6家房地产开发企业由暂定资质转定为四级，3家房地产开发企业暂定资质延期。全市有符合资质的房地产开发企业95家，其中二级资质的3家、三级资质的17家、四级资质的62家、暂定资质的房地产开发企业13家。全年全市新开工房地产项目13个，计划投资14.39亿元，计划开工面积40.67万平方米；完成房地产开发投资10.4亿元；全市商品房销售面积75.7万平方米，销售金额32.8亿元，商品房销售入库税额39617万元。全年全市有建筑施工企业28家，其中具备一级资质企业1家、二级资质企业7家、三级资质企业20家。全年实现建筑业总产值约21.16亿元，同比增长14.38%。

南部新城建设　推进南部新城重点项目建设。土地房屋征收补偿安置工作稳步推进，南部新城和叶塘工业园房屋征收登记丈量309户，签订房屋征收补偿安置协议431份（户）。棚户区改造项目扎实推进，宁新安置区二区共7栋，完成总工程量的92%；福兴安置区二期共12栋，封顶11栋，完成总工程量的83%。神光山齐昌楼项目完成主体和外装修工程，山顶广场项目完工交付使用。新中心城区体育文化设施项目有序推进，采用土地一级开发的PPP融资模式，5月5日开工。神光山皇家金煦国际度假村C区别墅项目基本完成，B区商业配套楼完成70%，酒店主体工程封顶。毅德商贸物流城项目A、B地块基本完工，其中交付业主1500多套，进场装修的900

多套，开业经营的近百户；D地块进场土地平整及勘探，完成工地围闭；F地块进场土地平整及勘探，完成前期图纸设计。兴一广场项目住宅区封顶，外墙装修完成95%；商业区裙楼一至五层封顶，塔楼部分主体工程完成90%。南部新城市政基础设施有序推进，海燕大桥至兴宁大道市政工程完成雨污管沟，路基土方工程基本完成，混凝土路面浇筑完成50%。刁坊变电站迁移工程完成可研、水保和环评审批。神光山周边道路等基础设施工程完成总工程量的75%。

村镇建设　2016年，兴宁市以改善城乡环境、提高人居环境质量为工作目标，制订严格的城乡环境综合整治方案，全面加强城乡环境综合整治工作。突出重点，按城区、镇建成区和村域范围的不同环境因素提出整治要求，内容主要包括："六乱"整治、环境卫生保洁、绿化亮化等领域。组建"兴宁是我家"城乡环境综合整治微信群。加大投入，下拨农村生活垃圾收运处理专项资金857万元、环卫BOT承包项目费用655万元、其他城区生活垃圾收运处理专项资金1551万元。10月，拨出178万元专项资金，对9个5万人以上的镇（街）每镇划拨10万元专项工作经费，对11个5万人以下的镇（街）每镇划拨8万元工作经费。加快设施建设，对垃圾填埋场进行升级扩容改造，完善城区垃圾收集点建设。开展城乡环境综合整治，拆除城区乱拉乱挂招牌广告532宗，取缔占道经营856个，纠正乱摆卖行为8650多宗。整顿交通秩序，查扣涉牌涉证汽车425辆、摩托车3872辆、泥头车63辆；纠正违停5465宗及其他交通违法行为6328起。整治镇区"六乱"行为9678宗；纠正农村生活垃圾乱丢、乱倒行为13652宗。加快农村危房改造工作，全年计划改造总户数1549户，截至年底开工1549户，竣工1422户。

【旅游业】　2016年，兴宁市列入省市旅游重点项目和梅江韩江绿色健康文化旅游产业带推进项目5个。广东明珠养生山城完成投资2亿元，神光山皇家金煦国际度假村完成投资3亿元，熙和湾客乡文化旅游产业园完成投资12亿元，欢乐崖家客家文化旅游产业园完成投资1300万元。宋声农业生态旅游产业园完成投资800万元，完成首期地形测量和规划设计。熙和湾景区开展创建国家AAAA级景区准备工作。市旅游部门加大旅游宣传营销力度，打造兴宁"神山秀水情、潇洒兴宁行"休闲旅游品牌，开展形式多样的旅游宣传推介活动，邀请《南方日报》、梅州电视台、梅州旅游网等宣传平台宣传兴宁旅游。组织旅游企业参加各种展会和到省市外地区进行宣传推介。与周边40多家旅行社建立合作关系。举办"方圆杯"宝地新姿魅力兴宁摄影大赛。结合市委、市政府抓好美丽乡村的建设，开展乡村旅游建设。加大对传统旅游景点的道路、停车场、旅游厕所建设，改善乡村旅游环境。打响兴宁中国围龙屋之乡、中国花灯之乡品牌，利用兴宁赏灯民俗文化、径南星耀火把节、叶塘关公出行等民俗活动吸引外地游客。利用兴宁自然生态、观光农业，如径南李花节，合水、罗岗等地观赏油菜花，大坪桃花，石马柚园等发展农业观光游。发动旅行社把兴宁景点串珠成链组团兴宁一日游，乡村旅游人数有大幅度增长。全年全市接待游客327.15万人次，同比增长25%，旅游总收入26.22亿元，同比增长30%。

【环保工作】　2016年，兴宁市开展重点环境问题排查整治。一是实施大气污染防治行动计划，淘汰或停用38台燃煤锅炉。二是开展散体物料运输车辆专项整治，控制城区建筑扬尘，淘汰1925辆"黄标车"和老旧车辆。三是实施水污染防治工作，完成16个镇级集中式饮用水源地保护工程；完成水口、坭陂、罗浮3个中心镇污水处理厂建设；完成黄陂镇学士村、虎留村农村环境综合整治工程。四是实行重点环境问题综合整治制度，全年市政府常务会议对全市14宗环境问题进行挂牌督办，完成销号6宗。五是开展合水上游6个镇生猪养殖污染整治，关闭113户养殖场。六是开展造纸行业整治，全市9家造纸企业3家自行淘汰、6家停产整治。七是开展建设项目“未批先建，未验先投”整治，清理清查出建设项目401家，完善备案81家，对160家关闭处理。全年发出限期整改决定书28份，立案查处11家，结案9家，关闭取缔2家铝厂、4家造纸厂、124家生猪养殖场点。2016年，兴宁市城市生活污水集中处理率95.51%，生活垃圾无害化处理率100%，环保责任考核经梅州市考核评定为良好。全市林地面积1365.12平方千米，林地覆盖率65.78%；污染源排放达标率100%；Ⅲ类或优于Ⅲ类水质达标率100%；优良以上空气质量达标率100%。经国家考核，县域生态环境质量状况变化值（△EI）为0.55，生态环境质量评价为“轻微变好”，获得国家重点生态功能区转移支付资金1.27亿元。

【民生实事】 2016年，兴宁市民生领域支出47.6亿元，占一般公共预算支出的78.2%。十件民生实事有效落实，除甘罗线梯子岭段改造和开通径南农村公交两项实事因客观原因调整年度建设任务外，其余51项实事全面完成。提高老人高龄津补贴、城乡免费义务教育生均公用经费、农村寄宿制学生住宿费、基本公共卫生服务项目经费和城乡居民基本医疗保险等补助标准。加大对孤儿、事实无人抚养儿童、重度残疾人等特殊人群的救助力度。免费为新婚夫妇婚前检查15788人次、孕前优生健康检查17778人次。免费为6142名贫困妇女进行“两癌”检查。完成水口二桥、县道013线三眼一桥的改造。建设和提升生态景观林带81.25千米、372.87公顷。扶持422名残疾人自主创业。实施黄陂、黄槐和福兴大塘片区的数字电视工程。老年人健身社区体育公园、20个标准化乡镇气象信息服务站和5个残疾人社区康园中心建成投入使用。启动“电信诈骗防火墙”工程。在全市农产品批发市场、农贸市场开展食品安全快速监测工作。

【科教文体】

科技 2016年，兴宁市企业广东鸿源机电、广东华威化工获准组建省级工程研发中心；梅州金诺通讯、广东云山汽车获准组建梅州市级工程研发中心。截至2016年年底，兴宁市有4家省级工程技术研究开发中心、2家省级农技创新中心、5家梅州市级工程技术研究开发中心。精维进电子、丰谷音响、合水塑料、新华宝科技、跃速体育5家企业被批准高新技术企业入库培育，新华宝科技、合水塑料、跃速体育、联康药业、丰谷音响5家企业申请国家高新技术企业认定获批。径南镇申报省级茶叶技术创新专业镇、新陂镇申报梅州市优质水稻种植加工专业镇获批。围绕全市一批主导产业和重点企业的发展，组织申报各级各类科技计划项目35项,其中省级19项，立项9项。产学研结合工作取得历史性突破，中国工程院院士饶芳权与广东鸿源机电有限公司签约共建院士工作站，成为梅州地区首个院士工作站。全年全市专利申请量378件，专利授权量254件，华威化工获得2016年度广东省专利优秀奖。

教育 2016年，兴宁市有各级各类学校401所和1个校外教育基地少年宫。其中有电大1所、进修学校1所、高完中11所、中职2所、初中25所、九年一贯制学校3所、城区直属小学5所、中心小学29所、直属幼儿园2所、特殊教育学校1所、少年宫1所，面上完全小学58所，教学点120个，带公办性质面上幼儿园51所，民办幼儿园92所。有全日制学生140750人，其中普通高中学生17632人、中职学生7778人、初中学生25149人、小学生66120人、特殊教育学校学生62人、在园幼儿28360人。有教职工10460人，其中专任教师10242人（高级职称1483人、中级职称7759人、初级职称750人）。全市学校占地面积435.3万平方米，校舍建筑面积138.8万平方米。截至2016年年底，全市拥有国家级示范性高中1所、国家级重点职业技术学校1所，广东省一级学校4所（含幼儿园）、广东省义务教育标准化学校102所，梅州市一级学校21所（含幼儿园），兴宁市一级幼儿园16所，广东省规范化幼儿园43所。全年推进全市11所高（完）中“提升普通高中办学水平”工作，黄陂中学、坭陂中学创建为“梅州市一级学校”，罗岗中学通过督导评估验收。全市高考考生 7124 人，重本上线率 9.10%，本科上线率 33.28%，专科上线率 79.03%，进入梅州市文理科前十名的考生有 4 人。

文化　2016 年，兴宁市按国家一级馆场建设标准，在明珠文化广场艺术中心三楼建成市文化馆群众文化活动中心。投入省级资金 208 万元，完成市图书馆的数字图书馆设备、市文化馆设备和全市 20 个镇（街）文化站照相机等功能设备的配置。投入省级资金 532 万元，完成 266 个村文化室电子阅览室建设。投入社会资金 200 多万元，完成 17 个农村文化俱乐部建设。推进“一村一文化活动中心”创建省级示范项目工作，全年分 3 批下拨专项资金 297 万元，对行政村（居委）文化活动中心的运行管理给予每村 6000 元补助。7 月，制订《兴宁市文艺创作和文艺人才奖励实施方案》。市文化馆舞蹈队创排广场杯花舞《明月照山乡》，8 月 3 日在北京举行的中央电视台 2016 全民健身暨全国舞蹈电视大赛中广场舞组获团体冠军。完成 5876 件（套）可移动文物数据库建设和登录上报，完成 168 座围龙屋、8 处围龙屋群落申遗材料的上报。投入资金 96 万元，实施省级文保单位文峰塔修缮工程。新增梅州市级文物保护单位 4 处。推荐 2 名传承人申报第五批省级非物质文化遗产项目代表性传承人，“珍珠红酒酿造技艺”和“李家教拳”入选梅州市级非物质文化遗产保护项目，新增“陈华记凉茶制作技艺”和“刁家教拳”2 项兴宁市非物质文化遗产保护项目。

体育　一是加大足球专业人才的引进和培养。10 月，邀请谢育新、伍文兵、张小文、郭亿军等前国脚指导培训市足球教练员。11 月，引进省级俱乐部珠海索卡足球俱乐部在熙和湾文化旅游产业园洽建大型青少年足球训练基地。由香港赛马会足球场投资 508 万元，建设 11 人制和 5 人制足球场各一个。4 月举行的“市长杯”足球联赛新设女子队，160 多名女子运动员参赛，为兴宁市时隔 20 多年的女子足球赛事。7 月和 10 月，组织举办第二届“市长杯”镇（街）组和市直组足球联赛，有 29 个代表队、560 多名运动员参赛。体育人才输送省体校 10 人、恒大足校 3 人、富力足校 6 人、东莞职校 8 人、铁汉生态足球队 2 人、梅州体校 34 人。由兴宁市启蒙的羽毛球女子运动员陈清晨参加 2016 年尤伯杯世界羽毛球锦标赛获女双冠军，蹦床运动员刘莹莹参加全国蹦床锦标赛获个人全能冠军。二是竞技体育蓬勃发展。6 月，成功举办粤闽赣老年人气排球赛，12 个县、市、区的 220 名运动员参赛，兴宁代表队夺得男队亚军、女队冠军。8 月，承办省蹦床锦标赛，各地市 8 支队伍、143 名运动员参赛，兴宁市代表队获得 3 金 5 银、团体总分第二的好成绩。

【政务建设】　2016 年，兴宁市推进行政审批制度改革，完成 38 个单位和 20 个镇（街道）的权责清单编制工作。深化“互联网+政务服务”改革，推进“一门式、一网式”政府服务建设，市行政服务中心、网上办事大厅、“12345”政府服务热线、惠民信息平台服务不断优化，基层综合服务平台实现全覆盖，政府效能进一步提升。供给侧结构性改革成效明显，淘汰落后造纸产能 2.47 万吨，不良贷款率减少 1.3 个百分点；落实“营改增”和减税降费政策，为企业减负 4191 万元；园区基础设施建设等 35 个补短板重大项目动工建设 23 个。完成市汽车修理所等 4 个单位的改革工作，国有林场和供销社改革稳步推进。成立兴东水务等投资公司，拓宽融资渠道。全面实施“五证合一、一照一码”登记制度改革，新增各类商事主体 4803 户。

政府自身建设不断加强。办理人大议案、建议 38 件，政协提案 100 件。健全依法决策程序，重大事项合法性审查实现全覆盖。开展 3 次市政府学法活动，20 个镇（街）和 31 个市直部门聘任政府法律顾问。全面加强政务公开，受理政府信息公开申请 31 宗。“七五”普法顺利实施，全民法治意识明显提高。落实全面从严治党主体责任和监督责任，强化行政监察和效能建设，立案查处41名失职渎职、不作为、乱作为的干部。

【镇街概况】

兴田街道　位于市境西南300多平方千米的宁江盆地中部，是兴宁的政治、经济、文化中心。东连宁新街道，南接福兴街道，西连新陂镇，北临宁中镇，面积13.2平方千米，辖12个社区居委会和6个村委会。2016年，总人口177260人，其中农业人口8289人。农民人均纯收入8996元，同比增长10.6%。全年粮食播种面积675.2公顷，粮食总产量4364吨。

宁新街道　位于兴城东南，东连永和、坭陂，南靠刁坊，西邻福兴，北毗宁中、新陂，总面积29平方千米，辖12个村委会和5个居委会。2016年，户籍人口41732人，总户数13095户。公共财政预算收入1653.86万元，农民人均纯收入8617元，同比增长9.5%。

福兴街道　位于宁江河西岸，东连宁新、兴田，西邻五华转水，南毗刁坊，北靠新陂，广梅汕铁路、梅河高速公路、平兴高速公路、国道205线、福兴大道、兴南大道、兴福路、省道225线纵横贯穿福兴，有AAAA级国家旅游区——神光山国家森林公园，是兴宁南部新城建设的主战场之一。总面积34.94平方千米，辖10个村委会和1个居委会。2016年，总户数10587户，总人口35308人，其中非农人口34795人。农作物播种面积1344.53公顷，其中水稻面积1131.47公顷，总产量7452吨；水果种植面积69.07公顷，总产量1360吨；茶叶面积8公顷，总产量34吨。

宁中镇　位于兴宁市城区东北面，东与永和，南与宁新，西与兴田、新陂、叶塘，北与龙田、石马相邻。总面积42.25平方千米。辖23个行政村和1个居民委员会。耕地0.13万公顷，其中水（旱）田1077公顷。总户数9207户，总人口3.61万人，其中农业人口2.23万人。工商各项税收完成镇级收入248.54万元，占预算数的97.87%，镇级税收同比增加4.82万元，增幅11.98%。农民人均纯收入9180元。

刁坊镇　位于兴宁市东南部，东临坭陂镇，南连五华县水寨、转水两镇，西接福兴街道办事处，北依宁新街道办事处。辖22个村和1个居委会，总面积58.01平方千米。总户数12542户，总人口40812人，其中农业人口29658人。农村经济总收入4.87亿元，工农业总产值4.28亿元，其中工业总产值2.81亿元、农业总产值1.47亿元。农民人均纯收入8252元。

坭陂镇　位于兴宁市中南部，东连新圩，西接刁坊、宁新，南邻五华县，北接永和。辖31个村委会和1个社区居委会，总面积99.51平方千米，其中耕地面积2745.73公顷、山地面积4004.87公顷。2016年，总人口83867人，其中农业人口79255人。经济总收入11.84亿元，上缴税金1004万元，镇级财政一般预算收入526.7万元，农民人均纯收入7888元，同比增长17.9%。

龙田镇　位于兴宁市中部，东连石马，南接宁中，西邻叶塘，北连合水。辖16个村委会和1个居委会，总面积44.4平方千米，山地988公顷，耕地1466.47公顷，其中水（旱）田1030.65公顷。2016年，总人口4.45万人。经济总收入6.36亿元，同比增长10%；农民人均纯收入8666元，同比增长8%；财政总收入3245万元，同比增长6%，其中镇级财政收入860万元，同比增长5%，上级补助收入1726万元。

合水镇　位于兴宁市中北部，距市区15千米，东连石马，西接叶塘，南与龙田相邻，北靠黄陂、大坪，东北与梅县区西部交界；因“粤东明珠”合水水库坐落境内而得名合水。辖18个村委会和2个居委会，1个合水国有农场，4个农场管理区，总面积101.98平方千米。2016年，总户数10228户，总人口38281人。工农业总产值5.6亿元，同比增长4%，农民人均纯收入8429元，同比增长4.6%。是广东省“教育强镇”“兴宁市龙眼基地镇”“茶叶基地镇”。

叶塘镇　位于兴宁市西北部，东邻龙田，南接新陂镇、五华县，西靠龙川县，北接大坪，东北部毗邻合水镇。总面积166.81平方千米，辖41个村委会和1个居委会。2016年，总人口8.5万人，生产总值6.63亿元，其中工业总产值2.77

亿元，农民人均纯收入7356元，公共财政预算收入3316.03万元。是兴宁市重点发展镇之一。

新陂镇　位于兴城西郊，东连兴田、宁中，北靠叶塘，南邻福兴，西与五华县华城镇接壤。面积43.51平方千米，其中耕地1148.4公顷，山地2278公顷。辖13个村委会和1个居委会。2016年，全镇农村经济总收入5.19亿元，同比增长10.7%；农民人均纯收入8129元，同比增长9%；完成工商税收入221.91万元，占年计划的86%；公共财政预算总收入1841.83万元，同比增长12.56%。

永和镇　位于兴宁市东部，东邻径南镇、西连宁新街道、宁中镇，南靠泥陂镇、新圩镇，北接石马镇。距市区约10千米，205国道、梅河高速公路、兴畲高速公路贯穿其中，交通便利，地理位置优越。面积109.63平方千米，辖24个行政村和1个居委会。2016年，总户数11697户，总人口46301人。工农业生产总值5.23亿元，同比增长6.1%，其中工业总产值3.32亿元，同比增长6.4%；农业总产值1.91亿元，同比增长5.5%；镇级财政总收入1865万元；农民人均纯收入8220元，同比增长13%。

径南镇　位于兴宁市东部山区，东邻梅县区南口，南接新圩，北靠石马，西连永和。总面积140.49平方千米，其中有山林面积10431.13公顷，耕地面积1063公顷。辖24个村委会和1个居委会。2016年，总人口35095人，总户数9938户。工农业总产值4.9亿元，农民人均纯收入7944元。

新圩镇　位于兴宁市南部宁江下游，东邻梅县区畲坑，北连永和、径南，西靠坭陂，南接水口。总面积117.79平方千米，耕地1782.87公顷，其中水（旱）田1472.87公顷，旱畲地310公顷。辖19个行政村和1个社区居委会。2016年，总人口45545人，其中农业人口43356人。工农业生产总值5.76亿元，同比增长5%。农民人均纯收入8318元，同比增长10.3%。财政总收入1973.83万元，同比增长31.3%，其中镇级财政收入176.18万元、上级补助收入1728.55万元，完成财政税收176.19万元。

水口镇　位于兴宁市最南端，是兴宁的南大门，东邻梅县区畲江镇，西连五华县河东镇、水寨镇，南靠丰顺县，北接新圩镇，是省首批规划的中心镇之一。2016年，总面积228.85平方千米。辖38个村委会和1个居委会。总人口84654人，其中农业人口80753人。生产总值6.17亿元，同比增长10%。财政一般预算收入431.65万元，农民人均纯收入7410元，同比增长8%。2016年，水口镇党委被省委评为“粤东西北地区振兴发展”先进基层党组织。水口镇纪检监察工作被省纪委授予“全省纪检监察系统先进集体”称号。

罗浮镇　位于兴宁市的北部山区，东江河上游的东部，粤赣两省三县交界处，北与江西省寻乌县接壤，西南与龙川县相接，东南与罗岗镇相邻，是全国重点镇、全国小城镇经济综合开发示范镇、广东省中心镇、广东省卫生先进镇、广东省油茶专业镇、广东省教育强镇，是著名的革命苏区镇，被誉为“山中明珠”。全镇总面积273.4平方千米，约占兴宁市的1/7，森林覆盖率85%。境内有铁山渡田河省级自然保护区和兴宁市最高峰阳天嶂等，具有丰富的红色旅游资源，有第一届兴宁县革委会旧址、红五十团团部旧址和兵工厂旧址等革命遗址多处。辖25个村委会和1个居委会。2016年，总人口56765人，其中农业人口54166人、非农业人口2599人。社会生产总值52365万元，同比增长8.5%，财政收入2790.92万元，农民人均纯收入7928元。

罗岗镇　位于兴宁市北部，东临黄陂、黄槐，西连龙川县，南接大坪，北靠罗浮。总面积148.52平方千米，山地12763.73公顷，耕地2021.27公顷（其中水（旱）田1850.27公顷）。辖30个村委会和1个社区居委会。2015年，总人口75758人，其中农业人口70955人、非农人口4803人。经济总收入61568万元，财政预算内收入2482.18万元，农村人均纯收入8405元。

黄槐镇　地处兴宁北部，与梅县区梅西、平远石正、江西省寻乌县交界，距兴城44千米，省道225线穿镇而过。山地面积7333公顷，耕地600公顷。辖12个行政村和1个居民委员会。户数9049户，总人口36157人（其中农业人口32103人、非农业人口4054人）。总面积96平方千米，至年底圩镇建成区面积1.1平方千米。农村经济总收入56409万元；财政收入1563.4万元，同比增长50.96%；农民人均纯收入8577元，同比增长10.2%。

黄陂镇　位于兴宁市东北部，东邻梅县区石坑镇，西连罗岗及大坪镇，南邻合水镇，北接黄槐镇，总面积127.52平方千米。辖28个行政村和1个居委会。2016年，生产总值11亿元，公共财政预算收入2587万元，农村人均纯收入8000多元。

大坪镇　位于兴宁市西北部，是闽粤赣边区游击纵队司令员、闽粤赣边军政委员会主席、革命烈士罗屏汉的故乡。距兴宁市区29千米，境内交通便利，省道226线和339线贯穿全镇。总面积187.09平方千米，辖37个行政村和1个社区居委会，总户数19714户，总人口76784人。2016年，工农业总产值6.4亿元，同比增长10.4%；农民人均纯收入7867.9元，同比增长10.7%；财政预算收入2688.1万元，同比增长37.3%，其中镇级收入54.4万元

石马镇　位于兴宁市东北部，东邻径南及梅县区南口，西连龙田、合水，南毗永和、宁中，北接梅县区石坑。辖26个村委会和1个居委会，2016年，总人口38798人，总户数9363户。总面积107.78平方千米，耕地1344.6公顷，其中水旱田1146.93公顷、旱畲地197.67公顷、山地9000公顷。2016年，农业总产值3.33亿元；财政总收入2147.57万元，其中预算内收入1895.5万元、预算外收入252.07万元；农民人均纯收入7955元。

（郑桂元　曾永宏）

附：2016年兴宁市领导班子成员名单

市委书记：陈志宁（6月任职）
陈略宇（任至6月）
市委副书记：丘孝东（7月任职）
谢胜扬（任至7月）
何志平（10月任职）
张小奎（任至9月）
市委常委：陈志宁（6月任职）
陈略宇（任至6月）
丘孝东（7月任职）
谢胜扬（任至7月）
何志平
张小奎（任至9月）
徐　甦（8月任职）
刘锐清（任至9月）
冯　振（8月任职）
赖伟强
何小娟
黄　胜
邓　强
温启龙（1月任职）
袁勇华（10月任职）
罗苑铭（任至10月）
赖远斌
郑海涛（任至2月）
市人大常委会主任：陈略宇（任至7月）
何建元（11月任职）
代理主任：何建元（7月推选）
常务副主任：何建元（任至11月）
副主任：夏思光（任至11月）
李福泉
何新春（任至11月）
彭志洪（11月任职）
何伟忠
廖红彬
温建文（11月任职）
刘秋宏（11月任职）
市长：谢胜扬（任至7月）
丘孝东（11月任，7月任代理市长）
常务副市长：何志平（任至11月）
徐　甦（11月任职）
副市长：徐　甦（8月为副市长人选，

9月任至11月）
温启龙（任至6月）
赖远斌
郑海涛（任至2月，挂职）
何剑清（任至4月）
罗宇芳（任至11月）
彭志洪（任至11月）
陈日新
曾招强（6月任职）
罗丽平（8月为副市长人选，9月任职）
练胜红（11月任职）
朱志勇（11月任职）

政协主席：罗利娜
副 主 席：罗苑铭（11月任职）
罗宇芳（11月任职）
刘卫星（任至11月）
谢文航
郑 华
罗健辉
何全君（任至11月）
曾庆雄

纪委书记：刘锐清（任至8月）
冯 振（8月任职）
副 书 记：蓝新环（任至10月）
袁勇华（任至10月）
刘瑞灵（10月任职）
陈远辉（10月任职）

平 远 县

【概况】 平远县位于广东省东北部，全县总面积1381平方千米，辖12个镇、136个村委会、7个居委会。2016年年末，全县户籍人口26.62万人，常住人口23.46万人。县城设在大柘镇。

林业用地面积10.88万公顷，森林面积10.79万公顷，森林活力木蓄积量824万立方米，森林覆盖率78.35%，是全国造林绿化先进县、中国绿色名县、省林业生态县、全国首批100个电气化县之一。拥有龙文—黄田省级自然保护区、省级风景名胜区五指石、广东南台山国家森林公园和号称“世界第一天然大佛”的南台山，是中国最佳文化休闲旅游县。县境有丰富的金属和非金属矿藏。铁矿蕴藏量7800余万吨，稀土8万吨，石灰石藏量2亿吨以上，花岗岩100万立方米。经国家地质部门勘查，境内稀土矿属品位较高、开采条件较好的中型矿藏。济广高速公路平远—兴宁段建成通车，国道206线横跨境内八尺、中行、大柘、长田4个镇并横穿县城，国道358线连接八尺、仁居和差干3个镇；县至镇、至行政村公路全面实现水泥硬底化。是全国绿色食品原材料标准化生产基地，慈橙、油茶、南药、优质稻、茶叶等农业主导产业发达，是全国粮食生产先进县、中国油茶之乡、中国仙草之乡、广东橙乡。平远国家公园是全省首批唯一国家公园试点建设单位。土特产有平远脐（慈）橙、金柚、八乡情系列酒、黄粄、平远梅菜、锅㓉茶、石正云雾茶、南台茶、香菇、木耳、水柿、蒜头、浸姜、蜂蜜、牛肉干、高山茶油等。

人文资源厚重，客家文化特点鲜明，是粤东客家先民的始兴地，客家先贤程旼的故乡，享有“世界客都文化始祖地”“世界客都第一村”美誉。境内有保存完好的客家围龙建筑，有客家传统民间艺术船灯舞、落地金钱等，是中国民间文化艺术之乡（船灯舞）。历史上太平军4次进入平远，红四军3次到过平远，抗日战争后期省政府曾播迁到平远办公，是原中央苏区县。有世界客属名贤首贤程旼，明监察御史韩元勋，辛亥革命时期广东北伐军总司令姚雨平，爱国侨领姚德胜，抗日英烈黄梅兴、姚子青、姚中英等著名人物。

【经济发展概况】 2016年，围绕振兴发展目标和“一城两区”战略部署，扎实推进经济社会各项工作，实现“十三五”的良好开局。全县实现生产总值76.22亿元，同比增长8.6%，增幅居全市第三。固定资产投资43.63亿元，同比增长8.9%。地方一般公共预算收入7.38亿元，同比增长12.5%。规模以上工业增加值13.18亿元，同比增长12.4%，增幅居全市第三。社会消费品零售总额25.14亿元，同比增长10.7%，增幅居全市第三。进出口总额2.7亿美元，同比增长25%，增幅居全市第一。

【农业产业化发展】　2016年，平远县始终把扩大基地规模，提高产品质量，增加经济效益作为农业产业化发展的重要措施，推进农村土地承包经营权确权登记颁证工作，引导农村土地规范流转，促进规模化种植、产业化经营。脐橙、油茶、南药、优质稻、梅片树、有机茶等特色优势产业得到巩固提升，华清园、飞龙、新大地等农业深加工项目加快建设，农产品加工转化率和产品附加值不断提升，其中华清园被认定为省林下经济示范基地。培育壮大新型农业经营主体，全年新增2家省级农业龙头企业、3家市级农业龙头企业、28家农民专业合作社和18家家庭农场。推进"互联网+农业"，广东华泰农兴农产品交易中心上线交易，电子商务进农村综合示范县建设扎实推进，农产品销售渠道进一步拓宽。全年实现农业总产值19.92亿元，农村居民人均可支配收入13915元，同比分别增长3.8%和10.2%。同时，投入2000多万元，完成东石、大柘等5个镇924.67公顷的高标准基本农田建设。全面落实各项惠农政策，推行农业"三项补贴"，全年发放2000多万元补贴资金，让种粮农户真正得到实惠。加快完善县、镇农产品安全监管体系，成功列入国家级农产品质量安全检验检测体系建设项目县。

【工业产业结构调整】　2016年，平远县把省级产业园区作为推动工业提速发展的主战场，加强领导、加大投入、加快建设，园区各类项目高效快速推进。全年投入2.1亿元，新征土地6.77公顷、平整土地56.67公顷，建成区扩展至433.33公顷，水、电、路、通信等基础设施更加完善。加大支持服务企业力度，全年落实股权投资、信贷补偿、专项资金等各项政策资金7000多万元，促进企业落户、技改挖潜和增资扩产。全年有恒盛宇科技、广深新材料等16个企业落户园区，计划总投资54亿元；有佰利友实业、雅玛西新能源科技等10个企业动工建设，富莱利家居、洪裕汽配等11个企业建成投产，完成固定资产投资22.63亿元，同比增长42%，园区投产企业47家，实现规模以上工业增加值5.24亿元，税收1.44亿元，同比分别增长31.5%、26.05%，在全市4个省级产业园区中排名前列。特别是在稀土、水泥、铁矿等传统优势产业全年产值减少5.19亿元的情况下，坚持"多条腿"走路，家居建材、机械制造、电子信息等产业规模不断扩大，新增鑫荣达挂车、新光明家具等10家规模以上企业，实现新增产值8.65亿元，弥补资源型产业不景气带来的影响，保障全县规模以上工业增加值实现增长12.4%的目标，高于全市7.8个百分点。同时，探索县内企业配套知名乡贤企业的"内外联姻"招商新模式，加大招商引资力度，完成签约项目30个，其中，合同项目20个，合同投资总额82.4亿元，当年实际投入9.4亿元。出台建筑安装类企业扶持办法，裕达建筑升级为房屋建筑工程施工总承包二级资质企业。加快企业智能化改造，投入技改资金近3亿元，实施技改规模以上工业企业10家，新增机器人应用7台，总数增加至18台，自动化程度大幅提高。加大力度培育高新技术企业，新增获赛尔、华清园、洪裕汽配、亚力盛电子4家培育入库企业，元芯科技被认定为国家高新技术企业。获赛尔成功在新三板挂牌上市，成为平远县第一家上市企业。

【水利基础设施建设】　2016年，平远县投入2.23亿元，全面推动中央财政小型农田水利重点县、山区中小河流治理、村村通自来水等7项14宗水利重点工程建设，风池水库正在争取立项审批，征地拆迁、施工道路建设等前期工作已经启动，城乡水利防灾减灾能力全面加强。

【交通基础设施建设】　2016年，平远县不断加大政策资金争取和项目推进力度，全年投入4.74亿元，全面完成梅平高速公路平远段征地工作；

连平武高速公路列入省“十三五”路网规划；平蕉大高速公路列入市“十三五”路网规划；瑞梅铁路项目施工许可报告编制完成，前期工作加快推进；206国道八尺至大柘段、358国道差干至八尺段、225省道园区段等一批群众高度关注的国、省道和县、乡道路得到改造提升；县道967线、039线、037线、0364线和10多条乡道升格为省道，并争取列入了省“十三五”路网改造计划；完成新农村公路路面改造38千米、国、省道绿化97.22千米、示范工程建设14.6千米，206国道平远段成为全省国道改造的示范工程，道路技术等级和通行能力稳步提高。

【电力、信息基础设施建设】 2016年，平远县电力、信息基础设施全面提升，投入5473万元推进基础电网建设，供电可靠率提高至99.98%；投入3000多万元建成1个县级、8个镇级、50个村级电商综合服务中心，电子商务进农村综合示范县建设扎实推进。

【全域旅游示范县建设】 2016年，平远县坚持多位一体的绿色发展理念，发挥旅游产业的关联带动效应，带动农林文体等相关产业的持续发展。全年投入2亿多元推动龙头景区提档升级，五指石商业街、岭东大酒店基本建成，贵妃湖环湖景观带、天道二期启动征地拆迁；长布半岛、客家相思谷、南台卧佛山、热柘温泉等景区规划和征地拆迁工作有序推进；曼佗山庄、金穗休闲旅游区、龙湖等景区成为平远旅游新亮点，其中曼佗山庄新评为国家AAA级旅游景区。完善旅游接待配套，与安麓、花间堂、维也纳等品牌酒店达成合作意向，全县新增各类民宿、乡村客栈20多家；完成新建15座、改建7座A级标准旅游厕所任务；全年举办20多场旅游推介活动，并通过举办“中华旅游名博平远行”主题活动，与全球婚尚资讯领袖品牌——北京爱结公司合作摄影婚纱、摄制微电影等，提升平远旅游知名度、美誉度。同时，旅游与农业、林业、文化、体育等产业融合步伐逐步加快，成功举办第七届北京国际山地徒步大会梅州·平远站活动，主动争取广东省首个国家公园试点创建，逐步形成龙头引领、多元发展、全域覆盖的旅游发展格局，全县接待游客人次、旅游总收入同比分别增加21.6%和18.9%，获评“全国十佳生态休闲旅游城市”“全国休闲农业与乡村旅游示范县”“全国森林旅游示范县”“2016百佳深呼吸小城”“中国候鸟旅居县”。

【城乡环境规划建设】 2016年，平远县坚持规划引领，完成全县90%以上行政村村庄规划和县城建成区地下管线普查，启动各镇圩镇及县城控制性详细规划编制。全年盘活存量用地114.67公顷，新增建设用地136.87公顷，储备河岭嶂、梅东等周边66.67公顷城镇建设用地。城北、城南、城西、城东、老城“五个片区”21个城建项目，完成年度投资近20亿元。碧桂园一期、优山美地二期、平城花园三期等宜居社区建设加快推进；凯旋商业中心、城南商业城等城市综合体投入运营；医疗养生保健中心、特殊教育学校、旅游公厕等一批公共服务项目顺利推进，县城市场、道路微循环等改造启动，主干道全部实现“黑底化”，成功创建省级卫生县城。美丽乡村建设步伐加快，特别是以农村生活垃圾处理、水源水质保护、城乡“六乱”、规范农村建房等为重点的城乡环境整治成为新常态，在全市城乡环境综合整治前两次测评中分列第一名和第二名。同时，开展绿满平远大行动，完成造林2000.1公顷和60千米生态景观林带建设，新建仁居凤山县级森林公园1个、河头布心坪镇级森林公园1个，全县森林覆盖率78.35%，获评“全国绿化模范县”。有79个村入选全国首批绿色村庄，占全市入选村庄的75%。开展跨境河流水源水质保护和大气污染防治工作，主要河段交界断面及饮用水源地水质达标率保持100%，全年环境空气质量保持优良，获评“广东省农村环境连片整治示范县”。

【民生事业】 2016年，平远县坚持公共财政支出向民生倾斜，全年落实各类民生资金 18.1 亿元，同比增加 1.63 亿元，增幅 9.9%，统筹推进教育医疗、社会保障、扶贫开发、平安建设等重点民生建设。完成年度“十件民生实事”。全面启动精准扶贫精准脱贫三年攻坚工作，精准识别贫困对象，全县核定贫困户 1700 户 4511 人，筹集扶贫开发资金 6000 多万元，实施政策、产业、就业帮扶，全年实现脱贫人口 1613 人，脱贫率 35.8%。广州南沙对平远的帮扶支持力度加大，成立南沙·平远国际经贸合作中心，深化产业共建、共享帮扶。完善创业扶持政策，以创业带动就业，全年发放小额担保贷款 892 万元，贴息 152 万元，带动 1532 人实现就业。全年新增城镇就业 2042 人次，转移就业 2899 人次，城镇登记失业率控制在 2.4%以内。低保、“五保”、优抚标准逐步调整提高，底线民生得到保障。城乡居民养老保险和医疗保险保持全覆盖。

【教育文化事业】　2016 年，平远县投入 3800 多万元推动教育信息现代化建设，全县中小学教学触摸式一体机实现全覆盖，走在全省山区县的前列，完成县第二幼儿园活动用房建设，教育强镇复评工作实现全覆盖，获评粤东西北地区首个“全国中小学校责任督学挂牌督导创新县”。新增省级非物质文化遗产项目 1 个和市级文物保护单位 5 处，新建镇级文化广场 3 个、村级文体广场 17 个和农村文化俱乐部 10 个。

【卫生体育事业】　2016 年，平远县率先在全市完成县镇医疗卫生一体化改革试点，投入 2800 多万元，购置核磁共振等一批医疗设施设备，医疗服务水平不断提升，卫生“两基”示范镇等项目加快建设，卫生强县创建有序推进。食品药品安全监管常抓不懈。人口计生工作均衡发展。贯彻落实国家和省市推进足球振兴发展的系列部署，新建 6 块足球场地。

【服务型政府建设】　2016 年，平远县坚决贯彻落实中央、省市决策部署，进一步优化投资发展环境，创新创业氛围日益浓厚。落实梅州市制定的实施供给侧结构性改革总体方案及“五个行动”计划，“三去一降一补”取得阶段性成效。推进“放管服”（简政放权、放管结合、优化服务）改革，加快政府职能转变，新取消行政审批事项 31 项。“一门式、一网式”政府服务模式改革全面推开，全县审批事项网上全流程办理率超过 87%。深化商事制度改革，优化营商环境，推动大众创业、万众创新，全年新增市场主体 1857 户，同比增长 16%。执行县人大及其常委会各项决议并向其报告工作，坚持向人民政协通报情况，全年承办人大建议 13 件、政协提案 59 件，广泛听取党外代表人士、工商联和工青妇等人民团体意见。加强法治政府建设，完善县政府工作规程和法律顾问制度，行政复议案件受理率、结案率均 100%。开展“两学一做”学习教育，落实中央“八项规定”和廉洁从政各项规定，加强行政监察和审计监督，促进权力公开透明运行。

【绿地·中信银行杯第七届北京国际山地徒步大会梅州平远站活动成功举办】　11 月 26—27 日，由北京市门头沟区人民政府、北京市民间组织国际交流协会主办，北京市门头沟区体育局、平远县人民政府、北京奥健国际山地运动发展中心承办的绿地·中信银行杯第七届北京国际山地徒步大会梅州平远站在上举客家相思谷景区成功举办，来自国内外的 1 万名徒步爱好者参加活动，见证粤东地区规模最大的国际性山地徒步体育盛会。以“苏区橙乡·平步致远”为主题的梅州平远站徒步大会历经 3 年时间的沟通准备，引进国际徒步联盟会员单位——北京国际山地徒步大会这一国际性体育品牌合作，高起点打造“体育＋旅游＋文化”的“南粤古道”徒步品牌。绿地·中信银行杯第七届北京国际山地徒步大会梅州平远站分站活动的成功举办，展示平远县优美的自然风光、深厚的历史人文底蕴和区域发展的崭新形象，宣传平远县独特的客家山地旅游文化。

【乡镇概况】

差干镇　位于县境北部，距县城 54 千米，东邻福建省武平县下坝乡，西接江西省寻乌县项山乡，南与该县仁居、上举接壤，北靠福建省武平县民主乡。总面积 93 平方千米，辖 7 个村民委员会、42 个村民小组。旅游资源丰富，有五指石、相思河等知名景区。2016 年末，差干镇户籍人口 2276 户 8511 人。其中，农业人口 7201 人；非农人口 1310 人。2016 年，差干镇生产总值 1.65 亿元，同比增长 8.4%；农业总产值 0.71 亿元，同比增长 2.8%；工业总产值 1.84 亿元，同比增长 1.5%；镇级财政收入 220 万元；农村居民人均可支配收入 14303 元，同比增长 11.9%。

仁居镇　位于县境西北部，东邻差干、上举两镇，西接八尺镇，南连东石、河头两镇，北毗江西省吉潭镇项山乡，距县城 36 千米。总面积 191 平方千米，辖 15 个村民委员会、1 个社区居民委员会、192 个村民小组。2016 年末，仁居镇户籍人口 7166 户 23915 人。其中，农业人口 20007 人；非农业人口 3908 人。2016 年，仁居镇生产总值 3.49 亿元，同比增长 7.1%；农业总产值 2.08 亿元，同比增长 2.8%；工业总产值 3.46 亿元，同比增长 1.8%；固定资产投资 6118 万元，同比增长 10%；农村居民人均可支配收入 12560 元，同比增长 12.2%。

八尺镇　地处县境西北部，东邻仁居、河头镇，南连中行镇，西北分别与江西省寻乌县留车镇、南桥镇接壤，国道 206 线和 358 线及济广高速公路贯穿其间，是平远县的北大门。界域面积 108 平方千米，辖 11 个村民委员会和 1 个社区居民委员会，118 个村民小组。2016 年末，八尺镇户籍人口 4600 户 15343 人。其中，农业人口 11920 人；非农业人口 3423 人。2016 年，八尺镇生产总值 2.81 亿元，同比增长 6.1%；农业总产值 1.72 亿元，同比增长 2.8%；工业总产值 2.19 亿元，同比增长 2.9%；农村居民人均可支配收入 12187 元，同比增长 13.4%。八尺镇三大支柱产业是农业、酒业、旅游业。

河头镇　位于县境中部，东邻东石镇，西接八尺镇、中行镇，北靠仁居镇，南连大柘镇。地形呈长形块状，界域面积 82.42 平方千米，辖 9 个村民委员会、80 个村民小组。2016 年末，河头镇户籍人口 2872 户 11073 人。其中，农业人口 9548 人；非农业人口 1525 人。2016 年，河头镇生产总值 1.79 亿元，同比增长 6.3%；农业总产值 1.07 亿元，同比增长 2.9%；工业总产值 0.76 亿元，同比增长 2.9%；农村居民人均可支配收入 13223 元，同比增长 11.8%；镇级财政收入 190 万元，同比增长 8%。

中行镇　位于县境西部，距县城 14 千米，206 国道贯穿其间。东邻河头镇，西接江西省寻乌县丹溪乡，北靠八尺镇，南连大柘镇，界域面积 74 平方千米，辖 6 个村民委员会、51 个村民小组。2016 年末，中行镇户籍人口 2743 户 9105 人。其中，农业人口 6674 人；非农业人口 2431 人。2016 年，中行镇生产总值 1.66 亿元；农业总产值 0.79 亿元，同比增长 2.8%；工业总产值 1.64 亿元，同比增长 2.9%；社会固定资产投资 2664 万元，同比增长 10.2%；农村居民人均可支配收入 16301 元，同比增长 10.5%。

上举镇　位于县境东北部闽粤交界处，东邻泗水镇，南接东石镇，西与仁居镇、差干镇相连，北与差干镇、福建省武平县下坝乡交界。距县城 33 千米，界域面积 98.6 平方千米，辖 6 个村民委员会、53 个村民小组。2016 年年末，上举镇户籍口 1973 户 7534 人。其中，农业人口 6058 人；非农人口 1476 人。2016 年，上举镇生产总值 1.73 亿元，同比增长 6.6%；农业总产值 0.84 亿元，同比增长 2.8%；工业总产值 0.96 亿元，同比增长 2.9%；农村居民人均可支配收入 16530 元，同比增长 8.3%。

泗水镇　位于县境东北部山区，东邻蕉岭县，西接上举镇，南连东石镇，北毗福建省武平县。界域面积 133.8 平方千米，辖 8 个村民委员会、140 个村民小组，耕地面积 610.10 公顷、山林面积 6760.34 公顷，是平远县的重要林区。2016 年末，泗水镇户籍人口 3200 户 11045 人。其中，农业人口 8699 人；非农业人口 2346 人。2016 年，泗水镇生产总值约 2.01 亿元，同比增长 6.3%；农业总产值 1.09 亿元，同比增长 2.9%；工业总产值 1.59 亿元，同比增长 2.9%；税收收入 135.58 万元；农村居民人均可支配收入 15604 元，同比增长 7.6%。

东石镇　位于县境中部，东邻蕉岭县，西接河头镇，南与大柘镇、热柘镇接壤，北靠仁居、上举、泗水镇。界域面积 163.1 平方千米，耕地面积 0.1 万公顷，森林覆盖率 75.12%。辖 17 个村民委员会和 1 个社区居民委员会，223 个村民小组。其中灵水、白岭、太阳村是革命老区。2016 年末，东石镇户籍人口 8449 户 33933 人。其中，农业人口 28875 人；非农人口 5058 人。2016 年，东石镇生产总值 6.55 亿元，同比增长 6.5 %；农业总产值 2.94 亿元，同比增长 2.8%；工业总产值 7.30 亿元，同比增长 2.9%；农村居民人均可支配收入 15818 元，同比增长 7.1% 。

大柘镇　县城所在地，东邻东石镇和热柘镇，西接江西省寻乌县，南连石正镇和长田镇，北毗中行镇、河头镇。界域面积 154.51 平方千米，耕地面积 1212.23 公顷，山地面积 718 公顷。辖 25 个村民委员会和 3 个社区居民委员会，266 个村民小组。2016 年末，大柘镇户籍人口 30779 户 88158 人。其中，农业人口 35788 人；非农业人口 52370 人。2016 年，大柘镇生产总值 13.13 亿元，同比增长 7.2%；农业总产值 3.92 亿元，同比增长 2.8%；工业总产值 13.11 亿元，同比增长 2.9%；固定资产投资 1.05 亿元，同比增长 16%；农村居民人均可支配收入 13989 元，同比增长 11.7%。

石正镇　位于县境西南部，地处粤赣两省四县交界，与梅县区梅西镇、兴宁市黄槐镇、寻乌县丹溪乡接壤，济广高速公路、省道 225 线横贯其中，距平远县城 12 千米。界域面积 98 平方千米，辖 17 个村民委员会和 1 个社区居委会，173 个村民小组。2016 年，石正镇户籍人口 9844 户 34313 人。其中，农业人口 29105 人；非农人口 5208 人。2016 年，石正镇生产总值 5.77 亿元，同比增长 7.0%；农业总产值 1.90 亿元，同比增长 2.9%；工业总产值 3.27 亿元，同比增长 2.9%；固定资产投资 6549 万元，同比增长 11.0%；农村居民人均可支配收入 14175 元，同比增长 7.9%。上缴各项税收 398.6 万元，占县下达任务数的 114%。

长田镇　是平远县南大门，东、西、南与梅县的石扇、梅西及大坪镇接壤，北与本县热柘镇、大柘镇相连。206 国道南北贯穿全镇，距梅州市区 30 千米，离平远县城 14 千米。界域面积 69 平方千米，辖 7 个村民委员会、59 个村民小组。2016 年末，长田镇户籍人口 2922 户 9603 人。其中，农业人口 6447 人；非农业人口 3156 人。2016 年，长田镇生产总值 1.68 亿元，同比增长 7.8%；农业总产值 0.88 亿元，同比增长 2.8%；工业总产值 2.17 亿元，同比增长 1.3%；社会固定资产投资 0.33 亿元，同比增长 10.2%；农村居民人均可支配收入 10519 元，同比增长 10.6%。

热柘镇　位于县境东南部，东与蕉岭县新铺镇、梅县石扇镇接壤，西与大柘镇为邻，南连长田镇，北接东石镇。镇政府所在地距县城 13.9 千米。面积 108 平方千米，山林面积 0.89 万公顷，森林覆盖率 83%。耕地面积 0.07 万公顷，占全镇总面积的 6.2%。辖 8 个村委会、74 个村民小组。2016 年末，热柘镇户籍人口 3543 户 13674 人。其中，农业人口 10086 人；非农人口 3588 人。2016 年，热柘镇生产总值 1.59 亿元，同比增长 6.4%；农业总产值 0.93 亿元，同比增长 3.0%；工业总产值 0.72 亿元，同比增长 2.9%；固定资产投资 1140 万元，同比增长 20%；农村居民人均可支配收入 10468 元，同比增长 11.9%。

（林绪远）

附：2016 年度平远县领导班子成员名单

县委书记：曾尚忠
副书记：刘许川
凌声宏（任至 1 月）
胡新文（1 月任职）
常委：曾尚忠

刘许川
凌声宏（任至1月）
胡新文
陈德志（任至8月）
徐万宝（8月任职）
黄钧震（1 月任职）
姚永波
陈颖明（任至10月）
肖桂华（女）
温助民
周玉奎
陈琼宏
林忠云（ 10月任职）
贺建平（挂职，任至10月）

县人大常委会主任： 曾尚忠（任至12月）
凌志达（12月任职）

副　主　任： 凌志达（常务，任至12月）
张荣忠（常务，任至1月）
赖家琳（12月任常务副主任）
凌小宏（常务，12月任职）
刘金宏（兼）
马文生
朱天英
陈永和（1月任职）
廖文香（任至12月）

县　　长： 刘许川

副　县　长： 温助民（常务）
贺建平（挂职，任至10月）
姚小玲（女，任至12月）
陈远航
黄钧震（任至1月)
林忠云（任至12月)
李远林
张善波（1月任职）
刘兰娇（女，12月起任）
韩　旭（12月任职）
马劲轲（挂任至10月）

县政协主席： 凌声宏（1月任职）

副　主　席： 凌小宏（常务，任至12月）
刘志刚（12月起任常务副主席）
廖文香（任至1月）
姚小玲（女，12月任职）
韩垂辉（兼）
凌　健（兼）
涂其标
罗益新（12月任职）
卢　斌（12月任职）

县纪委书记： 陈德志（任至8月）
徐万宝（8月任职）

副　书　记： 陈永和（任至1月)
梁裕彝
张远忠（1月任职，任至10月）
冯　浪（10月任职）

社会经济统计资料

责任编辑：陈映萍

梅州市国民经济和社会发展主要指标一览表

表 5

指　　标	单位	2000 年	2005 年	2010 年	2011 年	2012 年	2013 年	2014 年	2015 年	2016 年
一、人口与就业										
年末总人口	万人	485.15	498.92	514.75	517.60	521.35	524.96	528.64	543.79	551.40
乡村人口	万人	385.04	376.34	388.52	391.27	394.74	398.53	402.23	345.03	356.02
城镇人口	万人	100.11	122.58	126.23	126.33	126.61	126.43	126.41	198.76	195.38
男性人口	万人	250.07	256.55	263.64	264.79	266.58	268.71	270.38	279.83	283.88
女性人口	万人	235.08	242.37	251.11	252.81	254.78	256.24	258.26	263.96	267.52
年末从业人员数	万人	207.23	212.00	209.80	209.50	211.00	211.90	213.01	213.52	214.34
#职工人数	万人	28.68	24.80	23.50	23.70	24.00	29.50	29.40	29.32	28.92
二、国民经济核算										
地区生产总值(当年价)	亿元	180.50	314.61	608.36	695.75	750.72	806.02	885.84	959.78	1045.57
第一产业	亿元	56.02	72.73	124.24	143.99	157.17	165.45	174.73	188.49	207.01
第二产业	亿元	63.18	129.32	249.66	274.42	278.42	297.16	330.47	351.83	369.13
第三产业	亿元	61.30	112.56	234.47	277.34	315.12	343.41	380.64	419.46	469.43
三、固定资产投资										
全社会固定资产投资	亿元	48.49	120.47	195.52	198.57	230.14	280.50	407.51	568.06	650.36
#国有单位	亿元	19.87	50.13	88.00	76.38	91.43	82.81	113.34	126.79	131.75
集体单位	亿元	13.94	18.29	6.88	4.79	6.15	6.74	4.66	3.25	4.50
个体经济	亿元	7.35	20.15	41.30	41.64	49.29	95.75	147.39	212.74	210.83

续表 5

指　　标	单位	2000 年	2005 年	2010 年	2011 年	2012 年	2013 年	2014 年	2015 年	2016 年
四、财政										
一般公共预算收入	亿元	7.18	15.18	38.95	46.89	56.27	69.37	85.28	103.59	105.46
一般公共预算支出	亿元	23.04	46.25	117.69	148.21	175.46	206.30	270.02	376.37	384.02
五、物价总指数(上年=100)										
居民消费价格总指数	%	100.5	102.2	102.8	104.8	102.2	101.8	102.4	101.6	102.3
六、企业景气指数	%	—	125.90	129.40	130.32	—	—	—	—	—
#工业企业景气指数	%	—	116.96	117.39	115.56	—	_	—	—	—
全社会用电量	亿千瓦时	—	41.01	60.98	66.15	66.67	69.78	76.51	77.98	84.30
#工业用电量	亿千瓦	—	29.31	40.99	42.74	39.09	41.53	44.07	44.52	45.99
七、农业										
耕地面积	万公顷	13.44	12.19	16.31	16.31	16.42	16.43	16.43	16.40	16.32
农业总产值（当年价）	亿元	86.33	112.87	201.85	234.76	253.79	269.52	283.26	304.95	334.88
主要农产品产量										
粮　食	万吨	156.95	133.22	119.86	123.28	125.91	119.93	123.10	123.84	123.97
玉　米	万吨	7.02	6.92	3.69	3.61	3.81	4.07	3.81	3.84	3.81
水　果	万吨	59.74	81.04	100.62	108.28	116.83	127.11	133.00	141.86	150.86
茶　叶	吨	7953	9804	11313	12198	12740	13115	13754	14183	15241
猪　肉	万吨	16.23	16.69	18.73	18.44	18.81	19.10	19.99	19.76	19.19
水产品	万吨	7.04	8.18	9.03	9.57	9.95	10.30	10.63	11.11	11.50
造林面积	万公顷	0.43	1.78	0.39	1.52	3.30	2.09	3.14	2.53	2.94

说明：1．耕地面积从 2008 年起采用国土部门的统计口径及数据。

2．本表 2007—2010 年从业人员数据根据第六次全国人口普查数据平滑调整。

3．2011 年起全社会固定资产投资数据的统计口径为 500 万元以上的投资项目统计数据，与以前统计口径不同，数据不能直接对比。

4．2015 年起年末总人口分组由“农业人口”和“非农业人口”调整为“乡村人口”和“城镇人口”；财政分组由“财政收入”和“财政支出”调整为“一般公共预算收入”和“一般公共预算支出”。

续表 5

指　　标	单位	2000年	2005年	2010年	2011年	2012年	2013年	2014年	2015年	2016年
八、工业										
全部工业总产值(当年价)	亿元	167.09	314.66	620.11	757.99	743.65	820.29	923.54	990.21	1037.47
#规模以上工业总产值	亿元	81.81	207.10	455.97	546.78	502.91	567.99	651.03	704.76	745.63
#轻工业产值	亿元	64.98	108.06	203.40	248.62	236.74	269.05	316.76	355.49	385.33
重工业产值	亿元	102.11	206.60	416.71	509.37	506.91	551.24	606.78	634.72	652.14
主要工业产品产量										
发电量	亿千瓦时	35.85	70.58	125.44	127.76	117.05	138.76	125.79	121.87	152.99
中成药	吨	1240	2104.13	4197	3909	3043	3667	5981	6172	8577
卷烟	万箱	20.00	25.06	32.78	34.21	36.28	37.55	38.33	38.3	36.7
水泥	万吨	806.36	1124.96	1336.78	1348.26	1130.18	1179.68	1386.24	1533.68	1651.82
服装	万件	175.65	289.57	349.85	439.8	222.8	405.3	365.9	429.1	445.7
钢	万吨	2.76	7.74	8.89	15.40	32.62	40.53	39.04	39.68	36.67
铁矿石原矿量	万吨	97.95	103.17	200.70	170.38	55.38	71.28	87.14	67.62	8.28
独立核算工业企业财务指标										
固定资产原价	亿元	112.24	194.51	318.21	357.07	391.58	370.36	413.13	430.19	497.47
固定资产净值	亿元	80.97	142.65	205.16	208.86	243.91	222.31	235.15	239.88	292.44
利润和税收总额	亿元	12.69	47.75	100.36	90.69	91.38	102.11	109.84	118.15	117.29
九、建筑业										
直接从事生产经营活动年均人数	万人	3.42	6.94	8.87	8.17	6.14	7.13	7.49	7.36	6.87
建筑企业总产值（当年价）	亿元	16.92	54.80	125.91	158.24	169.59	185.37	216.42	241.12	267.40
施工房屋面积	万平方米	274.00	776.23	1315.80	1270.19	1299.41	1340.76	1423.56	1632.23	1407.41
竣工房屋面积	万平方米	142.00	265.07	494.34	530.76	555.10	546.01	537.01	673.25	580.83
十、交通运输邮电										
货运量	万吨	3905	4137	4504	5164	5996	6739	7303	7226	7913
公路	万吨	3534	3649	4029	4674	5539	6260	7102	7177	7878
水运	万吨	107	102	63	71	69	65	57	49	35
客运量	万人	4089	3650	4538	5206	5952	2580	2852	2557	2705
公路	万人	3946	3523	4377	5033	5788	2408	2615	2545	2693
水运	万人	22	27	22	22	15	12	12	12	12
邮电业务总量	亿元	12.87	23.24	52.48	35.69	43.17	46.72	54.58	68.43	103.7

说明：1. 主要工业产品产量为限额以上工业。
2. 独立核算工业企业财务指标为限额以上工业数值。
3. 2000 年邮电业务总量按 1990 年不变价格计算，2011 起年按 2010 年不变价格计算，2005—2010 年份按 2000 年不变价格计算。
4. 2005 年后交通运输指标按省调整后的反馈数；2014 年起货运量、客运量均未含铁路及航空运输。

续表 5

指　　标	单 位	2000 年	2005 年	2010 年	2011 年	2012 年	2013 年	2014 年	2015 年	2016 年
十一、商业										
社会消费品零售总额	亿元	67.28	131.85	315.10	372.79	403.50	450.18	499.97	555.50	619.77
#批发零售贸易业	亿元	49.01	117.00	291.18	344.34	372.36	417.27	462.03	514.94	576.25
住宿和餐饮业	亿元	6.09	13.58	23.92	28.45	31.14	32.91	37.94	40.56	43.52
十二、对外经济贸易和旅游										
外贸出口总额	万美元	29714	31031	95100	109448	126968	154412	188730	227167	212762
#一般贸易出口	万美元	21623	28440	69397	78727	96055	120347	153541	188805	175717
“三资企业”出口	万美元	7785	7171	51328	55803	62813	66307	69180	72334	62377
海关进口总额（梅州海关）	万美元	5199	5168	22240	27035	23339	21864	29467	18223	22139
实际利用外资	万美元	9663	11142	8959	10193	11878	13309	14711	7131	5710
接待旅游者人数	万人	72.57	300.3	747.20	1132.6	1457.9	2036.3	2521.7	3027.4	3572.6
#国际旅游者	万人	6.13	7.17	8.71	10.52	12.77	13.45	17.81	21.30	29.28
十三、金融保险										
金融机构存款余额（人民币）	亿元	141.5	429.78	835.07	941.74	1059.3	1240.5	1406.8	1558.7	1813.0
金融机构贷款余额（人民币）	亿元	93.36	206.37	330.25	387.57	452.17	545.51	634.02	734.86	829.33
保险费收入	万元	37235	68701	170873	191210	206765	243878	271102	425458	465941
十四、人民生活										
全部职工工资总额	亿元	20.99	32.52	61.10	74.32	84.94	111.26	125.65	152.00	165.97
全部职工年平均工资	元	7223	12909	26672	31471	37129	39882	44857	54018	60191
城镇居民人均可支配收入	元	7137	8695	12860	14635	16328	18107	19846	21810	23642
农村居民人均可支配收入	元	3539	4181	6063	7452	8606	9665	10786	11799	12991
十五、教育、文化、卫生										
在校学生数										
普通高等学校	人	7550	14617	20673	21791	22104	22185	23549	25303	25874
普通中学	万人	31.97	38.06	37.46	35.82	32.71	28.97	26.39	24.62	23.65
小　　学	万人	57.16	51.37	31.33	29.65	29.12	28.99	29.90	31.25	33.02
卫生机构数	个	460	1467	1178	1202	1203	3628	3423	3357	3290
卫生机构病床数	张	7257	8324	10702	11633	12660	14079	14550	15547	16654
卫生技术人员	人	14228	14402	16879	17689	17401	19965	20763	21446	22954

说明：金融机构贷款中，2000 年后数据不含资产剥离数，2004 年前金融机构存、贷款数据为国家银行数据。外贸出口总额 2001 年后为海关数。2002 年后卫生技术人员数为新统计口径。市区城镇居民人均可支配收入 2002 年实行新统计口径。2005 年后实际利用外资为外商直接投资数。本表 2011 年起职工工资总额及职工平均工资为在岗职工数据。2013 年起卫生机构数包括村级卫生机构数。从 2010 年起市区城镇居民人均可支配收入、农民人均纯收入口径分别调整城镇和农村居民人均可支配收入，数据按新口径计算。

梅州市生产总值一览表

表6　　（当年价）　　单位：万元

年份	地区生产总值	第一产业	第二产业	第三产业	#工业	#建筑业
1979	86996	40960	25657	20379	23347	2310
1980	98462	46801	27837	23824	23661	4176
1981	106833	54380	26616	25837	22091	4525
1982	128042	60969	34413	32660	26498	7915
1983	129133	60293	34193	34647	23593	10600
1984	145426	68615	39226	37585	28242	10984
1985	189700	91741	49400	48559	34086	15314
1986	205044	91391	61641	52012	51023	10618
1987	240204	109014	72861	58329	61696	11165
1988	341670	141256	113445	86969	96626	16819
1989	377659	148896	130983	97780	112033	18950
1990	421652	173937	143854	103861	123139	20715
1991	478817	180882	172552	125383	150306	22246
1992	615923	206466	244324	165133	200597	43727
1993	803603	233747	349981	219875	294500	55481
1994	1105882	388522	409525	307835	328218	81307
1995	1278694	430142	488277	360275	398139	90138
1996	1393667	480990	501256	411421	403723	97533
1997	1459944	509272	505221	445451	411223	93998
1998	1546649	529042	543082	474525	427004	116078
1999	1647443	547872	575588	523983	455003	120585
2000	1805048	560210	631790	613048	494411	137379
2001	1957524	572961	683367	701196	535750	147617
2002	2122138	588514	750139	783485	585771	164368
2003	2383818	605130	909775	868913	686358	223417
2004	2855812	677280	1180576	997956	923923	256653
2005	3146107	727293	1293196	1125618	1039898	253298
2006	3495765	776502	1505640	1213623	1223146	282493
2007	4116169	877582	1734087	1504500	1437745	296342
2008	4796120	1039079	1958688	1798353	1630615	328073
2009	5185483	1091242	2065178	2029063	1708563	356615
2010	6083640	1242410	2496570	2344660	2097161	399409
2011	6957524	1439893	2744231	2773400	2284910	459321
2012	7507170	1571702	2784244	3151224	2304782	479462
2013	8060217	1654465	2971649	3434103	2453692	527065
2014	8858389	1747297	3304667	3806425	2701187	613507
2015	9597781	1884887	3518344	4194550	2879902	650021
2016	10455668	2070148	3691267	4694253	3009569	693456

说明：2004 年生产总值按经济普查资料计算；1993 年至 2003 年生产总值根据经济普查资料对数据进行了修正，2008 年第二次经济普查后对 2005 年至 2008 年生产总值数据进行了修正。2013 年第三次经济普查后对 2009 年至 2013 年生产总值数据进行了修正；2013 年起按新三次产业划分规定公布三次产业增加值。

梅州市生产总值指数一览表（一）

表 7　上年=100

年份	地区生产总值	第一产业	第二产业	第三产业	#工业	#建筑业
1978	114.5	113.0	118.5	115.0	114.6	152.9
1979	102.8	100.8	107.1	104.2	106.5	111.6
1980	108.1	106.9	106.8	113.4	102.0	136.8
1981	104.7	106.3	99.7	105.5	99.6	100.4
1982	111.6	107.1	116.6	119.0	109.2	150.7
1983	101.5	101.6	100.5	102.4	90.1	135.5
1984	104.3	104.1	108.6	100.5	113.3	98.1
1985	120.8	114.9	127.3	129.1	122.0	140.9
1986	103.3	99.1	112.1	104.2	134.5	62.3
1987	111.9	114.0	111.6	107.5	114.2	99.3
1988	115.4	99.8	137.9	125.2	138.7	133.4
1989	107.7	106.1	110.5	107.0	111.5	104.6
1990	108.5	107.8	110.6	106.8	110.2	113.4
1991	111.8	104.3	117.0	118.5	121.9	87.7
1992	119.8	111.5	132.1	116.2	123.6	202.4
1993	113.7	105.5	117.8	120.0	121.2	100.5
1994	115.4	108.6	118.2	120.1	115.7	133.9
1995	110.4	108.6	110.9	112.0	110.9	110.5
1996	109.0	110.7	107.0	109.8	106.7	108.5
1997	105.2	106.0	102.9	107.7	103.8	98.2
1998	108.5	107.1	111.2	106.5	108.4	126.5
1999	108.1	106.9	106.9	111.3	107.7	102.9
2000	108.2	102.8	109.4	112.6	108.6	113.1
2001	108.6	103.8	108.7	112.7	109.4	106.4
2002	108.7	102.8	110.2	112.2	110.3	109.8
2003	111.5	101.5	119.6	111.3	115.7	134.0
2004	112.0	102.4	119.6	110.7	124.3	104.5
2005	107.8	103.0	108.0	110.9	110.5	98.2
2006	109.8	104.1	113.9	108.6	114.3	112.5
2007	112.5	101.8	111.6	120.2	114.2	100.5
2008	110.2	105.0	107.4	116.1	108.8	100.5
2009	109.8	106.7	110.1	111.0	109.0	116.0
2010	114.1	106.6	118.2	113.2	118.4	117.3
2011	113.6	104.1	117.1	114.8	115.8	123.7
2012	110.1	105.0	112.7	109.7	113.6	108.1
2013	111.1	103.3	115.8	109.3	116.3	113.1
2014	108.5	102.9	110.8	108.2	110.2	114.0
2015	108.6	103.5	108.7	110.6	108.9	107.6
2016	107.5	103.0	107.2	109.7	107.1	107.5

梅州市生产总值指数一览表（二）

表 8　　1978 年=100

年份	地区生产总值	第一产业	第二产业	第三产业	#工业	#建筑业
1978	100.0	100.0	100.0	100.0	100.0	100.0
1979	102.8	100.8	107.2	104.1	106.5	109.4
1980	111.2	107.7	114.5	118.0	108.6	136.8
1981	116.4	114.5	114.1	124.6	108.2	150.3
1982	129.9	122.6	133.1	148.3	118.1	226.5
1983	131.9	124.6	133.8	151.8	106.4	306.9
1984	137.6	129.7	145.3	152.6	120.6	301.1
1985	166.2	149.0	185.0	197.1	147.1	424.3
1986	171.9	147.7	207.4	205.3	197.9	264.3
1987	192.3	169.4	231.5	220.8	226.0	262.5
1988	222.1	168.0	319.2	276.3	313.4	350.1
1989	239.1	178.2	352.6	295.7	347.7	377.5
1990	259.4	192.2	390.0	315.7	384.8	415.6
1991	290.0	200.3	456.3	374.1	469.1	364.6
1992	347.4	223.4	602.8	434.6	579.9	737.9
1993	394.9	235.7	709.9	521.7	702.8	741.6
1994	455.6	256.1	839.4	626.7	813.0	992.9
1995	503.1	278.2	930.6	701.5	901.9	1097.1
1996	548.2	308.0	995.8	770.4	962.5	1190.2
1997	576.8	326.6	1024.2	829.7	998.6	1168.8
1998	625.8	349.8	1138.5	883.3	1082.2	1478.3
1999	676.5	373.9	1216.7	983.4	1165.9	1520.4
2000	731.8	384.5	1330.9	1107.8	1266.5	1719.7
2001	794.4	399.3	1447.1	1248.4	1385.3	1830.1
2002	863.7	410.6	1595.2	1400.6	1528.5	2009.7
2003	963.0	416.7	1907.7	1559.5	1768.5	2693.6
2004	1078.5	426.7	2281.6	1726.9	2198.0	2815.6
2005	1162.6	439.5	2464.1	1915.1	2428.8	2764.9
2006	1276.6	457.5	2806.6	2079.8	2776.1	3110.5
2007	1436.1	465.8	3132.2	2500.0	3170.3	3126.1
2008	1582.6	489.0	3364.0	2902.5	3449.3	3141.7
2009	1737.7	521.8	3703.8	3221.8	3759.7	3644.4
2010	1982.7	556.2	4377.8	3647.0	4451.5	4274.8
2011	2252.4	579.0	5126.5	4186.8	5154.9	5288.0
2012	2479.8	608.0	5777.5	4592.9	5855.9	5716.3
2013	2755.1	628.0	6690.4	5020.1	6810.4	6465.2
2014	2989.3	646.2	7412.9	5431.7	7505.1	7370.3
2015	3247.2	669.1	8059.1	6005.4	8175.7	7929.7
2016	3489.4	689.3	8636.7	6588.0	8753.9	8526.8

梅州市生产总值项目构成一览表

表9 （当年价） 单位:万元

年份	地区生产总值	劳动者报酬	固定资产折旧	生产税净额	营业盈余
1978	81982	59104	7676	8001	7201
1979	86996	67346	8473	8234	2943
1980	98462	80015	9090	8081	1276
1981	106833	87525	10006	8057	1245
1982	128042	101844	12471	9102	4625
1983	129133	103430	12578	8510	4615
1984	145426	110376	14164	8693	12193
1985	189700	127801	17964	9106	34829
1986	205044	151512	19968	9843	23721
1987	240204	180194	19356	8983	31671
1988	341670	245201	29772	20026	46671
1989	377659	276412	31374	18265	51608
1990	421652	318566	33731	19224	50131
1991	478817	346404	43135	42053	47225
1992	615923	355584	55813	58497	146029
1993	803603	432003	68537	105153	197910
1994	1105882	723488	105690	99619	177085
1995	1278694	831293	131613	155809	159979
1996	1393667	918760	149665	161931	163311
1997	1459944	959221	159755	176057	164911
1998	1546649	1011196	225399	183882	126172
1999	1647443	1091241	212156	187171	156875
2000	1805048	1194119	239245	190155	181529
2001	1957524	1289624	271371	219142	177387
2002	2122138	1395182	283168	230308	213480
2003	2383818	1490298	322776	304392	266352
2004	2855812	1427087	390533	421453	616739
2005	3146107	1550996	439081	448788	707242
2006	3495765	1692012	486179	454193	863381
2007	4116169	1954145	536776	617845	1007403
2008	4796120	2678404	635528	714491	767696
2009	5185483	2939494	649368	764535	832086
2010	6083640	3454338	683274	879801	1066227
2011	6957524	4050937	774629	993159	1138799
2012	7507170	4554133	826325	1039546	1087166
2013	8060217	4890983	866933	1083890	1218411
2014	8858389	5423136	943203	1294734	1197316
2015	9597781	5776080	1026007	1386574	1409120
2016	10455668	6289172	1194343	1328475	1643678

梅州市各行业增加值一览表

表 10　单位：万元

行业	当年价		按可比价计算（即按 2015 年价格计算）		
	2016 年	2015 年	2016 年	2015 年	2016 年增长速度
地区生产总值	10455668	9597781	10313660	9597781	7.5
农、林、牧、渔业	2105134	1917242	1975909	1917242	3.1
农、林、牧、渔服务业	34986	32355	34199	32355	5.7
工业	3009569	2879902	3083574	2879902	7.1
#开采辅助活动	1721	1695	1763	1695	4.0
#金属制品、机械和设备修理业	10037	9884	10284	9884	4.0
建筑业	693456	650021	698971	650021	7.5
批发和零售业	1013479	896075	971782	896075	8.4
交通运输、仓储和邮政业	275595	254447	282155	254447	10.9
住宿和餐饮业	210512	190989	203925	190989	6.8
信息传输、软件和信息技术服务业	178206	141260	176694	141260	25.1
金融业	475299	425374	473926	425374	11.4
房地产业	624195	522805	581447	522805	11.2
租赁和商务服务业	58207	46880	57927	46880	23.6
科学研究和技术服务业	47337	44354	46537	44354	4.9
水利、环境和公共设施管理业	73520	64090	72822	64090	13.6
居民服务、修理和其他服务业	210322	198090	209033	198090	5.5
教育	563241	520480	563167	520480	8.2
卫生和社会工作	245524	228882	244876	228882	7.0
文化、体育和娱乐业	56329	43984	55787	43984	26.8
公共管理、社会保障和社会组织	615743	572906	615128	572906	7.4
第一产业	2070148	1884887	1941710	1884887	3.0
第二产业	3691267	3518344	3770498	3518344	7.2
第三产业	4694253	4194550	4601452	4194550	9.7

注：此表按新三次产业划分规定公布三次产业增加值。

梅州市各县（市、区）生产总值一览表

表 11　（当年价）　单位：万元

县（市、区）	地区生产总值	第一产业	第二产业	第三产业	#工业	#建筑业
2016 年						
梅江区(含市直)	2173206	101566	1088559	983081	918703	170375
#梅江区	761789	101566	292483	367740	247167	45835
梅县区	1876364	483638	687446	705280	588324	101027
兴宁市	1663732	457488	393836	812408	327629	68543
平远县	762255	121386	271032	369837	248047	23972
蕉岭县	730624	124550	217074	389000	191545	27805
大埔县	811909	217059	240903	353947	200196	40707
丰顺县	1032093	236277	423891	371925	250426	173738
五华县	1405486	322007	368526	714953	284699	87289
2015 年						
梅江区(含市直)	2066596	91123	1060061	915412	903799	156802
#梅江区	607060	91123	204806	311131	164238	41108
梅县区	1703287	430144	636148	636995	548099	89962
兴宁市	1533660	414624	386273	732763	320543	68067
平远县	685676	114207	259619	311850	239203	21365
蕉岭县	671065	113933	202459	354673	180226	24498
大埔县	720922	189334	210887	320701	170623	40264
丰顺县	947271	219606	414829	312836	243421	171677
五华县	1269305	291642	348064	629599	273988	77384
2014 年						
梅江区(含市直)	1930075	85995	1044687	799393	876340	168870
#梅江区	559546	85995	199998	273553	162209	38312
梅县区	1582038	395111	602904	584023	519948	84870
兴宁市	1402568	385423	369901	647244	308622	63551
平远县	622752	106332	256062	260358	238283	18635
蕉岭县	614160	106148	196004	312008	177263	20761
大埔县	662811	174458	197671	290682	158312	39359
丰顺县	877468	207757	378711	291000	230949	147998
五华县	1166516	272275	339872	554369	273466	69464

说明：2011 年起规模以上工业企业的规模标准、统计口径作了调整，2011 年起规模以上工业增加值根据企业联网直报年报数按收入法计算，其增长速度按可比口径对比计算；2010 年以前年份的工业增加值暂未作调整；2013 年开展第三次全国经济普查，各县（市、区）地区生产总值（2013—2009）按经济普查结果进行调整修正。

梅州市各县（市、区）生产总值发展速度一览表

表 12　（按可比价计算）　单位：%

县（市、区）	地区生产总值	第一产业	第二产业	第三产业	#工业	#建筑业
2016 年						
梅江区(含市直)	104.8	101.9	103.6	106.4	102.5	109.5
#梅江区	106.8	101.9	107.3	107.7	106.3	112.4
梅县区	108.1	103.1	108.6	110.9	107.8	113.2
兴宁市	106.0	102.4	106.1	107.9	107.0	101.5
平远县	108.6	103.0	110.4	109.1	110.1	113.1
蕉岭县	106.1	102.4	108.8	105.7	108.0	114.4
大埔县	109.3	104.1	114.7	108.7	117.7	101.9
丰顺县	106.9	101.0	105.6	112.7	108.1	102.0
五华县	109.0	103.3	111.2	110.3	110.5	113.7
2015 年						
梅江区(含市直)	108.7	102.5	106.8	112.0	107.3	100.8
#梅江区	108.0	102.5	104.6	112.5	103.5	109.0
梅县区	107.8	104.1	107.6	110.4	107.5	107.6
兴宁市	108.7	104.2	108.3	111.3	108.2	108.8
平远县	110.2	104.3	111.4	111.2	111.0	116.4
蕉岭县	110.1	102.8	113.0	109.1	112.2	119.8
大埔县	109.7	104.4	112.2	109.6	113.5	103.9
丰顺县	110.5	103.4	114.2	107.9	111.8	117.8
五华县	109.7	103.0	112.1	111.0	111.8	113.1
2014 年						
梅江区(含市直)	105.2	101.3	105.2	105.5	104.8	111.0
#梅江区	107.6	101.3	112.6	105.4	112.2	114.1
梅县区	110.1	103.7	111.7	111.5	110.7	118.7
兴宁市	111.5	106.0	115.9	110.7	115.8	116.4
平远县	108.0	103.7	108.1	109.8	108.5	103.2
蕉岭县	111.3	101.9	114.3	111.3	114.1	115.5
大埔县	111.3	105.1	116.8	108.5	117.0	116.1
丰顺县	112.0	102.4	116.8	109.7	116.4	117.5
五华县	109.8	102.2	118.2	108.1	119.4	114.8

梅州市各县（市、区）人均主要经济指标一览表

表 13 单位：元/人

县（市、区）	人均地区生产总值（当年价）	人均工农业总产值（当年价）	其中：人均工业总产值	人均地方财政收入	在岗职工年人均工资	农村居民人均可支配收入
2016 年						
梅州市	24032	31543	23845	2424	60191	12991
梅江区	51675	52858	48789	7662	73851	17257
梅县区	34712	56305	41985	4048	66318	16182
兴宁市	16845	19180	11724	1118	46338	14871
平远县	32540	45597	36946	3151	54313	13915
蕉岭县	34734	48016	38067	3801	61738	13823
大埔县	21232	29404	20341	2511	64322	11520
丰顺县	21010	36389	28226	1718	62349	11418
五华县	12968	14993	9825	637	47814	11145
2015 年						
梅州市	22155	29897	22858	2391	54018	11799
梅江区	49346	53212	49531	8922	69331	15866
梅县区	31633	49909	37127	3993	60004	14627
兴宁市	15591	21389	14611	1017	38574	13488
平远县	29365	40958	32811	2809	49788	12629
蕉岭县	32032	45041	35943	3370	54918	12870
大埔县	18927	25702	17744	2149	54575	10432
丰顺县	19385	33739	26106	1507	55661	10371
五华县	11769	13233	8537	515	43044	10138
2014 年						
梅州市	20529	27967	21402	1976	44857	10786
梅江区	46251	49818	46330	7686	59608	14556
梅县区	29488	48473	36680	3356	54589	13237
兴宁市	14308	19902	13577	763	34329	12284
平远县	26756	38288	30688	2305	38536	11533
蕉岭县	29421	42794	34286	2793	41319	11873
大埔县	17470	23022	15666	1702	39457	9484
丰顺县	18042	31004	23740	1182	41667	9585
五华县	10863	12083	7677	402	32937	9387

注：1、梅江区人均数含市直，人均地区生产总值、人均工农业总产值、人均地方财政收入按常住人口计算。

2、从 2014 年起农民人均纯收入数据改变为农村居民人均可支配收入。

主要统计指标解释

发展速度　用以反映社会经济发展程度的相对指标，根据两个不同时期发展水平的对比而得。由于比较的标准时期不同，发展速度可分为定基发展速度和环比发展速度两种。

增长速度　发展速度减1（或100%）就是增长速度。即增长速度＝发展速度－1（或100%）。

平均每年增长速度　我国计算平均增长速度有两种方法，一种是习惯上经常使用的“水平法”，又称几何平均法，是以间隔最后一年的水平同基期水平对比来计算平均每年增长（或下降）的速度；一种是“累计法”又称代数平均法或方程法，是以间隔年内各年水平的总和同基期水平对比来计算平均每年增长（或下降）的速度，具体计算方法，可参照中国财经出版社出版的《平均增长速度查对表》。

在一般正常情况下，两种方法计算的平均每年增长速度比较接近，但在经济发展不平衡出现大起大落时，两种方法计算的结果差别较大。

本《年鉴》内所列的平均每年增长速度都是用水平法计算的。从某年到某年平均增长速度的年份，均不包基期年在内，如1981—2002年平均每年增长速度是以1980年为基期，2002年为报告期，年份从1981年算起，共22年。

当年价格　是报告期的实际价格，如工厂的出厂价格，农产品的收入购价格，商品的零售价格等。按当年价格计算，是指一些以货币表现的物量指标，如工业总产值、国内生产总值等，按照当年的实际价格来计算总量。按当年价格计算的价值指标，在不同年份之间进行对比时，因为包含有各年间价格变动的因素，不能确切地反映实物量的增减变动。因此，在计算增长速度时都使用按可比价格计算的数字。

可比价格　指在不同时期的价值指标对比时，扣除了价格变动因素，而确切表示物量的变化。按可比价格计算有两种方法：一种是直接用产品产量乘其不变价格；一种是指数法换算。

不变价格　用某一时期的同类产品的平均价格作为固定价格，来计算各个时期的产品价值。目的是为了消除各个时期价格变动的影响，保证各时期间、地区间的可比性。解放后，国家统计局先后五次制订了全国统一的工业产品和农业产品的不变价格，即从1949年至1957年使用1952年工（农）业产品不变价格，从1957年至1971年使用1957年不变价格，从1971年至1980年使用1970年不变价格，从1981年至1990年使用1980年不变价格，从1990年开始使用1990年不变价格。

地区生产总值　指按国土原则计算的一个地区物质生产部门和非物质生产部门在一定时期内所生产和提供最终使用的产品和劳务的货币表现。它不包括中间消耗的产品和劳务的价值。这些最终产品和劳务，不论是本地居民投资、本地居民生产的，还是外地居民投资、外地居民生产的，只要是在这个地区的辖区范围之内，就全部计入这个地区的生产总值。

地区生产总值从生产角度来说，是国民经济各部门的增加值之和；从分配角度来说，是这些部门劳动者收入、税金、利润、固定资产折旧等项目之和；从使用角度来说，是最终使用于消费、投资以及净出口的产品和劳务的价值总和。所以地区生产总值有三种计算方法，即生产法、分配法和使用法。区外净要素收入与地区生产总值之和，即为地区国民生产总值。

固定资产折旧　指一定时间内为弥补固定资产损耗而应提取的补偿价值，它反映了全部固定资产在本期生产中的资产转移价值。各类企业的固定资产折旧是指从成本费用中提取的折旧费。对不计提折旧的单位，如政府机关、事业单位、学校医院、部队和居民住房则应进行虚拟折旧。

劳动者报酬　指劳动者为常住单位提供劳务而获得的各种报酬，它反映劳动者参与增加值创造而获得的原始收入。具体包括从各种来源开支的货币工资和实物工资，即单位以工资、福利、社会保险等形式从成本费用利润中为劳动者支付的各种开支，以及个体和其他劳动者通过参加社会生产活动所获得的各种劳动报酬。

生产税净额 指生产税与补贴之差，它反映政府从本期创造的增加值中所得到的原始收入份额。生产税是指政府对生产单位的生产经营活动所征收的各种税，附加和规费。具体包括销售（营业）税金及附加，增值税、管理费开支的税、应交纳的养路费、排污费和水电附加费等，以及烟酒专卖上缴政府的专项收入。补贴与生产税相反，是政府对生产单位的单方面收入转移，因此视为负税处理，包括政策亏损补贴、粮食系统价格补贴、外贸企业出口退税收入等。

营业盈余 营业盈余指常住单位创造的增加值扣除固定资产折旧价值、支付劳动者报酬和上缴政府生产税净额后的余额，它反映企业参与增加值创造而应得到的原始收入份额。该指标相当于企业的营业利润，但要扣除税后项目中支付的工资、福利及公益金等。

三次产业 根据社会生产活动历史发展的顺序对产业结构的划分，产品直接取自自然界的部门称为第一产业，初级产品进行再加工的部门称为第二产业，为生产和消费提供各种服务的部门称为第三产业。它是世界上通用的产业结构分类，但各国的划分不尽一致。我国的三次产业划分是：

第一产业：农业（包括种植业、林业、牧业、渔业和农林牧渔业服务业）。

第二产业：工业（包括采掘工业、制造业、自来水、电力、蒸气、热水气、煤气）和建筑业。

第三产业：除第一、第二产业以外的其他各业。由于第三产业包括的行业多、范围广，根据我国的实际情况，第三产业可分为两部分：一是流通部门，二是服务部门。具体又可分为四个层次：

第一层次：流通部门，包括交通运输业、邮电通讯业、商业、饮食业、物资供销和仓储业。

第二层次：为生产和生活服务的部门，包括金融、保险业，地质普查业，房地产、公用事业，居民服务业，咨询服务业和综合技术服务业，农、林、牧、渔、水利服务业和水利业，公路、内河（湖）航道养护业等。

第三层次：为提高科学文化水平和居民素质服务的部门，包括教育、文化、广播电视、科学研究、卫生、体育和社会福利事业等。

第四层次：为社会公共需要服务的部门，包括国家机关、政党机关、社会团体、以及军队和警察。

文献选编

责任编辑：陈映萍

抢抓机遇　奋力攻坚　全面加快梅州苏区振兴发展

——在市委六届六次全会第一次全体会议上的报告

梅州市委书记　黄强

（2016年1月17日）

这次全会是在梅州市全面建成小康社会决胜阶段召开的一次重要会议，主题是深入学习贯彻习近平总书记系列重要讲话精神，全面贯彻落实党的十八届五中全会精神和省委十一届五次、六次全会精神，总结2015年和“十二五”工作，谋划“十三五”发展，部署2016年工作，动员全市上下围绕振兴发展目标，深化运用“两大政策”，扎实推进“三大抓手”，构建“一区两带”发展新格局，抢抓机遇、奋力攻坚，全面加快梅州苏区振兴发展。

下面，我代表市委常委会向全会报告工作。

一、2015年的主要工作

一年来，我们认真学习贯彻习近平总书记系列重要讲话精神，全面贯彻党的十八届三中、四中、五中全会和省委十一届四次、五次全会精神，围绕省促进粤东西北地区振兴发展“一个目标、三大抓手、两条底线”的总体部署，狠抓各项工作落实，增创了振兴发展的新势头。

（一）经济逆势提档进位

在粤东西北经济发展增速6年来首次低于珠三角地区的情况下，梅州主要经济发展指标增速高于全省水平，名列粤东西北前茅，质量和效益明显提升。预计实现全市生产总值950亿元、增长8.6%，增速居全省第四；地方公共财政预算收入突破百亿元大关，达103.58亿元、增长21.5%，增速居全省第二；固定资产投资568.02亿元、增长39.4%，增速居全省第一；居民人均可支配收入增长12.2%，增速居全省第一；外贸进出口总额135.2亿元、增长13.5%，增速居全省第三。一批长期谋划的重大项目成功落地，投资196亿元的梅汕高铁、投资120亿元的五华抽水蓄能电站、投资62亿元的高陂水利枢纽工程先后动工，首期投资52亿元的粤电大埔电厂建成投产。发展的新成效，鼓舞了全市干部群众的士气，坚定了加快振兴发展的信心。

（二）发展思路更加明晰

按照春华书记“要进一步完善思路”的要求，立足梅州实际，扬长补短，提出构建“一区两带”

发展格局的新思路，积极破解产城发展不融合、城乡发展不协调困局。一是优化嘉应新区开发。着重优化提升江南新城规划，在原规划24.19平方公里范围内，优先建设铁路以北6.66平方公里，压缩原来规划公共设施重复偏多的项目，适度增加产业服务性项目，实现土地投入和开发收益基本平衡。二是梅兴华丰产业集聚带建设起步顺利。以广州（梅州）产业转移工业园为核心区，统筹梅江区、梅县区、兴宁市、五华县、丰顺县等五县（市、区）的园区建设，整合交通、土地等要素资源，集中建设核心区面积143平方公里产业集聚带，推进新型工业化、新型城镇化融合发展。三是谋划建设梅江韩江绿色健康文化旅游产业带。在创建广东文化旅游特色区的基础上，整合梅江韩江流域内生态、人文、红色、长寿等特色旅游资源，培育发展休闲度假、乡村旅游、健康养生、文化创意、特色高效农业等产业。“一区两带”思路体现了传承创新的务实作风，在全市干部群众中达成了共识，得到了春华书记和小丹省长的充分肯定，要求我们不换频道，一以贯之，抓紧抓实、抓出成效。

（三）“三大抓手”发力迸进

一是对外交通条件明显改善。济广高速平兴段、汕湛高速五华段建成通车，实现“县县通高速”目标，新增一条出省高速通道；兴华高速公路全线动工建设，梅汕高铁、梅平高速、大潮高速（含大漳支线）开工建设；梅县机场增开至雅加达、北京等航线，国内外航线9条、通航城市12个，旅客年吞吐量22.65万人次，航空口岸功能日趋完善，新机场迁建论证研究报告基本完成。二是产业园区承载力增强。产业集聚带总体规划得到省政府批准实施，集聚带五个园区分别完成征地1000亩以上。启动申报国家级经济技术开发区，规划建设综合保税区，已完成征地1400亩，平整1000亩，申报材料已由国务院批转海关总署征求相关部门的意见。畲江至梅城、兴宁、五华的三条快速干线加快建设。推进污水处理设施建设，获省同意先行安排5亿元启动资金。全市规模以上工业增加值220.89亿元、增长9%。大力发展和利用资本市场，新增2家上市公司，总数达到9家；5家企业在“新三板”挂牌交易。同时，启动规划建设梅江韩江绿色健康文化旅游产业带，生态文化旅游产业快速发展，梅州荣获2015“一带一路”旅游推广十强城市奖，是广东省唯一获此殊荣的城市。预计全市接待旅游总人数3027万人次、增长20.06%，旅游总收入312.93亿元、增长23.01%。三是中心城区扩容提质有序推进。完成城市总体规划修编，启动“多规合一”编制工作。统筹推进江南新城、梅县新城、芹洋半岛建设，充分利用国家财政、金融扶持等政策，筹集资金110多亿元，优化了江南新城开发资本结构，推动新城滚动开发。医院、学校、公园、道路、桥梁、场馆等公共设施建设顺利推进，棚户区改造完成12370套，数量居全省第一，安置区和地下综合管廊建设均获国家“稳增长、促发展”专项基金支持。万达广场、万象江山、东汇城、富力城、喜之郎等城市综合体和义乌小商品批发城、科伦药业总部等产业项目扎实推进。

（四）全面深化改革扎实推进

深入贯彻落实中央和省委关于全面深化改革的部署要求，紧扣振兴发展主线，坚持问题导向，注重改革实效，狠抓改革任务落地。建立了改革事项台账，重点推进六个领域158项改革，已完成105项，启动实施53项。着力开展深化行政审批和商事登记制度、投融资体制、基层社会治理创新、媒体融合发展、教育领域综合改革、足球综合改革等方面的改革。探索完善国家生态文明先行示范区建设机制和节能减排财政政策机制。支持各县（市、区）结合实际创新实践，蕉岭全国农村综合改革示范试点稳步推进，发展活力进一步激发。

（五）对外开放合作进一步扩大

充分发挥侨乡优势，主动融入国家“一带一路”倡议，积极参与“海丝”建设。以“汇聚客商力量，共创海丝未来”为主题的第四届世界客商大会，内容丰富、活动多样、创新务实、成果丰硕。活动突出经贸招商、项目建设、产业集聚和扩大开放，大会现场签订合同项目 90 个、计划投资总额超 400 亿元，广东梅兴华丰产业集聚带挂牌揭幕，为海外 18 个国家和地区 33 个经贸文化联络处颁发了匾牌，成立了“1+9”客家旅游联盟，体现了大客家、大交流、大合作、大开放，得到了海内外的高度评价和广泛赞誉。

（六）社会保持和谐稳定

办好“十件民生实事”，持续改善重点民生，突出抓好就业、就读、就医和社会保障，增进民生福祉。深化穗梅合作，借力对口帮扶，累计投入帮扶资金 12.09 亿元，引进亿元以上项目 226 个，计划投资 1458.3 亿元，建成 36 个，完成投资 423.4 亿元。大力推进扶贫开发“双到”工作，贫困户年人均纯收入 8892.59 元，有劳动能力的贫困户如期全部实现脱贫目标。狠抓安全生产责任落实，切实维护人民群众生命财产安全。创新社会治理，加强信访维稳，推进基层“三项整治”行动，平安建设巩固提升，再次获评全省综治工作优秀市，群众社会治安满意度连续 16 年超过 90%。

（七）党的建设全面加强

坚持全面从严治党，务实开展“三严三实”专题教育活动，在全市开展“讲担当、比奉献”主题实践活动，形成比学赶超氛围。专门制定《关于建设团结和谐勤奋敬业清正廉洁领导班子的意见》，突出抓好“关键少数”，建强各级领导班子。依托党委理论中心组学习等平台，全面学习习近平总书记系列重要讲话精神。坚持正确的选人用人导向，严格执行《党政领导干部选拔任用工作条例》，及时选拔任用一批好干部。出台《关于加强乡镇干部培养使用管理的实施意见》，全面优化镇级党政班子结构。落实镇街领导干部驻点联系群众制度，解决服务群众“最后一公里”问题。建立市县镇村四级党组织书记双向“联述联评联考”制度，进一步强化各级党委（党组）书记抓党建的主体责任。重点整治软弱涣散基层党组织，强化基层治理。制定实施《关于落实省委“三个区分”原则激发干事创业激情惩治为官不为行为的意见》及其配套措施，从严整治“懒政怠政”行为。深入开展反腐败工作，保持高压态势，全市纪检监察机关立案 697 件，结案 653 件，给予党纪处分 607 人、政纪处分 105 人。同时，市县筹资 17.32 亿元，实行财政统一发放津补贴，干部职工年人均增加收入 1.29 万元，其中乡镇公务员工资福利年人均增长 92%，进一步调动了基层干部积极性。

同志们，在全球经济下行压力加大的情况下，我们取得了以上成绩，来之不易、难能可贵。这是我们全面贯彻习近平总书记系列重要讲话精神的结果，是省委、省政府的正确领导和对苏区发展高度重视，特别是春华书记对我们发展思路充分肯定和指导的结果；是全市各级班子团结和谐、敢于担当、奋发有为的结果；是我们突出重点、把握关键，扭紧“三大抓手”，积极谋划“一区两带”发展新格局的结果；是全市干部群众求实、务实、扎实工作的结果。市人大、市政府、市政协、各民主党派和各县（市、区）、各部门、各行业都为此做出了积极的努力，各位市委委员、候补委员对我们的工作给予了大力支持。在此，我代表市委常委会表示衷心的感谢！

二、“十三五”期间面临的形势和任务

“十三五”时期是我省率先全面建成小康社会的决胜时期，是梅州加快振兴发展的攻坚时期。未来五年，随着“三大抓手”的扎实推进，交通基础差、中心城区小、产业集聚平台少等问题将得到根本改善，谋划好未来五年的发展具有十分重要的意义。市委经过深入调研、集思广益，形成了提交这次全会审议的市委“十三五”规划《建议》讨论稿。君铁同志将对《建议》讨论稿作说明，希望大家认真思考，提出意见，共同做好“十三五”规划的编制工作。下面，我就“十三五”发展强调几点意见。

（一）认真总结“十二五”时期我市发展的主要成绩，增强振兴发展信心

“十二五”时期，是我市发展取得重大成就的五年。这五年，我们妥善应对金融危机持续影响，适应经济发展新常态，围绕“全力加快绿色的经济崛起，建设富庶美丽和谐幸福梅州”这一

核心任务，落实省促进粤东西北地区振兴发展战略和国家原中央苏区振兴发展规划，经济较快增长、实力不断增强，全市生产总值、地方公共财政预算收入、固定资产投资、外贸进出口总额年均增速均高于全省平均水平。园区扩能增效、产业结构不断优化。“十二五”末，三次产业结构比为 19.6∶36.8∶43.6,第三产业比重上升 5 个百分点。规划建设梅兴华丰产业集聚带，全市 9 个产业园（集聚地）全部享受省产业转移政策，省级园区从 2 个增加到 6 个。全市规模以上工业增加值年均增长 12.8%。创建广东文化旅游特色区，谋划建设梅江韩江绿色健康文化旅游产业带。特色高效农业稳步发展，全市农业增加值年均增长 3.9%。对外交通大突破、发展条件不断趋好。围绕建成潮汕平原北上开拓腹地的交通枢纽，强力推进以“两高一场”为重点的对外交通建设，其中高速公路通车里程新增 223 公里、达到 482 公里，位居粤东西北 12 市第二位。中心城区加快拓展、宜居环境不断改善。以中心城区扩容提质为抓手，推进新型城镇化，完成梅县撤县设区，全市城镇化率达 47.5%，提高 4.5 个百分点。嘉应新区经济功能区获省政府批准实施，新区起步区江南新城、芹洋半岛、梅县新城建设有序推进。成功列入国家生态文明先行示范区首批试点，成功创建国家卫生城市，各县县城、中心镇和美丽乡村建设加快推进。全面深化改革、法治建设不断加强。按照中央和省的部署，结合实际，建立改革台账，其中农村普惠金融改革试点、集体林权制度改革、社会治理创新改革走在全省前列。实施 252 项“微改革、微创新”项目。坚持依法治市，我市成为全省首批获得地方立法权的地级市之一。推行客都民意警务模式，推进平安建设，连续 8 年获评“全省综治工作优秀市”。坚持共建共享、民生福祉不断增进。加大民生领域财政投入，每年办好一批民生实事。公共服务体系覆盖面持续扩大，新增就业持续增加，成功创建广东教育强市，成功举办第三届、第四届世界客商大会、 2013 年央视秋晚，圆满完成两轮扶贫开发“双到”任务，生态文明建设取得新进展，人民生活水平和质量加快提高。全面从严治党开创新局面，党的群众路线教育实践活动成果丰硕，党风廉政建设成效显著，赢得了全市人民的信任和拥护。“十二五”规划目标顺利完成，为我们今后发展奠定了良好的基础。

（二）正确判断梅州“十三五”时期面临的形势，构建“一区两带”发展新格局

谋划“十三五”发展，要理性看清梅州面临的困难和挑战。一是经济总量小、发展后劲不足。“十二五”期间，我市生产总值除 2011 年完成了年度预期目标外，其余 4 年虽然增幅高于全省平均水平，但均未完成目标，经济总量仍然很小，人均生产总值全省最低。尤其是投资不足，2011—2014 年，全市固定资产投资累计完成 1115.80 亿元，仅占全省的 1.3%，分别是河源、清远、云浮、韶关的 85.0%、55.1%、51.2%、49.9%。二是产业发展层次不高。产业结构不合理，第一产业比重大，支柱产业和骨干企业实力不强，缺乏带动力强的大型企业和龙头项目，尤其是工业大项目少，“十二五”期末全市规模以上工业增加值 220.89 亿元，不到全省的 1%。三是交通区位仍未根本改善。快速综合交通体系还未形成，高铁建设刚刚起步，机场迁建还要假以时日，与珠三角、汕潮揭、海西区、赣苏浙等地区互联互通仍然山高路远，要素流动不畅、不快。市域普通公路密度低于全省水平，四级及等外公路比重高达 78%。四是基本公共服务供给不足。民生社会事业仍然存在明显短板，教育、卫生优质资源缺乏，社会保障整体水平较低，一些领域的改革成效还不明显，各项惠民改革措施落地工作需要进一步加强。五是干部队伍建设仍然存在一些突出问题。全面从严治党取得的成效还是初步的，违纪违法、贪污腐败、渎职失职、懒政怠政等现象时有发生。一些基层党组织的战斗堡垒作用发挥不够，还有一批软弱涣散的基层组织。各级干部运用法治思维和法治方式推进社会治理的能力需要进一步提升。不敢腐败不想腐败的制度机制不够健全等等。

谋划“十三五”发展，我们更要看到梅州发

展迎来重大机遇。从国际来看，和平与发展仍是时代主题，新一轮科技革命和产业变革蓄势待发，发展中国家群体力量继续增强，国际力量对比逐步趋向平衡。从国内来看，“四个全面”战略布局和“五大发展”理念的确立，为做好我市各方面工作提供了总遵循、总抓手、总方略。国内经济发展步入新常态，出现经济发展速度变化、经济结构优化、经济增长动力转换三大特点，经济发展长期向好的基本面没有变，发展仍处于可以大有作为的重要战略机遇期。从全省来看，经济总量位居全国前列，综合实力和核心竞争力得到重大提升，珠三角优化发展，经济结构调整优化的前进态势进一步形成；粤东西北振兴发展，“三大抓手”持续发力，经济持续增长的支撑基础和条件得到有效改善，经济起步提速，追赶步伐加快。从全市来看，既有省促进粤东西北地区振兴发展政策支持，又有国家原中央苏区振兴发展政策扶持，还有广州全面对口帮扶，政策机遇越来越好。尤其是随着对外快速交通、中心城区扩容提质、广东梅兴华丰产业集聚带、梅江韩江绿色健康文化旅游产业带的建设，发展基础越来越扎实，全市干部群众的内生动力越来越强劲，在外乡贤、港澳台同胞和海外侨胞支持家乡建设、投资家乡越来越踊跃，人心齐、氛围好，发展合力前所未有。

梅州“十三五”发展，挑战与机遇并存，机遇大于挑战。我们要全面系统学习贯彻习近平总书记系列重要讲话精神，按照省委引领经济发展新常态走在前列的要求，把握“四个全面”战略布局，落实“五大发展”理念，破解发展难题，厚植发展优势，立足梅州实际，着眼区域发展，打好苏区牌、生态牌、文化牌，集中力量构建“一区两带”发展新格局。“一区两带”就是建设好嘉应新区起步区、梅兴华丰产业集聚带和梅江韩江绿色健康文化旅游产业带，促进城区、园区、产业同步发展，促进经济总量、质量、效益同步提升。主要内涵是以建设嘉应新区起步区为引擎，发展新型工业为支撑，做优绿色健康文化旅游产业为特色，以构建快速交通体系为基础，统筹县域资源，对接国家和省扶持苏区、老区发展政策，转变发展方式、加快产业集聚、推动城市升级，把梅州建设成为经济社会发展相协调、物质文明和精神文明双提升、工业化城镇化相融合的原中央苏区绿色发展示范区。构建“一区两带”发展新格局，有较好的实践基础，既是对历届市委市政府战略谋划的传承，又是加快振兴发展路径的探索；既是落实“两大振兴政策”的具体路径，又是提升区域竞争优势的重大平台；既得到了省委、省政府的充分肯定，又得到了全市上下、内外乡贤的大力支持。我们要集中时间、集中资源、集中力量，坚定不移地推进“一区两带”建设，打造梅州振兴发展的新引擎。

（三）把握梅州“十三五”时期发展的重大问题，加快振兴发展步伐

省委提出，“十三五”时期，我省要在2018年率先全面建成小康社会。这是全省的工作大局。我们要解放思想、主动融入，围绕目标、奋勇前行，推动“十三五”时期各项工作任务的落实。

第一，更新理念，引领发展实践。落实党的十八届五中全会精神，关键是落实创新发展、协调发展、绿色发展、开放发展、共享发展“五大发展”理念，结合梅州实际，统筹推动振兴发展。

一要坚持创新发展，着力提升发展质量和效益。春华书记指出，广东只有梅州一个地级市纳入原中央苏区范围，建设好发展好梅州苏区，是广东省委省政府和梅州市委市政府的重要任务。这是市情的新变化。我们要打破原有思维定式，从全省大局出发，从赣闽粤区域发展出发，以建设原中央苏区绿色发展示范区为定位，坚持创新发展，推进理论创新、制度创新、科技创新、文化创新，尤其要通过项目创新、技术创新、载体创新、市场创新，对接国家和省苏区振兴政策，把政策优势转化为发展优势，把政策资源转化为创新资源，加快经济发展，走出一条壮大总量、做强质量、提升效益的转型新路。

二要坚持协调发展，着力增强发展整体性。省委十一届五次全会指出的“三大短板”，在梅州都不同程度存在。与珠三角等地区相比，经济

发展差距大，尤其是工业发展严重不足、城镇化进程严重滞后、县域经济发展严重不平衡。春华书记在我市调研时一针见血地指出，梅州到了加强产业建设的阶段，要求我们同步推进产业园区、城区、交通基础设施建设。我们谋划建设“一区两带”，不仅体现在区域发展上还体现在产业建设上，不仅体现在工业上还体现在文化、生态上，不仅体现在经济、社会上还体现在交通、环保等重要基础设施建设上，是一个综合的发展要求。因此，现阶段推动梅州协调发展，重点是统筹县域资源，抓好“一区两带”建设，推进城乡一体化发展。

三要坚持绿色发展，着力增强发展可持续性。梅州有良好的生态环境和独特的文化资源，有突出的比较优势，但也面临着加快发展与保护环境的双重压力。坚持绿色发展，不单是保护问题，更是要在发展中保护。谋划推进广东梅兴华丰产业集聚带、梅江韩江绿色健康文化旅游产业带建设，就是坚持点上高效开发、面上全面保护。在发展产业过程中，要注入绿色发展理念，建设环保设施，发展环境友好型经济，探索生产发展、生活富裕、生态良好的可持续发展道路，实现山更绿、水更清、天更蓝。

四要坚持开放发展，着力推动区域合作共赢。客家人历来包容开放，衍播四海，是海上丝绸之路印度洋之路的重要开拓者。但随着外部条件的变化，交通区位的变迁，梅州不是更开放，而是开放慢了。我们必须高扬包容开放精神，把握国家“一带一路”建设、中国（广东）自由贸易试验区建设的重大机遇，充分发挥梅州华侨之乡、世界客都的优势，利用国际国内两种资源、两个市场，对接珠三角、融入汕潮揭、面向海西区、沟通赣苏浙，加强与东南亚等国家和我国港澳台地区的交流合作，全方位推进对外开放，在扩大开放中拓展发展空间、增创发展优势。

五要坚持共享发展，着力增强人民群众获得感。大力改善民生，让发展成果更好地覆盖城乡、覆盖群众，事关梅州公平正义。由于梅州经济发展水平没有那么高，人民生活水平相对没有大的悬殊，经济社会相对平衡，但这是低水平的平衡、低层次的公平。正是这个道理，梅州的发展任务还非常艰巨，既要做大“蛋糕”，又要分好“蛋糕”，而且要适应新常态、顺应群众新期盼，公平分配难度更大。因此，做好民生事业，增加公共服务供给，比过去任何时候都显得重要和迫切。我们要按照人人参与、人人尽力、人人享有的要求，持续推进就业、就读、就医和社会保障等基本民生改善，让全市人民共建共享发展。

第二，下大力气，补齐发展短板。全面建成小康社会，核心在于“全面”，难点也是“全面”。我们要围绕振兴发展目标，采取更加有力措施补齐短板，建成群众认可的全面小康社会。

补齐产业发展短板。“十三五”时期，我们的首要任务就是把产业搞上去。要认真落实振兴实体经济、调整产业结构的相关政策，加快先进制造业、现代服务业、现代农业体系建设，培育一批战略性产业，推动新技术、新产业、新业态蓬勃发展。一是建设产业平台。通过五年努力，梅兴华丰产业集聚带初具规模，打造成为广东原中央苏区绿色发展示范区、国家级经济技术开发区；梅江韩江绿色健康文化旅游产业带活力彰显，初步建成生态经济发达、景观环境优美、文化特色鲜明的健康产业创新区和休闲度假目的地；嘉应新区起步区建设基本完成，拉出大梅城的基本框架。二是培育主导产业。深入落实《中国制造 2025》，着力推进烟草、电力、建材、电子电声、五金机电、矿冶加工、机械制造、陶瓷工艺等传统产业转型升级，促进智能化、绿色化发展；培育发展新能源汽车、电子信息、新医药、新材料、先进装备制造等战略性新兴产业和电子商务、云计算、物联网、大数据、金融、物流等现代服务业。充分发挥生态文化优势，发展文化旅游、生态休闲、健康养生等新业态。大力发展特色高效农业，加快发展大宗农产品、精深加工和流通业，发展休闲观光农业、农家乐、乡村游等新业态，促进农旅融合发展，增加农民收入。三是打造品牌产品。围绕产业链，打造创新链、提升价值链，出台政策，支持企业做大做强，打造若干主营业务收入超百亿元企业，并拥有一批自主品牌，不断提升品牌知名度和竞争力。

补齐扶贫开发短板。我市贫困面大，脱贫任务重。据初步摸查，全市人均纯收入低于 4000 元的农村居民仍有 5.2 万户 14.77 万人，占全市农村总人口的 3.48%，纳入精准扶贫的相对贫困村 348 个,贫困户 2.09 万户,贫困人口 6.56 万人。“十三五”时期，要围绕贫困户全面脱贫、贫困村基本改变落后面貌两大任务，落实《中共中央国务院关于打赢脱贫攻坚战的决定》，因地因人施策，精准扶贫、精准脱贫，提高扶贫实效。要坚持开发性扶贫，连片规划、整体推进，增强贫困县、贫困村发展能力。要借力广州对口帮扶，完善扶贫开发工作机制，广泛动员社会力量参与扶贫开发，确保全面打赢脱贫攻坚战。

补齐民生社会事业短板。改革开放 30 多年来，我市的公共服务有了很大的改善，但教育、医疗、就业总体水平偏低。尤其是职业教育明显不适应当前产业建设的需求，劳动力技术水平低；优质医疗资源布局市县严重不均衡，三甲医院仅 1 家；就业主要靠外出打工，难以吸引新生劳动力和外来人口，人才长期净流出。我们要从群众最现实、最关心、最直接的问题抓起，在“十三五”期间要着力建设一所高职院校，扩建、新建、改造升级一批重点医院，打造一批创客空间，促进劳动力稳定就业，更好地为市民提供有质量的公共服务。

第三，创新驱动，切换发展动力。要提升发展质量和效益，归根到底，就是要把发展的基点放在创新上，坚定不移地实施创新驱动发展战略。

借外促内，构建创新体系。实施创新驱动发展，首先要解决科技从哪里来的问题。梅州虽然高校、科研机构不多，但有 340 多名梅州籍大学校长和 30 名院士，这是我们宝贵的创新资源。要发挥大学校长、专家、院士的桥梁纽带作用，借外促内，建立健全具有梅州特色的创新体系。政府要加强引导，力促企业与名校、名家、院士共建“产学研”联盟，扶持骨干企业实施一批重大科技专项和重大技术攻关，争取一批国家实验室落户梅州，推进成果转化，真正使创新成为实实在在的经济活动。

抓大扶小，发展高新技术企业。要把培育高新技术企业作为“牛鼻子”，建立一套管用的机制，巩固壮大一批，储备发展一批，孵化培育一批，争取“十三五”期末全市高新技术企业达到 90 家，科技进步贡献率达 45%。对现有的高新技术企业要采取“一企一策”的措施，扶持发展新的产业集群，形成产业链。对规上企业、上市公司等重点企业，要通过增资扩产、设备更新、智能化改造等途径，加强核心技术攻关，建成高新技术领军企业。加大对中小微企业的扶持力度，鼓励大众创业、万众创新，形成创新发展新局面。

招才引智，建设创新人才队伍。人才是创新的第一资源。要坚持把人才作为增强自主创新能力的关键，深入实施人才强市战略，加强智库联盟建设，高标准推进“引进高素质人才计划”，面向国内外招引配置我市重点领域急需的各种高层次人才，特别是科技创新、专业服务、跨国经营等高端人才。要着力推进企业经营管理人才、专业技术人才、高技能人才等人才队伍建设，为我市推动创新发展提供人才支持。

第四，优化环境，夯实发展基础。环境是吸引力，也是生产力。我们要一手抓硬环境、一手抓软环境，依靠良好的环境集聚资源加快自身发展。

从根本上改善对外快速交通环境。要把“两高一场”重大交通项目纳入国家和省的“十三五”规划，从根本上改变现有交通区位条件，凸显梅州枢纽地位。要加快高速铁路建设，建成梅汕高铁、龙川至梅州至龙岩高铁，推进鹰梅、浦梅铁路建设；完成梅县机场迁建，建成赣闽粤苏区对外开放航空口岸；建成大潮高速公路（含大漳支线）、大丰华高速公路，打通海西出口大通道。要把城区交通、园区交通、乡村交通摆上重要议事日程，建成产业集聚带内部快速交通网络，促进产城联动。

增创文化生态环境新优势。梅州山水秀美、生态优良，文化丰厚、资源丰富。要进一步发挥生态、文化优势，把生态和文化当作招商引资软实力，在经济活动中加以推广和运用，加快建设梅江韩江绿色健康文化旅游产业带。要以创建国家级客家文化生态保护实验区为抓手，扩大客家文化的传播力和影响力，大力宣传梅州文化名片，促进文化发展繁荣。要深入推进“绿满梅州”大行动，加快重点生态工程建设，创建广东林业生态市。要推进 2000 公里中小河流治理工程，建设梅州绿色生态水系。

营造国际化法治化便利化市场环境。梅州经济外向度低，市场发育不充分，影响了资源的配置。要按照经济改革的总方向，发挥市场在资源配置中的决定性作用和更好发挥政府的作用，着力营造国际化法治化便利化市场环境。首要任务是推动政府职能转变，抓住行政审批制度改革这个关键，解决多头审批、互为前置、权责脱节等突出问题，清理涉企收费，降低企业综合成本。发挥我市海外经贸文化联络处的职能作用，构建国际化合作平台，为企业“引进来、走出去”提供有效服务。坚持全面推进依法治市，深入推进科学立法、严格执法、公正司法、全民守法，为改革发展稳定提供强有力的法治保障。扎实推进“平安梅州”建设，加快完善社会治安立体防控体系，严厉打击刑事犯罪，做好化解社会矛盾工作，加强信访维稳工作，切实维护社会和谐稳定。

第五，加强领导，提高推动发展能力。要把梅州全面建成小康社会、建成原中央苏区绿色发展示范区，就必须提高党领导经济社会发展的能力水平，发挥好党在经济社会发展中的领导核心作用。

提升抓发展的谋划能力，发挥引领作用。各级党委要认真贯彻落实中央和省委的决策部署，全面学习领会习近平总书记系列重要讲话精神，特别是加强对创新发展、协调发展、绿色发展、开放发展、共享发展的学习和思考，坚持发展第一要务，以开阔的视野、全局的理念、创新的思维指导实践，引导各地各部门遵循经济社会发展规律，及时研究解决重大问题，切实提高谋划发展的科学化水平，促进经济社会持续健康发展。

提升抓重点的突破能力，发挥总揽作用。各级党委要总揽全局、协调各方，以落实“两大振兴政策”为总抓手，突出工作重点，注重深化运用，整合发展要素，把政策中蕴含的资金、税收、土地、项目等红利释放出来，把有限的财力用在刀刃上，把稀缺的资源用在重点项目上，开创“一区两带”建设新局面。

提升抓落实的执行力，发挥担当作用。各级领导干部要强化担当精神，以加快发展为己任，敢于直面困难、改革创新，充分发挥模范带头作用，一旦集体作出决定的事，就要心无旁骛地抓落实，把想干的事、既定的事，逐一干成、干出亮点，在全市形成“实干出彩、空谈下岗”的氛围。

三、努力做好今年工作

今年是“十三五”的开局之年，也是加快振兴发展的攻坚之年。做好今年和今后一个时期的工作，十分重要的是要深入学习贯彻习近平总书记系列重要讲话精神，认真把握实现中国梦、“四个全面”战略布局、经济发展新常态、五大发展理念、供给侧结构性改革等新思想、新战略、新要求，理解好新常态怎么看、怎么干等重大理论和实践问题，做到融会贯通、领会要义，学以致用。各级党员领导干部要先学一步、学深一层，发挥好模范带头作用，切实把思想和行动统一到中央的重大判断和省委的决策部署上来，坚定信心，保持定力，继续保持良好的振兴发展势头。

今年工作的总体要求是，深入学习贯彻习近平总书记系列重要讲话精神，全面落实党的十八届五中全会、中央经济工作会议和省委十一届五次、六次全会精神，按照“五位一体”的总体布局和“四个全面”的战略布局，贯彻“五大发展理念”，适应经济发展新常态，坚持改革开放，坚持稳中求进总基调，坚持稳增长、调结构、促改革、惠民生、防风险，着力加强结构性改革，狠抓“三大抓手”，建设“一区两带”，改善民生事业，推进依法治市，从严治党，全力推动梅州苏区振兴发展，确保“十三五”发展开好局起好步。通过努力，全市生产总值增长 9%左右，地方公共财政预算收入增长 10%以上，固定资产投资增长30%左右，全体居民人均可支配收入与经济增长基本同步。

今年的主要工作是，打好三大攻坚战，推动三大重点新突破，圆满完成市县镇三级换届工作。

（一）集中主力，打好三大攻坚战

第一，打好交通建设攻坚战。全省交通大会战已进行至第三年，我市高速公路建设取得新的突破，但既定项目中有的已动工尚未建成，有的还处于项目前期阶段，无论是资金筹集、征地拆迁，还是工程进度、动工条件，离目标都还有一定差距，需要我们攻坚克难、乘势而上。一是高铁方面。要确保梅汕高铁实现无障碍施工，争取动工建设龙川至梅州至龙岩高铁，扎实推进鹰梅、浦梅铁路前期工作。二是新机场建设方面。要完成梅县机场迁建可行性论证，争取批准立项并启动新机场建设前期工作。三是高速公路方面。兴华、梅平、大潮（含大漳支线）高速公路要确保实现无障碍施工，梅州东环、大丰华高速公路丰顺至五华段、兴宁至汕尾高速公路五华至陆河段要动工建设，推进市域内“三纵三横两环”综合运输通道建设。这里特别强调要结合梅畲快速干线建设，争取梅汕高铁、龙川至梅州至龙岩高铁和新机场并站建设，促进周边地区的人财物等要素集聚，奠定梅州粤东北交通枢纽的基础地位。同时，要推进国省道、县乡道升级改造，提高道路通达能力和等级水平，打通县域之间、旅游景区之间的便捷通道。

第二，打好园区发展攻坚战。春华书记来梅调研时，要求梅州现阶段要加快推进产业建设。我们要用好交通改善带来的发展条件，把培育产业体系与建设梅兴华丰产业集聚带结合起来，一边建园区、一边上项目、一边育产业，加快申报建设国家级经济技术开发区、综合保税区，力争穗梅共建三年、落地300个项目，确保产业集聚带建设开好局起好步。一是设施要有突破。梅畲快线、兴宁市区至畲江快线确保年底全线动工。园区污水处理厂建设要落实责任主体，优先规划建设。现代创业孵化园、广铁物流园等生产性服务项目要加快推进，提升园区综合竞争力。二是用地要有突破。充分利用土地规划中期评估调整的契机，确保大项目用地，集聚带今年力争新增储备土地5000亩以上，平整土地3000亩预留为新项目用地，优先安排龙头工业项目建设用地。三是项目要有突破。围绕全市三年建设300个产业项目的目标，把重点放在项目落地和实际投资上，深入实施“乡贤回归投资兴业工程”，全年力争新签合同项目计划投资额500亿元以上，当年完成实际投入资金200亿元以上，引进计划投资10亿元以上项目10个以上，其中集聚带内项目投资占6成以上，确保广州（梅州）产业转移工业园的固定资产投资和产业项目投资、工业增加值等主要指标达到省的考核要求。

要结合供给侧改革，推进产业结构调整。认真落实《广东省工业转型升级攻坚战三年行动计划》和我市《进一步加快实体经济发展的意见》以及招商引资系列政策，加强对产业集聚带企业的分类指导，错位发展，逐步形成装备制造、新材料、电子电声、生物医药、食品、五金机电等主导产业，着力补齐工业短板。开展降低实体经济企业成本行动，突出抓好电力、烟草、建材和电声等主导产业，扶持重点企业增资扩产、技术改造，争取纳入省级大型骨干企业名录，加快打造一批“百亿产业”“百亿企业”“百亿园区”。加快推进五华抽水蓄能电站、高陂水利枢纽工程、塔牌集团年产600万吨水泥生产线建设，争取尽快立项建设益塘水库引水工程、粤电大埔电厂二期、华润热电联产等项目。加快推进“互联网+制造业”发展，谋划建设智能制造示范基地，实施宽带普及提速工程，推进“数字梅州”建设。落实闽粤赣原中央苏区农村超高速无线局域网应用试点工作框架协议和我市与省各大通信运营商签订的“互联网+”战略合作框架协议，抢占信息化建设的高地。推进实施产业低碳化工程，确保节能减排完成省下达的任务。

第三，打好精准脱贫攻坚战。要按照中央脱贫攻坚战部署，落实市县镇村四级书记抓扶贫责任制，尤其要落实县委、县政府主体责任和县委书记、县长第一责任人要求，采取超常规的举措，拿出过硬办法，打好精准脱贫三年的开局之战。要精心组织，抓好摸底调查和识别核查工作，搞清贫困人口、贫困程度、致贫原因，制定实施方案，做到因户施策、因人施策。要继续采取产业扶持、技能培训、转移就业、异地搬迁等多管齐下的方式，调动各方力量，通过专项扶贫、行业扶贫、社会扶贫等方式，把脱贫措施精准落实到村、到户、到人。对完全或部分丧失劳动能力的贫困人口，要纳入低保覆盖范围，提高低保标准，实现社保政策兜底脱贫。要积极探索多元化解决精准脱贫的方式方法，推进户籍制度改革、土地流转经营、改善农村人居环境、金融支持"三农"发展、深化农村集体产权制度改革，引导农民特别是贫困人口就近城镇化，确保 2018 年前实现所有贫困村、贫困户全面脱贫。

（二）统筹兼顾，推动三大重点新突破

第一，以嘉应新区起步区为重点，推进城市建设。深入贯彻中央城市工作会议精神，贯彻"五个三"要求，围绕打造粤东北门户城市的定位，扎实推进江南新城、芹洋半岛和梅县新城开发，推进中心城区扩容提质，统筹中心城区与各县（市）城区协调发展，切实提高新型城镇化水平。一是加快征地拆迁安置。要抓好征地拆迁的扫尾工作和安置区建设，争取 4 月底前芹洋安置房建成交付使用，年底前江南新城吉祥安置区全部封顶，站前、坜明、上坪安置区加快推进。二是加快市政道路管网基础建设。积极争取和充分利用国开行、农发行等政策性贷款，降低融资成本，坚持地下地上一起抓，着力抓好市政道路和地下综合管廊建设。推进海绵城市试点工作，年底前完成江南新城主要道路和地下综合管廊主体工程，建成客都大桥，加快建设罗乐大桥、梅州东环快线，改造主城区至高速公路出口的连接线，提升城郊道路，基本建成芹洋半岛外环路，实现梅县新城、江南新城、芹洋半岛、江北老城快速联通。三是完善公共服务设施。加快新区幼儿园、小学、中学及医院等公共配套项目的规划建设工作。完善芹洋湿地公园、马鞍山公园，改造提升剑英湖公园。建成客商文化中心、梅州城市馆、青少年科技馆。加快梅县新城水厂、梅江西堤亲水公园二期等城市公共配套设施建设。四是推进产业项目。加快义乌小商品批发城、科伦药业总部等项目建设，促进富力中央商务区、客家文博综合体等项目落地建设，着力引进一批总部经济、金融服务、电子商务等产业项目。要以富力城、客商银行等为重点，兴建梅县新城"众创金融一条街"。统筹供给需求双向发力，适当控制房地产开发规模，有序化解房地产库存。同时，要推进江北古城保护开发，着手规划建设周溪河周边教育文化新区、东教场运动休闲公园、黄塘河周边健康疗养产业区，建设东山谷客家文化产业基地，努力改造提升江北人居环境。

推进各县县城建设，促进以城带乡一体化发展。兴宁和丰顺要围绕梅州城市副中心的定位，建成一批高水平的公共服务设施和商业综合体、专业市场等配套设施，兴宁要建成粤东重要的现代物流基地，丰顺要打造成著名温泉城，增强区域承载力和吸引力。其他县城建设要坚持因地制宜，推进新区建设和老城改造，统筹布局产业项目和公共交通、公共服务、公共绿地等设施，促进人口集聚，建设特色县城。

第二，以梅江韩江绿色健康文化旅游产业带为重点，推进美丽梅州建设。抓紧编制完善梅江韩江绿色健康文化旅游产业带规划，启动国家旅游休闲示范城市创建工作。立足沿线生态环境、人文底蕴、产业基础，坚持保护与开发并重，推进特色产业带交通建设，打通丰顺留隍、大埔三河、梅县松口、蕉岭长潭、平远泗水等梅江韩江沿岸旅游重镇的旅游通道，修复古道，激活生态资源和人文资源，重点打造丰顺温泉、大埔客家文化、雁洋叶帅故里国际慢城、蕉岭"世界长寿乡"、平远五指石、兴宁神光山、五华狮雄山秦汉遗址、红色交通线等核心景区景点、历史文化古迹，培育发展文化旅游、生态休闲、健康养生等新业态和旅游新产品。要农旅结合，培育家庭农场、农家乐等新型经营主体，着力发展特色农业、观光农业，发展一批农业旅游综合体。

各县（市、区）要集中力量建设 2~3 个特色明显的中心镇或特色镇，建设一批吸纳转移农村人口的重要节点。调整优化村庄布局，推进省级名镇名村、新农村示范片和中央苏区县幸福村居示范片（线）创建工作，加强农村人居环境整治、土地综合整治、农村生活垃圾和污水处理，促进城市基础设施和公共服务向农村延伸，让广大农民共同分享城镇化成果。同时，加大强农惠农富农力度，深入推进农村各项改革，加强农业基础设施建设，培育发展各类新型经营主体，培养新型职业农民，积极推进农业现代化。

要深入开展国家环保模范城市创建活动，推进生态文明建设。继续实施新一轮“绿满梅州”大行动，加强生态公益林和自然保护区建设，建设林业生态工程，强化森林资源保护管理，基本完成国有林场改革。建设国家森林城市、国家生态文明先行示范区、国家节能减排财政政策综合示范城市。加强空气、水体、土壤等资源保护，通过源头控制、科技支撑、严格监管等措施，加强节能减排，强化环境倒逼机制，加强重点区域、重点流域、重点行业、重点企业的污染治理，特别要积极推进跨省流域的污染综合治理，营造安全和谐的生态环境。

第三，以改善民生为重点，推进社会建设。要坚持发展为了人民、发展依靠人民、发展成果由人民共享，着力抓好重点民生改善，努力实现经济与社会协调发展、均衡发展。

促进稳定就业。坚持就业优先战略，加大对创业者、初创企业和创新型企业的扶持力度，开设综合服务平台，设立促进创业创新和小额担保贷款专项基金，举办创业大赛、评选优秀创业项目和创业之星，着力推进大众创业万众创新。抓好高校毕业生、退伍军人、失地农民、企业下岗职工等重点群体的就业创业。实施劳动力职业技能提升计划，完成劳动力技能晋升培训 2.5 万人、新增劳动力转移就业 4.8 万人。努力实现城镇新增就业 3 万人，失业人员再就业 2.2 万人，创业 2500 人。

健全社会保障。按照社会政策要托底的要求，围绕人人享有社会保障的目标，扩大各类社会保障覆盖面，并逐步提高保障标准，解决群众养老、就医等基本需求。提高社会救助能力，落实农村“五保户”供养、大病救助补贴等制度。支持社会力量兴办福利机构和服务实体，开展社区居家养老服务试点。加强住房保障体系建设，多渠道筹措资金，加快棚户区改造和公租房建设，扎实推进农村危房改造民生工程。

发展文化教育医疗卫生事业。办好人民满意教育，新建一批城区（县城）优质中小学、幼儿园，推进县域教育均衡优质发展，推进梅州职业技术学院筹建工作，加大对民办教育的支持力度，确保 2018 年如期实现广东省推进教育现代化先进市目标。采取政府购买服务方式，补贴文艺院团公益性演出，促进“文化小康”建设。积极支持嘉应学院创建国内知名特色大学。启动建设市青少年科技馆，推进市县体校建设，推进足球综合改革，活跃足球赛事，完善社区文化和健身设施，大力开展群众性文体活动。加快客家文化（梅州）生态保护区建设，活态传承民间客家传统生产生活方式、风俗习惯、艺术文化等文化遗产，整体性保护以非物质文化为核心的原生态客家文化。加大对黄遵宪故居、红色革命遗址和文物古迹的保护开发。创建卫生强市，打造健康梅州。全面推进市县两级人民医院、中医院、妇幼保健机构以及乡镇卫生院、村卫生站四级网络建设。加快推进市人民医院扩建工程、市中医院改造升级工程、市第三人民医院整体迁建、东山医院（嘉应学院医学院附属医院）、广州中医药大学紫合梅州医院、兴宁鸿惠医院等项目建设，促进公共卫生服务均等化。稳妥实施“全面两孩”政策，实现生育政策平稳过渡。做好妇女儿童、老龄、残疾人和红十字会等工作。

维护社会稳定。强化维稳第一责任意识，压实基层维稳责任，坚持守土有责、属地管理，推进“平安梅州”建设。严厉打击严重违法犯罪活动，坚持不懈化解社会矛盾纠纷，妥善处置涉农、涉土地、涉环保、涉劳资纠纷等领域突发事件。加强对网络舆论的引导，规范网上信息传播秩序，做到快速反映、正面引导，主动回应、解疑释惑。积极探索农村基层社会治理，推广蕉岭县“一办一中心”治理经验，确保年底县镇村三级综合服务平台全覆盖。创新村民自治机制，扩大村民理事会试点工作范围。依法依规开展信访工作，深化涉法涉诉信访改革，推进信访纳入法制轨道。强化公共安全监管和应急处置体系建设，高度重视做好安全生产工作，保持社会和谐安定局面。

（三）全面从严治党，圆满完成市县镇三级换届

严守政治纪律和政治规矩。全市党员干部一定要绷紧政治纪律和政治规矩这根弦，把严明政治纪律和政治规矩摆在首要位置，牢固树立纪律和规矩意识，对党绝对忠诚，自觉在思想上、政治上、行动上同以习近平同志为总书记的党中央保持高度一致，坚决维护党中央权威。牢固树立大局意识和责任意识，自觉服从中央和全省的工作大局，把中央和省“十三五”开局之年的各项决策部署与本地区、本部门的实际创造性地结合起来，努力交出振兴发展的满意答卷。

加强干部队伍建设。要进一步加强理论武装，深入学习贯彻习近平总书记系列重要讲话精神，增强认识新常态、适应新常态、引领新常态的理论水平和实践能力。要落实意识形态责任，管好思想文化阵地，树立社会主义核心价值观，不断巩固马克思主义在意识形态领域中的主导地位，唱响主旋律、汇聚正能量。要加强干部教育培训，分类培训各级干部，培养干部的专业思维、专业素养，提高工作本领。坚持用结果说话，完善考核评价标准和奖惩机制，以实绩论英雄，让一批政治强、业务精、敢作为、作风正的优秀干部脱颖而出。坚持党管人才，制定扶持企业引进人才实施细则，引进一批懂管理、有技术的高素质人才。注重穗梅企业创新人才结对帮扶，加强穗梅两地人才双向交流。

抓好党的基层组织建设。落实书记第一责任，着力创新一批基层党建“书记项目”。发挥县（市、区）委“一线指挥部”作用，落实乡镇抓基层党建直接责任。加强镇干部培养使用管理，完善交流选拔机制，适当增加从基层、从当地成长干部中选拔领导干部的比例，优化镇级领导班子结构。加强村书记培训，健全村党组织书记监督管理办法。创新完善村（社区）党组织设置，强化基层党组织的领导核心地位，把村（居）委会、监事会、村民理事会以及其他各种组织紧密团结在党组织周围。推进“两新”党组织扩面提质。深化驻点联系工作，整治基层突出问题。

深入推进党风廉政建设和反腐败工作。强化党委主体责任、纪委监督责任，深化“三严三实”专题教育，深入开展“讲担当、比奉献”主题实践活动。认真实施《中国共产党廉洁自律准则》和《中国共产党纪律处分条例》，全面加强纪律建设，抓早抓小具体措施，恪守纪律底线。加强领导干部八小时之外监督管理，加强审计监督。保持反腐高压态势，以零容忍的态度惩治腐败，坚持标本兼治，履行“一岗双责”，抓好责任清单和“一案双查”工作，加大问责力度，着力解决重点领域的腐败问题，以党风廉政建设的明显成效取信于民。

认真做好换届选举工作。市县镇三级换届是组织建设、干部工作的一件大事。要切实加强党委领导，统筹谋划，精心组织，有序推进。坚持重品德、重经历、重实干、重实绩的原则，选出忠诚干净担当的好干部。落实干部任期、交流等规定，深入推进干部政策性、优化性、培养性交流，配出结构优功能强的好班子。要强化换届纪律，依法依规换届、民主和谐换届，换出心齐气顺劲足的好面貌，为顺利完成“十三五”规划提供坚强保障。

同志们，完成好今年的工作，要坚持稳中求进、改革创新。对梅州来讲，稳就是保持当前的良好态势，有较好的发展质量和效益；进就是有高于全省的平均速度，能有多快就多快。要达到这一新常态，就要通过改革找到新的动力。要按照中央和省全面深化改革的部署，着力推进重点领域和关键环节的改革，特别是经济领域中的结构性改革和转变政府职能的改革，要确定一批项目，建立台账，加大力度，促进改革落地，真正

让市场更好地发挥配置资源的决定性作用，促进大众创业、万众创新，鼓励引导企业转型发展，实现二次创业，提高发展质量和效益。

完成好今年工作，要发挥广州对口帮扶优势，强化内生动力。广州对口帮扶梅州，是省委的制度安排。我们要发挥主人翁作用，创造性地把广州的资源转化为梅州加快发展的动力，创造条件落实好省委的决策部署，服务好广州的帮扶工作，特别是在项目落实、共建产业园区建设上，决不能因为自身的工作影响帮扶的进度和效果。与此同时，我们还要发挥华侨多、外出乡贤多的优势，积极参与“一带一路”建设，鼓励在外成功经商人士、专业技术人才和务工人员返乡创业，以外促内，激发内生动力。

完成好今年工作，要凝聚共识，形成合力。要进一步加强和改善党对人大工作的领导，发挥人大的监督职能作用，为人大履行职能、发挥作用创造条件、提供保障。要坚持和完善中国共产党领导的多党合作和政治协商制度，支持政协开展卓有成效的政治协商、参政议政、民主监督。重视新形势下的爱国统一战线工作，加强同各民主党派、工商联、无党派人士合作共事。支持司法机关依法独立行使职权。发挥工会、共青团、妇联等人民团体联系群众的桥梁纽带作用。加强党管武装工作，巩固“全国双拥模范城”创建成果。做好民族、宗教、外事、侨务、港澳台等工作，形成强大合力，共推振兴发展。

同志们，做好“十三五”工作特别是今年工作意义重大。我们要紧密团结在以习近平同志为总书记的党中央周围，以习近平总书记系列重要讲话精神为指南，按照中央和省的决策部署，认真贯彻落实好市委全会精神，锐意进取、真抓实干，全力开创梅州苏区振兴发展新局面。

政府工作报告

——在梅州市第六届人民代表大会第七次会议上

梅州市市长　谭君铁

（2016年1月20日）

各位代表：

我代表梅州市人民政府向大会作报告，请予审议。请政协委员参议，请其他列席人员提出意见。

“十二五”主要成就及2015年工作回顾

“十二五”时期，市政府深入贯彻落实党的十八大和十八届三中、四中、五中全会精神，以及习近平总书记系列重要讲话精神，在省委、省政府和市委的正确领导下，在市人大和市政协的监督支持下，紧紧依靠全市人民，积极应对困难和挑战，致力改善发展条件，夯实发展基础，全力加快振兴发展步伐，经济社会发展取得明显成就，较好地完成了“十二五”各项工作任务。

——综合实力再上台阶。“十二五”末，全市生产总值达955.09亿元，比“十一五”末增长63.7%，年均增长10.4%；预计人均生产总值22041元，比“十一五”末增长59.4%；一般公共预算收入突破100亿元，达到103.58亿元，是“十一五”末的2.66倍，年均增长21.6%；8个县（市、区）一般公共预算收入均超5亿元，其中梅县区在粤东西北74个县（市、区）排名第二；固定资产投资568.06亿元，是“十一五”末的2.9倍，年均增长23.8%；完成进出口总额24.54亿美元，是“十一五”末的2.09倍。

——产业结构明显优化。大力实施产业振兴行动计划，促进产业集约发展。三次产业比例由“十一五”末的20.4：41.0：38.6调整为19.7：36.7：43.6，产业结构发生了积极变化。全市农业增加值年均增长3.9%。五年新增4个省级工业园区，全市规模以上工业增加值年均增长12.8%；先进制造业和高新技术工业增加值占规模以上工业增加值的比重，比“十一五”末提高8.1个百分点；烟草、电力、建材、电子信息、机电制造、矿产加工等六大产业工业增加值比“十一五”末增长84.1%；电力、电子信息产业工业总产值均突破百亿元；技改投资年均增长25.3%。第三产业蓬勃发展，实现增加值416.54亿元，比“十一五”末增长65%。文化旅游产业加速发展，五年新增1个国家AAAAA级、6个国家AAAA级旅游景区和22家四星标准以上旅游酒店；信息产业方兴未艾，建成梅州家乐电商、梅县区电商等10家电子商务产业园，入园企业320家。金融对地方经济的支持力度加大，金融机构存贷比47.1%，比“十一五”末提高7.62个百分点。上市公司数量居粤东西北地区前列。城市经济加快发展，万达、碧桂园、富力、奥园等著名企业进驻梅州，五年投入471.9亿元建设客都汇、东汇城、万象江山、锦绣国际、海吉星等一批城市综合体和物流园。深入开展质量强市，完成首届市政府质量奖评选，建成省质量监督稀土产品检验站和深加工农产品检验站；五年全市新增省名牌产品89件，中国驰名、省著名商标28件，专利授权量7221件，大埔青花瓷获国家地理标志证明商标。全面完成省下达的节能减排任务，累计淘汰落后产能1072万吨，单位GDP能耗年均下降率为3.89%，成功入选国家节能减排财政政策综合示范城市。

——交通环境显著改善。围绕建设“潮汕平原北上开拓腹地的交通枢纽”，以“两高一场”为重点，努力构建内外畅通的交通体系。“十二五”

完成交通建设投资317亿元，是“十一五”总投资的2.6倍。梅汕客专动工建设；新增2条出省高速通道，实现“县县通高速”目标；高速公路通车里程新增223公里、达到482公里。梅县机场完成扩建，开通9条国际国内航线，年旅客吞吐量达22.7万人次。升级改造国省道285公里、县乡公路1300公里，完成新农村公路硬底化改造3200公里，具备通车条件的行政村客运通达率100%。全面完成梅江、汀江、韩江航道整治工程。

——*城乡面貌变化巨大*。五年来，共投入城乡基础设施建设537.9亿元，年均增长14%。梅县撤县改区，规划建设嘉应新区。中心城区建成区面积从45平方公里扩大到53.64平方公里、人口突破50万。成功创建国家卫生城市并顺利通过复审，获评“中国十佳优质生活城市”。成为首批国家生态文明先行示范区。水利惠民工程成效显著，五年共完成城乡堤围除险加固112.6公里、病险水库除险加固154座、中小河流治理92宗，城区防洪标准达到百年一遇；扩建、改建3座城区自来水厂，建成15座城区和中心镇生活污水处理厂。实施村村通自来水工程，解决85万农村人口饮水安全问题；农村“老旧”电网改造全面完成。美丽乡村建设有效推进，加强了镇村规划，完成10个历史文化名镇名村保护规划编制；40个村列入中国传统村落名录，数量居全省首位；全市17个幸福村居示范片（线）加快建设。城乡环境得到有效整治，城区生活垃圾无害化处理率达100%、农村生活垃圾有效处理率达75.4%。

——*农业农村工作取得新成效*。“十二五”期间，完成高标准基本农田建设42.93万亩，粮食生产保持稳定。金柚、茶叶等大宗经济作物种植面积扩大、效益提升。新型农业经营主体不断壮大，新增省级农业（林业）龙头企业107家；新增农民专业合作社3176家、家庭农场852家，组建了12个市级农业协会。依托客天下农电商产业园等平台，拓宽农产品销售渠道。我市入选全省第一批农业信息化示范市，梅县区被认定为“国家现代农业示范区”，平远县获评全国“电子商务进农村综合示范县”。农产品质量水平不断提高，新增3个国家地理标志保护产品，4个农产品被评为广东“名米、名茶、名果”。农村综合改革不断深化，蕉岭成为全省首个完成农村土地确权登记工作的县，全市69个镇铺开了农村土地确权工作。农村普惠金融试点、集体林权制度改革走在全省前列，设立3家村镇银行，2个县农信社完成农商行改制工作，乡村金融服务站实现行政村全覆盖。成立全省首个林业产权流转服务平台。建成覆盖县、镇、村的农村“三资”管理服务平台，建立村民理事会试点镇39个、村民理事会776个，农村基层治理水平不断提高。两轮扶贫开发“双到”任务全面完成，全市937个省定贫困村和8.147万户、32.48万贫困人口实现脱贫。

——*群众生活水平持续提高*。“十二五”期间，各级财政用于民生支出累计达913.57亿元，年均增长27.9%。城镇居民、农村居民人均可支配收入分别达到22029元和11799元，年均增长10.8%和12.2%；城镇居民、农村居民人均生活消费性支出分别比上年增长9.8%和12.7%。城乡住户储蓄存款余额达1061.2亿元，比2010年增长82.9%。每百户拥有小车14.68辆，是“十一五”末的2.78倍。创建“宽带中国”示范城市，宽带网络、有线电视网络实现行政村全覆盖。社会保险制度实现城乡全覆盖，“五大险种”综合参保人数达833.16万人次，比“十一五”末增长34.4%。连续四年获评“中国最具幸福感城市”。

——*社会事业加快发展*。成功创建粤东西北地区首个教育强市，率先实现教育强县、强镇和“全国义务教育发展基本均衡县”全覆盖；义务教育阶段公办学校标准化学校覆盖率达100%；支持嘉应学院实施“创新强校”工程，推动内涵发展、特色办学。优化配置医疗卫生资源，全市县级公立医院改革试点实现全覆盖，中山大学附属第三医院粤东医院正式运营。国家级客家文化（梅州）生态保护区规划启动实施。新增3处国家级、36处省级、80处市级文物保护单位和10个省级非物质文化遗产项目。成功举办三届世界客商大会、三届客家文化创意产品博览会和2013

年中央电视台中秋晚会，创作了《梦幻客都》、《客魂·家风》等一批文艺精品。获评“中国楹联文化城市”和“中华诗词之市”。联合国教科文组织设立的“印度洋之路”移民纪念项目在松口落成。梅县雁洋成为国内第二个“国际慢城”，蕉岭获评“世界长寿乡”，梅县、大埔、丰顺获评“中国长寿之乡”。振兴足球之乡十年规划工作取得阶段性成效，我市被授予“中国体育非物质文化遗产保护与推广城市”；梅州五华队以中乙联赛第一名成绩成功“冲甲”，成为全国首支比赛主场设在县城的中甲足球队。完成118个农村文化俱乐部和106个乡镇农民健身工程建设。五年来，办成了一大批民生实事，底线民生标准持续提升；城镇新增就业15.94万人、劳动力转移就业43.8万人、培训劳动力19.9万人，扶持创业1.8万人，城镇登记失业率保持在2.45%左右；新增养老机构40间、养老床位19035张，分别是“十一五”末的1.3倍和11.6倍；实现80岁以上高龄老人补（津）贴全覆盖，为80岁以上老人、60周岁以上困难群体购买意外伤害保险；给1万名重性精神疾病患者免费发放药物，免费收治500名贫困重症精神疾病患者；梅州城区60周岁以上老人和小学生、初中生等群体免费乘坐城区公交车，开通梅县区城市公交；完善全市治安视频网、社区群防群治网建设；投资54亿元，开工建设各类保障性住房2.91万套，棚户区改造安置房20241户（套）。创新实施“客都民意警务”，五年均获评全省综治工作优秀市，群众安全感和对政法工作满意度多年位居全省第一。全市信访总量逐年下降，积案存量逐步减少。新增社会组织810家，发展273个志愿组织，志愿者登记注册突破15万人。“六五”普法任务全面完成，“一村（社区）一法律顾问”实现全覆盖。扎实开展“三打两建”专项行动，有效净化了市场和社会环境。我市成为广东唯一全域被确认为原中央苏区范围的地级市。成立广东雁洋公益基金会，在民生、教育、扶贫、社会保障等领域广泛开展公益慈善活动。落实安全生产“党政同责、一岗双责、失职追责”责任体系，建立健全各项监管机制，安全生产形势持续稳定。国防教育和动员、兵役、双拥等工作扎实推进，成功创建全国双拥模范城市。实施“单独两孩”政策，计划生育工作取得新成效。外事侨务、港澳和对台工作有新进步，民族宗教、人事编制、妇女儿童和食品药品监管、统计、物价、供销、气象、打私、应急、人防、档案、方志、残联等工作取得新成绩。

——重点领域改革深入推进。大力推进简政放权和职能转变，社会和市场活力进一步释放。开展行政审批制度改革，市级行政审批事项压减53.7%，审批时限缩短64%。完成工商、质监管理体制调整工作。全面实施商事制度改革，全市各类市场主体两年新增5.3万户。完成市、县两级权责清单公布工作，实行“三单”管理。深化投融资体制改革，成立市公共资源交易中心。顺利推进全市公务用车制度改革。国企改革稳步推进。

——政府自身建设得到加强。健全科学决策、民主决策机制，修订完善市政府工作规则。坚持依法行政，自觉接受市人大及其常委会的监督和政协的民主监督，认真听取各民主党派、工商联、无党派人士及工青妇等人民团体意见。五年来，共办理省人大建议14件、省政协提案20件和市人大建议283件、市政协提案1006件，办复率和基本满意率均达100%。行政复议案件受理率、结案率均达100%。我市成为全省首批获得地方立法权的设区市之一。大力实施252项“微改革、微创新”项目，优化了行政流程，提升了行政效能。行政服务实体大厅、网上办事大厅和“12345”政府热线等服务平台建成运行，市直部门行政审批事项100%进驻网上办事大厅，方便了群众和企业。开展“梅州发布”微访谈，畅通民意诉求表达渠道。“梅州发布”获评人民网“十大最具亲和力政务微博”。2015年政府公共服务总体满意度居全省第六位、粤东西北地区第一位。扎实开展党的群众路线教育实践活动，严格执行“八项规定”，积极践行“三严三实”，持之以恒纠正“四风”问题，全市“三公”经费支出同比降低28.4%。建立市、县两级网上效能电子监察系统，强化重点领域审计监督。

2015年是“十二五”收官之年，市政府坚持稳中求进，围绕稳增长、调结构、促改革、惠民生，落实“两大振兴政策”，聚焦“三大抓手”，大力推进“一区两带”建设，狠抓各项工作落实，为“十三五”良好开局奠定了较好基础。全市生产总值增长8.6%，一般公共预算收入增长21.5%，固定资产投资增长39.4%，主要经济指标增速均居全省前列。

一年来，我们主要抓了以下几方面工作：

一是突出交通、水利等基础设施建设。充分发挥投资的重要作用，全市235项重点项目完成投资556亿元，增长78.7%。梅汕客专建设进展顺利，龙川—梅州—龙岩高铁、鹰梅铁路、浦梅铁路等项目前期工作加快推进。济广高速平兴段、汕湛高速五华段建成通车，兴华高速公路全线动工，梅平、大潮（含大漳支线）高速公路开工建设。新机场预选场址初步确定。水利能源等重大基础设施建设有重大突破，梅州抽水蓄能电站、广东省高陂水利枢纽工程、塔牌年产600万吨水泥生产线和梅州卷烟厂技改工程等一批重大项目动工建设；全面启动山区中小河流治理，完成511.9公里年度治理任务；粤电大埔电厂首期一号机组建成投产；220千伏变电站实现县（市、区）全覆盖。

二是狠抓实体经济发展。大力推动产业园区扩能增效，规划建设广东梅兴华丰产业集聚带，并上升为省级发展平台。加快建设畲江至梅城、兴宁、五华县城等3条快速干线，保税物流、高铁商务区、空港经济区和创新创业孵化园、联邦快递等一批重点项目正在抓紧推进，医院、学校等公共服务配套设施同步推进，综合保税区、国家经济技术开发区申报工作正在有序进行。全市园区实现规模以上工业增加值68.49亿元，产业集聚带入园项目累计480个。落实扶持实体经济发展政策，建立市直机关干部挂点服务企业制度。新建投产规模以上工业企业7家，全市规模以上工业增加值220.89亿元，增长9%。大力发展电子商务、文化旅游、现代物流、现代金融等新经济业态，推动大众创业、万众创新，为经济发展注入了新的活力。全市社会消费品零售总额555.5亿元，增长11.1%。规划建设梅江韩江绿色健康文化旅游产业带，旅游总收入、旅游接待总人数分别增长23%、20.1%。发展和利用资本市场成效明显，新增2家上市企业和5家“新三板”挂牌企业。金融机构存贷款余额分别达1565.28亿元和736.41亿元，分别增长10.9%和15.9%。

三是大力推进中心城区扩容提质。完成城市总体规划编制工作。统筹推进江南新城、芹洋半岛、梅县新城建设，调整优化江南新城规划，基本完成江南新城6.66平方公里征拆任务，安置区、市政道路、地下综合管廊、马鞍山公园和芹洋湿地公园等公共设施建设有序推进。注重产城融合发展，引进了一批优质产业项目，建成一批城市综合体。优化新区开发资本结构，成功争取粤东西北振兴发展股权基金和国家政策性银行贷款支持，利用国家棚户区改造政策，推行“PPP+政府购买服务”等建设模式，拓宽项目融资渠道。抓好中期土地规划调整，积极盘活存量建设用地。各县（市）新区建设扎实推进，梅县区雁洋镇、客天下旅游产业园列入省新型城镇化“2511”试点。

四是强力抓好招商引资和对外开放。以招商引项目聚产业，深入实施“乡贤回乡投资兴业工程”，突出产业招商、以商引商。完善招商引资激励机制，制定领导挂钩招商和联席会议制度。全市共引进合同项目258个、投资总额913.84亿元，其中亿元以上项目196个。发挥侨乡优势，以“汇聚客商力量、共创海丝未来”为主题，圆满举办第四届世界客商大会。大会突出经贸招商、项目建设和扩大开放，现场签约项目81个、计划投资总额362.44亿元；在海外设立14个经贸文化联络处和10个旅游推广中心，与“一带一路”沿线国家和地区的文化、经贸、旅游交流合作进一步加强。

五是全面完成第二轮扶贫开发“双到”工作。借力省直相关单位和广州市对口帮扶，坚持“靶向疗法”，重点实施产业扶贫、学技扶贫，增强自我发展能力。筹集“双到”资金27.05亿元，实施了12418个产业、就业、助学及基础设施建设等帮扶项目。完成农村住房改造38853户，搬迁“两不具备”村庄7665户。贫困村集体经济收入平均达到9.87万元，贫困户年人均纯收入8893元，分别比帮扶前增长了14.8倍和2.36倍。

六是致力保护生态、改善民生。深入开展绿满梅州大行动，全面完成“一消灭三改造”任务，完成碳汇造林50.85万亩，建成120公里高速公路沿线的生态景观林带；规划新建34个森林公园、5个湿地公园；全市森林覆盖率达74.78%，居全省第二位。建立重点环境问题市政府挂牌督办制度，加强跨县河流水质管理和考核，城区空气质量优良率达96.1%，饮用水源地水质达标率100%。国家环保模范城市、国家森林城市创建工作扎实推进。坚持民生为重，81.1%的财政支出用于民生建设，办好了十大民生实事。

各位代表，五年的砥砺奋进，开创了全市改革发展稳定的崭新局面，奠定了振兴发展的良好基础。在这里，我代表市政府，向全市人民，向中央和省属驻梅州单位、驻梅州部队，向所有关心支持梅州发展的海外侨胞、港澳台同胞和社会各界人士，表示衷心的感谢并致以崇高的敬意！

各位代表，回首五年来的历程，成绩令人鼓舞，经验弥足珍贵。我们深深体会到：必须从梅州的实际出发，扬长补短，不断完善发展思路，狠抓交通水利等基础设施建设，狠抓产业园区建设和发展实体经济，狠抓中心城区扩容提质，才能夯实梅州加快发展的基础。必须抢抓发展机遇，争取和利用好原中央苏区、粤东西北两大振兴政策，动员社会各方力量，聚焦产业和项目建设，才能增强发展动能，提升发展质量。必须改革创新、开放发展，以改革破解难题、以创新推动发展、以开放汇聚能量，才能激发市场和社会活力，推动梅州经济行稳致远，社会稳定和谐。必须务实为民，始终站在群众的立场想问题、办实事、解难题，让广大群众有更多的获得感和幸福感，才能汇聚发展的最大力量，实现富庶美丽和谐幸福梅州的梦想。

在看到成绩的同时，我们也清醒地认识到，我市经济总量小、人均水平低，与振兴发展目标还有较大差距。一是产业层次低，工业短板突出，重大项目和优势骨干企业少，支撑振兴发展的根基尚不牢固。二是“外通内连”的综合快速交通网络尚未形成，生产要素集聚度低，物流和生产成本较高。三是中心城区产业积聚度低，未能形成产城互促，对全市城乡的辐射带动能力弱。四是城乡基础设施欠账多，基本公共服务供给能力弱，与人民群众的需求还有较大差距。五是少数政府职能部门依法履职不到位，依法行政水平和服务群众的能力还有待进一步提高，等等。对此，我们将高度重视，采取切实有效措施认真加以解决。

“十三五”主要目标任务和2016年工作安排

各位代表，“十三五”时期是梅州全面建成小康社会的决胜阶段。市委全会审议通过的《关于制定梅州市国民经济和社会发展第十三个五年规划的建议》，确定了我市“十三五”时期经济社会发展的指导思想、基本原则、目标要求和主要任务。根据市委《建议》，市政府编制了“十三五”规划纲要（草案），提请本次大会审议通过后实施。

《纲要》提出，到2020年，全市经济社会持续健康发展，人民生活水平显著提高，生态文明建设取得新突破，全面深化改革和全面依法治市扎实推进，全面建成小康社会，为实现振兴发展目标打下坚实基础。全市GDP力争突破1500亿元，年均增长9%左右；人均GDP年均增长8%左右；城镇居民和农村居民人均可支配收入年均分别增长9%和10%；三次产业结构进一步优化；嘉应新区起步区基本建成扩容提质示范区，带动各县（市、区）新区全面开发；广东梅兴华丰产业集聚带建设成为广东山区重要的绿色产业发展基地和区域经济合作的新平台；梅江韩江绿色健康文化旅游产业带打造成为国家养生休闲产业创新区和全区域休闲度假目的地。围绕实现上述目标，《纲要》还提出了“十三五”时期经济社会发展的工作任务和措施。

在今后工作中，我们将深入学习贯彻习近平总书记系列重要讲话精神，坚持用讲话精神统一思想、武装头脑、指导行动。牢固树立并切实贯彻创新、协调、绿色、开放、共享的发展理念，坚持人民主体、科学发展、改革创新、扩大开放、依法治市和党的领导六大原则，大力实施“一区两带”发展战略，破解发展难题，厚植发展优势，提升发展的整体性。一是以创新发展为动力，深化体制机制改革，加强科技、企业和产业创新能力建设。着力完善“一区两带”产业布局，加快发展电子信息、生物医药、文化创意、健康养生、新能源汽车等新型产业，改造提升烟草、电力、建材、五金机电、陶瓷等传统产业，扎实推进农业现代化，努力提升信息化建设水平，推动产业向中高端迈进，提高产业积聚能力，提升经济社会发展的质量和效益。二是以协调发展为导向，坚持统筹兼顾，着力解决交通基础设施、公共配套服务、县域经济、社会事业等发展不平衡问题。突出抓好交通能源水利等基础设施建设，强化中心城区和县城的核心带动能力，建设一批经济强县和中心镇，推动文化教育等各项事业全面进步，努力构建城乡共同发展、区域共同富裕，物质文明和精神文明更加协调、社会与经济发展更加和谐的新格局。三是以绿色发展为保障，把绿色发展理念融入社会发展各方面。按照主体功能区布局，建设国家生态文明先行示范区，推进生态修复和生态建设，着力构建绿色、低碳、循环产业体系，全面促进资源节约高效利用。积极倡导绿色生产方式、生活方式和消费模式，加强环境保护和污染治理，建设天蓝、地绿、水净的美好家园，增强发展的可持续性。四是以开放发展为牵引，坚定不移扩大对外开放。积极参与“一带一路”建设，加强与东南亚沿线国家和珠三角、汕潮揭、海西区、赣苏浙、港澳台等地的交流合作，致力打造优质营商环境，鼓励、吸引乡贤回乡投资兴业，推进外经贸发展转型升级，大力发展开放型经济。五是以共享发展为根本，建立完善民生保障各项体制机制。致力推动城乡基本公共服务均等化，大力推进大众创业、万众创新，提高就业创业和收入水平，实施精准扶贫、源头治贫，打赢脱贫攻坚战。积极创建卫生强市，打造健康梅州，努力保障人民健康。切实维护社会和谐稳定，让全市人民共建共享发展。

2016年是“十三五”规划的开局之年，也是本届政府任期的最后一年，做好今年工作意义重大。我们必须看到，全球经济仍延续疲弱复苏态势，不确定、不稳定因素比较多，经济和贸易增长呈现“双低”态势。从国内看，在“三期叠加”的大背景下，经济增速趋势性、周期性放缓，经济下行压力依然较大。与此同时，我们也要看到，国家经济长期向好的基本面没有改变，尤其是我国从供需两侧发力推进结构性改革，实施“去产能、去库存、去杠杆、降成本、补短板”五大措施，供给体系质量和效率、有效投资将得到提高，经济增长内涵将发生深刻变化，经济发展方式加快转变，发展的活力将全面迸发；省委、省政府在大力推动粤东西北振兴发展的同时，对原中央苏区和革命老区采取更加特殊的扶持政策，将为我市振兴发展提供更强的动能。从梅州自身情况看，这几年通过大力推进“三大抓手”工作，聚焦产业和项目建设，打基础、建平台、聚产业，加快发展的基础更加扎实，加上我们有“两大振兴政策”的强力支持，以及广州市的全面对口帮扶，可以说未来的发展潜力巨大。只要全市上下凝心聚力、群策群力，既保持忧患意识，做好应对更大困难挑战的准备，又对经济长期向好充满信心，扎实抓好当前各项工作，全市经济社会一定会保持良好的发展势头。

今年政府工作的总体要求：深入贯彻落实党的十八届五中全会、中央经济工作会议、习近平总书记系列重要讲话精神，按照省委、省政府和市委的决策部署，以“创新、协调、绿色、开放、共享”五大发展理念为引领，扭紧“三大抓手”，深入实施“一区两带”发展战略，着力推进交通等基础设施建设，着力发展实体经济，着力推进新型城镇化，着力发展社会事业，着力改善民生，确保“十三五”经济社会发展取得良好开局。

综合考虑各方面因素，今年全市经济社会发展的主要预期目标：生产总值增长9%左右，固定资产投资增长30%左右，社会消费品零售总额增长12%，进出口总额增长5%；一般公共预算收入增长 10%以上；居民消费价格指数控制在3.5%以内；居民人均可支配收入增速与经济增长基本同步，城镇登记失业率控制在3.5%以内；节能减排降碳约束性指标完成省下达年度计划。

实现今年的目标任务，重点是抓好七方面工作：

一、紧扭 “三大抓手”，全力推进“一区两带”建设

着力推进交通等基础设施建设。致力打造潮汕平原北上开拓腹地的交通枢纽，加快构建对外综合快速交通体系，提升互通互联水平。加快推进兴华、梅平、大潮（含大漳支线）高速公路建设，确保无障碍施工；动工建设梅州东环高速、大丰华高速丰顺至五华段、兴汕高速五华至陆河段。确保梅汕客专实现无障碍施工，力争年底前动工建设龙川—梅州—龙岩高铁，继续抓好鹰梅、浦梅铁路前期跟进工作。加快推动梅县机场迁建。优化路网结构，升级改造国省道 120 公里，提高普通公路的技术等级和服务水平。完善交通运输配套设施，加快推进市中心枢纽汽车站建设，建成一批纯电动公交车充电站。抓好广东省高陂水利枢纽工程、梅州抽水蓄能电站建设，推动大埔电厂二期和华润热电联供等能源重点项目的立项建设工作。加强航道养护管理，保障航道安全畅通。

加快推进中心城区建设。实施梅州市城市总体规划（2015—2030），完成嘉应新区综合管线、市政道路、消防等专项规划编制，着力构建“多规合一”的城乡规划体系。以嘉应新区起步区建设为重点，按照国家地下综合管廊和海绵城市试点标准，优先推进公共基础设施建设，年底基本完成江南新城、芹洋半岛、梅县新城的主要道路、地下管廊主体工程和安置区建设。抓好客都大桥、罗乐大桥建设，促进江南新城、芹洋半岛和梅县新城互联互通。建设剑英湖公园、梅花山公园、城市馆、青少年科技馆等城市公共设施，加快新区学校、医院的规划建设和升级改造。推进新区一批重点产业项目建设。优化城区路网，加强交通管理，启动建设环城路等一批城区道路，规划建设一批人行天桥、公共停车场；优化城区公交线路和加密发车班次。改善城区供水条件，建设梅县新城水厂（首期），加快城区老旧供水管网改造。改造提升江北老城区，推进市人民医院和文化体育公园片区的城市更新改造，整合嘉应学院、攀桂坊、客家文化创意园等资源，打造人文秀区新亮点。建立租购并举的住房制度，发展住房租赁市场，鼓励房地产商适当降低房价，积极化解库存。理顺城市执法体制，推广应用数字化城管系统，提升城市管理精细化、常态化和长效化水平。

集中力量推进广东梅兴华丰产业集聚带建设。抓紧制定产业带总体规划实施方案。优先推进公共交通、环保设施和学校、医院建设，加快推进梅畲快线等 3 条快速公路，动工建设创新创业孵化园，抓好综合保税区、高铁商务区、空港经济区和联邦快递等一批重点项目建设。发挥广梅产业园的核心带动作用，加快园区扩能增效，全面推进申报国家级经济技术开发区工作。启动新一轮用地报批和征地工作，年底前完成园区安置区建设。大力支持各县（市、区）产业园区建设，推动基础设施配套和产业集聚取得新进展。

大力推进梅江韩江绿色健康文化旅游产业带建设。坚持高起点规划，基础设施先行。着重从供给侧发力，提升旅游产品的整体质量。顺应旅游和休闲度假产业市场的变化，引进有实力的专业团队，系统梳理梅江韩江两岸的生态、健康、文化、旅游等核心资源，增强梅州文化旅游和健康养生产业的核心竞争力。加强景区道路、停车场、旅游厕所、游客信息服务和供水供电、应急救援等基础设施建设，提升旅游业服务能力和水平。依托“一带一路”旅游联盟、原中央苏区红色旅游联盟等平台，广泛开展旅游合作，培育壮大旅游消费市场。充分利用微博、微信等新媒体，开展宣传推介，扩大旅游品牌知名度和影响力。加强与高等院校和企业合作，强化导游等从业人员培训，开展旅游志愿公益服务。实施“旅游+”战略，推动旅游产业与工业、农业、体育等深度融合，延长产业链条。

集聚要素抓实项目建设。认真研究、主动对

接中央和省扶持苏区发展政策，加强项目谋划，有针对性做好项目启动的前期准备工作，争取更大政策支持。加强重点项目库管理，落实政府投资三年滚动计划，力争更多项目纳入国家和省项目“笼子”。充分利用“三旧”改造、棚户区改造和低丘缓坡等政策，挖潜盘活存量建设用地和查处违法用地，优先保障“一区两带”重点项目用地需求。创新重点领域投融资机制，积极推广PPP模式，加强与政策性银行合作，提高重大项目直接融资比重。

二、坚持创新发展，大力提升产业发展能力和水平

推进工业技术创新。落实省工业转型升级攻坚战三年行动计划，研究烟草、水泥、电力等支柱产业转型升级技术线路图，抓好企业项目建设、用工、技术改造和服务平台建设等环节，推动梅州卷烟厂、塔牌集团等骨干企业产品与技术升级。发挥省级检验检测平台作用，推动电声、稀土企业自主创新发展，加速形成产业集群。深化与高校和科研院所的合作，探索组建广东梅州新材料研究院。积极推进科技企业孵化器、中小企业公共服务平台建设，加大力度培育科技创新型企业。推进智能制造示范基地建设。加强质量强市工作，新增一批省著名商标和地理标志保护产品。

推进服务业态创新。积极推动“互联网+”行动计划，推动互联网和现代服务业加速融合，培育发展金融保险、跨境电商、文化创意、休闲度假、健康管理、服务外包、APP等一批新业态。按创建国家电子商务示范城市的要求，做好各项基础性工作。培育一批生产服务型物流园和配送中心，重点推进广铁现代铁路物流园、深圳有信达保税物流等项目建设，促进快递业有序发展。加快引进商业银行及村镇银行，力促4个县（市）纳入省农村普惠金融试点范围，年内完成2家以上农信社改制。支持各类文化创意产业园和文化旅游产业基地发展，致力在文化（包装）创意和互联网创业方面培育更多创新人才。

推进农业组织创新。加快转变农业发展方式，依托各类农业协会，培育壮大新型农业经营主体。巩固发展市场流通平台，依托海吉星农产品商贸物流园、毅德现代商贸物流城、广东华泰农兴农产品交易中心等平台，拓宽农产品线上线下销售渠道。建立新型农业社会化服务体系，培育发展一批有效的新型社会化服务组织，为农民提供全链条、专业化的生产经营服务。健全农业科技创新体系，强化产学研合作，加快推进市农科创新中心、台湾农民创业园、绿色生态水产创新示范园建设，提高农业产业化水平。推动农业开发与旅游健康养生产业融合发展，加快梅县锦绣国际茶博城、广东明珠养生山城、大埔茶文化旅游产业园、蕉岭奥园跨境商品展示中心等项目建设。培育发展富硒等长寿食品品牌农业。

推进创业创新。大力推动大众创业、万众创新，充分发挥梅州市创业创新投资引导基金、促进创业小额担保贷款基金和大众创业万众创新专项扶持资金的功能，引导社会资本进入创业创新投资领域，年底前实现创业孵化基地或众创空间在各县（市、区）全覆盖。积极兑现创业创新相关政策，支持企业和社会建立各类创业平台。落实省减税降费等政策措施，加大政府性收费清理力度，减轻企业负担。深入推进政府部门“微改革、微创新”，进一步优化行政流程、提高办事效率，促进创业创新活动有效开展。

三、坚持协调发展，努力提升发展的整体效能

提高县域经济综合实力。用好县域经济扶持政策，加大对县域基础较好产业的扶持，重点支持梅江区发展电子信息产业，梅县区发展机械装备制造和高端电子信息产业，兴宁市发展机电制造和食品加工产业，平远县发展稀土新材料、机械电子和建材家具产业，蕉岭县发展新型建材和长寿产业，大埔县发展电力和陶瓷产业，丰顺县发展电声产业，五华县发展五金机电、酒业药业和先进装备制造业，促进特色产业集约化、多元化发展，致力打造一批百亿产业和企业。联动发展镇域特色产业，每个县（市、区）抓好2～3个工贸、旅游或特色农产品专业镇。积极发展资本市场，促进具备条件的企业上市或在“新三板”

挂牌。

统筹城乡发展。推进县域城镇体系规划建设，优化城镇总体空间布局，构建“县城—中心镇—镇”三级城镇体系。加快推进各县（市）新区建设，提升县城辐射带动能力。大力改善县城和乡镇公共服务供给能力，推动县镇医联体一体化试点建设。完善户口登记制度，增强中小城镇对农村人口的吸引力，鼓励农村人口和外来人口向城镇有序转移。扎实推进城镇棚户区和农村危房改造，着力解决住房困难群体的住房难问题。抓好山区中小河流治理和农田水利示范县建设。全面提升农村电网保障水平。加快推进农村人居环境综合整治，探索推进农村生活垃圾分片处理，年底前建成 17 个中心镇污水处理厂。推进省级名镇名村、新农村示范片和幸福村居示范片（线）创建工作，加强对传统村落、历史建筑的保护利用。深化农村综合改革，规范引导农村土地承包经营权有序流转。加快创建国家农村金融改革创新综合试验区和农村信用体系建设区。

力促教育卫生均衡发展。推进教育现代化先进市创建工作，全面实施争先“六大工程”。巩固全国义务教育基本均衡县工作，落实好全市相关中小学校与广州等珠三角地区优质学校的结对帮扶，促进教育教学水平提高。加大教师培训力度，努力培育一批名校长、名教师。提高城区中小学校和幼儿园教育资源的供给能力。支持嘉应学院特色办学，发展优势学科。支持民办教育、职业教育和社区教育发展。深化医药卫生体制改革，实施卫生强基工程，全面推进市县人民医院、中医院、妇幼保健机构以及乡镇卫生院、村卫生站四级网络建设和管理，提高基本医疗和基本公共卫生服务水平，积极创建卫生强市。实施“全面两孩”政策，实现生育政策平稳过渡。

发展文化体育等社会事业。大力推进客家文化（梅州）生态保护区建设，整合各类公共文体设施和服务资源，升级改造中国客家博物馆和梅州市华侨博物馆，建立市非物质文化遗产展示中心，提升文化软实力。鼓励社会力量参与公共文化建设，办好第四届客家文博会。做好梅县九龙嶂革命旧址、中共南方工委旧址等 359 处革命旧址遗址的保护利用工作。推进足球综合改革，鼓励开展各类足球赛事，支持中甲、中乙球队发展和五华足球文化公园建设。加强与广州体育学院等院校及相关机构合作，培育发展休闲体育产业。深入开展全民健身活动。加强国防动员工作，支持军分区和人武部正规化、信息化建设。扎实做好国家安全、人防、双拥、对台、气象、防灾减灾、民族宗教、统计、方志、档案、打私、打假、应急等各项工作。

创新社会治理。挖掘客家“和文化”功能，完善民事民治管理机制。总结推广蕉岭村民理事会的治理经验，积极探索农村基层治理新路径。加大预防和化解涉农社会矛盾工作力度，推进镇、村（居）人民调解委员会规范化建设，培育一批骨干型社会组织，提升基层社会治理水平。着力构建立体化治安防控网络，继续实施“客都民意警务”，促进社会治安综合治理。加大力度抓好禁毒戒毒工作。深入推进“一村（社区）一法律顾问”工作。严格落实安全生产责任制和挂牌督办制度。加快推进基层食品监管技术支撑体系建设，提高食品药品安全风险防控能力。

四、坚持绿色发展，建设美丽家园

筑牢生态安全屏障。扎实推进国家生态文明先行示范区建设。实施山水林田湖生态保护和修复工程，维护生态系统完整性和生物多样性。争取大埔、丰顺调整纳入国家重点生态功能区，支持平远国家地质公园试点建设。积极创建国家森林城市，持续开展“绿满梅州”大行动，抓好林业重点生态工程建设，加强森林资源的抚育和管护，启动天然林资源保护工程。加强森林防火的责任追究，严厉打击各类破坏森林资源的违法行为。落实最严格水资源管理制度，深入开展南粤水更清行动，加强入河排污总量控制。开展重要水源保护、火源管控立法相关工作。探索建立生态环境损害责任终身追究制。

推动绿色低碳循环发展。坚持把绿色发展理念融入经济社会发展各个方面。推进森林碳汇开发，发展林下经济，促进林业转型升级。大力发展环保产业，培育壮大一批有潜力的环保企业。实施新能源汽车推广计划，推动云山汽车加快发展，提高电动车产业化水平。大力推广使用节能环保建材，提高建筑节能标准，加快发展绿色建筑。探索推进生活垃圾分类处置和再生资源回收。

严格城乡环境质量管理。加快创建国家环保模范城市，推进国家节能减排财政政策综合示范城市建设，扎实开展水污染、大气污染、土壤污染等重点整治。推进电机能效提升、清洁生产、园区循环化改造、节能技术改造等重点节能工程，完成黄标车、高污染燃料锅炉等淘汰任务，保持城区全年空气质量优良。完善市政府挂牌督办重点环境问题制度，推动环保地方立法。实施韩江上游跨省界流域污染治理等环保工程，推动规模化畜禽养殖污染集中治理。开展农村人居环境整治，力争农村生活垃圾有效处理率达80%以上。

倡导绿色环保生活新风尚。加强绿色理念宣传引导，以群众喜闻乐见的形式，积极开展环保文化进社区、进企业、进学校、进农村活动，引导广大群众关注、参与、支持环保。大力开展节能减排全民行动，扎实推进节能型机关建设，动员企业建立环保志愿服务队伍，培养全民环保意识。倡导绿色低碳、文明健康的生活方式，鼓励全社会参与“公交出行、绿色生活”等环保活动，建设低碳家园，让爱护环境、绿色生活、享受生态成为社会新风尚。

五、坚持开放发展，激发经济增长的活力和动力

加强区域交流合作。擦亮松口“印度洋之路第一港”品牌，积极参与“一带一路”建设，发挥海外经贸文化联络处和旅游推广中心的作用，密切与沿线国家和地区的交流合作。构建“大客家”文化交流平台，扩大世界客都影响力。探索设立梅港青少年交流合作基金，建立梅港青少年交流基地。筹建蕉岭台商工业园，规划建设一批海峡两岸交流基地示范点。争取梅州列入赴台个人游试点城市。充分利用国内外两个市场、两种资源，认真实施率先基本实现粤港澳服务贸易自由化规划纲要和行动计划，完善口岸通关等平台，支持重点县、重点行业、重点企业开拓多元化市场，扩大进出口份额。加强与珠三角、海西区、赣南和汕潮揭等区域的经济互动，推进产业合作，构建对外开放新格局。

大力推进信息化建设。顺应信息时代的发展要求，争取提前建成“宽带中国”示范城市。加快4G网络建设，实现全市行政村、重点旅游景区、主干道路全覆盖。加快公共免费WiFi热点建设，扩大重点区域有效覆盖。抓好云呼叫中心建设，推动政府政务云发展。推进云计算IDC建设，创造条件建设广东省数据灾备重要基地。积极配合国家有关部委和省有关部门，在梅州城乡推进超高速无线局域网技术的应用和相关产业发展。推进信息技术创新，完善现代物流公共信息服务平台，加快构建信用、认证、标准、支付和现代物流体系，加强互联网安全治理，优化电子商务支撑环境。

努力扩大招商引资和招才引智。加强与在外乡贤的沟通联系，最大限度动员、鼓励和吸引在外乡贤回乡投资兴业。坚持产业谋划和产业招商并举，结合“一区两带”产业规划，制定重点产业发展指引和重大招商产业目录，采取有利于产业在梅州拓展的有效措施，吸引重大产业项目落户。借力广州对口帮扶，加强与省属、广州市属企业对接，力促梅兴华丰产业集聚带核心区的项目引进有重大突破。强化市县两级的招商责任，集中力量招引大项目、好项目，带动产业加快发展。实施高素质人才引进和企业家培养等重点人才项目，以优惠的政策和良好的环境，吸引更多的专家、各类技术人员、创新科研团队到梅州落户和施展才华。

六、坚持共享发展，增进人民福祉

强化社会保障。加大扩面征缴力度，实施全民参保计划，扩大社会保险覆盖面。提高城乡居民最低生活保障、农村五保供养等底线民生保障水平。完善救助管理服务体系。继续推进城乡居民大病保险工作，异地就医结算医院扩大到40家。实施就业优先战略，充分用好省扶持创业带动就业政策，重点扶持优秀创业项目，促进创业带动就业。

实施精准扶贫。扎实推进第三轮扶贫开发“双到”工作，大力实施“五个一批”工程，注重因地制宜、因户施策，精准滴灌、靶向治疗，重点在产业发展、基础设施建设、医疗、教育、金融等方面进行帮扶，探索多渠道、多元化的精准扶贫、精准脱贫新路径。落实机关企事业单位挂点责任，广泛动员全社会力量参与扶贫，全面完成年度帮扶任务。

关爱困难弱势群体。加大财政支持力度，加强对残疾人、农村留守老人、留守妇女、留守儿童、艾滋病人等群体的帮扶。建立健全困难弱势群体生活补贴制度，帮助解决实际困难。积极发展特殊教育，加强标准化特殊教育学校建设，推动城乡残疾学生全程享有教育、康复和保健服务。建立农村留守儿童台账，实施镇村动态管理。鼓励和支持社会力量兴办养老服务机构，提升社会养老服务水平。支持和发展志愿服务组织，开展形式多样的关爱活动，推动创建“志愿者之城”。

办好十件民生实事。一是保障底线民生。城乡居民基本养老保险基础养老金标准从每人每月100元提高到110元；城镇、农村低保补助补差水平分别从每月375元、173元提高到419元、191元；农村“五保”供养标准提高到所在县（市、区）上年度农村居民人均可支配收入的60%以上；孤儿基本生活最低养育标准集中供养水平从每月1240元提高到1340元、分散供养水平从每月760元提高到820元；城乡医疗救助人均补助标准从每年1556元提高到2178元，政策范围内住院医疗救助比例提高到70%以上。二是帮扶困难弱势群体。用于社会福利事业的彩票公益金，50%以上的资金用于支持发展养老服务业。为重度残疾人、精神和智力残疾人缴纳城乡居民养老保险费。建立事实无人抚养儿童生活津贴制度，标准为每人每月500元。新开工建设9024套（户）城市棚户区改造安置房（含货币补偿）和985套（户）公共租赁住房（含租赁补贴），完成7767套（户）棚户区改造安置房和518套公共租赁住房建设。三是改善农村生产生活条件。完成新农村公路路面硬化改造400公里。完成34宗64项660.4公里山区中小河流治理工程，完成30宗新增小型病险水库除险加固任务。将行政村全部纳入农村基层组织经费保障补助范围，提高村办公经费补助和村干部补贴。完成县、镇、村（社区）三级公共服务平台建设。支持农村光缆建设。四是提高城乡居民基本医疗保障水平。城乡居民医疗保险补助标准从年人均380元提高到410元。市内二级医院住院支付比例从70%提高到80%，市内三级医院住院支付比例从55%提高到65%，市外医院支付比例从50%提高到60%；基金年度累计最高支付限额从20万元提高到45万元（不含大病保险）；将大病保险起付标准从1.5万元降为1.2万元，年度累计6万元以下部分、报销比例从50%提高到60%，年度累计超过6万元（含）以上部分、报销比例从60%提高到70%，年度累计最高支付限额从12万元提高到15万元；提高符合计划生育政策分娩补助标准，顺产补助从700元提高到1000元、剖宫产补助从1000元提高到1300元。五是优化文化卫生体育及法律援助公共服务。基本公共卫生服务经费标准提高到每人每年40元以上。规划建设东山医院（嘉应学院医学院附属医院）和广州中医药大学紫合梅州医院，改造建设梅州市中医医院（田家炳医院）；建设市县两级出生缺陷综合干预中心，对孕产妇产前筛查和新生儿疾病筛查予以补助；35～64岁城乡贫困妇女免费检查乳腺癌、宫颈癌。建设100个农村文化俱乐部；在梅州城区新建20个文化驿站（台）。建设9个社区体育公园；升级改造城区东较场游泳池、田径场和3个足球场。将法律援助的对象从低保群体拓展到低收入群体，将刑事法律应当援助扩大至侦查、起诉和审判三个阶段，对困难职工援助从工伤、欠薪扩展到家庭婚姻保障方面。六是促进教育资源公平。市属民办、县属中等职业学校免学费补助标准从每人3000元提高到3500元，市属公办中等职业学校免学费补助标准从每人3500元提高到4000元。农村寄宿制学校生均住宿费补助标准从每年150元提高到200元，学前教育困难家庭幼儿资助标准从每年300元提高到1000元。新建4所标准化特殊教育学校。将山区和农村边远地区学校教师补贴政策实施对象扩大到公办普通高中和公办幼儿园。规划建设梅州南方紫琳职业学院、梅江区风眠小学和芹洋学校，扩建梅江区伯聪中学和水白中学。七是扶持创业就业。劳动力技能培训补贴1万人，促进创业2500人，带动就业1万人。向珠三角地区输送劳动力约1万人，城镇新增就业3万人，失业人员再就业2.2万人，就业困难人员再就业3000人。扶持2000名残疾人自主创业就业。八是加强生态建设和环境治理。规划新建21个森林公园、2个湿地公园。建设24个市级乡村美化绿化示范点。规划建设梅兴华丰产业集聚带及梅江干流沿河镇的污水处理设施。新建74座、改扩建49座旅游厕所。完成106个集中式乡镇饮用水源保护区规范建设。定期进行生活饮用水水质检测和信息公布。九是实施网络信息惠民工程。启动“电信诈骗防火墙”工程。提速光纤网络宽带，新开通875个行政村光纤入户（住户）业务，城市及乡镇中心区域光纤宽带普及率达85%；新增一批公共移动通信基站、基站站址和公共区域无线局域网络热点、无线AP点；新增快递末端服务网点100个，覆盖全市104个乡镇。推广应用互联网交通安全综合服务平台。建设114个标准化乡镇气象信息服务站。十是保障公共安全。规范出租屋管理，出租屋安装应用“门禁+视频”系统5000套。建成10个社区微型消防站。创建1个省级地震安全示范社区。实施100公里县乡公路安全生命防护工程。在全市食用农产品批发市场、农贸市场开展食品安全快速检测工作。

七、从严从实，建设为民务实清廉政府

深化行政管理改革。以转变政府职能为核心，提升服务经济发展能力。推进基本建设项目审批制度和流程改革，清理规范行政审批中介服务；深化商事制度改革，全面推进“三证合一、一照一码”改革，实行企业注册登记“同城通办”；严格执行“三单”管理制度，出台实施市政府投资管理办法，推进投资管理体制改革。落实供给侧改革各项政策措施，以创新供给带动需求拓展，提高企业产品质量和效益。实施机关事业单位养老保险制度改革，探索推动医疗保险城乡一体化改革。基本完成全市国有林场改革任务。大力推进电子政务，健全行政服务中心、网上办事大厅服务功能，继续开展“梅州发布”微访谈，擦亮“12345”政府服务品牌。完善领导干部、机关干部挂点联系基层和企业制度。

提高全面依法治市水平。自觉接受人大法律监督、工作监督和政协民主监督，主动听取民主党派、工商联、无党派人士意见建议，扎实办好人大议案、代表建议和政协提案。严格按照法定权限和程序行使权力、履行责任，全面推进政务公开。修订出台法治政府建设指标体系和依法行政考评办法，制订出台市政府规章制定办法，规范行政执法行为。成立市政府法律顾问室，推进行政复议委员会试点及“阳光复议工程”。开展“七五”普法工作。完善财政资金使用和管理办法，强化财政预算和专项资金审计。探索建立政府性债务风险预警体系，防范和化解财政风险。

加强公务员队伍建设。市政府党组带头深入学习习近平总书记系列重要讲话精神，把中央对党员领导干部的要求内化于心、外化于行。深化“三严三实”专题教育，深入开展“讲担当、比奉献”主题实践活动，激发公务员干事创业的干劲和热情。严格落实“三个区分”，鼓励担当，激励创新，整治为官不为、懒政怠政，凝聚改革创新正能量。严格执行中央“八项规定”和党风廉政建设责任制，落实《廉洁自律准则》《党纪处分条例》，推进作风建设常态化、长效化。加强对重点领域、重点民生、重点工程的责任审计，有步骤推进审计全覆盖。开展谈话提醒、构建抓早抓小工作机制，筑牢防微杜渐的防线。

各位代表，站在新的起点，我们的事业任重道远。让我们紧密团结在以习近平同志为总书记的党中央周围，以习近平总书记系列重要讲话精神为指南，在市委的直接领导下，抢抓机遇，戮力同心，聚众智谋发展，汇众力建小康，为梅州加快振兴发展，谱写美好生活新篇章而努力奋斗！

广东梅兴华丰产业集聚带发展总体规划（2015—2030年）实施方案

为深入贯彻落实国家发展改革委《关于印发赣闽粤原中央苏区振兴发展规划的通知》（发改地区〔2014〕480号）和省委省政府《关于进一步促进粤东西北地区振兴发展的决定》（粤发〔2013〕9号）的战略要求，围绕《广东省发展改革委关于印发广东梅兴华丰产业集聚带发展总体规划（2015—2030年）的通知》（粤发改区域〔2015〕4872号）精神，全力推进广东梅兴华丰产业集聚带建设，加快梅州振兴发展，特制定本实施方案。

一、进一步提高对实施《广东梅兴华丰产业集聚带发展总体规划（2015—2030）》重要意义的认识

规划建设广东梅兴华丰产业集聚带（以下简称产业集聚带），是市委、市政府深入贯彻落实国家发展改革委《关于印发赣闽粤原中央苏区振兴发展规划的通知》（发改地区〔2014〕480号）和省委省政府《关于进一步促进粤东西北地区振兴发展的决定》（粤发〔2013〕9号）的战略要求，是省委省政府支持梅州加快振兴发展的重要举措，有利于推动梅州综合实力的快速提升，有利于增强与珠三角地区及周边区域的经济合作，有利于探索原中央苏区可持续发展的有效路径，有利于探索促进区域协调发展的新机制，对落实创新、协调、绿色、开放、共享等“五大发展”理念，打好苏区牌、生态牌、文化牌，集中力量构建“一区两带”发展新格局具有重要意义，将进一步增强全市广大干部群众后发赶超的信心和决心。因此，全市上下要提高对实施《广东梅兴华丰产业集聚带发展总体规划（2015—2030）》（以下简称《总体规划》）的重要性和必要性认识，自觉增强加快振兴发展的紧迫感、责任感和使命感，认真学习和深刻领会《总体规划》的战略意义、总体要求、工作目标和主要任务，解放思想，抢抓机遇，求真务实，开拓创新，确保《总体规划》提出的各项工作目标、任务和政策措施落到实处。

二、明确实施《总体规划》总体要求和工作目标

（一）明确总体要求。

以邓小平理论、“三个代表”重要思想、科学发展观为指导，紧紧围绕“四个全面”战略布局，抓住赣闽粤原中央苏区和粤东西北地区振兴发展的战略机遇，以山区振兴发展为主线，以生态环境保护为前提，以基础设施、园区建设和产业发展为主要抓手，牢牢把握“五大发展理念”的深刻内涵，狠抓“三大抓手”，建设“一区两带”，改善民生事业，推进依法治市，全面从严治党，加快梅州苏区振兴发展，确保如期全面建成小康社会。突出机制体制创新，将产业集聚带建设成为产业集聚发展的新高地，原中央苏区振兴发展的示范区，区域经济合作的新平台，生态宜业宜居的新城区。

（二）明确发展定位。

原中央苏区振兴发展示范区。落实国家原中央苏区振兴发展规划和政策，探索符合后发地区和生态功能区的发展路径与模式，统筹产业集聚发展与生态环境保护，协调空间集约利用与基础设施建设，完善区域合作与利益共享机制，为原中央苏区振兴发展提供经验和启示。

珠三角与原中央苏区经济合作新平台。充分运用广州梅州对口帮扶的重要契机，主动承接珠三角地区产业转移，全面加强与珠三角地区在园区建设、招商引资、科技创新、人才交流、市场开拓等方面的战略合作，逐步实现由传统产业转移、对口帮扶到经济全面合作的转变，为珠三角地区与原中央苏区的经济合作发展提供新战略平台。

广东山区绿色产业发展基地。贯彻落实促进粤东西北振兴发展战略，坚持绿色崛起、生态发展的理念，严格执行企业投资项目准入负面清单，优化区域产业结构，充分运用“互联网+”，构建绿色产业服务平台，创新绿色产业商业模式，推广清洁生产技术，打造具有山区特色的绿色产业集群，为广东山区产业发展提供良好示范。

梅州生态宜业宜居新城。坚持产城融合和城乡统筹发展，依托镇区同步建设园区生活及公共服务设施，实现生产、生活、生态协调发展，推动产业集聚带从传统工业园区与村镇混杂区向宜业宜居的综合新城转型，为梅州建设国家生态文明先行示范区和省宜居城乡示范城市提供有力支撑。

（三）明确发展目标。

以起步区建设为先导，有序推进产业集聚带的开发建设，力争实现“三年打基础、五年大突破、十五年大发展”，助力梅州实现全面建成小康社会目标。

三年打基础。至2018年，产业集聚带起步区开发基本完成，“一核四组团”的空间格局初步形成。地区生产总值达到300亿元，常住人口规模达到25万人，集聚效应初步体现。区域战略性交通设施启动建设，重点项目有序推进，主导产业和龙头企业效益初显，重点产业集群初见雏形，培育形成百亿级产业集群1个、50～100亿级产业集群2个。生态环境维护良好，园区清洁生产和节能减排取得明显成效。产业集聚带成为梅州产业转型发展的重要载体。

五年大突破。至2020年，产业集聚带建设取得明显突破，成为原中央苏区振兴发展新亮点。地区生产总值达到400亿元，常住人口规模达到28万人。主导产业和龙头企业初具规模，核心产业链条初步形成，培育形成百亿级产业集群2个、50～100亿级产业集群2～3个。规划的产业转移工业园发展基本成熟，基础设施配套完善，清洁生产方式广泛应用，园区循环化改造基本完成。核心区城市功能不断提升，人口和产业进一步集聚，产城融合格局初步形成。区域创新创业平台初步形成，企业自主创新能力逐步提升。产业集聚带成为广东山区重要的绿色产业发展基地，区域经济合作的新平台。

十五年大发展。至2030年，产业集聚带规划目标全面实现，整体竞争力显著提升。地区生产总值达到1300亿元，常住人口规模达到40万人，形成2～3个五百亿级产业集群、5个百亿级产业集群。产业集聚带成为产业绿色发展、城乡空间协调、生态文明彰显的宜业宜居新城。

三、《总体规划》任务分工

（一）打造“一核四组团”的空间发展格局。

坚持生态优先、集约高效的发展原则，采取核心区扩容集聚、外围区提质增效、组团型布局的发展模式，形成“一核四组团”的空间发展格局。

一核：包括广州（梅州）产业转移工业园及周边的梅县区畲江镇和水车镇、兴宁市水口镇、五华县河东镇的带状区域。以广州（梅州）产业转移工业园为主体，以梅江为纽带，统筹周边发展用地，构筑产业集聚带发展核心区。严格落实重点生态功能区要求，着力保护区内山林水体。积极吸引制造业要素集聚，依托广州梅州对口帮扶，积极承接广州等珠三角地区城市产业转移。着力发展电子信息、机械装备、新材料、新能源、节能环保等先进制造业。巩固发展健康医药、食品饮料、健康医疗等产业，构建健康产业集群。加快推动综合保税区、产业科技创新和服务平台的建设，培育电子商务、科技研发、商贸物流等现代服务功能。加快推进机场、高铁、高速公路等战略交通设施建设，同步推进完善基础设施及公共服务配套建设，打造汇集生态保护、绿色制造、生产服务、宜居生活于一体的综合新城，成为梅州振兴发展的核心引擎和产业示范发展的重要平台。

四组团：着力建设梅县区、兴宁市、丰顺县、五华县四个外围产业组团，积极提升四个组团的发展质量，加强外围产业组团与核心区产业协作，实现“一核四组团”联动发展。

梅县区组团：强化与长深高速的联接，积极承接珠三角产业转移和市区工业园产业外溢发展，重点发展新型电子、机械装备等主导产业，适当发展新材料、新能源等战略性新兴产业，形成先进制造业集聚发展基地。

兴宁市组团：以东莞石碣（兴宁）产业转移工业园为基础，在严格遵循国家重点生态功能区的产业发展要求下，构建低消耗、可循环、少排放的生态型产业组团。依托现有工业基础积极承接珠三角地区相关产业转移，重点发展机电制造（水电装备）、汽车零部件等设备制造业。积极培育现代农业产业集群，推动建设商贸物流、农副产品电子商务等产业平台，形成对接赣闽的区域商贸物流中心。

丰顺县组团：主动联接汕潮揭地区的机场、高铁、港口等重大基础设施，重点发展电声电子、机电制造、饲料加工等产业，注重科技创新，壮大提升电声产业集群，打造全国电声产业基地，积极发展温泉旅游业、特色农业，推动产业协调联动，打造产业集聚带通向汕潮揭的门户。

五华县组团：依托五华县城，以原有特色产业为基础，重点发展电子电器、汽车零配件、先进装备制造、五金机电、医药制造、食品饮料、家具制造、新材料等产业。主动对接广州（番禺）等地区的产业转移，形成产业集聚带承接珠三角产业转移的桥头堡，打造“工业新城、宜居五华”。（牵头单位：市发展改革局，梅江区、梅县区、兴宁市、丰顺县、五华县政府和市经济和信息化局、市交通运输局、市城乡规划局、梅州高新区管委会等单位落实）

（二）统筹推进区域开发建设。

一是积极推进多规融合。以省市国民经济和社会发展总体规划为依据，加强产业集聚带发展总体规划与省市土地利用总体规划、梅州市城市总体规划、环境保护规划、林地保护利用规划等相关规划的充分衔接和协调。探索实施多规融合“一张图”管理，统筹产业集聚带土地利用、人口集聚、产业发展、园区建设、设施配套和环境保护，优化城乡空间布局，有效配置土地资源，促进土地节约集约利用。二是优化土地资源空间布局。调整完善土地利用总体规划，整合土地资源，统筹安排城乡建设用地规模，在保持城乡建设用地、基本农田等约束性指标总量不变的前提下，优先保障产业集聚带的发展要求，确保产业集聚带建设有序开展。三是合理确定建设用地规模。秉持底线思维确定建设用地规模上限，提高土地集约化利用效率，实现产业集聚带精明增长。至 2030 年，产业集聚带范围内规划建设用地规模为 103 平方千米，其中核心区建设用地规模为 65 平方千米，基本满足产业集聚带发展用地需求。（牵头单位：市发展和改革局，梅江区、梅县区、兴宁市、丰顺县、五华县政府和市经济和信息化局、市国土资源局、市城乡规划局、市环境保护局、市林业局、梅州高新区管委会等单位配合）

（三）构建绿色产业发展格局。

加快推进传统资源型产业提升发展，强化发展基础良好的先进制造业，积极培育战略性新兴产业，大力发展现代服务业，加快构建特色鲜明、结构合理、具有较强竞争力的现代产业体系。

1. 升发展传统资源型产业。

（1）大力发展农副产品加工业。加快建设优质稻、水果、茶叶、油茶、南药、蔬菜等农产品及畜产品、水产品加工基地。重点发展肉食鸡加工项目，推动饲料生产、乳制品业和肉食品工业的全面发展，大力发展啤酒、果汁、茶饮料等产业，打造农副产品加工产业集群。（牵头单位：市农业局，梅江区、梅县区、兴宁市、丰顺县、五华县政府和市商务局、市科技局、市中小企业局、梅州高新区管委会等单位配合）

（2）发展竹藤制品业和家具制造业。充分发挥梅州藤、竹、木、草等资源优势，依托传统工艺能工巧匠众多的有利条件，以兴宁市水口镇、梅县区畲江镇为核心，加强工艺与款式创新，大力发展融电动、电声、光源于一体的竹藤装饰工艺品，积极发展竹藤、红木等家具制造业。（牵头单位：市农业局，梅县区、兴宁市政府和市科技局、市中小企业局、梅州高新区管委会等单位

配合）

2. 强化发展基础良好的先进制造业。

（1）加快发展电子信息产业。以广州（梅州）产业转移工业园为核心，促进产业转型升级，加强技术创新和服务配套，全力打造国家级电声产业基地和广东重要的电子信息产业基地。一是发展环保型高端电路板产业。依托梅州高新区和梅县区产业发展组团，重点发展高密度互联多层板（HDI）、环保型绿色 PCB、IC 封装载板等高技术产品，完善印制电路板产业链，推动印制电路板产业向规模化、集约化、高端化发展。二是发展电子元器件产业。加快发展无污染、环保型基础元器件和关键材料，提高片式元器件、新型电力电子器件、高频频率器件、混合集成电路、新型锂离子电池、薄膜太阳能电池等产品的研发生产能力，形成配套完善的电子元器件产业体系。三是发展电声产业。加快丰顺县国家级电声产业基地建设，大力发展电声元件、视听设备、音响设备等电声产业。重点发展用于汽车、多媒体、高档玩具等系列扬声器及配件产品，建立健全电声元件专业配套市场，提高电声整机产品的制造能力，推进电声制造产业集群化发展。（牵头单位：市经济和信息化局，梅江区、梅县区、兴宁市、丰顺县政府和市发展改革局、市财政局、梅州高新区管委会等单位配合）

（2）发展装备制造产业。大力发展以机电制造和汽车及零部件为重点的装备制造产业，努力建设成为全省重要装备制造基地。一是机电制造。优化产品结构，提升产品技术含量，大力发展电气装备、智能电网设备、水利机电、精密机械、农用机械等高端装备制造业。二是汽车及零部件制造。重点发展纯电动城市客车整车及关键零部件制造，突破动力电池、电机、电源管理系统、整车控制系统等技术，扩大汽车工业的总体规模，加快形成新能源汽车产业链。（牵头单位：市经济和信息化局，梅江区、梅县区、兴宁市政府和市发展改革局、市财政局、市科学技术局、梅州高新区管委会等单位配合）

3. 积极培育战略性新兴产业。

（1）培育健康医药产业。充分发挥中药资源和生态环境两大优势，依托梅县区水车片区以及五华产业发展组团，加快传统医药产业技术创新，重点培育发展南药、生物制品和健康保健品制造产业，努力建设成为全国知名新医药产业基地。一是现代中药。大力发展南药 GAP 基地，加强凉粉草、梅片树等中药原料的种植和加工技术研发，重点发展青蒿素及其复方系列抗疟疾新药等天然药物，加强中药饮片、配方颗粒、单味超微速溶饮片等新型品种的开发，推进中药产业规模化发展。二是生物医药。加快发展生物医药产业，加速生物化学技术、生物分离技术、提纯技术和高附加值产品的开发，不断延伸产业链，提高生物医药产业的综合实力。（牵头单位：市经济和信息化局，梅县区、兴宁市、五华县政府和市食品药品监管局、市卫生计生局、市招商局、市科技局、市发展改革局、市质监局、梅州高新区管委会等单位配合）

（2）培育新材料产业。依托梅州丰富优质的稀土资源，重点发展新型化工材料、特种功能材料和高性能稀土材料，着重引进稀土中下游加工应用企业，推进南方稀土科技城建设。一是稀土功能材料。以稀土深加工为核心，大力发展贮氢合金、稀土永磁、发光材料、镍氢电池等稀土新材料应用产品，并在稀土催化、稀土生物、稀土医药等新兴稀土新材料领域取得突破，深化稀土新材料与 LED 产业对接合作。二是半导体材料。重点发展电子级多晶硅、大尺寸单晶硅、抛光片、外延片以及化合物半导体材料，蓝宝石和碳化硅等衬底材料，金属有机源和超高纯度氨气等外延用原料，高端发光二极管（LED）封装材料，高亮度、大功率 LED 芯片材料，石墨和碳素系列保温材料。三是新型金属材料。加大对高强、高韧、耐候结构钢、新型铝、镁、铜合金及功能稀土合金等金属新材料研发，积极发展高纯稀有金属及靶材、大规格钼电极、高品质钼丝、高精度钨窄带、钨钼大型板材和制件、高纯铼及合金制品等。四是新能源产业。积极打造太阳能、风能和生物质能等新能源产业链，重点发展风能设备关键零部件、薄膜太阳能电池、晶硅太阳能电池及生产设备等。结合梅州节能环保产业基础，发展太阳能利用产业（太阳能屋顶、光伏幕墙等）、新能源汽车、风电、智能电网、绿色照明等产业。五是节能环保产业。重点发展环保设备制造、环保服务、资源综合利用三大领域的相关产业，包括水污染治理、固体废物与土壤污染治理、城市生活垃圾处理，以及噪声与振动控制、环境监测仪器、机动车污染防治等产业。（牵头单位：市经济和信息化局，梅江区、梅县区、兴宁市、丰顺县、五华县政府和梅州高新区管委会、市发展和改革局、市科技局、市国土资源局、市招商局等单位配合）

4. 大力发展现代服务业。

（1）发展商贸物流业。着力建设粤闽赣农副产品、中药材、小商品等交易中心和大宗商品物流中心。结合机场和综合保税区建设，积极发展空港和保税物流产业，推进松棚站铁路物流中心、兴宁市毅德城、五华县物流产业园等项目的建设。（牵头单位：市商务局，梅江区、梅县区、兴宁市、丰顺县、五华县政府和市科技局、市中小企业局、梅州高新区管委会等单位配合）

（2）发展电子商务产业。依托梅州生态农业和文化旅游两大独特资源禀赋，进一步促进电子商务与特色农产品、休闲旅游、特色商贸、制造业等产业融合。借助成熟电子商务平台发展特色农产品电子商务，与本地企业合作建立特色农产品销售专区。引进专业旅游电子商务平台，协同发展粤闽赣区域性旅游电子商务，带动本地旅游业发展。（牵头单位：市商务局，梅江区、梅县区、兴宁市、丰顺县、五华县政府和市经济和信息化局、嘉应新区管委会、市发展和改革局、市招商局、市中小企业局等单位配合）

（3）发展科技服务业。培育发展研究开发、技术转移、检验检测认证、创业孵化、知识产权、科技咨询、科技金融、科学技术普及等科技服务，提升科技服务业对产业集聚带科技创新和产业发展的支撑能力。（牵头单位：市科技局，梅江区、梅县区、兴宁市、丰顺县、五华县政府和市人力资源社会保障局、梅州高新区管委会等单位配合）

（4）发展健康医疗产业。抢抓国家大力发展健康产业的机遇，发挥梅州“国际慢城”、“中国长寿之乡”等品牌优势，利用本地优越的生态环境资源，发展健康体检、医疗保健、养老服务、康体养生等医疗健康产业。（牵头单位：市卫生计生局，梅江区、梅县区、兴宁市、丰顺县、五华县政府和市旅游局、市招商合作局、梅州文化旅游特色区管委会、市教育局、市商务局等单位配合）

（5）发展特色旅游产业。依托良好的生态环境和特色旅游资源，积极发展生态旅游、文化旅游、休闲旅游、观光旅游、农业旅游，构建具有客家文化特色的旅游产业体系。（牵头单位：市旅游局，梅江区、梅县区、兴宁市、丰顺县、五华县政府和市文化广电新闻出版局、梅州文化旅游特色区管委会、市商务局，等单位配合）

（四）基础设施建设。

按照统筹规划、合理布局、适度超前的原则，推进交通、能源、信息、供排水、防灾减灾等基础设施项目，加快建设功能完善、安全高效、保障有力的基础设施体系，引领和支撑产业集聚带发展。

1. 建高效便捷的综合交通网络。

加快推进战略性交通设施建设，衔接珠三角、汕潮揭、海西经济区、赣州等地区的交通设施，支撑产业集聚带联动区域发展；统筹产业集聚带及周边路网与枢纽建设改造，提升交通基础设施等级和密度，打造高效便捷的交通运输体系。

铁路网。加快推进梅州至潮汕铁路建设，打通原中央苏区往粤东出海通道；重点推动龙岩至梅州至龙川高铁建设，加快与赣深客专衔接，实现梅州1小时可达汕潮揭、2小时可达珠三角、3小时可达厦漳泉；适时推进广梅汕、梅坎铁路电气化改造工程，加强产业集聚带与粤东、珠三角港口群及赣闽地区的货运联系；加快鹰梅、浦梅铁路立项建设，强化地区铁路货运交通条件，拓展产业集聚带腹地。（牵头单位：市铁办，梅江区、梅县区、兴宁市、丰顺县、五华县政府和市发展和改革局、市城乡规划局、梅州高新区管委会等单位配合）

高速公路网。加快建设兴汕高速兴宁至陆河段（含畲江支线）、梅州至平远、梅州东环、大丰华等高速公路建设，完善高速公路网，提高公路运输能力和转换效率；启动梅州至潮州第二高速通道前期研究工作，预留规划用地，加强与粤东地区的交通联系。对建设汕梅高速水车出入口、长深高速白渡和程江出入口、优化畲江支线河东出入口必要性进行研究论证，研究在产业集聚带核心区汕昆高速段新增 2 个出入口，提高产业集聚带对外进出效率。（牵头单位：市交通运输局，梅江区、梅县区、兴宁市、丰顺县、五华县政府和市公路局、市国土资源局、市城乡规划局、梅州高新区管委会等单位配合）

普通公路网。优先推进国道 G206 线梅畲快线建设，力争 2017 年建成通车，快速衔接梅州市区与产业集聚带核心区，实现双城互动发展；适时启动省道 S120 线畲江至五华段快速路改造前期工作，加快推进国道 G206 线、省道 S225 线、省道 S120 线改造工程及国道 G205 线至白渡梅州坑工业园干线公路新建工程，强化各产业发展组团之间的交通联系。（牵头单位：市公路局，梅江区、梅县区、兴宁市、丰顺县、五华县政府和市城乡规划局、梅州高新区管委会等单位配合）

综合交通枢纽。推进梅县机场迁建前期工作，预留产业集聚带与梅县机场的通道；加快核心区松棚铁路货运站及综合保税区建设，推进现有铁路站场的升级改造前期工作；加快建设梅州西、畲江北、丰顺东等高铁客运站及梅州综合客运站等公路客运站场，预留交通换乘设施用地，实现枢纽与城市其他交通方式的无缝对接、便捷换乘，发挥客运枢纽对产业集聚带发展的服务作用。（牵头单位：市交通运输局，梅江区、梅县区、兴宁市、丰顺县、五华县政府和市城乡规划局、市机场办、市铁办、梅州高新区管委会等单位配合）

内部交通体系。建设产业集聚带核心区“三纵七横”骨架道路，完善内部路网系统。以“客货分离”为原则，打造功能明确、结构合理的物流集疏体系。大力推进核心区城乡公交系统建设，加强与梅县机场、高铁枢纽、汽车客运站的公交衔接，提升公共交通服务水平。沿梅江、宁江等生态廊道建设绿道，完善驿站等配套设施，倡导低碳、休闲、健康出行。（牵头单位：市交通运输局，梅江区、梅县区、兴宁市、丰顺县、五华县政府和市商务局、市城乡规划局、市城市综合管理局、市铁办、市发展改革局、市公路局、市机场办、市国土资源局、梅州高新区管委会等单位配合）

2. 设清洁安全的能源保障系统。

合理规划能源设施，调整能源结构，完善能源供应体系，构建绿色安全的能源保障系统。

（1）改善能源供应结构。加快天然气、液化石油气（LPG）等项目和配套工程的建设，提高清洁能源利用比例，逐步提升天然气、水电、太阳能等清洁能源使用率，持续推进清洁生产，降低能源消耗水平，构建高效、安全、清洁、多元的能源供应系统。（牵头单位：市经济和信息化局，梅江区、梅县区、兴宁市、丰顺县、五华县政府和市发展改革局、市国土资源局、市环境保护局、梅州高新区管委会等单位配合）

（2）建设完善燃气供应系统。实施三年“气化”，五年“管网化”，十年“全覆盖”建设行动。2018 年前，产业集聚带内实现 LNG（液化天然气）的气化供应，同步配套建设各组团内天然气中压管网；2020 年前，配套西气东输三线及广东省天然气管网建设，实现与西气东输天然气工程接驳，在畲江新建 1 座门站，和五华县调压站联合为产业集聚带核心区供气，原 LNG 储配站变更为调峰储备设施；2025 年后，实现天然气管网全面覆盖，天然气利用普及化。（牵头单位：市城市综合管理局，梅江区、梅县区、兴宁市、丰顺县、五华县人民政府和市发展改革局、市国土资源局、市环境保护局、梅州高新区管委会等单位配合）

（3）提升电源保障能力。推进抽水蓄能、清洁火电等清洁能源项目建设，建设园区热电联产和分布式能源站，建成多元化的电源供应体系。新建500千伏兴宁站和现状500千伏嘉应站连接省网电力系统，建设大型热电联产直供电项目。规划新建畲江、叶塘、油田、丰顺北、塔下、悦来、水口、华城8座和扩建琴江、叶塘2座220千伏变电站，新建或扩建古塘等25座110千伏变电站，构建完善的输配电网络体系。（牵头单位：梅州供电局，梅江区、梅县区、兴宁市、丰顺县、五华县政府和市经济和信息化局、市发展改革局、市国土资源局、市环境保护局、梅州高新区管委会等单位配合）

3. 建立智能高效的信息服务体系。

加快信息基础设施建设，建立安全可靠、运行高效、质量优良的现代化通信网络，促进“三网融合”，建设智慧园区。

（1）统筹信息基础设施建设。合理布局电信端局、移动通信局、邮政支局等基础设施，规划新增1座移动中心机楼、3个无线通信基站、1个邮政中心局、3个邮政支局，建立安全可靠、运行高效、质量优良的现代化通信网络。（牵头单位：中国铁塔梅州分公司，梅江区、梅县区、兴宁市、丰顺县、五华县政府和市经济和信息化局、市城乡规划局、市邮政管理局、梅州高新区管委会等单位配合）

（2）优化提升固定宽带网络。加快产业集聚带的宽带网络普及提速，逐步推进园区及商务办公楼宇的光纤宽带接入，适度超前规划和统筹协调通信管道建设。积极推进下一代互联网发展。（牵头单位：市经济和信息化局，梅江区、梅县区、兴宁市、丰顺县、五华县政府和中国铁塔梅州分公司、中国电信梅州分公司、中国移动梅州分公司、中国联通梅州分公司、梅州高新区管委会等单位配合）

（3）加大无线宽带网络建设力度。大力支持高速泛在无线宽带网络发展，进一步扩大无线网络热点覆盖及公共场所无线网络建设，提高热点区域大流量移动数据承载能力，逐步实现产业集聚带各园区无线热点全覆盖。（牵头单位：市经济和信息化局，梅江区、梅县区、兴宁市、丰顺县、五华县政府和中国铁塔梅州分公司、中国电信梅州分公司、中国移动梅州分公司、中国联通梅州分公司、市城市综合管理局、梅州高新区管委会等单位配合）

（4）推动“三网融合”及智慧园区建设。推进“三网融合”相关公共服务平台建设，加大电信、广播电视双向业务实用化进程。建立电子政务服务窗口和公共信息服务平台，重点推动智慧交通、智慧物流、智能生产、智能安全监管、智能电网、智慧医疗等示范工程建设，形成高效运转的智慧园区。（牵头单位：市经济和信息化局，梅江区、梅县区、兴宁市、丰顺县、五华县政府和市城市综合管理局、中国铁塔梅州分公司、中国电信梅州分公司、中国移动梅州分公司、中国联通梅州分公司、梅州高新区管委会等单位配合）

4. 统筹建设稳定可靠的供水排水系统。

加强梅江水源保护，统筹供水系统建设，确保产业集聚带用水安全；建立雨污分流的排水体制，建设分散式污水处理系统，采用中水回用、雨水利用等技术，降低产业集聚带排水强度，构建稳定可靠的供排水系统。

（1）加强水源管理和保护。实施最严格水资源管理制度，做好用水总量控制和纳污限制，提高用水效率。重点保护梅江、桂田水库、益塘水库现有水源，规划新建益塘水库引水工程。外围区就近选取周边水库作为主要水源，并规划备用水源，保障用水安全。（牵头单位：市水务局，梅江区、梅县区、兴宁市、丰顺县、五华县政府和市环境保护局、市城乡规划局、市供排水管理处、梅州高新区管委会等单位配合）

（2）加快供水系统建设。统筹核心区供水系统建设，保留畲江自来水厂，新建东部和西部自来水厂各1座，供水管网互为连通。外围区改扩建水厂3座、新建水厂3座，完善园区供水管网建设，形成安全、稳定、经济的供水保障体系。（牵头单位：市水务局，梅江区、梅县区、兴宁

市、丰顺县、五华县政府和市环境保护局、市城乡规划局、市供排水管理处、梅州高新区管委会等单位配合）

（3）科学布局排水体系。制定产业集聚带排水设施建设规划，明确排水出路与分区，科学布局排水管网。加快推进建成区雨污分流制改造，新建、扩建地区严格按照雨污分流的原则，完善排水管网建设，最终实现“雨水回收利用、污水集中处理”的目标。（牵头单位：市水务局，梅江区、梅县区、兴宁市、丰顺县、五华县政府和市环境保护局、市城乡规划局、市供排水管理处、梅州高新区管委会等单位配合）

（4）统筹污水处理设施建设。在充分发挥现有污水处理厂产能的基础上，优化布局新建污水处理厂，科学设置排污口，确保水环境安全。基于产业集聚带组团开发的基本格局，污水处理设施采用小容量、分散式布局。产业集聚带核心区规划建设（含扩建）污水处理厂9座，外围园区规划建设污水处理厂6座，总建设规模为核心区8万吨/天，外围园区5万吨/天。对污水处理厂出水水质进行严格监控，高标准达标排放。（牵头单位：市水务局，梅江区、梅县区、兴宁市、丰顺县、五华县政府和市环境保护局、市城乡规划局、市供排水管理处、市财政局、梅州高新区管委会等单位配合）

（5）建立再生水循环利用系统。新建污水处理厂预留集中式再生水利用设施用地，逐步建成中水回用管网系统，实现再生水综合利用。大力推广水资源循环利用技术，建立循环水系统、工业水回收系统，对生产各环节的水进行回收再利用，提高工业用水循环利用水平。至2030年产业集聚带整体中水回用率达30%以上，工业用水重复利用率达80%以上。（牵头单位：市水务局，梅江区、梅县区、兴宁市、丰顺县、五华县政府和市环境保护局、市财政局、市城市综合管理局、市城乡规划局、市住房和城乡建设局、市供排水管理处、梅州高新区管委会等单位配合）

5. 构建科学安全的防灾减灾体系。

加强产业集聚带防洪排涝系统和防灾减灾体系建设，全面提升区域综合防灾减灾能力。

（1）构建科学的防洪排涝体系。加快推进梅江、韩江干流等区域性防洪工程建设，继续推进小桑水、宁江河、五华河等中小河流治理工程，完善城市湿地系统，增强区域调蓄洪水、防洪排涝的能力。各县城防洪堤达到50年一遇的防洪标准，韩江、梅江以及其主要支流沿岸乡镇堤围达到20年一遇的防洪标准，确保洪水期间河水不进入产业集聚带。区内采取综合措施，控制雨水径流量，内涝防治标准达到能够有效应对不低于20年一遇暴雨。（牵头单位：市水务局，梅江区、梅县区、兴宁市、丰顺县、五华县人民政府和市发展改革局、市财政局、市城市综合管理局、梅州航道局等单位配合）

（2）完善综合防灾应急体系。实施生态措施和工程措施相结合的综合治理方式，加强丘陵山地地质灾害全面防治；完善抗震防灾系统，统筹布局避难疏散场所；建立健全消防安全体系，完善公共消防设施，加快消防站、消防供水、消防通信、消防车通道等的规划建设；建立防灾指挥系统、避难场所、避难疏散通道、生命线工程、应急救灾物资等综合防灾应急保障系统，提高产业集聚带综合防灾保障能力，确保地区发展安全。（牵头单位：市国土资源局，梅江区、梅县区、兴宁市、丰顺县、五华县政府和市住房城乡建设局、市城乡规划局、市林业局、市水务局、市气象局、市环境保护局、市财政局、市农业局、梅州高新区管委会等单位配合）

（五）生态建设和环境保护。

围绕生态文明建设的要求，坚持生态优先、绿色发展的理念，严格落实主体功能区规划，加强产业集聚带生态建设和环境保护，形成绿色发展的生态安全格局，不断提高生态环境质量，增强产业集聚带的可持续发展能力。

1. 建区域生态安全格局。

落实梅州市“三轴一带一核多廊道”的生态安全格局，充分利用产业集聚带山地、林地、农田、水系等生态要素，打造“生态绿核—生态廊道—生态公园”的三级生态体系，实现产业集聚带生态环境系统的良性循环。

（1）落实区域生态空间管制要求。落实梅州市“三轴一带一核多廊道”的生态安全格局，按照主体功能区规划、广东省环境保护规划、梅州市城市总体规划等上层次规划的要求，科学划定生态保护红线，对禁建区、限建区实行严格的空间管理和控制，确保产业集聚带生态安全。（牵头单位：市环境保护局，梅江区、梅县区、兴宁市、丰顺县、五华县政府和市水务局、市林业局、梅州高新区管委会等单位配合）

（2）保育区域生态绿核。重点保护产业集聚带内南岭山地森林及生物多样性，统筹铁山嶂、神光山、莲花山、阴那山等大型区域绿地建设，构建产业集聚带生态屏障。严格限制园区建设侵占区域生态绿地资源和人为改变地形地貌，保护区域绿地的生态功能。（牵头单位：市林业局，梅江区、梅县区、兴宁市、丰顺县、五华县政府和梅州文化旅游特色区管委会、市环境保护局、市农业局、市水务局、市城市综合管理局、市旅游局、梅州高新区管委会等单位配合）

（3）完善多层次生态廊道体系。坚持组团发展，构建组团间生态廊道体系，避免连片开发。重点依托梅江水系两岸打造沿江生态景观轴线，加强五华河、宁江、榕江北河等主要河道的两岸绿化建设，形成联接区域重要生态节点的河流廊道体系。利用现有农田、水塘及林带等，种植适当宽度的隔离林带，完善农田林网、水系林网和道路林网，充分发挥景观防护林网和林地生态廊道的双重功能。结合产业集聚带组团布局，推进工业园区外围绿化缓冲带建设，发挥组团生态廊道的景观生态功能。（牵头单位：市林业局，梅江区、梅县区、兴宁市、丰顺县、五华县政府和市农业局、梅州文化旅游特色区管委会、市环境保护局、市水务局、梅州高新区管委会等单位配合）

（4）加快特色生态公园建设。以产业集聚带内低山丘陵、生态农田、郊野公园、社区公园为载体，构建产业集聚带特色生态公园体系。加强对组团间农田景观的保护，充分融合低山丘陵、河涌、池塘、森林等生态要素以及产业园区，规划建设凸显梅州山区特色的生态公园，为产业集聚带提供休闲和游憩空间。（牵头单位：市林业局，梅江区、梅县区、兴宁市、丰顺县、五华县政府和市农业局、梅州文化旅游特色区管委会、市环境保护局、市水务局、市旅游局、梅州高新区管委会等单位配合）

2. 加快推进生态建设。

以生态文明建设促进发展方式的转变，通过生态保护与低碳建设，不断完善区域生态系统的结构和功能，增强区域环境支撑能力，实现经济的绿色、低碳、可持续发展。

（1）加强森林抚育与建设。维持自然山林区域原生状态，保护良好的山地常绿阔叶林生态系统，采取抚育、管护等措施促进森林的自然更新。保护覆盖度高、生物多样性丰富的森林群落，以及工业园区间的山地水源涵养林和水土保持林，形成稳定的绿色屏障。因地制宜，科学规划，采取封山育林与人工造林相结合的措施，全面增强区域森林的生态服务功能。做好裸露山体复绿，加强生态功能较弱山体的绿化，使山体与周围环境更加协调。（牵头单位：市林业局，梅江区、梅县区、兴宁市、丰顺县、五华县政府和市环境保护局、梅州高新区管委会等单位配合）

（2）加强生态廊道建设。加强生态公益林建设，在梅江、韩江等主要水系、交通干线和基本农田周边建设纵深的绿化廊道。在江河两岸、主要公路沿线、规划建设区域周边，以及生态敏感（脆弱）地区，严格限制削山取石取土等行为。（牵头单位：市林业局，梅江区、梅县区、兴宁市、丰顺县、五华县政府，、市交通运输局、市环境保护局、市公路局、梅州高新区管委会等单位配合）

（3）积极推进园区环境绿化。优化公共绿地布局，通过以林为主，乔、灌、花、草的优化合理配置，形成点、线、面相结合的环境绿化格局。重点园区之间、重点园区与梅州市主要城镇之间，利用自然山体、水体、绿地、农田等形成绿色开敞空间，严格限制产业开发和园区建设时占用生态用地。（牵头单位：市林业局，梅江区、梅县区、兴宁市、丰顺县、五华县人民政府和市城市综合管理局、市交通运输局、市环境保护局、市公路局、梅州高新区管委会等单位配合）

3. 加大环境保护力度。

坚守生态环境保护的底线，稳步推进园区开发建设。控制园区初始开发规模，避免一次性、大规模开发建设。完善相关环保基础设施，形成较强的环境风险应对能力。

（1）合理设置入园门槛。严格落实主体功能区规划配套环保政策，编制相关专项规划，明确各园区环保准入条件。针对不同区域、不同产业项目设定相应的入园门槛，鼓励引进科技含量高、投资规模大、经济效益好、环境保护达标的项目。（牵头单位：市环境保护局，梅江区、梅县区、兴宁市、丰顺县、五华县政府和市发展改革局、市经济和信息化局、梅州高新区管委会等单位配合）

（2）加强水环境综合保护。针对现状敏感的区域水环境条件，制定科学的排水方案，完善污水处理设施建设，实行严格的污染物控制，确保区域水环境安全。园区建设涉及饮用水源保护区范围的，开发建设应满足饮用水源保护区保护要求。一是加强地表径流控制。保护和修复梅江、韩江等区内自然径流通道，产业集聚带的年径流总量控制率（α）控制在70%≤α≤85%范围内。园区开发建设应大力采取生态滞留草沟、绿色街道、可渗透路面、雨水花园等低冲击开发手段，完善雨水集蓄系统，减少径流排水量，提高雨水回用效率。二是实施污染物浓度和总量双控制。严格执行韩江、梅江流域重点行业污水排放特别限值，建立污染物浓度和总量双控制度。严格控制各污水处理厂的排水标准和出水水质，产业集聚带核心区各污水处理厂对废水进行深度处理，出水水质达到《地表水环境质量标准》（GB3838—2002）IV 类后方可排放。2030 年，产业集聚带综合污水处理率达 100%，工业废水达标排放率达 100%，各组团污水处理厂的中水回用率达到 30%以上，污泥无害化处理处置率达到 100%。（牵头单位：市环境保护局，梅江区、梅县区、兴宁市、丰顺县、五华县政府和市水务局、梅州高新区管委会等单位配合）

（3）加强大气污染防治。通过污染源防治、总量控制、行业准入等手段，对重点地区、重点行业采取严格的大气污染防治措施，确保产业集聚带良好的空气质量。一是加强工业污染源防治。加强 PM2.5 污染物的控制，严格落实对大气污染物的监测和控制措施，加强园区扬尘综合整治和交通工具废气排放治理。加快重点行业脱硫脱硝除尘设施改造，提高重点行业的废气处理和收集能力。加强园区环保监督，保证企业环保设施正常使用。二是实施污染总量控制。合理分配削减指标，严格控制梅县区、兴宁市等地区的排放总量，核定重点污染源的重点污染物允许排放量指标，实行排污许可证制度，严格控制产业集聚带大气污染物总量水平。三是加强噪声污染控制。加强声环境分区管制，强化噪声污染的整体防治。重点强化工业噪声污染监管，确保各工业企业噪声源全部稳定达标排放。严格落实噪声排放标准，加强建筑施工噪声、社会噪声、道路噪声等监管，强化道路两侧的绿化隔离带建设。四是加强固体废物综合处置。推进工业企业清洁生产和资源循环利用，筹划建立工业企业固体废物分类收集、安全转运、再利用的管理体系。重点加强危险固废物监管，建立健全管理台账。推进生活垃圾无害化处理，建立完善的生活垃圾分类收集、运输、处理体系，采用焚烧发电、生化处理、区外填埋等方式处理生活垃圾，加强固体废物处理处置能力。（牵头单位：市环境保护局，梅江区、梅县区、兴宁市、丰顺县、五华县人民政府和市城市综合管理局、市经济和信息化局、市水务局、梅州高新区管委会等单位配合）

（六）公共服务和社会治理。

建设完善产业集聚带公共服务设施，健全就业服务、社会保障等基本公共服务体系，创新社会治理模式，提升产业集聚带公共服务和社会治理水平。

1. 完善公共服务设施。

统筹配置资源，合理布局教育科研、医疗卫生、文化体育等各项设施，建设畲江、水口两个服务中心，构建城市级、镇街级、居住区级三级公共服务设施体系，推进园区公共服务全覆盖，基本公共服务均等化。

（1）建立教育科研设施体系。发挥梅州基础教育优势，按需推进产业集聚带中小学和幼儿园等教育设施规划建设，提高学校覆盖率，保障学生就近入学。加强与珠三角地区教育资源的合作和共享，培训教育事业人才，提高产业集聚带内办学水平。加强校企合作，加快发展现代职业教育，办好职业院校，打造职业培训实训基地。积极争取与高等院校及科研院所合作共建分支机构，建立科研基地。（牵头单位：市教育局，梅江区、梅县区、兴宁市、丰顺县、五华县政府和市人力资源社会保障局、梅州高新区管委会等单位配合）

（2）提升医疗卫生服务能力。推进医疗设施的改进完善，加强与珠三角地区高水平医院的合作，引进优秀的医疗机构和人才，全面提升医疗卫生服务能力和水平。至2030年，规划建设2家以上大型综合医院，布局若干所社区卫生中心，形成分级服务、结构完善、覆盖城乡的医疗卫生服务体系。（牵头单位：市卫生计生局，梅江区、梅县区、兴宁市、丰顺县、五华县政府和梅州高新区管委会等单位配合）

（3）加快文化体育设施建设。充分吸引市场力量发展产业集聚带文化体育事业，建设具有客家文化特色的文体设施，擦亮“足球之乡”的名片。规划建设1座大型体育中心，若干个文体综合服务中心，完善社区健身场地和文化活动场所，打造结构完整、布局完善的体育文化设施体系。鼓励中、小学体育设施对社会开放，提高体育设施使用效率。（牵头单位：市体育局，梅江区、梅县区、兴宁市、丰顺县、五华县政府和市教育局、梅州高新区管委会等单位配合）

2. 加强就业和社会保障。

（1）增加就业机会，完善就业服务。大力发展农副产品加工等特色产业集群，带动农民创业和就业；加大农村劳动力转移培训力度，为产业集聚带提供合适产业工人。建立统一的人力资源信息服务平台，积极开展就业信息、岗位培训和政策对接服务。积极搭建创业创新服务平台，建立返乡就业创业绿色服务通道，吸引高素质人才回流。加大人才引进政策扶持力度，为产业集聚带快速发展提供人才保障和智力支持。（牵头单位：市人力资源和社会保障局，梅江区、梅县区、兴宁市、丰顺县、五华县政府和市金融局、市工商局、市农业局、梅州高新区管委会等单位配合）

（2）构建多元化的住房保障体系。加快推进保障性住房的建设，重点保障城镇低收入住房困难家庭、新引进高素质人才和在园区稳定就业的外来务工人员的居住需求。加大公租房建设力度，推进配套人才公寓与产业园区同步建设。综合利用实物配租、租赁补贴、租金核减等方式提供住房保障。（牵头单位：市住房城乡建设局，梅江区、梅县区、兴宁市、丰顺县、五华县人民政府和梅州高新区管委会等单位配合）

（3）健全社会福利与保障体系。加大社会保障资金投入，建设社会保障平台，建立完善社会保障体系，实现基本养老保险、基本医疗保险制度全覆盖。坚持底线保障，完善最低工资保障机制，建立保障水平与经济社会发展水平相适应的社会救助体系。（牵头单位：市民政局，梅江区、梅县区、兴宁市、丰顺县、五华县政府和市卫生计生局、市人力资源社会保障局、梅州高新区管委会等单位配合）

3. 创新社会治理模式。

鼓励公众参与社会管理事务，促进社会组织健康发展，强化公共管理和公共服务，构建现代社会治理体系。

（1）创新社会治理体制。转变政府职能，强化公共服务，探索建立以人为本、公开透明、办事高效、多元参与的社会治理机制。组织群众依法有序、规范参与社会管理，努力形成支撑产业集聚带建设的良好社会环境。（牵头单位：市监察局，梅江区、梅县区、兴宁市、丰顺县、五华县政府和市发展改革局、市经济和信息化局、市中小企业局、市行政服务中心管理办公室、市民政局、梅州高新区管委会等单位配合）

（2）构建园区公共管理服务平台。推进智慧园区建设，建立园区公共管理服务平台，包括以“一站式服务”为核心的政务服务平台、园区可视化管理平台、园区综合监控平台以及园区经济辅助决策平台等，建立园区公共信息服务体系。（牵头单位：市经济和信息化局，梅江区、梅县区、兴宁市、丰顺县、五华县政府和市发展改革局、市科技局、市质监局、市行政服务中心管理办公室、梅州高新区管委会等单位配合）

（3）加快培育社会组织。加大对社会组织的扶持力度，促进公益性社会组织健康发展，提高专业社工、志愿者队伍服务水平，发挥社会组织在环境保护、公益事业、园区宣传、社区服务等领域的作用，推动产业集聚带社会协同共治。（牵头单位：市民政局，梅江区、梅县区、兴宁市、丰顺县、五华县政府和市环境保护局、市社工委、梅州高新区管委会等单位配合）

（七）统筹城乡发展。

促进城乡统筹、产城融合和区域一体化发展，优化城乡空间格局，强化产城互动，加强产业关联，带动县域产业快速发展，形成城乡一体化的良性发展格局。

1. 化城乡发展格局。

发挥各县城的综合服务功能，促进产业集聚带的产业集聚发展，提升中心镇的配套服务功能，夯实中心村的社区配套服务，形成“产业集聚带—县城—中心镇—中心村”联动发展的城乡格局。一是增强县城综合服务功能。整合提升县城城市服务功能，加强基础设施建设，重点增强医疗、教育、金融、居住等服务功能，完善商务商业、文化体育、休闲娱乐等功能，完善金融配套措施，为产业集聚带及周边乡村提供优质配套服务，促进城乡融合发展。二是提升镇村配套服务功能。加强产业园区周边镇村基础设施建设，完善生活配套设施、基本公共服务，为产业园区和周边农村提供公共配套服务。加强新农村规划建设，促进集体土地集约利用，盘活现状零散村居和产业用地，逐步推进村庄整治、撤并、搬迁，为产业集聚带提供发展空间。改善农村地区居住环境，实现城乡一体化发展。（牵头单位：梅江区、梅县区、兴宁市、丰顺县、五华县政府和梅州高新区管委会、市城乡规划局、市经济和信息化局、市国土资源局等）

2. 进产城融合发展。

（1）加强市区与产业集聚带融合发展。发挥中心城区高端城市服务的辐射带动作用，提高产业集聚带的服务配套能力。通过产业集聚带的快速发展，提高梅州城市经济、产业、就业的承载能力，与中心城区形成“服务共享、产业共荣、联动发展”的格局。（牵头单位：市城市综合管理局，梅江区、梅县区、兴宁市、丰顺县、五华县政府和市城乡规划局、市经济和信息化局、市发展改革局、市人力资源社会保障局、梅州高新区管委会等单位配合）

（2）促进县镇与产业集聚带互补发展。建立县城和园区公共服务设施共建共享机制，重点提升畲江镇区、水口镇区等综合服务功能，满足园区基本生活服务配套以及产业工人的居住需求。加强县城和园区之间的上下游产业合作，不断完善县域产业分工体系，注重强化园区对县镇产业发展的外溢带动作用，通过产业发展带动本地居民就业，促进园区与县镇互为依托、融合发展。（牵头单位：市经济和信息化局、市发展和改革局，梅江区、梅县区、兴宁市、丰顺县、五华县政府和市城乡规划局、市国土资源局、梅州高新区管委会等单位配合）

3. 加快推进城乡一体化。

建立完善城乡一体化的农村普惠金融体系，统筹城乡社会保障体系，实现基本养老保险和医疗保险全覆盖，逐步实现社会保障“一卡通”。推进城镇基本公共服务向常住人口覆盖，促进城乡公共服务设施共建共享。统筹建设园区、县镇、乡村公交设施，促进形成城乡一体、方便快捷的公共交通网络。建立完善“基层首诊、双向转诊、急慢分治、上下联动”的分级诊疗制度，加强基层医疗机构和县级公立医院服务能力建设，方便本地农村居民、城镇居民、产业工人就近就医。（牵头单位：市人力资源社会保障局，梅江区、梅县区、兴宁市、丰顺县、五华县政府和市卫生计生局，市交通运输局，梅州高新区管委会等单位配合）

（八）区域经济合作。

积极推进区域合作，探索经济合作新模式，创新区域合作机制，构建立足本地区、面向珠三角、联通粤东北、对接赣闽粤原中央苏区、融入“一带一路”的区域合作新格局，推动梅州振兴发展。

1. 全区域合作机制。

（1）完善省内对口帮扶机制。落实广州梅州对口帮扶制度，全面加强梅州与珠三角地区经济合作和技术交流，建立合作共赢的长效机制，促进从对口帮扶向经济全面合作转变。（牵头单位：市帮扶办，梅江区、梅县区、兴宁市、丰顺县、五华县政府和市招商局、市经济信息化局、市发展和改革局、梅州高新区管委会等单位配合）

（2）建立区域合作的协调机制。推动完善闽粤赣十三地市协商机制，健全跨区域经济合作平台。完善区域性商品市场、产权交易市场、人力资源市场，加强科技资源、信用体系、市场准入、质量互认、医疗保险等对接。（牵头单位：市商务局，梅江区、梅县区、兴宁市、丰顺县、五华县政府和市经济和信息化局、市招商局、市发展改革局、市人力资源社会保障局、市质量技术监督局、市林业局、市交通运输局、市工商行政管理局、梅州高新区管委会等单位配合）

（3）建立多方利益共享机制。完善产业集聚带与广州等珠三角地区城市产业转移、园区建设的收益分享机制，建立产业集聚带内部利益协调机制，促进区域利益合理分配。（牵头单位：市经济和信息化局，梅江区、梅县区、兴宁市、丰顺县、五华县政府和市发展改革局、梅州高新区管委会等单位配合）

2. 推进市域地区联动发展。

（1）联合嘉应新区实现产城融合发展。推动产业集聚带与嘉应新区联动发展，在梅江两岸集中培育城市和产业发展平台，促进新型工业化和新型城镇化融合发展，形成产业、人口、环境协调发展的格局。嘉应新区重点布局一批具有区域影响力的新兴产业，为产业集聚带提供高端服务配套。重点强化产业集聚带产业功能，增强产业集聚能力，为嘉应新区的发展提供产业支撑，提高城市人口就业吸纳能力，促进梅州市新型城镇化发展。（牵头单位：嘉应新区管委会，梅江区、梅县区、兴宁市政府和市经济和信息化局、市发展改革局、梅州高新区管委会等单位配合）

（2）助力梅江韩江绿色健康文化旅游产业带快速发展。结合产业集聚带建设，加快梅州至潮汕铁路、大丰华高速等重要交通通道建设，完善梅兴华丰地区基础设施配套，依托梅江韩江流域将沿岸旅游景区和产业园区串珠成链、做大做强，实现三产融合，推动梅江韩江（中上游）沿岸县镇联动发展，对接“21世纪海上丝绸之路”，将产业集聚带打造成为面向汕潮揭、通往世界的门户。（牵头单位：市旅游局，梅江区、梅县区、兴宁市、丰顺县、五华县政府和市交通运输局、市铁办、梅州文化旅游特色区管委会、市经济和信息化局、梅州高新区管委会等单位配合）

（3）辐射带动梅州县域产业协调发展。加强产业集聚带与大埔、平远、蕉岭等县域产业的联动发展，在产业引进方面实现联动拓展和差异化发展。充分发挥龙头企业的引领作用，着力延伸产业链条，在梅州市域范围内实现产业分工合作，促进新建园区和已有园区之间的产业协作。加强农业服务业，促进现代农业发展。巩固提升现有产业基础，培育发展特色产业集群，打造产业集聚带和各县（市、区）已有产业基地合作发展新格局，促进县域经济加快发展。（牵头单位：市经济和信息化局，梅江区、梅县区、兴宁市、丰顺县、五华县政府和市发展改革局、市农业局、梅州高新区管委会等单位配合）

3. 加强与省内重点区域合作。

（1）促进与珠三角地区全面合作。以产业

转移工业园为载体，探索园区共建共管共享新模式。在主动承接产业转移基础上，探索与珠三角地区联合推介招商、共同开拓市场的产业合作新方式。加强与珠三角高等院校、大型科研机构、科研创新企业之间的技术和人才合作，建立产学研联盟、产业联盟，提升产业集聚带的自主创新能力。（牵头单位：市经济和信息化局，梅江区、梅县区、兴宁市、丰顺县、五华县政府和市发展改革局、市招商局、市人力资源社会保障局、市科技局、梅州高新区管委会等单位配合）

（2）加强与汕潮揭区域协作。依托汕梅高速、梅州至潮汕铁路等重要区域交通纽带，对接揭阳机场、汕头港等重大基础设施，充分利用机场、港口、铁路、高速公路的交通优势，打通原中央苏区的出海通道，促进区域物流产业合作，构建“海—陆—空”三位一体的物流体系。结合客家文化与潮汕文化的特点，发挥山水生态资源优势，合作发展生态休闲旅游业。（牵头单位：市交通运输局，梅江区、梅县区、兴宁市、丰顺县、五华县政府和市铁办、市商务局、市旅游局、梅州文化旅游特色区管委会、梅州高新区管委会等单位配合）

（3）共建梅州—河源产业承接集中区。依托现有产业基础，推动与河源竞合发展、错位发展，积极承接珠三角先进制造业转移，合作建设珠三角产业转移重要承接集中区，促进原中央苏区产业转型升级。加强与河源地区产业链上下游联动，促进区域产业集群合作发展，共同打造电子信息、机械装备制造、健康医药、绿色能源、农副产品加工等区域特色产业集群。（牵头单位：市经济和信息化局，梅江区、梅县区、兴宁市、丰顺县、五华县人民政府和市招商局、市发展改革局、市农业局、市卫生计生局、梅州高新区管委会等单位配合）

4. 构建赣闽粤区域合作平台。

（1）推动与赣南地区紧密合作。建设赣粤产业合作区，促进与赣南地区特色农业、农产品加工业、现代服务业、先进制造业的产业合作。积极开展区域旅游合作，共同打造红色旅游精品线路。加快建设鹰梅铁路等重要交通通道，加强跨省河流综合治理，探索建立环境保护、生态建设、产业协作方面的合作机制。（牵头单位：市招商局，梅江区、梅县区、兴宁市、丰顺县、五华县政府和市经济和信息化局、市交通运输局、市铁办、市环境保护局、市水务局、市农业局、市旅游局、梅州文化旅游特色区管委会、梅州高新区管委会等单位配合）

（2）促进与海西经济区协调发展。加快浦梅铁路、龙川—龙岩高铁的建设，促进梅州融入厦漳泉“三小时经济圈”。加强与海西经济区农产品深加工、现代服务业、汽车、电子信息和机械制造等产业的合作。利用海西经济区的合作平台，依托客商资源优势，充分运用海峡两岸经济合作框架协议 ECFA 合作机制，加强与台湾地区的合作交流，促进贸易投资便利化和产业交流与合作。（牵头单位：市交通运输局，梅江区、梅县区、兴宁市、丰顺县、五华县政府和市铁办、市商务局、市经济和信息化局、市旅游局、梅州文化旅游特色区管委会、梅州高新区管委会等单位配合）

5. 充分利用粤港澳合作平台。

依托梅州港澳台同胞众多的优势，抓住内地与港澳关于建立更紧密经贸关系的安排深入实施的机遇，加快融入粤港澳经济合作，实现两地货物贸易零关税，扩大服务贸易市场准入，促进贸易投资便利化。通过香港、澳门的国际平台，推动现代农业、经济贸易、先进制造业等产业与国际接轨，借助港澳科技研发方面的优势，共建区域性科研创意、研发设计产业基地，为产业集聚带发展注入经济活力。（牵头单位：市商务局，梅江区、梅县区、兴宁市、丰顺县、五华县政府和市农业局、市科技局、市经济和信息化局、梅州高新区管委会等单位配合）

6. 参与实施“一带一路”战略。

充分利用梅州华侨之乡的有利条件，以世界客商大会为平台，加强与海内外客商的交流。主动参与实施“一带一路”国家战略，发挥内外乡贤、在外客属商会的网络优势，以及在东南亚等地设立的海外经贸文化联络处作用，构建对外交流合作平台，加强海内外技术合作和品牌宣传，积极推动梅州制造、梅州产品走向国际。（牵头单位：市发展改革局，梅江区、梅县区、兴宁市、丰顺县、五华县政府和市商务局、市归国华侨联合会、梅州高新区管委会等单位配合）

（九）体制机制改革创新。

贯彻落实经国务院批准的《赣闽粤原中央苏区振兴发展规划》（发改地区〔2014〕480号）和省委、省政府《关于进一步促进粤东西北地区振兴发展的决定》（粤发〔2013〕9号），充分利用原中央苏区的政策优势，用好用足国家、省对原中央苏区的各项扶持政策，在生态、土地、投融资等关键领域争取国家和省更大力度支持，促进产业集聚带实现跨越发展。

1. 化行政管理体制改革。

（1）深化行政审批制度改革。最大限度缩减政府审批范围，减少政府对企业投资、生产、经营的干预。支持开展行政许可权相对集中试点，鼓励推行标准化审批、一站式审批、并联审批，提升政府服务效率。深入推进商事制度改革，精简前置审批事项，改革商事登记审批流程，放宽商事登记条件，规范商事登记服务，营造良好营商环境。（牵头单位：市行政服务中心管理办公室，梅江区、梅县区、兴宁市、丰顺县、五华县政府和市工商局、梅州高新区管委会等单位配合）

（2）深化企业投资管理体制改革。建立企业投资负面清单管理制度，规范企业投资准入，落实企业投资自主权，激发企业投资活力；全面梳理企业投资项目行政管理事项，按照“四个统一”的要求，优化企业投资项目审批流程，界定政府行政权责；建立纵横联动的在线监管平台，加强企业投资项目监管，规范投资主体行为。（牵头单位：市发展改革局，梅江区、梅县区、兴宁市、丰顺县、五华县政府和市经济和信息化局、市中小企业局、梅州高新区管委会等单位配合）

2. 促进土地管理制度改革。

（1）探索土地综合开发模式。在符合国家相关法律法规规定和产业集聚带发展方向的前提下，允许用地性质的兼容与转换，鼓励公共性设施合理复合集约设置。支持探索实行“主体运营+经营性配套资源+特许经营权”的整体投资运营模式，建立完善园区土地综合利用机制。研究制定社会资本投资土地综合开发收入分配政策。（牵头单位：市国土资源局，梅江区、梅县区、兴宁市、丰顺县、五华县人民政府和市经济和信息化局、梅州高新区管委会等单位配合）

（2）实行土地差别化政策。支持产业集聚带开展土地租赁、作价入股等土地有偿使用试点；针对珠三角地区产业转移及园区产业发展的实际需求，对产业用地的供地方式、供地年限和地价实行差别化管理。在安排土地利用年度计划、城乡建设用地增减挂钩周转指标等方面，向产业集聚带倾斜。对新建高速公路、国省道干线公路升级改造给予土地利用年度计划指标支持，倾斜安排产业集聚带内省级重大项目土地利用年度计划专项指标。（牵头单位：市国土资源局，梅江区、梅县区、兴宁市、丰顺县、五华县政府和梅州高新区管委会等单位配合）

3. 推进投融资体制创新。

（1）探索设立梅兴华丰产业发展投资基金。统筹用好国家和省相关政策，探索发起设立由民间资本、国内外投资机构、广大客商侨胞共同参与的梅兴华丰产业发展投资基金，按“政府引导、市场运作”的理念进行管理运营，重点支持产业集聚带基础设施建设、公共服务配套建设、产业园区土地整理开发以及重点产业发展，政府整合财政性资金以适当方式对产业投资基金予以支持。（牵头单位：市金融工作局，梅江区、梅县区、兴宁市、丰顺县、五华县政府和市财政局、市经济和信息化局、梅州高新区管委会等单位配合）

（2）创新融资方式拓宽融资渠道。充分运用债、贷、股多种融资组合，拓宽融资渠道，减少地方财政压力。支持探索发行项目收益债以及中期票据等直接融资工具，争取地方政府债券资金支持，充分利用政策性银行金融贷款，为产业集聚带基础设施建设提供资金支持。鼓励运用政府和社会资本合作（PPP）模式，通过股权投资、特许经营、购买服务等多种方式，推进基础设施和公共服务投资建设运营市场化。（牵头单位：市发展和改革局，梅江区、梅县区、兴宁市、丰顺县、五华县政府和中国人民银行梅州中心支行、市金融工作局、梅州高新区管委会等单位配合）

（3）支持建设企业投融资平台。支持中小企业发行各类非金融企业债务融资工具及集合债、私募债等，加大对中小微科技型、创新型企业的投融资支持力度。支持探索非上市公司股权转让有效途径，积极参与新三板、区域OTC市场等资本市场创新，试点股权众筹融资。支持符合条件的相关企业挂牌上市。支持广东客商银行建设，支持梅州辖区商业银行依据授权提高贷款审批权限。（牵头单位：市金融工作局，梅江区、梅县区、兴宁市、丰顺县、五华县政府和市财政局、市中小企业局、梅州高新区管委会等单位配合）

4. 复制推广自贸区经验。

支持产业集聚带成为广东自贸区的复制推广示范区。支持产业集聚带复制推广上海自贸区相关改革措施，实现产业集聚带与广州南沙新区保税港区有效衔接，提升出口货物便利程度。允许产业集聚带内外商以独资、合资、合作形式（中方控股）从事高端制造业的技术研发和工业设计，允许产业集聚带在金融服务、跨境电商、大宗商品交易等方面扩大对外开放。（牵头单位：市商务局，梅江区、梅县区、兴宁市、丰顺县、五华县政府和梅州高新区管委会等单位配合）

5. 积极创新生态建设机制。

（1）探索完善生态补偿机制。争取国家和省支持完善重点生态功能区转移支付机制，落实重点生态功能区转移支付，增强重点生态功能区和禁止开发区所在地政府提供基本公共服务的能力，促进当地经济社会发展与生态环境相协调。（牵头单位：市财政局，梅江区、梅县区、兴宁市、丰顺县、五华县政府和市发展改革局、梅州高新区管委会等单位配合）

（2）建立绿色经济核算体系。积极探索开展流域水权、碳排放权交易试点。加大碳汇林建设力度，完善林业碳汇交易机制，逐步扩大碳汇交易规模。按中央和省的统一部署，推动开展环境保护费改税试点，加快建立资源型企业可持续发展准备金制度。（牵头单位：市财政局，梅江区、梅县区、兴宁市、丰顺县、五华县政府和市发展改革局、市林业局、市环境保护局、梅州高新区管委会等单位配合）

四、实施保障

紧紧抓住中央加快振兴发展赣闽粤原中央苏区，以及省委、省政府关于进一步促进粤东西北地区振兴发展的决定实施的有利时机，按照市委、市政府提出“一区两带”发展战略，加快梅兴华丰产业集聚带建设，切实抓好各项规划任务落实。

（一）加强宣传推介。

充分利用广交会、中博会、高交会、文交会等国家和省重要会展平台，积极发挥“世界客商大会”的桥梁作用，加强产业集聚带及企业形象宣传和推介。完善招商引资政策，建立招商引资项目平台，加强对企业的“一对一”跟踪服务，促进企业投资项目有效落地。加强产业集聚带规划宣传力度，引导公众支持产业集聚带开发建设。

（二）强化组织领导。

成立市梅兴华丰产业集聚带规划建设指挥部，具体负责集聚带规划建设工作，统筹协调和研究解决集聚带建设中的重大问题，切实加强对规划实施的组织领导。市直各部门、各单位以及相关县（市、区）要结合各自职能，履行支持指导职责，指定本单位一名分管领导和专人负责，做好有关工作，支持配合《总体规划》的全面实施。产业集聚带规划建设采取“省市共建、以市为主”的模式，市梅兴华丰产业集聚带规划建设指挥部要切实担负规划建设的主体责任，承担经济建设职能，按照总体规划和专项规划要求，负责组织实施产业集聚带的规划建设；要主动加强与省有关部门联络沟通，建立完善与市相关部门共同参与的协调机制，明确工作分工，落实工作责任，形成工作合力，全力推进集聚带规划建设。

（三）明确责任分工。

按照“理顺关系、权责一致、执行顺畅、提高效能”的原则，市直各相关单位和有关县（市、区）要按照本工作方案要求和任务分工，结合实际，制定具体工作实施方案，进一步细化分解目标任务，切实做好规划实施工作。各牵头单位要切实发挥牵头抓总的作用，牵头单位要积极跟进，主动担责，加强与省、市有关部门的沟通衔接，确保如期完成各项工作任务，明确进度安排，落实工作责任，有计划有步骤的组织实施，及时研究解决推进过程遇到的问题，科学推进产业集聚带规划建设。

（四）狠抓工作落实。

实施产业集聚带的规划建设，涉及面广、工作量大、任务艰巨，各地各相关单位一定要按照任务分工的要求，精心谋划，明确任务，落实责任，细化工作，按照既定目标任务，推进各个节点，抓好工作落实，依期完成规划任务。

（五）注重监督检查。

市产业集聚带规划建设指挥部要会同有关部门，加强对本规划实施情况的跟踪分析，做好各项工作和政策措施落实的督促检查工作，及时掌握各有关单位工作任务完成情况。完善社会监督机制，鼓励公众积极参与规划的实施和监督。同时，定期开展规划实施情况的评估，确保产业集聚带发展总体规划顺利实施。

梅州市人民政府办公室
关于印发促进梅州振兴发展 2016 年重点工作任务的通知

各县（市、区）人民政府，市府直属和中央、省属驻梅各单位：

《促进梅州振兴发展 2016 年重点工作任务》已经市政府同意，现印发给你们，请认真抓好贯彻落实。

梅州市人民政府办公室

2016 年 7 月 12 日

促进梅州振兴发展 2016 年重点工作任务

2016 年，是我市实施“十三五”规划的开局之年，也是梅州振兴发展的关键一年，根据市委、市政府工作部署，为深入贯彻落实省《促进粤东西北地区振兴发展 2016 年重点工作任务》的有关要求，紧紧围绕“三大抓手”，构建“一区两带”发展新格局，发展实体经济，壮大县域经济，改善重点民生，扎实推进振兴发展各项工作任务的落实，努力实现“十三五”发展良好开局，特提出促进梅州振兴发展 2016 年工作任务。

今年工作的主要目标是：地区生产总值增长 9%左右，人均 GDP 增长 8 %左右，规模以上工业增加值增长 13.5%，固定资产投资增长 30%左右，社会消费品零售总额增长 12 %，服务业增加值增长 9.5%左右，全市产业园区（集聚地）规上工业增加值占全市规上工业增加值达到 34%，研发经费支出占地区生产总值比重力争达到省的目标要求，节能减排降碳约束性指标完成省下达的年度计划，城乡居民人均可支配收入增长与经济增长基本同步，社会更加和谐稳定。主要抓好以下重点工作任务的落实。

一、积极争取政策资金支持，助推加快振兴发展

（一）深入做好政策研究和项目对接。全力抓好中央苏区和粤东西北地区振兴发展“两大政策”的落实，着力加强与上级各有关部门的沟通对接，争取更多的政策及项目落地。结合贯彻落实中共中央办公厅、国务院办公厅《关于加大脱贫攻坚力度支持革命老区开发建设的指导意见》，以及胡春华书记、朱小丹省长来梅调研指示精神，加强苏区、老区政策研究、梳理和对接，努力在投资、土地、基础设施、生态补偿和社会公共服务等方面加大政策落实力度，争取国家和省在政策、项目、资金、用地等方面给我市更大倾斜。[市发展改革局、扶贫开发局、财政局、住房城乡建设局、国土资源局、林业局、水务局、环保局、教育局、卫生计生局、人力资源社会保障局、交通运输局、公路局、铁路建设办、经济和信息化局、旅游局、商务局、农业局等相关职能部门，各县（市、区）人民政府负责落实，下同]

（二）着力抓好资金争取工作。重点在教育、医疗卫生、社会养老、农林水利、城市基础设施、保障房建设、节能环保、旅游等领域继续争取中央预算内投资资金和省级资金，并做好政府投资项目专项稽察工作。[市发展改革局、扶贫开发局、财政局、住房城乡建设局、国土资源局、林业局、水务局、环境保护局、教育局、卫生计生局、人力资源社会保障局、农业局、民政局、旅游局等相关职能部门，各县（市、区）人民政府]

二、加速推进经济发展，确保实现“十三五”良好开局

（三）加快推进供给侧结构性改革攻坚。实施省、市供给侧结构性改革总体方案和五个行动计划，抓好“三去一降一补”各项工作。加快国有“僵尸企业”市场出清重组，做好职工安置工作。10 月 1 日起，对 24 项国家规定的涉企行政事业性收费免征其市县级收入，对省定涉企行政事业性收费实行“零收费”。实现企业综合成本比 2014 年下降 5%—8%。采取棚改安置和住房保障货币化、建立购租并举住房等措施，积极引导、鼓励农民和农民工进城购房，加快房地产去库存，确保完成全市 2016 年 2.5 万平方米非住宅商品房去库存任务。完善全口径政府债务管理，加强或有债务监控，有效化解地方政府债务风险。创新补短板投入机制，加快补齐软硬基础设施短板，提高公共产品和服务供给能力和水平。[市发展改革局、经济和信息化局、财政局（国资办）、住房城乡建设局、金融工作局，各县（市、区）人民政府]

（四）推进重大项目建设。围绕“三大抓手”和“一区两带”重大平台建设，着力抓好项目的谋划建设，以项目建设促进全市投资的稳步增长，不断增强发展的后劲。抓好项目申报和策划储备，瞄准“两大政策”，加强项目策划和开发，建立近期及中长期项目储备库，编制实施政府投资三年滚动计划，建立固定资产投资项目库，为我市加快振兴发展提供坚强的项目支撑。强化项目管理，优化亿元以上重大项目台账，实施《2016 年重点项目目标责任制实施方案》，落实领导挂钩重大项目制度，强化问题导向，加强督查督办，着力解决重点项目在报批、征地拆迁、资金筹措等方面的难题，全力加快重点项目建设。[市发展改革局等相关职能部门，各县（市、区）人民政府]

（五）加快重大发展平台建设。全力推进广东梅兴华丰产业集聚带和梅江韩江绿色健康文化旅游产业带规划建设。制定梅兴华丰产业集聚带总体规划实施方案和 2016 年度工作方案，逐步完善公共交通、通信、水电、供热、供气等配套设施建设，用好省预安排资金，启动环保基础设施规划建设，加快学校、医院等配套设施建设，提升服务配套环境，促进从业人员生活便利化，聚集人气，把广东梅兴华丰产业集聚带打造成梅州振兴发展的核心引擎和产业示范发展的重要平台。继续全力推进国家级经济技术开发区、梅州综合保税区等两个“国字号”重大平台的申报、建设工作，推进铁路物流园、创业孵化园等平台建设。制定梅州旅游十三五发展规划，争取将梅江韩江绿色健康文化旅游产业带发展规划上升为省级发展战略，系统梳理梅江韩江文化、生态、健康、旅游等核心资源，高起点规划，基础设施先行，统筹推进全市文化生态健康旅游特色产业发展，加快建设国家旅游休闲示范城市、旅游综合改革示范市。制定梅江韩江绿色健康文化旅游产业带实施方案和 2016 年行动方案，大力推进梅江韩江两岸道路改造提升，促进产业带县际路网互联互通；依托雁洋国际慢城、丰顺温泉、五华热矿泥、大埔名镇名村、蕉岭长寿乡村、平远生态休闲景点景区等核心旅游资源，打造一批生态文化旅游养生综合体；重点支持丰顺县留隍镇、梅县区雁洋镇以及客天下文化旅游产业园建设国家级旅游度假区，大力支持丰顺县?隍镇建设鹿湖国际康养旅游度假区；依托“一路一带”城市旅游联盟、原中央苏区红色旅游联盟、客家旅游联盟等平台，扩大旅游品牌知名度和影响力；实施“旅游+”战略，推动旅游与文化、工业、农业、体育等产业深度融合。[市发展改革局、经济和信息化局、商务局、旅游局、梅州高新区管委会、梅州文化旅游特色区管委会等相关职能部门，各县（市、区）人民政府]

（六）创新发展现代服务业。积极推动“互联网+”行动计划，推动互联网和现代服务业加速融合，培育发展金融保险、跨境电商、文化创意、工业设计、休闲度假、健康管理、服务外包、

APP等一批新业态。加快创建国家电子商务示范城市，培育一批生产服务型物流园和配送中心，重点推进广铁现代铁路物流园、深圳有信达保税物流等项目建设，促进快递业有序发展。加快引进商业银行及村镇银行，力促4个县（市、区）纳入省农村普惠金融试点范围，年内完成2家以上农信社改制。支持各类文化创意产业园和文化旅游产业基地发展，致力在文化（包装）创意和互联网创业方面培育更多创新人才。[市经济和信息化局、商务局、中小企业局、金融工作局、旅游局、文化广电新闻出版局、人行梅州市中心支行、梅州文化旅游特色区管委会，各县（市、区）人民政府]

（七）加快发展现代农业。调整优化农产品供给，加快农业装备设施建设，高标准建设农业温室大棚，建设农产品冷链仓储配送系统，提升农产品品质质量。实施“互联网+现代农业”计划，加强农业科技创新和成果转化，实现现代种业提升工程。开展主要农作物生产全程机械化推进行动，抓好现代农业“五位一体”示范基地建设。大力发展农机服务、农资供应、农产品加工储运等新型农民合作社。培育一批农业领军龙头企业，力争新培育省市龙头企业40家、合作社600家以上。继续加强省级菜篮子基地建设。提升动物防疫能力，实现禽流感、口蹄疫、高致病性猪蓝耳病、猪瘟的免疫密度95%以上，免疫抗体合格率75%以上，确保不发生区域性动物疫情。[市农业局、供销社、畜牧兽医局，各县（市、区）人民政府]

（八）促进民营经济健康发展。全面落实促进民营经济大发展的政策措施，减少对民间资本的限制，优化民营企业发展环境，解决准入限制、项目审批、融资等制度性障碍。推动各类帮扶、激励政策全面落实到民营企业，进一步降低涉企收费、用工成本、融资成本和用地成本。加大力度支持民营企业参与政府投资项目、重大基础设施项目和公用事业等领域。重点扶持一批民营企业做强做大，鼓励民营骨干企业开展强强联合、上下游整合等多种形式的并购重组，提高产业集中度和资源配置效率。积极发展资本市场，力争邓老凉茶年内在香港上市，每个县（市、区）培育1家以上企业在“新三板”挂牌。[市中小企业局、经济和信息化局、发展改革局、金融工作局、国税局、地税局，各县（市、区）人民政府]

（九）扩大有效需求。提高投资有效性和精准性，推动一批重大基础设施、重大产业项目、重点民生工程建设。提高社会投资占重点项目投资比重，建立重点项目和金融机构对接机制。力争一批项目纳入国家和省PPP试点项目库，全力做好国家专项建设基金争取工作，重点在交通基础设施建设、保障性安居工程配套基础设施、城市地下综合管廊建设等方面争取中央专项建设基金。开展消费品质量提升行动。发展教育、文化、体育、健康等服务，促进信息消费。稳定住房、汽车等大宗消费。落实小排量汽车税收优惠政策，实施轻型货车下乡政策。推动电子商务向农村延伸，实施快递下乡，扩大农村消费。[市商务局、经济和信息化局、发展改革局，各县（市、区）人民政府]

三、继续推进以交通为重点的基础设施建设，增强振兴发展后劲

（十）推进交通基础设施建设。加快推进兴华、梅平、大潮高速公路建设，动工建设梅州东环、大丰华高速丰顺至五华段、兴汕高速五华至陆河段高速公路。加快梅汕高铁先行段的施工进度，加快整体用地报批和征地拆迁工作，推进全线动工建设。加快推进新建龙岩至梅州至龙川铁路建设，开展可研及各专项研究工作，争取8月份前完成预可研报告审查工作，力争2017年开工建设。加快推进瑞金至梅州铁路项目建设，争取中铁总和省发展改革委支持把该项目调整列入2016年前期工作计划，力争2017年底前开工建设。优化国、省、县乡公路的路网结构，升级改造国省道120公里，推进26条旅游公路建设，加快实施公路生命安保工程，加大危桥改造力度，增强普通公路服务水平和保障能力。完善交通运输配套设施，加快推进市中心枢纽汽车站、兴宁综合物流园和一批纯电动公交车充电站建设。新建农村客运站（亭）16个、改造7个，新增通客车建制村30个。加快推进梅县机场迁建项目前期工作，争取民航局批复确定选址。加强航道养护管理，保障航道安全畅通。[市交通运输局、公路局、发展改革局（铁路建设办）、梅州航道局、机场迁建办，各县（市、区）人民政府]

（十一）加快推进水利能源基础设施建设。突出抓好高陂水利枢纽工程、中小河流治理、中小型灌区续建与节水改造、城市水务工程等16类238宗水利工程建设。完成山区660.4千米中小河流治理。统筹推进城市供水体系、村村通自来水建设，继续推进农村中型及重点小型机电排灌工程与节水改造、小农水重点县建设。重点推进梅州抽水蓄能电站建设及大埔电厂2号机组建成投产。继续加强一批电源送出工程、主干电网和城市配网建设，做好农村电网改造升级工作。推动发展风能、太阳能等绿色清洁能源，建设一批风电场、光伏电站电源项目。[市水务局、发展改革局、经济和信息化局、梅州供电局，各县（市、区）人民政府]

（十二）推进信息基础设施建设。贯彻落实《全省信息基础设施建设三年行动计划（2015—2017）》，实施4G网络入乡进村工程，推进农村信息合作社试点工作。依托新建公路同步建设4G基站，实现城乡及交通干线4G网络全覆盖。加快城市4G网络规模化商用建设。提升公共WLAN覆盖率。实施村村通光纤工程，新增光纤接入用户16万户，互联网普及率提高到64%。开展原中央苏区县农村超高速无线局域网试点应用。[市经济和信息化局，各县（市、区）人民政府]

四、注重产业集聚集约发展，着力推进产业园区扩能增效

（十三）提升产业园区集聚集约发展水平。深化穗梅对口帮扶共建园区，以建设梅兴华丰产业集聚带为依托，以“一核四组团”为重点，统筹推进产业园区集聚集约发展。大力提升园区投资环境，简化审批程序，落实资金、专项用地指标、“零收费”等扶持政策，推广售电侧改革试点，完善园区基础设施、生活配套和公共服务平台建设，完善园区配套服务功能，推动示范园建立生产性服务中心工作。围绕园区产业规划和发展定位，严格落实投资强度、环境保护等准入条件，深入实施乡贤回归投资兴业工程，加大园区招商引资力度，着力引进规模大、带动力强的行业龙头项目，促进产业链上下游企业抱团入园投资发展。鼓励引导本地企业集中入园、更新设备、提升技术水平，实现产业二次集聚和转型升级。加快园区现有企业建设发展，努力培育壮大园区规上企业数量，增强经济总量，提升园区发展质量。加强闲置土地、厂房处置，加大对违法用地的处理力度。全市省产业转移工业园（含产业转移集聚地）完成固定资产投资133亿元，实现规模以上工业增加值85亿元，其中广州（梅州）产业转移工业园完成固定资产投资45亿，规模以上工业增加值增长25%。[市经济和信息化局、招商局、梅州高新区管委会、蕉华工业园管委会，各县（市、区）人民政府]

（十四）推动产业和劳动力“双转移”。加强与珠三角龙头企业和省属国有企业的对接，积极争取珠三角企业生产性项目和省属国有企业新上工业性项目落户梅州。加快职业技术学院、技校等职业院校建设，开展技能晋升培训，加强劳动力职业技能培训。开展技能晋升培训补贴1万人次，促进劳动力转移到城镇稳定就业。组织开展就业服务专项活动400场，向珠三角地区输送劳动力约1万人。[市经济和信息化局、人力资源社会保障局、财政局（国资办），各县（市、区）人民政府]

五、加快以人为核心的新型城镇化，提升城乡规划一体化发展水平

（十五）推进中心城区扩容提质。围绕“一区两带”布局，加快完成《梅州市城市总体规划》、《江南新城控制性详细规划》及《芹洋半岛控制性详细规划》。以嘉应新区起步区为重点，扎实推进江南新城、芹洋半岛和梅县新城开发，按照国家地下综合管廊和海绵城市试点标准，完善公共交通、文化教育、医疗卫生等综合配套服务功能。统筹新区开发和老城改造，利用“三旧”改造分类推进旧区和城中村改造，实现旧区城市环境改善和新区功能完善。严格制定环境和产业项目准入标准，加快城区“退二进三”步伐，推动金融服务、电子商务、商贸会展等都市型产业集聚发展。加快推进城市地下管廊、排水管网系统、防涝系统、重点市政路网建设。深化城市管理体制改革，加强城市、管理和服务，推广应用数字化城管系统，提升城市管理精细化、常态化和长效化水平。[市城乡规划局、住房城乡建设局、城市综合管理局、水务局、嘉应新区管委会、芹发办，各县（市、区）人民政府]

（十六）加快城乡一体化建设。出台实施新型城镇化规划，加快构建横向错位发展、纵向分工协作的城镇化发展格局。积极推进省新型城镇化“2511”试点（雁洋综合试点镇和客天下旅游产业园“美丽小镇”专项试点项目）建设。健全城乡一体化发展体制机制，推进城乡规划一体化，编制完善县（市、区）全域城乡建设规划。统筹城乡基础设施建设，推动水、电、路、气基础设施联网、共建共享。合理配置城乡基本公共服务资源，建立健全优质教育、医疗资源城乡共享机制，推动城镇公共服务向农村延伸，缩小城乡基本公共服务水平差距。加快建设美丽乡村，推进乡村绿化美化工程建设。开展农村环境连片整治，加快建设农村垃圾、污水处理系统，实现农村废弃物、人畜粪便无害化处理。完善农村生活垃圾处理体系和长效运营机制，村庄保洁覆盖面达90%，农村生活垃圾有效处理率达80%以上，农村生活垃圾分类减量达30%。[市发展改革局、城乡规划局、住房城乡建设局、城市综合管理局、教育局、卫生计生局、水务局、农业局、环境保护局，各县（市、区）人民政府]

（十七）加快推进户籍人口城镇化。把促进有能力在城镇稳定就业和生活的常住人口有序实现市民化为首要任务，统筹推进户籍制度改革，实施居住证制度，推动基本公共服务逐步覆盖全部人口。有序放开地级市落户限制，全面放开建制镇和小城市落户限制，完善异地务工人员积分制入户城镇政策，优化户口迁移等政务服务。保障进城落户农民的土地承包经营权、宅基地使用权和集体收益分配权。建立健全财政转移支付与农业转移人口市民化挂钩、财政建设资金对城市基础设施补贴数额与城市吸纳农业转移人口落户数量挂钩、城市建设用地增加规模与农业转移人口落户数量挂钩等“三挂钩”机制。[市住房城乡建设局、城乡规划局、公安局、财政局、人力资源社会保障局、发展改革局、国土资源局、农业局，各县（市、区）人民政府]

六、大力发展县域经济，夯实振兴发展基础

（十八）注重发展县域特色产业。按照主体功能定位进行分类指导，推动县域培育发展与主体功能定位相适应的特色优势产业，依托优势资源打造产业集群。结合争取省相关专项资金对县级特色支柱产业的支持，加大对县域特色产业的扶持。重点开发县（市、区）重点抓好产业集聚区建设，有序承接产业转移，培育壮大优势产业。农产品主产区重点加强农业基础设施建设，大力发展规模化经营，推进农产品精深加工。重点生态功能区突出发展生态旅游、休闲农业、养生健康等绿色产业，提高生态产品供给数量和质量。重点支持梅江区发展电子信息产业，梅县区发展机械装备制造和高端电子信息产业，兴宁市发展机电制造和食品加工产业，平远县发展稀土新材料、机械电子和建材家具产业，蕉岭县发展新型建材和长寿产业，大埔县发展电力和陶瓷产业，丰顺县发展电声产业，五华县发展五金机电、酒业药业和先进设备制造业，促进特色产业集约化、多元化发展，致力打造一批百亿产业和企业。联动发展镇域特色产业，每个县（市、区）抓好2~3个工贸、旅游或农业型专业镇。[市发展改革局、经济和信息化局、农业局、林业局、旅游局，各县（市、区）人民政府]

（十九）加大对中小微企业的帮扶力度。加快建设县域中小企业服务中心体系，并借助专家团队的把脉和指导，完善中小企业公共服务平台网络，落实促进小微企业上规模相关政策措施，扶持小微企业创办、“小升规”企业培育、“小巨人”企业成长。建立县级重点税源型企业目录管理机制，大力培训重点税源企业，扶持重点企业做大做强。在市行政服务中心设立专门“创业创新综合服务窗口”，打造“送政策、送专家、送服务”活动品牌，实行“点对点”服务。拓宽融资金渠道，积极构建企业融资平台，管好用好信贷风险补偿基金、创业创新投资引导基金、创业小额担保贷款基金“三大基金”，撬动银行信贷资金30亿元以上，全力支持骨干企业上市融资。[市中小企业局、经济和信息化局、国税局、地税局、金融工作局、财政局，各县（市、区）人民政府]

（二十）提升县域综合承载能力。强化县域城乡统筹载体作用，加快县城和中心镇（重点镇）人口集聚、产业集中和功能集成，增强发展县域经济和吸纳农业转移人口就近就业落户的支撑作用。合理规划县域公共交通、文化教育、医疗卫生、商业服务等综合配套设施，提高基本公共服务和社会保障水平，引导本地农业人口向县城和中心镇（重点镇）集聚，促进就地就近城镇化。探索开展特大镇功能设置试点，发展休闲旅游、特色产业、民俗文化等特色小镇。[市发展改革局、住房城乡建设局，各县（市、区）人民政府]

（二十一）加大政策资金的落实力度。深入贯彻落实促进县域经济社会发展政策，大力推进扩权强县和简政强镇，健全完善县级基本财力保障机制。重点跟进落实上级在支持县域产业园区的基础设施建设、招商引资、产业集聚和企业创新等扶持资金政策，积极争取省在县级财力保障、生态保护补偿机制、财政增量返还及协调发展奖等一般性转移支付上对我市予以更多政策倾斜和资金支持。争取落实对新出台的属于省与市县共同承担支出责任的事项，原中央苏区县应负担比例的一半由省财政承担的政策，继续争取落实省在粤东西北振兴发展各类资金中按一定比例安排支持我市苏区建设发展。认真实施粤东西北地区人才发展帮扶的“扬帆计划”，引进创新创业团队和紧缺拔尖人才以及培养高层次人才、高技能人才。加快全市土地利用总体规划中期调整完善工作，统筹优化建设用地和做好城市周边永久基本农田划定工作，优先为县域产业园区提供用地规模。[市经济和信息化局、财政局、人力资源社会保障局、国土资源局，各县（市、区）人民政府]

七、大力实施创新驱动发展战略，培育创新发展新增长点

（二十二）实施创新驱动发展战略。深化与珠三角创新合作，主动接受珠三角自主创新示范区辐射。全面推进产学研合作和协同创新，支持发展重点行业产业技术创新联盟，加快建设专业镇产学研协同创新中心，探索实行专业镇与珠三角帮扶市对口合作模式；加强与梅州籍院士（校长）的对接联络，借力院士（校长）推动创新驱动发展。大力促进大众创业、万众创新，充分利用互联网实现创新资源与创新群体有效对接，大力发展众创、众包、众扶、众筹等创新模式。围绕建设梅兴华丰产业集聚带建设，引进培育高新技术企业和科技型企业，打造以广梅园为中心的创新发展增长极。加快推进创业孵化（实训）示范基地建设，完善孵化育成体系，加快实施孵化器倍增计划，大力发展创客空间、创新工场等众创空间。建设各具特色的返乡人员创业联盟，落实返乡创业人员定向减税和普遍性降费措施，吸引在外乡贤能人回乡投资创业。支持举办各类创新创业大赛，形成良好“双创”文化和氛围。力争年底前各县（市、区）建立1家县级以上的创业孵化基地，梅兴华丰产业集聚带创新创业孵化园在年底前建成使用。[市中小企业局、科技局、经济和信息化局、发展改革局、人力资源社会保障局，各县（市、区）人民政府]

（二十三）大力推动产业转型升级。贯彻落实《中国制造 2025》，实施传统支柱型产业转型升级技术路线和行动计划。坚持高新技术产业培育和传统产业改造双轮驱动，围绕电子信息、半导体照明、先进装备制造、生物医药等重点领域，大力培育百亿园区、百亿产业和百亿企业，重点抓好基础较好、发展潜力较大的电力、电子、烟草、水泥和电声等五大产业发展。以新一轮技术改造为契机，完善落实技术改造事后奖补、首台

（套）重大技术装备及先进装备保险补偿机制等扶持政策，支持企业扩产增效、设备更新和节能改造。重点推进梅州卷烟厂技改、塔牌水泥新上600万吨生产线等项目建设。[市经济和信息化、科技局，各县（市、区）人民政府]

（二十四）大力培育创新企业。研究促进梅州振兴发展的科技专项政策，深入实施高新技术企业培育计划，扶持大中型工业企业建立研发机构，实现高新技术企业达6家，工程中心达6家，发明专利申请量增长6%以上。实施科技型中小微企业培育工程，全面建设中小微企业技术创新公共服务平台。落实研发费用加计扣除政策，积极争取省创业引导基金支持。落实科技企业孵化器财政资金后补助政策、创业投资和信贷风险补偿政策，完善科技创新各项金融政策。[市科技局、中小企业局、金融工作局、财政局，各县（市、区）人民政府]

八、大力推进绿色低碳发展，坚守环保生态底线

（二十五）加强生态环境保护和建设。落实主体功能区规划，加强生态控制线、林业生态红线划定管理。扎实推进国家生态文明先行示范区建设和国家森林城市创建，继续争取大埔县、丰顺县、五华县调整纳入国家重点生态功能区。重点生态功能区严格实施产业准入负面清单。大力实施“水十条”和南粤水更清行动计划，加强饮用水源保护，开展汀江—韩江跨省生态补偿试点。推进新一轮绿化广东大行动，加快林分改造，提高造林绿化质量和效益。加快森林碳汇开发，完善提升生态景观林带，推进森林进城围城，完成碳汇造林18.07万亩，规划建设森林公园21个、湿地公园2个。完善重点生态功能区、禁止开发区的生态补偿机制，落实激励性补偿政策。[市发展改革局、环境保护局、林业局、水务局、国土资源局，各县（市、区）人民政府]

（二十六）强化节能减排和污染治理。深入实施能源和水资源消耗、建设用地等总量和强度“双控”行动。加强高耗能行业能耗管控，启动燃煤电厂超排放改造，强化旋窑水泥厂脱硝设施运营管理，进一步提高脱硫脱硝效率。大力推动公交电动化，加快充电基础设施建设，新建住宅全部建设充电设施或预留接口，公共建筑按不低于停车位总数10%的比例配建设。实施绿色建筑行动计划，积极创建国家低碳试点城市和绿色低碳示范城区，支持兴宁、大埔两个低碳试点县（市）建设。加强高能耗行业管控，推动火电行业超低排放改造。大力淘汰黄标车，完成省下达黄标车淘汰任务。加快推进省产业园（集聚区）分布式光伏发电、循环化改造和企业清洁生产。严格落实节约用地制度和耕地保护制度。扎实开展水污染、大气污染、重金属污染等重点整治，完善农村饮用水水源地环境监测体系，严格控制道路和工地扬尘污染，全市环境空气污染物指标继续保持全面达标，可吸入颗粒物（PM10）年均浓度不超过2015年。依法关闭或搬迁禁养区内的畜禽养殖场和养殖专业户。[市发展改革局、经济和信息化局、国土资源局、环境保护局、住房城乡建设局、水务局，各县（市、区）人民政府]

（二十七）推进环保基础设施建设。推进新一轮污水处理和生活垃圾处理设施建设，支持以PPP模式开展污水处理设施及配套管网建设。启动建设示范县镇村污水处理项目，新增市、县、镇污水处理设施16座，新增农村污水处理设施35个。健全“户收集、村集中、镇转运、县处理”的农村生活垃圾收运处理模式。积极推进垃圾分类收集试点工作，选取条件较好镇村开展农村生活垃圾进行分类减量试点。2016年全市城市生活污水集中处理率达88.8%，城镇生活垃圾无害化处理率达96%以上。[市住房城乡建设局、环境保护局、水务局、财政局，各县（市、区）人民政府]

九、深入推进重点领域改革攻坚，充分激活市场动力和社会动力

（二十八）深化行政体制改革。推进行政审批制度改革，实施市县两级政府部门权责清单管理，进一步精简行政许可事项，清理规范行政许可中介服务，加快实施行政许可标准化。深入推进商事制度改革，深化注册资本认缴登记制和

“先照后证”改革，推进工商营业执照、组织机构代码证、税务登记证“三证合一、一照一码”登记制度改革，探索实行更多证照合一。推进工商登记及相关领域行政审批便利化，推行全程电子化登记和电子营业执照。支持各地结合实际放宽新注册企业场所登记条件限制，推动“一址多照”、集群注册等住所登记改革。开展市场准入负面清单制度改革试点，加快构建市场准入管理新体制。推进事业单位法人治理和信用体系建设，加强事业单位分类管理。扩展完善网上办事大厅功能，大力推进“一门式”“一网式”政府服务体系。[市编办、工商局、政务中心管理办、发展改革局、经济和信息化局、民政局，各县（市、区）人民政府]

（二十九）深化财税和投资体制改革。围绕上年度工作部署，继续推进事权与支出责任相适应制度建设，逐步建立政府事权与支出责任相适应的体制，明确政府事权划分范围和支出责任。清理整合财政专项资金，加大盘活财政存量资金力度，优化财政支出结构。实施中期财政规划管理，扩大预算绩效管理范围。完善地方政府债务限额管理。积极配合做好扩大“营改增”试点工作，完善地方税体系。深化企业投资管理体制改革，严格执行企业投资项目准入负面清单、行政审批清单和政府监管清单，适时研究制订《梅州市政府投资管理办法》。[市财政局（国资办）、发展改革局、编办、国税局、地税局，各县（市、区）人民政府]

（三十）深化农村综合改革。深化农村集体产权制度改革，做好农村土地确权颁证工作。规范引导农村土地承包经营权有序流转，鼓励承包农户依法采取转包、出租、互换、转让及入股等方式流转承包土地，促进农村土地规模化经营。加快农业金融制度改革，稳妥推进集体经营性建设用地入市、农村土地承包经营权和农民住房财产权抵押贷款试点。开展农业补贴“三补一合”改革。创新金融支农服务机制，扩大农村普惠金融服务“村村通”试点范围。借鉴互联网众筹融资模式，探索依托商会、协会组建梅州农业产业投资基金会，以股权形式直接投资于梅州农业产业，促进企业的规模化、专业化、集约化和商品化经营。[市农业局、国土资源局、金融工作局，各县（市、区）人民政府]

（三十一）提升对外开放水平。发动企业组团参加春秋两届广交会、第三届广东 21 世纪海上丝绸之路国际博览会等各类经贸促销活动，利用广交会、高交会等平台推动与沿线国家经贸合作。建立与 14 个海外经贸文化联络处、境外投资促进机构、商协会合作机制，重点组织粤港、台湾、英德法、南美、澳新等系列经贸活动，努力引进一批科技含量高、带动能力强的项目。强化对外贸稳增长的政策支持，深入推进外贸转型升级基地培育工作。积极承接加工贸易转移，培育新型出口主导产业。力争完成新签项目计划投资额 500 亿元以上，当年完成实际投资 150 亿元以上，其中计划投资额 10 亿元以上项目 10 个以上。[市商务局、招商和经济合作局，各县（市、区）人民政府]

十、加快社会民生事业补短板上水平，着力增进民生福祉

（三十二）打好精准脱贫攻坚战。围绕相对贫困村和农村相对贫困人口，坚持精准扶贫、精准脱贫，规划到户、责任到人。坚持精准识别、建档立卡，实行实时联网监测、动态管理、全面覆盖。坚持一村一策、一户一法，集聚资金、项目、技术等各类资源要素投向贫困村，确保不脱贫不脱钩。采取产业扶持、技能培训、转移就业、低保兜底等方式，扎实推进脱贫攻坚。严格落实各级党政一把手抓扶贫的责任，层层签订脱贫攻坚责任书，逐级落实脱贫攻坚任务。借力广州市和省直、中直驻粤单位对口帮扶，继续实施定点驻村扶贫工作，加快形成全社会参与的扶贫大格局。[市扶贫开发局、民政局，各县（市、区）人民政府]

（三十三）促进教育文化事业公平协调发展。全面推进教育现代化建设，建设以公办园和普惠性民办园为主体的学前教育服务网络，推进义务教育均衡优质标准化发展，推动高水平高质量普及高中阶段教育，完成1所薄弱普通高中改造提升，高中阶段毛入学率达到94.5%，新建4所标准化特殊教育学校。制定出台“乡村教师支持计划”实施办法，把山区和农村边远地区学校教师生活补助政策实施对象扩大到农村公办普通高中和公办幼儿园在编在岗教职工。实施基层公共文化场馆提升计划，推进基层综合性文化服务中心建设，实施农村文化广场和村村通广播建设，启动图书馆、文化馆总分馆试点建设。打造广东“公共文化云”，推进数字图书馆、数字文化馆建设。办好各类文化惠民品牌活动，扩大文化惠民服务。加强历史建筑古村落和文物保护单位的保护。建设一批社区体育公园等体育设施，加快推进公共体育设施免费或低收费开放。大力发展校园足球，推进市县体校建设，推进足球综合改革，活跃足球赛事。[市教育局、文化广电新闻出版局、体育局，各县（市、区）人民政府]

（三十四）提高医疗卫生服务水平。深化医疗卫生体制改革，实施医疗卫生强基创优三年行动计划，启动开展卫生强市、卫生强县（市、区）、梅州市“基本医疗和基本公共卫生服务示范镇”三级创建活动。加快推进市人民医院新住院大楼建设、市中医医院改造升级工程、市第三人民医院整体搬迁、市妇幼保健计划生育服务中心（市妇女儿童医院）选址迁建以及东山医院（嘉应学院医学院附属医院）、广州中医药大学紫合梅州医院2家民营医院等重点项目建设。启动实施强基创优行动计划，引导优质医疗资源下沉，支持县级医院关键医疗设备配置、专科特设岗位和住院医师规范化培训。加强乡镇卫生院标准化建设，推进村卫生站“公建民营”规范化建设，力争乡镇卫生院标准化建设项目动工率达40%以上，项目建设完成率达80%以上。推动建立分级诊疗制度，提升重大疾病防控能力，促进基本公共卫生服务均等化。[市卫生计生局，各县（市、区）人民政府]

（三十五）推进社会保障城乡一体化。实施全民参保计划，推动企业职工全员足额参保，扩大社保覆盖面。贯彻落实城乡居民养老保险和医疗保险待遇动态调整机制。按省部署积极推进基本医疗保险一体化试点工作，探索基本养老保险一体化工作。优化大病保险制度。推进医保复合式付费方式改革，降低失业保险费率，完善工伤保险费率政策。参加城镇职工基本养老（含离退休）、城乡居民基本养老、城乡基本医疗参保人数分别达到104.6万人、167.10万人、469万人，社会保障卡户籍持卡人数达495万人。完善社会救助标准自然增长机制，发展社会福利和社会慈善事业。建立实物保障与货币补贴并举的模式，新开工建设4439套、户（不含由梅江区实施的江南新城棚改项目）城市棚户区改造安置房（含货币补偿）和985套（户）公共租赁住房（含租赁补贴），完成6588套、户（不含由梅江区实施的江南新城棚改项目）棚户区改造安置房建设。完成不少于10271户农村危房改造任务。继续做好“两不具备”村庄易地搬迁安置。[市人力资源社会保障局、市住房城乡建设局、民政局，各县（市、区）人民政府]

（三十六）推动实现更高质量的就业。实施更加积极的就业政策，落实高校毕业生就业促进和创业引领计划，发挥公共就业服务平台作用。加大对灵活就业、新就业形态的支持。完善城乡一体化的就业援助制度，重点帮扶困难群体就业创业。全市城镇新增就业2.5万人，促进创业2500人，城镇登记失业率控制在3.5%以内。[市人力资源社会保障局，各县（市、区）人民政府]

十一、加强协调配合，深化穗梅对口帮扶

（三十七）继续坚持和完善对口帮扶机制。坚持和完善帮扶双方党政联席会议制度，深化县级对口帮扶，健全完善帮扶机制。全力协助广州市做好对帮扶工作干部的跟踪考核工作，密切配合做好省组织的对口帮扶工作实施评估考核。继续推进干部交流挂职，重点从我市推进“三大抓手”、“一区两带”建设主要职能部门，及年轻干部、后备干部“双成长计划”培养对象中选派干部到广州挂职锻炼。继续推进高层次人才交流创新机制，加强项目科技合作。配合做好企业与专家对接项目的跟踪服务工作。[市对口帮扶办、市

委组织部、市人力资源社会保障局、市振兴办，各县（市、区）人民政府]

（三十八）继续加强沟通对接工作。协调理顺广州（梅州）产业转移工业园区管理体制机制，协调推进广州（梅州）产业转移工业园投资公司体制改革工作，协调组织广州企业来梅考察对接，协调开展产业园区招商引资活动，协调推进帮扶项目落地建设。建立对口帮扶重大项目建设管理台账，加强项目建设的跟踪管理。全力协助广州市3年完成帮扶梅州累计落地开工300个项目目标。[市对口帮扶办、招商和经济合作局、经济和信息化局，各县（市、区）人民政府]

梅州市人民政府办公室
关于印发梅州市地方志事业发展规划（2016—2020 年）的通知

梅市府办〔2016〕32 号

各县（市、区）人民政府，市府直属和中央、省属驻梅各单位：

《梅州市地方志事业发展规划（2016—2020 年）》已经市政府同意，现印发给你们，请认真组织实施。实施过程中遇到的问题，请径向市地方志办反映。

梅州市人民政府办公室

2016 年 10 月 27 日

梅州市地方志事业发展规划（2016—2020 年）

为推进我市地方志事业科学发展，充分发挥地方志工作在经济社会建设中的重要作用，为加快梅州的振兴发展作出更大贡献，根据《地方志工作条例》（国务院令第 467 号）、《国务院办公厅关于印发全国地方志事业发展规划纲要（2015—2020 年）的通知》（国办发〔2015〕64 号）、《中共广东省委办公厅 广东省人民政府办公厅关于加强地方志工作的通知》（粤委办〔2015〕19 号）和《广东省人民政府办公厅关于印发广东省地方志事业发展规划（2016—2020 年）的通知》（粤府办〔2016〕76 号），结合我市工作实际，制定本发展规划。

一、发展基础

“十二五”时期，在市委、市政府的正确领导下，全市地方志系统深入贯彻落实地方志法规制度，加强地方志工作法制化建设，依法推进地方志各项工作，认真编纂地方志书、地方综合年鉴，积极开发利用地情资源，为全市经济社会发展作出了积极贡献。

（一）在全省率先完成第二轮修志任务。第二轮《梅州市志》于 2012 年 4 月正式出版。其中，《梅县志》于 2010 年 5 月出版发行。《兴宁市志》、《蕉岭县志》、《丰顺县志》、《五华县志》、《平远县志》于 2011 年先后出版发行。《大埔县志》于 2012 年 3 月出版发行。《梅州市梅江区志》于 2012 年 5 月出版发行。至此，梅州市全面完成了第二轮 9 部志书的编纂出版任务，在全省 21 个地级市中，名列首位。

（二）实现市县两级全面编纂地方综合年鉴。自 2012 年起，市级及所属 8 个县（市、区）实现一年一鉴，当年出版，编纂质量不断提升。

（三）地方志资料年报工作开展顺利。2013 年 5 月，市级及各县（市、区）相继启动实施地方志资料年报制度。至 2015 年底，市级及各县（市、区）都已按要求全面开展资料年报工作。

（四）指导编纂多部行业志、村镇志。“十二五”期间，市地方志办公室参与和指导《梅州城市市政公用事业志》《金融志》《广东汉剧志》《梅州水利志》《梅州宗教志》《梅州市共青团纪事》等编纂出版工作。梅县区方志办协助松口镇完成《松口镇志》的编纂出版工作。兴宁市、五华县、大埔县等做好旧志整理点校工作。

（五）做好地方志资源开发利用工作。“十二五”期间，市级及各县（市、区）积极开展申报地方志资源开发利用项目工作，有 9 个项目通过省立项组织实施，至 2015 年底，累计有 4 个项目完成验收结项。

（六）市、县全面建立地情网站。“十二五”期间，完成市、县（市、区）地情网改版工作，丰富了地情网资源，推动数字化服务，市、县（市、区）地情网点击量超过 100 万人次，为社会各界提供了便捷的地情信息服务。

（七）方志理论研讨水平得到提升。推荐论文《地利争夺：灵光寺寺田纠纷与僧俗博弈》在 2014 年省地方志理论研讨会上获二等奖。

（八）县级方志室建设取得新进展。梅县区方志办新建梅县区方志室，大埔县方志办、平远县方志办设立地情资料室，为群众提供资料服务平台。

“十二五”以来，全市地方志工作虽然取得了可喜的成绩，但也存在一些困难和问题。与经济社会发展需求相比较，我市地方志事业发展仍然存在许多薄弱环节：地方志资源开发利用总体水平不高，与党委政府的要求和人民群众的期待还存在差距；工作经费不足，工作开展不平衡，地方志信息化建设水平较低；人才梯队建设不够完善等。

二、指导思想与基本原则

（一）指导思想。

全面贯彻落实党的十八大和十八届二中、三中、四中、五中全会精神，认真学习贯彻习近平总书记系列重要讲话精神，落实第五次全国地方志工作会议和全省第七次地方志工作会议精神，按照《国务院办公厅关于印发全国地方志事业发展规划纲要（2015—2020 年）的通知》（国办发〔2015〕64 号）、《中共广东省委办公厅 广东省人民政府办公厅关于加强地方志工作的通知》（粤委办〔2015〕19 号）等文件要求，紧紧围绕全市经济社会发展大局，准确把握地方志事业发展的重要机遇，实事求是，锐意进取，改革创新，依法治志，全面推动我市地方志事业发展繁荣。

（二）基本原则。

1. 坚持正确方向。坚持走中国特色社会主义文化发展道路，坚持为人民服务、为社会主义服务的方向，通过编修和开发利用地方志成果，提升服务大局能力，为党政机关、社会各界和人民群众服务，为培育和践行社会主义核心价值观提供丰富、优秀的精神文化产品。

2. 坚持依法治志。各级地方志工作机构依法履行组织、指导、督促和检查地方志工作职责，加强编纂业务工作。

3. 坚持全面发展。以修志编鉴为主业，统筹兼顾理论研究、开发利用、信息化建设、旧志整理、村落普查、地情书编撰等工作，实现地方志事业全面协调可持续发展。

4. 坚持质量第一。坚持求真务实，确保质量，将精品意识贯穿于地方志书、年鉴、地情书编纂出版工作全过程，严把政治关、史实关、体例关、文字关、出版关，编纂出版经得起历史检验、具有鲜明时代特征和地域特色的地方志成果。

5. 坚持修用并举。充分发挥地方志资源优势，以促进经济社会发展和丰富人民群众文化生活为目标，不断提高为党政机关、社会各界和人民群众服务的能力和水平，拓宽开发利用领域，增加开发利用途径，形成修用结合、良性互动机制。

三、总体目标与主要任务

（一）总体目标。

坚持以服务中心工作、经济社会发展和人民群众需求为出发点和落脚点，以修志编鉴为主业，以地方志资源开发利用为抓手，做好第三轮修志工作准备，统筹兼顾方志馆（室）建设、理论研究、旧志整理等工作，加快推进依法治志，完善队伍建设、质量管理，加强对社会修志编鉴的指导和管理，构建与我市经济社会发展相适应的地方志编修体系、理论研究体系、质量保障体系、资源开发利用体系、工作保障体系等“五位一体”的地方志事业综合体系，充分发挥地方志存史、育人、资政的重要作用。

（二）主要任务。

1.做好第三轮修志准备。全面总结第一、二轮修志的经验，认真研究第三轮修志的组织管理、运作模式、资料搜（征）集、上下断限、前后志衔接等问题，做好第三轮修志规划与编纂方案制订、篇目设计研讨、队伍培训等基础工作。2018年，启动第三轮修志试点工作。2019—2020年，做好第三轮修志方案调研、起草、论证和规划报批。

2. 拓宽修志工作领域。加大对行业志、部门志、专业志、乡镇志、村志编修工作的推进力度，鼓励和指导有条件的市直部门、企事业单位、经济开发区、乡镇（街道）、村（社区）开展修志工作。开展旧志整理和开发工作，继续做好旧志搜集、分类整理、点校、提要和考录等工作。

3. 加强综合年鉴编纂出版工作。按照“一年一鉴、公开出版、当年出版”要求，精心组织做好《梅州年鉴》和各县（市、区）年鉴编纂出版工作。探索开展综合年鉴出版前评议、出版后审读制度，不断提高年鉴编纂质量。继续做好《广东年鉴》梅州部分组稿工作，鼓励和指导有条件的镇（街道）、部门和单位编辑出版专业年鉴。

4. 加强地方志资料年报工作。贯彻落实《梅州市地方志资料年报制度实施细则》，加大依法收（征）集地方志资料力度，建立和完善地方志资料收（征）集、保存、管理制度，推行地方志资料年报制度并形成常态机制，不断完善地方志资料年报上报方式。至2020年，全面完成上一轮志书下限年至2020年的地方志资料搜集整理，为启动第三轮修志做好资料准备。

5. 加强地方志资源开发利用工作。一是完善地方志信息化建设。进一步完善市、县（市、区）两级地情网站建设，推动手机地情网和微信、微博等平台建设，不断优化栏目，突出特色，为社会各界提供优质地情信息服务。二是加强地方文献资料征管工作。广泛收集全市范围内的各类志书、各种地情书籍及家谱、族谱、照片、录音、录像资料、口述历史资料等不同载体不同类型的地方文献资料，做好收藏、保管、开发和研究工作。三是开展地情研究和地情教育，举办地情展览。推动方志文化进机关、进校园、进农村、进社区、进企业、进军营。积极挖掘梅州历史人文资源，推进地方志资源开发利用工作。

6. 加强方志理论研究工作。建立激励机制，加强与当地高等院校、科研机构、档案机构和图书馆等单位的学术交流与合作，努力营造理论研究的良好氛围。定期组织举办地方志理论研讨会。

7. 开展自然村落历史人文调查工作。指导督促各县（市、区）自然村落历史人文普查工作。2016年10月镇（街道）全面完成普查工作，2017年7月底各县（市、区）完成《全粤村情》分卷总纂、送审。2018年2月底，市级完成《全粤村情》分卷审查验收，配合省完成部分《全粤村情》分卷出版工作，2020年12月底完成专题调研报告。

8. 筹建梅州市地方志展馆（室）。利用数字化技术，打造体现梅州地情、展示梅州成就、研究梅州历史的多功能、现代化新型地方志展馆（室）。

四、保障措施

（一）法治保障。

全面推进依法治志，加大对《地方志工作条例》、《广东省地方志工作规定》、《广东省人民政府权责清单》、《梅州市人民政府权责清单》的宣传执行力度，定期开展志鉴检查，依法纠正、查处执行不力等行为。

（二）组织保障。

坚持和健全党委领导、政府主持、地方志工作机构组织实施、社会各界广泛参与的工作体制，坚持“一纳入、八到位”的工作机制。各级地方志工作机构设置和人员编制，要与其有效履行职能、顺利开展工作的要求相适应；按照德才兼备原则和专业要求，配齐配强地方志工作机构的领导成员。

（三）制度保障。

加强督促检查，健全和完善目标考核责任制、督查通报制，强化责任落实，进一步建立健全地方志工作年度考核办法和评价机制，积极推动将地方志工作列入县级以上政府工作考核范围；健全和完善地情资料收（征）集及管理、修志编鉴业务制度和主编（总纂）实名制、主编上岗制、资料年报验收制，确保在篇目设计、资料收（征）集、总纂统稿、志（鉴）稿评议、审查验收、出版发行、报送备案等环节均有章可循、有序推进，保障志鉴质量。

（四）经费保障。

改善工作条件和图书资料收藏保管条件，做好修志、编鉴、出版、科研、开发利用、信息化、地方史编纂等工作。各级人民政府要将地方志工作所需经费列入同级财政预算。

（五）队伍保障。

加强人才队伍建设，培养专兼职结合、结构合理的地方志编修、研究人才队伍。制定培训计划，定期或不定期培训本市及所属县（市、区）业务骨干。

（六）宣传保障。

利用各级各类新闻媒体，大力宣传地方志工作机构贯彻落实党和国家大政方针的新举措、地方志工作服务经济社会发展的新成绩、地方志工作者投身现代化建设的新贡献。加速建设地方志公共文化服务平台，不断拓宽地方志文化公众服务渠道，广泛宣传地方志文化产品，促进读志、用志、传志风尚的形成。加强与兄弟市的业务交流，充分发挥地方志宣传推介作用。

梅州市人民政府关于公布第四批梅州市文物保护单位的通知

各县（市、区）人民政府，市府直属和中央、省属驻梅各单位：

根据《中华人民共和国文物保护法》有关规定和梅州市第四批文物保护单位领导小组办公室评审专家组的评估意见，市人民政府同意市文化广电新闻出版局提出的第四批梅州市文物保护单位（共30处，见附件），现予公布。各地各有关单位要认真贯彻“保护为主、抢救第一、合理利用、加强管理”的方针，切实做好文物的保护、利用和管理工作。

梅州市人民政府

2016年6月29日

梅州市第四批文物保护单位名单（共30处）

表14

名称	时代	类别	详细地址	备注
南门考院前黄氏祖祠	清	古建筑	梅州市梅江区金山办事处南门考院前13号	保存较好
马鞍山大叶屋	明	古建筑	梅州市梅江区三角镇东升村围屋路48号	保存较好
谢田谢氏祖祠	明	古建筑	梅州市梅县区城东镇谢田村	保存完好
悦来敦尚楼	民国	古建筑	梅州市梅县区白渡镇悦来村	保存完好
铜琶爱春楼	清	古建筑	梅州市梅县区松口镇铜琶村	保存完好
桃源继述楼	清	古建筑	梅州市梅县区桃饶镇桃源村	保存较好
太湖刘屋	清	古建筑	梅州市梅县区畲江镇太湖村	保存较好
坑美以祯居（蒲风故居）	清	古建筑	梅州市梅县区隆文镇坑美村	保存较好
广东工农革命军（东路）第十团团部旧址	民国	近现代重要史迹及代表性建筑	梅州市梅县区梅南镇	保存较好
连江作庐	清	近现代重要史迹及代表性建筑	梅州市梅县区畲江镇连江村	保存较好
人和三堡学堂	清	近现代重要史迹及代表性建筑	梅州市梅县区丙村镇人和村	保存较好

续表 14

名称	时代	类别	详细地址	备注
中和善庆庐	民国	近现代重要史迹及代表性建筑	梅州市梅县区石扇镇中和村	保存较好
中行石拱桥	明	古建筑	梅州市平远县中行镇中行村	保存较好
仁居万五韩公祠	民国	古建筑	梅州市平远县仁居镇仁居村	保存较好
凤头进士第	明	古建筑	梅州市平远县八尺镇凤头村	保存完好
仁居官塘唇李屋	清	古建筑	梅州市平远县仁居镇仁居村	保存完好
恩世居	民国	近现代重要史迹及代表性建筑	梅州市平远县热柘镇热水村	保存完好
长征罗屋	清	古建筑	梅州市兴宁市刁坊镇长征村	保存较好
星耀荆荣第	清	古建筑	梅州市兴宁市径南镇星耀村	保存较好
下走马岗罗屋	清	古建筑	梅州市兴宁市宁中镇丝新村	保存较好
星耀拙庐	民国	近现代重要史迹及代表性建筑	梅州市 兴宁市径南镇星耀村	保存较好
蕉坑棣萼楼	清	近现代重要史迹及代表性建筑	梅州市大埔县青溪镇蕉坑村	保存较好
闽粤赣边区党委成立、边纵成立筹备、边纵驻军旧址	明	近现代重要史迹及代表性建筑	梅州市大埔县光德镇上漳村	保存较好
中共南委机关旧址	民国	近现代重要史迹及代表性建筑	梅州市大埔县枫朗镇大埔角村	保存较好
虎市缵诒堂	清	近现代重要史迹及代表性建筑	梅州市大埔县青溪镇虎市村	保存较好
双坑采芹小筑	民国	古建筑	梅州市大埔县湖寮镇双坑村	保存较好
遍沙祥辉楼	民国	近现代重要史迹及代表性建筑	梅州市丰顺县黄金镇遍沙村	保存较好
坑口刘氏宗祠	明	古建筑	梅州市五华县棉洋镇棉洋村	保存较好
新一戴氏宗祠（桂园围）	清	古建筑	梅州市五华县华城镇新一村	保存较好
元坑足球旧址	清	遗址	梅州市五华县长布镇源潭村	保存较好

梅州市人民政府关于批准并公布梅州市第七批市级非物质文化遗产代表性项目名录的通知

梅市府函〔2016〕135号

各县（市、区）人民政府，市府直属和中央、省属驻梅各单位：

为建立健全我市非物质文化遗产名录体系，全面推动非物质文化遗产保护工作，根据《国务院办公厅关于加强我国非物质文化遗产保护工作的意见》（国办发〔2005〕18 号）和《国家级非物质文化遗产保护与管理暂行办法》（文化部部长令第 39 号）有关规定，经我市非物质文化遗产保护工作联席会议严格评审，客家山歌剧等 14 个项目被评定为第七批市级非物质文化遗产名录项目，现予以公布。

我市是国家级客家文化（梅州）生态保护区，非物质文化遗产非常丰富。保护和利用好非物质文化遗产，挖掘客家文化，推动客家文化有形化、市场化、品牌化、产业化，提升“世界客都”知名度和美誉度，是落实《梅州市建设文化强市规划纲要》的重要举措。各级各部门要进一步提高非物质文化遗产保护工作重要性和紧迫性的认识，认真贯彻“保护为主，抢救第一，合理利用，传承发展”的工作方针，妥善处理非物质文化遗产保护与发展经济、改善人民群众生活条件之间的关系，深入做好我市非物质文化遗产挖掘、整理、保护、发展工作，坚持包容开放，勇于改革创新，科学规划，深度开展，开拓创新，形成产业，推动客家文化大发展大繁荣，为把梅州建设成为“广东文化高地”而努力奋斗。

梅州市人民政府

2016 年 8 月 31 日

梅州市第七批市级非物质文化遗产代表性项目名录

表 15 （共 14 项）

类别（代码）	序	编号	项目名称	申报单位
传统戏剧（Ⅳ）	1	Ⅳ—4—1	客家山歌剧（梅州）	梅州市客家山歌传承保护中心
传统技艺（Ⅷ）	2	Ⅷ—26—	兴宁珍珠红酒酿制技艺	广东明珠珍珠红酒业有限公司
	3	Ⅷ—27—	三圳酿粄制作技艺	蕉岭县餐饮行业协会
	4	Ⅷ—28—	留隍草席制作技艺	丰顺县文化馆
	5	Ⅷ—29—	汤坑镇梳“大鳖尾”技艺	丰顺县文化馆
	6	Ⅷ—30—	西河老鼠粄制作技艺	大埔小吃文化城
	7	Ⅷ—31—	客家服饰制作技艺	梅州市客侨博物馆
	8	Ⅷ—8—4	平远八尺娘酒酿造技艺	梅州市八珍娘酒业有限公司
	9	Ⅷ—32—	丙村开锅肉丸	梅县区丙村镇文教体育服务中心
传统体育游艺与杂技（Ⅵ）	10	Ⅵ—3—1	李家教拳	兴宁市文化馆
民俗（Ⅹ）	11	Ⅹ—8—2	黄金迎灯	丰顺县文化馆
	12	Ⅹ—15—	西河漳溪墟扫灯节	大埔县文化馆
	13	Ⅹ—16—	西河大靖迎马	大埔县文化馆
	14	Ⅹ—17—	下市闹元宵	梅江区文化馆

名　录

责任编辑：黄伟锋

梅州市领导班子成员名单

中共梅州市委

黄　强　书记（任至7月）
谭君铁　书记（7月任职）
　　　　副书记（任至7月）
方利旭　副书记（7月任职）
叶胜坤　副书记（任至11月）
彭耀新　副书记（11月任职）

常委

胡　钛　常委（任至10月）
黄伟闻　常委（任至10月）
丁　文　常委（任至4月）
管林海　常委（任至6月）
周章新　常委（任至6月）
张丽霞　常委
谈志向　常委（挂任至12月）
杜敏琪　常委
武启龙　常委（6月任职，任至11月）
李远青　常委（11月任职）
张文广　常委（11月任职）
余其豹　常委（11月任职）
黄建固　常委（10月任职）
陈志宁　常委（11月任职）
刘棕会　常委（12月挂任）

梅州市人大常委会

黄　强　主任（任至7月）
谭君铁　主任（8月任职）
林碧红　党组书记、副主任（任至4月）
叶胜坤　党组书记（11月任职）
黎健平　副主任
钟勇生　副主任
韩小林　副主任
曾小华　副主任
张映平　副主任

梅州市人民政府

谭君铁　市长（任至7月）
方利旭　市长（8月任职）
丁　文　副市长（任至5月）
黄伟闻　党组副书记（任至10月）
谈志向　副市长（挂任）
陈建青　副市长
陈丽霞　副市长
李远青　副市长
史明锋　副市长（任至9月）
陈俊钦　副市长（9月任职）
吴泽桐　副市长（11月任职）

政协梅州市委员会

李金元　主席
张光明　副主席
邹浩元　副主席

雷近芳　副主席
温纯青　副主席
叶解春　副主席
李忠良　副主席
彭广福　副主席
肖　平　副主席

中共梅州市纪律检查委员会

胡　钛　书记（任至10月）
黄建固　书记（10月任职）
周秋明　副书记（任至11月）
谢志云　副书记
张　硕　副书记
刘锐清　副书记（11月任职）
　　　　常委（8月任职）
张灼明　常委（4月任职）
张裕生　常委（任至11月）
杨伟平　常委
曹志辉　常委（任至8月）
李　丹　常委
曾小喜　常委（11月任职）
葛军生　常委（11月任职）

梅州市领导机关正、副秘书长名单

中共梅州市委

彭耀新　秘书长（任至11月）
余其豹　秘书长（11月任职）
钟礼文　副秘书长
罗伟章　副秘书长
沈　涛　副秘书长
王伟明　副秘书长
张达宏　副秘书长
周　滨　副秘书长（3月挂任，时间1年）

梅州市人大常委会

蓝伟东　秘书长
郭文烈　副秘书长
何海燕　副秘书长
陈志文　副秘书长

梅州市人民政府

朱国城　秘书长
蓝汕兴　副秘书长
张映辉　副秘书长
陈震云　副秘书长（任至11月）
姚铠滔　副秘书长
张文涛　副秘书长
曾海新　副秘书长
曾碧玉　副秘书长
史斌斌　副秘书长（11月任职）
张雁方　副秘书长（1月挂任）

政协梅州市委员会

曾祥海　秘书长
孙秋珍　副秘书长
陈元星　副秘书长
胡万强　副秘书长

梅州市市直单位处级领导干部名单

中共梅州市委办公室

熊锋松　主任
王昌岳　副主任
邓威雄　副主任

梅州市人大常委会办公室

郭文烈　主任（任至12月）
李志钧　主任（12月任职）
吴育新　副主任

梅州市人大常委会研究室

陈志文　主任
曾志军　副主任
钟雄浩　副主任

梅州市人大常委会内务司法工作委员会

郑理良　主任
戴国锋　副主任

梅州市人大常委会财政经济工作委员会

张梓明　主任
郑北然　副主任（1月任职）

梅州市人大常委会农村农业工作委员会

钟广能　主任
胡玉全　副主任

梅州市人大常委会教育科学文化卫生工作委员会

曾大群　主任
曾如松　副主任

梅州市人大常委会华侨民族宗教外事工作委员会

陈良胜　主任
刘冬竹　副主任

梅州市人大常委会选举人事任免工作委员会

郑玉华　主任
陈　丽　副主任

梅州市人大常委会城乡建设环境与资源保护工作委员会

郭明哲　主任
钟宇鸣　副主任

梅州市人大常委会代表联络工作委员会

朱南昌　主任
王秋兰　副主任

梅州市人大常委会法制工作委员会

钟夏彬　主任

梅州市依法治市办公室（工作职责5月合入市委政法委）

钟勇生　主任（任至5月）
廖海文　专职副主任（任至5月）

梅州市人民政府办公室

朱国城　主任
黎清华　副主任
彭耿明　副主任

政协梅州市委员会办公室

孙秋珍　主任
赖永生　副主任
蔡晓红　副主任

政协梅州市委员会提案委员会

肖伟良　主任
李宙光　副主任

政协梅州市委员会经济委员会

曾德庆　主任（任至8月）
温志良　副主任

政协梅州市委员会文化和文史资料委员会

古清华　主任
曾佛应　副主任（任至8月）

政协梅州市委员会科教卫体委员会

陈国清　主任
李雪奇　副主任

政协梅州市委员会社会法制和人口资源环境委员会

王宁芳　主任
卢华亮　副主任

政协梅州市委员会港澳台侨外事委员会

黄功銮　主任
陈浪滔　副主任

梅州市监察局

周秋明　局长
古　裕　副局长（任至5月）
曹志辉　副局长（任至9月）
张灼明　副局长（5月任职）
刘锐清　副局长（9月任职）

梅州市预防腐败局

周秋明　局长
曾小喜　专职副局长（6月任职）

梅州市社会工作委员会（工作职责5月合入市委政法委）

叶胜坤　主任（任至5月）
丘创彬　专职副主任（主持日常工作）（任至5月）
温伟东　专职副主任（任至5月）
温伟平　专职副主任（任至5月）

中共梅州市委组织部

杜敏琪　部长
廖接良　副部长
宋才华　副部长
黄立强　常务副部长（4月任职，任至12月）
张海涛　副部长
钟利文　副部长
卓利清　副部长（3月任职）

梅州市机构编制委员会办公室

朱　立　主任
杨思维　副主任
叶桂杰　副主任

中共梅州市直属机关工作委员会

梁　维　书记
黎剑青　副书记
陈辉林　副书记
刘志彪　副书记

中共梅州市委政策研究室

张达宏　主任
余红辉　副主任
杨　春　副主任

中共梅州市委党史研究室

邓文庆　主任
陈连豪　副主任
姚意军　副主任

中共梅州市委老干部局

廖接良　局长
吴文龙　副局长
曾繁理　副局长

梅州市委市政府接待处

熊锋松　处长
林丽雅　副处长
廖琼慧　副处长
潘　雄　副处长

梅州市信访局

曾碧玉　局长
梁亮新　副局长
曾艳娇　副局长
卢国基　副局长
张思兰　副局长

梅州市委保密委员会办公室（市国家保密局）

陈益明　主任（局长）

中共梅州市委办公室机要局

陈响明　局长

中共梅市委办公室机关事务管理处

范雄丁　主任

中共梅州市委党校（梅州市社会主义学院）

杜敏琪　校长
张运泉　常务副校长
古国清　副校长
廖远忠　副校长
李爱平　副校长
李志春　教育长
黄　兰　专职校委（4月任职）

梅州市总工会

李　钢　党组书记
巫敏和　常务副主席
侯炜勤　副主席
刘胜东　副主席
曾燕萍　副主席

共青团梅州市委员会

陈远洋　书记
李　敏　副书记
赵　旭　副书记

梅州市妇女联合会

伍卫华　主席
刘红茹　副主席
温燕玲　副主席（任至8月）
邹　玲　副主席（8月任职）

叶剑英纪念园管理局

李理和　局长
张炳荣　副局长
黄永保　副局长
李晓锐　副局长
廖文玉　副局长

中共梅州市委统战部

张丽霞　部长（任至11月）
张文广　部长（11月任职）
管　雅　副部长
侯银生　副部长
刘作昆　副部长
丘晓红　常务副部长（6月任职，副部长任至6月）

梅州市工商业联合会

刘作昆　党组书记、专职副主席
杨祥锐　副主席

管　婷　副主席

梅州客商大会秘书长

李杰才　主任

中共梅州市委台湾工作办公室

梅州市人民政府台湾事务局

吴寿康　主任（局长）（任至9月）

王忠豪　主任（局长）（12月任职）

梁苑玲　副主任（副局长）

孔国泉　副主任（副局长）

梅州市民族宗教事务局

管　雅　局长

朱春粦　副局长

蓝建辉　副局长（1月任职）

梅州市外事侨务局（梅州市港澳事务局）

杨　栋　局长

王忠豪　副局长（任至12月）

吴玉萍　副局长

邓　锐　副局长

黄佐君　副局长

梅州市归国华侨联合会

蔡雪嫦　主席

汤志平　副主席

张映虹　副主席

中共梅州市委宣传部

周章新　部长（任至6月）

张丽霞　部长（11月任职）

李伟金　常务副部长

杨剑忠　副部长

梁　放　副部长

汤铭琛　副部长

梅州市精神文明建设委员会办公室

刘建丰　主任

中共梅州市委讲师团

张广珍　团长（任至1月）

廖　坚　团长（1月任职）

梅州市文化广电新闻出版局

陈锐锋　局长

丘胜发　副局长

林干良　副局长

马苑华　副局长

梅州市广播电视台

杨延庆　台长（1月任职，总编辑任至1月）

赖志侃　总编辑（1月任职，总经理任至1月）

王育平　总经理（1月任职，副总经理任至1月）

叶　斌　副台长、纪委书记

汤青松　副总编辑

刘文昌　副总编辑

张达权　副总经理

汤裕康　总工程师

梅州日报社

张德祥　社长

王赢杰　总编辑（任至1月）

黄山松　总编辑（1月任职，副总编辑任至1月）

罗金良　总经理

张柏明　副总编辑

钟伟光　副总编辑（5月任职）

梁　康　副总经理

杨瑞春　纪委书记

梅州市文学艺术界联合会

肖伟承　主席

郭碧玲　副主席

陈桂昌　副主席

广东汉剧传承研究院

刘依君　党委书记

张广武　院长

徐　青　副院长

魏瑞新　副院长

梅州市社会科学界联合会

杨剑忠　主席

丘　灵　副主席

张广珍　副主任（1月任职）

中共梅州市委政法委员会

黄伟闻　书记（5月任职，任至10月）

彭耀新　书记（11月任职）

史明锋　第一副书记（5月任职，任至9月）

陈俊钦　第一副书记（9月任职）
刘思彬　委员（5月任职）
许伟谋　委员（5月任职，任至9月）
吴少荣　委员（9月任职）
赵琼飞　委员（5月任职）
邓冠明　委员、常务副书记（5月任职）
胡文悦　委员、专职副书记（5月任职）
陈万年　委员、专职副书记（5月任职）
黄　平　委员（5月任职）
郑浩民　委员（5月任职）
温勇登　委员（5月任职）
刘远辉　专职委员（5月任职）
陈　维　专职委员（5月任职）
温伟东　专职委员（5月任职）
邓海恩　专职委员（5月任职）
温伟平　专职委员（5月任职）
张茂欣　专职委员（5月任职，任至6月）
杜汪坚　专职委员（5月任职）
杨斌宗　专职委员（6月任职）

梅州市社会治安综合治理委员会办公室

胡文悦　主任（任至5月）
陈　维　副主任（任至5月）
张茂欣　副主任（任至5月）

中共梅州市委610办公室

邓冠明　主任（任至5月）
刘远辉　副主任（任至5月）

中共梅州市委维护稳定工作领导小组办公室

邓海恩　副主任（任至5月）

梅州市公安局

史明锋　局长、督察长（任至9月）
陈俊钦　局长、督察长（9月任职）
林伟青　常务副局长（4月任职，副局长任至4月）
李昌龙　副局长
张小帆　副局长
李元祥　副局长
侯美昌　副局长
古高松　副局长
巫振新　纪委书记
林卫东　政治处主任

梅州市公安局指挥中心

曾昭勇　指挥长
钟小春　政委

梅州市公安局交通警察支队

张庆贤　支队长
黄伟军　政委

梅州市公安局巡逻警察支队

顾粤海　支队长
刘剑锋　政委

梅州市公安局刑事警察支队

林锐华　支队长
李建明　政委

梅州市检察院

许伟谋　检察长
吴少荣　副检察长（11月任职）
张润芳　副检察长
李永平　副检察长
刘彩波　副检察长
宋秦川　副检察长
饶德威　纪检组长
李雪瑛　政治处主任

梅州市检察院反贪污贿赂局

刘彩波　局长（任至3月）
张炎华　局长（3月任职）

梅州市中级人民法院

刘思彬　院长
朱杭基　副院长
李常青　副院长
王利珍　副院长
徐　慧　副院长（11月任职，政治处主任任至10月）
魏伟辉　纪检组长（任至1月）
徐　吨　纪检组长（1月任职）
杨苑岳　政治处主任（10月任职）

梅州市中级人民法院执行局

杨苑岳　局长（任至10月）
杨　平　局长（10月任职）

梅州市司法局

温勇登　局长
余立章　副局长
洪庆松　副局长
王　辉　副局长
罗永科　副局长
钟　勋　副局长
邱小军　政治处主任

梅州市强制隔离戒毒所

温勇登　第一政委
廖增发　所长
何科东　政委

梅州市招商和经济合作局

黄伟华　局长
李　训　副局长
余毅宗　副局长
刘旭初　副局长

梅州市人民防空办公室

谢又新　主任
刘理明　副主任
李伯乐　副主任

梅州市政府金融工作局

温兆君　局长
张　军　副局长

梅州市政府打击走私综合治理办公室

钟　优　主任

梅州市行政服务中心管理办公室

何育苗　主任
何联杰　副主任
廖松辉　副主任

梅州市政府研究室

刘裕君　主任

梅州市应急管理办公室

罗映宏　主任

梅州市住房公积金管理中心

段　成　主任

梅州市政府地方志办公室

张小冰　主任
叶小华　副主任
黎俊红　副主任

梅州市法制局

叶仁基　局长
谭建明　副局长
杨远东　副局长

梅州市财政局

丘孝东　局长（任至7月）
余其豹　局长（7月任职）
丘燕玲　副局长
邓国良　副局长
范利民　副局长
吴家云　副局长
凌挥明　总会计师

梅州市国有资产管理办公室

丘孝东　主任
邹国辉　专职副主任

梅州市世界银行贷款业务办公室

魏仲权　主任

梅州市拍卖行

温毅泉　总经理

梅州市公共资源交易中心主任

姚福平　主任

梅州市审计局

刘耿灵　局长（任至12月）
黄立强　局长（12月任职）
刘鸿涛　副局长
丘加悦　副局长
杨伟南　副局长
温爱生　副局长
练清万　总审计师

梅州市民政局

何小卫　局长
马志元　副局长
张　征　副局长（任至9月）
陈卫东　副局长
陈汉杰　副局长

梅州市残疾人联合会

卢振中　党组书记
李利平　理事长（1月任职）
王智敏　副理事长

曾宪鑫　副理事长

梅州市档案局（馆）

钟伟基　局（馆）长
凌秀凤　副局（馆）长
范美林　副局（馆）长

梅州市旅游局

朱　瑛　局长
张卫东　副局长
李　智　副局长

梅州市旅游总公司

房　岿　总经理

梅州市蕉华管理区

广东省蕉岭华侨农场

梅州蕉华工业园区管委会

刘洪洲　主任（场长）
徐　文　副主任
赖志坚　副主任
曾建宇　副主任

梅州文化旅游特色区管委会

朱　瑛　党组书记
李信贤　主任
谢小康　副主任
陈小华　副主任

梅州高新技术产业园区管理委员会

广州（梅州）产业转移工业园管理委员会

广东梅州经济开发区管理委员会

谈志向　书记
吴尚伟　副书记、主任
陈海燕　副书记、副主任
黄卫军　委员、副主任
张伟杰　委员、副主任
梁志坚　委员、副主任
吴文宇　委员、副主任
郭龙元　委员、副主任

梅州嘉应新区党工委（梅州嘉应新区管委会）

李远青　书记
洪国华　副书记、主任
叶永辉　副书记、常务副主任
温镇龚　委员、副主任（任至12月）
郑春缀　委员、副主任
叶绿娜　委员、副主任
谢崇杰　委员

丰顺新区管会委

郑奕雄　主任
冯明赞　副主任
陈定迎　副主任
罗振康　副主任
马扬闲　副主任
高国升　副主任（1月任职）

梅州市政府驻北京联络处

邓国功　主任
丘金标　副主任
吴秉标　副主任

梅州市政府驻广州办事处

陈　亮　主任
邓志兴　副主任
张云常　副主任

梅州市政府驻深圳办事处（梅州政府深圳留守处）

吴怀浪　主任
古苑辉　副主任
邹　玲　副主任（任至9月）
冯玉涛　副主任

梅州市农业局

刘玉涛　局长
李志新　副局长
孙中兴　副局长（任至6月）
黄　帆　副局长
陈建勤　副局长
盘连欣　副局长（9月任职）
古广文　总农艺师

广东省渔政总队梅州支队

陈爱东　支队长
张　鸿　政委

梅州市畜牧兽医局

魏祥灵　局长

梅州市农业科学研究所

谢岳昌　所长（任至4月）

梅州市农业科学院

谢岳昌　院长（4 月任职）

梅州市委农村工作办公室（梅州市扶贫开发局）

温文青　主任（局长）
刘晨雁　副主任（副局长）
黄光华　副主任（副局长）
利宝然　副主任（副局长）
周锡成　副主任（副局长）

梅州市林业局

朱少辉　局长
温浩泉　副局长
陈益民　副局长
谢新和　副局长
范宜上　总工程师

梅州市水务局

陈伟建　局长
邓其昌　副局长
黄庆福　副局长
刘震涛　副局长
张世剑　副局长
王　骎　副局长
张广生　副局长（12 月任职）
曹闻一　总工程师

梅州大堤管理处

马百灵　主任

梅州市梅西水库管理局（区）

陆大为　局长（主任）

梅州市供排水管理处

罗文斌　主任

梅州市供销合作社

杨文宗　主任
陈伟平　副主任（任至 9 月）
张协斌　副主任

梅州市经济和信息化局

王　健　局长
李关良　副局长
凌春荣　副局长
谢　涛　副局长
陈梅生　副局长
卓国宁　副局长
曾光辉　副局长
曾志坚　总经济师

梅州市安全生产监督管理局

罗颖安　局长
古惠龙　副局长
熊志仁　副局长
邱国强　副局长
郑国辉　副局长
罗远怀　副局长
曾子威　副局长

梅州市工商行政管理局

李　君　局长
王育先　副局长
王正昌　副局长（任至 11 月）
廖广斌　副局长
周志彬　副局长

梅州市中小企业局（梅州市民营经济发展局）

涂礼俊　局长
叶超良　副局长
饶新芳　副局长

梅州市质量技术监督局

房科辉　局长
张创超　副局长
谢　强　副局长
刘仕贤　副局长
张启祥　副局长
饶　戟　总工程师（5 月任职）

梅州市食品药品监督管理局

黄国良　局长、
刁　翀　副局长
张秀英　副局长
彭润根　副局长
刘　钧　副局长
陈潮宁　副局长（兼任职）

梅州市食品安全委员会办公室

黄国良　主任（12 月任职）
刘　钧　副主任（12 月任职）

梅州市金雁实业集团公司

林振东　党委书记、总经理(11月任总经理)
伍思扬　党委副书记
陈胜怀　副总经理
李志坚　副总经理（任至11月）
骆黎明　副总经理（11月任职）

梅州市交通运输局

余其豹　局长（任至7月）
谢胜扬　局长（7月任职）
谢文威　副局长
廖迪环　副局长
刘振贵　副局长
林建华　副局长
熊强华　副局长
邬亦斌　副局长（市邮政管理局局长兼任）
张汉清　总工程师

梅州市交通运输局综合行政执法局

何春华　局长

梅州市公路局

谢钦文　局长
张绍英　副局长
张　颖　副局长
黄龙光　副局长
张新宏　总工程师

梅州市教育局

袁远山　局长（任至9月）
吴寿康　局长（9月任职）
梁财生　副局长
李足新　副局长
钟　文　副局长
朱志强　副局长

梅州市科学技术局（梅州市知识产权局）

廖　峭　局长
阙炳亮　副局长
伍德凤　副局长（任至1月）
李昌栋　副局长
熊　华　副局长（9月任职）

梅州市卫生和计划生育局

林雨兰　局长
罗焕航　副局长
刘　水　副局长
周秋明　副局长
洪　霞　副局长
陈潮宁　副局长
罗清华　副局长
李利平　副局长（任至1月）
丘锦乾　副局长（任至6月）
张秀英　副局长（兼任职）

梅州市红十字会

陈丽霞　会长
江剑欧　常务副会长

梅州市体育局

陈建新　局长
叶左权　副局长（任至6月）
王成首　副局长
陈颖明　副局长（9月任职）

梅州市人民医院

钟志雄　院长
叶　敏　副院长
吴祖光　副院长
李　平　副院长（任至6月）
徐招柱　副院长
曹向忠　纪委书记

梅州市中医医院（梅州市田家炳医院）

彭广福　院长
丘锦乾　党委书记（6月任职）
李　平　副院长（6月任职）
王　锦　副院长（6月任职）
俞万香　副院长（6月任职）
杨睦富　副院长（6月任职）

梅州市广播电视大学

王赢杰　校长（1月任职）
王　修　副校长
陈元双　副校长

梅州市科学技术协会

林华玲　主席
钟立强　副主席
刘海祥　副主席

嘉应学院医学院

邹浩元　院长
钟念军　党委书记
杨宇辉　副院长
谢有能　副院长
刘汉云　副院长（1 月任职）

嘉应学院梅州师范分院

伍德凤　院长（1 月任职）
李伟杰　副院长
卓烘成　副院长
邝永辉　副院长

广东梅县东山中学

安国强　校长
李宇光　副校长
郭思健　副校长
林铭绪　副校长
张开贤　副校长
王永新　副校长

梅州市曾宪梓中学

李炜豪　校长

梅州农业学校（梅州市理工学校）

赵仁发　校长

梅州市职业技术学校（梅州市旅游职业技术学校、梅州市财贸学校、梅州市商业学校）

江立志　校长

梅州市发展和改革局

张运全　局长
卜勇祥　副局长
王　忠　副局长
张德中　副局长
张小猛　副局长
曾伟光　副局长
梁　琳　副局长
罗继平　副局长
张劲龙　副局长
刘宇新　副局长
吴特宏　总经济师

梅州市粮食局

王　忠　局长
连申威　副局长
陈问香　副局长
胡胜荣　副局长

梅州市铁路建设办公室

吴志洲　主任

梅州市人力资源和社会保障局

宋才华　局长
黎红英　副局长
廖聚如　副局长
黄锦亮　副局长
胡丽玲　副局长
彭思学　副局长

梅州市社会保险基金管理局

黎红英　局长

梅州市高级技工学校

黄柳梅　校长（任至 4 月）

梅州市技师学院（梅州市高级技工学校）

黄柳梅　院长（校长）（4 月任职）

梅州市统计局

凌松宏　局长
刘大河　副局长
姚志华　副局长

梅州市住房和城乡建设局

谢　航　局长
罗海金　副局长
杨柏康　副局长（任至 8 月）
黄集贤　副局长
周耀坤　副局长
赖寿华　副局长
曾国柱　总工程师

梅州市城乡规划局

史斌斌　局长（任至 11 月）
陈震云　局长（11 月任职）
黎敏文　副局长
薛兴冰　副局长
杜振球　副局长
黄星辉　总规划师

梅州市城市综合管理局

李庆明　局长
罗运泉　副局长

罗德彦 副局长
朱焕明 副局长
张盛辉 副局长
李 信 总工程师

梅州市国土资源局

张 阳 局长
吕悦初 副局长
张奕祥 副局长
郭琪营 副局长
丁仁心 副局长
谢东安 总规划师

梅州市征地和土地储备中心

谢东安 主任（任至9月）
沈 京 主任（9月任职）

梅州市环境保护局

曾 光 局长
罗颂伟 副局长
张文画 副局长
吴启鸿 副局长
林 剑 副局长（任至9月）
李云清 总工程师

梅州市商务局

刘 冲 局长
吴献华 副局长（任至12月）
曾远煌 副局长
刘 杰 副局长
凌 峰 副局长
曾祥寿 副局长
张小兵 副局长

梅州市口岸局

吴献华 局长（任至12月）
李健康 副局长

说明：1. 梅州市领导班子成员、领导机关秘书长、副秘书长、市直单位领导干部（副处单位正职）名单由市委组织部提供；2. 统计时间为2016年1月1日至2016年12月31日。

中央、省属驻梅州单位处级领导干部名单

中华人民共和国梅州海关

余云庭 关 长
张海明 副关长
施 凯 副关长

中华人民共和国梅州海关缉私分局

李佐忠 局 长（任至4月）
罗日新 政 委（4月开始主持全面工作）
曾庆昌 副局长

广东省机场管理集团公司梅县机场公司

段冬生 总经理
杜志安 党委书记、副总经理
曾志勇 副总经理、纪委书记
黎利娟 副总经理
黄会中 副总经理

中华人民共和国梅州出入境检验检疫局

廖建华 局长
李朝平 副局长（任至7月）
魏 瑜 副局长、纪检组组长（任至8月）
冯新常 副局长

广东省煤炭工业总公司梅县留守处

许伟强 主 任
袁红珊 纪委书记、党委副书记
冯传德 副主任
张 勇 副主任

广东省煤炭专用设备制造厂

许伟强 厂 长、党委书记
冯传德 纪委书记、工会主席

广东煤炭地质一五二勘探队

谭永强 队 长
梁运动 党委书记、纪委书记（任至9月）、副队长、工会主席
丘雪平 副队长、纪委书记（9月任职）
蓝静辉 副队长

广东省地质局第八地质大队、广东梅州地质勘查局

曾超龙　大队长、党委副书记（5月任职）
李华应　党委书记、副大队长
王巨龙　副大队长
许科贤　纪委书记
陈仕明　总工程师

广东省梅州监狱

华　桦　监狱长
黎小丰　政　委
罗明涛　纪委书记
杜应华　副监狱长
陈建国　副监狱长
沈黄福　副监狱长
廖远忠　副监狱长
徐汎平　副监狱长
曾　政　政治处主任

广东粤电长潭发电有限责任公司

陈　旺　党委书记、总经理
罗兴权　纪委书记、工会主席
骆伟明　副总经理

广东粤电青溪发电有限责任公司

钟振斌　董事长、党委书记、总经理
王业凌　副总经理
连志伟　党委副书记、工会主席、纪委书记
林　峰　副总经理

中国人民银行梅州市中心支行

国家外汇管理局梅州市中心支局

李新耀　党委书记、行长（局长）
朱　冕　副行长（副局长）
温鸿举　纪委书记
何荣庆　副行长
卓瑾亮　副行长
侯双梅　工委会主任
江　锋　副行长

中国银行业监督管理委员会梅州监管分局

许建平　局　长
林炜东　副局长
段　梅　副局长（9月任职）

郑注修　纪委书记

中国建设银行股份有限公司梅州分行

杨应文　行长　（5月任职）
杨伟华　副行长（3月任职）
郑万昆　纪委书记（任至4月）
贾振毅　副行长、纪委书记（4月任职）
曾群星　副行长
郑盛科　副行长（任至2月）
蔡海平　副行长（5月任职）

中国工商银行股份有限公司梅州分行

林　伟　党委书记、行长（任至2月）
肖文泽　党委副书记（2—8 月主持全面工作），党委书记、行长（8月任职）
肖文明　副行长
蔡文敏　副行长
张晓兰　副行长
黄建华　纪检书记、工委会主任
钟小山　行长助理（任至10月）、副行长（10月任职）

中国农业银行股份有限公司梅州分行

严国新　党委书记、行　长
陈发庆　副行长
陈跃辉　副行长
白　杨　副行长
陈耀鹏　副行长

中国银行股份有限公司梅州分行

张丹敏　行　长
陈　维　副行长
刘鸿伟　副行长
林俊强　纪委书记
钟建高　副行长
韩远航　督导员

广东发展银行股份有限公司梅州分行

谭柏培　行　长
卢锦忠　副行长（任至10月）
孔宁亮　副行长
王贵玉　副行长

中国农业发展银行梅州分行

侯色回　行　长

交通银行股份有限公司梅州分行

崔少雄　行　长（任至10月）
邱　伟　副行长
蓝　波　副行长

中国邮政储蓄银行股份有限公司梅州分行

廖贤斌　行　长

广东省农村信用社联合社（梅州办事处）

邓让兴　主　任
张翠薇　副主任
吴昔中　副主任

安信证券梅州地区中心营业部（梅州新中路证券营业部）

黄月霞　总经理

广发证券股份有限公司（梅州梅江二路证券营业部）

晁广华　总经理（任至3月）
温力思　总经理（3月任职）

广东省梅州市国家税务局

梁培文　党组书记、局长
韩学元　副局长
廖瑞标　副局长
黄祥国　副局长
曾建东　副局长
陈剑锋　纪检组组长
曾小武　总会计师
袁辉祥　总经济师（3月任职）

梅州市地方税务局

魏少波　局长、党组书记
饶羽平　纪检组组长
管仕浩　副局长（任至6月）
甘广木　副局长
廖永新　副局长
利志清　副局长（10月任职）、总经济师（任至10月）
陈维聪　总会计师

中国人民财产保险股份有限公司梅州分公司

吴建尤　总经理
邓建平　副总经理
谭永恒　副总经理
彭佳常　副总经理

中国人寿保险股份有限公司梅州分公司

沈逢伟　党委书记、总经理
何志龙　副总经理
丘海雄　纪委书记、副总经理
钟秋凤　总经理助理

中国电信股份有限公司梅州分公司

林俊强　总经理、党委书记
吴海潮　副总经理
刘卓番　副总经理
杨辉波　副总经理
林　敏　副总经理

中国移动通信集团广东有限公司梅州分公司

朱怀奇　总经理
张文泉　副总经理
廖智强　副总经理
李小睿　副总经理

广东省邮政公司梅州分公司

王旭光　党组书记、总经理
陈　新　副总经理
林远荣　副总经理
朱春晓　速递物流公司副总经理（主持全面工作）

中国联通有限公司梅州分公司

史濬彬　总经理
肖若鹏　副总经理
张志雄　副总经理
冷　威　副总经理

铁通梅州分公司

陈奕彬　总经理
佘克首　副总经理
陈　晖　副总经理（11月任职）

梅州市气象局

张晨辉　局长
陈海泉　副局长
陈玉华　副局长
黄茂栋　纪检组组长

广东省梅州市航道局

李小明　党组书记
朱伟亮　局长

叶敬进　副局长
吴建锋　副局长

中华人民共和国梅州海事局

李惠先　党组书记、局　长

广东电网公司梅州供电局

郑　宇　局长、党委副书记
丘浪文　党委书记、副局长
郭伟强　副局长
朱力方　副局长、工会主席
游林辉　副局长
郑冬冬　纪委书记

广东省梅州盐业总公司（梅州市盐务局）

张悦兴　党总支书记、总经理、局长
卢健锋　副总经理
黄冠生　副总经理

中国石油化工股份有限公司广东梅州石油分公司

赵忠武　经理

广东省梅州市烟草专卖局（公司）

谢平华　局长、总经理
肖大强　副局长、工会主席
陈伟贤　副总经理、副局长
林　莹　副局长、纪检组组长
谢志廉　副总经理

广东中烟工业公司梅州卷烟厂

饶智华　厂长、党委书记
刘依军　副厂长
何传郁　纪委书记、工会主席
黄俊晖　副厂长
陈汉涛　副厂长

广东梅州烟叶复烤有限公司

方文青　党委书记、总经理
汤锡斌　党委副书记、副总经理、工会主席
孔国扬　副总经理
黎文君　纪委书记、副总经理

嘉应学院

丘小宏　党委书记
邱国锋　党委副书记、院长
李友文　党委副书记、纪委书记
罗任权　党委副书记
薛访存　副院长
罗嘉文　副院长
袁　铎　副院长（4月任职）
陈铭贵　副院长（11月任职）

国家统计局梅州市调查队

黎建章　党组书记、队长
罗澄祥　副队长
郭伟坚　纪检组组长

梅州粤运汽车运输有限公司

高　俊　董事长
刘麟祥　常务副总经理
罗　恩　副总经理
张天绍　副总经理
杨启绍　副总经理
郭忠伟　副总经理、财务总监（任至2月）
段志彬　工会主席、纪委书记
裴守刚　副总经理
罗映天　副总经理（2月任职）

说明：中央、省属驻梅州单位副处级以上的领导干部名单由各单位提供（统计时间由2016年1月1日至12月31日止）

国家级先进单位与先进个人

梅州市国家级先进单位一览表

表 16

单　　位	授予单位	荣誉称号
梅州市妇女联合会	全国妇女联合会宣传部、中国妇女报刊	2015 年度全国妇联宣传舆论阵地建设先进单位
平远县公安局交警大队	交通运输部、公安部、安监局、总工会、团中央	2016 年春运“情满旅途”活动先进集体
中国电信股份有限公司梅州分公司	中国质量协会、全国用户委员会	全国用户满意企业
梅州市人民检察院	最高人民检察院	全国检察机关“基层检察院建设组织奖”
兴宁市人民检察院	最高人民检察院	“全国先进基层检察院”
梅州市工商行政管理局梅县分局登记注册股	国家工商行政管理总局	企业登记工作成绩突出窗口单位
共青团梅州市委员会（梅州市青年志愿者协会）	共青团中央、中国青年志愿者协会	第十一届中国青年志愿者优秀组织奖
梅州市法律援助处	全国老龄办	全国老年法律维权工作先进集体
广东粤电大埔发电有限公司	中国质量协会、中华全国总工会、中华全国妇女联合会、中国科学技术协会等四个部门单位联合授予	2016 年全国质量信得过班组

梅州市国家级先进个人一览表

表 17

姓名	单位及职务	授予单位	荣誉称号
钟坚	梅县区人民检察院	中华全国总工会	全国五一劳动奖章
钟建灵	梅州市工商行政管理局梅县分局登记注册股	国家工商行政管理总局	企业登记工作成绩突出窗口工作人员
熊永和	梅州市城市综合管理局	中央精神文明建设指导委员会	全国文明家庭